ZPO

Erkenntnisverfahren, Vollstreckungsverfahren
Grundzüge des Insolvenzverfahrens

16. Auflage

2008

W0212758

Dr. Walter Baumfalk
Vizepräsident des Landgerichts Aurich a.D.

ALPMANN UND SCHMIDT Juristische Lehrgänge Verlagsges. mbH & Co. KG
48149 Münster, Annette-Allee 35, 48001 Postfach 1169, Telefon (0251) 98109-33
AS-Online: www.alpmann-schmidt.de

Dr. Baumfalk, Walter
ZPO
Erkenntnisverfahren, Vollstreckungsverfahren
Grundzüge des Insolvenzverfahrens
16., völlig neu bearbeitete Auflage 2008
ISBN: 978-3-86752-046-1

Verlag Alpmann und Schmidt Juristische Lehrgänge
Verlagsgesellschaft mbH & Co. KG, Münster

Die Vervielfältigung, insbesondere das Fotokopieren,
ist nicht gestattet (§§ 53, 54 UrhG) und strafbar (§ 106 UrhG).
Im Fall der Zuwiderhandlung wird Strafantrag gestellt.

INHALTSVERZEICHNIS

Hinweis zu den zitierten Gerichtsentscheidungen

Entscheidungen des Bundesverfassungsgerichts, des Bundesgerichtshofs und des Bundesarbeitsgerichts ab dem 01.01.2000, die mit Datum und Aktenzeichen zitiert sind, sind im Volltext auf den Internetseiten dieser Gerichte abrufbar:

BVerfG:	www.bundesverfassungsgericht.de
BGH:	www.bundesgerichtshof.de
BAG:	www.bundesarbeitsgericht.de

Die mit einem @ gekennzeichneten Urteile stehen im Volltext zum kostenlosen Download im Internet bereit: www.alpmann-schmidt.de

LITERATURVERZEICHNIS

des wichtigsten – meist abgekürzt zitierten – Schrifttums zum Zivilprozessrecht (Erkenntnisverfahren und Vollstreckungsrecht)

Alternativkommentar ZPO	1987 (zitiert: AK-ZPO-Bearbeiter)
Baumbach/Lauterbach	Baumbach/Lauterbach/Albers/Hartmann, Zivilprozessordnung, 66. Auflage 2008 (zitiert: BL/Hartmann)
Baur/Stürner/Bruns	Zwangsvollstreckungsrecht, 13. Auflage 2006
Becht	Einführung in die Praxis des Zivilprozesses, 2. Auflage 2002
Becht	Prüfungsschwerpunkte im Zivilprozess, 4. Auflage 2004
Blomeyer	Zivilprozessrecht – Erkenntnisverfahren –, 2. Auflage 1985
Brox/Walker	Zwangsvollstreckungsrecht, 7. Auflage 2003
Förschler	Der Zivilprozess, 6. Auflage 2004
Gehrlein	Zivilprozessrecht, 2. Auflage 2003
Gerhardt	Zivilprozessrecht, 6. Auflage 2000
Gottwald	Zwangsvollstreckung, 5. Auflage 2005
Grunsky	Zivilprozessrecht, 12. Auflage 2006
Hk-ZPO	Saenger (Hrsg.), Zivilprozessordnung 2. Auflage 2007 (zitiert: Hk-ZPO/Bearbeiter)
Jauernig	Zivilprozessrecht, 29. Auflage 2007

Jauernig/Berger	Zwangsvollstreckungs- und Insolvenzrecht, 22. Auflage 2007
Kissel/Mayer	Gerichtsverfassungsgesetz, 5. Auflage 2008
Lackmann	Zwangsvollstreckungsrecht, 8. Auflage 2007
Lackmann/Wittschier	Die Klausur im Zwangsvollstreckungsrecht mit Insolvenzrecht, 3. Auflage 2007
Lippross	Vollstreckungsrecht, 9. Auflage 2003
Lüke, Gerhard	Fälle zum Zivilprozessrecht, 2. Auflage 1993
Lüke, Wolfgang	Zivilprozessrecht, 9. Auflage 2006 (zitiert: Lüke ZPR)
Lüke/Hau	Zwangsvollstreckungsrecht, 3. Auflage 2008
Münchener Kommentar	Münchener Kommentar zur Zivilprozessordnung, Band I: 3. Auflage 2008, Band II: 3. Auflage 2007, Band III: 3. Auflage 2008 (zitiert: MK/Bearbeiter)
Musielak	Kommentar zur Zivilprozessordnung, 6. Auflage 2008 (zitiert: Musielak/Bearbeiter)
Musielak	Grundkurs ZPO, 9. Auflage 2007 (zitiert: Musielak Grundkurs)
Musielak/Stadler	Grundfragen des Beweisrechts, 1984
Olzen	Zivilprozessrecht in der bürgerlich-rechtlichen Examensklausur, 1998
Pantle/Kreissl	Die Praxis des Zivilprozesses, 3. Auflage 2002
Paulus	Zivilprozessrecht, 3. Auflage 2004
Prütting/Stickelbrock	Zwangsvollstreckungsrecht, 2002
Pukall	Der Zivilprozess in der Praxis, 6. Auflage 2006
Rosenberg/Schwab/Gottwald	Zivilprozessrecht, 16. Auflage 2004 (zitiert: RS/Gottwald)
Rosenberg/Gaul/Schilken	Zwangsvollstreckungsrecht, 11. Auflage 1997 (zit.: Rosenberg/Gaul bzw. Rosenberg/Schilken)
Schellhammer	Zivilprozess, 12. Auflage 2007
Schilken	Gerichtsverfassungsrecht, 4. Auflage 2007 (zitiert: Schilken GVG)

Schilken	Zivilprozessrecht, 5. Auflage 2006 (zitiert: Schilken)
Schreiber	Übungen im Zivilprozessrecht, 2. Auflage 1996
Schumann	Die ZPO-Klausur, 3. Auflage 2006
Schuschke/Walker	Vollstreckung und Vorläufiger Rechtsschutz, Band I: Zwangsvollstreckung, 3. Auflage 2002 Band II: Arrest, Einstweilige Verfügung, 3. Auflage 2005
Stein/Jonas	Kommentar zur Zivilprozessordnung, 21. Auflage ab 1993, 22. Auflage ab 2002 (zitiert: StJ/Bearbeiter)
Stöber	Zwangsversteigerungsgesetz, 18. Auflage 2006
Thomas/Putzo	Zivilprozessordnung, 28. Auflage 2007 (zitiert: ThP/Bearbeiter)
Wieczorek	Zivilprozessordnung, 2. Auflage ab 1975, 3. Auflage ab 1994 (zitiert: Wieczorek bzw. Wieczorek/Bearbeiter)
Wieser	Prozessrechtskommentar zum BGB, 2. Auflage 2002
Zeiss/Schreiber	Zivilprozessrecht, 10. Auflage 2003
Zimmermann	Zivilprozessordnung, 8. Auflage 2008 (zit.: Zimmermann bzw. Zimmermann/Schneider)
Zimmermann	ZPO-Fallrepetitorium, 7. Auflage 2008
Zöller	Zivilprozessordnung, 26. Auflage 2007 (zitiert: Zöller/Bearbeiter)

1. Teil: Das Erkenntnisverfahren

§ 1 Einführung

1. Justizmonopol des Staates - Justizgewährungspflicht

1) Selbstjustiz - die eigenmächtige, gewaltsame Durchsetzung eines Rechts - ist im Interesse des Rechtsfriedens grundsätzlich verboten. Der moderne Staat nimmt für sich das **Justizmonopol** (Rechtspflegemonopol) in Anspruch.

Wenn A einen Kaufpreisanspruch (§ 433 BGB) gegen B hat, darf er sich nicht den Betrag aus der Ladenkasse des B nehmen, sondern er muss den B, falls dieser nicht freiwillig zahlt, vor Gericht auf Zahlung verklagen und kann erst aufgrund eines zusprechenden Urteils (Vollstreckungstitel) wiederum durch staatliche Organe (Gerichtsvollzieher, Vollstreckungsgericht) bei B vollstrecken lassen und so seine Befriedigung suchen.

Der Verletzte einer Straftat hat zwar das Recht zur Notwehr und vorläufigen Festnahme des Täters (§ 127 StPO), darf aber den Täter nicht selbst bestrafen (auch nicht bei „handhafter" Tat, wie im germ. Recht). Die Bestrafung ist allein Sache des Staates; der Verletzte kann nur auf sie hinwirken (Strafanzeige, Klageerzwingungsverfahren, Nebenklage, Privatklage).

Ausnahmsw. Gestattung eigenmächtigen Tätigwerdens im Zivilrecht: Notwehr (§ 227 BGB), Notstand (§§ 228, 904 BGB), Selbsthilfe (§§ 229 ff. BGB), Besitzschutz (§§ 859 ff. BGB).

2) Aus diesem Justizmonopol folgt - korrespondierend - die Pflicht des Staates gegenüber dem Einzelnen zur Justizgewährung.

a) Die **Justizgewährungspflicht** ist öffentlich-rechtlicher Natur; sie bedeutet die Pflicht des Staates, Rechtspflegeorgane (Gerichte) zu schaffen und ein wirkungsvolles rechtsstaatliches Verfahren zu gewähren.[1]

b) Aus dieser Pflicht folgt ein subjektiv-öffentliches Recht des Einzelnen gegen den Staat dahin, dass die um Rechtsschutz angegangenen Rechtspflegeorgane nach Maßgabe der jeweiligen Verfahrensordnungen in angemessener Zeit tätig werden **(Justizgewährungsanspruch)**.[2]

Ableitung: **Rechtsstaatsprinzip** (u.a. Art. 20 Abs. 3, 101, 103 GG), Art. 6 Abs. 1 EMRK.

Bei einer Verletzung dieses Anspruchs - z.B. durch Untätigkeit des angerufenen Gerichts - stehen dem Betroffenen die sog. **Untätigkeitsbeschwerde** - entspr. § 567,[3] ausdrückliche Regelung aufgrund Forderung des EGMR[4] in Vorbereitung[5] -, die Dienstaufsichtsbeschwerde (§ 26 DRiG), u.U. ein Richterablehnungsrecht und letztlich die Verfassungsbeschwerde[6] zu, ggf. auch Schadensersatzansprüche gemäß Art. 34 GG, § 839 BGB (s. Abs. 2. S. 2!).[7]

---

1 BVerfG NJW 1992, 1673; 1998, 1475; v. 28.03.2002, 2 BvR 307/01, NJW 2002, 2227.

2 BVerfG v. 17.07.2004 - 1 BvR 1196/04, NJW 2004, 3320; BGH Urt. v. 11.01.2007 - III ZR 302/05, NJW 2007, 830; Zöller/Vollkommer Einl. 48; RS/Gottwald § 3, 1 ff.; Schilken GVG 86 ff.

3 s. OLG Rostock MDR 2005, 108; OLG Frankfurt NJW 2007, 852; FamRZ 2007, 1030; Zöller/Gummer § 567 Rdnr. 21; streitig.

4 EGMR NJW 2006, 2389 (Fall Sürmeli): Art. 13 EMRK.

5 s. Steinbeiß-Winkelmann ZRP 2007, 177; Roller DRiZ 2007, 82.

6 BVerfG v. 20.09.2007 - 1 BvR 775/05, NJW 2008, 503. - dazu Steinbeiß-Winkelmann NJW 2008, 1783.

7 BGH Urt. v. 11.01.2007 - III ZR 302/05, NJW 2007, 830: auch aus enteignungsgleichem Eingriff.

3) Zunehmend wird aber auch eine **außergerichtliche Beilegung zivilrechtlicher Streitigkeiten** angestrebt und ermöglicht.

Gründe u.a.: Vermeidung langdauernder kostenträchtiger Gerichtsverfahren, Stärkung der Eigeninitiative der Streitbeteiligten zur Konfliktlösung, größere Flexibilität hinsichtlich der Lösungsmöglichkeiten, Entlastung der Gerichte.[8] – Wege:

a) **Selbstständiges Beweisverfahren gem. § 485 Abs. 2 ZPO** zur Vorwegklärung von Sachverhalten, um so ggf. einen Rechtsstreit zu vermeiden (s. Satz 2!).

b) **Außergerichtliche Schlichtungsstellen**, die angerufen werden können (nicht müssen): u.a. bei Gemeinden, den Handwerkskammern (§ 91 Abs. 1 Nr. 11 HandwO), Banken (§ 14 UKlaG), Ärztekammern für Arzthaftungsfälle, wettbewerbsrechtliche Einigungsstellen (§ 15 UWG), Ombudsmann für die privat Kranken- und Pflegeversicherten.[9]

c) **Mediation** (aus dem amerikanischen Rechtsbereich stammend): Versuch der Konfliktbeteiligten, z.B. bei familienrechtlichen Problemen, mit Hilfe eines **sachkundigen neutralen Vermittlers – des Mediators** – eine außergerichtliche Konfliktlösung zu erreichen,[10]

insbes. durch gemeinsames Erarbeiten von im Interesse beider Parteien liegenden Lösungen („win-win-Lösungen") statt des im Prozess oft nur möglichen „Nullsummen-Spiels", bei dem ein Vorteil für eine Partei einen Nachteil für die andere bedeutet.

Zunehmende Bedeutung, insbes. bei familienrechtlichen Problemen und Konflikten im Bereich der Wirtschaft.[11] – Dabei handelt es sich um eine allgemeine internationale Entwicklung (alternative dispute resolution, ADR); das Europa-Parlament hat am 23.04.2008 eine Richtlinie zur Mediation in Zivil- und Handelssachen beschlossen.[12]

Auch das Gericht kann u.U. den Parteien eines bereits anhängigen Prozesses eine Mediation zur außergerichtlichen Streitschlichtung und damit Erledigung des Prozesses vorschlagen – auch eine innergerichtliche Mediation, durch andere Richter[13] –: **§ 278 Abs. 5 ZPO**, was, wenn auch nur langsam, zunehmend Akzeptanz findet.[14]

d) **Gütestellen i.S.v. § 794 Abs. 1 Nr. 1 ZPO** (u.a. Hamburg, Bayern).

e) **Anwaltsvergleich** (§§ 796 a ff. ZPO, s.u. § 10, 6.5).

f) Anrufung eines – vereinbarten – **Schiedsgerichts** (s.u. § 15, 4).

g) **Obligatorisches Schlichtungsverfahren: § 15 a EG ZPO** [15] ermöglicht es den **Bundesländern**, für bestimmte Streitigkeiten – vermögensrechtlich bis 750 € (Amtsgericht), bestimmte Nachbarschafts- und Beleidigungsstreitigkeiten – die Durchführung eines obligatorischen Schlichtungsverfahrens vor Zulässigkeit der Anrufung des Gerichts anzuordnen **(„Schlichten statt Richten")**.[16]

Bisher in Baden-Württemberg, Bayern, Brandenburg, Hessen, Nordrhein-Westfalen, Saarland, Sachsen-Anhalt und Schleswig-Holstein (s. Landesgesetze Schönfelder 104 ff.).

---

8 s. Katzenmeier ZZP 115 (2002), 51.

9 Bürkle VersR 2002, 291.

10 s. u.a. Eisele JURA 2003, 656; Tochtermann JuS 2005, 131. – ausführlich: Hess, Verhandlungen des 67. Deutschen Juristentages, Band I: Gutachten, 2008.

11 s. Rüssel JA 2005, 666.

12 s. hierzu Althammer JZ 2006, 69.

13 s. Wimmer/Wimmer NJW 2007, 3243. – abl. Greger NJW 2007, 3258.

14 s. Neuenhahn/Neuenhahn NJW 2005, 1245.

15 BVerfG v. 14.02.2007 – 1 BvR 1351/01, NJW-RR 2007, 1073: keine Verletzung des JustizgewährungsA.

16 Eingehende Darstellung: Prütting, Hrsg., Außergerichtliche Streitschlichtung, 2003.

2. Begriff und Aufgabe des Zivilprozesses

1) Das Zivilprozessrecht regelt das Verfahren, mit dem der Staat seiner Justizgewährungspflicht auf dem Gebiete des **Privatrechts** nachkommt.

Der Zivilprozess lässt sich demgemäß definieren als das staatlich angeordnete und geregelte Verfahren vor den Gerichten des Staates zur Feststellung, Gestaltung, Durchsetzung oder zum vorläufigen Schutz der privatrechtlichen Rechte des Einzelnen.[17]

weitere Zwecke (str.): die Wahrung der Rechtsordnung im Allgemeinen, die Wiederherstellung u. Erhaltung des Rechtsfriedens, die autonome konsensuale Konfliktlösung.[18]

2) Das Verfahren nach der **Zivilprozessordnung (ZPO)** gilt für die **„bürgerlichen Rechtsstreitigkeiten" i.S.d. § 13 GVG**, d.h. für alle zivilrechtlichen Streitigkeiten und für diejenigen Sachen, die, ohne Zivilsachen zu sein, ausdrücklich den ordentlichen Gerichten zur Entscheidung zugewiesen sind (z.B. Enteignungsentschädigung, Art. 14 Abs. 3 GG). – s. näher u. § 5, 3.2.7.

3) Der Zivilprozess ist in der ZPO als Zwei-Parteien-Prozess ausgestaltet: **des Klägers gegen den Beklagten (Zweiparteienprinzip).**

Der Staat verfolgt also nicht von sich aus die privatrechtlichen Ansprüche der Bürger untereinander, sondern überlässt dies den Bürgern selbst.[19]

3. Gliederung des Zivilprozesses

Entsprechend seiner Aufgabe gliedert sich der Zivilprozess in:

1) das **Erkenntnisverfahren** (Entscheidungs-, Urteilsverfahren): Es dient der richterlichen Prüfung des mit der Klage verfolgten Anspruchs und hat eine Entscheidung darüber – i.e.L. durch Urteil – zum Ziel und als Ergebnis.

   Die ZPO regelt das Erkenntnisverfahren im 1.–7. Buch.

2) das **Zwangsvollstreckungsverfahren**: Es hat die zwangsweise Durchsetzung des festgestellten und in einem Vollstreckungstitel – wichtigster Fall: das Urteil des Erkenntnisverfahrens – niedergelegten Anspruchs mit Hilfe staatlicher Vollstreckungsorgane zum Ziel.

   Es ist im 8. Buch der ZPO und – soweit es die Vollstreckung in Grundstücke betrifft – auch im ZVG, als Teil der ZPO (§ 869 ZPO), geregelt.

3) das **Arrest- und einstweilige Verfügungsverfahren**: Eilverfahren zur vorläufigen Sicherung oder Regelung von Rechten und Rechtsverhältnissen.

   ebenfalls im 8. Buch (§§ 916 ff.); dogmatisch ungenau, weil es sich insoweit um ein vorläufiges Erkenntnisverfahren mit Sonderregelungen für die Vollstreckung handelt.

---

17 s. RS/Gottwald § 1 Rdnr. 1 ff., 5 ff.

18 hierzu Greger, Festschrift für Vollkommer, 2006, 1.

19 s. Schilken Rdnr. 72 ff.

4. Aufbau, Organisation und Instanzenzug der Zivilgerichtsbarkeit

4.1 Die Zivilgerichtsbarkeit ist Teil der sog. **„ordentlichen Gerichtsbarkeit“**.

1) Unter der „ordentlichen Gerichtsbarkeit“ wird die nach dem GVG (§§ 12, 13) bestehende Gerichtsbarkeit in **Zivil- und Strafsachen** verstanden.

Der Begriff „ordentliche Gerichtsbarkeit“ ist **historisch bedingt**. Als er entstand (GVG von 1877), waren nur diese Gerichte des GVG unabhängige Gerichte i.S.d. Gewaltenteilungsprinzips, während Verwaltungs- und Finanzgerichte noch der Verwaltung eingegliedert waren. Heute sind **alle** in Art. 95 GG genannten Gerichtszweige („ordentliche Gerichtsbarkeit“, Verwaltungs-, Finanz-, Arbeits- und Sozialgerichtsbarkeit) unabhängige Gerichte. Die Begriffe „ordentliche Gerichtsbarkeit“, „ordentliche Gerichte“, „ordentlicher Rechtsweg“ sind jedoch gleichwohl als inzwischen feststehende Begriffe beibehalten worden.

2) Aufbau und Organisation der „ordentlichen Gerichte“ sind im **Gerichtsverfassungsgesetz** geregelt: Amts-, Land- und Oberlandesgerichte als Gerichte der Länder, der Bundesgerichtshof in Karlsruhe als Gericht des Bundes.

„vierstufiger“ Gerichtsaufbau. – Reformüberlegungen befürworten seit langem eine Dreistufigkeit, durch Verschmelzung von Amts- u. Landgerichten zu sog. „Eingangsgerichten“.

In der DDR war der Aufbau dreistufig: Kreisgericht – Bezirksgericht – Oberstes Gericht.

3) Vor diese „ordentlichen Gerichte“ gehören nach § 13 GVG die **bürgerlichen Rechtsstreitigkeiten** – mit Ausnahme der arbeitsrechtlichen Streitigkeiten, für die die Arbeitsgerichte zuständig sind, vgl. § 2 ArbGG – und die Strafsachen, ferner die Angelegenheiten der „freiwilligen Gerichtsbarkeit“ nach dem FGG.

4.2 Gerichte und Spruchkörper

Die Gerichte sind organisatorische Einheiten, bei denen wiederum einzelne – i.d.R. mehrere gleichartige – **„Spruchkörper“** bestehen. Diese Spruchkörper sind „das Prozessgericht“ (erkennendes Gericht) i.S.d. ZPO; von und vor ihnen wird das Verfahren durchgeführt, sie fällen die Entscheidungen.

4.2.1 Die Spruchkörper sind mit **Richtern** besetzt. Diese sind sachlich – d.h. in ihren Entscheidungen – und persönlich **unabhängig** (Art. 97 GG, § 1 GVG).

Die Richter sind bei ihren Entscheidungen nur an Recht und Gesetz gebunden,[20] nicht aber an die Rechtsprechung des BGH als solche – also **keine Präjudizienrechtsprechung!**[21] wie weitgehend noch im englischen Recht[22] –, auch wenn die BGH-Rechtsprechung in der Praxis natürlich von großer Bedeutung ist und von den Richtern insbes. auch aus Gründen der Rechtssicherheit und des Vertrauensschutzes weitestgehend berücksichtigt wird.[23]

Schutz der Unabhängigkeit u.a. durch das **Spruchrichterprivileg** gem. § 839 Abs. 2 S. 1 BGB: Grds. keine Amtshaftung wegen unrichtiger Rechtsanwendung.[24]

---

20 zum sog. „Richterrecht“ s. Durner JA 2008, 7.

21 s. BGH v. 09.07.2002 – X ARZ 110/02, NJW-RR 2002, 1498.

22 s. Vogenauer, Zur Geschichte des Präjudizienrechts in England, ZNR 2006, 48.

23 s. BVerfG v. 26.07.2007 – 1 BvR 602/07, FamRZ 2008, 131.

24 s. Palandt/Sprau § 839 Rdnr. 63 ff.

4.2.2 Spruchkörper in Zivilsachen sind:

1) beim **Amtsgericht** immer ein **Einzelrichter** (§ 22 GVG).

Beim Familiengericht – einer besonderen Abteilung des Amtsgerichts, vgl. § 23 b GVG – führt der Einzelrichter die Bezeichnung **Familienrichter** (§ 23 b Abs. 3 GVG).

2) beim **Landgericht** die Zivilkammern (§ 75 GVG) und die Kammer für Handelssachen (§§ 93 ff. GVG).

a) Die **Zivilkammer** ist mit **drei Berufsrichtern** besetzt.

Vorsitzender einer Kammer kann nur ein Richter auf Lebenszeit sein (§ 28 Abs. 2 DRiG), also der Präsident des Landgerichts, Vorsitzende Richter am Landgericht und u.U. auch Richter am Landgericht (vgl. § 21 f GVG; zu den Amtsbezeichnungen s. § 19 a DRiG). Die anderen Mitglieder können dagegen auch Richter auf Probe (Assessoren) sein (§ 29 DRiG); es müssen jedoch immer mindestens zwei Richter auf Lebenszeit mitwirken (§ 29 DRiG).

b) Die Zivilkammer entscheidet jedoch grds. nicht in ihrer vollen Besetzung, sondern durch eines ihrer Mitglieder als **Einzelrichter** (§ 348 ZPO).

c) Die **Kammer für Handelssachen** ist mit einem Berufsrichter als Vorsitzendem und zwei ehrenamtlichen Richtern besetzt (§ 105 GVG).

Die ehrenamtlichen Richter führen die Bezeichnung **Handelsrichter** (§ 45 a DRiG). Sie müssen kaufmännisch qualifiziert sein (vgl. § 109 GVG) und werden auf Vorschlag der Industrie- und Handelskammer für die Dauer von fünf Jahren ernannt (§ 108 GVG).

Die KfH ist zuständig für **Handelssachen** (§ 95 GVG). Soweit jedoch bei einem LG eine KfH nicht gebildet ist oder ihre Zuständigkeit aufgrund des Parteiverhaltens nicht eingreift (§§ 96 ff. GVG), ist die (allgemeine) Zivilkammer auch für Handelssachen zuständig.

Bei den Amtsgerichten gibt es keine besondere Abteilung für Handelssachen.

3) beim **Oberlandesgericht die Zivilsenate** (§ 116 GVG), besetzt mit drei Berufsrichtern (Vorsitzenden und zwei Beisitzern, § 122 Abs. 1 GVG).

4) beim **Bundesgerichtshof die Zivilsenate** (§ 130 GVG), besetzt mit fünf Berufsrichtern (Vorsitzenden und vier Beisitzern, § 139 GVG),

außerdem: der „Große Senat für Zivilsachen" und die „Vereinigten Großen Senate" (§ 132 GVG), zur Sicherung einer einheitlichen Rechtsprechung innerhalb des BGH.

Zur Wahrung der Einheit der Rechtsprechung zwischen den verschiedenen Gerichtsbarkeiten: Gemeinsamer Senat der obersten Gerichtshöfe des Bundes, Art. 95 GG.

4.2.3 „Gesetzlicher Richter" i.S.d. Art. 101 GG ist sowohl der Spruchkörper (das Prozessgericht) wie auch der diesem angehörende einzelne Richter.

Welcher Spruchkörper für eine Sache zuständig ist und welche Richter dem Spruchkörper angehören, wird durch den **Geschäftsverteilungsplan des Gerichts** bestimmt (§ 21 e GVG), den das Präsidium des Gerichts in richterlicher Unabhängigkeit (Selbstverwaltung) beschließt.

Welcher Richter innerhalb des Spruchkörpers als Einzelrichter oder Berichterstatter zuständig ist, bestimmt der kollegiumsinterne Geschäftsverteilungsplan (§ 21 g GVG).

Diese Geschäftsverteilungspläne müssen die zur Entscheidung berufenen Richter **generell-abstrakt** bestimmen, damit Manipulationen ausgeschlossen sind.

Bei Verstoß gegen den gesetzlichen Richter: Rechtsmittel, ggf. Verfassungsbeschwerde.

4.2.4 Jedes Kollegialgericht (Kammer, Senat) hat einen **Vorsitzenden**, dem die Prozessleitung und Verhandlungsführung obliegt (§§ 136 ZPO, 176 GVG), soweit nicht ein Einzelrichter tätig wird. Für die Entscheidung haben jedoch die Stimmen der Beisitzer das gleiche Gewicht wie die des Vorsitzenden.

zur Beratung und Abstimmung: §§ 192 ff. GVG.

4.3 Instanzenzug in Zivilsachen

4.3.1 Erste Instanz ist entweder das Amtsgericht oder das Landgericht.

1) Das **Amtsgericht** ist gemäß §§ 23, 23 a GVG zuständig:

- für Streitigkeiten mit einem **Streitwert bis einschließlich 5.000 €**, ferner in den Fällen des § 23 Nr. 2 GVG,
- für Familiensachen (Familienrichter).

2) Das **Landgericht** ist für alle anderen Streitigkeiten zuständig (§ 71 GVG):

- also für Streitigkeiten mit einem **Streitwert über 5.000 €**,
- ferner für alle Klagen aus Amtshaftung, unabhängig vom Streitwert.

Die Streitwertzuständigkeit ist nicht zwingend: Die Parteien können insoweit eine andere Zuständigkeit vereinbaren (§§ 38 ff. ZPO), sodass daher beim Amtsgericht auch ein Prozess mit einem höheren Streitwert als 5.000 € geführt werden kann.

4.3.2 Zweite Instanz:

1) Gegen Urteile des **Amtsgerichts** gibt es die **Berufung**

a) in allgemeinen Zivilsachen zum **Landgericht** (§ 72 GVG)

(bei Auslandsbezug, z.B. bei Beteiligung ausländischer Parteien, allerdings zum OLG, § 119 Abs. 1 Nr. 1 GVG), dagegen

b) in **Familiensachen zum OLG** (§ 119 Abs. 1 Nr. 1 GVG, **Familiensenat**).

2) Gegen erstinstanzliche Urteile des **Landgerichts** gibt es die **Berufung an das Oberlandesgericht** (§ 119 Abs. 1 Nr. 2 GVG).

4.3.3 Dritte Instanz: Gegen die Berufungsurteile gibt es die **Revision an den Bundesgerichtshof** (§§ 133 GVG, 542 ZPO).

Die Revision ist nunmehr gegen **alle - also auch gegen landgerichtliche - Berufungsurteile** möglich (wichtige Neuregelung der ZPO-Reform 2002). Bis dahin gab es gegen landgerichtliche Berufungsurteile keine Revision, der Rechtsmittelzug vom Amts- zum Landgericht endete beim Landgericht.

Eine Revision ist natürlich nur unter ihren besonderen Voraussetzungen statthaft (Zulassung oder erfolgreiche Nichtzulassungsbeschwerde, s.u. § 13, 3.2).

Möglich ist unter bestimmten Voraussetzungen auch eine Sprungrevision unmittelbar gegen ein erstinstanzliches Urteil unter Überspringung der Berufung: § 566 ZPO.

4.4 Übersicht über den Instanzenzug

1. Instanz „Eingangsgericht“	**2. Instanz** Berufungsgericht	**3. Instanz** Revisionsgericht
In allgemeinen Zivilsachen		
AG (§ 23 GVG) →	**LG** (§ 72 GVG) ggf. KfH (§ 100 GVG) →	**BGH** (§§ 133 GVG, 542 ZPO)
LG (§ 71 GVG) ggf. KfH (§ 95 GVG) →	**OLG** (§ 119 Abs. 1 Nr. 2 GVG) →	**BGH** (§§ 133 GVG, 542 ZPO)
In Familiensachen		
AG (§ 23 a, b GVG) Familiengericht →	**OLG** (§ 119 Abs. 1 Nr. 1 GVG), Fam.-Senat →	**BGH** (§ 133 GVG)

5. Zur Geschichte der ZPO

1) Die ZPO gehört zusammen mit dem GVG, der StPO und der früheren KO zu den sog. **„Reichsjustizgesetzen“ von 1877**; diese sind am **01.10.1879** in Kraft getreten.

2) Zuvor war das Zivilprozessrecht in Deutschland stark zersplittert: Aus dem mit der Rezeption des römischen Rechts eingedrungenen italienisch-kanonischen Prozess (1495 Reichskammergericht) hatte sich – als Seitenstück zum Gemeinen Recht – der „Gemeine Prozess“ gebildet; dieser galt zwar nur subsidiär, hat aber die Verfahrensordnungen der Territorien stark beeinflusst (Eventualmaxime, feste Beweisregeln). In Preußen galt seit 1793 die Allgemeine Gerichtsordnung für die preußischen Staaten (Inquisitionsmaxime, beamtete Justizkommissare an Stelle der Anwälte). In einigen Territorien galt der code de procedure civile von 1806 (Öffentlichkeit, Mündlichkeit, Parteibetrieb, Anwaltsprozess). Diese Rechtszersplitterung durch das Nebeneinander von preußischem, französischem und Gemeinem Prozess nahm weiter zu, als sich mehrere Einzelstaaten eigene Prozessordnungen gaben.[25]

3) Oberstes Gericht war bis 1945 das **Reichsgericht**, mit Sitz in Leipzig.

4) Seit ihrem Inkrafttreten vor nunmehr fast hundertdreißig Jahren ist die ZPO naturgemäß wiederholt geändert worden, um sie an die veränderten Auffassungen, Verhältnisse und Erfordernisse anzupassen, insbes. auch, um die Verfahren zu beschleunigen. Die letzte umfassende Reform ist durch die **Zivilprozessreform 2002 (ZPO-RG)** bewirkt worden, mit – nach ihrer Begründung – dem Ziel, die Zivilprozesse bürgernäher, effizienter (straffer) und transparenter zu machen, u.a. durch eine Stärkung der ersten Instanz, grundsätzliche Ausgestaltung der Berufung lediglich zur Fehlerkontrolle u. -beseitigung, Abschaffung der Streitwertrevision (zur Ermöglichung der Revision auch bei geringem Streitwert).

5) In – sehr kontroverser – Reformdiskussion ist zur Zeit eine sog. **„große Justizreform“**, durch u.a. Beschränkung der Justiz auf „Kernaufgaben“, weitere Straffung der Berufungsinstanz („funktionale Zweistufigkeit“), Zusammenlegung von Gerichtsbarkeiten.[26]

25 Zur Geschichte des Zivilprozesses s. RS/Gottwald §§ 4, 5; StJ/Brehm Einl. Rdnr. 127 ff.
26 s. u.a. Heister-Neumann ZRP 2005, 12; Weth ZRP 2005, 119, ZZP 2007, 135; Dury ZRP 2005, 262.

§ 2 Der Verfahrensablauf im Allgemeinen

Fall 1: Der Kraftfahrzeughändler Karl König aus Münster hat am 16.03.2008 von dem Viehhändler Berthold Balzer aus Warendorf - Ort im Landgerichtsbezirk Münster - dessen gebrauchten Pkw Mercedes 380 SE für 19.500 € gekauft. Als König die Lieferung des Wagens anmahnte, erklärte Balzer, dass er den Wagen nicht mehr liefern könne, er sei ihm gestohlen worden. König erfuhr, dass dies nicht stimme, dass Balzer vielmehr den Wagen am 23.03.2008 in betrunkenem Zustand an einem Baum zu Schrott gefahren hatte. Da König den Wagen für 25.500 € an den Handelsvertreter Anton Ziegler hätte weiter verkaufen können, verlangte er mit Schreiben vom 03.04.2008 von Balzer den Verdienstausfall von 6.000 € als Schadensersatz. In seinem Antwortschreiben vom 12.04.2008 gab Balzer zwar zu, dass der zunächst behauptete Diebstahl nicht zutreffe, weigerte sich aber trotzdem zu zahlen, weil er bei dem Unfall keineswegs betrunken gewesen sei und den Unfall auch nicht verschuldet habe.

Wenn Balzer - wie König annimmt - den Untergang des Pkw zu vertreten hat, hat König aus §§ 433 Abs. 1, 275, 280 Abs. 1, 283 BGB einen Schadensersatzanspruch auf den entgangenen Gewinn von 6.000 €. Da Balzer diesen Anspruch nicht freiwillig erfüllen will, muss König Klage gegen ihn erheben, um so im Erkenntnisverfahren ein Urteil (Vollstreckungstitel) zu erwirken, aus dem er dann die Zwangsvollstreckung gegen Balzer betreiben kann.

1. Vor der Klageerhebung - Rechtsverhältnis zwischen Anwalt und Mandant

1.1 Ob es **sinnvoll** ist, einen Prozess anzustrengen - der u.U. eine erhebliche Zeit-, Kosten- und Nervenbelastung bedeutet -, hängt von vielfältigen rechtlichen und wirtschaftlichen Überlegungen ab.

1) Die **rechtlichen** Überlegungen gehen dahin, ob überhaupt hinreichende Aussicht besteht, den Prozess zu gewinnen. Dies setzt voraus, dass eine Klage

a) **zulässig** ist, d.h., dass alle Prozessvoraussetzungen vorliegen, und

b) **begründet** ist, d.h., dass das Klagebegehren seine Rechtfertigung in einem bestehenden materiell-rechtlichen Anspruch findet (schlüssig ist) und dass das Bestehen dieses Anspruchs im Falle des Bestreitens der Anspruchsvoraussetzungen durch den Gegner auch bewiesen werden kann.

2) In **wirtschaftlicher** Hinsicht ist

a) zum einen die Erfolgsaussicht **mit dem Kostenrisiko abzuwägen**, denn bei einem Unterliegen hat der Kläger die gesamten durch den Prozess entstehenden Kosten - auch des Gerichts und des Gegners - zu tragen (§ 91 ZPO[27]),

27 Paragraphen ohne Gesetzesbezeichnung beziehen sich im Folgenden auf die ZPO.

b) zum anderen die **Vollstreckungsaussicht** zu bedenken, denn ein Titel nützt nichts, wenn der Schuldner kein Vermögen hat, in das vollstreckt werden kann.

Dann sind für den Kläger u.U. auch die Prozesskosten verloren, die er – auch bei einem gewonnenen Prozess – an das Gericht und an seinen Rechtsanwalt zu zahlen hat.

3) Das **Kostenrisiko** ist naturgemäß ein besonders bedeutsamer Gesichtspunkt bei der Entscheidung für einen Prozess, oft sogar ein schwerwiegendes Hindernis („faktische Zugangssperre", **„Kostenbarriere"**).

Die Kosten lassen sich anhand der Gebührentabellen des GKG und des RVG (Schönfelder 115, 117) und der Entschädigungssätze des JVEG (Schönfelder 116) abschätzen.

Dieses Kostenrisiko kann **beseitigt oder verringert** werden:

a) vom Rechtsuchenden selbst: durch eine **Rechtsschutzversicherung**,

die im Rahmen ihrer Allgemeinen Versicherungsbedingungen (ARB) die Kosten einer erforderlichen anwaltlichen Beratung und eines Prozesses übernimmt.

b) durch **Prozesskostenhilfe** (PKH, §§ 114 ff.),

durch die auch einer mittellosen Partei eine Prozessführung ermöglicht werden soll.[28]

(1) Prozesskostenhilfe wird einer Partei vom Gericht auf Antrag bewilligt, wenn

- die Rechtsverfolgung oder -verteidigung **hinreichende Aussicht auf Erfolg** bietet und nicht mutwillig erscheint.

  Nur summarische Prüfung: Die Anforderungen dürfen nicht überspannt werden; bei ungeklärten Rechts- oder Tatfragen ist – zur Gewährung des grundgesetzlich gebotenen Rechtsschutzes auch für den Mittellosen – Prozesskostenhilfe zu bewilligen.[29]

- die Partei die Kosten nicht, nur zum Teil oder nur in Raten aufbringen kann.

  Mittellosigkeit, s. §§ 114, 115: Berücksichtigung der Einkommens- und Vermögensverhältnisse der Partei nach sozialrechtlichen Grundsätzen und einer amtlichen **Tabelle**.

  nicht bei Rechtsschutz o. Anspruch auf Prozesskostenvorschuss (z.B. § 1360 a BGB).

(2) Wirkung der Prozesskostenhilfe (§ 122): Die Partei hat die Gerichtskosten und die Kosten eines ihr beigeordneten Anwalts (§ 121) – nach Maßgabe des Bewilligungsbeschlusses – nicht, nur zum Teil oder nur in Raten zu bezahlen.

Allerdings wird die Partei nicht von einer Verpflichtung zur Erstattung von Kosten an den Gegner befreit (§ 123); d.h., wenn oder soweit sie den Prozess **verliert**, muss sie die **Kosten des Gegners** tragen: Insoweit bleibt daher auch bei Bewilligung von PKH ein **Kostenrisiko**!

c) **durch Beratung nach dem BeratungshilfeG** (Schönfelder 98 b): Im außerprozessualen Bereich – und damit u.U. auch im Vorstadium eines Prozesses – kann der mittellose Bürger die kostenlose Beratung durch einen Anwalt in Anspruch nehmen.

d) durch **Prozessfinanzierungsvertrag** mit einem entsprechenden Finanzierungsunternehmen, das gegen quotenmäßige Beteiligung im Erfolgsfall die gesamten Prozesskosten, auch im Falle eines Prozessverlustes, übernimmt.[30]

---

28 s. EGMR NJW 2006, 1255 (Greenpeace ./. McDonalds): Art. 6 Abs. 1 EMRK.

29 s. BVerfG v. 14.06.2006 – 2 BvR 626/06, NJW 2006, 3412; BVerfG v. 19.02.2008 – 1 BvR 1807/07, NJW 2008, 1061 (Fall Gäfgen); BGH v. 07.03.2007 – IV ZB 37/06, NJW-RR 2007, 908.

30 s. u.a. Frechen/Kochheim NJW 2004, 1213.

4) Für die insoweit anzustellenden Überlegungen fehlen dem Bürger meist die notwendigen juristischen Kenntnisse. Vernünftigerweise wird er daher schon in diesem Vorstadium einen **Rechtsanwalt** einschalten. Ist das Landgericht zuständig, **muss** er ohnehin einen Anwalt mit der Prozessdurchführung beauftragen: **Vor den Landgerichten – und den höheren Gerichten – müssen sich die Parteien durch einen Rechtsanwalt als Bevollmächtigten vertreten lassen** (§ 78 Abs. 1, **Anwaltszwang**); nur Anwälte sind insoweit **postulationsfähig, d.h. fähig, prozessual wirksam zu handeln (Anwaltsprozess)**.

Vor allen Land- u. Oberlandesgerichten ist nunmehr **jeder Rechtsanwalt postulationsfähig**; das frühere System der Zulassung nur bei bestimmten Gerichten (Lokalisationsgrundsatz) ist insoweit vollständig aufgehoben (G. v. 26.03.2007, BGBl. I, S. 358; Ausnahme nur noch beim BGH).

Vor den **Amtsgerichten** sind auch die Parteien selber postulationsfähig – sog. **Parteiprozess** –, § 79; beim Familiengericht besteht allerdings für Ehesachen, Scheidungsfolgesachen und güterrechtliche Familiensachen Anwaltszwang (§ 78 Abs. 2).

Gründe für den Anwaltszwang: Geordnete Rechtspflege, Schutz und Beratung der Parteien.

Zum Fall: König wird einen Anwalt aufsuchen, zumal er eine Forderung über mehr als 5.000 € geltend machen will, sodass für eine Klage das Landgericht sachlich zuständig ist (§§ 71 Abs. 1, 23 Nr. 1 GVG), er also zur Durchführung eines Prozesses gerade auch einen Anwalt benötigt.

1.2 In den **Beziehungen zwischen dem Rechtsanwalt und seinem Mandanten** sind Innenverhältnis und Außenverhältnis zu unterscheiden.

1) Das **Innenverhältnis ist i.d.R. ein Dienstvertrag**, der eine **Geschäftsbesorgung** zum Gegenstand hat (§ 675 BGB).[31]

Gegenüber den Regelungen des BGB – § 675 verweist auf Auftragsrecht, §§ 663 ff. – ergeben sich jedoch Modifikationen: Der Anwalt ist zwar grundsätzlich an die Weisungen seines Mandanten gebunden, als **„unabhängiges Organ der Rechtspflege“** (§ 1 BRAO) aber nur insoweit, als diese nicht im Widerspruch zu seinen Pflichten als Rechtspflegeorgan stehen.

a) Der Anwalt ist zur sorgfältigen Prüfung der Rechtslage – unter Beachtung der höchstrichterlichen Rechtsprechung – verpflichtet, ferner zur umfassenden und erschöpfenden Beratung seines Mandanten über Erfolgsaussichten und Prozessrisiken unter deutlichen Hinweisen auf Zweifel und Bedenken und zur sorgfältigen Prozessführung, wobei er bei verschiedenen Möglichkeiten stets den **sichersten Weg** zur Erreichung des Prozessziels vorzuschlagen und einzuhalten hat.[32] Den tatsächlichen Angaben seines Mandanten darf der Anwalt dabei grundsätzlich vertrauen.[33]

b) Verletzt der Anwalt schuldhaft seine Vertragspflichten, so ist er gem. §§ 280 ff. BGB seinem Mandanten zum Schadensersatz verpflichtet, z.B. für einen schuld-

31 BGH NJW 1985, 2642; 1996, 2931 – kein Werkvertrag, da kein Erfolg geschuldet wird. – Umfassend zum Anwaltsvertrag: Schnabl JA 2005, 896.

32 ständige Rspr. des BGH, u.a. Urt. v. 22.09.2005 – IV ZR 23/04, NJW-RR 2006, 501; Urt. v. 15.02.2006 – XII ZR 23/04, FamRZ 2006, 930; Urt. v. 23.11.2006 – IX ZR 21/03, VersR 2007, 393.

33 BGH NJW 1998, 2048@; 2000, 731; BGH, Urt. v. 22.09.2005 – IX ZR 23/04, NJW 2006, 501.

haft verlorenen Prozess.[34] Der Anwalt ist verpflichtet, eine entsprechende Berufshaftpflichtversicherung abzuschließen (§ 51 BRAO).

c) Die **Vergütung** des Anwalts richtet sich nach dem RVG, ist also i.d.R. streitwertabhängig. Honorarvereinbarung - auch von Stundensätzen - ist zulässig (§ 3 a RVG, insbes. nunmehr für die außerprozessuale Beratung, § 34 RVG), bei auffälligem Missverhältnis aber gem. § 138 BGB nichtig.[35] Grundsätzlich unzulässig ist die Vereinbarung eines **Erfolgshonorars**, ausnahmsweise zulässig aber - nach einer Vorgabe des Bundesverfassungsgerichts[36] - dann, wenn der Mandant anderenfalls aufgrund verständiger wirtschaftlicher Erwägungen davon absehen müsste, seine Rechte zu verfolgen (§ 49 b Abs. 2 BRAO n.F., § 4 a RVG n.F.[37]).

2) Die **Vertretungsmacht im Außenverhältnis** ergibt sich durch die **Prozessvollmacht**. - Umfang der Vollmacht: §§ 81 ff.

Das Bestehen der Vollmacht wird bei einem Anwalt nur auf Rüge geprüft (§ 88).

3) Der Anwalt unterliegt dem **Standesrecht** (§ 43 BRAO, z.B. dem Sachlichkeitsgebot gem. § 43 a Abs. 3 BRAO; einer - zunehmend gelockerten - Einschränkung der Werbung gem. § 43 b BRAO[38]). Dieses Standesrecht ist in der **Berufsordnung (BORA)** der Bundesrechtsanwaltskammer konkretisiert worden.

Standesrechtlich zulässig ist eine Beratung über eine **0190-Telefon-Hotline**.[39]

Zum Fall: König wird also, wenn er sich nach der Beratung mit seinem Anwalt zur Klage entschließt, diesem **Klageauftrag und Prozessvollmacht** erteilen. Örtlich zuständiges Gericht für die Klage ist das LG Münster (§§ 13, 29).

Bei einem Anspruch, gegen den sich der Schuldner voraussichtlich nicht wehren wird, kann auch ein Vorgehen im **Mahnverfahren** erwogen werden: Ein vereinfachtes Verfahren zur Titulierung zivilrechtlicher, voraussichtlich unstreitiger Ansprüche (s.u. § 15, 2). - Das ist hier jedoch nach dem bisherigen Verhalten von Balzer nicht zweckmäßig.

2. Die Erhebung der Klage

erfolgt in zwei Akten, nämlich durch Einreichung der Klageschrift und durch die vom Gericht durchzuführende Zustellung der Klage an den Beklagten:

- Mit der Einreichung der Klageschrift bei Gericht (Eingang der Klage) ist der Rechtsstreit **anhängig**.
- Mit der Zustellung der Klage an den Beklagten ist die Klage erhoben (§ 253 Abs. 1); dadurch wird der Rechtsstreit **rechtshängig** (§ 261 Abs. 1).

Vor den Verwaltungs- und Sozialgerichten tritt dagegen die Rechtshängigkeit bereits mit Klageeinreichung ein (§§ 81, 90 VwGO, 90, 94 SozGG), was u.U. auch zivilprozessual zur Fristwahrung genutzt werden kann.[40] - näher zur Rechtshängigkeit s.u. § 4, 1.

34 s. Zugehör (Hrsg.), Handbuch der Anwaltshaftung, 2. Aufl. 2006; Borgmann/Jungk/Grams, Anwaltshaftung, 4. Aufl. 2005; Rinsche/Fahrenhorst/Terbille, Die Haftung des Rechtsanwalts, 7. Aufl. 2005.

35 BGH v. 24.07.2003 - X ZR 131/00, FamRZ 2003, 1642.

36 BVerfG v. 12.12.2006 - 1 BvR 2576/04, NJW 2007, 979.

37 Gesetz vom 12.06.2008, BGBl. I 1000. - dazu Kilian NJW 2008, 1905.

38 s. BVerfG v. 28.07.2004 - 1 BvR 159/04, VersR 2005, 384; Müller-Thele/Schlegel MDR 2006, 65.

39 BGH Urt. v. 26.09.2002 - I ZR 44/00, NJW 2003, 819; Urt. v. 10.09.2004 - I ZR 261/02, NJW 2005, 1266.

40 LSG Schleswig-Holstein FamRZ 2004, 1583. - a.A. KG FamRZ 2008, 1005: Rechtsmissbrauch.

2.1 Die Einreichung der Klage

1) Der **Inhalt der Klageschrift** bestimmt sich nach § 253. – Zwingend:

a) Bezeichnung der Parteien und des Gerichts.

b) Bestimmte Angabe des Gegenstandes und des Grundes des Anspruchs.

c) Ankündigung eines bestimmten Antrages.

d) Unterschrift: Die Klageschrift muss als sog. **bestimmender Schriftsatz** eigenhändig – im Anwaltsprozess von einem Anwalt – unterschrieben sein (§§ 253 Abs. 4, 129, 130 Nr. 6). Einreichung durch **Telefax** ist wirksam, wenn die Faxvorlage eigenhändig unterschrieben ist,[41] bei Computerfax auch bei eingescannter Unterschrift,[42] nicht aber bei bloßer Computerschrift.[43]

Durch das JustizkommunikationsG v. 22.03.2005 sind die rechtlichen Voraussetzungen für eine **elektronische Einreichung** geschaffen worden (§§ 130 a, 130 b, auch zur elektronischen Aktenführung, § 298 a). Bisher fehlen aber weitgehend noch die gem. § 130 a Abs. 2 erforderlichen RechtsVOen und die notwendige technische Ausstattung der Gerichte.[44]

2) Nach dem Ziel der Klage sind **drei Klagearten** zu unterscheiden:

- **Leistungsklage:** gerichtet auf die Verurteilung des Beklagten zu einer Leistung,
- **Feststellungsklage:** gerichtet auf die Feststellung des Bestehens oder Nichtbestehens eines Rechtsverhältnisses,
- **Gestaltungsklage:** gerichtet auf eine (Um-)Gestaltung der Rechtslage durch gerichtliche Entscheidung.

Hier: Da der Kläger erstrebt, dass der Beklagte verurteilt wird, an ihn eine Leistung – Zahlung eines Schadensersatzbetrages – zu erbringen, ist eine entsprechende Leistungsklage angebracht.

Die Klageschrift wird demnach etwa wie folgt aussehen:

Rechtsanwalt Dr. Maier — *Münster, den 13.05.2008*

An das
Landgericht Münster

Klage

des Kraftfahrzeughändlers Karl König, Telgterstr. 7, 48167 Münster, Klägers,

– Prozessbevollmächtigter: Rechtsanwalt Dr. Maier, Annette Allee 57, Münster –

gegen

den Viehhändler Berthold Balzer, Bahnhofstraße 3, 48231 Warendorf, Beklagten.

Namens und in Vollmacht des Klägers erhebe ich hiermit Klage gegen den Beklagten, mit dem Antrag,

41 u.a. BGH NJW 1993, 3141; 1994, 2097.

42 BGH v. 10.10.2006 – XI ZB 40/05, NJW 2006, 3784. – dazu BVerfG v. 29.05.2007 – 1 BvR 624/03, NJW 2007, 3118.

43 BGH, Urt. v. 10.05.2005 – XI ZR 128/04, NJW 2005, 2086.

44 s. Degen NJW 2008, 1473.

den Beklagten zu verurteilen, an den Kläger 6.000 € nebst Zinsen i.H.v. 5 Prozentpunkten über dem Basiszinssatz seit Klagezustellung zu zahlen.

Für den Fall eines Vorverfahrens beantrage ich, den Beklagten bei nicht rechtzeitiger Anzeige der Verteidigungsabsicht durch Versäumnisurteil zu verurteilen.

Gegen eine Entscheidung durch den Einzelrichter bestehen keine Bedenken.

Gründe:

Der Kläger hat mit Vertrag vom 16.03.2008 von dem Beklagten dessen gebrauchten Kraftwagen, Typ Mercedes 380, zum Preis von 19.500 € gekauft.

Beweis: *Vorlage der Vertragsurkunde*

Der Beklagte hat den Wagen trotz Anmahnung nicht geliefert und kann dies auch nicht mehr, da er ihn durch einen fahrlässig verursachten Unfall am 23.03.2008 schuldhaft zerstört hat.

Der Kläger hatte für den Wagen bereits einen Kunden, der den Wagen für 25.500 € abgenommen hätte.

Beweis: *Zeugnis des Vertreters Anton Ziegler, Querweg 123, 48149 Münster*

Dem Kläger ist somit ein Gewinn von 6.000 € entgangen.

Er hat den Beklagten mit Schreiben vom 03.04.2008 zum Ersatz dieses Schadens aufgefordert. Da der Beklagte die Zahlung verweigert, ist Klage geboten.

Dr. Maier, Rechtsanwalt

3) Diese Klage wird beim Landgericht eingereicht (§ 253 Abs. 5),

wobei zugleich ein **Gerichtskostenvorschuss** einzuzahlen ist, da – soweit keine Ausnahme vorliegt, z.B. Bewilligung von Prozesskostenhilfe – die Zustellung der Klage nur nach Einzahlung dieses Kostenvorschusses erfolgen soll (§ 12 GKG): 408 €, KV GKG Nr. 1210.

2.2 Der Eingang der Klage bei Gericht

1) Die Klageschrift erhält zunächst einen **Eingangsstempel**, da der genaue Zeitpunkt ihres Eingangs von erheblicher Bedeutung sein kann (s.u. § 4, 1). – hier: 14.05.2008.

2) Sodann wird festgestellt, vor welche Zivilkammer die Sache nach dem Geschäftsverteilungsplan des Gerichts gehört.

Die Sache erhält dann das entsprechende **Aktenzeichen**. – Wenn hier die 2. Zivilkammer zuständig und die Klageschrift die 170. Sache für diese Kammer im Jahr 2008 ist, so lautet das Aktenzeichen 2 O 170/08. Dabei bedeutet „O“: Allgemeine Zivilsachen beim Landgericht (beim Amtsgericht führen die allgemeinen Zivilsachen das Aktenzeichen „C“; s. Schönfelder Anhang Registerzeichen).

3) Beginnend mit der Klageschrift wird von der **Geschäftsstelle der Kammer** – gewissermaßen dem Büro der Kammer – eine **Prozessakte** angelegt, in die dann im Folgenden alle den Prozess betreffenden Schriftstücke, wie z.B. Verfügungen des Gerichts, Zustellungsurkunden, Schriftsätze der Anwälte, Verhandlungsprotokolle, das Urteil, aufgenommen werden.

Zu Stellung und Aufgaben des Urkundsbeamten der Geschäftsstelle s. § 153 GVG. Die Geschäftsstelle („Service-Einheit“) verwaltet auch die Akten u. führt Register und Kalender.

4) Die Akte wird dann von der Geschäftsstelle dem für die Bearbeitung des Prozesses zuständigen Richter vorgelegt: Das ist bei einer Kammersache der Kammervorsitzende, bei einer Einzelrichtersache der Einzelrichter.

2.3 Einzelrichter - Kammer

1) Grundsätzlich wird der Rechtsstreit von einem Kammermitglied als **Einzelrichter** - nicht von der Vollkammer - bearbeitet, verhandelt und entschieden: **Originärer Einzelrichter** (§ 348).

Wichtige Neuregelung der Zivilprozessrefom 2002 zur Verfahrensbeschleunigung! Vorher hatte die Übertragung einer Sache an den Einzelrichter im Ermessen der Kammer gestanden.

a) **Ausnahmen**, also Zuständigkeit der Vollkammer (§ 348 Abs. 1 S. 2):

aa) wenn das an sich als Einzelrichter berufene Kammermitglied noch Proberichter ist und noch kein Jahr in Zivilsachen tätig war,

bb) bei bestimmten Zuständigkeiten der Kammer: z.B. Pressesachen, Anwalts- und Arzthaftung, Bausachen, Amtshaftung.

b) Der Einzelrichter legt jedoch die Sache bei besonderer Schwierigkeit, grundsätzlicher Bedeutung oder Antrag der Parteien der Kammer zur Übernahme vor (§ 348 Abs. 3): Dann wird die Vollkammer zuständig.

c) Umgekehrt ist auch eine an sich Kammersache dem Einzelrichter zu übertragen, falls sie keine besonderen Schwierigkeiten bzw. keine grundsätzliche Bedeutung hat: **Obligatorischer Einzelrichter** (§ 348 a).

Durch diese Regelungen wird erreicht, dass (nur) die schwierigen und grundsätzlich bedeutsamen Prozesse von der Vollkammer entschieden werden.

2) **Rechtsstellung des Einzelrichters:** Der Einzelrichter tritt **an die Stelle der Vollkammer:** Er führt das Verfahren und die Verhandlung; er tritt also auch an die Stelle des Vorsitzenden und vereinigt dessen Funktionen und die der Kammer in sich. Er hat die volle Entscheidungskraft der Kammer; seine Entscheidungen - z.B. seine Urteile - sind Entscheidungen der Kammer.[45]

Somit: Der Einzelrichter **ist die Kammer**, sodass also alle Verfahrensregelungen, ob sie sich auf die Kammer oder den Vorsitzenden beziehen, nunmehr **nur noch ihn** betreffen und somit entsprechend zu verstehen sind; überall dort, wo es in der ZPO „Kammer" oder „Vorsitzender" heißt, bedeutet dies daher insoweit: „der Einzelrichter".

3) Welches Kammermitglied Einzelrichter für eine bestimmte Sache ist, richtet sich nach dem kammerinternen Geschäftsverteilungsplan.

Zum Fall: Es handelt sich grds. um eine Einzelrichtersache. Wird davon ausgegangen, dass das betreffende Kammermitglied ein Richter auf Lebenszeit ist, ist daher dieser Richter als Einzelrichter zuständig.

2.4 Die grundsätzliche Wahl des Verfahrens

durch den Richter (hier Einzelrichter, sonst Kammervorsitzender).

Wegen des Grundsatzes der Mündlichkeit der Verhandlung (§ 128 Abs. 1, s.u. § 3, 4.1) muss zur Entscheidung über die Klage grundsätzlich ein Verhandlungs-

45 s. Zöller/Greger § 348 Rdnr. 2; ThP/Reichold § 348 Rdnr. 6; Stackmann JuS 2008, 129.

termin durchgeführt werden. Insoweit hat der Richter **zwei Wege zur Auswahl**, um auf zweckmäßige Weise den sog. **Haupttermin** - d.h. den Verhandlungstermin, in dem die Sache erledigt werden soll (§ 272 Abs. 1) - umfassend vorzubereiten: Er kann

- einen „frühen ersten Termin" zur mündlichen Verhandlung bestimmen oder
- ein schriftliches Vorverfahren veranlassen (§ 272 Abs. 2).

Welche Wahl der Richter trifft, ist eine nicht überprüfbare **Ermessensentscheidung**.[46] Absolute Grundsätze darüber, welcher Weg zweckmäßiger ist, lassen sich kaum aufstellen. Generelle Richtschnur ist, auf welche Weise im Einzelfall die zur Entscheidung notwendige Sammlung und Klärung des Prozessstoffes besser herbeigeführt und die **Entscheidungsreife früher erreicht** werden kann.

Das Vorverfahren dient der weiteren Auf- und Vorbereitung des Prozessstoffes und ist deshalb dann angebracht, wenn eine weitere Klärung vor dem Verhandlungstermin - insbes. durch weiteren Vortrag der Parteien - notwendig erscheint.

Die Anberaumung eines frühen ersten Termins ist dann zweckmäßig, wenn der Rechtsstreit keiner weiteren Vorbereitung bedarf, wenn eine schnelle Entscheidung (z.B. Vergleich, Versäumnisurteil) zu erwarten ist oder wenn eine weitere Vorbereitung besser durch mündliche Erörterung - insbes.: mit den Parteien persönlich (s. § 141) - als durch ein schriftliches Vorverfahren erreicht werden kann.[47]

1) Wählt der Richter **einen frühen ersten Termin**, so hat er diesen Termin unverzüglich zu bestimmen (§ 216 Abs. 2), die Klage zuzustellen und die Parteien - mit Aufforderung zum Vortrag gemäß § 275 - zu dem Termin zu laden.

Bei der Terminsbestimmung muss die dem Beklagten zustehende **Einlassungsfrist** beachtet werden (§ 274 Abs. 3). Einlassungsfrist ist die Frist, die zwischen der Klagezustellung und dem Verhandlungstermin liegen muss; sie beträgt grundsätzlich mindestens **zwei Wochen**.

Immer dann, wenn es sich um die Einleitung des Verfahrens handelt, tritt die längere Einlassungsfrist an die Stelle der allgemeinen **Ladungsfrist** nach § 217, die im Übrigen bei der Anberaumung von Terminen gewahrt werden muss: in Anwaltsprozessen mindestens **eine Woche**, in anderen Prozessen mindestens drei Tage.

Bei Nichteinhaltung dieser Fristen ist nicht ordnungsgemäß geladen; daher bei Nichterscheinen kein Versäumnisurteil (§ 335 Abs. 1 Nr. 2). Die Fristen sind jedoch abkürzbar (§ 226).

2) Veranlasst der Richter ein **schriftliches Vorverfahren**, so wird dem Beklagten die Klageschrift mit der Aufforderung zugestellt, binnen einer Frist von zwei Wochen schriftlich anzuzeigen, ob er sich gegen die Klage verteidigen will; zugleich wird ihm eine weitere Frist zur Klageerwiderung gesetzt (§ 276).

Erklärt der Beklagte seine Verteidigungsabsicht nicht oder nicht rechtzeitig, so kann gegen ihn ein **Versäumnisurteil** im schriftlichen Verfahren möglich sein (§ 331 Abs. 3, s.u. § 9, 3; daher der entsprechende Antrag in der Klageschrift); über diese mögliche Rechtsfolge ist der Beklagte zu belehren (§ 276 Abs. 2).

Zum Fall: Hält der Einzelrichter eine weitere Vorbereitung zur Zeit nicht für erforderlich, wird er einen frühen ersten Termin anberaumen (verfügen).

---

46 BGHZ 86, 31, 35@; 98, 11; MK/Prütting § 272 Rdnr. 5 m.w.N.

47 s. MK/Prütting § 272 Rdnr. 5 ff.

2 O 170/08 *Verfügung* 1. *(Früher erster) Termin zur mündl. Verhandlung: 30.06.2008, 9.00 Uhr. Das persönliche Erscheinen der Parteien wird angeordnet.* 2. *An Beklagten (PZU):* *a) Ladung mit ZP 72 b,* *b) beglaubigte und einfache Abschrift der Klageschrift,* *c) Frist zur Klageerwiderung (§ 275 Abs. 1): 09.06.2008.* 3. *Kläger-Vertreter laden (EB).* — *Münster, den 16.05.2008* 4. *Kläger persönlich laden (ZU).* — *LG-Zivilkammer II* 5. *Wiedervorlage: zum Termin.* — *Dr. Kraft, Einzelrichter*

ZU bedeutet: Postzustellungsurkunde (§ 182). **EB** bedeutet: Empfangsbekenntnis (§ 174); bei Zustellung an Anwälte genügt dieses zum Nachweis des Zugangs.

Der Beklagte ist über die Folgen einer Versäumung der Klageerwiderungsfrist - Zurückweisung von Vorbringen als verspätet (§ 296) - zu belehren, ferner über den Anwaltszwang; üblich sind auch Belehrungen über andere wichtige Umstände, wie die Möglichkeit von Prozesskostenhilfe. Diese Belehrungen erfolgen i.d.R. - wie auch sonst vielfach bei den Verfügungen des Gerichts - durch Verwendung eines entsprechenden (auch EDV-)**Formulars**, was den Zusatz „ZP 72 b" (beispielhafte Bezeichnung eines solchen Formulars) erklärt.

Die Geschäftsstelle führt diese Verfügung aus und veranlasst die erforderlichen Zustellungen (Klage, Ladungen, Fristsetzungen, Belehrungen, §§ 214, 274).

2.5 Die Zustellung der Klage

Zustellung ist ein in gesetzlicher Form zu bewirkender und zu beurkundender Vorgang, durch den dem Adressaten Gelegenheit zur Kenntnisnahme eines Schriftstücks verschafft wird (s. § 166 Abs. 1).

Das Zustellungsverfahren ist in den §§ 166 ff. geregelt.

1) Zugestellt wird i.d.R. eine beglaubigte Abschrift des zuzustellenden Schriftstücks (hier: der Klageschrift); das Original selbst verbleibt bei den Gerichtsakten.

2) Die Zustellung erfolgt - mit Ausnahme der Zustellung von Anwalt zu Anwalt (§ 195) - als ein öffentlich-rechtlicher Staatsakt durch amtlich handelnde Zustellungsorgane (Urkundsbeamter der Geschäftsstelle, § 168; Gerichtsvollzieher, § 192). Diese Zustellungsorgane bedienen sich dabei in der Praxis i.d.R. der Post (§§ 168 Abs. 1 S. 2, 176, 193).

3) Zuzustellen ist:

- Grundsätzlich an den **Adressaten** selbst, bei Vertretung an den Vertreter (§ 170), in einem anhängigen Rechtsstreit an den Prozessbevollmächtigten (§ 172).
- Kann die Zustellung an den Adressaten oder seinen Vertreter nicht ausgeführt werden, ist die **Ersatzzustellung** an Familienangehörige, Hausgehilfen und Mitbewohner zulässig (§ 178, daher auch an einen Lebensgefährten, der mit dem Adressaten zusammenwohnt),
- und ist auch dies nicht möglich, so kann durch Niederlegung zugestellt werden (§ 181).
- Ist der Aufenthaltsort unbekannt, kommt die öffentliche Zustellung in Betracht (§ 185).

4) Von der Einhaltung der gesetzlichen Form und der Beurkundung hängt die Wirksamkeit der Zustellung ab. Mängel sind aber gemäß § 189 durch tatsächlichen Zugang beim Zustellungsempfänger und im Übrigen gemäß § 295 heilbar.

3. Vorbereitung des Termins zur mündlichen Verhandlung

Der in § 272 Abs. 1 ausgesprochene Leitgedanke ist, dass der Rechtsstreit möglichst **in einem einzigen umfassend vorbereiteten Verhandlungstermin erledigt** werden soll.

Dies gilt unabhängig davon, ob ein schriftliches Vorverfahren mit späterem Haupttermin angeordnet oder ein früher erster Termin anberaumt worden ist; denn auch der frühe erste Termin ist - wie aus § 275 Abs. 2 folgt - ein vollwertiger Verhandlungstermin, der vorzubereiten und in dem bei Entscheidungsreife der Rechtsstreit zu erledigen ist, gegebenenfalls auch durch streitiges Urteil.[48]

1) Die Parteien haben zur Vorbereitung des Termins **vorbereitende Schriftsätze** einzureichen (§§ 129, 130; Fristen vgl. §§ 132, 282).

Dazu muss der Beklagte ebenfalls einen Rechtsanwalt beauftragen, denn der Anwaltszwang im Anwaltsprozess gilt natürlich auch für den Beklagten. Schriftsätze des Beklagten selbst sind unwirksam.

Einen **Prozesskostenhilfeantrag** zur Verteidigung gegen die Klage könnte der Beklagte allerdings auch persönlich stellen (§§ 117 Abs. 1, 78 Abs. 5); nach PKH-Bewilligung muss ihm dann ein Anwalt beigeordnet werden (§ 121), der dann die Klageerwiderung wirksam für den Beklagten einreichen kann.

Für den Beklagten - dem die Klageschrift am 20.05.2008 zugestellt worden ist - wird folgender Schriftsatz von Rechtsanwalt Hans eingereicht:

Rechtsanwalt Hans — *Münster, den 30.05.2008*

In Sachen

König ./. Balzer

- 2 O 170/08 -

zeige ich an, dass ich den Beklagten vertrete.

Ich werde beantragen,

die Klage kostenpflichtig abzuweisen.

Begründung: Es ist zwar richtig, dass der Beklagte den Pkw wegen des Verkehrsunfalls nicht mehr liefern kann; es trifft aber nicht zu, dass der Beklagte diese Unmöglichkeit verschuldet hat. Denn der Beklagte war keineswegs - wie der Kläger ihm in der Vorkorrespondenz vorgeworfen hat - betrunken, als er mit dem Wagen gegen den Baum geriet.

Hans, Rechtsanwalt

48 BGHZ 86, 31, 36@; 88, 180, 182; StJ/Leipold § 275 Rdnr. 22; Zöller/Greger § 275 Rdnr. 8.

2) Auch das Gericht hat den Termin vorzubereiten: Die Konzentrationsmaxime (Beschleunigungsgrundsatz, s.u. § 3, 5) verpflichtet das Gericht, in jedem Stadium des Verfahrens zu überprüfen, ob durch prozessuale Maßnahmen die Entscheidungsreife des Rechtsstreits gefördert werden kann (§ 273, **Förderungspflicht**).

Ob und welche vorbereitenden Maßnahmen i.S.d. § 273 angebracht sind, hängt davon ab, wie sich nach den bisher gewechselten Schriftsätzen der Parteien der Sach- und Streitstand dem Gericht darstellt. Deshalb muss das Gericht bereits in diesem Stadium – und nicht erst bei der Festlegung (Beratung) der Entscheidung – die Klage auf ihre Zulässigkeit und Schlüssigkeit und das Vorbringen des Beklagten auf seine Erheblichkeit prüfen.

Eine solche Prüfung bereits im Vorbereitungsstadium der mündlichen Verhandlung ist auch deshalb notwendig, weil das Gericht seiner in der mündlichen Verhandlung bestehenden Aufklärungs- und Erörterungspflicht (§ 139) nur dann sachgemäß nachkommen kann, wenn es sich selbst vorher den Streitstand in tatsächlicher und rechtlicher Hinsicht klargemacht hat. Zu diesem Zweck macht sich der Richter ein **„Votum“**, bei ganz einfachen Sachen in Gedanken, ansonsten auf einem Zettel, den er für sich in die Akte legt.

(1) **Zulässigkeit der Klage:** das Vorliegen der Sachurteilsvoraussetzungen (s.u. § 5).

(2) **Schlüssigkeit der Klage** ist gegeben, wenn die vom Kläger vorgetragenen Tatsachen – diese zunächst einmal als wahr unterstellt – den vom Kläger geltend gemachten Anspruch nach materiellem Recht ergeben.[49] Ist die Klage bereits nicht schlüssig, d.h. ergibt sich aus dem eigenen Vorbringen des Klägers kein Anspruch, so ist die Klage zugleich auch unbegründet.

Die in diesem Sinne unschlüssige Klage ist bereits aufgrund des Vorbringens des Klägers abzuweisen, ohne dass es eines Eingehens auf die Darstellung des Beklagten bedarf. Die für die Schlüssigkeit der Klage erforderlichen Tatsachen hat grds. der **Kläger** vorzutragen, d.h., er hat insoweit die **Darlegungs- oder Behauptungslast**.

(3) **Erheblich** ist das Verteidigungsvorbringen des Beklagten **(„Einlassung“)**, wenn und soweit bei dem von ihm vorgetragenen Sachverhalt das Klagebegehren nicht gerechtfertigt wäre. Ist das Vorbringen nicht erheblich, so ist die schlüssige Klage begründet.

(4) Ist das Klagevorbringen schlüssig, das Verteidigungsvorbringen des Beklagten erheblich, so muss das Gericht – sofern es auf bestrittene Tatsachen ankommt – bei entsprechenden Beweisantritten darüber **Beweis** erheben, welche der unterschiedlichen Sachdarstellungen zutrifft, um so zur Entscheidung zu kommen.

Schlüssigkeits-, Erheblichkeits- u. Beweisprüfung werden in erster Linie bei streitigem Parteivortrag von Bedeutung, d.h., wenn die Parteien unterschiedliche Sachverhalte vortragen, nicht dagegen bei – im Studium üblichen – unstreitigen Fällen.[50]

---

49 BGH NJW-RR 1998, 712[@]; BGH Urt. v. 10.06.2002 – II ZR 68/00, NJW 2002, 2862; BGH Urt. v. 20.09.2002 – V ZR 170/01, NJW-RR 2003, 70; BGH v. 01.06.2005 – XII ZR 275/02, NJW 2005, 2710.

50 Daher Näheres – und zur Vertiefung –: mein AS-Skript, Die zivilgerichtliche Assessorklausur, 14. Auflage 2008, §§ 7 ff.

Zum Fall:

Gegen die **Zulässigkeit der Klage** bestehen keine Bedenken.

Das Klagebegehren ist **schlüssig** aus §§ 433 Abs. 1, 275 Abs. 1 u. 4, 283 S. 1, 280 Abs. 1 S. 1 BGB: Nach dem Vortrag des Klägers ist dem Beklagten die Erfüllung des Kaufvertrages unmöglich geworden. Dass und weshalb der Beklagte diese Unmöglichkeit zu vertreten hat, braucht der Kläger nicht vorzutragen; gemäß § 280 Abs. 1 S. 2 BGB ist es Sache des Beklagten, sich hinsichtlich eines fehlenden Verschuldens zu entlasten. Daher steht der Schlüssigkeit der Klage nicht entgegen, dass der Kläger keine konkreten Tatsachen für das Verschulden vorgetragen hat. Nach §§ 280, 283 BGB hat der Beklagte Schadensersatz wegen der Pflichtverletzung (Nichtlieferung des Wagens) zu leisten; darunter fällt gemäß § 252 BGB auch der entgangene Gewinn von 6.000 €. Der Zinsanspruch ist schlüssig aus §§ 291, 288 BGB (Prozesszinsen), darüber hinaus möglicherweise auch aus §§ 286, 288 BGB bei Verzug.

Gegenüber diesem schlüssigen Schadensersatzanspruch ist die bloße Erklärung des Beklagten, er habe die Unmöglichkeit nicht verschuldet, **unerheblich**: Dieses Vorbringen enthält keine Tatsachen, aus denen sich ergibt, dass der Beklagte den Untergang des Wagens – des Kaufgegenstandes – nicht verschuldet und daher nicht zu vertreten habe. Auch die Angabe, bei dem Unfall nicht betrunken gewesen zu sein, ist keine hinreichende Tatsachenangabe, mit der der Beklagte seiner aus § 280 Abs. 1 S. 2 BGB folgenden Vortragslast für das Nichtvertretenmüssen nachgekommen wäre, denn auch wenn ein nüchterner Fahrer mit einem Kraftfahrzeug gegen einen Baum prallt, würde der Anschein zunächst für ein Verschulden des Fahrers sprechen; zur Entlastung wäre daher erforderlich, dass der Beklagte – was er aber gerade nicht getan hat – **konkrete** Tatsachen vorgetragen hätte, die den Unfallhergang als unverschuldet erscheinen ließen.

Somit ist auch nach der Einlassung des Beklagten die Klageforderung gerechtfertigt, die Klage also begründet.

Es genügt wegen § 280 Abs. 1 S. 2 BGB eben nicht, dass der Beklagte lediglich ihm in der Klage oder vorher im Schriftwechsel vom Kläger vorgeworfene Verschuldenstatsachen bestreitet; vielmehr muss er selber Tatsachen vortragen, aus denen sich positiv ergibt, dass er den Unfall nicht verschuldet und daher die Unmöglichkeit der Leistung nicht zu vertreten habe, etwa: er habe einem plötzlich in die Fahrbahn springenden Kind ausweichen müssen, oder: an dem Wagen sei ein Reifen geplatzt.

Aus diesen Überlegungen des Gerichts folgt, dass dann, wenn in der kommenden mündlichen Verhandlung die angekündigten Anträge gestellt und nur die bisherigen schriftlichen Begründungen vorgetragen werden, der Beklagte also keine neuen Tatsachen vorbringt, der Beklagte nach dem Klageantrag verurteilt werden muss. Ob der Beklagte überhaupt in der Lage ist, erhebliche – das Nichtvertretenmüssen der Unmöglichkeit ergebende – Tatsachen vorzutragen, ist in diesem Stadium ungewiss. Da jedenfalls keine Anhaltspunkte aus dem bisherigen Vorbringen in dieser Richtung ersichtlich sind, hat das Gericht keine Veranlassung, nach § 273 Abs. 2 Nr. 1 eine Ergänzung des Vorbringens zu veranlassen.

4. Die mündliche Verhandlung

4.1 Grundsätzlich ist über den Rechtsstreit vor dem erkennenden Gericht mündlich zu verhandeln (**Mündlichkeitsgrundsatz**, § 128 Abs. 1): Entscheidungsgrundlage können daher grundsätzlich nur diejenigen Tatsachen werden, die in mündlicher Verhandlung als Prozessstoff eingeführt worden sind.[51]

Im Einverständnis der Parteien ist nunmehr auch eine Videokonferenz gestattet (§ 128 a),[52] mangels entsprechender Einrichtungen praktisch aber noch nicht möglich.

4.2 Der Ablauf der mündlichen Verhandlung

grds. bei jedem Termin, ob Haupttermin oder früher erster Termin.

1) Nach dem Aufruf der Sache (§ 220) eröffnet der Vorsitzende bzw. Einzelrichter die Verhandlung und **leitet sie** (§ 136).

2) Die Verhandlung **beginnt** grds. mit einer **Güteverhandlung**, d.h. mit einer Erörterung des Rechtsstreits mit den Parteien zum Zweck seiner gütlichen – vergleichsweisen – Beilegung (§ 278 Abs. 2).

grds. obligatorische Güteverhandlung, eingeführt durch das ZPO-RG, in Anlehnung an § 54 ArbGG. – Die Zweckmäßigkeit einer solchen zwingenden Vergleichsverhandlung für den Zivilprozess ist jedoch sehr umstritten.[53]

Die Güteverhandlung kann auch gesondert vorweg durchgeführt werden, wird i.d.R. aber als Beginn eines normalen Verhandlungstermins durchgeführt (s. § 279 Abs. 1).

Kommt eine Einigung zustande, wird der Vergleich protokolliert (§ 160 Abs. 3 Nr. 1; Vollstreckungstitel, § 794 Abs. 1 Nr. 1): Der Prozess ist dann beendet. Anderenfalls wird die mündliche Verhandlung fortgesetzt (§ 279 Abs. 1):

3) Die Parteien haben ihre **Sachanträge** zu stellen und **zu begründen** (§ 137).

a) Die Anträge sind nach § 297 Abs. 1 aus den vorbereitenden Schriftsätzen zu verlesen oder zu Protokoll zu erklären. Der zur Begründung erforderliche Sachvortrag ist gemäß § 137 Abs. 2 in freier Rede zu halten.

Es ist jedoch üblich, dass die Anwälte für Anträge und Sachvortrag weitgehend auf ihre vorbereitenden Schriftsätze Bezug nehmen (§§ 297 Abs. 2, 137 Abs. 3) und nur noch zu besonders bedeutsamen Umständen oder zu Fragen des Gerichts konkret Stellung nehmen.

b) Für den Tatsachenvortrag der Parteien und ihrer Prozessbevollmächtigten besteht die Pflicht zur **Wahrheit und Vollständigkeit** (§ 138 Abs. 1).

Jede Partei muss grundsätzlich auch zu den Tatsachenbehauptungen des Gegners Stellung nehmen (§ 138 Abs. 2); eine Tatsachenbehauptung, zu der der Gegner weder ausdrücklich noch konkludent Stellung nimmt, gilt als zugestanden (§ 138 Abs. 3). – s.u. § 7, 2.

4) Das **Gericht** hat die Verpflichtung, durch umfassende rechtliche und tatsächliche Erörterung und Aufklärung des Streitstoffes die sachgerechte Entscheidung des Rechtsstreits zu fördern und herbeizuführen.

---

51 BGH NJW 1997, 398; 1999, 1339@.

52 s. dazu Schultzky NJW 2003, 313.

53 s. z.B. Kaufmann MDR 2004, 1035.

Dazu hat das Gericht:

- in den Sach- und Streitstand einzuführen – durch Darlegung des Sachverhalts und der entscheidungserheblichen Rechtsfragen – und
- die Sache tatsächlich und rechtlich zu erörtern (§§ 136 Abs. 3, 139 Abs. 1),
- die erschienenen Parteien persönlich zu hören (§ 278 Abs. 2 S. 3),
- auf die entscheidungserheblichen Gesichtspunkte hinzuweisen (Hinweispflicht, § 139 Abs. 2),
- im Rahmen seiner umfassenden Aufklärungspflicht (§ 139) darauf hinzuwirken, dass die Parteien sich über alle erheblichen Tatsachen vollständig erklären und sachdienliche Anträge (z.B. Beweisanträge) stellen,
- und letztlich generell – in jeder Lage des Verfahrens – auf eine Beilegung des Rechtsstreits durch Vergleich bedacht zu sein (§ 278 Abs. 1).

5) Im Anschluss an diese streitige Verhandlung und Erörterung des Rechtsstreits folgt, soweit erforderlich und möglich, die **Beweisaufnahme** (§ 279 Abs. 2, z.B. durch Vernehmung von Zeugen).

6) Der Rechtsstreit kann im Termin durch **Prozesshandlungen der Parteien beendet** werden: Klagerücknahme, Vergleich, übereinstimmende Erledigungserklärung in der Hauptsache.

7) Der **Abschluss** des Verhandlungstermins: Falls keine anderweitige Erledigung des Rechtsstreits eintritt, kann der Termin enden:

a) bei Entscheidungsreife durch Abschluss der mündlichen Verhandlung (§ 136 Abs. 4) und Verkündung des Urteils, entweder sogleich noch im Termin (sog. Stuhl-Urteil) oder in einem sofort kurzfristig anzuberaumenden Verkündungstermin (§ 310 Abs. 1).

b) Ergibt sich im frühen ersten Termin noch keine Entscheidungsreife, so muss das Gericht alle Anordnungen treffen, die zur Vorbereitung des Haupttermins noch erforderlich sind (§ 275 Abs. 2; z.B. Auflagen an die Parteien, Erlass eines Beweisbeschlusses, § 358).

c) Ergibt sich im Haupttermin wider Erwarten noch keine Entscheidungsreife, so muss der neue Termin möglichst kurzfristig anberaumt werden (§ 272 Abs. 3), mit den erforderlichen Maßnahmen zu seiner Vorbereitung.[54]

Unnötige Vertagungen sind nicht gestattet: Konzentrationsmaxime, s.u. § 3, 5.1.

4.3 Verhandlungsprotokoll: vgl. §§ 159 ff.

grds. ohne besonderen Protokollführer:[55] Der Richter nimmt i.d.R. das Protokoll selbst auf, z.B. durch Diktat in ein Diktiergerät oder – zunehmend – durch Eingabe in einen PC.

---

54 Näher zum Ablauf der mündlichen Verhandlung: Schilken Rdnr. 450 ff.; Schellhammer Rdnr. 496 ff.

55 s. dazu BL/Hartmann § 159 Rdnr. 5 ff.

4.4 Zum Fall: Wir nehmen an, dass die Güteverhandlung erfolglos bleibt, dass die Anwälte der Parteien die schriftsätzlich angekündigten Anträge stellen und den bisherigen schriftlichen Vortrag durch Bezugnahme auf die Schriftsätze (§ 137 Abs. 3) in die mündliche Verhandlung einführen und dass der Beklagte auch nach Ausübung der richterlichen Hinweispflicht (§ 139) keine neuen erheblichen Tatsachen vorgetragen hat. Da die Klage zulässig und schlüssig, das Vorbringen des Beklagten dagegen unerheblich ist, ist der Rechtsstreit **entscheidungsreif** (§ 300):

Der Einzelrichter schließt die mündliche Verhandlung (§ 136 Abs. 4); nach Schluss der mündlichen Verhandlung können Angriffs- und Verteidigungsmittel grundsätzlich nicht mehr vorgebracht werden (§ 296 a).

1) Nach dem dargestellten Sach- und Streitstand muss hier ein Urteil zugunsten des Klägers ergehen.

2) Zuvor muss die Sache jedoch noch vom Gericht **beraten** werden (§ 309),

natürlich bei einer Kammersache, aber auch vom Einzelrichter, der die Entscheidung aufgrund der mündlichen Verhandlung nochmals überdenken muss.

Um eine sorgfältige Beratung zu ermöglichen, wird in der Praxis i.d.R. ein Verkündungstermin anberaumt und nur in ganz einfach gelagerten Fällen eine sofortige Verkündung des Urteils vorgenommen. Da hier die Entscheidung klar ist, wird die Sache sofort beraten und das Urteil im Anschluss an die Beratung sogleich verkündet werden können.

Die Beratung ist geheim **(Beratungsgeheimnis!)**. – Dem Richter zur Ausbildung zugewiesene Referendare können zugelassen werden (§ 193 GVG), Studenten dagegen nicht.[56]

3) Die **Verkündung** dieses Urteils erfolgt dadurch, dass der Richter die vorher schriftlich niedergelegte Urteilsformel verliest (§§ 136 Abs. 4, 311 Abs. 2).

4) Mit dieser Verkündung wird das Urteil existent: Ohne Verkündung kein wirksames Urteil (s.u. § 12, 3). – Es kann nun nicht mehr geändert werden (§ 318).

5) Das Verhandlungsprotokoll wird hier etwa wie folgt aussehen:

Öffentliche Sitzung des Landgerichts — *Münster, den 30.06.2008*
2. Zivilkammer – 2 O 170/08 –

Gegenwärtig:
Richter am Landgericht Dr. Kraft als Einzelrichter,
ohne Zuziehung eines Urkundsbeamten

In dem Rechtsstreit
König ./. Balzer

erschienen bei Aufruf:

1) der Kläger mit Rechtsanwalt Dr. Maier,

2) der Beklagte mit Rechtsanwalt Hans.

Die Güteverhandlung blieb erfolglos.

56 BGH NJW 1995, 2645.

Der Rechtsstreit wurde erörtert. Die Parteien wurden persönlich angehört.

Der Prozessbev. des Klägers stellte den Antrag aus der Klageschrift.

Der Prozessbev. des Beklagten stellte den Antrag aus dem Schriftsatz vom 30.05.2008 (Bl. 7 der Akten).

Die Prozessbevollmächtigten verhandelten mit diesen Anträgen zur Sache.

Das Gericht wies den Beklagten darauf hin, dass er für fehlendes Verschulden an dem Unfall darlegungs- und beweisbelastet sei.

Nach Beratung wurde folgendes Urteil durch Verlesung des Tenors verkündet:

> *Der Beklagte wird verurteilt, an den Kläger 6.000 € nebst Zinsen i.H.v. 5 Prozentpunkten über dem Basiszinssatz seit dem 21.05.2008 zu zahlen.*
>
> *Der Beklagte trägt die Kosten des Rechtsstreits.*
>
> *Das Urteil ist gegen Sicherheitsleistung des Klägers in Höhe von 110% des jeweils zu vollstreckenden Betrages vorläufig vollstreckbar.*

Dr. Kraft — *Bauer, Justizangestellte*
für die Richtigkeit der Übertragung

5. Das Urteil

5.1 Das Urteil ist nunmehr in **vollständiger Form** abzufassen (§§ 315 Abs. 2, 310 Abs. 2). Form und notwendiger Inhalt des Urteils ergeben sich aus § 313.

Hier hat das vollständige Urteil etwa folgenden Inhalt:

Landgericht Münster
- 2 O 170/08 -

Urteil
Im Namen des Volkes!
In dem Rechtsstreit

des Kraftfahrzeughändlers Karl König, Telgter Straße 7, 48167 Münster,
Klägers,

- Prozessbevollmächtigter: Rechtsanwalt Dr. Maier in Münster -

gegen

den Viehhändler Berthold Balzer, Bahnhofstraße 3, 48231 Warendorf,
Beklagten,

- Prozessbevollmächtigter: Rechtsanwalt Hans in Münster -

hat die 2. Zivilkammer des Landgerichts Münster auf die mündliche Verhandlung vom 30.06.2008 durch den Richter am Landgericht Dr. Kraft als Einzelrichter für Recht erkannt:

Der Beklagte wird verurteilt, an den Kläger 6.000 € nebst Zinsen i.H.v. 5 Prozentpunkten über dem Basiszinssatz seit dem 21.05.2008 zu zahlen.

Der Beklagte trägt die Kosten des Rechtsstreits.

Das Urteil ist gegen Sicherheitsleistung des Klägers in Höhe von 110% des jeweils zu vollstreckenden Betrages vorläufig vollstreckbar.

Tatbestand

Der Kläger kaufte mit Vertrag vom 16.03.2008 vom Beklagten dessen gebrauchten Mercedes 380 SE zum Preis von 19.500 €. Der Beklagte konnte den Vertrag nicht erfüllen, denn am 23.03.2008 geriet der vom Beklagten gesteuerte Wagen gegen einen Baum und wurde dabei völlig zerstört. Der Kläger, der den Wagen für 25.500 € hätte weiterverkaufen können, verlangt vom Beklagten Ersatz des ihm entgangenen Gewinns.

Der Kläger beantragt,

den Beklagten zu verurteilen, an den Kläger 6.000 € nebst Zinsen i.H.v. 5 Prozentpunkten über dem Basiszinssatz seit Klagezustellung zu zahlen.

Der Beklagte beantragt,

die Klage abzuweisen.

Er trägt vor, er habe die Unmöglichkeit der Lieferung des Wagens nicht zu vertreten; denn er sei bei dem Unfall nicht - wie ihm der Kläger in der Vorkorrespondenz vorgeworfen habe - betrunken gewesen.

Wegen der Einzelheiten des Vorbringens der Parteien wird auf den Inhalt ihrer Schriftsätze verwiesen.

Entscheidungsgründe

Die Klage ist begründet.

Dem Kläger steht gemäß §§ 433 Abs. 1, 275, 283, 280 Abs. 1 S. 1 BGB ein Schadensersatzanspruch wegen Nichterfüllung gegen den Beklagten zu, weil diesem die Lieferung des verkauften Wagens unmöglich geworden ist.

Der Beklagte hat nicht dargetan, dass er diese Unmöglichkeit nicht zu vertreten habe, was seine Haftung gemäß § 280 Abs. 1 S. 2 BGB entfallen ließe, denn er hat keine konkreten Tatsachen vorgetragen, die den Unfall, der zu der Zerstörung des Wagens geführt hat, als unverschuldet erscheinen lassen würden. Sein Vortrag, er sei bei dem Unfall nicht betrunken gewesen, reicht dazu nicht aus; denn auch wenn ein nüchterner Fahrer ohne einen ersichtlichen Anlass gegen einen Baum gerät, spricht ein solcher Unfallhergang für sein Verschulden, und irgendwelche den Unfall erklärenden entlastenden Umstände hat der Beklagte nicht dargetan.

Die Höhe des vom Kläger erstattet verlangten entgangenen Gewinns (§ 252 BGB) von 6.000 € hat der Beklagte nicht bestritten.

Der geltend gemachte Zinsanspruch ist aus § 291 BGB gerechtfertigt.

Die Entscheidung über die Kosten ergibt sich aus § 91 ZPO, die über die vorläufige Vollstreckbarkeit des Urteils aus § 709 ZPO.

Dr. Kraft

5.2 Das **vollständig abgefasste Urteil** hat somit folgenden Inhalt:

1) Die Eingangsformel: **„Im Namen des Volkes!“** (§ 311 Abs. 1), als Ausfluss von Art. 20 Abs. 2 S. 1 GG.

2) Urteilskopf (sog. **Rubrum**, weil früher mit roter Tinte, § 313 Abs. 1 Nr. 1–3).

3) **Urteilsformel** (**Urteilstenor**, § 313 Abs. 1 Nr. 4): der hoheitliche Entscheidungsausspruch, äußerlich von der Urteilsbegründung abgesetzt und – i.d.R. durch Einrücken – hervorgehoben.

a) Der Urteilstenor besteht aus:

(1) dem **Hauptausspruch:** die eigentliche Entscheidung des Prozesses, wie z.B. die Verurteilung des Beklagten zu einer Zahlung oder die – völlige oder teilweise – Abweisung der Klage.

(2) der **Kostenentscheidung:** Diese richtet sich grds. danach, welche Partei im Rechtsstreit unterlegen bzw. wie das Verhältnis des beiderseitigen Obsiegens bzw. Unterliegens ist (§§ 91, 92).

(3) der **Entscheidung über die vorläufige Vollstreckbarkeit** des Urteils (§§ 708 ff.).

b) Zum Tenor im vorliegenden Fall:

aa) Neben der Entscheidung über die Hauptforderung (Zahlung von 6.000 €) muss auch über geltend gemachte Nebenforderungen entschieden werden (hier Zinsanspruch: Prozesszinsen, § 291 BGB).

Materiell-rechtlich wäre zwar die Zinsforderung schon ab einem etwaigen früheren Verzug – nicht erst ab Rechtshängigkeit – begründet (§ 288 BGB); die Verurteilung darf jedoch nicht weitergehen, **als vom Kläger beantragt** (§ 308 Abs. 1: Dispositionsmaxime, s.u. § 3, 1).

Der Zinsbeginn muss datumsmäßig festgelegt werden (Tag nach der Klagezustellung, §§ 261, 253 ZPO, 187 Abs. 1 BGB); denn der Tenor des Urteils muss so **bestimmt** sein, dass das Vollstreckungsorgan aus ihm entnehmen kann, **was der Schuldner genau schuldet**.

bb) Die hier gemäß § 91 zulasten des unterlegenen Beklagten ergangene Kostenentscheidung besagt, dass der Beklagte dem Kläger die diesem durch den Prozess entstandenen Kosten (Anwaltskosten, Gerichtskosten sowie sonstige zur Rechtsverfolgung notwendige Auslagen) zu erstatten hat. Aufgrund dieser Kostenentscheidung kann der Kläger über die ihm konkret erwachsenen Kosten gegen den Beklagten einen **Kostenfestsetzungsbeschluss** (§§ 103 ff.) erwirken und aus diesem vollstrecken (§ 794 Abs. 1 Nr. 2).

cc) **Vorläufige Vollstreckbarkeit:** Grundsätzlich ist jedes Urteil für vorläufig vollstreckbar – d.h. noch vor Eintritt der Rechtskraft vollstreckbar – zu erklären. Die Sicherheitsleistung, die hier nach § 709 für den Kläger festzusetzen ist, soll den Beklagten (Schuldner) vor dem Schaden schützen, der ihm bei einer Vollstreckung aus dem vorläufig vollstreckbaren Urteil – das ja möglicherweise in der Rechtsmittelinstanz aufgehoben wird – entstehen kann.

Höhe der Sicherheitsleistung: hier unbeziffert gem. § 709 S. 2, aber auch gem. § 709 S. 1 beziffert möglich nach dem berechneten Betrag, den der Kläger aus dem Urteil gegen den Beklagten vollstrecken kann (Hauptforderung, Zinsen, Kosten).

4) Die **Begründung** gliedert sich in Tatbestand und Entscheidungsgründe.

a) **Tatbestand:** Darstellung des Sach- und Streitstandes – Ansprüche, Angriffs- und Verteidigungsmittel, Anträge – in knapper Form (§ 313 Abs. 2).[57]

b) **Entscheidungsgründe:** Kurze Darstellung der Erwägungen, auf denen das Urteil in tatsächlicher und rechtlicher Hinsicht beruht (§ 313 Abs. 3).[58]

Nur die entscheidungserheblichen Gründe sind mitzuteilen, nicht tragende Erwägungen (sog. obiter dicta) dagegen grds. wegzulassen.

Zur Zulässigkeit der Klage braucht daher nur dann etwas ausgeführt zu werden, wenn insoweit Bedenken bestehen, die Parteien darüber streiten oder wenn gar die Klage als unzulässig abgewiesen wird.

Bei der Begründung in der Sache selbst genügt es, bei einem zusprechenden Urteil i.d.R. nur die einfachste, sicherste oder umfassendste Anspruchsgrundlage heranzuziehen; bei einer Klageabweisung müssen alle in Betracht kommenden Anspruchsgrundlagen verneint werden. Doppel- und Hilfsbegründungen sind aber zulässig und auch weitgehend üblich.

Die Formulierung erfolgt grds. im sog. **Urteilsstil** (Denn-Stil); denn es soll die getroffene Entscheidung begründet – nicht im untersuchenden Gutachtenstil erst gefunden – werden.

Dabei wird nur das Endergebnis der Beratung mitgeteilt. Ein überstimmter Richter darf seine abweichende Meinung nicht zum Ausdruck bringen (kein dissenting vote; anders nur beim Bundesverfassungsgericht, § 30 Abs. 2 S. 1 BVerfGG).

5) Unterschrift des Richters bzw. der Richter (§ 315 Abs. 1).

6) **Keine Rechtsmittelbelehrung:** Im Gegensatz zu den meisten anderen Verfahrensordnungen – z.B. §§ 35 a StPO, 9 Abs. 5 ArbGG, 58 VwGO – enthält das Urteil im Zivilprozess keine Rechtsmittelbelehrung; sie ist auch nicht verfassungsrechtlich geboten.[59]

Ausnahmen: § 340 Abs. 3 S. 4 (Versäumnisurteil), § 692 Abs. 1 Nr. 4 (Mahnverfahren).

6. Zustellung des Urteils; Eintritt der Rechtskraft

1) Mit dem Urteil ist das Verfahren in der betreffenden Instanz abgeschlossen.

2) Eine Ausfertigung des vollständigen Urteils wird den Parteien von Amts wegen zugestellt (§§ 317 Abs. 1, 166 Abs. 2).

3) Mit der Zustellung beginnen die Rechtsmittelfristen (§§ 517, 548). Legt die unterlegene Partei – auch die nur teilweise unterlegene, möglicherweise also beide Parteien! – ein Rechtsmittel ein, wird der Prozess in der Rechtsmittelinstanz fortgesetzt.

4) Die **formelle Rechtskraft** des Urteils tritt ein, sobald es mit Rechtsmitteln nicht mehr angegriffen werden kann: Der Prozess ist dann **endgültig beendet**.

57 s. zum üblichen Aufbau: ThP/Reichold § 313 Rdnr. 12 ff.; BL/Hartmann § 313 Rdnr. 14 ff.

58 s. im Einzelnen dazu: ThP/Reichold § 313 Rdnr. 27 ff.; BL/Hartmann § 313 Rdnr. 31 ff.; AS-Skript: Die zivilgerichtliche Assessorklausur, § 14.

59 BVerfG NJW 1995, 3173; OLG Schleswig MDR 2003, 1248; Zöller/Vollkommer § 313 Rdnr. 26.

7. Das Verfahren vor den Amtsgerichten (§§ 495 ff.)

Die Vorschriften im 1. und 2. Buch der ZPO sind auf das landgerichtliche Verfahren bezogen. Sie gelten jedoch grundsätzlich **auch für das amtsgerichtliche Verfahren**, soweit die §§ 495 a–510 b nichts anderes bestimmen und sich aus der Verfassung der Amtsgerichte keine Abweichungen ergeben (§ 495).

Der Amtsgerichtsprozess läuft daher grundsätzlich so ab wie das dargestellte Verfahren vor dem Landgericht: früher erster Termin oder schriftliches Vorverfahren zum Haupttermin.

Wesentliche Abweichungen für das Verfahren vor den Amtsgerichten:

1) Der **Amtsrichter** - **als Einzelrichter** - vereinigt in sich die Funktionen des Vorsitzenden und des Prozessgerichts.

2) Es besteht **grundsätzlich kein Anwaltszwang** (mit Ausnahme vor den Familiengerichten in Ehe- und bestimmten Familiensachen, § 78 Abs. 2).

Die Parteien können also selbst verhandeln und sich auch durch beliebige prozessfähige Personen vertreten lassen (§ 79, Parteiprozess). Vertreter kann natürlich **auch ein Anwalt** sein, was **weitgehend der Fall** ist.

3) Besondere Zulässigkeitsvoraussetzung des **obligatorischen Schlichtungsverfahrens** für Zahlungsklagen bis 750 €, soweit die Regelung des § 15 a EG ZPO in dem betreffenden Bundesland eingeführt worden ist (s.o. § 1, 1, 3 g).

4) Zulässigkeit des sog. **Schiedsverfahrens** („Bagatell"- o. Kleinverfahren) gemäß **§ 495 a**: Wenn der Streitwert 600 € nicht übersteigt, kann das Gericht sein Verfahren nach billigem - natürlich pflichtgemäßem, nicht willkürlichem - Ermessen bestimmen. Es ist zwar an die wesentlichen Grundsätze des Verfahrens gebunden, wie z.B. insbes. rechtliches Gehör;[60] es kann aber im Rahmen dieser Grundsätze das **Verfahren frei gestalten und vereinfachen**.

z.B.: normales Endurteil statt Versäumnisurteil, obwohl die säumige Partei dann die Einspruchsmöglichkeit (§ 338) verliert;[61] tel. Anhörung von Zeugen/Sachverständigen.[62]

Mündliche Verhandlung nur auf Antrag. Das Urteil braucht keinen Tatbestand zu enthalten und Entscheidungsgründe dann nicht, wenn ihr wesentlicher Inhalt ins Protokoll aufgenommen worden ist (§ 313 a Abs. 1).

Freie Gestaltung nur des Verfahrens; an das materielle Recht bleibt der Richter gebunden (also keine Entscheidung nach billigem Ermessen!).

Die Regelung gilt nur für das Amtsgericht, nicht (entsprechend) für das Landgericht.

5) Da kein Anwaltszwang - also zur Vertretung durch Rechtskundige - besteht, ist die Fürsorgepflicht des Gerichts für die Parteien weitergehend.

z.B. ist auf eine Unzuständigkeit und die Folge einer rügelosen Einlassung hinzuweisen (§ 504). Unterbleibt dieser Hinweis, so wird durch eine rügelose Einlassung zur Hauptsache entgegen dem Grundsatz des § 39 S. 1 die Zuständigkeit des Gerichts nicht begründet (§ 39 S. 2).

---

60 s. BVerfG v. 21.03.2006 - 2 BvR 1104/05, NJW 2006, 2248.

61 BVerfG v. 07.08.2007 - 1 BvR 685/07, NJW 2007, 3486.

62 BL/Hartmann § 495 a Rdnr. 62.

Übersicht über das erstinstanzliche Verfahren

I. Ob ein Prozess angestrengt werden sollte, hängt von rechtlichen, tatsächlichen und wirtschaftlichen Erwägungen ab:

- rechtlich: Erfolgsaussicht der Klage in tatsächlicher, rechtlicher und beweismäßiger Hinsicht,
- wirtschaftlich: Kosten- und Vollstreckungsrisiko.

Zweckmäßig: Beauftragung eines Anwalts (vor dem Landgericht besteht ohnehin Anwaltszwang).

II. **Klageerhebung** durch

1. Einreichung der Klageschrift (notw. Inhalt: § 253): **Anhängigkeit**,
2. Zustellung: **Rechtshängigkeit** (§§ 253, 261).

III. **Verfahren vor dem Landgericht** (u. **grds. auch vor Amtsgericht**):

1. Grds. **originärer / obligatorischer Einzelrichter** (§§ 348, 348 a): Dieser tritt an die Stelle der (Voll-)Kammer.
2. Gericht hat zur Auswahl (Ermessen, Ziel: Entscheidungsreife):
   - **früher erster Termin** (vollwertiger Verhandlungstermin),
   - schriftliches Vorverfahren zur Vorbereitung des **Haupttermins**.
3. Vorbereitung des Termins: vorbereitende Schriftsätze der Parteien, Förderungsmaßnahmen des Gerichts.
4. Grds. obligatorische **Güteverhandlung** (§§ 278, 279): Vor, i.d.R. aber als Beginn der mündlichen Verhandlung.
5. Mündliche Verhandlung (Mündlichkeitsgrundsatz):
   - Parteien: Pflicht zur Wahrheit und Vollständigkeit (§ 138),
   - Gericht: Erörterungs-, Aufklärungs- und Hinweispflicht (§§ 136, 139).
6. Abschluss des Verhandlungstermins:
   - Beendigung des Prozesses durch Parteierklärung (z.B. Klagerücknahme, Vergleich, Anerkenntnis),
   - bei Entscheidungsreife: Urteil (Inhalt: § 313),
   - bei fehlender Entscheidungsreife: neuer Termin mit Vorbereitung.
7. Ab Zustellung des Urteils: Rechtsmittelfristen.

IV. Besonderheiten für das Verfahren vor dem Amtsgericht: §§ 495 ff. Insbesondere: Immer Amtsrichter als Einzelrichter; in allgemeinen Zivilsachen kein Anwaltszwang; vereinfachtes Verfahren: § 495 a.

§ 3 Die Verfahrensgrundsätze (Prozessmaximen)

d.h. die allgemeinen Grundsätze, nach denen der Zivilprozess gestaltet ist.

1. Dispositionsmaxime (Verfügungsgrundsatz)

Die Dispositionsmaxime bedeutet, dass die Parteien die Herren des Verfahrens sind und dass sie daher den **Streitgegenstand bestimmen** und **über ihn verfügen können**.[63]

Diese Dispositionsmaxime ist gewissermaßen das prozessuale Seitenstück zur Privatautonomie des materiellen Recht.[64]

1) Es liegt in der Hand der Parteien (Parteiherrschaft), **ob überhaupt ein Verfahren in Gang kommt** (Klage, Antrag) oder ob es in die nächsthöhere Instanz gelangt (Rechtsmittel): **Ohne Antrag kein Verfahren!**

Rechtssprichwort: Wo kein Kläger, da kein Richter.

Die Parteiherrschaft über das Ingangsetzen des Verfahrens und der Rechtsmittelzüge wird z.T. auch als Antragsgrundsatz bezeichnet.

2) Die Parteien bestimmen durch ihre **Anträge** den Umfang der richterlichen Prüfung und Entscheidung (§§ 308, 528, 557): Das Gericht darf daher den Parteien nicht mehr und nichts anderes zusprechen, als sie beantragt haben (**ne** eat judex **ultra petita** partium).

§ 308 Abs. 1 verbietet dem Gericht lediglich, den Parteien quantitativ mehr oder etwas qualitativ anderes als beantragt zuzusprechen; dem Gericht ist es dagegen natürlich gestattet, **weniger als beantragt** zuzusprechen, also der Klage nur zum Teil stattzugeben und sie **im Übrigen abzuweisen**, wenn sie nur zu einem Teil begründet ist.

z.B.: Das Gericht darf dem Kläger Zinsen nur insoweit zusprechen, als sie beantragt sind, nicht dagegen in einem weitergehenden materiell-rechtlich begründeten Umfang (s.o. § 2, 5.2, 3). Statt der vom Kläger beantragten uneingeschränkten Verurteilung kann der Beklagte zur Leistung Zug um Zug verurteilt werden, da dies kein aliud, sondern ein Weniger (minus) ist.[65]

3) Die Parteien besitzen auch **während des Verfahrens** die Verfügungsmacht über den Streitgegenstand. – So können sie:

- das Verfahren durch Klagerücknahme (§ 269), Rechtsmittelrücknahme (§§ 516, 565) oder durch Vergleich beenden,
- durch Klageänderung (§ 263) den Streitgegenstand des Verfahrens ändern,
- durch Erledigung des sachlichen Streits eine Sachprüfung durch das Gericht ausschließen: durch Erledigungserklärung in der Hauptsache (§ 91 a), durch Verzicht (§ 306), durch Anerkenntnis (§ 307), im Säumnisverfahren.

---

63 s. RS/Gottwald § 76; Schilken Rdnr. 339 ff.; Jauernig § 24.

64 Lüke ZPR Rdnr. 6; Schilken Rdnr. 339; Jauernig § 24 I.

65 BGH NJW 1992, 1172@.

4) **Einschränkungen** der Dispositionsmaxime

a) Durchbrechungen aufgrund eines besonderen öffentlichen Interesses.

Da eine Ehe nicht durch Vertrag zwischen den Ehegatten aufgelöst werden kann, kann diese Folge auch nicht prozessual dadurch herbeigeführt werden, dass im Scheidungsprozess der Beklagte anerkennt und nun ohne Sachprüfung ein Anerkenntnisurteil ergeht (vgl. § 617); ebensowenig kann dies durch Prozessvergleich herbeigeführt werden.[66]

b) Durchbrechung aus sozialen Erwägungen (Schutz des Mieters): §§ 308 a, 721.

c) Die Dispositionsmaxime ermöglicht – entsprechend zur Privatautonomie – nicht, im Prozesswege Rechtsfolgen herbeizuführen, die nach materiellem Recht unzulässig sind.

Beispiel: Wird auf Abgabe einer Eintragungsbewilligung für ein Mietrecht geklagt (grundbuchrechtlich unzulässige Eintragung), kann kein entsprechendes Anerkenntnisurteil erlassen und kein entsprechender Prozessvergleich geschlossen werden.

5) Gegensatz zur Dispositionsmaxime ist die **Offizialmaxime**, d.h. die Einleitung des Verfahrens und Bestimmung des Verfahrensinhalts von Amts wegen. Im Zivilprozess gilt sie – mit Ausnahme der sog. Antragssachen – in der **freiwilligen Gerichtsbarkeit** (s.u. § 25, 3). Im Strafprozess gilt sie dagegen grundsätzlich; dies bedeutet, dass der aus der Tat dem Staat erwachsene Strafanspruch von Amts wegen durch Staatsorgane durchgesetzt wird, und zwar grundsätzlich ohne Rücksicht auf den Willen des Verletzten (Einschränkung: Antragsdelikte, Ermächtigungsdelikte; Durchbrechung: Privatklagedelikte).

2. Verhandlungsmaxime (Verhandlungsgrundsatz, Beibringungsgrundsatz)

2.1 Bedeutung

1) Die ZPO geht vom Verhandlungsgrundsatz aus.[67] Dieser Grundsatz besagt, dass der vom Gericht seiner Entscheidung zugrunde zu legende **tatsächliche Prozessstoff von den Parteien** – und zwar grundsätzlich: **nur von ihnen** (und nicht vom Gericht) – beizubringen ist und beigebracht werden kann. Dies bedeutet:

- dass die **Parteien** entscheiden, welcher **Tatsachenstoff** in den Prozess eingeführt wird, und dass das Gericht seinem Urteil nur die Tatsachen zugrunde legen darf, die die Parteien vorgetragen haben.[68]
- dass **unstreitige** Tatsachen – von beiden Parteien vorgetragene oder zugestandene Tatsachen – vom Gericht grundsätzlich ohne Nachprüfung auf ihre Wahrheit zu berücksichtigen sind (§§ 138 Abs. 3, 288).[69]
- dass grundsätzlich die Parteien darüber entscheiden, ob sie für beweisbedürftige Tatsachen Beweis antreten wollen, und dass das Gericht grundsätzlich nur dann Beweis erheben darf, wenn eine Partei dies beantragt.[70]

---

66 s. OLG Frankfurt FamRZ 1984, 1123. s.u. § 15, 3, 4.

67 BVerfGE 67, 42.

68 BVerfG NJW 1995, 40; BGH NJW 1998, 159; NJW-RR 1996, 1009, 1010.

69 s. BGH NJW-RR 1987, 1018, 1019.

70 BVerfG NJW 1994, 1210@.

Der Verhandlungsgrundsatz beruht darauf, dass die Parteien die Herren des Verfahrens und damit dann auch des tatsächlichen Prozessstoffes sind (Parteiautonomie). Zudem kann, da es im Zivilprozess um eigene Interessen der Parteien geht, grundsätzlich davon ausgegangen werden, dass die Parteien, die ja die dem Streit zugrunde liegenden Vorgänge kennen, jeweils das ihnen Günstige vortragen werden und dass daher übereinstimmend Vorgetragenes auch der Wirklichkeit entsprechen wird (Grundsatz der „formellen Wahrheit“).[71]

Eine Verletzung des Verhandlungsgrundsatzes durch das Gericht kann die Verfassungsbeschwerde wegen Verletzung des rechtlichen Gehörs oder des Willkürverbots begründen und dann zur Aufhebung des Urteils führen.[72]

Fall 2: Der betrunkene Totogewinner

Der Kläger K klagt vor dem Amtsgericht auf Zahlung von 200 €. Er behauptet, am 12.01.2008 dem Beklagten B den Betrag als Darlehen, rückzahlbar in einem Monat, gegeben zu haben (Beweis: Zeugnis des Z). Der Beklagte B beantragt Klageabweisung; er behauptet, der Kläger habe ihm das Geld geschenkt: Er habe den Kläger, einen früheren Arbeitskollegen, an jenem Tag in der Gastwirtschaft „Zur schnellen Pumpe“ getroffen und dabei erfahren, dass dieser im Toto gewonnen habe. Als er ihm erzählt habe, dass er mit einer Rate für sein Motorrad in Verzug sei, habe ihm der Kläger die 200 € in die Hand gedrückt und gesagt: „Da hast du sie!“ (Beweis: Zeugnis Z). Das Amtsgericht hat Z als Zeugen vernommen. Dieser hat bekundet, dass der Kläger, sehr stark angetrunken, dem Beklagten die 200 € gegeben und dabei mit lallender Stimme gesagt habe: „Schmeiß es dem Gerichtsvollzieher vor die Füße!“
In der Verhandlung zur Beweisaufnahme haben sowohl der Kläger als auch der Beklagte erklärt, dass die Aussage des Z jedenfalls insoweit unrichtig sei, als er den Kläger als Betrunkenen hingestellt habe.
Das Amtsgericht hat den Beklagten zur Zahlung von 200 € an den Kläger verurteilt. In den Urteilsgründen hat es ausgeführt, ein Rückzahlungsanspruch des Klägers aus Darlehen (§ 488 BGB) sei zwar nicht bewiesen, umgekehrt allerdings auch nicht, dass der Kläger das Geld dem Beklagten habe schenken wollen. Da der Kläger jedoch bei der Hingabe des Geldes – wie sich aus der überzeugenden Aussage des Zeugen Z ergebe – betrunken gewesen sei, könne eine Schenkung ohnedies nicht zustande gekommen sein. Der Kläger habe daher zumindest einen Rückzahlungsanspruch aus ungerechtfertigter Bereicherung (§ 812 BGB).
Durfte das Amtsgericht so entscheiden?

(1) Materiell-rechtlich ergibt sich hier in der Tat ein Anspruch aus § 812 BGB: Wenn nämlich – wie nach dem Ergebnis der Beweisaufnahme anzunehmen – K bei der Hingabe des Geldes an B hochgradig betrunken war, war eine Willenserklärung des K gem. § 105 Abs. 2 BGB nichtig. Es ist daher – gleichgültig, worauf die Willenserklärung des K gerichtet war – weder ein wirksamer Darlehensvertrag noch eine wirksame Schenkung zustande gekommen.

(2) Die Frage ist jedoch, ob das Gericht die lediglich vom Zeugen Z in den Prozess eingeführte Trunkenheit des Klägers seiner Entscheidung zugrunde legen durfte. Es kann damit den Verhandlungsgrundsatz verletzt haben.

Die Beweisaufnahme durch Vernehmung des Zeugen Z als solche war kein Verstoß gegen den Verhandlungsgrundsatz, da insoweit ja ein Beweisantritt vorge-

71 s. dazu RS/Gottwald § 77 Rdnr. 6.
72 BVerfG NJW 1994, 1210@.

legen hat. Die Beweisaufnahme soll jedoch immer nur das Vorliegen bzw. Nichtvorliegen der von den Parteien bereits behaupteten erheblichen Tatsachen klären. Treten anlässlich einer Beweisaufnahme von den Parteien bisher nicht vorgetragene Tatsachen hervor, wie hier die Trunkenheit des Klägers, so sind diese Tatsachen damit noch nicht ohne weiteres Prozessstoff. Sie müssen erst durch die Parteien in den Prozess eingeführt werden, und zwar dadurch, dass mindestens eine der Parteien diese neue Tatsache zum Gegenstand ihres Vortrages macht.[73] Dies kann zwar auch konkludent geschehen, und es wird i.d.R. auch davon ausgegangen werden können, dass eine Partei ihr günstige Umstände, die sich bei der Beweisaufnahme ergeben, zumindest hilfsweise auch vortragen will.[74] Hier aber haben beide Parteien der Zeugenaussage insoweit gerade ausdrücklich widersprochen: Die Trunkenheit des Klägers bei der Geldhingabe ist somit nicht Prozessstoff geworden und konnte und durfte daher vom Gericht der Entscheidung nicht zugrunde gelegt werden.

(3) Ohne diesen Verstoß gegen den Verhandlungsgrundsatz war richtigerweise wie folgt zu prüfen und zu entscheiden: Der Anspruch des Klägers ist schlüssig aus Darlehen (§ 488 Abs. 1 BGB). Die Behauptung des Beklagten, die 200 € als Schenkung empfangen zu haben, ist erheblich; denn wenn eine Schenkung vorliegt, kann kein Rückzahlungsanspruch des Klägers aus Darlehen gegeben sein. In der Beweisaufnahme ist die Hingabe als Darlehen nicht bewiesen worden. Die Beweislast für die Hingabe als Darlehen trägt der Kläger; der Beklagte hat nicht etwa die Schenkung zu beweisen, denn gegenüber der anspruchsbegründenden Norm „Darlehen" ist die Behauptung „Schenkung" keine Einrede, sondern ein begründetes Bestreiten der Anspruchsvoraussetzungen.[75] – Die Klage war daher abzuweisen.

2) Der Verhandlungsgrundsatz bezieht sich **nur auf Tatsachen**; nur diese müssen von den Parteien durch ihren Vortrag zum Prozessstoff gemacht werden. Dagegen brauchen **Rechtssätze** nicht von den Parteien vorgetragen zu werden; **die Anwendung der Rechtssätze ist vielmehr Aufgabe des Gerichts („iura novit curia"; „da mihi facta, dabo tibi ius")**.[76] Die Parteien haben daher nicht die Befugnis, dem Gericht eine bestimmte Rechtsanwendung vorzuschreiben; das Gericht ist auch nicht an eine von den Parteien übereinstimmend vorgetragene Rechtsansicht gebunden.[77]

z.B. nicht an eine von den Parteien übereinstimmend angenommene Geltung der VOB.[78]

Natürlich können die Parteien aber auch ihre Rechtsansichten vortragen und sie werden dies in der Regel auch tun – insbes. bei Vertretung durch Rechtsanwälte, die gerade auch versuchen müssen, das Gericht von ihren zugunsten ihrer Mandanten vorgetragenen Rechtsansichten zu überzeugen[79] –; das Gericht muss diese Rechtsausführungen dann auch zur Kenntnis nehmen und in Erwägung ziehen (rechtliches Gehör, s.u. 3.).

---

73 BGH JR 1990, 337@.

74 BGH Urt. v. 03.04.2001 – VI ZR 203/00, NJW 2001, 2177@.

75 s. BGH NJW 1986, 2571; Palandt/Weidenkaff § 516 Rdnr. 19.

76 BGH NJW 1999, 645; BGH Urt. v. 22.01.2003 – XI ZR 125/02, NRW 2003, 1390.

77 BGH MDR 1969, 468; 1991, 222; RS/Gottwald § 77 Rdnr. 9.

78 BGH NJW 1994, 2547.

79 BGH NJW 1996, 2648, 2650@; BGH Urt. v. 21.09.2000 – IX ZR 439/99, NJW 2000, 3560; BGH Urt. v. 07.02.2002 – IX ZR 209/00, NJW 2002, 1413.

2.2 Einschränkungen des Verhandlungsgrundsatzes

2.2.1 Der Gegensatz zur Verhandlungsmaxime ist der **Untersuchungsgrundsatz** (Inquisitionsmaxime), nach dem das Gericht von sich aus die Wahrheit zu erforschen, also auch ohne diesbezüglichen Vortrag der Parteien und ohne Bindung an das von ihnen Vorgebrachte den Sachverhalt aufzuklären hat. Dieser Grundsatz ist typisch für das Strafverfahren und gilt auch im FGG. In der ZPO gilt er nur bei Verfahrensarten, in denen ein besonderes öffentliches Interesse an der Feststellung des wahren Sachverhalts besteht: in Ehe- und Kindschaftssachen (§§ 616, 640; s.u. § 15, 3).

2.2.2 Eine Verpflichtung des Gerichts zur **„Prüfung von Amts wegen“** besteht für die Feststellung der **Zulässigkeitsvoraussetzungen** des Verfahrens (Prozess- und Sachurteilsvoraussetzungen), von Rechtsmitteln und Rechtsbehelfen und von Prozesshandlungen (allg. Grundsatz, vgl. §§ 56, 88 Abs. 2, 341, 522, 552). Das Gericht hat insoweit von sich aus, ohne Bindung an den Parteivortrag, zu prüfen, ob die Voraussetzungen vorliegen, und die Parteien **auf Bedenken hinzuweisen** (§ 139 Abs. 3), hat aber **grds. nicht von sich aus zu ermitteln**, ob die Voraussetzungen tatsächlich vorliegen – Prüfung von Amts wegen ist grds. noch **keine Amtsermittlung** –; auch insoweit ist es grds. Aufgabe der Parteien, die erforderlichen Tatsachen vorzutragen und unter Beweis zu stellen und damit die Bedenken des Gerichts auszuräumen.[80]

Die Prüfung von Amts wegen steht somit gewissermaßen „in der Mitte” zwischen Verhandlungs- und Untersuchungsgrundsatz.

Der BGH[81] hat jedoch in Abweichung von diesen Grundsätzen ausgeführt, dass das Gericht bei der Prüfung von Prozessvoraussetzungen „alle in Frage kommenden Beweise von Amts wegen zu erheben“ habe; dies betraf die Einholung eines Gutachtens zur Klärung der Prozessfähigkeit des Klägers – ob dies für alle Prozess- und Sachurteilsvoraussetzungen zu gelten hat, ist problematisch.[82]

2.2.3 Wesentliche Einschränkung: Die Wahrheitspflicht (§ 138 Abs. 1)

1) § 138 Abs. 1 stellt für die Parteien – und ihre Vertreter und Prozessbevollmächtigten – die Pflicht zur **Wahrheit und Vollständigkeit** ihres Vorbringens auf. Diese Pflicht ist allerdings lediglich auf die **subjektive Wahrhaftigkeit** gerichtet, nicht dagegen auf die objektive Wahrheit, die die Partei oft nicht kennt und kennen kann und die ja oft gerade auch erst im Prozess festgestellt werden kann und soll. Ein Verstoß gegen die Wahrheitspflicht ist daher nur das **bewusste Lügen** oder das bewusste Verfälschen des Sachverhalts, also nur der Vortrag **wider besseres Wissen**.[83]

80 BGH NJW 1991, 3096; 1995, 1353, 1354; 1998, 1155, 1156; 2001, 1582; BGH Urt. v. 21.02.2000 – II ZR 231/98, NJW-RR 2000, 1156; StJ/Bork § 56 Rdnr. 5, 6, 7; StJ/Leipold vor § 128 Rdnr. 168; MK/Musielak § 56 Rdnr. 2; Musielak/Weth § 56 Rdnr. 2 ff.; RS/Gottwald § 93 Rdnr. 35; Jauernig § 25 X.

81 BGH NJW 1996, 1059@; 2000, 289@.

82 Ablehnend MK/Lindacher § 56 FN 1; Jauernig § 25 X; kritisch auch StJ/Leipold vor § 128 Rdnr. 172.

83 BGHZ NJW 1988, 63; 1995, 2846; VersR 1985, 545; StJ/Leipold § 138 Rdnr. 4; RS/Gottwald § 65 Rdnr. 63; Jauernig § 26 III; Schilken Rdnr. 154 ff.

a) Die Parteien dürfen daher auch von ihnen nur **vermutete Tatsachen** vortragen, denn diese sollen ja gerade im Prozess geklärt werden; ausnahmsweise unzulässig ist dies nur bei willkürlich „ins Blaue hinein“, ohne jegliche tatsächliche Anhaltspunkte aufgestellten Behauptungen.[84]

Beispiel: K, Erbe des E, findet in den Unterlagen des E ein Darlehen von 10.000 € an B verzeichnet. Als er sich an B wendet, erklärt dieser, das Darlehen nicht erhalten, sondern mit E nur aus steuerlichen Gründen die Buchung eines Darlehens vereinbart zu haben. K hält dies für möglich, klagt aber gleichwohl mit der Behauptung der Darlehenshingabe gegen B auf Zahlung, weil er als ebenfalls möglich annimmt, dass B die Gelegenheit des Erbfalles ausnutzen möchte, sich vor der Rückzahlung eines tatsächlich erhaltenen Darlehens zu drücken. – Hier liegt in der Behauptung des Klägers, das Darlehen sei gegeben worden, auch wenn sich dies als unrichtig erweisen sollte, kein Verstoß gegen die Wahrheitspflicht, weil K nicht wider besseres Wissen oder willkürlich – allenfalls bedingt vorsätzlich – falsch vorgetragen hat.

b) Es dürfen auch – soweit nicht bewusst falsch vorgetragen wird – im Eventualverhältnis **unterschiedliche Tatsachenbehauptungen** aufgestellt werden, die sich gegenseitig ausschließen;[85] eine Partei kann sich hilfsweise das Vorbringen der anderen auch dann zu eigen machen, wenn es mit dem eigenen Vortrag nicht vereinbar ist.[86]

2) Rechtsfolgen einer **Verletzung der Wahrheitspflicht**

a) Unbeachtlich ist die bewusst unwahre Tatsachenbehauptung bei kollusivem Zusammenwirken der Parteien zur Schädigung eines Dritten; insoweit hat das Gericht auch einen übereinstimmend vorgetragenen Umstand unberücksichtigt zu lassen.[87]

b) Eine für die lügende Partei günstige bewusst unwahre Tatsachenbehauptung bleibt ebenfalls nach ganz überwiegender Ansicht unberücksichtigt.[88]

Daher kann trotz § 331 Abs. 1 S. 1 auf eine bewusst unwahre Tatsachenbehauptung hin kein Versäumnisurteil ergehen.[89]

c) Auch ein bewusst unrichtiger Vortrag für die Partei **ungünstiger** Tatsachen ist an sich eine Verletzung der Wahrheitspflicht. An ein bewusst falsches Geständnis ist die Partei jedoch wegen § 290 gebunden.[90]

d) Materiell-rechtlich können sich aus einer Verletzung der Wahrheitspflicht eine Strafbarkeit wegen Prozessbetruges (§ 263 StGB) und eine Schadensersatzverpflichtung aus unerlaubter Handlung ergeben (§§ 823 Abs. 2 BGB, 263 StGB, 826 BGB), ferner prozessrechtlich eine Zulässigkeit der Wiederaufnahme des Verfahrens gemäß § 580 Nr. 4.

---

84 BGH NJW 1996, 1212; 1999, 361; BGH Urt. v. 13.12.2002 – V ZR 359/01, NJW-RR 2003, 491; BGH Urt. v. 27.05.2003 – IX ZR 283/99, NJW-RR 2004, 337; s.u. § 11, 3.

85 BGH NJW 1995, 2846.

86 BGH NJW-RR 1994, 1405; NJW 1985, 1842@ m.w.N.; MK/Wagner § 138 Rdnr. 12.

87 BGH VersR 1970, 826, 827; OLG Schleswig NJW-RR 2000, 356; OLG Düsseldorf NJW-RR 1998, 606; OLG Hamm NJW-RR 1997, 157; ThP/Reichold § 138 Rdnr. 7, 9.

88 BGH NJW 1968, 1233; 1979, 2089; StJ/Leipold § 138 Rdnr. 14, 15; Schilken Rdnr. 156.

89 BGH NJW 1979, 2089; StJ/Leipold § 138 Rdnr. 15; StJ/Grunsky § 331 Rdnr. 5.

90 h.M.: BGHZ 37, 154; BGH VersR 1970, 826; StJ/Leipold § 290 Rdnr. 4; BL/Hartmann § 138 Rdnr. 23; Jauernig § 44 III 2.

3) Über diese Pflicht zur Wahrhaftigkeit und Vollständigkeit ihres Vortrags hinaus besteht aber im Zivilprozess grundsätzlich **keine allgemeine Aufklärungspflicht** der nicht darlegungs- und beweisbelasteten Partei. Sie braucht daher grds. nicht – über § 138 Abs. 1 hinaus – durch Mitteilung ihres Wissens dem Gegner die Prozessführung zu erleichtern oder gar zu ermöglichen.[91]

Allerdings kann sich aus Treu und Glauben (§ 242 BGB) eine Aufklärungspflicht – sog. **sekundäre Darlegungslast** – der an sich nicht darlegungsbelasteten Partei ergeben, wenn die an sich darlegungs- und beweisbelastete Partei außerhalb des von ihr darzulegenden Geschehensablaufs steht und keine Kenntnis der maßgebenden Tatsachen besitzt, während die nicht darlegungsbelastete Partei diese Kenntnis hat und ihr nähere Angaben zumutbar sind.[92]

Beispiel: Wenn ein auf Schadensersatz Verklagter eine Verletzung der Schadensminderungspflicht durch den Kläger einwendet – für die er darlegungs- und beweisbelastet ist –, muss erforderlichenfalls zunächst der geschädigte Kläger vortragen, was er zur Schadensminderung unternommen hat;[93] der Beklagte hat dann nur diese Darstellung zu widerlegen.

2.3 Beeinflussung des Verhandlungsgrundsatzes durch die richterliche Erörterungs-, Aufklärungs-, Hinweis- und Fragepflicht (§ 139)

Die Verpflichtung des Gerichts aus § 139 geht in drei Richtungen:

- Das Gericht hat mit den **Parteien das Sach- und Streitverhältnis in tatsächlicher und rechtlicher Hinsicht zu erörtern und erforderlichenfalls durch Fragen und Hinweise aufzuklären**.
- Das Gericht hat darauf hinzuwirken, dass sich die Parteien über alle erheblichen Tatsachen **vollständig erklären** (auch § 136 Abs. 3).
- Das Gericht hat darauf hinzuwirken, dass **sachdienliche Anträge** gestellt und **Beweismittel** benannt werden.

2.3.1 Diese richterliche Aufklärungs-, Hinweis- und Fragepflicht nach § 139 ZPO – oft wegen ihrer Bedeutung als Kernstück der richterlichen Pflichten als „magna charta des Zivilprozesses" bezeichnet[94] – ist keine Durchbrechung des Verhandlungsgrundsatzes; denn wenn die Parteien den Anregungen des Gerichtes nicht folgen, kann das Gericht auch über § 139 nicht von sich aus neue Tatsachen in den Prozess einführen, sondern es bleibt an den bisherigen Vortrag der Parteien gebunden.[95] Die richterliche Aufklärungspflicht führt aber gleichwohl in der Praxis zu einer **starken Beeinflussung der Parteiherrschaft**; denn mittelbar gewinnt das Gericht über § 139 einen starken Einfluss auf den Vortrag der Parteien und damit auf die Einführung und den Umfang des Prozessstoffes.

---

91 BGHZ 116, 56; BGH NJW 1990, 3151; 2000, 1108; StJ/Leipold § 138 Rdnr. 25 ff.; RS/Gottwald § 108 Rdnr. 8. Für eine allgemeine Aufklärungspflicht dagegen u.a. Stürner, Die Aufklärungspflicht der Parteien im Zivilprozess, 1976 (grundlegend); Musielak/Stadler § 138 Rdnr. 11; Katzenmeier JZ 2002, 533.

92 BGH Urt. v. 17.02.2004 - X ZR 108/02, MDR 2004, 989; BGH Urt. v. 14.07.2003 - II ZR 335/00, NJW-RR 2004, 556; BGH Urt. v. 05.10.2004 -XI ZR 210/03, NJW 2004, 3623; BGH Urt. v. 18.05.2005 - VIII ZR 368/03, MDR 2005, 1218; BGH v. 07.11.2007 - IV ZR 103/06, NJW-RR 2008, 343.

93 BGH v. 22.11.2005 - VI ZR 330/04, VersR 2006, 286; Palandt/Heinrichs § 254 Rdnr. 74 m.N.

94 BL/Hartmann § 139 Rdnr. 1.

95 Schellhammer Rdnr. 406.

2.3.2 Umfang und Grenzen der Aufklärungspflicht

ergeben sich aus dem Wortlaut des § 139 nicht eindeutig; denn § 139 sagt nicht im Einzelnen, wieweit der Richter mit seinen Fragen und Anregungen gehen darf. Die Grenzen müssen jedenfalls dort gezogen werden, wo ein Anschein der Parteilichkeit des Richters entstehen und somit der Ablehnungsgrund wegen Besorgnis der Befangenheit (§ 42 Abs. 2) eingreifen kann.[96]

Ein zulässiger Hinweis kann aber für sich noch nicht befangen machen.[97]

1) Die Erörterungs-, Hinweis- und Aufklärungspflicht bezieht sich auf das dem Gericht zur Entscheidung unterbreitete Sach- und Rechtsverhältnis.

a) Hinsichtlich **dieses** Verhältnisses hat das Gericht mit den Parteien die für die Entscheidung möglicherweise bedeutsamen Tatsachen- und Rechtsfragen zu erörtern,[98] sie auf Unklarheiten und Unvollständigkeiten ihres Vortrags hinzuweisen und ggf. eine Klarstellung und Ergänzung des Vortrags anzuregen.

Dabei hat das Gericht grds. auch auf die Unschlüssigkeit einer Klagebegründung hinzuweisen, sodass es daher eine ungenügend begründete (unsubstantiierte) Klage nicht ohne weiteres, sondern – auch im Anwaltsprozess – nur nach einem entsprechenden Hinweis abweisen darf.[99] Entsprechendes gilt natürlich auch bei unvollständigem Vortrag des Beklagten.[100]

Hinweispflicht auch bei fehlendem oder unklarem **Beweisantritt**.[101]

b) Den Parteien muss Gelegenheit gegeben werden, auf den Hinweis zu reagieren und den Vortrag zu ergänzen: Ggf. Schriftsatzfristen (§ 139 Abs. 5),

u.U. Erforderlichkeit eines neuen Verhandlungstermins.[102] – Dies ist auch eine Frage der Gewährung des rechtlichen Gehörs, die sich oft mit der Hinweispflicht überschneidet.

c) Das Gericht hat aber **nicht auf eine Änderung** des Sach- und Rechtsverhältnisses hinzuwirken. Es darf daher grundsätzlich **nicht**:

(1) auf andere Sachverhalte o. neue Angriffs-/Verteidigungsmittel hinweisen,[103]

daher auch nicht den Beklagten auf eine **Verjährung** des Anspruchs.[104]

(2) eine Partei zur Abgabe von Erklärungen auffordern, die die materielle Rechtslage erst zugunsten der Partei **verändern** würden (z.B. Anfechtung, Rücktritt, Kündigung); denn das Gericht soll die Parteien über die **bestehende** Rechtslage aufklären, nicht aber zu deren Veränderung anhalten.[105]

96 Schellhammer Rdnr. 407.

97 OLG Oldenburg NJW 2004, 3194; MK/Wagner § 139 Rdnr. 10.

98 s. StJ/Leipold § 139 Rdnr. 18, 19.

99 BVerfG NJW 1994, 849; BGH Urt. v. 07.12.2000 – I ZR 179/98, NJW 2001, 2548; BGH Urt. v. 25.06.2002 – X ZR 83/00, NJW 2002, 3317; BGH Urt. v. 05.11.2003 – VIII ZR 380/02, NJW-RR 2004, 281.

100 BGH MDR 1993, 496. – Eingehend: Piekenbrock NJW 1999, 1360; Neuhaus MDR 2002, 438.

101 BGH MDR 1997, 876.

102 BGH NJW 1999, 2123@; BGH v. 18.09.2006 – II ZR 10/05, NJW-RR 2007, 412.

103 BGH v. 02.10.2003 – V ZB 22/03, NJW 2004, 164; BGH Urt. v. 23.11.2005 – VIII ZR 43/05, NJW 2006, 434, 435; StJ/Leipold § 139 Rdnr. 37, 52 ff.

104 BGH v. 02.10.2003 – V ZB 22/03, NJW 2004, 164; streitig, s. Rensen MDR 2004, 489; Wernecke JA 2004, 331, 332; Burballa JA 2004, 905.

105 BGH v. 02.10.2003 – V ZB 22/03, NJW 2004, 164; Schellhammer Rdnr. 416.

2) Eine Anregung zu **sachdienlichen Anträgen** ist geboten, wenn Zweifel hinsichtlich des von der Partei Gewollten bestehen oder wenn deutlich wird, dass der nach dem vorgetragenen Sachverhalt sachgerechte Antrag aus Verkennung der rechtlichen Gesichtspunkte oder aus Versehen nicht gestellt wird.

Hinweis aber nur im Rahmen des generellen Prozessziels; eine Anregung zur Änderung oder Erweiterung des Prozessziels – etwa zur Klageerhöhung – ist dem Richter nicht gestattet.[106]

Beispiel: Die Klägerin klagt vor dem Landgericht gegen die Gemeinde aus Amtspflichtverletzung auf Wiederaufbau eines abgebrochenen Hauses. Da es nach § 839 BGB, Art. 34 GG grds. nur Schadensersatz (Prozessziel) in Geld, aber nicht Naturalrestitution gibt, muss das Gericht darauf hinwirken, dass der Klageantrag auf Geldzahlung umgestellt wird.[107]

2.4 Für das **Beweisverfahren** ist der Verhandlungsgrundsatz – keine Beweisaufnahme ohne Beweisantrag der Parteien – weitgehend durchbrochen: Er gilt heute uneingeschränkt **nur noch für den Zeugenbeweis** (§§ 373 ff.); Zeugen können daher nur vernommen werden, wenn eine Partei dies beantragt hat. Dagegen kann das Gericht im Rahmen seiner Prozessförderungs- und Aufklärungspflicht nach seinem Ermessen von sich aus Augenscheins- und Sachverständigenbeweis erheben (§ 144), Parteivernehmung anordnen (§ 448) und Urkundenvorlage – auch durch Dritte – veranlassen (§ 142).

Insoweit ist das Gericht daher nach seinem Ermessen zu einer Beweiserhebung **berechtigt, nicht aber verpflichtet**.[108]

3. Grundsatz des rechtlichen Gehörs

1) Der Anspruch der Parteien auf rechtliches Gehör ist in **Art. 103 Abs. 1 GG** (ferner Art. 6 Abs. 1 EMRK) verfassungsrechtlich garantiert und gilt als allgemeiner rechtsstaatlicher Grundsatz für alle gerichtlichen Verfahren.[109] In der ZPO ist dieser Grundsatz nicht ausdrücklich normiert; er ist jedoch **als selbstverständlich vorausgesetzt**, denn gerade für den Zivilprozess ist er geschichtlich gewachsen.

Rechtssprichwörter: „audiatur et altera pars“ (Digesten, D 48, 17, 1 pr); „Eines Mannes Rede ist keines Mannes Rede, man soll sie billig hören beede“ (Sachsenspiegel I 62, § 7).[110]

Auch **§ 321 a** setzt den Anspruch auf rechtliches Gehör als selbstverständlich voraus.

Der Grundsatz ergibt sich u.a. auch aus §§ 136 Abs. 3, 139, 278 Abs. 2, 279 Abs. 3, 283, 285; ferner aus dem Gebot eines fairen Verfahrens[111] und der „Waffengleichheit“ im Zivilprozess,[112] dem allgemeinen Rechtsstaatsgedanken[113] und der Rechtsschutzgarantie.[114]

---

106 Zöller/Greger § 139 Rdnr. 15; Musielak/Stadler § 139 Rdnr. 13; BL/Hartmann § 139 Rdnr. 64; ThP/Reichold § 139 Rdnr. 10.

107 Weitere Beispiele: Schellhammer Rdnr. 410 ff.; BL/Hartmann § 139 Rdnr. 51 ff.

108 OLG Frankfurt NJW-RR 1993, 169; StJ/Leipold vor § 128 Rdnr. 155; Jauernig § 50 III 1.

109 s. Schilken GVG Rdnr. 128 ff.

110 dazu Wacke JA 1980, 594

111 s. StJ/Leipold vor § 128 Rdnr. 15.

112 s. EGMR NJW 1995, 1413; s.u. § 11, 2.1, 1.

113 BVerfG NJW 1996, 3202@.

114 BVerfG Urt. v. 30.04.2003 – 1 PBvU 1/02, NJW 2003, 1924@; StJ/Leipold vor § 128 Rdnr. 16.

2) Der Grundsatz des rechtlichen Gehörs geht in eine **dreifache Richtung** und bedeutet, dass jede Partei einen Anspruch auf **Information**, auf Gelegenheit zur **Äußerung** und **auf Beachtung ihres Vorbringens** hat, bevor eine Entscheidung zu ihrem Nachteil ergeht.[115]

a) **Information**

aa) über **alle entscheidungserheblichen Umstände**, z.B. den Vortrag des Gegners, Beweisergebnisse (§ 279 Abs. 3): Die Parteien müssen alle entscheidungserheblichen Tatsachen zur Kenntnis nehmen und nachprüfen können.[116]

Damit korrespondiert die Pflicht des Gerichts aus § 139 Abs. 1 zur Erörterung des Rechtsstreits in rechtlicher und tatsächlicher Hinsicht.

bb) Diese Information erfordert auch, dass das Gericht auf entscheidungserhebliche tatsächliche und rechtliche Gesichtspunkte **hinweist**, die eine Partei erkennbar übersehen oder für unerheblich gehalten hat oder die das Gericht anders beurteilt als beide Parteien (§ 139 Abs. 2).

Daraus folgt auch das **Verbot von Überraschungsentscheidungen**[117], ferner die Verpflichtung des Gerichts zur **Gleichbehandlung** der Parteien[118] und zu einem **fairen Verfahren**,[119] was zum Teil auch als eigenständige Verfahrensgrundsätze verstanden wird, aus denen umgekehrt ihrerseits u.a. die Informationspflicht folgt.

Das Gericht hat somit weitreichende Erörterungs-, Mitteilungs- u. Hinweispflichten. Über § 139 hinaus gehen diese Pflichten jedoch nicht – z.B. nicht zur Mitteilung der Rechtsansichten, die es der Entscheidung zugrunde legen will,[120] oder zum Hinweis bei anderer Beurteilung im Verhältnis zu nur einer Partei –; es ist aber gleichwohl i.d.R. angebracht, dass das Gericht auch weitergehend seine Ansichten offenlegt und mit den Parteien erörtert.[121]

b) **Äußerung:** Jede Partei muss sich zum Sachverhalt äußern, ihre Rechtsansichten vortragen und auf Hinweise des Gerichts reagieren können[122] – was auch die Einräumung der hierzu erforderlichen Zeit einschließt.

Die Partei darf sich dabei frei, uneingeschränkt und auch in deutlichen Worten äußern; daher gibt es grds. keine Klage auf Unterlassung von beleidigendem Vorbringen im Zivilprozess (grds. Ausschluss von Ehrenschutzklagen gegenüber Parteivorbringen und Zeugenaussagen in gerichtlichen Verfahren, auch seitens Dritter).[123]

c) **Beachtung:** Zum rechtlichen Gehör gehört schließlich, dass das Gericht die Ausführungen der Parteien auch zur Kenntnis nehmen, in Erwägung ziehen und wesentliches Parteivorbringen bei der Entscheidung berücksichtigen muss.[124]

z.B. Pflicht zur Berücksichtigung wesentlicher Beweisanträge.[125]

---

115 BVerfG v. 07.10.2003 – 1 BvR 10/99, NJW 2003, 3687; v. 05.05.2004 – 2 BvR 1012/02, NJW 2004, 2443.

116 BGH JZ 1996, 737; BayObLG NJW-RR 1996, 1478.

117 BVerfG v. 24.10.2007 – 1 BvR 1086/07, FamRZ 2008, 244.

118 s. StJ/Leipold vor § 128 Rdnr. 14.

119 s. StJ/Leipold vor § 128 Rdnr. 124 ff.; Schilken GVG Rdnr. 107 ff.

120 BAG v. 13.06.2006 – 9 AZN 226/05, NJW 2006, 3371; StJ/Leipold § 139, 19; Jauernig § 29 IV.

121 StJ/Leipold § 139 Rdnr. 19; Schellhammer Rdnr. 420; Jauernig § 29 IV.

122 BVerfG NJW 1995, 2095, 2096; 1996, 3202@.

123 s. BVerfG v. 25.09.2006 – 1 BvR 1898/03, NJW-RR 2007, 840; BGH Urt. v. 16.11.2004 – VI ZR 298/03, NJW 2005, 279; BGH Urt. v. 11.12.2007 – VI ZR 14/07, NJW 2008, 996. – kritisch: Piepenbrock JZ 2006, 586.

124 Ständige Rspr. BVerfG, u.a. v. 12.12.2007 – 1 BvR 61/05, FamRZ 2008, 673.

125 BVerfG v. 24.10.2007 – 1 BvR 1086/07, FamRZ 2008, 244.

3) Ausnahmen vom Grundsatz vorherigen rechtlichen Gehörs bestehen dort, wo eine vorherige Anhörung gerade dem Sinn des Verfahrens zuwiderliefe, weil dies die Gefahr der Vereitelung staatlicher Maßnahmen heraufbeschwören würde.

z.B.: Im Vollstreckungsverfahren (vgl. § 834), im Arrest- und einstweiligen Verfügungsverfahren (§§ 922 Abs. 1, 937 Abs. 2). Der Betroffene kann dann aber immer nachträglich seine Auffassung durch Rechtsbehelfe vortragen; dadurch wird ihm dann nachträglich auch das rechtliche Gehör gewährt.

4) Die Versagung des rechtlichen Gehörs kann mit der Gehörsrüge (321 a) und nach Erschöpfung des Rechtsweges als Verletzung des Art. 103 Abs. 1 GG mit der Verfassungsbeschwerde gerügt werden (s.u. § 12, 1, 4 b; § 14, 3.5).

4. Mündlichkeit, Unmittelbarkeit, Öffentlichkeit

4.1 Der Grundsatz der **Mündlichkeit** bedeutet, dass die Parteien ihre Anträge und ihren Tatsachenvortrag in der mündlichen Verhandlung vorbringen müssen und dass grundsätzlich nur der Streitstoff, der in der Verhandlung vorgetragen worden ist, Grundlage der Entscheidung sein kann (§ 128 Abs. 1).[126]

Sinn und Zweck des Mündlichkeitsgrundsatzes ist es, eine einen unmittelbaren lebendigen Eindruck vom Streitstoff ermöglichende Verfahrensgestaltung durch Wechselrede der Parteien und durch unmittelbar der Aufklärung und Förderung dienende Fragen und Hinweise des Gerichts zu schaffen. Insoweit hängt der Öffentlichkeitsgrundsatz auch mit dem Unmittelbarkeitsgrundsatz zusammen. Die Öffentlichkeit der Verhandlung – und die Kontrolle der Rechtsprechung durch die Öffentlichkeit – ist nur bei mündlicher Verhandlung denkbar.

Allerdings wird in der Praxis in der Verhandlung weitgehend auf Schriftsätze nur Bezug genommen (s.o. § 2, 4.2, 3); eine gewisse Schriftlichkeit folgt auch aus der Aktenführung.

1) Mündlichkeit – mündliche Verhandlung – ist obligatorisch für die Verhandlung vor dem erkennenden Gericht im **Urteilsverfahren**.

Im Beschlussverfahren, z.B. zur Bewilligung von Prozesskostenhilfe, im Beschwerde- und Arrest-/Verfügungsverfahren, **kann** mündliche Verhandlung anberaumt werden (sog. fakultative mündliche Verhandlung, § 128 Abs. 4), braucht es aber nicht.

2) Der Mündlichkeitsgrundsatz ist **durchbrochen**:

- für den Erlass eines Anerkenntnisurteils (§ 307 S. 2).
- beim Versäumnisurteil im schriftlichen Vorverfahren (§§ 331 Abs. 3).
- nach § 128 Abs. 2, wenn sich beide Parteien dem Gericht gegenüber mit einem schriftlichen Verfahren einverstanden erklären.
- nach § 128 Abs. 3, wenn nur noch eine Kostenentscheidung zu treffen ist.
- im sog. Schiedsverfahren nach § 495 a: Mündliche Verhandlung zwingend nur auf Antrag.
- bei der Entscheidung nach Aktenlage (§§ 251 a, 331 a) und der Berücksichtigung nachgereichter Schriftsätze (§ 283, s.u. 5.4), da hier auch in nicht vorgetragenen Schriftsätzen enthaltene Ausführungen Entscheidungsgrundlage werden können.

---

126 BGH NJW 1997, 398; 1999, 1339@.

3) Es gilt der Grundsatz der **Einheit der mündlichen Verhandlung**: Finden in einem Prozess mehrere Verhandlungstermine statt, so bilden alle zusammen die „einheitliche mündliche Verhandlung". Grundlage der Entscheidung wird daher der gesamte – sich u.U. aus mehreren Terminen ergebende – Prozessstoff.

a) Die einzelnen Verhandlungstermine sind gleichwertig: Was in einem Termin Prozessstoff geworden ist, bleibt grundsätzlich auch in den folgenden Terminen Prozessstoff; eine bindend gewordene Prozesslage bleibt auch für die späteren Termine bestehen.

Beispiele: Das durch rügelose Einlassung zuständig gewordene Gericht (vgl. § 39) bleibt zuständig; ein durch rügelose Einlassung geheilter Verfahrensmangel (§ 295) bleibt geheilt; eine Einwilligung in eine Klageänderung (§§ 263, 267) ist endgültig; ein Geständnis (§ 288) wirkt fort und kann nur unter den Voraussetzungen des § 290 widerrufen werden.

b) Soweit keine bindenden Prozesshandlungen vorliegen, kann sich die Prozesslage jedoch durch das prozessuale Verhalten in einem folgenden Termin ändern („Prozess"!). Es entscheidet daher immer der letzte Verhandlungstermin, über welches Klagebegehren zu entscheiden und was aus den früheren Terminen noch an Prozessstoff erheblich ist.

Neuer Vortrag, neue Anträge und neue Angriffs- und Verteidigungsmittel können daher grds. bis zum Schluss der mündlichen Verhandlung, auf die das Urteil ergeht, vorgebracht werden (§ 296 a);[127] bisher unbestrittene Tatsachen können noch bestritten werden. Allerdings ergeben sich Einschränkungen aus der Pflicht der Parteien zur Prozessförderung, die „rechtzeitiges Vorbringen" (§ 282) verlangt und die vom Gericht durch Fristsetzungen und Ausschluss verspäteten Vorbringens durchgesetzt werden kann (§ 296).

c) Vortrag nach Schluss der mündlichen Verhandlung bleibt grds. unberücksichtigt (§ 296 a), kann aber gem. § 156 die Wiedereröffnung der Verhandlung begründen.

4) Die **Gerichtssprache ist deutsch** (§ 184 GVG); Eingaben in ausländischer Sprache sind daher grundsätzlich unbeachtlich.[128] Sind an der Verhandlung nicht hinreichend der deutschen Sprache mächtige Personen beteiligt, so ist ein Dolmetscher zuzuziehen (§ 185 GVG).

4.2 Der Grundsatz der **Unmittelbarkeit** bedeutet, dass die mündliche Verhandlung vor dem erkennenden Gericht stattzufinden hat. Nur Richter, die an dieser Verhandlung teilgenommen haben, dürfen am Urteil mitwirken (§ 309).

Grds. muss auch die Beweisaufnahme vor dem erkennenden Gericht stattfinden (§ 355 Abs. 1, **Unmittelbarkeit der Beweisaufnahme**).[129] Sie kann aber unter bestimmten Voraussetzungen einem beauftragten Richter (= Mitglied des erkennenden Gerichts, § 361) oder einem ersuchten Richter (= anderweitiger Richter, Rechtshilfe, § 362) übertragen werden, insbes. bei der Vernehmung von Zeugen (s. § 375).

Zeugenaussagen aus einem Strafprozess können als Urkundenbeweis verwertet werden; wird aber Vernehmung beantragt, muss dieser unmittelbare Zeugenbeweis erhoben werden,[130] ferner bei Glaubwürdigkeitsproblemen.[131]

Durchbrechung: Verwertbarkeit von Gutachten aus anderen Gerichtsverfahren: § 411 a.

127 BGH Urt. v. 10.06.2002 – II ZR 68/00, NJW 2002, 2862.

128 BGH NJW 1982, 532; BayObLG NJW-RR 1987, 379.

129 dazu: Völzmann-Stickelbrock ZZP 2005, 359.

130 BGH NJW 1995, 2857.

131 BGH NJW 2000, 1420@; OLG Koblenz MDR 2006, 771.

4.3 Der Grundsatz der **Öffentlichkeit des Verfahrens** ist in §§ 169 ff. GVG (ferner Art. 6 EMRK) niedergelegt und im Einzelnen geregelt, mit dem Zweck, eine Kontrolle der Vorgänge vor Gericht durch die Allgemeinheit zu gewährleisten.

Entstanden im 19. Jahrhundert als Forderung gegen die geheime Kabinettsjustiz. Art. 178 Paulskirchenverfassung 1849: „Das Gerichtsverfahren soll öffentlich und mündlich sein".

1) Öffentlich sind die Verhandlung und Beweisaufnahme vor dem erkennenden Gericht einschließlich der Verkündung der Entscheidungen.

Nicht öffentlich sind Familien- u. Kindschaftssachen (§ 170 GVG); auch in anderen Sachen kann die Öffentlichkeit ausgeschlossen werden, z.B. zum Schutz von Persönlichkeitsrechten (§§ 171 b, 172 GVG). Die Verkündung der Urteile bleibt aber öffentlich (§ 173 GVG). – Die Parteien selbst können natürlich auch an nichtöffentlichen Verhandlungen teilnehmen.

Die Prozessakten sind nicht allgemein zugänglich (Datenschutz, s. § 299).

2) Öffentlichkeit bedeutet, dass im Rahmen der tatsächlichen Gegebenheiten des Verhandlungsortes der Zutritt für beliebige Zuhörer möglich sein muss.

Beispiel: In einem Schadensersatzprozess gegen den Organisator eines Sitzstreiks vor einer Deponie können viele Studenten, die zuhören wollten, wegen Überfüllung nicht mehr in den Sitzungssaal. – Der Öffentlichkeitsgrundsatz ist nur dann verletzt, wenn der Sitzungssaal so klein ist, dass praktisch kein Zuhörer Platz findet, oder wenn ohne zwingenden Grund ein kleiner Raum gewählt wurde, um eine Einschränkung der Zuhörerzahl zu erreichen. Die tatsächliche Begrenzung des Platzangebotes im Sitzungssaal ist aber für sich keine Verletzung der Öffentlichkeit, ebenso nicht, wenn dann die Zuhörerzahl durch Ausgabe von Eintrittskarten an beliebige, nicht individuell ausgewählte Personen rein tatsächlich beschränkt wird.[132]

Gewährleistet wird aber nur eine „Saalöffentlichkeit". Nach § 169 S. 2 GVG sind dagegen Rundfunk-, Fernseh- und Filmaufnahmen **während** der Verhandlung einschließlich der Urteilsverkündung unzulässig; verfassungsgemäß:[133] Keine Verletzung des Informationsrechts der Öffentlichkeit, der Informationspflicht der Presse oder der Rundfunkfreiheit, da die Erfordernisse des Persönlichkeitsschutzes, eines fairen Verfahrens und der Wahrheits- u. Rechtsfindung, die durch eine Medienöffentlichkeit gefährdet sind, überwiegen.

Eingeschränkt zulässig sind Aufnahmen beim BundesverfassungsG: § 17 a BVerfGG.

5. Beschleunigungsgrundsatz (Konzentrationsmaxime)

Die Zivilprozesse sind oft – bedingt auch durch Überlastung der Gerichte – von beträchtlicher Dauer: Durchschnittlich in erster Instanz rund sechs Monate,[134] in der Berufungsinstanz etwa ähnlich; einzelne Prozesse dauern allerdings oft mehrere Jahre. Daher strebt die ZPO eine Verfahrensbeschleunigung an, was auch durch das Rechtsstaatsprinzip – Gewährung eines effektiven Rechtsschutzes[135] – und Art. 6 EMRK („angemessene Frist")[136] geboten ist.

Das angestrebte Ziel ist es, das Verfahren möglichst zügig **in einem einzigen umfassend vorbereiteten Verhandlungstermin** – Haupttermin oder früher erster Termin – abzuschließen. – Diesem Ziel dienen:

132 s. BL/Hartmann § 169 GVG Rdnr. 2, 3.

133 BVerfG v. 24.01.2001 – 1 BvR 2623/95, 622/99, NJW 2001, 1633. – grds. zulässig aber vor bzw. nach der eigentlichen Verhandlung, s. BVerfG v. 19.12.2007 – 1 BvR 620/07, NJW 2008, 977.

134 s. Steinbeiß-Winkelmann ZRP 2007, 177.

135 BVerfG v. 06.12.2004 – 1 BvR 1977/04, NJW 2005, 739; BVerfG v. 20.09.2007 – 1 BvR 775/05, NJW 2008, 503: Verfassungsbeschwerde bei überlanger Prozessdauer.

136 dazu besonders: EGMR Urt. v. 08.06.2006 – 75529/01, NJW 2006, 2389 (Fall Sürmeli, s.o. § 1, 1, 2).

5.1 Beschleunigungsmaßnahmen des Gerichts

1) Unverzügliche kurzfristige Terminierungen (§§ 216, 272, 279 Abs. 1).

Terminsaufhebung, Verlegung oder Vertagung ist nur bei erheblichen Gründen zulässig (§ 227 Abs. 1), damit ein einmal angesetzter und vorbereiteter Termin auch wirklich durchgeführt wird und sich der Prozess nicht von Termin zu Termin hinschleppt.

2) **Möglichst frühe Ausübung der Aufklärungs- und Hinweispflicht (§ 139)**.

3) Maßnahmen zur Vorbereitung des Verhandlungstermins (§ 273).

4) Beweisbeschlüsse und -erhebungen vor dem Termin (§ 358 a).

5) **Fristen** an die Parteien für Angriffs- und Verteidigungsvorbringen, bei deren Nichteinhaltung ein Ausschluss des verspäteten Vortrags droht (§§ 275, 276).

6) Die früheren Gerichtsferien sind abgeschafft worden; stattdessen ggf. Anspruch auf Terminsverlegung im Juli/August (s. § 227 Abs. 3).

5.2 Die Prozessförderungspflicht der Parteien (§ 282)

1) verpflichtet die Parteien, ihre Angriffs- und Verteidigungsmittel so rechtzeitig vorzubringen, wie es einer sorgfältigen und auf Förderung des Verfahrens bedachten Prozessführung entspricht.

Diese Pflicht soll einem „tröpfchenweisen" Vortrag entgegenwirken und dazu beitragen, dass das Gericht möglichst schnell über den gesamten Prozessstoff informiert wird; denn nur dann kann es ja wiederum seiner Pflicht zur Prozessförderung (Aufklärungs- und Hinweispflicht) sachgerecht nachkommen. Allerdings ist es nicht erforderlich, dass die Parteien sogleich alles das, was eventuell von Bedeutung werden könnte, vortragen müssten; denn dies würde der gebotenen Konzentration des Verfahrens gerade zuwiderlaufen (keine Eventualmaxime!).[137]

Gegen die Prozessförderungspflicht verstößt, wer ein Beweismittel zurückhält, um zunächst abzuwarten, zu welchem Ergebnis die angebotenen Beweise führen.[138]

2) Problematisch ist, ob und inwieweit gleichwohl erlaubt ist, aus **prozesstaktischen Gründen** Angriffs- und Verteidigungsmittel zunächst zurückzuhalten.

z.B.: Darf der Beklagte, der sich mit umstrittenen Einwendungen verteidigt, das Ergebnis der Beweisaufnahme abwarten, bevor er als „Notbremse" die **Verjährungseinrede** erhebt?

Nach dem Wortlaut des § 282 Abs. 1, der ausdrücklich auf die jeweilige „Prozesslage" abstellt, könnte auch eine „gewisse Prozesstaktik" zulässig sein. Inwieweit dies im Einzelfall möglich ist, ist zweifelhaft; für die nachträgliche Erhebung der Verjährungseinrede ist dies umstritten: Nach Hartmann[139] darf der Beklagte die Verjährungseinrede solange zurückstellen, bis objektiv erkennbar ist, dass der Anspruch ausreichend dargelegt und bewiesen ist, damit er eine Klärung des Anspruchs erreichen kann, bevor er das „moralisch oft umstrittene Notmittel der Verjährung" einsetzt. Nach überwiegender Ansicht[140] ist dagegen durch § 282 Abs. 1 geboten, dass der Beklagte, wenn er entschlossen ist, den Anspruch notfalls auch durch die Verjährungseinrede zu Fall zu bringen, dies von vornherein macht; mit der nachträglichen Erhebung wäre er dann unter den Voraussetzungen des § 296 auszuschließen.

---

137 BGH NJW 1986, 2320; StJ/Leipold § 282 Rdnr. 15; BL/Hartmann § 282 Rdnr. 7.

138 BGH v. 13.12.2006 – IV ZR 180/04, VersR 2007, 373.

139 BL/Hartmann § 282 Rdnr. 8.

140 OLG Hamm MDR 1993, 686; StJ/Leipold § 282 Rdnr. 15; Zöller/Greger § 282 Rdnr. 3; ThP/Reichold § 277 Rdnr. 6; Musielak/Foerste § 282 Rdnr. 5; Schneider MDR 1977, 793.

5.3 Die Zurückweisung verspäteten Vorbringens (**Präklusion**, § 296) als das schärfste Mittel, einer Prozessverzögerung durch die Parteien zu begegnen.

1) Für Angriffs- und Verteidigungsmittel, die von einer Partei erst nach Ablauf einer ihr **gesetzten Frist** vorgebracht werden, gilt **§ 296 Abs. 1**: Die Partei ist mit dem verspäteten Vorbringen **grundsätzlich ausgeschlossen (gebundene Entscheidung)**; das Vorbringen ist nur dann noch zuzulassen, wenn dadurch eine Verzögerung des Rechtsstreits nicht eintritt oder wenn die Partei die Verspätung genügend entschuldigt (leichte Fahrlässigkeit schadet!).

a) Es ist umstritten, wann **Verzögerung i.S.v. § 296** anzunehmen ist.

aa) **Hypothetischer - relativer - Begriff:** Abzustellen ist auf den hypothetischen Ablauf des Rechtsstreits bei fristgemäßem Vortrag; wenn der Rechtsstreit dann voraussichtlich auch nicht früher erledigt wäre als bei Zulassung des verspäteten Vortrags, liegt keine Verzögerung vor.[141]

bb) **Absoluter Verzögerungsbegriff des BGH:** Eine Verzögerung tritt bereits dann ein, wenn der Rechtsstreit bei Zulassung des verspäteten Vorbringens **länger als bei Zurückweisung** dauern würde; darauf, wann das Verfahren bei rechtzeitigem Vorbringen beendet worden wäre, kommt es nicht an.[142]

cc) **Rspr. des BVerfG:** Der absolute Begriff ist zwar verfassungsmäßig; eine Zurückweisung ist aber dann nicht gestattet, wenn **offenkundig** ist, dass **dieselbe Verzögerung auch bei rechtzeitigem Vortrag** eingetreten wäre,[143] wenn also die Verspätung **eindeutig nicht kausal** für die Verzögerung ist.

Also bedeutsame Annäherung an den hypothetischen Verzögerungsbegriff!

Dem haben sich überwiegend das Schrifttum[144] und nun auch der BGH[145] angeschlossen, d.h. Ausschluss der nach wie vor absolut zu verstehenden Verzögerung (nur) bei **eindeutig fehlender Kausalität**, nicht aufgrund sonstiger hypothetischer Erwägungen.

Dies kann daher als **nunmehr h.M.** gewertet werden.

Beispiel: Würde aufgrund eines verspäteten Vorbringens eine Beweisaufnahme mit neuem Termin erforderlich, so ist nach dem rein absoluten Begriff Verzögerung anzunehmen; denn bei Zurückweisung könnte ja jetzt bereits entschieden werden. Nach dem hypothetischen Begriff ist dagegen - zur Vermeidung einer „Überbeschleunigung" - zu fragen, ob die Beweisaufnahme bei rechtzeitigem Vorbringen voraussichtlich früher stattgefunden hätte als bei einer jetzigen Zulassung des verspäteten Vorbringens; wäre dies zu verneinen, bedeutet die Zulassung keine Verzögerung. Nach der h.M. (BVerfG) ist darauf abzustellen, ob es **offenkundig** ist, dass die Beweisaufnahme bei rechtzeitigem Vortrag auch nicht früher stattgefunden hätte: Dann keine Verzögerung; wenn nicht offenkundig: Verzögerung (absoluter Begriff).

b) Die Annahme einer Verzögerung setzt immer voraus, dass der Rechtsstreit **ohne das verspätete Vorbringen bereits entscheidungsreif** ist: Wenn ohnehin

141 OLG Dresden MDR 1998, 1117; AK-ZPO/Deppe-Hilgenberg § 296 Rdnr. 18.

142 BGHZ 75, 138@; 76, 135, 239; 86, 31@, 202; BL/Hartmann § 296 Rdnr. 40 ff.; Zimmermann § 296 Rdnr. 17; Schellhammer Rdnr. 462; Jauernig § 28 III 2.

143 BVerfG NJW 1987, 2733@; 1989, 705; 1995, 1417.

144 StJ/Leipold § 296 Rdnr. 58 ff., 66 ff.; Zöller/Greger § 296 Rdnr. 22; MK/Prütting § 296 Rdnr. 79 ff.; Musielak/Huber § 296 Rdnr. 13, 17; ThP/Reichold § 296 Rdnr. 12 ff.

145 BGH Urt. v. 09.06.2005 - VII ZR 43/04, MDR 2005, 1366.

der Prozess fortgesetzt werden muss – weil z.B. noch zu einer anderen Frage Beweis erhoben werden muss –, verzögert die Zulassung des verspäteten Vortrags nicht.[146] Auch unstreitiges Vorbringen ist immer zuzulassen, weil es als solches die Entscheidung des Rechtsstreits nicht verzögert.[147]

2) **§ 296 Abs. 2** betrifft die Zurückweisung bei **Verletzung der allgemeinen Prozessförderungspflicht** nach § 282 Abs. 1 und 2. In diesem Fall ist die Präklusion nicht der Grundsatz, sondern es besteht nur die Möglichkeit der Zurückweisung des verspäteten Vorbringens. Die Voraussetzungen dafür, dass das Gericht das Vorbringen zurückweisen **kann** (**Ermessensentscheidung**; nicht gebundene Entscheidung wie bei § 296 Abs. 1!): Verzögerung und grobe Nachlässigkeit.

Grobe Nachlässigkeit bedeutet prozessförderungswidriges Verhalten durch ausnehmende Sorglosigkeit, Nichtbeachtung dessen, was jedem einleuchten muss.[148] Beispiel: Die Partei fährt während des Rechtsstreits für mehrere Wochen in Urlaub, ohne ihren Rechtsanwalt vorher zu verständigen und zur Sache zu informieren.[149]

Bei seiner Entscheidung hat das Gericht auch zu erwägen, ob die durch eine Zurückweisung bewirkte Beschleunigung noch in einem vernünftigen Verhältnis zu den Konsequenzen steht, die die dann zu fällende Entscheidung für die mit ihrem verspäteten Vorbringen ausgeschlossene Partei hat. Trotz aller Notwendigkeit einer Verfahrensbeschleunigung **muss die sachliche Richtigkeit und nicht die Schnelligkeit der Entscheidung das Leitbild bleiben**.

3) Der Ausschluss der Partei mit einem Vorbringen setzt jedoch immer voraus,

a) dass der Termin für **eine Entscheidung des Prozesses vorbereitet** war,

   dass also eine Entscheidung nicht wegen einer offensichtlichen Schwierigkeit des Prozesses von vornherein ausschied und dass der Termin vom Gericht nicht als bloßer „Durchlauftermin" bezweckt war.[150]

b) dass **das Gericht selbst** seine Verpflichtung zur Aufklärung und Vorbereitung erfüllt hat und nicht durch eine Verletzung dieser Verpflichtung – etwa durch Unterlassung gebotener Hinweise oder durch zu kurze Fristen – an der Verspätung des Vorbringens **mitursächlich** geworden ist.[151]

   Das Gericht darf daher ein verspätetes Vorbringen, das bei einem erforderlichen, aber unterbliebenen Hinweis nach § 139 rechtzeitig gekommen wäre, nicht zurückweisen.

c) dass das Gericht die Verzögerung nicht noch seinerseits durch **zumutbare Maßnahmen ausgleichen** kann.[152]

   z.B.: Wird ein Zeuge verspätet benannt, hat das Gericht zu prüfen, ob dieser Zeuge nicht sogleich noch gemäß § 273 Abs. 2 Nr. 4 zum Termin geladen werden kann, um einen den Rechtsstreit verzögernden weiteren Termin zu vermeiden.

---

146 BGH NJW-RR 1999, 787@; OLG Hamm NJW-RR 2003, 1651.

147 BGH Urt. v. 18.11.2004 – IX ZR 229/03, NJW 2005, 291; StJ/Leipold § 296 Rdnr. 73.

148 BGH NJW 1997, 2244; ThP/Reichold § 296 Rdnr. 37, 38.

149 s. BVerfG v. 07.08.2007 – 1 BvR 685/07, NJW 2007, 3486; BGH Urt. v. 05.11.2002 – VI ZB 54/01, NJW 2003, 903.

150 BGH Urt. v. 09.06.2005 – VII ZR 43/04, MDR 2005, 1366.

151 BVerfG NJW 1992, 678, 681; 1994, 736@; 1998, 2044@; 2000, 946; BGHZ 86, 218; 88, 183; BGH VersR 1994, 449@; Zöller/Greger § 296 Rdnr. 3; Musielak/Hubert § 296 Rdnr. 15.

152 BVerfG NJW-RR 1995, 377, 1469@; 1999, 1079@; BGHZ 86, 31@, 233; BGH NJW 1991, 1182; 1999, 585, 3272; BGH Urt. v. 22.11.2001 – VII ZR 363/99, NJW-RR 2002, 646.

4) Eine Zurückweisung von Vorbringen erfolgt erst im Endurteil, nicht vorweg durch Beschluss oder Teilurteil oder eine ähnliche Maßnahme des Gerichts; der Fall ist dann ohne den zurückgewiesenen Vortrag zu entscheiden.[153]

zur Vertiefung: **„Fluchtwege"** zur Vermeidung der Zurückweisung? u.a. durch Rücknahme der Klage und Neuerhebung, durch Hinnahme eines Versäumnisurteils („Flucht in die Säumnis") und anschließendem Einspruch, durch Klageerweiterung oder -änderung und Widerklage? s. AS-Skript Zivilprozess – Stagen und Examen, § 4, 4.5.

5) Die Präklusionsbestimmungen sind verfassungsgemäß. Eine fehlerhafte Anwendung kann jedoch wegen Verletzung des rechtlichen Gehörs die Gehörsrüge gem. § 321 a und letztlich die **Verfassungsbeschwerde** begründen.[154]

5.4 Schriftsatznachlass (§ 283), zur Vermeidung eines weiteren Verhandlungstermins: Wenn sich eine Partei im Termin zu einem nicht rechtzeitig mitgeteilten Vorbringen des Gegners noch nicht erklären kann, kann ihr eine Erklärungsfrist eingeräumt, zugleich aber der Entscheidungstermin anberaumt werden; ein fristgemäßer Vortrag muss, ein verspäteter Vortrag kann dann bei der Entscheidung berücksichtigt werden.

5.5 Die Konzentration und Beschleunigung des Berufungsverfahrens

dienen ebenfalls der Beschleunigung der endgültigen Erledigung des Prozesses, auch durch Stärkung des Verfahrens und Urteils der ersten Instanz, um so Rechtsmittel möglichst zu vermeiden.

u.a. Konzentration der Berufungsangriffe (§ 520) und des Prüfungsumfangs des Berufungsgerichts (§ 529), Einschränkung von neuem Vorbringen (§ 531), vereinfachte Erledigung erfolgloser Berufungen (§ 522). – s. näher u. § 13, 3.1.

6. Bestreben nach gütlicher Streitbeilegung

Als besonderer Verfahrensgrundsatz wird auch – insbes. wegen der Stärkung des Vergleichsgedankens durch die ZPO-Reform 2002 – das Bestreben zu werten sein, Streitigkeiten möglichst durch gütliche Regelungen beizulegen, nicht durch streitiges Verfahren und Urteil. Diesem Ziel dienen (s.o. § 1, 1, 3):

- das **selbstständige Beweisverfahren gem. § 485 Abs. 2**,
- das **vorprozessuale Schlichtungsverfahren nach § 15 a EG ZPO**,
- Vergleichsverhandlungen im **PKH-Prüfungsverfahren** (§ 118 Abs. 1 S. 3),
- die grds. **obligatorische Güteverhandlung** (§ 278 Abs. 2–6),
- die Möglichkeit der Verweisung auf eine **Mediation** (§ 278 Abs. 5 S. 2),
- die **generelle Verpflichtung des Gerichts**, in jeder Lage des Verfahrens **auf eine gütliche Beilegung des Rechtsstreits hinzuwirken** (§ 278 Abs. 1):

Vorrang der Streitschlichtung und -beilegung vor streitigem Prozess.

153 BGH NJW-RR 1996, 961.
154 BVerfG: u.a. NJW 1993, 1319; 1995, 1417; 1998, 2044@; NJW-RR 1995, 1469; 1999, 1079@; s.u. § 14, 3.6.

Die wesentlichen Verfahrensgrundsätze (Prozessmaximen)

1. **Dispositionsmaxime (Verfügungsgrundsatz):** Die Parteien bestimmen den Streitgegenstand und können über ihn verfügen.
   - **Ohne Antrag** (Klage, Rechtsmittel) **kein Verfahren**.
   - Die Anträge der Parteien bestimmen den Umfang der Entscheidung. Das Gericht darf nicht mehr oder anderes als beantragt zusprechen (§ 308: **ne ultra petita**).
   - Die Parteien können von sich aus den Streitgegenstand ändern (Klageänderung) oder das Verfahren oder den sachlichen Streit beenden (Klagerücknahme, Vergleich, Erledigungserklärung, Anerkenntnis, Verzicht).

2. **Verhandlungsgrundsatz:** Der vom Gericht der Entscheidung zugrunde zu legende Tatsachenstoff wird – nur! – von den Parteien, nicht vom Gericht beigebracht. Übereinstimmend vorgetragene – unstreitige – Tatsachen hat das Gericht ohne Nachprüfung auf Wahrheit der Entscheidung zugrunde zu legen (formelle Wahrheit).

   Wichtige Einschränkungen:
   - Die **Wahrheitspflicht der Parteien** (§ 138 Abs. 1) verbietet bewusst unwahren Vortrag. Bewusst unwahrer Vortrag von für die Partei günstigen Tatsachen bleibt unberücksichtigt; an bewusst falschem Geständnis wird die Partei festgehalten.
   - Die **richterliche Aufklärungs-, Hinweis- und Fragepflicht (§ 139)** ist gerichtet auf Vervollständigung des tatsächlichen Vorbringens durch die Parteien, Stellung sachdienlicher Anträge und Erörterung des Sach- und Streitverhältnisses (auch in rechtlicher Hinsicht).

3. **Rechtliches Gehör.**

4. Der Verhandlungstermin ist grundsätzlich: **mündlich, öffentlich, unmittelbar** vor dem erkennenden Gericht.

5. **Beschleunigungsgrundsatz (Konzentrationsmaxime):** Das Verfahren soll beschleunigt – möglichst in **einem einzigen** entsprechend vorbereiteten **Verhandlungstermin** – abgeschlossen werden. Dazu dienen u.a.:
   - die richterlichen Förderungspflichten (Aufklärungspflicht nach § 139; Vorbereitungspflicht; Fristsetzungen an die Parteien),
   - die Prozessförderungspflicht der Parteien (§ 282),
   - die Möglichkeit der **Zurückweisung verspäteten Vorbringens (Präklusion, § 296)**.

6. **Bestreben nach gütlicher Beilegung des Rechtsstreits.**

§ 4 Rechtshängigkeit, Streitgegenstand

1. Rechtshängigkeit

Rechtshängigkeit bedeutet das Anhängigsein eines prozessualen Anspruchs in einem Urteilsverfahren. Sie tritt (erst) **mit der Erhebung der Klage** – also der **Zustellung** der Klage an den Beklagten – ein (§§ 261 Abs. 1, 253 Abs. 1) und endet mit dem rechtskräftigen Abschluss des Prozesses.

Für erst im Laufe des Prozesses erhobene prozessuale Ansprüche (z.B. Klageerweiterung, Widerklage) entsteht die Rechtshängigkeit mit der Geltendmachung in der mündlichen Verhandlung oder mit der Zustellung eines entsprechenden Schriftsatzes (§ 261 Abs. 2).

„**Anhängigkeit**“ tritt dagegen bereits mit dem Eingang der Klageschrift bei Gericht ein.[155]

Der Eintritt der Rechtshängigkeit hat materiell-rechtliche und prozessuale Wirkungen.

1) **Materiell-rechtliche Wirkungen** (§ 262): Die Rechtshängigkeit

- **hemmt die Verjährung** (§ 204 Abs. 1 Nr. 1 BGB).

  Nur hinsichtlich des konkreten Streitgegenstandes,[156] bei – auch verdeckter – **Teilklage** daher nur hinsichtlich des eingeklagten Teilbetrages.[157]

  Verjährungshemmung auch durch nicht schlüssige Klage[158] und durch unzulässige Klage[159] (aber Beendigung der Hemmung bei Klageabweisung durch Prozessurteil nach sechs Monaten, § 204 Abs. 2 BGB).

  Vorwirkung des Eingangs der Klage gemäß § 167 bei „demnächstiger“ Zustellung.

- ersetzt eine zum **Verzug** erforderliche Mahnung und bedeutet ggf. eine verzugsauslösende Zahlungsaufforderung (§ 286 Abs. 1 S. 2, Abs. 3 BGB).
- begründet den Anspruch auf **Prozesszinsen** (§§ 291, 288 BGB).
- bewirkt **Haftungsverschärfungen** (z.B. §§ 292, 818 Abs. 4, 987 ff. BGB).
- unterbricht bestimmte Ausschlussfristen (z.B. §§ 864, 1002 BGB).
- macht Pflichtteilsanspruch, Rückforderungsanspruch wegen Notbedarfs aus § 528 BGB und Zugewinnausgleichsanspruch pfändbar (§ 852).

2) **Prozessuale Wirkungen:**

- Eine weitere Klage mit demselben Streitgegenstand ist während der Rechtshängigkeit der ersten Klage unzulässig (§ 261 Abs. 3 Nr. 1).
- § 261 Abs. 3 Nr. 2: Eine einmal eingetretene Zuständigkeit des Gerichts bleibt bestehen, auch wenn sich die zuständigkeitsbegründenden Umstände nach Eintritt der Rechtshängigkeit verändern (sog. **perpetuatio fori**).

155 Zur Anhängigkeit näher: Schilken JR 1984, 446.
156 BGH Urt. v. 08.05.2007 – XI ZR 278/06, NJW 2007, 2560.
157 BGH Urt. v. 09.01.2008 – XII ZR 33/06, NJW-RR 2008, 521.
158 BGH NJW-RR 1996, 1409; BGH Urt. v. 27.02.2003 – VII ZR 48/01, MDR 2003, 764.
159 BGH NJW 2000, 1420, 1421@; BGH Urt. v. 28.09.2004 – IX ZR 155/03, NJW 2004, 3772.

Beispiel: Wenn der Beklagte nach Eintritt der Rechtshängigkeit seinen Wohnsitz verlegt, bleibt das bei Klageerhebung nach § 13 zuständige Gericht auch weiterhin zuständig.

Ausnahmen: Nach Klageänderung;[160] ferner gem. **§ 506:** Bei nachträglicher entsprechender Klageerhöhung ist **Verweisung vom Amts- zum Landgericht** möglich (**nicht umgekehrt** bei Verringerung des Streitwerts: Fall des § 261 Abs. 3 Nr. 2!).

- Der durch die Klage festgelegte Streitgegenstand kann nach Eintritt der Rechtshängigkeit nur noch unter besonderen Voraussetzungen geändert werden (Einschränkung der Klageänderung, §§ 263, 264).
- Die Veräußerung der streitbefangenen Sache nach Eintritt der Rechtshängigkeit - z.B. der mit einer Eigentumsherausgabeklage gemäß § 985 BGB herausverlangten Sache - berührt grds. nicht die Parteirolle des Veräußernden (§§ 265, 266): Er führt den Prozess als Partei in Prozessstandschaft über das nunmehr fremde Recht im eigenen Namen weiter. s.u. § 6, 6.

2. Der Streitgegenstand (Verfahrensgegenstand, prozessualer Anspruch)

2.1 Jedes gerichtliche Verfahren hat einen bestimmten „Gegenstand", über den prozessiert wird und über den entschieden werden soll. Im Zivilprozess wird dieser Gegenstand herkömmlicherweise als **Streitgegenstand** bezeichnet.

1) Dieser Gegenstand muss **bestimmt und abgegrenzt** sein; denn

- die Parteien müssen wissen, worüber in diesem Rechtsstreit prozessiert wird.
- das Gericht muss wissen, worüber genau es zu entscheiden hat.
- nach der Entscheidung muss sicher feststehen, worüber das Gericht in diesem Prozess entschieden hat.

2) Der Streitgegenstand ist insbesondere für folgende Fragen von Bedeutung:

a) Die **sachliche Zuständigkeit** hängt weitgehend vom Wert des Streitgegenstandes ab (§§ 23 Nr. 1, 71 GVG). Die Berechnung des Zuständigkeitsstreitwerts ist in §§ 2–9 geregelt.

b) Eine **ordnungsgemäße Klageerhebung** liegt nur vor, wenn mittels Antrag und Begründung das, was Streitgegenstand sein soll, eindeutig festgelegt ist (§ 253 Abs. 2 Nr. 2): Die Angaben müssen so bestimmt sein, dass der Streitgegenstand dieses Prozesses eindeutig gegenüber möglichen anderen Gegenständen abgegrenzt werden kann.[161]

c) In einem Prozess können mehrere Streitgegenstände miteinander verbunden werden: **Objektive Klagehäufung** (§ 260).

d) Sobald Entscheidungsreife hinsichtlich eines von mehreren verbundenen Streitgegenständen oder hinsichtlich eines selbstständigen Teils eines Streitgegenstandes eingetreten ist, ist darüber grundsätzlich durch **Teilurteil** zu entscheiden (§ 301).

e) Die Einführung eines neuen Streitgegenstandes neben dem bisherigen oder die Änderung des bisherigen Streitgegenstandes in einen anderen ist eine **Klageänderung**, die - falls nicht

---

160 BGH Urt. v. 23.05.2001 - VII ZR 469/00, MDR 2001, 1190.

161 BGH Urt. v. 17.07.2003 - I ZR 295/00, NJW-RR 2004, 639; s. näher u. § 5, 3.2.1.3.

§ 264 eingreift – nur zulässig ist, wenn der Beklagte zustimmt oder das Gericht sie für sachdienlich erachtet (§§ 263, 267).

f) Während der **Rechtshängigkeit** ist eine weitere Klage mit **identischem** Streitgegenstand unzulässig (§ 261 Abs. 3 Nr. 1).

g) Nach der **rechtskräftigen Entscheidung** des Rechtsstreits ist es grundsätzlich unzulässig, dieselbe Sache – also eine Sache mit **identischem** Streitgegenstand – erneut vor Gericht zu bringen: Die materielle Rechtskraft (vgl. § 322) verbietet eine neue Klage und Entscheidung bei gleichem Streitgegenstand.

Näheres hierzu in diesem Skript bei den betreffenden Prozessinstituten.

2.2 Die Bestimmung des Streitgegenstandes

Die ZPO selbst sagt darüber nichts. Sie setzt den Begriff voraus, wobei sie außerdem (vgl. z.B. §§ 81, 83, 253, 261, 306, 307, 322) in unterschiedlicher Terminologie dafür auch die Begriffe „geltend gemachter (erhobener/streitiger) Anspruch“, „Streitsache“ verwendet.

1) Unstreitiger Ausgangspunkt ist, dass grundsätzlich **der Kläger** durch seinen Antrag und auch durch die zu dessen Begründung vorgetragenen Tatsachen den Streitgegenstand bestimmt **(Dispositionsmaxime!)**. Wie jedoch im Einzelnen hieraus der Streitgegenstand des konkreten Prozesses zu bestimmen und gegenüber möglichen anderen oder weiteren Streitgegenständen abzugrenzen ist, ist umstritten.

Im Wesentlichen werden dazu – heute – **drei Auffassungen vertreten**:

a) Der **prozessuale zweigliedrige Streitgegenstandsbegriff**

Inhalt und Umfang des Streitgegenstandes werden sowohl durch den gestellten **Antrag als auch** gleichrangig durch den zu seiner Begründung vorgetragenen **Lebenssachverhalt (Klagegrund)** festgelegt. Diese beiden Komponenten – **Antrag und Lebenssachverhalt** – bestimmen **zusammen** den Streitgegenstand; ändert sich auch nur eines dieser beiden Bestimmungsmerkmale, so ändert sich auch der Streitgegenstand.[162]

Bestätigt wird diese Auffassung durch **§ 253 Abs. 2 Nr. 2**.

Schwierig – der „neuralgische Punkt“[163] – ist für diese Ansicht, wie der „Lebenssachverhalt“ im Einzelnen festzulegen ist, d.h., ob und wann ein bestimmter Lebenssachverhalt bei Hinzutreten weiterer tatsächlicher Umstände noch derselbe Lebenssachverhalt bleibt oder zu einem anderen Lebenssachverhalt wird.

Dabei wird unter „Lebenssachverhalt“ verstanden: Alle Tatsachen, die bei einer natürlichen, vom Standpunkt der Parteien ausgehenden Betrachtungsweise zu dem durch den Vortrag des Klägers zur Entscheidung gestellten Tatsachenkomplex gehören, den der Kläger zur Stützung seines Rechtsschutzbegehrens dem Gericht zu unterbreiten hat.[164] – Also Abgrenzungskriterium: **Ein** Tatsachenkomplex – **mehrere** Tatsachenkomplexe?

---

162 **Absolut herrschende Meinung**, insbes. **BGH in ständiger Rspr.**, u.a. Urt. v. 07.03.2002 – III ZR 73/01, NJW 2002, 1503; Urt. v. 19.11.2003 – VIII ZR 60/03, NJW 2004, 1252; v. 29.06.2006 – III ZB 36/06, NJW-RR 2006, 1502. – im Schrifttum u.a. MK/Becker-Eberhard vor § 253 Rdnr. 32 ff.; Hk-ZPO/Saenger Einf. Rdnr. 106; Musielak/Musielak Einl. Rdnr. 73 ff.; BL/Hartmann § 2 Rdnr. 4; ThP/Reichold Einl. II Rdnr. 24, 25; Schilken Rdnr. 229 ff.; Schellhammer Rdnr. 129 ff.

163 Musielak NJW 2000, 3593, 3594.

164 BGH NJW 1999, 3127; BGH Urt. v. 20.03.2000 – II ZR 250/99, NJW 2000, 1958; BGH Urt. v. 08.05.2007 – XI ZR 278/06, NJW 2007, 2560; BGH Urt. v. 24.01.2008 – VII ZR 46/07, MDR 2008, 500.

b) Der **prozessuale eingliedrige Streitgegenstandsbegriff**

Maßgeblich ist **allein der Antrag**. Der zur Begründung vorgetragene Sachverhalt ist lediglich ein Auslegungskriterium dieses Antrages – nicht aber ein selbstständiges Bestimmungselement –, das dann heranzuziehen ist, wenn die Identität gleichlautender Anträge infrage steht.[165]

Auch für diese Ansicht ist demnach der Lebenssachverhalt in gewissem Umfang zur Bestimmung des Streitgegenstandes von Bedeutung: So handelt es sich auch nach dieser Ansicht bei zwei Klagen auf Zahlung von je 1.000 € – natürlich – um zwei verschiedene Streitgegenstände, wenn die eine Klage auf ein Darlehen, die andere auf den Verkauf einer Sache gestützt wird.

c) Die in sich unterschiedlichen **materiell-rechtlichen Lehren**, die bei einer Mehrheit von behaupteten Ansprüchen i.S.v. § 194 BGB überwiegend darauf abstellen, ob Gesetzeskonkurrenz vorliegt (ein Streitgegenstand) oder ob die Ansprüche selbstständig nebeneinander stehen (Anspruchskonkurrenz: mehrere Streitgegenstände). Durchgesetzt haben sich diese Lehren nicht.[166]

d) Umstritten ist jedoch auch, ob sich überhaupt ein einheitlicher Streitgegenstandsbegriff für den gesamten Prozess definieren lässt – so die h.M. – oder ob nicht für die einzelnen prozessualen Zusammenhänge, in denen es auf den Streitgegenstand ankommt, jeweils ein anderer Begriff, je nach dem konkreten prozessualen Erfordernis, zu gelten hat.[167]

2) **Keine Auswirkung** hat dieser **Meinungsstreit**, wenn **verschiedene Klageanträge** gestellt werden: Mehrere verschiedene Klageanträge bilden **immer** – nach allen Ansichten – auch **verschiedene Streitgegenstände**.

Dabei kommt es nicht auf die wörtliche, sondern die sachliche Unterschiedlichkeit der Anträge an. Unterschieden werden können folgende Fallgruppen:

a) Eindeutige Antragsverschiedenheit: z.B. Kaufpreisklage/nach Abweisung Klage auf Rückübereignung der Ware; Leistungsklage auf Zahlung des Kaufpreises/positive oder negative Feststellungsklage über das präjudizielle Rechtsverhältnis (Wirksamkeit des Kaufvertrages).

b) Sachliche Antragsverschiedenheit bei äußerlich gleichlautenden Anträgen: z.B. Zahlungsklage auf 1.000 € aus Darlehen vom 05.01. / neue Klage auf 1.000 € aus weiterem Darlehen vom 07.02. – Die Individualisierung der gleichlautenden Anträge durch die verschiedenen Lebenssachverhalte ergibt eindeutig – auch für den eingliedrigen Begriff –, dass es sich um verschiedene Anträge handelt.

c) Sachliche Antragsmehrheit bei äußerlich einheitlichem Antrag: z.B. Klage auf Zahlung von 5.000 € bei in der Begründung vorgenommener Aufschlüsselung auf verschiedene Lebenssachverhalte (2.000 € aus Darlehen vom 01.02., 3.000 € aus Kaufvertrag vom 05.03.). – Nur äußerlich zusammengefasste Antragsmehrheit; daher: mehrere Streitgegenstände.

Entsprechend: Antrag auf Zahlung von insgesamt 5.000 € (Sachschaden, Personenschaden, Schmerzensgeld aus Verkehrsunfall vom 03.04.): auch hier liegen trotz des einheitlichen Lebenssachverhalts drei verschiedene Anträge / Streitgegenstände vor.

3) Von Bedeutung wird der Theorienstreit dagegen dann, wenn es auf die Auswirkung der vorgetragenen Begründung – also des vorgetragenen **Sachverhaltes** – zur Bestimmung des Streitgegenstandes ankommt, d.h., wenn in einem Prozess bei sachlich gleichbleibendem Antrag die Begründung wechselt (Klage-

165 Vertreter insbes. Schwab: Der Streitgegenstand im Zivilprozess, 1954; Rosenberg/Schwab, 14, § 96 III; JuS 1965, 81; 1976, 69, 71. – RS/Gottwald (16, § 92) hat dagegen den zweigliedrigen Begriff übernommen.

166 s. dazu u.a. StJ/Roth vor § 253 Rdnr. 30 ff. und Schilken Rdnr. 228.

167 relativer Begriff, u.a. StJ/Roth vor § 253, 41 ff., 46 ff.; Wieczorek/Schütze/Prütting Einl. 67 ff.

änderungs-, Klagehäufungsfrage) oder wenn in verschiedenen Prozessen sachlich gleiche Anträge mit unterschiedlicher Begründung gestellt werden (Rechtshängigkeits-, Rechtskraftfrage):

a) Nach dem **zweigliedrigen** Streitgegenstandsbegriff ist insoweit entscheidend, **ob der weitere Sachverhalt ein anderer Lebenssachverhalt ist**.

b) Nach dem **eingliedrigen** Streitgegenstandsbegriff bleibt dagegen die Identität des Streitgegenstandes grds. erhalten, da er ja nur auf den Antrag abstellt.

Beispiele:

(1) Der Kläger stützt seine Schadensersatzklage gegen einen Taxifahrer auf Verletzung eines Beförderungsvertrages (schuldhafte Verursachung eines Unfalles). Später stützt K die Klage auch auf unerlaubte Handlung und auf § 7 StVG.

Keine Änderung des Streitgegenstandes und damit auch keine Klageänderung: Für die prozessualen Streitgegenstandslehren spielt die Frage, aus wieviel materiell-rechtlichen Anspruchsgrundlagen das Klagebegehren hergeleitet werden könnte, grundsätzlich keine Rolle. Nach dem eingliedrigen Streitgegenstandsbegriff liegt bereits deshalb nur ein Streitgegenstand vor, weil nur ein einheitlicher Antrag (Geldzahlung) gestellt ist, nach dem zweigliedrigen, weil dem einheitlichen Antrag auch nur ein einheitlicher Lebensvorgang – der den Sachschaden auslösende Verkehrsunfall – zugrunde liegt.

(2) Der Kläger, der 1.000 € aus einem Wechsel gegen B einklagt, trägt wegen der vom Gericht geäußerten Bedenken gegen die Formgültigkeit des Wechsels nunmehr auch vor, er habe diese 1.000 € auch deshalb zu bekommen, weil ihm der Beklagte den Wechsel zahlungshalber für die Lieferung einer Sache gegeben habe, sodass ihm also auch ein Kaufpreisanspruch zustehe.

Nach dem eingliedrigen Begriff weder Klagehäufung noch -änderung, da der Kläger mit seinem unveränderten Antrag nach wie vor den (einen) Betrag von 1.000 € begehrt.

Nach dem zweigliedrigen Begriff ist eine Klagehäufung anzunehmen, weil der Kläger zur Begründung seines prozessualen Anspruchs nunmehr **zwei verschiedene Lebenssachverhalte** vorträgt – die Annahme des Wechsels und den Abschluss des Kaufvertrages (Grundgeschäft) –; **für die Zulässigkeit gelten daher §§ 260, 263.**[168]

Bei einer neuen auf das Grundgeschäft gestützten Klage nach Abweisung der Wechselklage nimmt der eingliedrige Begriff Identität (und Rechtskraft) allerdings nur an, wenn schon die erste Klage auch auf das Grundgeschäft gestützt war,[169] was eine Inkonsequenz bedeutet: Der zweigliedrige Begriff kann dagegen auch diese Fallgestaltung widerspruchsfrei lösen.

(3) Die Klage des K wird abgewiesen, weil die Forderung – wie sich herausstellt – dem A zusteht. Nach Abtretung der Forderung durch A erhebt K erneut Klage.

Nach dem zweigliedrigen Begriff handelt es sich um einen neuen Streitgegenstand, da – durch die Abtretung – ein neuer Lebenssachverhalt Grundlage der neuen Klage ist.[170] Aber auch nach dem eingliedrigen Begriff, da die Individualisierung der Anträge durch die Lebenssachverhalte ergibt, dass K einen „anderen“ Betrag verlangt, nämlich eine Forderung (an sich) des A, und erst recht nach den materiell-rechtlichen Theorien, da K nunmehr den Anspruch eines (ursprünglich) anderen Gläubigers einklagt: Die Klage ist daher nach allen Ansichten zulässig.

Weitere Beispiele: s.u. § 14, 2.1.1.

4) Im Allgemeinen wird grds. von dem zweigliedrigen prozessualen Streitgegenstandsbegriff auszugehen sein, da er die in der Praxis **eindeutig h.M.** ist.

168 h.M.: BGH NJW 1982, 2823; 1992, 117; NJW-RR 1987, 58; ThP/Reichold Einl. II Rdnr. 32.

169 Rosenberg/Schwab, 14.1986, § 156 II 1 a.E.; Schwab, Streitgegenstand S. 157, 172, 180.

170 BGH NJW-RR 1994, 1143; BGH Urt. v. 08.05.2007 – XI ZR 278/06, NJW 2007, 2560.

§ 5 Die Zulässigkeit der Klage - Prozessvoraussetzungen

1. Überblick

Voraussetzung dafür, dass es im Prozess überhaupt zu einer Entscheidung in der Sache selbst kommen kann, ist die Zulässigkeit der Klage. Erweist sich die Klage als unzulässig, muss sie aus diesem Grunde abgewiesen werden.

Die Zulässigkeit betrifft die – vorweg zu klärende – Frage, ob das mit der Klage angerufene Gericht in der Sache selbst entscheiden **darf**. Dagegen betrifft die Begründetheit der Klage die Frage, wie das Gericht – **wenn** es in der Sache entscheiden darf – den Rechtsstreit nach materiellem Recht zu entscheiden hat.[171]

Die Zulässigkeitsvoraussetzungen der Klage lassen sich in drei Gruppen einteilen:

1) **Echte Prozessvoraussetzungen** (Prozessvoraussetzungen i.e.S.), bei deren Fehlen ein Prozess überhaupt nicht entsteht, die Klage daher nicht zugestellt und ein Termin zur mündlichen Verhandlung nicht anberaumt wird.

2) **Sachurteilsvoraussetzungen**, bei deren Fehlen zwar ein Prozess entsteht – also Termin anberaumt, die Klage zugestellt, mündlich verhandelt und durch Urteil entschieden wird –, aber **keine Sachentscheidung**, d.h. keine Enscheidung über den geltend gemachten Anspruch, ergehen kann. Ihr Vorliegen ist daher nicht Voraussetzung für die Entstehung des Prozesses, wohl aber für den Erlass eines Sachurteils; wenn sie fehlen, wird die Klage **durch Urteil abgewiesen, weil sie unzulässig ist** (sog. **Prozessurteil**). Ob die Sachurteilsvoraussetzungen vorliegen, ist von **Amts wegen** zu prüfen.

   Häufig werden allerdings auch diese Sachurteilsvoraussetzungen noch „Prozessvoraussetzungen" genannt, obwohl die Ungenauigkeit dieser Bezeichnung inzwischen allgemein anerkannt ist.[172]

3) **Prozesshindernisse**: Die Zulässigkeit betreffende **Einreden** (sog. prozesshindernde Einreden), die nur **auf Rüge des Beklagten** zu berücksichtigen sind; wenn sie durchgreifen, führt dies ebenfalls zu einer Abweisung der Klage als unzulässig.

   Solche Prozesshindernisse sind **nur** die verzichtbaren Rügen i.S.d. § 296 Abs. 3: fehlende Ausländersicherheit (§§ 110 ff.), fehlende Kostenerstattung nach Klagerücknahme (§ 269 Abs. 6) und die Schiedsgerichtsklausel (§ 1032).

   Alle anderen Prozess- bzw. Sachurteilsvoraussetzungen sind dagegen – trotz der insoweit missverständlichen Formulierung in § 282 Abs. 3[173] – vom Gericht von Amts wegen, also ohne besondere Rüge des Beklagten, zu prüfen.

---

171 s. Lüke ZPR Rdnr. 40, 41.

172 vgl. BL/Hartmann vor § 253 Grundzüge Rdnr. 13; Jauernig § 33 III; Musielak Grundkurs Rdnr. 112.

173 BGH Urt. v. 04.05.2004 - XI ZR 40/03, NJW 2004, 2523; Lüke ZPR Rdnr. 149.

2. Echte Prozessvoraussetzungen

bei deren Fehlen die Klage nicht erst zugestellt wird, also: **kein Prozess entsteht, sind nur** - Fehlen daher sehr selten -:

1) **wirksame Klageeinreichung**. - An einer wirksamen Klageeinreichung fehlt es nur dann, wenn **besonders schwere Mängel** vorliegen, die die Klage für ihren Zweck, ein Prozessverhältnis zwischen den Parteien zu begründen, **absolut funktionsuntauglich** machen (sog. **Einreichungsmängel**).

Beispiele:[174] Fehlen der Unterschrift (§§ 253 Abs. 4, 130 Nr. 6), bei Klage vor Landgericht: keine Unterschrift eines Rechtsanwalts. Die Erhebung ist von einer Bedingung abhangig gemacht (z.B. „soll nur als erhoben gelten, wenn sie der Richter als begründet erachtet"); denn die Klageerhebung ist als Prozesshandlung bedingungsfeindlich.[175] Die Bezeichnung des Beklagten ist so unvollständig, dass die Klage nicht zugestellt werden kann. Die Klage wird nicht bei einem erstinstanzlichen Gericht eingereicht (z.B. beim OLG).

Bei behebbaren Mängeln hat das Gericht die Klage unter Hinweis auf die Behebbarkeit an den Einreichenden zurückzugeben o. ihm in anderer Weise die Behebung zu ermöglichen.

2) **Eingreifen der deutschen Gerichtsbarkeit**.

a) Die deutsche Gerichtsbarkeit erfasst - als Beklagte - alle Personen, die innerhalb der Bundesrepublik ihren Aufenthalt haben, unabhängig von ihrer Staatsangehörigkeit (mit Ausnahme der sog. Exterritorialen, wie z.B. Diplomaten und ausländische Staaten bei hoheitlicher Tätigkeit, §§ 18 ff. GVG).[176]

b) Für **grenzüberschreitende Rechtsstreitigkeiten innerhalb der EG**

gelten - insbes. für die Zuständigkeiten - die EG-Verordnung Nr. 44/2001 über die gerichtliche Zuständigkeit u. die Anerkennung u. Vollstreckung von Entscheidungen in Zivil- u. Handelssachen vom 22.12.2000 **(EuGVVO)**,[177]

ein vereinfachtes Verfahren zur Vollstreckung von Vollstreckungstiteln über unbestrittene Forderungen (EG-Verordnung 805/2004, „Europäischer Vollstreckungstitel"),[178] ein „Europäisches Mahnverfahren" (EG-Verordnung Nr. 1896/2006, mit Geltung ab 12.12.2008)[179] und ein Verfahren über geringfügige Forderungen (bis 2.000 €, EG-Verordnung 861/2007 mit Geltung ab 01.01.2009),[180]

ferner - in Umsetzung entsprechender EG-Richtlinien/Verordnungen[181] - Regelungen über Zustellungen, Beweisaufnahme und Prozesskostenhilfe (neues **11. Buch der ZPO**, §§ 1067 ff.: Justizielle Zusammenarbeit in der Europäischen Union),

und weitere Verordnungen, z.B. zu familienrechtlichen Verfahren.[182] - Soweit demnach die deutsche Gerichtsbarkeit zuständig ist, gilt grds. die ZPO.

174 s. ThP/Reichold § 253 Rdnr. 19; Jauernig § 38 II 4.

175 BGHZ 99, 277; s.u. § 10, 1, 4).

176 s. BGH v. 28.05.2003 - IX a ZB 19/03, NJW-RR 2003, 1218: Keine Vollstreckung in ein ausländisches Botschaftsgrundstück; BGH v. 04.10.2005 - VII ZB 8/05, MDR 2006, 414; Weller Rpfleger 2006, 364.

177 Kommentierungen der EuGVVO u.a. bei ThP/Hüßtege und Zöller/Geimer Anhang I A.

178 s. Wagner NJW 2005, 1157; Coester-Waltjen Jura 2005, 394; Windolf/Zemmrich JuS 2007, 803.

179 s. Sujecki NJW 2007, 1623.

180 s. Jahn NJW 2007, 2890.

181 Texte der EG-Richtlinien/Verordnungen u.a. bei ThP/Hüßtege Anh. zu §§ 1071, 1075, 1078.

182 s. MK/Rauscher Einl. Rdnr. 426 ff.

3. Die Sachurteilsvoraussetzungen

3.1 Allgemeine Grundsätze

1) Das Fehlen von Sachurteilsvoraussetzungen hindert den Prozess nicht: Es wird daher Termin anberaumt; über das Vorliegen und Fehlen kann auch **nur aufgrund mündlicher Verhandlung entschieden** werden.

2) Wenn die Sachurteilsvoraussetzungen nicht spätestens im Zeitpunkt der letzten mündlichen Verhandlung vorliegen – bis dahin ist also grds. Nachholung bzw. Heilung möglich –, kann jedoch **keine Sachentscheidung** ergehen; die unzulässige Klage ist vielmehr aus prozessualen Gründen, d.h. **allein wegen Fehlens der Sachurteilsvoraussetzungen, durch Prozessurteil** abzuweisen.

Auf die materiell-rechtliche Rechtslage wird in diesem Prozessurteil nicht eingegangen und darf auch nicht eingegangen werden; es ist auch nicht zulässig, die Klage sowohl aus prozessualen als auch aus materiell-rechtlichen Gründen abzuweisen oder die Zulässigkeit der Klage dahingestellt bleiben zu lassen.[183]

Daher ist bei jedem zivilprozessualen Fall zunächst die Zulässigkeit der Klage zu prüfen und erst nach Feststellung der Zulässigkeit auf die Begründetheit der Klage einzugehen: **Zwingender prozessualer Vorrang der Zulässigkeitsprüfung**.

3) Demgemäß ist die **Rechtskraft des Prozessurteils beschränkt**: Sie erfasst nur die entschiedenen Prozessfragen; der materielle Anspruch ist dagegen – da über ihn gerade nicht entschieden wird – nicht aberkannt. **Der Kläger kann daher unter Vermeidung des prozessualen Mangels erneut klagen.**[184]

z.B. nach Abweisung wegen Unzuständigkeit neue Klage beim zuständigen Gericht erheben.

4) Das Fehlen von Sachurteilsvoraussetzungen ist **von Amts wegen** zu berücksichtigen. Gleichwohl gilt auch hier grds. der Verhandlungsgrundsatz (s.o. § 3, 2.2.2): Das Gericht hat gem. § 139 Abs. 3 auf Bedenken hinzuweisen, aber i.d.R. nur aufgrund des – u.U. nach Hinweis ergänzten – Vortrags der Parteien zu entscheiden. Die Beweislast liegt dabei in der Regel beim Kläger.[185]

Ein besonderer Vortrag und auch eine nähere Prüfung sind jedoch i.d.R. entbehrlich, da die Sachurteilsvoraussetzungen normalerweise unproblematisch vorliegen. – Auch **in Klausuren** sind nur ernsthaft problematische Voraussetzungen zu erörtern; soweit Angaben im Fall fehlen, ist vom Vorliegen auszugehen.[186]

5) Ob eine **zwingende Prüfungsreihenfolge** besteht, ist umstritten, für die Praxis aber ohne Bedeutung: Denn da bereits beim Fehlen auch nur (irgend) einer Voraussetzung die Klage unzulässig ist, kann einfach darauf abgestellt werden, was am leichtesten festzustellen – insbes.: zu verneinen – ist (Prozessökonomie).[187]

Natürlich müssen logischerweise die echten Prozessvoraussetzungen vorweg geprüft werden.

---

183 **ganz h.M.:** BGH NJW 1983, 685; 2000, 738, BGH Urt. v. 19.06.2000 – II ZR 319/98, NJW 2000, 3718; NJW 2000, 3718; MK/Becker-Eberhard vor § 253, 3; Zöller/Greger vor § 253, 10; RS/Gottwald § 93, 45 ff. – gleichwohl aber Rechtskraft in der Sache selbst möglich: BGH Urt. v. 16.01.2008 – XII ZR 216/05, NJW 2008, 1227.

184 BGH NJW 1985, 2535; 1991, 1116; OLG Brandenburg NJW-RR 2000, 1735; StJ/Leipold § 322 Rdnr. 126 ff.

185 BGH NJW 1996, 1059[@]; 2000, 289[@].

186 Musielak Grundkurs Rdnr. 135; Oestmann JuS 2003, 870.

187 ThP/Reichold, Vorbem. § 253 Rdnr. 14. – zur Prüfungsreihenfolge in einer Klausur: Schumann Rdnr. 226.

3.2 Die einzelnen Sachurteilsvoraussetzungen betreffen:

1) **die Ordnungsgemäßheit der Klageerhebung**,
2) **die Parteien**: Existenz, Parteifähigkeit, Prozessfähigkeit, erforderlichenfalls wirksame Vertretung, Prozessführungsbefugnis,
3) **das Gericht**: Zuständigkeit, Zulässigkeit des Rechtswegs und
4) **den Streitgegenstand**: Rechtsschutzbedürfnis, Fehlen anderweitiger Rechtshängigkeit und rechtskräftiger Vorentscheidung.

Ferner besondere Voraussetzungen für besondere Verfahrensgestaltungen[188] – ggf. **obligatorisches Schlichtungsverfahren** gemäß § 15 a EG ZPO beim Amtsgericht (s.o. § 1, 1, 3 g), als Voraussetzung bereits einer wirksamen Klageerhebung nicht nachholbar.[189]

3.2.1 Ordnungsgemäßheit der Klageerhebung (§ 253)

Die Klageschrift muss den zwingenden Anforderungen des § 253 Abs. 2 entsprechen **(notwendiger Inhalt der Klage)**:

- Bezeichnung der Parteien und des Gerichts,
- bestimmte Angabe des Gegenstandes und des Grundes des erhobenen Anspruchs,
- bestimmter Antrag.

ferner: Wirksame Zustellung;[190] Heilung: §§ 189, 295.

Zu beachten: Verstöße können unterschiedliche Wirkung haben. Bei Mängeln, die bereits die Einreichung der Klage unwirksam machen (s.o. 2.), fehlt eine echte Prozessvoraussetzung, und es werden bereits Terminsanberaumung und Zustellung abgelehnt. Sachurteilsvoraussetzung ist dagegen, dass durch die Inhaltsangabe gem. § 253 Abs. 2 der Streitgegenstand eindeutig bestimmt wird; mangelt es hieran, kommt es zwar zum Termin, ohne Behebung des Mangels muss die Klage jedoch als unzulässig abgewiesen werden.

3.2.1.1 Bezeichnung der Parteien

Namentliche Bezeichnung erforderlich (§§ 253 Abs. 4, 130 Nr. 1),

ferner Angabe der ladungsfähigen Anschrift, grundsätzlich auch des Klägers selbst[191] (anders bei triftigen Gründen an der Geheimhaltung der Anschrift).

Wenn allerdings der Kläger den Namen des Beklagten nicht kennt und nicht ermitteln kann – z.B. bei ihm unbekannten Hausbesetzern, gegen die er Räumung erwirken will (etwa durch einstweilige Verfügung) –, wird auch eine generelle Bezeichnung für zulässig erachtet, sofern nur **bestimmt** ist, welche **konkreten** Personen gemeint sind,[192] sodass ihnen zugestellt werden kann. Zulässig daher z.B.: „gegen die sich zur Zeit im Hause Hamburg, Bahnhofstraße 39 aufhaltenden sieben unbekannten Personen";[193] unzulässig dagegen: „gegen eine wechselnde Zahl von 20–100 Hausbesetzern" oder „gegen 7–10 unbekannte Personen".[194]

188 s. Schellhammer Rdnr. 357.

189 BGH Urt. v. 23.11.2004 – VI ZR 336/03, NJW 2005, 437; OLG Saarbrücken NJW 2007, 1292.

190 BGH NJW 1992, 2099.

191 BGH NJW 1988, 2114[@]; BGH Urt. v. 17.03.2004 – VIII ZR 107/02, FamRZ 2004, 943.

192 LG Berlin NJW-RR 1998, 713 m.N.

193 s. LG Düsseldorf, bei Raeschke-Kessler NJW 1981, 663; LG Kassel NJW-RR 1991, 382.

194 LG Krefeld NJW 1982, 289; OLG Oldenburg NJW-RR 1995, 1164.

3.2.1.2 Bestimmter Antrag

Der Antrag muss so bestimmt sein, dass das Gericht und auch der Beklagte – damit dieser sich verteidigen kann – sicher feststellen können, welche Entscheidung der Kläger begehrt.[195]

Es muss z.B. erkennbar sein, ob der Kläger eine Leistung oder nur eine Feststellung begehrt. Bei Zahlungsklagen muss der Betrag grds. **beziffert** werden;[196] herausverlangte Sachen sind genau zu bezeichnen (z.B. Opel Omega Fahrgestell-Nr. 88721).

Ausnahmen von diesem Bestimmtheitserfordernis:

1) Das minderjährige Kind kann im Fall des § 1612 a BGB den ihm zustehenden Prozentsatz des nicht näher bezifferten „Mindestunterhalts“ einklagen; die konkrete Höhe des Unterhalts ergibt sich aus der jeweiligen Höhe des Kinderfreibetrages des Einkommensteuerrechts, mit dessen Veränderungen in der Zukunft dann auch der zu zahlende Unterhalt entsprechend angepasst (dynamisiert) wird.

2) Bei „Bestimmung der Leistung“ nach mat. Recht durch Urteil (§§ 315, 319, 2156 BGB).

3) Bei Beeinträchtigungen i.S.v § 1004 BGB ist die Klage einfach auf deren „Beseitigung“ zu richten; wie der Beklagte einer solchen Verurteilung nachkommt, liegt in seiner Wahl.[197]

4) **Stufenklage** (§ 254): Ist dem Kläger die genaue Bezeichnung erst nach einer Rechnungslegung, Vorlage eines Verzeichnisses oder Auskunftserteilung durch den Beklagten möglich, dann kann er mit dem – zunächst zu erledigenden – Auskunftsantrag den noch unbezifferten, erst demnächst bezifferbaren Leistungsantrag verbinden, der damit sofort rechtshängig wird,[198] was zugleich die Verjährung des gesamten Anspruchs hemmt.[199]

Beispiel: Klage eines Pflichtteilsberechtigten gegen den Erben aus § 2314 BGB auf Auskunft über den Bestand des Nachlasses, verbunden mit dem Antrag, „den Beklagten zur Zahlung des sich nach der Auskunftserteilung ergebenden Pflichtteils an den Kläger zu verurteilen“.

5) Nach allgemeiner Auffassung kann bei **Zahlungsklagen ein unbezifferter Antrag** dann gestellt werden, wenn die genaue **Bezifferung dem Kläger nicht möglich oder aus besonderen Gründen nicht zumutbar ist.**[200]

Dies ist immer dann gestattet, wenn die Höhe des geschuldeten Betrages vom Gericht nach billigem Ermessen, aufgrund einer Schätzung (§ 287) oder nach Einholung eines Sachverständigengutachtens festzusetzen ist. – Grund: Würde vom Kläger auch in diesen Fällen eine Bezifferung verlangt, so liefe er – wenn das Gericht einen anderen Betrag für angemessen erachtet – Gefahr, entweder zu einem Teilbetrag abgewiesen zu werden (Kostenrisiko!) oder aber weniger zu erhalten, als ihm eigentlich zusteht (§ 308).

Wichtigster Fall in der Praxis: Klage auf ein **unbeziffertes „angemessenes“ Schmerzensgeld** (§ 253 Abs. 2 BGB; praktisch gewohnheitsrechtlich gestattet[201]).

Zulässigkeitserfordernis: Vortrag der zur Bestimmung des Betrages durch das Gericht erforderlichen Tatsachen; denn dem Kläger wird nur die Bezifferung als solche erspart, er muss aber die Umstände vortragen, die dem Gericht die Festsetzung ermöglichen.[202]

195 BGH NJW 1994, 3103; 1999, 954; BGH Urt. v. 28.11.2002 – I ZR 168/00, NJW 2003, 668.

196 BGH NJW 1994, 587.

197 BGH NJW-RR 1996, 659@; Palandt/Bassenge § 1004 Rdnr. 51.

198 BGH NJW-RR 1995, 513.

199 BGH Urt. v. 22.03.2006 – IV ZR 93/05, FamRZ 2006, 862; OLG Naumburg FamRZ 2006, 267.

200 BGH NJW 1992, 311; 1996, 2425@; BGH Urt. v. 02.10.2001 – VI ZR 356/00, NJW 2002, 212; BL/Hartmann § 253 Rdnr. 50 ff.; StJ/Roth § 253 Rdnr. 45 ff.

201 s. BL/Hartmann § 253 Rdnr. 56; Schneider MDR 1985, 992.

202 BGH NJW 1996, 2425@.

Der Kläger sollte auch die **Größenordnung** des erstrebten Betrages angeben: Bei der Festsetzung des angemessenen Betrages, insbes. eines verlangten Schmerzensgeldes, ist dem Gericht durch diese Angabe **nach oben aber keine Grenze** gezogen.[203] Eine Unterschreitung der Größenordnungsangabe oder eines verlangten Mindestbetrages ist dagegen eine teilweise Klageabweisung mit entsprechender Rechtsmittelmöglichkeit;[204] wird Schmerzensgeld in Höhe der Betragsvorstellung zuerkannt, ist ein Rechtsmittel zur Erlangung eines höheren Betrages ausgeschlossen (keine Beschwer).[205]

3.2.1.3 Bestimmte Angabe des Gegenstandes und des Grundes des Anspruchs

Unter Anspruchs- oder Klagegrund sind die Tatsachen – der Lebenssachverhalt – zu verstehen, aus denen der Kläger sein behauptetes Recht herleitet.[206]

„Gegenstand" hat neben Klageantrag und Klagegrund keine selbstständige Bedeutung.

Fall 3: Der unbestimmte Klagegrund

A klagt gegen B auf Zahlung von Schadensersatz in Höhe von 1.000 € mit der Begründung, B habe ihn durch eine unerlaubte Handlung verletzt, wodurch ihm ein Schaden von 1.000 € entstanden sei.

Es ist fraglich, ob der Klagegrund hinreichend bestimmt angegeben ist.

(1) Nach der früheren – heute nicht mehr vertretenen – **Individualisierungstheorie** genügte zur Bestimmung des Klagegrundes die Angabe des Rechtsverhältnisses, aus dem der Antrag hergeleitet wird, sodass die Bezeichnung „aus unerlaubter Handlung" genügt hätte.

(2) Nach der **Substantiierungstheorie** ist die Angabe der Gesamtheit der Tatsachen erforderlich, die nach materiellem Recht den Klageanspruch begründen.[207]

(3) Die heute herrschende abgewandelte oder **verbesserte Individualisierungstheorie** verlangt zwar auch den Vortrag von Tatsachen, jedoch **nicht aller**, sondern nur derjenigen, die zur Bestimmung und **Individualisierung des Streitgegenstandes** – d.h. **zur Abgrenzung** des Gegenstandes dieses Prozesses vom Gegenstand eines anderen Prozesses mit gleichem Antrag – erforderlich sind.[208]

Dies sind also geringere Anforderungen als nach der Substantiierungstheorie; es reicht aus, dass ersichtlich ist, auf welchen Streitgegenstand sich der Rechtsstreit bezieht. Schlüssigkeit der Klage wird nicht gefordert;[209] **die nicht schlüssige Klage wird nicht wegen Unzulässigkeit abgewiesen, sondern weil sie materiell-rechtlich nicht begründet ist.**[210]

Hier hat A keine Tatsachen vorgetragen; seine Klage ist daher unzulässig. Er hätte zumindest angeben müssen, um welchen Vorfall es sich gehandelt hat (z.B. Unfall vom 10.12.2007); darauf hat ihn das Gericht natürlich vor einer Klageabweisung hinzuweisen (§ 139).

203 BGH NJW 1996, 2425@; BGH Urt. v. 10.10.2002 – III ZR 205/01, NJW 2002, 3769@.

204 BGH NJW 1996, 2425@; 1999, 1339@; BGH v. 30.09.2003 – VI ZR 78/03, NJW-RR 2004, 102.

205 BGH NJW 1996, 2425@; 1999, 1339@; BGH Urt. v. 30.03.2004 – VI ZR 25/03, NJW-RR 2004, 863.

206 ThP/Reichold § 253 Rdnr. 10; Jauernig § 39 II 3.

207 so BL/Hartmann § 253 Rdnr. 32.

208 BGH MDR 1976, 1005; VersR 1979, 764; BGH Urt. v. 18.07.2000 –X ZR 62/98, NJW 2000, 3492; BGH Urt. v. 17.07.2003 – I ZR 295/00, NJW-RR 2004, 639; BGH Urt. v. 11.02.2004 – III ZR 127/03, MDR 2004, 824; StJ/Roth § 253 Rdnr. 52 ff.; Zöller/Greger § 253 Rdnr. 12 a; ThP/Reichold § 253 Rdnr. 10.

209 BGH VersR 1979, 764; BGH Urt. v. 18.07.2000 – X ZR 62/98, NJW 2000, 3492.

210 StJ/Roth § 253 Rdnr. 54.

3.2.2 Die Parteifähigkeit (§ 50)

3.2.2.1 Die Parteien des Prozesses (formeller Parteibegriff)

Parteien des Zivilprozesses sind diejenigen Personen, von denen und gegen die im eigenen Namen Rechtsschutz begehrt wird.

„Im eigenen Namen“: Bei Vertretung ist nicht der Vertreter Partei, sondern der Vertretene, z.B. der Minderjährige, für den seine Eltern den Prozess führen.

1) Dabei gilt der **formelle Parteibegriff**:[211] Partei ist, wer klagt bzw. verklagt wird, unabhängig von seiner materiell-rechtlichen Beziehung zum Streitgegenstand; über die Parteistellung entscheidet allein die **Bezeichnung in der Klage**.

Beispiele:

(1) A klagt gegen B auf Schadensersatz, weil B ihn am 01.01.2008 angefahren habe. B erklärt, er könne mit der Sache nichts zu tun haben, weil er – was zutrifft – noch niemals Auto gefahren sei; A müsse von jemand anderen angefahren worden sein. Wird die Klage mangels Parteistellung des B abgewiesen, weil B nicht der Schädiger gewesen sein kann?

Nein: Da der formelle Parteibegriff gilt, ist B, der in der Klage als Beklagter bezeichnet und damit von A verklagt worden ist, Partei. Er ist allerdings, da er nicht der Schädiger ist, nicht die „richtige“ Partei; da gegen ihn kein Anspruch besteht, wird die Klage durch ein Urteil in der Sache selbst (Sachurteil) – nicht durch bloßes Prozessurteil – abgewiesen.

(2) K hat gegen B Schadensersatzklage auf Zahlung von 200 € erhoben, weil dessen 6jähriger Sohn eine Fensterscheibe in seinem Hause eingeworfen habe. Im Termin erscheint nicht B, sondern dessen Nachbar N und erklärt, B habe die Klageschrift „zuständigkeitshalber“ an ihn weitergegeben, weil die Scheibe in Wahrheit die 8jährige Tochter des N eingeworfen habe.

Partei ist B. Da dieser trotz ordnungsgemäßer Ladung nicht erschienen ist, könnte auf Antrag des K gegen B Versäumnisurteil ergehen. N ist – obgleich sich nach seinem eigenen Vorbringen der mögliche materiell-rechtliche Anspruch (§ 832 BGB) gegen ihn richtet – nicht Partei. Damit ein Urteil gegen N ergehen kann, müsste erst noch Klage gegen ihn erhoben werden.

2) Entscheidend ist dabei, wie die Bezeichnung in der Klageschrift bei **objektiver Würdigung (Auslegung) zu verstehen** ist.

Bei unrichtiger äußerer Bezeichnung ist die Person als Partei anzusehen, die erkennbar mit der Bezeichnung gemeint ist;[212] dann ist eine entsprechende Berichtigung der Parteibezeichnung **(Rubrumsberichtigung)** möglich.[213]

z.B.: Klage gegen eine KG, vertreten durch den pers. haftenden Gesellschafter A. In Wirklichkeit war die KG bereits bei Klageerhebung eine Einzelfirma mit A als Inhaber: Beklagter ist von vornherein A, eine entsprechende Rubrumsberichtigung daher zulässig.

Eine bloße Berichtigung scheidet aus, falls die **Identität** der Partei verändert würde: Dann ist ggf. nur ein Parteiwechsel möglich, s.u. § 8, 4.

3) Die **Zustellung** an einen anderen als den in der Klage bezeichneten Beklagten macht diesen anderen nicht zur Partei; denn die Zustellung soll nicht die Partei bestimmen, sondern nur die in der Klage bestimmte Partei finden.[214]

---

211 RS/Gottwald § 40 Rdnr. 1 ff.

212 BGH, u.a. v. 14.09.2005 – VII ZR 117/04, NJW-RR 2006, 42; v. 15.05.2006 – II ZB 5/05, NJW-RR 2006, 1569; Urt. v. 27.11.2007 – X ZR 144/06, NJW-RR 2008, 582.

213 s. Zöller/Vollkommer vor § 50 Rdnr. 7 m.N.

214 BGH NJW-RR 1995, 764@; OLG Stuttgart NJW-RR 1999, 216; Schellhammer Rdnr. 1172.

Fall 4: Die fehlgegangene Zustellung

A klagt gegen Josef Müller in Münster, X-Straße. Durch ein Versehen der Geschäftsstelle wird die Klage dem gleichnamigen Josef Müller in Münster, Y-Straße zugestellt, der im Termin erscheint. Rechtslage?

Partei des Prozesses – Beklagter – ist Josef Müller, X-Straße; denn er war eindeutig in der Klageschrift als Beklagter bezeichnet worden. Da ihm die Klage jedoch nicht zugestellt worden ist, liegt noch keine wirksame Klageerhebung vor; er ist daher auch nicht säumig, sodass ein Versäumnisurteil nicht gegen ihn ergehen kann. Die Zustellung der Klage und die Terminsanberaumung müssen nachgeholt werden.

Der erschienene Josef Müller, Y-Straße, ist nicht Partei des Prozesses; denn die bloße Zustellung macht ihn nicht zur Partei. Obwohl nicht Partei, ist er jedoch zur Verhandlung zuzulassen, damit er darlegen kann, dass er nicht der Beklagte ist, da er sonst – nämlich wenn sich das Versehen nicht herausstellt – Nachteile erleiden kann. Dabei kann er jedoch grundsätzlich nicht Klageabweisung beantragen, da er eben nicht Partei ist und daher keine sachliche Entscheidung verlangen kann, wohl aber eine Kostenentscheidung gegen den Kläger, wenn dieser – auch ohne Verschulden – die unrichtige Zustellung veranlasst hat.[215]

Ergeht gleichwohl ein Urteil gegen den Nicht-Beklagten, kann dieser Rechtsbehelfe/-mittel gegen das ihn zu Unrecht belastende Urteil einlegen.[216]

4) Jemand kann auch Partei werden, ohne von dem Prozess erfahren zu haben.

Beispiel: K verklagt B auf Zahlung. Die Zustellung der Klage erfolgt, weil B abwesend ist, an dessen Hausgehilfin (Ersatzzustellung: § 178 Abs. 1 Nr. 1). Es ergeht Versäumnisurteil gegen B, das ebenfalls der Hausgehilfin zugestellt wird. B kommt erst nach einem Monat zurück.

Das Versäumnisurteil ist wirksam. Die Einspruchsfrist ist inzwischen abgelaufen. B kann jedoch nach § 233 (Einspruchsfrist ist Notfrist, § 339) **Wiedereinsetzung in den vorigen Stand** beantragen, wobei innerhalb der Antragsfrist (§ 234) auch der Einspruch nachzuholen ist (§ 236 Abs. 2); dem Wiedereinsetzungsantrag ist zu entsprechen, wenn den B an der Versäumung der Einspruchsfrist kein Verschulden trifft.

5) Falls eine in der Klageschrift bezeichnete Partei – Kläger oder Beklagter – **nicht existiert**, ist die Klage unzulässig und durch Prozessurteil abzuweisen; auch die Existenz der Parteien ist daher Sachurteilsvoraussetzung. Das in Unkenntnis der Nichtexistenz ergangene Urteil ist wirkungslos, kann aber – zur Klarstellung – mit Rechtsmittel oder Wiederaufnahmeklage beseitigt werden.[217]

Beispiel: Kläger oder Beklagter ist bereits **vor** der Klageerhebung verstorben.

Bei Tod **nach** Klageerhebung ist die Klage dagegen zulässig erhoben worden; der Rechtsstreit wird jedoch nach Maßgabe der §§ 239, 246 unterbrochen und kann bzw. muss dann von oder gegen den Erben aufgenommen werden.

---

215 BGH NJW-RR 1995, 764@; BGH Urt. v. 27.11.2007 – X ZR 144/06, NJW-RR 2008, 582; OLG Hamm MDR 1992, 1201; OLG Brandenburg MDR 1996, 317; OLG Düsseldorf NJW-RR 1996, 892; StJ/Bork vor § 50 Rdnr. 11; ThP/Hüßtege vor § 50 Rdnr. 5; Schellhammer Rdnr. 1172.

216 BGH NJW-RR 1995, 764@; MDR 1978, 307.

217 RS/Gottwald § 41 Rdnr. 22.

3.2.2.2 Die Parteifähigkeit

Die Parteifähigkeit bedeutet die Fähigkeit, Partei – also Kläger oder Beklagter – eines Prozesses sein zu können.

Klagt ein Parteiunfähiger oder wird ein Parteiunfähiger verklagt, so kommt es zwar zum Prozess, in dem der Parteiunfähige als Partei behandelt wird; die Klage ist jedoch durch Prozessurteil als unzulässig abzuweisen, weil der Parteiunfähige nicht Partei sein kann.

1) Grundsätzliche Regelung (§ 50 Abs. 1): **Parteifähig ist, wer rechtsfähig ist**.

Parteifähig sind daher **alle natürlichen und juristischen Personen:** z.B. AG, GmbH; auch juristische Personen des öffentlichen Rechts, wie z.B. Länder und Kommunen. Parteifähig ist auch das dreijährige Kind, das allerdings nicht prozessfähig ist und daher den Prozess nicht selbst führen kann, sondern durch seine gesetzlichen Vertreter vertreten werden muss (s.u. 3.2.3).

Die Parteifähigkeit endet mit dem Verlust der Rechtsfähigkeit (z.B. Tod, dann Unterbrechung gem. § 239). Die gem. § 141 a FGG im Handelsregister als **vermögenslos gelöschte GmbH** ist grds. nicht mehr parteifähig, gilt aber als parteifähig, soweit sie gleichwohl noch Vermögen, z.B. Ansprüche, besitzt oder soweit dies behauptet wird.[218]

2) Obgleich nicht juristische Personen, sind kraft ausdrücklicher gesetzlicher Regelung voll, also aktiv und passiv, parteifähig (wichtigste Fälle):

- Die **OHG** und **KG** (§§ 124 Abs. 1, 161 Abs. 2 HGB).
- Die **Partnerschaftsgesellschaft** (§ 7 Abs. 2 PartGG).
- Die **politischen Parteien** (§ 3 Parteiengesetz).
- Nach § 10 ArbGG sind Gewerkschaften und Arbeitgebervereinigungen für das Arbeitsgerichtsverfahren parteifähig, auch soweit nicht rechtsfähig. Den Gewerkschaften hat der BGH[219] die volle Parteifähigkeit auch für den Zivilprozess zuerkannt.

3) Die **BGB-Gesellschaft** ist, soweit sie durch Teilnahme am Rechtsverkehr eigene Rechte und Pflichten begründet **(Außengesellschaft)**, rechtsfähig und insoweit auch im Zivilprozess **aktiv und passiv parteifähig**.[220]

Fall 5: Die BGB-Gesellschaft

Die vermögenden Pferdeliebhaber A und B betreiben einen Rennstall. Zu diesem Zweck haben sie gemeinsam Pferde und die erforderlichen Gebäude und Ländereien erworben und Trainer und Pfleger eingestellt.

A und B verkaufen die Stute „Elvira“ an K. Als das Pferd wider Erwarten ein Rennen gewinnt, wollen sie es behalten. K will auf Lieferung klagen.

(1) K kann gegen A und B aus § 433 BGB auf Übereignung und Übergabe der Stute klagen. Da diese zum Gesellschaftsvermögen der von A und B betriebenen BGB-Gesellschaft gehört, die Gesellschafter aber nur gemeinsam über Gesellschaftsvermögen verfügen können (§ 719 BGB), müssen A und B gemeinsam

218 BGH NJW-RR 1994, 542; BGH Urt. v. 03.04.2003 – IX ZR 287/99, NJW 2003, 2231.

219 BGHZ 50, 325@; 109, 15@.

220 BGH Urt. v. 29.01.2001 – II ZR 331/00, NJW 2001, 1056@; BGH Urt. v. 18.02.2002 – II ZR 331/00, NJW 2002, 1207; unter Aufgabe der früheren Rspr., die die Parteifähigkeit verneint hatte; inzwischen praktisch allgemeine Ansicht, a.A. StJ/Bork § 50 Rdnr. 23; Schilken Rdnr. 263.

verklagt werden (notwendige Streitgenossen, § 62).[221] Mit einem entsprechenden Urteil kann K gemäß § 736 in das Gesellschaftsvermögen vollstrecken.

Dies war früher der einzige Weg eines Vorgehens gegen eine BGB-Gesellschaft.

(2) Da die von A und B betriebene Gesellschaft am Rechtsverkehr teilnimmt, also eine Außengesellschaft ist, kann K nunmehr auch unmittelbar gegen sie – unter einer entsprechenden Bezeichnung – klagen und mit einem Urteil unmittelbar in das Gesellschaftsvermögen vollstrecken.

Vorteile eines solchen Vorgehens u.a.: Ein Gesellschafterwechsel ist kein Parteiwechsel; eine Klage ist auch möglich, wenn der genaue Gesellschafterstand nicht bekannt ist.

Daneben ist **auch das Vorgehen gemäß § 736 möglich**, ein solcher Titel ebenfalls zur Vollstreckung in das Gesellschaftsvermögen ausreichend.[222] – Für Klagen gegen eine **reine Innengesellschaft** ist dies ohnehin nach wie vor der einzige Weg.

Abwandlung: A und B haben ein Pferd von K gekauft. K möchte den Kaufpreis einklagen.

(1) K kann gegen A und B klagen: Als BGB-Gesellschafter haften sie – neben der Gesellschaft – für die Gesellschaftsschulden auch persönlich;[223] sie sind insoweit Gesamtschuldner, K kann sie daher auch einzeln verklagen. Mit einem Urteil gegen A und B kann er zum einen in deren Privatvermögen vollstrecken, nach § 736 auch in das Gesellschaftsvermögen.

(2) K kann auch die Gesellschaft als solche verklagen.

(3) Mit einem Urteil nur gegen die Gesellschaft kann K auch nur in das Gesellschaftsvermögen vollstrecken.[224] Daher ist es zweckmäßig, dass K **zugleich auch A und B persönlich – als Gesamtschuldner mit der Gesellschaft** – verklagt, um so auch in deren Privatvermögen vollstrecken zu können,[225]

und zugleich in das Gesellschaftsvermögen, unabhängig vom Gesellschafterstand.

Abwandlung: A und B möchten ihrerseits auf Lieferung des Pferdes klagen.

Aktivprozess: Unproblematisch kann nunmehr die aus A und B bestehende Gesellschaft als solche klagen, vertreten durch A und B (§§ 709, 714 BGB).

Die Gesellschafter A und B können aber nicht (mehr) persönlich klagen – auch nicht als notwendige Streitgenossen –, da der Anspruch **der Gesellschaft** zusteht, nicht ihnen persönlich.[226]

---

221 MK/Schultes § 62 Rdnr. 32.

222 BGH v. 16.07.2004 –IX a ZB 288/03, NJW 2004, 3632. – Dies soll allerdings nicht für Klagen auf Abgabe von Willenserklärungen gelten, BGH Urt. v. 25.01.2008 – V ZR 63/07, NJW 2008, 1378: nur gegen die Gesellschaft; str., a.M. MK/Heßler § 736, 11; Schmidt NJW 2008, 1841.

223 BGH NJW 1999, 3483@.

224 BayObLG NJW-RR 2002, 991; ThP/Hüßtege § 736 Rdnr. 4.

225 s. BGH Urt. v. 29.01.2001 – II ZR 331/00, NJW 2001, 1056@; BL/Hartmann § 736 Rdnr. 2.

226 BGH Urt. v. 23.10.2003 – IX ZR 324/01, MDR 2004, 330; BGH Urt. v. 14.09.2005 – VIII ZR 117/04, NJW-RR 2006, 42; OLG Dresden MDR 2007, 162. – ggf. Rubrumsberichtigung, BGH a.a.O.

4) Auch **der nicht rechtsfähige Verein ist voll parteifähig**.[227]

Zwar bestimmt § 50 Abs. 2, dass der nicht rechtsfähige Verein – nur – passiv parteifähig ist. Da jedoch nach **§ 54 S. 1 BGB** auf nicht rechtsfähige Vereine die Vorschriften über die BGB-Gesellschaft Anwendung finden, diese aber nunmehr als parteifähig gilt, ist § 50 Abs. 2 praktisch gegenstandslos geworden.

5) Nicht rechts- u. parteifähig ist dagegen die **Erbengemeinschaft**, da sie nicht auf dauerhafte Teilnahme am Rechtsverkehr bestimmt oder geeignet ist.[228]

6) Nicht parteifähig ist die **Firma** eines Kaufmannes: Die Firma ist **nur ein Name** des Kaufmannes, unter dem er klagen und verklagt werden kann (§ 17 HGB). **Partei ist aber der Kaufmann selbst**, und zwar der Firmeninhaber im Zeitpunkt der Klagezustellung;[229] er bleibt auch bei Firmenübertragung Partei (aber § 729 Abs. 2: Klauselumschreibung).

3.2.3 Die Prozessfähigkeit

ist die Fähigkeit, einen Prozess selbst – oder durch einen selbst bestellten Vertreter – zu führen.[230]

1) Nach § 52 ist eine Person insoweit prozessfähig, als sie sich durch Verträge verpflichten kann: **Prozessfähig ist, wer voll geschäftsfähig i.S.d. BGB ist**.

a) Wichtiger Unterschied zum materiellen Recht: Das Prozessrecht kennt nur die **volle Prozessfähigkeit**/Prozessunfähigkeit, **nicht aber eine „beschränkte Prozessfähigkeit“** i.S.d. beschränkten Geschäftsfähigkeit des § 106 BGB.

Fall 6: Der minderjährige Kläger

Der 17jährige Azubi K hat von B einen CD-Player gekauft und den Kaufpreis aus dem ihm von seinen Eltern zur freien Verfügung überlassenen Arbeitsverdienst vorausgezahlt. Als B nicht liefert, erhebt K Klage. Seine Eltern, denen er von dem Kauf erzählt hatte, haben ihm hierzu ihre Einwilligung gegeben. Im Termin ist B nicht erschienen. K beantragt Versäumnisurteil.

Das Versäumnisurteil kann nicht ergehen, weil eine Sachurteilsvoraussetzung fehlt: Der minderjährige K ist nicht prozessfähig.

Dass der Kaufvertrag zwischen K und B über § 110 BGB wirksam war, ändert daran nichts: In § 52 Abs. 1 ist die **generelle Fähigkeit** gemeint, sich selbstständig durch Verträge zu verpflichten; dass ein einzelnes Geschäft nach § 107 BGB oder § 110 BGB wirksam sein kann, ist nicht entscheidend.[231] Die Prozessfähigkeit des K wird daher weder durch die vorherige Zustimmung seiner Eltern zum Prozess noch dadurch, dass ihm die Erlangung des VU einen rechtlichen Vorteil brächte, herbeigeführt.

Eine beschränkte Prozessfähigkeit entsprechend § 106 BGB gibt es deswegen nicht, weil im Prozess die Frage der Wirksamkeit einzelner Prozesshandlungen nicht in der Schwebe, nämlich abhängig von einer Genehmigung des gesetzlichen Vertreters, bleiben darf und weil eine vorherige Einwilligung des gesetzlichen Vertreters in den Prozess wegen des ungewissen Verfahrensablaufs mit seinen Prozessrisiken dem Schutzgedanken des BGB zuwiderliefe.

---

227 BGH Urt. v. 02.07.2007 – II ZR 111/05, MDR 2007, 1446; Zöller/Vollkommer § 50, 37 m.w.N.; BL/Hartmann § 50, 24. – anders früher BGHZ 109, 15 u. jetzt noch StJ/Bork § 50, 30.

228 BGH v. 17.10.2006 – VIII ZB 94/05, NJW 2006, 3715.

229 StJ/Bork § 50 Rdnr. 26; Zöller/Vollkommer § 50 Rdnr. 26.

230 vgl. § 51; ThP/Hüßtege § 51 Rdnr. 2.

231 RS/Gottwald § 44 Rdnr. 6.

Der Mangel ist aber rückwirkend dadurch **heilbar**, dass der gesetzl. Vertreter den Prozess für die prozessunfähige Partei übernimmt u. deren bisherige Prozessführung genehmigt:[232] Darauf ist vor einer Klageabweisung unter Fristsetzung hinzuweisen (§§ 139, 56 Abs. 2 S. 2).

b) Es gibt jedoch eine sachlich beschränkte - **partielle - Prozessfähigkeit**:

aa) Soweit nach §§ 112, 113 BGB unbeschränkte Geschäftsfähigkeit auf einem Teilgebiet gegeben ist, ist entsprechend auch partiell die volle Prozessfähigkeit gegeben.

bb) In Ehesachen ist ein beschränkt geschäftsfähiger Ehegatte grds. prozessfähig (§ 607).

cc) Im sog. **Zulassungsstreit**: Soweit gerade über die Prozessfähigkeit gestritten wird, gilt der Betreffende - auch für Rechtsmittel - als prozessfähig.[233]

c) Umgekehrt gibt es auch eine **partielle Prozessunfähigkeit**, wenn jemand nur für einen bestimmten Bereich - z.B. sein Scheidungsverfahren - nicht geschäftsfähig ist.[234]

2) Für die prozessunfähige Partei muss ihr **gesetzlicher Vertreter handeln**. Wer gesetzlicher Vertreter ist, bestimmt das materielle Recht.

z.B. kann ein unfallverletztes Kind, vertreten durch seine Eltern (§ 1629 BGB), gegen den Schädiger auf Schadensersatz klagen. - Weitere gesetzliche Vertreter u.a.: Vormund (§§ 1773, 1793 BGB), Pfleger (§§ 1909 ff. BGB), Betreuer (§§ 1896, 1902 BGB); die Betreuung führt zwar für sich grds. nicht zur Geschäftsunfähigkeit (§ 1896 BGB), sodass der Betreute grds. prozessfähig bleibt, bei Auftreten des Betreuers im Prozess aber als prozessunfähig gilt (§ 53).

3) **Zustellungen** an eine prozessunfähige Partei sind unwirksam (§ 170 Abs. 1 S. 2).

Entgegen dieser eindeutigen Bestimmung hält die h.M.[235] jedoch insbes. aus Gründen der Rechtssicherheit die Zustellung eines Urteils an einen unerkannt Prozessunfähigen für wirksam, sodass die Rechtsmittelfrist beginnen und das Urteil rechtskräftig werden könne, aber, was dies auch bestätige: Wiederaufnahme gem. §§ 579 Abs. 1 Nr. 4, 586 Abs. 3.[236]

4) Umstritten ist, ob **juristische Personen** als solche prozessfähig sind.[237] Da sie aber ohnehin nur durch ihre Organe als gesetzliche Vertreter handeln können, haben sie jedenfalls eine **Stellung wie Prozessunfähige:** Die Frage hat daher im Ergebnis keine praktische Bedeutung.[238]

3.2.4 Wirksamkeit der Vertretung

ist, falls der Kläger durch einen Prozessbevollmächtigten vertreten wird oder - bei Prozessunfähigkeit - durch den gesetzlichen Vertreter vertreten werden muss, ebenfalls Sachurteilsvoraussetzung; bei Fehlen der Vertretungsmacht ist daher die Klage als unzulässig abzuweisen.[239]

Die Kosten treffen den Vertreter, wenn er den Vollmachtsmangel gekannt hat.[240]

---

232 s. BGH NJW-RR 1998, 63; BGH Urt. v. 09.01.2008 - VIII ZR 12/07, FamRZ 2008, 680.

233 BGH NJW 1990, 1734; 1996, 1059@; 2000, 289@; entspr. hins. der Parteifähigkeit, BGH NJW 1993, 2944.

234 BGH NJW 2000, 289@, entspr. der partiellen Geschäftsunfähigkeit i.S.d. § 104 BGB, s. Palandt/Heinrichs/Ellenberger § 104 Rdnr. 6

235 BGHZ 104, 190; BGH Urt. v. 19.03.2008 - VIII ZR 68/07, FamRZ 2008, 1169; StJ/Roth § 170 Rdnr. 5.

236 a.A., insbes. zum Schutz des Prozessunfähigen: MK/Häublein § 170 Rdnr. 4; ThP/Hüßtege § 170 Rdnr. 3; Musielak/Wolst § 170 Rdnr. 2; RS/Gottwald § 73 Rdnr. 4, 5.

237 s. StJ/Bork § 51 Rdnr. 12 m.N.

238 RS/Gottwald § 44 Rdnr. 7.

239 BGH NJW 1999, 3263.

240 BGH NJW-RR 1998, 63.

3.2.5 Prozessführungsbefugnis, Prozessstandschaft (§ 51)

Die Prozessführungsbefugnis ist die Befugnis, über das behauptete, im Prozess streitige Recht **im eigenen Namen** einen Rechtsstreit zu führen.[241]

3.2.5.1 Die Prozessführungsbefugnis ist i.d.R. unproblematisch, wenn der **Kläger behauptet, selbst** Inhaber des geltend gemachten Rechts oder Anspruchs zu sein; **ein behauptetes eigenes Recht kann eine Partei grds. auch einklagen**.

1) Die Prozessführungsbefugnis ist streng zu unterscheiden von der sog. **Sachbefugnis** – „Sachlegitimation" als sog. **Aktiv- bzw. Passivlegitimation** –, d.h. von der wirklichen materiell-rechtlichen Stellung der Parteien zum Streitgegenstand:

Die Prozessführungsbefugnis bezieht sich darauf, ob der Kläger berechtigt ist, den Prozess über den Streitgegenstand zu führen (Zulässigkeitsvoraussetzung der Klage), und dies ist grds. dann der Fall, wenn er **nach seiner Behauptung** ein eigenes gegen den Beklagten gerichtetes Recht geltend macht. Die Aktiv- bzw. Passivlegitimation ist dagegen eine Frage der Begründetheit der Klage, nämlich dahin, ob der Kläger nach materiellem Recht **wirklich** der Rechtsinhaber und der Beklagte **wirklich** der Verpflichtete ist.

Beispiel: Der Kläger klagt eine an ihn abgetretene Forderung ein, die Abtretung ist jedoch gemäß § 134 BGB unwirksam. Der Kläger ist prozessführungsbefugt, seine Klage daher zulässig, da er einen behaupteten eigenen Anspruch einklagt; er ist aber nicht materiell berechtigt (aktivlegitimiert), da die eingeklagte Forderung nicht ihm, sondern noch dem bisherigen Gläubiger zusteht: Die Klage ist daher unbegründet.

2) Ausnahmsweise fehlt dem Träger des materiellen Rechts die Prozessführungsbefugnis, wenn ihm die Verfügungsbefugnis genommen ist.

Wichtig: Klagt K, nachdem über sein Vermögen das **Insolvenzverfahren** eröffnet worden ist, eine zur Insolvenzmasse gehörende Forderung selbst ein, so ist diese Klage als unzulässig abzuweisen, weil dem Schuldner – obgleich er auch im Insolvenzverfahren noch der Inhaber der Forderung ist – nach § 80 InsO die Verfügungsbefugnis und damit auch die Prozessführungsbefugnis fehlt; die Prozessführungsbefugnis steht dem Insolvenzverwalter als Partei kraft Amtes zu. – Eintritt des Insolvenzverfahrens während des Prozesses: Unterbrechung (§ 240).

3.2.5.2 Eine **Prozessstandschaft** liegt vor, **wenn eine Partei im eigenen Namen über ein behauptetes fremdes Recht prozessiert**. Diese bedarf zu ihrer Zulässigkeit einer **besonderen** Prozessführungsbefugnis, da eine Partei nicht ohne besondere Berechtigung ein fremdes Recht geltend machen kann (grds. Ausschluss der „Popularklage"). Eine solche besondere Prozessführungsbefugnis kann sich kraft Gesetzes ergeben (sog. gesetzliche Prozessstandschaft); sie kann aber auch auf einer Prozessführungsermächtigung durch den Rechtsträger beruhen (sog. gewillkürte Prozessstandschaft).

1) Fälle der **gesetzlichen Prozessstandschaft** sind:

- Die sog. **Parteien kraft Amtes** (s. § 116 S. 1 Nr. 1).[242]

  Wichtigste Fälle: Insolvenzverwalter (§ 80 InsO, s.u. § 23, 5.1); Zwangsverwalter (§ 152 ZVG); Nachlassverwalter (§ 1984 BGB); Testamentsvollstrecker (§§ 2212, 2213 BGB).

---

241 s. StJ/Bork vor § 50 Rdnr. 19; Musielak/Weth § 51 Rdnr. 16.

242 näher u.a. StJ/Bork vor § 50 Rdnr. 27 ff.

- Prozessstandschaft im **eigenen Interesse des Prozessstandschafters**

  Wichtigste Fälle: Der Mitgläubiger (§ 432 BGB); der Miteigentümer (§ 1011 BGB); der Ehegatte im Falle des § 1368 BGB; der Miterbe bei Einklagung einer zum Nachlass gehörenden Forderung (§ 2039 BGB); der Pfändungsgläubiger einer ihm zur Einziehung überwiesenen Forderung (§§ 829, 835) für die Klage gegen den Drittschuldner (s.u. § 19, 1, 2, 3); der Kläger im Falle des § 265 Abs. 2 (näher unten § 6, 6)

Das Recht zu **Unterlassungsklagen zum Verbraucherschutz** für bestimmte Interessen-, Wettbewerbs- und Verbraucherschutzvereine und -verbände gem. §§ 8 UWG, 3 UklaG – sog. **Verbandsklagen** – bedeutet keine bloße Prozessstandschaft; diese Verbände haben nunmehr vielmehr eigene Unterlassungsansprüche.[243] – Weitere Verbandsklagen, etwa von Naturschutzverbänden, kennt der Zivilprozess nicht, anders als das Verwaltungsrecht.[244]

2) Eine **gewillkürte Prozessstandschaft** – die Geltendmachung eines fremden Rechts im eigenen Namen aufgrund einer **Ermächtigung** des Rechtsträgers – ist nach allgemeiner Ansicht unter folgenden Voraussetzungen zulässig:

a) **Übertragbarkeit** der Verfügungsbefugnis über das Recht bzw. den Anspruch – mindestens zur Ausübung – an einen Dritten.

   zu § 985 BGB: Der Anspruch ist zwar nicht selbstständig abtretbar; der Eigentümer kann aber einen Dritten zur Geltendmachung ermächtigen, der dann in gewillkürter Prozessstandschaft im eigenen Namen Herausgabe verlangen kann.[245]

b) Der gewillkürte Prozessstandschafter muss ein eigenes **rechtsschutzwürdiges Interesse** haben, das fremde Recht im eigenen Namen geltend zu machen, d.h. die angestrebte Entscheidung muss die eigene Rechtslage des Prozessstandschafters günstig beeinflussen.[246]

   Dabei reicht nach BGH auch ein nur wirtschaftliches Interesse aus.

   z.B. Klage des Sicherungsgebers gegen den Besitzer auf Herausgabe der sicherungsübereigneten Gegenstände an den Sicherungsnehmer (Sicherungseigentümer).[247]

   Unterschied zur **materiell-rechtlichen Einziehungsermächtigung**, d.h. der Übertragung des Rechts zur Einziehung einer Forderung durch den Forderungsinhaber an einen Dritten: Diese ist materiell-rechtlich ohne diese Einschränkung wirksam (§ 185 BGB).[248]

c) grds. **Offenlegung/Erkennbarkeit der Prozessstandschaft**.[249]

d) **Keine unzumutbare Beeinträchtigung des Prozessgegners.**

   z.B. nicht allein zu dem Zweck, das Prozesskostenrisiko auf einen vermögenslosen Prozessstandschafter zu verschieben.[250] Eine Vermögenslosigkeit des Prozessstandschafters und die daraus folgende Gefährdung eines Kostenerstattungsanspruchs des Gegners bedeuten jedoch für sich noch keinen Missbrauch, da auch sonst keine Partei davor geschützt ist, von einem vermögenslosen Kläger verklagt zu werden.[251]

243 s. StJ/Roth § 253 Rdnr. 76; RS/Gottwald § 47 Rdnr. 10 ff.
244 zu Greenpeace: OLG Hamburg NJW 1993, 1867.
245 BGH NJW-RR 1986, 158@.
246 BGH in st.Rspr., u.a. Urt. v. 07.06.2001 – I ZR 49/99, NJW-RR 2002, 20; Urt. v. 03.04.2003 – IX ZR 287/99, NJW 2003, 2231; v. 15.05.2003 –IX ZR 218/02, NJW-RR 2003, 1490.
247 weitere Fälle u.a. bei Musielak/Weth § 51 Rdnr. 28; BL/Hartmann Grundz. § 50 Rdnr. 34 ff.
248 s. Palandt/Grüneberg § 398 Rdnr. 29 ff., 33.
249 BGH NJW 1994, 653, 2550; BGH Urt. v. 08.07.2004 – I ZR 272/01, MDR 2004, 1365.
250 BGH NJW 1995, 3186@; OLG Rostock MDR 2004, 770.
251 BGH NJW 1999, 1717@.

Fall 7: Die Sicherungszession

Der Bauunternehmer A hat eine Werklohnforderung gegen B zur Sicherung eines Kredits an die Sparkasse S abgetreten. Er klagt mit Ermächtigung der Sparkasse gegen B auf Zahlung an die Sparkasse.

A klagt in gewillkürter Prozessstandschaft. Diese ist zulässig: Das eigene rechtsschutzwürdige Interesse des A an der Klage folgt daraus, dass die Forderung der Sicherung eines Anspruchs der Sparkasse dient, sodass daher ihre Durchsetzung auch die eigene Rechtslage des A beeinflusst.[252] B wird hierdurch nicht unzumutbar beeinträchtigt.

Bei der **stillen** Sicherungszession sieht der BGH[253] den Abtretenden sogar als den (noch) materiell Berechtigten an, der bereits deshalb zulässigerweise – ohne Offenlegung – im eigenen Namen auf Leistung an sich klagen könne.

Die Prozessstandschaft ist ebenfalls zulässig, wenn nach einer Abtretung erfüllungshalber der Abtretende mit Ermächtigung des Neugläubigers auf Leistung an diesen klagt.[254]

Inkassozession: Der Zessionar kann natürlich als materieller Forderungsinhaber im eigenen Namen klagen.[255] – Bei bloßer Einziehungsermächtigung muss der Inkassoermächtigte dagegen nach h.M. ein eigenes (z.B. Provisions-)Interesse haben,[256] während nach a.M. auch ein verständliches Interesse des Forderungsinhabers an der Fremdeinziehung ausreichen soll.[257]

3) Auswirkungen einer wirksamen Prozessstandschaft:

a) Prozessführungsbefugnis des Prozessstandschafters.

b) Der **Klageantrag** ist grds. auf Leistung an den Inhaber der Forderung zu richten: Der Prozessstandschafter kann aber dann auf Leistung an sich klagen, wenn der Schuldner an ihn gemäß § 362 Abs. 2 BGB befreiend leisten kann, z.B. bei Vorliegen einer Einziehungsermächtigung.[258]

c) Da der Schuldner nicht der Gefahr einer doppelten Klage ausgesetzt sein darf – d.h. auch noch durch den materiellen Rechtsinhaber selbst –, bedeutet der Prozess einer Partei kraft Amtes oder eines gewillkürten Prozessstandschafters eine **anderweitige Rechtshängigkeit** i.S.v. § 261 Abs. 3 Nr. 1 und entfaltet das im Prozess des Prozessstandschafters ergehende Urteil grds. auch **Rechtskraft für und gegen den materiellen Rechtsinhaber**.[259]

Die Klage des Prozessstandschafters hemmt entsprechend auch die Verjährung.[260]

Anders ist dies bei gesetzlicher Prozessstandschaft im Interesse des Prozessstandschafters, z.B. bei § 2039 BGB: Das Urteil bewirkt keine Rechtskraft gegen die übrigen Erben, die ihrerseits selbst ebenfalls klagen konnten und daher auch noch weiterhin klagen können.[261]

252 BGH NJW 1995, 3186@.

253 BGH NJW 1999, 2110@, BGH Urt. v. 21.09.2000 - IX ZR 439/99, NJW 2000, 3561.

254 BGH NJW 1999, 1717@.

255 StJ/Bork vor § 50 Rdnr. 26; ThP/Hüßtege § 51 Rdnr. 35 b.

256 Zö/Vollkommer vor § 50 Rdnr. 52.

257 MK/Lindacher vor § 50 Rdnr. 63.

258 StJ/Bork vor § 50 Rdnr. 63; ThP/Hüßtege § 51 Rdnr. 39; Zeiss/Schreiber Rdnr. 133.

259 BGH NJW-RR 1993, 3072; NJW-RR 1986, 158@; 1990, 47.

260 BGH NJW 1999, 2110@, 3707.

261 BGH Urt. v. 05.04.2006 - IV ZR 939/05, MDR 2006, 1291.

3.2.6 Zuständigkeit des angerufenen Gerichts

Zu unterscheiden sind: funktionelle, sachliche und örtliche Zuständigkeit.

Die funktionelle Zuständigkeit ist stets **ausschließlich** – d.h. **zwingend**, nicht durch Vereinbarung oder Verhalten der Parteien beeinflussbar[262] –, die sachliche und die örtliche Zuständigkeit dagegen nur bei besonderer gesetzlicher Regelung.

3.2.6.1 Die **funktionelle Zuständigkeit** betrifft die Zuweisung der Aufgaben der Rechtspflegeorgane im Gesamtverfahren, also dahin, ob ein angerufenes Rechtspflegeorgan nach seinem generellen Aufgabenkreis zuständig ist.

Beispiel: Im Erkenntnisverfahren können erstinstanzlich nur die Amts- u. Landgerichte entscheiden; OLG und BGH sind in Zivilsachen ausschließlich Rechtsmittelgerichte. – Wird eine Klageschrift beim OLG eingereicht, so wird daher, weil das OLG erstinstanzlich funktionell unzuständig ist, kein Termin anberaumt (schwerer Einreichungsmangel, s.o. § 5, 2).

3.2.6.2 Die sachliche Zuständigkeit

1) Die sachliche Zuständigkeit betrifft die Abgrenzung der **erstinstanzlichen Zuständigkeit** zwischen Amts- und Landgericht. Sie ist **im GVG geregelt**.

- Vor die **Amtsgerichte** gehören die Streitigkeiten mit Streitwert **bis 5.000 €** (§ 23 Nr. 1 GVG) sowie die nach §§ 23 Nr. 2, 23 a, 23 b GVG zugewiesenen Sachen (u.a. Mietstreitigkeiten über Wohnraum, Familiensachen).
- Vor die **Landgerichte** gehören alle Streitigkeiten, die nicht den Amtsgerichten zugewiesen sind (§ 71 Abs. 1 GVG), also grds. die Streitigkeiten mit einem Streitwert **ab 5.000 €**, ferner aus Amtspflichtverletzung (§ 71 Abs. 2 Nr. 2 GVG, und einige Sonderzuständigkeiten).

2) Das Verhältnis der ordentlichen Gerichte zu den **Arbeitsgerichten** ist keine Frage der sachlichen Zuständigkeit, sondern der Zulässigkeit des Rechtsweges (§§ 17 ff. GVG, 48 ArbGG).[263]

Ausschließliche Zuständigkeit der Arbeitsgerichte: § 2 ArbGG.

Beispiel: A, Angestellter der Firma F, klagt vor dem Amtsgericht gegen Frau B, Sekretärin der Firma F, auf Schadensersatz, weil diese beim Zurücksetzen ihres Wagens auf dem Firmenparkplatz seinen Wagen beschädigt hat. – Nach § 2 Abs. 1 Nr. 9 ArbGG ist das Arbeitsgericht auch für zivilrechtliche Streitigkeiten von Arbeitnehmern untereinander aus unerlaubten Handlungen zuständig, soweit diese mit dem Arbeitsverhältnis in einem inneren Zusammenhang stehen. Die Beschädigung (§ 823 Abs. 1 BGB) des Pkw des Arbeitnehmers A durch die Arbeitnehmerin B auf dem Parkplatz des gemeinsamen Arbeitgebers stand im Zusammenhang mit dem gemeinsamen Arbeitsverhältnis. Das Amtsgericht ist also unzuständig. Es hat daher den Rechtsstreit gemäß § 17 a GVG von Amts wegen an das Arbeitsgericht zu verweisen.

3) Keine Frage der sachlichen Zuständigkeit ist auch die Zuweisung von Handelssachen an die **Kammer für Handelssachen** (§§ 93 ff. GVG): Es handelt sich insoweit lediglich um eine Art Geschäftsverteilung innerhalb der sachlichen Zuständigkeit des Landgerichts; daher bei „Unzuständigkeit" nur „Abgabe" an die zuständige Kammer, nicht aber Klageabweisung.

---

262 s. RS/Gottwald § 29 Rdnr. 18.

263 BGH NJW 1998, 909; BAG NJW 1996, 2948.

3.2.6.3 Die **örtliche Zuständigkeit** ist **in der ZPO** geregelt (vorwiegend §§ 12 ff.), zum Teil aber auch in anderen Gesetzen (z.B. §§ 14 UWG, 215 VVG n.F.). – Das Gesetz bezeichnet die örtliche Zuständigkeit im allgemeinen als **„Gerichtsstand"**.

1) Zu unterscheiden sind der allgemeine Gerichtsstand und die besonderen Gerichtsstände: Im allgemeinen Gerichtsstand kann eine Person mit allen gegen sie zu erhebenden Klagen verklagt werden, sofern nicht für die Klage ein anderes Gericht örtlich ausschließlich zuständig ist (§ 12); die besonderen Gerichtsstände sind dagegen nur für Klagen mit bestimmtem Streitgegenstand gegeben.

- Der **allgemeine** Gerichtsstand richtet sich nach dem **Beklagten** (§ 12), und zwar bei natürlichen Personen nach dem Wohnsitz (§ 13), bei juristischen Personen und anderen parteifähigen Gebilden nach dem Sitz (§§ 17, 18).

  Grund: Da der Beklagte gegen seinen Willen in den Prozess gezogen wird, soll er grds. davor geschützt werden, dass er vor einem auswärtigen Gericht verklagt wird.

- Die wichtigsten **besonderen** Gerichtsstände sind: der dingliche Gerichtsstand (§ 24, ausschließlich); der Gerichtsstand des Erfüllungsortes (§ 29), der Mieträume (§ 29 a, ausschließlich), der unerlaubten Handlung (§ 32).

  Zur Begründung der Zuständigkeit reicht bereits die schlüssige Darlegung einer unerlaubten Handlung oder eines Vertragsanspruchs aus.[264]

  Der Gerichtsstand des Erfüllungsorts ist bei **gegenseitigen Verträgen** grds. für jede Vertragsverpflichtung **gesondert** zu bestimmen,[265] daher z.B. beim Kaufvertrag grds. für die Kaufpreisklage gem. §§ 269, 270 Abs. 4 BGB der Wohnsitz des Käufers,[266] für die Klage auf Lieferung der des Verkäufers. Nur ausnahmsweise ist für alle beiderseitigen Ansprüche ein einheitlicher Gerichtsstand gegeben, z.B. beim Werkvertrag der Ort des Bauwerks, weil hier nicht nur der Unternehmer seine Bauleistung zu erbringen, sondern auch der Bauherr mit der Abnahme gemäß § 640 BGB eine Hauptpflicht zu erfüllen hat,[267] entspr. bei einer Kfz-Reparatur der Werkstattort;[268] dass an einem Ort der Vertragsschwerpunkt liegt, kann dagegen allein nicht einen einheitlichen Erfüllungsort und damit Gerichtsstand begründen, weil dies mit der grundsätzlichen Regelung in § 269 BGB unvereinbar wäre.[269]

2) Unter mehreren zuständigen Gerichten hat der Kläger die Wahl (§ 35), sofern nicht ein ausschließlicher Gerichtsstand – mit zwingendem Vorrang – besteht.

z.B.: Begehungsort i.S.v. § 32 ist bei einer Verletzung von Persönlichkeitsrechten durch Druckschriften auch jeder Ort, an dem sie verbreitet wurden,[270] sodass eine Vielzahl von Gerichten zuständig sein kann: Das Wahlrecht nach § 35 ermöglicht dann ein „forum-shopping".

3) **Umfassende Zuständigkeit:** Das aufgrund einer bestimmten Anspruchsgrundlage zuständige Gericht – z.B. Vertragsanspruch u. Erfüllungsort (§ 29) – hat den Rechtsstreit **unter allen in Betracht kommenden rechtlichen Gesichtspunkten (Anspruchsgrundlagen) desselben Streitgegenstandes zu entscheiden**, auch aus solchen Anspruchsgrundlagen, für die eine Zuständigkeit nicht selbstständig bestehen würde – also auch aus § 823 BGB, auch wenn der Gerichtsstand des § 32 nicht vorliegt –: Insoweit besteht daher ein **Gerichtsstand des Sachzu-**

---

264 BGH v. 19.02.2002 – X ARZ 334/01, NJW 2002, 1425.

265 BGH NJW 1995, 1546@; BGH Urt. v. 04.03.2004 – IX ZR 101/03, NJW-RR 2004, 932.

266 bei Vertragsschluss s. BGH NJW 1988, 1914.

267 BGH NJW 1986, 935; BGH v. 11.11.2003 – X ARZ 91/03, NJW 2004, 54; Balthasar JuS 2004, 571.

268 OLG Düsseldorf MDR 1976, 496.

269 BGH v. 24.01.2007 – XII ZR 168/04, NJW-RR 2007, 777.

270 BL/Hartmann § 32 Rdnr. 18 m.w.N.

sammenhangs (Gründe: Prozessökonomie, Schutz des Beklagten vor mehrfacher Inanspruchnahme, insbes. Rechtsgedanke des § 17 Abs. 2 GVG).[271] – Früher hatte der BGH eine „gespaltene" Zuständigkeit dahin angenommen, dass das Gericht nur über die Anspruchsgrundlagen entscheiden könne, für die es unmittelbar zuständig ist, während die Klage hins. der anderen Anspruchsgrundlagen unzulässig sei.[272]

3.2.6.4 Gerichtsstandsvereinbarung (Prorogation) und Zuständigkeitsbegründung durch rügelose Einlassung

1) Eine von der Gerichtsstandsregelung abweichende Vereinbarung der Parteien ist grundsätzlich ausgeschlossen **(grundsätzliches Prorogationsverbot)**.[273]

2) Nur in folgenden Fällen ist eine Gerichtsstandsvereinbarung hinsichtlich der örtlichen und sachlichen Zuständigkeit der ersten Instanz zulässig, falls **kein ausschließlicher Gerichtsstand** besteht (§§ 38, 40):

- wenn die Parteien **Kaufleute** oder juristische Personen des öffentlichen Rechts oder öffentlichrechtliche Sondervermögen sind (§ 38 Abs. 1);
- **nach** Entstehung der Streitigkeit (§ 38 Abs. 3 Nr. 1; **allgemein, auch für Privatpersonen!**);
- in den Fällen des § 38 Abs. 2, 3 Nr. 2 (kein allg. Gerichtsstand im Inland);
- durch **rügelose Verhandlung** des Beklagten zur Hauptsache (§ 39).

Eine solche Vereinbarung ist **grds. auch in nichtvermögensrechtlichen Streitigkeiten zulässig**, ausgenommen nur die Fälle der §§ 23 a, b GVG (also insbes. in Ehe- und Kindschaftssachen, s. § 40 Abs. 2 S. 1 Nr. 1).

Fall 8: Die Gerichtsstandsvereinbarung

Der Möbelhändler K in Bielefeld klagt vor dem Amtsgericht in Bielefeld gegen den B, der in Dortmund wohnhaft ist, auf Zahlung von 3.000 € Kaufpreis für eine gelieferte Schrankwand. Zur örtlichen Zuständigkeit des Amtsgerichts Bielefeld trägt K vor, dass nach dem schriftlich abgeschlossenen Kaufvertrag (Allgemeine Geschäftsbedingungen) als Erfüllungsort und als Gerichtsstand Bielefeld vereinbart sei. Im Termin bestreitet der Beklagte diese Vereinbarung nicht. Er beantragt Klageabweisung, weil er wegen Mangelhaftigkeit der Schrankwand vom Kaufvertrag zurückgetreten sei.

Örtliche Zuständigkeit des Amtsgerichts Bielefeld?

(1) Ein **gesetzlicher Gerichtsstand** besteht insoweit nicht:

a) Seinen allgemeinen Gerichtsstand (§§ 12, 13) hat der Beklagte in Dortmund.

b) Der besondere Gerichtsstand des Erfüllungsortes (§ 29 Abs. 1) ist nach §§ 269, 270 BGB ebenfalls Dortmund, da es sich bei der Geldschuld um eine Schickschuld handelt, sodass der Wohnort des Schuldners Erfüllungsort

271 BGH v. 10.12.2002 – X ARZ 208/02, NJW 2003, 828; StJ/Roth § 1 Rdnr. 7 ff.; Zöller/Vollkommer § 12 Rdnr. 20, § 32 Rdnr. 20; RS/Gottwald § 36 Rdnr. 55 ff.; h.M.

272 so noch BL/Hartmann § 32 Rdnr. 14; Musielak/Heinrich § 12 Rdnr. 9 ff.; Jauernig § 12 II.

273 BGH NJW 1983, 159, 162; Zö/Vollkommer vor § 38 Rdnr. 8, 9; Jauernig § 11 II, III.

bleibt.[274] Die vertragliche, von dieser gesetzlichen Regelung abweichende Erfüllungsortvereinbarung kann die Zuständigkeit des AG Bielefeld nach § 29 Abs. 1 nicht begründen; denn nach § 29 Abs. 2 ist für eine solche Zuständigkeitsbegründung erforderlich, dass beide Vertragsparteien Kaufleute sind.

Die Vorschrift des § 29 Abs. 2 soll verhindern, dass die Wirkung einer unzulässigen Prorogation über den Umweg einer Erfüllungsortvereinbarung herbeigeführt wird.

(2) Eine wirksame **Gerichtsstandsvereinbarung** ist nicht getroffen worden, da weder der Beklagte Kaufmann ist (§ 38 Abs.1) noch die Regelung in den Geschäftsbedingungen des Klägers nach – sondern vielmehr: vor – Entstehung der Streitigkeit vereinbart worden ist (§ 38 Abs. 3 Nr. 1).

Mit **Nichtkaufleuten** ist somit eine Gerichtsstandsvereinbarung in AGB nicht möglich, eine **AGB-Regelung daher unwirksam**.[275]

(3) Zuständigkeit des Amtsgerichts Bielefeld durch **rügelose Einlassung**?

Nach § 39 S. 1 wird die Zuständigkeit eines Gerichts des ersten Rechtszuges auch dadurch begründet, dass der Beklagte, ohne die Unzuständigkeit geltend zu machen, zur Hauptsache mündlich verhandelt. Dies gilt auch in den Fällen, in denen eine Gerichtsstandsvereinbarung durch § 38 nicht zugelassen ist; dass der Beklagte kein Kaufmann ist, steht also einer Zuständigkeitsbegründung über § 39 nicht entgegen.

Bei einem **Amtsgerichtsprozess** kann die Zuständigkeitsbegründung durch rügelose Einlassung gemäß § 39 S. 2 jedoch nur dann eintreten, wenn der Beklagte vor seiner Einlassung zur Hauptsache darauf hingewiesen wurde (§ 504).

Das Gericht muss daher zunächst den Hinweis nach § 504 geben. Wenn der Beklagte sich **danach** rügelos einlässt, wird das Amtsgericht über § 39 S. 1 zuständig. Lässt sich dagegen der Beklagte daraufhin nicht mehr zur Sache ein, bleibt das Amtsgericht Bielefeld unzuständig, die Klage unzulässig. Darauf muss das Gericht dann den Kläger hinweisen (§ 139), der die Klageabweisung als unzulässig dadurch vermeiden kann, dass er den Antrag stellt, den Rechtsstreit an das Amtsgericht Dortmund zu verweisen (§ 281).

3.2.6.5 Verweisung: Ein sachlich oder örtlich unzuständiges Gericht hat auf Antrag des Klägers den Prozess an das zuständige Gericht zu verweisen (§ 281).

Verweisung durch **Beschluss**; mündliche Verhandlung nicht erforderlich (§ 128 Abs. 4).

1) Die Verweisung ist **grundsätzlich unanfechtbar** – keine Beschwerde – (§ 281 Abs. 2 S. 2), auch wenn sie unrichtig oder verfahrensfehlerhaft ist.[276]

2) Die Verweisung ist für das Gericht, an das verwiesen wird, **grundsätzlich bindend** (§ 281 Abs. 2 S. 4; daher grds. keine Weiterverweisung möglich).

---

274 Palandt/Heinrichs § 269 Rdnr. 15, § 270 Rdnr. 1.

275 BGH NJW 1983, 1323; RS/Gottwald § 37 Rdnr. 20.

276 BGHZ 102, 341@; BGH v. 10.09.2002 – X ARZ 217/02, NJW 2002, 3634; BGH v. 10.06.2003 – X ARZ 92/03, NJW 2003, 2301.

Keine Bindungswirkung jedoch:

a) soweit das verweisende Gericht **nicht binden wollte**,[277] daher bei Verweisung wegen sachlicher Zuständigkeit Weiterverweisung mangels örtlicher Zuständigkeit zulässig.[278]

b) bei Irrtum des verweisenden Gerichts über den Gerichtsbezirk.[279]

c) wenn der Verweisung **jede rechtliche Grundlage fehlte (Willkur)**,[280] aber nicht schon bei bloßer Abweichung – unter vertretbarer Begründung – von „fast einhelliger" oder „herrschender" Ansicht oder bekannter Rechtsprechung (keine Präjudizienbindung!).[281]

d) wenn das **rechtliche Gehör** verletzt worden[282] und die Verweisung als solche unrichtig ist.

Bei c) und d): sofortige Beschwerde möglich.[283]

3.2.7 Zulässigkeit des Zivilrechtsweges (§§ 13, 17 GVG)

Die Zulässigkeit des Zivilrechtsweges betrifft die Frage, ob für eine Streitigkeit der Rechtsweg vor ein Zivilgericht gegeben ist. – Vor die Zivilgerichte gehören:

- allgemein: alle **bürgerlichrechtlichen Streitigkeiten** (§ 13 GVG).
- durch **gesetzliche Zuweisung:** Zivilprozesssachen kraft Zuweisung.

  wichtigste Fälle: Enteignungsentschädigung (Art. 14 GG), vermögensrechtl. Ansprüche aus Aufopferung, öffentlichrechtl. Verwahrung u. Verletzung öffentlichrechtl. Pflichten (außer Vertrag, § 40 Abs. 2 VwGO), aus Amtshaftung (§ 839 BGB, Art. 34 GG).

Fall 9: Widerruf einer dienstlich geäußerten Beleidigung

Der Leiter des Bauamtes der Stadt B hat auf einer Pressekonferenz zu dem Grund der Bauverzögerung bei der Umgehungsstraße erklärt, das liege allein an der gemeinschädlichen Uneinsichtigkeit des Grundstückseigentümers K, der zunächst für das benötigte Grundstück den dreifachen Verkehrswert verlangt habe und nun das Enteignungsverfahren durch bewusst unwahre Behauptungen hinauszögere. Diese Erklärung erscheint am folgenden Tage mit voller Namensnennung des K in der Presse. – K erhebt Klage vor dem Landgericht gegen die Stadt B auf Widerruf der von ihrem Baudirektor gemachten unwahren Äußerungen.

(1) Kraft besonderer gesetzlicher Zuweisung (Art. 34 S. 3 GG, § 40 Abs. 2 VwGO) wäre der Zivilrechtsweg eröffnet, wenn das Klagebegehren auf Amtshaftung (Art. 34 GG, § 839 BGB) gestützt werden könnte. Das ist jedoch nicht der Fall: Nach Art. 34 GG, § 839 BGB kann wegen einer Amtspflichtverletzung grundsätzlich nur Schadensersatz in Geld verlangt werden.

(2) Entscheidend ist daher, ob eine bürgerliche (§ 13 GVG) oder eine öffentlichrechtliche Streitigkeit (§ 40 Abs. 1 VwGO) vorliegt. Dafür wird die – wahre –

277 BayObLG NJW-RR 1996, 956.

278 und umgekehrt, OLG Köln VersR 1994, 77

279 BL/Hartmann § 281, 37, 50: Weiterverweisung o. Rückgabe an das Verweisungsgericht zur Berichtigung.

280 BGH NJW-RR 1998, 1219@; BGH v. 10.09.2002 – X ARZ 217/02, NJW 2002, 3634; BGH v. 10.06.2003 – X ARZ 92/03, NJW 2003, 3201; BGH v. 20.08.2007 – X ARZ 247/07, NJW-RR 2008, 370.

281 BGH v. 09.07.2002 – X ARZ 110/02, NJW-RR 2002, 1498; BGH v. 10.06.2003 – X ARZ 92/03, NJW 2003, 3201.

282 BGH NJW-RR 1998, 1219@; BGH v. 10.09.2002 – X ARZ 217/02, NJW 2002, 3634; BayObLG NJW-RR 2002, 1503; StJ/Leipold § 281 Rdnr. 48 ff.

283 OLG Oldenburg FamRZ 2003, 1853; KG NJW-RR 1997, 251; OLG München NJW-RR 1995, 957.

rechtliche Natur des Streitgegenstandes maßgebend, d.h. des Rechtsverhältnisses, aus dem das Klagebegehren hergeleitet wird.[284]

(a) Dabei ist vom Tatsachenvortrag **des Klägers** auszugehen, da dieser Vortrag den Streitgegenstand bestimmt.[285]

Die rechtliche Beurteilung des Klägers ist dagegen unerheblich; der Kläger kann daher für eine öffentlichrechtliche Streitigkeit den Zivilrechtsweg nicht dadurch eröffnen, dass er den geltend gemachten Anspruch als einen bürgerlichrechtlichen bezeichnet oder aufmacht.

Abzustellen ist auf den Klageanspruch als solchen. Über Vorfragen aus anderen Rechtsbereichen kann das für den Anspruch zuständige Gericht dagegen grds. entscheiden **(Vorfragenkompetenz)**. z.B. bei Amtshaftungsklage: Das ordentliche Gericht kann über die Rechtswidrigkeit eines Verwaltungsakts trotz Bestandskraft selbstständig entscheiden.[286]

(b) Zu fragen ist daher, ob hier der Streitgegenstand bürgerlich- oder öffentlichrechtlicher Natur ist. Dies betrifft die – allgemeine – Frage nach der Bewertung eines Rechtsverhältnisses als bürgerlichrechtlich oder öffentlichrechtlich.

Insoweit wird auf unterschiedliche Kriterien abgestellt: u.a. **Interessentheorie, Subjektions-(Unterordnungs-)theorie, Subjekts- oder Zuordnungstheorie**.[287]

(aa) Bei einem Anspruch auf Abwehr von Beeinträchtigungen aus dienstlichen Äußerungen entscheidet, ob die Äußerung im Zusammenhang mit einer ausschließlich erwerbswirtschaftlichen oder fiskalischen Tätigkeit gemacht worden ist – dann bürgerlichrechtliche Streitigkeit – oder mit einer (auch schlicht-)hoheitlichen Tätigkeit – dann öffentlichrechtliche Streitigkeit.[288]

(bb) Hier: Die Äußerung, gegen die K sich wehren will, ist von dem Beamten im Rahmen seines hoheitlichen Verwaltungshandeln (amtliche Pressekonferenz) gemacht worden. Die Streitigkeit ist daher öffentlichrechtlicher Natur,[289] sodass der Zivilrechtsweg nicht gegeben ist: Die Klage ist somit unzulässig.

(3) Der Rechtsstreit ist daher **von Amts wegen** durch **Beschluss** an das Verwaltungsgericht zu verweisen (§ 17 a GVG). Dies ist für den Rechtsweg bindend, eine Weiterverweisung an eine dritte Gerichtsbarkeit deshalb nicht möglich.

Eine solche Verweisungsmöglichkeit besteht im Verhältnis aller Gerichtszweige (vgl. § 87 VwGO, § 98 SGG, § 70 FGO, § 48 ArbGG); dadurch werden die Schwierigkeiten, die sich aus der Einrichtung der verschiedenen Gerichtszweige ergeben, zum Teil beseitigt.

Eine fehlende Zulässigkeit des Rechtswegs kann grds. mit der Berufung nicht mehr gerügt werden.[290] Die Rechtswegfrage wird daher grds. **in der ersten Instanz endgültig entschieden**.

Das zuständige bzw. zuständig gewordene Gericht hat den Rechtsstreit unter **allen** in Betracht kommenden rechtlichen Gesichtspunkten (Anspruchsgrundlagen u.ä.), auch aus anderen (Rechtsweg-)Rechtsgebieten, zu entscheiden **(§ 17 Abs. 2 GVG)**.

---

284 GmS-OGB NJW 1988, 2295; BGHZ 114, 221; BGH NJW 1993, 1659; 1996, 3012; 1997, 744.

285 BGH NJW 1988, 1731; 1996, 3012; 1997, 744; BVerwG MDR 1993, 800.

286 BGH NJW 1991, 1168[@]; anders bei **Verwaltungsgerichtsurteil**, dessen Rechtskraft vom ordentlichen Gericht zu beachten ist, BGH NJW 1998, 1398; BGH Urt. v. 09.12.2004 – III ZR 263/04, NJW 2005, 748.

287 s. aus der zivilprozessualen Literatur: MK/Wolf § 13 GVG Rdnr. 5 ff.; Zöller/Gummer § 13 GVG Rdnr. 13 ff.

288 BGH NJW 1978, 1860; Zö/Gummer § 13 GVG Rdnr. 41 a; MK/Wolf § 13 GVG Rdnr. 171, 172.

289 BVerwG NJW 1989, 412.

290 § 17 a Abs. 5 GVG, BGH NJW 1994, 387; anders bei Verletzung von § 17 a Abs. 3 S. 2 GVG: BGH NJW 1999, 651; Boin NJW 1998, 3747; Brückner NJW 2006, 13.

3.2.8 Das Rechtsschutzbedürfnis (Rechtsschutzinteresse)

Es fehlt, wenn der Kläger kein rechtlich anzuerkennendes Interesse daran hat, die mit der Klage beantragte Entscheidung zu erwirken.

Grund für die Unzulässigkeit der Klage bei Fehlen des Rechtsschutzbedürfnisses. Der Beklagte soll dann nicht mit der Klage belastet, die Arbeitskraft der Gerichte darf im Allgemeininteresse nicht mutwillig oder unnötig in Anspruch genommen werden.

1) Bei einer **Leistungsklage** – der Geltendmachung eines Anspruchs – **ist das Rechtsschutzbedürfnis grundsätzlich anzunehmen** und braucht daher i.d.R. nicht besonders dargetan oder festgestellt zu werden, weil es bereits aus der Nichterfüllung des behaupteten Anspruchs folgt.[291]

Nur **ausnahmsweise** fehlt daher insoweit das Rechtsschutzbedürfnis:

a) wenn der Kläger **bereits einen vollstreckbaren Titel** auf die Leistung gegen den Beklagten besitzt.

z.B. vollstreckbare Urkunde über den Anspruch (§ 794 Abs. 1 Nr. 5).[292] – Rechtsschutzbedürfnis für neue Klage jedoch, wenn mit Vollstreckungsgegenklage zu rechnen ist;[293] dies gilt nicht bei Urteilen, bei denen grds. die Rechtskraft einer neuen Klage entgegensteht (s.u. 3.2.10).

Bei einem Prozessvergleich auf eine Willenserklärung ist eine neue Klage zur Herbeiführung der Abgabefiktion des § 894 zulässig, die ein Vergleich nicht auslöst.[294]

b) **wenn für den Kläger ein wesentlich einfacherer, schnellerer, kostengünstigerer und gleich sicherer Weg zur Durchsetzung seines Anspruchs besteht als die Erhebung der Leistungsklage.**[295]

Fall 10: Möglichkeit der Titelumschreibung
A hat gegen B aus § 433 BGB ein Urteil auf Übergabe eines Pferdes erwirkt und anschließend – vor der Vollstreckung – seinen Anspruch gegen B an X abgetreten. X erhebt gegen B Klage auf Übergabe des Pferdes.

X besitzt zwar gegen B einen Anspruch aus §§ 433, 398 BGB.

Die Klage ist jedoch unzulässig: X kann das Urteil, das A bereits gegen B erwirkt hat, **gemäß § 727 ZPO auf sich umschreiben lassen**; denn er ist Rechtsnachfolger des A in bezug auf die titulierte Forderung. Aus dem auf ihn umgeschriebenen Urteil – vollstreckbare Ausfertigung – kann X die Vollstreckung gegen B betreiben; einer neuen Klage bedarf es nicht, die Titelumschreibung ist der einfachere und billigere Weg. Bei Möglichkeit der Titelumschreibung fehlt daher für eine neue Leistungsklage das Rechtsschutzbedürfnis.[296]

Nicht einfacher als eine neue Klage ist jedoch die Klauselklage (§ 731).[297]

291 BGH NJW-RR 1993, 1130.
292 nicht nur über selbstst. Schuldanerkenntnis, BGH Urt. v. 19.12.2006 – XI ZR 113/06, JA 2007, 461.
293 BGH NJW 1994, 3227; OLG Hamm NJW-RR 1998, 423.
294 BGHZ 98, 127@.
295 BGHZ 55, 206; BGH NJW 1994, 1351; 1996, 2036, 3148; 1998, 1637; Schellhammer Rdnr. 146.
296 BGH NJW 1957, 1111.
297 BGH NJW 1987, 2863.

c) Für eine **Klage auf eine künftige Leistung** besteht ein Rechtsschutzbedürfnis nur unter den Voraussetzungen der §§ 257–259.

d) Für eine Zahlungsklage über eine **Bagatellforderung** kann – außer bei Schikane oder Rechtsmissbrauch seitens des Klägers – das Rechtsschutzbedürfnis nicht verneint werden, da der Gläubiger grds. auch eine solche Forderung gerichtlich durchsetzen können muss und da anderenfalls der Schuldner Bagatellbeträge einfach einbehalten könnte.[298]

e) **Teilklage** ist grundsätzlich – z.B. zur Verringerung des Kostenrisikos – zulässig. Ausnahmsweise fehlt jedoch das Rechtsschutzinteresse, wenn für sie kein vertretbarer Grund besteht, z.B. wenn der Kläger dadurch nur die Berufungssumme unterschreiten will (s.u. § 6, 3).

2) Auch bei **Gestaltungsklagen** ist das Rechtsschutzbedürfnis grundsätzlich vorhanden, sodass es nicht besonders dargetan zu werden braucht; denn Gestaltungsklagen sind immer dort gegeben, wo die Gestaltung von Rechtsverhältnissen dem Richter übertragen ist, die Parteien diese Gestaltung daher nicht selbst vornehmen können und sich also gerade des Prozesses bedienen müssen.

Beispiele: Auflösung der OHG (§ 133 HGB), Gesellschafterausschluss (§ 140 HGB); Eheaufhebung und Ehescheidung (§§ 1313 ff., 1564 ff. BGB), obwohl formal nicht mehr mit „Klage“, sondern mit „Antragsschrift“ geltend zu machen (§§ 631, 622 ZPO).

3) Bei **Feststellungsklagen** nach § 256 Abs. 1 ist dagegen das Vorliegen eines Rechtsschutzinteresses stets besonders darzulegen und festzustellen: Der Kläger muss ein **„rechtliches Interesse an alsbaldiger Feststellung“** haben.

a) Dies setzt voraus, dass eine **tatsächliche Unsicherheit das Rechtsverhältnis gefährdet** und dass die **begehrte Feststellung geeignet ist, diese Gefährdung zu beseitigen**.[299]

Gefährdet ist das Rechtsverhältnis: bei **positiver** Feststellungsklage (auf Feststellung des Bestehens des Rechtsverhältnisses): wenn der Beklagte das Rechtsverhältnis ernstlich bestreitet;[300] bei **negativer** Feststellungsklage (auf Nichtbestehen des Rechtsverhältnisses): wenn der Beklagte das Rechtsverhältnis ernsthaft behauptet, insbes. sich des vom Kläger verneinten Anspruchs **ernsthaft „berühmt“**,[301] also für sich geltend macht.

Fall 11: Feststellungsinteresse bei Möglichkeit der Leistungsklage

Der selbstständige Pressefotograf A ist von einem Polizeiwagen angefahren worden. Er hat dabei einen Sachschaden von 800 € sowie Personenschaden und Verdienstausfall erlitten, deren Höhe sich zur Zeit noch nicht beziffern lässt; es ist auch ungewiss, ob nicht noch Folgeschäden eintreten werden. A klagt gegen das Land mit dem Antrage festzustellen, dass es verpflichtet sei, ihm allen aus dem Verkehrsunfall entstandenen und eventuell noch entstehenden Schaden zu ersetzen.

Für eine Feststellungsklage besteht **in der Regel kein Rechtsschutzinteresse, wenn der Kläger eine sein Begehren vollständig erfüllende Leistungsklage erheben kann**. Das folgt daraus, dass ein Feststellungsurteil nur über das Bestehen oder Nichtbestehen eines Rechtsverhältnisses entscheidet, aber keinen Vollstre-

298 Zöller/Greger vor § 253 Rdnr. 18 d; Kirchner Rechtspfleger 2004, 395; s. Schmieder ZZP 2007, 199.

299 BGHZ 69, 147; BGH NJW 1992, 437; 1996, 2500; 1999, 3775.

300 BGHZ 118, 80; BGH NJW 1999, 432 m.N.

301 BGH NJW 1992, 437; BGH Urt. v. 04.05.2006 – IX ZR 189/03, NJW 2006, 2780.

ckungstitel auf Leistung gibt. Kommt der Beklagte dem Feststellungsurteil nicht nach, wird daher ein zweiter Prozess – auf Leistung – erforderlich. Dadurch entsteht eine unnötige Belastung der Gerichte, die vermieden wird, wenn der Kläger sofort auf Leistung klagt.[302]

Beispiel: Klage auf Feststellung von Baumängeln i.d.R. mangels Rechtsschutzinteresses unzulässig, da auch nach (bloßer) Feststellung der Mängel i.d.R. noch eine Leistungsklage auf Beseitigung oder Geldausgleich notwendig wird.[303]

(1) Hier ist, soweit A den entstandenen und eventuell noch entstehenden Schaden nicht konkret beziffern kann, eine Leistungsklage nicht möglich. Ein rechtliches Interesse an alsbaldiger Feststellung der grundsätzlichen Ersatzverpflichtung ergibt sich jedoch daraus, dass für den Kläger die Beweismöglichkeiten kurz nach dem Unfall besser sind und dass durch die Klage die Verjährung des Anspruchs zunächst gehemmt und durch ein entsprechendes Urteil die 30-jährige Verjährungsfrist gemäß § 197 Abs. 1 Nr. 3 BGB erreicht wird. Bei nicht bezifferbaren, noch in der Entwicklung begriffenen oder künftig zu erwartenden Schäden ist daher eine Feststellungsklage zulässig.[304]

(2) Soweit A den entstandenen Sachschaden konkret beziffern kann (800 €), hätte er allerdings Leistungsklage erheben können. Trotz Möglichkeit der Leistungsklage wird jedoch eine Feststellungsklage dann für zulässig erachtet,

- wenn erwartet werden kann, **dass der Beklagte bereits aufgrund eines (bloßen) Feststellungsurteils die Leistung erbringen wird**,[305]
- allgemein: wenn die Feststellungsklage **den Streitstoff sinnvoller, einfacher, sachgemäßer oder umfassender erledigen kann** (Prozessökonomie!).[306]

Es kann daher nicht – wie vielfach formuliert wird – gesagt werden, dass die Feststellungsklage gegenüber der Leistungsklage schlechthin „subsidiär“ sei.[307]

Hier liegen diese beiden Fallgestaltungen vor:

(a) Bei öffentlichrechtlichen Körperschaften kann i.d.R. angenommen werden, dass der Beklagte einem Feststellungsurteil nachkommen wird.[308]

Dies gilt grds. auch gegenüber Parteien kraft Amtes, Banken und Versicherungen.

(b) Wenn ein Anspruch erst teilweise bezifferbar ist, ist es zulässig, insgesamt – auch hinsichtlich des bezifferbaren Teils – Feststellungsklage zu erheben, um so sogleich den Gesamtstreitstoff zu klären.[309]

Somit: Die Feststellungsklage des A ist insgesamt zulässig.

302 Allg. Ansicht, u.a. BGH NJW 1995, 2219; 1996, 2725@; BGH Urt. v. 03.07.2002 – XII ZR 39/00, NJW 2002, 3016, 3017; BGH Urt. v. 17.07.2002 – XII ZR 248/99, NJW-RR 2002, 1377.

303 OLG Celle MDR 2007, 582.

304 BGHZ 69, 152; BGH NJW 1993, 653; BGH Urt. v. 16.01.2001 – VI ZR 381/99, NJW 2001, 1431; BGH v. 09.01.2007 – VI ZR 133/06, NJW-RR 2007, 601; BL/Hartmann § 256 Rdnr. 79; ThP/Reichold § 256 Rdnr. 14.

305 BGH NJW 1995, 2219; 1999, 3774; BGH Urt. v. 15.03.2006 – IV ZR 4/05, NJW 2006, 2548.

306 BGH Urt. v. 15.03.2006 – IV ZR 4/05, NJW 2006, 2548; StJ/Roth § 256 Rdnr. 65.

307 BGH Urt. v. 15.03.2006 – IV ZR 4/05, NJW 2006, 2548.

308 BGH NJW 1984, 1119; NJW-RR 1999, 362; BAG JZ 1990, 194; BL/Hartmann § 256 Rdnr. 82.

309 BGH NJW 1996, 397; VersR 1991, 788.

b) Bei der **Zwischenfeststellungsklage** (Inzidentfeststellungsklage) nach § 256 Abs. 2 braucht ein Feststellungsinteresse i.S.d. § 256 Abs. 1 nicht dargetan zu werden: Es ergibt sich aus der Vorgreiflichkeit (Präjudizialität) des für die Entscheidung des Hauptanspruchs maßgeblichen streitigen Rechtsverhältnisses für weitere Rechtsbeziehungen der Parteien.[310]

4) **Wichtig:** Nach h.M. ist dann, wenn das Rechtsschutzbedürfnis fehlt oder zweifelhaft ist, die sachliche Unbegründetheit der Klage jedoch bereits feststeht, eine Abweisung der Klage durch Sachurteil **als unbegründet** möglich.[311]

Grund: Prozessökonomie. – Dies verbessert ja auch nur die Rechtsstellung des Beklagten.

Das Rechtsschutzbedürfnis ist daher nur Voraussetzung für ein stattgebendes, nicht aber für ein klageabweisendes Urteil; insoweit besteht also bei der Sachurteilsvoraussetzung „Rechtsschutzbedürfnis" eine Besonderheit.

Zur Klarstellung: Dies gilt **nur für das Rechtsschutzbedürfnis**; bei allen anderen Sachurteilsvoraussetzungen ist dagegen nach h.M. ein Eingehen auf die Begründetheit der Klage nur bei Feststellung ihres Vorliegens gestattet (s.o. § 5, 3.1).

3.2.9 Das Fehlen anderweitiger Rechtshängigkeit (§ 261 Abs. 3 Nr. 1)

Anderweitige Rechtshängigkeit der Streitsache liegt vor, wenn die Parteien und der Streitgegenstand eines neuen Prozesses **identisch** sind mit den Parteien und dem Streitgegenstand eines bereits rechtshängigen Prozesses.[312]

Beispiele:

(1) K erhebt gegen B (positive) Feststellungsklage auf Bestehen eines Kaufvertrages, B danach gegen K (negative) Feststellungsklage dahin, dass der Kaufvertrag nicht wirksam sei. – Da die Klageanträge trotz wörtlicher Verschiedenheit im Ergebnis gleich sind – jeweils nur die Negation des anderen – und da auch der Sachverhalt (Klagegrund) derselbe ist, liegt Identität des Streitgegenstandes vor:[313] Die zweite Klage ist unzulässig.

(2) A klagt gegen B vor dem Amtsgericht X auf Feststellung der Nichtigkeit eines Kaufvertrages, aus dem sich B eines Anspruchs auf Lieferung eines Klaviers und eines Geldanspruchs von 500 € Verzugsschaden berühmt. Während dieses Prozesses erhebt B gegen A beim Amtsgericht Y Klage auf Lieferung des Klaviers. – Keine Identität der Streitgegenstände: Die negative Feststellungsklage hat einen vom zweiten Prozess unterschiedlichen **Antrag** und betrifft nur die präjudizielle Vorfrage des zweiten Prozesses.[314]

Eine andere Frage ist allerdings, ob für die negative Feststellungsklage noch das **Rechtsschutzbedürfnis** besteht, **nachdem** B Leistungsklage erhoben hat, was grds. zu verneinen ist.[315] Es besteht hier jedoch deshalb fort, weil B sich außer des Lieferungs- noch weiterer Ansprüche aus dem umstrittenen Vertrag berühmt; die Feststellungsklage bleibt daher zulässig.

Der Richter des AG Y kann jedoch nach § 148 den Prozess **aussetzen**, bis das AG X über das präjudizielle Rechtsverhältnis (Bestehen des Kaufvertrages?) entschieden hat.

---

310 BGHZ 69, 37, 42; 83, 255; 124, 322. – zur Vorgreiflichkeit: s.u. Fall 15.

311 BGHZ 130, 400; BGH NJW 1978, 2032 m.N.; 1999, 1257, 1258@; NJW-RR 1994, 344; BGH Urt. v. 12.01.2006 – IX ZR 131/04, NJW 2006, 1124; StJ/Roth vor § 253, 162; MK/Becker-Eberhard § 256, 36; Zöller/Greger § 256, 7. – abl.: ThP/Reichold § 256, 4; BL/Hartmann Grundz. § 253, 35.

312 BGH Urt. v. 17.05.2001 – IX ZR 256/99, NJW 2001, 3713; RS/Gottwald § 97 Rdnr. 18 ff.; Jauernig § 40 II; ThP/Reichold § 261 Rdnr. 10 ff. – zur Prozessstandschaft s.o. § 5, 3.2.5.2, 3).

313 BGH NJW 1995, 967, 1757@; ThP/Reichold § 261 Rdnr. 13.

314 RS/Gottwald § 97 Rdnr. 22, 23.

315 BGH NJW 1994, 3108; 1999, 2516; JZ 1997, 798.

3.2.10 Keine rechtskräftige Entscheidung über den Streitgegenstand

1) **Von Amts wegen** zu berücksichtigen.[316] Die häufige Formulierung „Einrede der Rechtskraft" ist daher unzutreffend; sie beruht - wie die Formulierung „Einrede der Rechtshängigkeit" - noch auf dem überkommenen besonderen Einredebegriff der ZPO (s.u. § 7, 2, 4).

2) Es ist umstritten, ob es sich insoweit um eine **selbstständige negative Sachurteilsvoraussetzung** handelt - selbstständiges Verbot der neuen Verhandlung und Entscheidung - (so die herrschende **„ne-bis-in-idem-Lehre"**)[317] oder um einen Unterfall des Rechtsschutzbedürfnisses (so die sog. Bindungslehre).[318]

Beispiel: K klagt gegen B vor dem Landgericht Münster auf Zahlung von 12.000 € Schadensersatz aus unerlaubter Handlung, weil B ihm verdorbenes Hühnerfutter geliefert habe, wodurch in seiner Geflügelfarm Hühner im Werte von 12.000 € eingegangen seien. B wendet ein, dass K wegen der angeblichen Schlechtlieferung bereits vor einem Jahr gegen ihn vor dem Landgericht Bielefeld geklagt habe und mit seiner Klage, die er damals auf eine Vertragspflichtverletzung gestützt habe, rechtskräftig abgewiesen worden sei. - Der Streitgegenstand des jetzigen Prozesses ist identisch mit dem des Bielefelder Prozesses, da gleicher Antrag und Lebenssachverhalt (Vertragsverletzung u. unerlaubte Handlung sind nur rechtliche Gesichtspunkte, die keine verschiedenen Streitgegenstände schaffen). Mit der rechtskräftigen Klageabweisung steht zwischen den Parteien (§ 325 Abs. 1) fest, dass der Anspruch nicht besteht.

Nach der ne-bis-in-idem-Lehre ist die neue Klage wegen Vorliegens einer bereits rechtskräftigen Entscheidung über den Streitgegenstand als unzulässig abzuweisen.

Nach der Bindungslehre bedeutet die rechtskräftige Entscheidung nicht schlechthin die Unzulässigkeit einer neuen Klage, sondern zunächst nur, dass das mit der neuen Klage angegangene Gericht sachlich nicht anders entscheiden darf, als das bereits rechtskräftige Urteil lautet, also insoweit gebunden ist (daher „Bindungslehre"). I.d.R. fehlt dem Kläger jedoch das Rechtsschutzbedürfnis für eine solche zweite, dem bereits rechtskräftigen Urteil gleichlautende Entscheidung. - Im Ergebnis sind daher beide Auffassungen praktisch gleich.

Zur **Rechtskraft näher unten: § 14.**

3) Zulässig ist eine neue Klage jedoch dann, wenn der Kläger wegen besonderer Umstände ein berechtigtes Interesse daran hat,[319]

weil z.B. die Urteilsurkunde verlorengegangen ist und nicht wiederhergestellt werden kann oder weil wegen drohender Verjährung des titulierten Anspruchs oder zweifelhafter Durchsetzbarkeit die Notwendigkeit eines gleichlautenden Urteils besteht.[320]

4. Übungsfälle zu den Prozessvoraussetzungen

Fall 12: K klagt gegen B auf Zahlung von 2.000 € Schadensersatz (Verkehrsunfall vom 15.07.2008) und führt dazu aus, dass ihm Heilungskosten von 1.200 €, ein Sachschaden von 3.000 € und ein Verdienstausfall von mindestens 2.500 € entstanden seien. Der Betrag von 2.000 € wird als Teilbetrag des Gesamtschadens gefordert.

---

316 BGH NJW 1989, 2134; BGH Urt. v. 16.01.2008 - XII ZR 216/05, NJW 2008, 1227.

317 u.a. BGH NJW-RR 1997, 1@; BGH Urt. v. 07.05.2003 - IV ZR 121/02, MDR 2003, 1067; BGH Urt. v. 19.11.2003 - VIII ZR 60/03, NJW 2004, 1252; BGH Urt. v. 24.01.2008 - VII ZR 46/07, MDR 2008, 500.

318 Blomeyer § 88 III 2; Lüke ZPR Rdnr. 353.

319 BGH NJW-RR 1997, 1@.

320 s. BGHZ 93, 287; BGH NJW 1994, 1352; BGH Urt. v. 07.05.2003 - IV ZR 121/02, MDR 2003, 1067; OLG Zweibrücken FamRZ 1996, 749. - I.d.R. Feststellungsklage angebracht (BGH NJW-RR 1997, 1@).

Fall 13: Der Insolvenzverwalter, der das Prozessrisiko scheut, eine zur Insolvenzmasse gehörende Forderung gegen S einzuklagen, gestattet dem Schuldner G, diese Forderung selbst einzuklagen. Im Falle des Obsiegens soll G den Erlös an die Insolvenzmasse abführen. G klagt gegen S auf Zahlung an sich.

Fall 14: A hat beim Sozialamt der Stadt S Sozialhilfe beantragt. Die Bearbeitung stagniert. Um die Erledigung zu beschleunigen, spricht A täglich beim Sachbearbeiter vor. Dabei kommt es eines Tages zu einer Auseinandersetzung. Der Behördenleiter verbietet daraufhin dem A, künftig das Sozialamt zu betreten. A erhebt Klage beim Landgericht S gegen den Behördenleiter auf Gestattung des Betretens des Sozialamtes.

Fall 15: B hat bei A einen PC auf Raten von 120 € gekauft. Als B eine Rate nicht bezahlt, erhebt A Klage auf Zahlung von 120 €. B wendet ein, dass ein wirksamer Kaufvertrag überhaupt nicht zustande gekommen sei. Daraufhin erweitert A die Klage um den Antrag auf Feststellung, dass der Kaufvertrag wirksam sei.

Fall 12 (zur Ordnungsgemäßheit der Klageerhebung)

Keine ordnungsgemäße Klageerhebung: Was Streitgegenstand des Prozesses sein soll, ist nicht eindeutig bestimmt. Der äußerlich eindeutige Antrag (Zahlung von 2.000 €) wird nämlich auf mehrere selbstständige Klagegründe (Verdienstausfall, Personen-, Sachschaden) zurückgeführt, ohne dass erkennbar ist, welcher Betrag aus dem einen oder dem anderen Klagegrund begehrt wird. In Wahrheit sind mehrere Streitgegenstände in den Prozess eingeführt worden (objektive Klagehäufung), wobei unklar bleibt, in welchem Umfang der einzelne Streitgegenstand verfolgt wird; damit bliebe auch der Umfang der materiellen Rechtskraft eines entsprechenden Urteils im Unklaren.[321]

Bestimmtheit nur: Bei Aufteilung der Klagesumme auf die einzelnen Klagegründe (z.B. 1.000 € Heilungskosten, je 500 € Sachschaden und Verdienstausfall) oder Geltendmachung im Eventualverhältnis (z.B. in erster Linie 2.000 € als Teil des Verdienstausfalles, hilfsweise aus dem Sachschaden, weiter hilfsweise als Heilbehandlungskosten).[322]

Fall 13 (zur Prozessführungsbefugnis)

Dem Schuldner fehlt – obgleich Rechtsinhaber – die Prozessführungsbefugnis hinsichtlich der zur Insolvenzmasse gehörenden Gegenstände (§ 80 InsO). Diese steht vielmehr dem Insolvenzverwalter als Partei kraft Amtes zu.

Die Prozessführungsbefugnis des G kann sich jedoch aus einer sog. Rückermächtigung durch den Insolvenzverwalter ergeben. Auf eine solche Rückermächtigung – die sich von der bei der gewillkürten Prozessstandschaft vorliegenden Drittermächtigung nur dadurch unterscheidet, dass nicht ein Dritter, sondern der nicht verfügungsbefugte Rechtsinhaber selbst von dem Verfügungsberechtigten ermächtigt wird – sind die Grundsätze der gewillkürten Prozessstandschaft entsprechend anzuwenden.

Es muss also die Übertragung der Verfügungsbefugnis auf einen anderen überhaupt zulässig sein, und der rückermächtigte Rechtsinhaber muss ein eigenes schutzwürdiges Interesse an der Durchsetzung des Rechtes haben. Da der Insol-

321 BGH MDR 1985, 132; NJW 1994, 460; 1997, 870; BGH Urt. v. 13.03.2003 – VII ZR 418/01, NJW-RR 2003, 1075; BGH Urt. v. 12.01.2006 – III ZR 138/05, JA 2006, 564.

322 BGH NJW 1990, 2068; 1998, 1140@; BGH Urt. v. 19.06.2000 – II ZR 319/98, NJW 2000, 3718@.

venzverwalter eine zur Insolvenzmasse gehörende Forderung freigeben kann, bestehen keine Bedenken gegen die Zulässigkeit einer Einziehungsermächtigung. Das eigene schutzwürdige Interesse des Schuldners an der Geltendmachung der Forderung im eigenen Namen ergibt sich daraus, dass die Vermehrung der Insolvenzmasse ihm rechtlich und wirtschaftlich – auch nach Ende des Insolvenzverfahrens – zugute kommt. Die Klage des G ist somit grds. zulässig.[323]

Fall 14 (zur Zulässigkeit des Zivilrechtsweges)

Keine besondere gesetzliche Zuweisung an die Zivilgerichtsbarkeit. Daher ist zu entscheiden, ob eine bürgerlichrechtliche Streitigkeit (§ 13 GVG) – oder eine öffentlichrechtliche – vorliegt. Dies hängt davon ab, ob das Rechtsverhältnis, aus dem der Klageanspruch hergeleitet wird, dem bürgerlichen oder dem öffentlichen Recht angehört.

Dieses Rechtsverhältnis ist öffentlichrechtlich: Die streitigen Beziehungen der Parteien liegen im Bereich eines Unterordnungsverhältnisses i.S.d. Subjektionstheorie; die auf dem Spiel stehenden Interessen – Zweck der Besuche des Klägers zur Regelung öffentlichrechtlicher Beziehungen, Schutz des Dienstbetriebes – sind öffentlichrechtlicher Natur; schließlich betrifft das vom Kläger erstrebte Verhalten einen Träger öffentlicher Gewalt als solchen (Subjektstheorie), denn wenn ein Behördenleiter einem Bürger das Recht versagt, mit der für ihn zuständigen Verwaltungsbehörde zur Erledigung von behördlichen Angelegenheiten persönlich zu verkehren, so erfüllt er damit einen Tatbestand, der so nur von Trägern öffentlicher Gewalt verwirklicht werden kann.[324]

Dies ist anders bei einem Hausverbot im Rahmen rein privatrechtlicher, etwa rein arbeitsvertraglicher Beziehungen.[325]

Die Klage ist daher beim Landgericht unzulässig. Das Landgericht hat den Rechtsstreit an das Verwaltungsgericht zu verweisen (§ 17 a Abs. 2 GVG).

Fall 15 (zum Rechtsschutzinteresse bei der Zwischenfeststellungsklage)

Für den Feststellungsantrag könnte das Rechtsschutzbedürfnis fehlen: Denn zum einen kann A aus einem Feststellungsausspruch nicht auf Zahlung der weiteren Raten – sein eigentliches Ziel – vollstrecken, sodass ihm ein Feststellungsurteil insoweit nichts nützt; zum anderen kann er bereits jetzt eine Leistungsklage auf künftige Leistung (§§ 257, 259) erheben, die sein Leistungsinteresse vollständig erfüllen würde und daher Vorrang vor einer Feststellungsklage haben könnte.[326]

Die Zulässigkeit des Feststellungsantrages richtet sich hier jedoch nicht nach § 256 Abs. 1. Es liegt vielmehr eine Zwischenfeststellungsklage vor, für die § 256 Abs. 2 erleichterte Voraussetzungen aufstellt: Voraussetzung ist nur, dass das Rechtsverhältnis, hinsichtlich dessen die Feststellung begehrt wird, präjudiziell (vorgreiflich) ist, d.h., dass von seinem Bestehen bzw. Nichtbestehen die Entscheidung des Rechtsstreits abhängig ist und dass dieses Rechtsverhältnis streitig ist und für weitere Beziehungen der Parteien bedeutsam sein kann.[327] Dies ist hier der Fall, denn das wirksame Bestehen eines Kaufvertrages hat Bedeutung auch für die weiteren Ratenansprüche des A.

323 BGH NJW 1987, 2018; 1999, 1717, 1718 (zum früheren Konkursrecht). – a.A. Häsemeyer InsR 10.44.

324 s. BGH NJW 1967, 1911; BVerwG JZ 1971, 96; OVG Münster NJW 1998, 1425.

325 h.M., VGH Mannheim NJW 1994, 2500; BL/Hartmann § 13 GVG Rdnr. 41.

326 Ob die Möglichkeit einer Klage auf künftige Leistung das Feststellungsinteresse grds. ausschließt, ist streitig: bejahend u.a. KG MDR 2006, 34; MK/Becker-Eberhard § 256, 52; verneinend jedoch die h.M., u.a. BGH NJW-RR 1990, 1532; Musielak/Foerste § 256, 15.

327 BGHZ 69, 37, 42; 83, 255; 124, 322.

Prozessvoraussetzungen

I. **Echte Prozessvoraussetzungen:** Keine Einreichungsmängel der Klage; deutsche Gerichtsbarkeit. Bei Fehlen wird die Klage nicht zugestellt: **Es entsteht kein Prozess.**

II. **Sachurteilsvoraussetzungen**

Voraussetzungen für Zulässigkeit der Entscheidung in der Sache selbst (Sachurteil). Bei Fehlen entsteht zwar Prozess (Klagezustellung, Termin). Falls sie bis Schluss der mündlichen Verhandlung nicht vorliegen, **ist die Klage jedoch unzulässig und durch Prozessurteil allein wegen dieser Unzulässigkeit abzuweisen** (beschränkte Rechtskraft); auf die materielle Rechtslage darf nicht eingegangen werden.

Prüfung **von Amts wegen** (Hinweis auf Bedenken, §§ 56 Abs. 1, 139 Abs. 3, Verhandlungsgrundsatz; Beweislast grds. beim Kläger).

1. *Ordnungsgemäßheit der Klageerhebung* (§ 253): Bestimmter Antrag, bestimmte Angabe des Klagegrundes (gemäß der verbesserten Individualisierungstheorie).
2. *Parteifähigkeit der Parteien* (§ 50): Formeller Parteibegriff. Parteifähig ist, wer rechtsfähig ist. – u.a.: auch: BGB-Außengesellschaft (BGH), entspr. der nichtrechtsfähige Verein (§ 54 S. 1 BGB, über § 50 Abs. 2 hinaus auch aktiv).
3. *Prozessfähigkeit der Parteien*: Bei Geschäftsfähigkeit (§ 52); keine „beschränkte", wohl aber partielle möglich. Für prozessunfähige Partei handelt der gesetzliche Vertreter (jedenfalls entsprechend auch bei juristischen Personen).
4. *Wirksamkeit einer – gewillkürten oder gesetzlichen – Vertretung.*
5. *Prozessführungsbefugnis* (§ 51): Steht grds. dem Träger des streitbefangenen materiellen Rechts oder Anspruchs zu; Ausnahmen bei gesetzlicher oder gewillkürter Prozessstandschaft.
6. *Zuständigkeit des angerufenen Gerichts*: Sachlich (= Abgrenzung erster Instanz von AG u. LG, §§ 23 ff., 71 GVG) und örtlich (Gerichtsstand, im Wesentlichen §§ 12 ff. ZPO). Gerichtsstandsvereinbarung nur ausnahmsweise zulässig (Prorogation, §§ 38 ff.); Gerichtsstandsbegründung möglich durch rügelose Verhandlung zur Hauptsache (§§ 39, 40, bei AG nur nach Belehrung).

   Bei Unzuständigkeit: Verweisung auf Antrag des Klägers (§ 281).
7. *Zulässigkeit des Zivilrechtswegs* (§§ 13, 17 GVG): grds. bei bürgerlichrechtlichen Streitigkeiten, ferner bei Zivilprozesssachen kraft Zuweisung.

   Bei Unzulässigkeit: Verweisung von Amts wegen (§ 17 a GVG).
8. *Rechtsschutzbedürfnis (Rechtsschutzinteresse)*: Bei Gestaltungsklagen immer, bei Leistungsklagen grds. gegeben (nicht bei leichterem und einfacherem Weg); bei Feststellungsklagen positiv festzustellen (Feststellungsinteresse, § 256). – **Nach h.M. nur Voraussetzung für stattgebendes, nicht für abweisendes Urteil.**
9. *Fehlen anderweitiger Rechtshängigkeit* (§ 261 Abs. 3 Nr. 1).
10. *Keine rechtskräftige Entscheidung* über den Streitgegenstand.

III. **Prozesshindernisse:** Verzichtbare, nur auf Rüge zu berücksichtigende Einreden (§§ 110, 269 Abs. 6, 1032).

§ 6 Die Klage

1. **Notwendiger Inhalt der Klageschrift** (§ 253 Abs. 2): Bezeichnung des Gerichts und der Parteien, bestimmter Antrag, Klagegrund (s.o. § 5, 3.2.1).

2. Klagearten

2.1 Leistungsklage: Der Kläger erstrebt die **Durchsetzung eines Anspruchs** gegen den Beklagten und begehrt deshalb, dass ein bestimmter Befehl an den Beklagten ergeht, der vollstreckt werden kann und soll, wenn der Beklagte nicht leistet; der Kläger erstrebt also einen **Vollstreckungstitel gegen den Beklagten**.

Eine Leistungsklage liegt daher nicht nur dann vor, wenn eine Zahlung oder Herausgabe verlangt wird, sondern z.B. auch bei einer Klage auf Abgabe einer Willenserklärung, auf Beseitigung oder Unterlassung von Störungen, Duldung von Handlungen, Duldung der Zwangsvollstreckung oder Widerruf einer Behauptung: Also bei Leistungen jedweder Art.

2.2 Feststellungsklage: Begehrt wird die Feststellung des Bestehens oder Nichtbestehens eines Rechtsverhältnisses (positive/negative Feststellungsklage) und damit die **Klärung der Rechtslage**. – Zulässigkeitserfordernisse (§ 256):

1) Das Feststellungsbegehren muss sich auf **ein gegenwärtiges Rechtsverhältnis** beziehen, d.h. auf eine aus einem konkreten Lebenssachverhalt sich ergebende Rechtsbeziehung von Personen untereinander oder zu einem Gegenstand.[328]

a) **Kein Rechtsverhältnis** sind bloße Tatsachen – Ausnahme: Echtheit/Unechtheit einer Urkunde –, abstrakte Rechtsfragen, Vorfragen oder Elemente von Rechtsverhältnissen, einzelne Berechnungsgrundlagen eines Anspruchs.[329]

Klage auf Feststellung gegen eine Bank, dass die erteilte Kreditauskunft unrichtig sei: Unzulässig, weil auf Tatsachenfeststellung gerichtet.[330] Aus demselben Grund ist die Klage auf Feststellung der Unwahrheit einer Behauptung unzulässig;[331] Rechtsschutz kann der Betroffene jedoch durch eine **Leistungsklage** auf Unterlassung oder Widerruf erlangen.[332]

Klage auf Feststellung, dass die Kündigung vom 01.05. des zwischen den Parteien bestehenden Mietvertrages unwirksam sei: In dieser Form unzulässig, da sich das Feststellungsbegehren – wörtlich – auf die Unwirksamkeit einer einzelnen Rechtshandlung (der Kündigung) bezieht. Klageanträge sind jedoch **auslegungsfähige prozessuale Erklärungen** (s.u. § 10, 1). Der Kläger erstrebt hier letztlich die Feststellung, dass das **Mietverhältnis** durch die Kündigung nicht beendet worden sei: Dies ist dann ein zulässiger, auf das Bestehen – Fortbestehen – eines Rechtsverhältnisses gerichteter Feststellungsantrag.[333]

---

328 BGH NJW-RR 1992, 252; BGH Urt. v. 31.05.2000 – XII ZR 41/98, NJW 2000, 2663; BGH Urt. v. 07.06.2001 – I ZR 21/99, NJW 2001, 3789; BGH Urt. v. 25.10.2004 – II ZR 413/02, NJW-RR 2005, 637.

329 h.M., BGH NJW 1995, 1097; BGH Urt. v. 19.04.2000 – XII ZR 332/97, NJW 2000, 2280, 2281@. – z.T. anders StJ/Roth § 256 Rdnr. 27 ff.

330 BL/Hartmann § 256 Rdnr. 14.

331 BGHZ 68, 331@; MK/Becker-Eberhard § 256 Rdnr. 26; str.

332 s. Palandt/Sprau, Einf. v. § 823 Rdnr. 18 ff., 32 ff.

333 BGH NJW 2000, 354, 356. – nach StJ/Roth § 256 Rdnr. 28, 31 ist dagegen eine Klage auf Feststellung (nur) der Wirksamkeit der Kündigung zulässig.

Klage auf Feststellung von **Schuldner- oder Annahmeverzug**: Unzulässig, da nur Element bzw. Vorfrage eines Rechtsverhältnisses (nur ausnahmsweise zulässig hins. Annahmeverzug zum Nachweis der Vollstreckungsvoraussetzungen der §§ 756, 765, s.u. § 17, 2, 1).[334]

b) Ein **erst künftiges Rechtsverhältnis genügt nicht**.

daher: Keine Klage über das künftige Erbrecht nach einem noch Lebenden,[335]

wohl aber über die Wirksamkeit eines Erbvertrages,[336] ein Recht zur Pflichtteilsentziehung[337] oder die Unwirksamkeit einer Pflichtteilsentziehung,[338] da gegenwärtige Rechtsbeziehungen,

auch auf Feststellung einer Ersatzpflicht für künftige Schäden[339] o. andere künftige Rechtsfolgen:[340] Das Rechtsverhältnis als solches – z.B. die Ersatzpflicht – besteht bereits jetzt.

c) **Vergangenes Rechtsverhältnis:** bei Folgen für Gegenwart oder Zukunft.[341]

z.B. Feststellung der Wirksamkeit einer – inzwischen beendeten – Bevollmächtigung, wenn davon die Wirksamkeit eines jetzt noch bedeutsamen Vertrags abhängt.[342]

2) **Rechtsschutzinteresse:** Rechtliches Interesse an alsbaldiger Feststellung.[343]

3) Das Rechtsverhältnis braucht nicht zwischen den Parteien zu bestehen, sondern kann auch einen **Dritten** betreffen, wenn der Kläger ein berechtigtes Interesse an der Feststellung dieses Rechtsverhältnisses gerade gegenüber dem Beklagten hat, das Rechtsverhältnis also zugleich für die Rechtsbeziehungen der Parteien von Bedeutung ist.[344]

2.3 Gestaltungsklage: Begehrt wird die **Umgestaltung** einer bestehenden Rechtslage durch Urteil. Es handelt sich dabei um Fälle, in denen gesetzlich bestimmt ist, dass die Auflösung, Beendigung oder Umgestaltung eines bestehenden Rechtsverhältnisses durch gerichtliche Entscheidung zu erfolgen hat, wie z.B.

- die **familienrechtlichen Gestaltungsklagen**: z.B. Scheidungs- und Eheaufhebungsantrag (§§ 622, 631 ZPO), Vaterschaftsanfechtung (§§ 1599 ff. BGB, 640 ff. ZPO).
- die **handelsrechtlichen Gestaltungsklagen**: z.B. Gesellschafterausschluss, Nichtigkeit eines AG-Hauptversammlungsbeschlusses (s. §§ 117, 127, 133, 140 HGB; §§ 243 ff. AktG).
- die **prozessualen und vollstreckungsrechtlichen Gestaltungsklagen**: z.B. die Abänderungsklage nach § 323; in der Zwangsvollstreckung die Vollstreckungsgegenklage (§ 767), die Klage gegen die Vollstreckungsklausel (§ 768), die Drittwiderspruchsklage (§ 771).

Während mit Leistungs- und Feststellungsklage eine gerichtliche Entscheidung über eine schon vor dem Prozess eingetretene Rechtsfolge bzw. Rechtslage begehrt wird, zielt die Gestaltungsklage darauf ab, die bestehende Rechtslage durch die gerichtliche Entscheidung **zu ändern**.

---

334 BGH Urt. v. 19.04.2000 – XII ZR 332/97, NJW 2000, 2280@; BGH Urt. v. 31.05.2000 – XII ZR 41/98, NJW 2000, 2663@; s. dazu Scherer JR 2002, 441. – weitergehend StJ/Roth § 256 Rdnr. 27.

335 BGHZ 37, 137; OLG Frankfurt MDR 1997, 481.

336 OLG Düsseldorf FamRZ 1995, 58.

337 BGHZ 109, 306.

338 BGH Urt. v. 10.03.2004 – IV ZR 123/03, NJW 2004, 1874.

339 s. BGH Urt. v. 16.01.2001 – VI ZR 381/99, NJW 2001, 1431@; BGH v. 09.01.2007 – VI ZR 133/06, NJW-RR 2007, 601.

340 BGH Urt. v. 25.10.2004 – II ZR 413/02, NJW-RR 2005, 637.

341 BAG NJW 1997, 3396; 1999, 2918; BAG Urt. v. 25.04.2001 – 5 AZR 395/99, NJW 2001, 3212.

342 RS/Gottwald § 90 Rdnr. 18.

343 s. näher oben § 5, 3.2.8, 3).

344 BGH Urt. v. 02.12.2003 – VI ZR 243/02, NJW-RR 2004, 595.

3. Teilklagen – d.h. der Kläger klagt nicht den vollen von ihm behaupteten Anspruch ein, sondern nur einen Teil – sind **grundsätzlich zulässig**.

Vorteil: Verminderung des Kostenrisikos (geringerer Streitwert, u.U. AG-Zuständigkeit ohne Anwaltszwang); Nachteil: Verjährungshemmung nur zu dem eingeklagten Betrag (s.o. § 4, 1).

Zur Rechtskraft: s.u. § 14, 2.2.1, 2); zur Bestimmtheit: s.o. Fall 12. – Bei Schmerzensgeldklagen: Teilklagen möglich, aber auch „Teilschmerzensgeld" für den überschaubaren Zeitraum.[345]

Unzulässig bei Rechtsmissbrauch (kein Rechtsschutzinteresse): z.B., wenn eine Forderung über 15.000 € nur deshalb in fünf Klagen zu 3.000 € aufgeteilt wird, um die Zuständigkeit des Amtsgerichts zu erschleichen,[346] oder wenn eine Forderung von 1.500 € nur deshalb mit drei Klagen über 500 € eingeklagt wird, um die Berufungssumme zu unterlaufen.[347]

Der Beklagte kann über eine negative Feststellungswiderklage – auf Feststellung des Nichtbestehens – die gesamte Forderung rechtshängig machen.

4. Die Klageänderung

Eine Klageänderung liegt vor, wenn der **Streitgegenstand** des Prozesses nach Eintritt der Rechtshängigkeit geändert wird.

Dies ist nach allen Streitgegenstandsbegriffen (s.o. § 4, 2.2) der Fall, wenn der **Antrag geändert** wird, nach dem herrschenden **prozessualen zweigliedrigen Streitgegenstandsbegriff** darüber hinaus auch bei einer **Änderung des zur Begründung des Antrags vorgetragenen Lebenssachverhalts**.[348]

z.B. Begründung statt mit eigenem nunmehr mit abgetretenem Anspruch.[349] – Keine Klageänderung bei nur sprachlicher Antragskorrektur ohne inhaltliche Änderung.[350]

4.1 Die gesetzliche Regelung (Zusammenspiel zwischen §§ 263, 264)

1) Nach § 263 kann **nach Eintritt der Rechtshängigkeit** der Streitgegenstand nur noch geändert werden:

- mit Einwilligung des Beklagten (auch vermuteter Einwilligung bei rügeloser Einlassung auf die abgeänderte Klage, § 267) oder
- bei Anerkennung der Sachdienlichkeit durch das Gericht.

Dies ist **Sachurteilsvoraussetzung für die neue – geänderte – Klage**.[351]

2) Nach § 264 sind bestimmte Fälle **nicht als Klageänderung** anzusehen.

a) Bei **§ 264 Nr. 1** handelt es sich nur um eine Klarstellung; denn die bloße Änderung der rechtlichen Gesichtspunkte oder eine tatsächliche Ergänzung des bisher vorgetragenen Lebenssachverhalts ist nach keiner Ansicht eine Änderung des Streitgegenstandes.

345 s. BGH Urt. v. 20.01.2004 – VI ZR 70/03, NJW 2004, 1243; Terbille VersR 2005, 37.

346 OLG Hamm OLGZ 1987, 337; LG Gießen MDR 1996, 527; BL/Hartmann § 2 Rdnr. 7.

347 Schellhammer Rdnr. 142.

348 BGH Urt. v. 13.10.2000 – V ZR 451/98, NJW 2001, 1211; BGH v. 11.10.2006 – KZR 45/05, NJW 2007, 83; Zöller/Greger § 263, 7; ThP/Reichold § 263, 2, 3; Schellhammer 1660.

349 BGH Urt. v. 08.05.2007 – XI ZR 278/06, NJW 2007, 2560. – s.o. § 4, 2.2, 3.

350 ThP/Reichold § 263 Rdnr. 4

351 Zöller/Greger § 263 Rdnr. 12; BL/Hartmann § 263 Rdnr. 18; ThP/Reichold § 263 Rdnr. 15.

b) **§ 264 Nr. 2 und 3** betreffen dagegen Antragsänderungen und damit Streitgegenstandsänderungen, die an sich unter § 263 fallen würden. Insoweit wird jedoch gewissermaßen über eine Art Fiktion die Zulässigkeitsvoraussetzung des § 263 ausgeschaltet. In Wirklichkeit handelt es sich hier daher um **kraft Gesetzes zulässige Klageänderungen.**[352]

3) Aus diesem Zusammenspiel zwischen § 263 und § 264 ergibt sich folgende grundsätzliche Prüfungsreihenfolge: Zunächst ist zu klären, ob überhaupt eine Streitgegenstandsänderung vorliegt, sodann, ob sie gemäß § 264 Nr. 2 oder 3 zulässig ist. Erst wenn kein Fall des § 264 Nr. 2 oder 3 vorliegt, kommt es nach § 263 auf die Einwilligung des Beklagten oder (letztlich) die Sachdienlichkeit an.

Beispiele:

(1) B hatte von dem inzwischen verstorbenen E eine Schreibmaschine geliehen. A klagt gegen B auf Herausgabe der Schreibmaschine mit der Begründung, diese noch zu Lebzeiten des E durch Abtretung des Herausgabeanspruchs (§ 931 BGB) erworben zu haben. B bestreitet. A trägt nunmehr vor, auf die Wirksamkeit der seinerzeitigen Übereignung komme es ohnedies nicht an, da er außerdem auch Alleinerbe des verstorbenen E sei. B hält das für eine Klageänderung, der er widerspricht.

Nach dem eingliedrigen Streitgegenstandsbegriff liegt keine Streitgegenstandsänderung vor, da keine Antragsänderung (lediglich Änderung des rechtlichen Gesichtspunktes für die Frage des Eigentumserwerbs).

Nach dem herrschenden zweigliedrigen Streitgegenstandsbegriff ist dagegen eine Änderung des Streitgegenstandes anzunehmen; denn A trägt nunmehr zur Begründung seines Eigentumsherausgabeanspruchs (§ 985 BGB) einen anderen Lebenssachverhalt als ursprünglich vor.[353] Es liegt auch kein Fall einer zulässiger Klageänderung nach § 264 Nr. 2 oder 3 vor, sodass es – da B nicht eingewilligt hat – auf die Sachdienlichkeit ankommt.

Als **sachdienlich** ist eine Klageänderung immer dann zuzulassen, wenn sie die endgültige Beilegung des Streites fördert und einen neuen Prozess vermeidet – **Prozessökonomie**! – und wenn der Streitstoff nicht völlig verändert und die Verteidigung des Beklagten nicht unzumutbar erschwert wird.[354] Hier ist eine solche Sachdienlichkeit anzunehmen.

(2) A klagt gegen seinen Mieter B zunächst die Mai-Miete ein und erhöht die Klage dann um die Juni-Miete: Nach § 264 Nr. 2 zulässige Antrags- und Klageänderung.

(3) A klagt gegen B auf Rückgabe seines Wagens. Während des Prozesses stellt sich heraus, dass der Wagen bei einem Unfall zerstört worden ist. A klagt nunmehr auf Zahlung von 6.000 € als Schadensersatz. – Hier liegt eine Antrags- und Sachverhaltsänderung und damit eine Klageänderung vor: Diese ist zulässig nach § 264 Nr. 3.

4.2 Die Entscheidung des Gerichts

Für die Entscheidung des Gerichts sind **drei Fragen auseinanderzuhalten**:

1) die Zulässigkeit der Klageänderung,

2) die Entscheidung über den neuen Antrag,

3) Entscheidung auch noch über den ursprünglichen Antrag?

---

352 s. MK/Lüke § 264 Rdnr. 4; RS/Gottwald § 98 Rdnr. 12; Jauernig § 41 II 2.

353 MK/Becker-Eberhard § 263 Rdnr. 16. – a.A. StJ/Roth § 263 Rdnr. 10.

354 BGH NJW 1996, 3341; 2000, 802; BGH Urt. v. 13.10.2000 – V ZR 451/98, NJW 2001, 1211; NJW-RR 1987, 58; 1990, 505, 506; 1994, 1143; BGH Urt. v. 06.04.2004 – X ZR 132/02, NJW-RR 2004, 1076.

1) Die **Zulässigkeit der Klageänderung** bestimmt sich nach §§ 263 ff.

Über die Zulässigkeit der Klageänderung wird in der Regel erst in den Gründen des Endurteils entschieden; möglich ist aber auch ein Zwischenurteil (§ 303).

Ist umstritten oder problematisch, ob überhaupt eine Klageänderung vorliegt, kann das Gericht diese Frage dann offenlassen, falls es für den Fall einer Klageänderung die Sachdienlichkeit bejaht.[355]

Beispiel: A klagt gegen B auf Zahlung von 3.000 € als Restkaufpreis; später trägt er vor, dass er von B einen Wechsel über den Betrag erhalten habe, und stützt die Klage auf den Wechsel. Nach dem eingliedrigen Streitgegenstandsbegriff keine Klageänderung, wohl dagegen nach dem zweigliedrigen, da die Wechselannahme ein anderer Lebenssachverhalt ist als der Abschluss des Kaufvertrages.[356] Das Gericht braucht jedoch diesen Theorienstreit nicht zu entscheiden, sondern kann die Frage einer Klageänderung offenlassen, da die Stützung auf das Wechselakzept jedenfalls als sachdienlich zuzulassen ist.

Eine Zulassung der Klageänderung kann vom Beklagten nicht angefochten werden (§ 268), wohl aber eine Nichtzulassung durch den Kläger (mit dem Endurteil, § 512).[357]

2) Für die **Entscheidung über den neuen Antrag** gilt Folgendes:

- Ist die Klageänderung unzulässig, ist die neue Klage – weil eine Sachurteilsvoraussetzung fehlt – durch Prozessurteil abzuweisen.[358]
- Ist die Klageänderung zulässig, ist über die neue Klage nach den allgemeinen Regeln zu entscheiden (Zulässigkeit im Übrigen, Begründetheit).

3) Eine **Entscheidung über den ursprünglichen Antrag** ist nur erforderlich und möglich, wenn dieser Antrag **noch rechtshängig ist**.

a) War die Klageänderung **unzulässig**, dann ist die Rechtshängigkeit der ursprünglichen Klage jedenfalls nicht durch die Klageänderung beseitigt worden (keine Verdrängung der bisherigen Klage durch die unzulässige neue Klage!).

aa) Hat der Kläger den alten Klageantrag noch hilfsweise – nämlich für den Fall, dass die Klageänderung nicht zulässig ist – aufrechterhalten, so ist über diesen alten Klageantrag nach den allgemeinen Grundsätzen zu entscheiden.

bb) Stellt der Kläger den alten Klageantrag nicht mehr, dann ist zu klären (§ 139), ob insoweit eine Klagerücknahme (§ 269), ein Klageverzicht (§ 306), eine Erledigungserklärung in der Hauptsache (§ 91 a) oder eine Säumnis des Klägers (§ 333) vorliegt; die Behandlung der alten Klage geschieht dann nach diesen Rechtsinstituten.[359]

b) Bei **zulässiger Klageänderung** ist z.T. umstritten, ob der ursprüngliche Antrag noch rechtshängig geblieben ist.

---

355 BGH NJW 1994, 2895, 2896; ThP/Reichold § 263 Rdnr. 15.

356 BGH NJW-RR 1987, 58. – s.o. § 4, 2.2, 3).

357 Zöller/Greger § 268 Rdnr. 3.

358 MK/Becker-Eberhard § 263 Rdnr. 54; ThP/Reichold § 263 Rdnr. 17; Schellhammer 1671.

359 StJ/Roth § 263 Rdnr. 38; Zöller/Greger § 263 Rdnr. 17; MK/Becker-Eberhard § 263 Rdnr. 55; Musielak/Foerste § 263 Rdnr. 11; Schellhammer Rdnr. 1671.

Fall 16: Klageänderung mit Rücknahmecharakter?

K klagt gegen B auf Zahlung von 500 € Kaufpreis für ein Fernsehgerät. Als sich im Laufe des Prozesses herausstellt, dass B bereits vor Klageerhebung vom Kaufvertrag zurückgetreten war, stellt K seinen Klageantrag um auf Herausgabe des Fernsehgerätes. B widerspricht dieser „Klageänderung" und der darin liegenden Klagerücknahme.

(1) Es liegt eine nach **§ 264 Nr. 3 zulässige Klageänderung** vor: K verlangt anstelle des ursprünglich geforderten Gegenstandes (Kaufpreis) einen anderen (Fernsehapparat). Die Formulierung „wegen später eingetretener Veränderung" im § 264 Nr. 3 ist weit auszulegen. Es fallen nicht nur Veränderungen nach Klageerhebung darunter, sondern auch solche, die zwar vorher eingetreten, aber dem Kläger erst nach Klageerhebung bekannt geworden sind.[360] – Auf eine Einwilligung des B oder auf Sachdienlichkeit kommt es daher nicht an.

(2) Der **neue Antrag** ist aus § 346 BGB begründet.

(3) Hinsichtlich des **ursprünglichen Antrags** (Kaufpreis) gilt:

(a) Über den alten Antrag ist grundsätzlich nicht mehr zu entscheiden: **Die neue Klage tritt bei Zulässigkeit der Klageänderung an die Stelle der ursprünglichen Klage, ersetzt sie und beseitigt ihre Rechtshängigkeit.**[361]

Daher auch grds. keine Berücksichtigung im Urteil (nur u.U. bei den Prozesskosten).

(b) Liegt jedoch in der Klageänderung zugleich eine Einschränkung/Ermäßigung des ursprünglichen Antrages – z.B. im Falle des § 264 Nr. 2 –, so wird

(aa) weitaus überwiegend angenommen, dass der **bisherige weitergehende** Antrag **nicht** durch den neuen ermäßigten Antrag **ersetzt** wird, sodass **insoweit also über den ursprünglichen Antrag noch entschieden werden muss** (falls nicht insoweit eine Klagerücknahme/-verzicht oder eine Erledigungserklärung des Klägers anzunehmen ist).[362]

also z.B. bei Ermäßigung des Antrags von 1.000 € auf 800 €: Klagerücknahme zu 200 €, insoweit daher ggf. Zustimmung des Beklagten erforderlich (§ 269).

(bb) während nach der Gegenmeinung auch dann nur über den neuen Antrag zu entscheiden ist (Vorrang des § 264 Nr. 2).[363]

Hier: Da in dem neuen Antrag auf Herausgabe keine (teilweise) Ermäßigung des ursprünglichen Zahlungsantrages zu sehen ist, bleibt es bei dem Grundsatz, dass der ursprüngliche Antrag durch den neuen Antrag ersetzt ist; einer Zustimmung des B und einer Entscheidung über den ursprünglichen Klageantrag bedarf es daher nicht.

---

360 auch dann, wenn die frühere Unkenntnis auf Fahrlässigkeit beruht hat, BL/Hartmann § 264 Rdnr. 6; ThP/Reichold § 264 Rdnr. 7.

361 h.M., BGH NJW 1990, 2682@; 1992, 2235; Muesielak/Foerste § 263 Rdnr. 11; Zöller/Greger § 263 Rdnr. 16; MK/Becker-Eberhard § 263 Rdnr. 47, 48. – a.A. StJ/roth § 263 Rdnr. 31; Jauernig § 41 IV.

362 BGH NJW 1990, 2682@; StJ/Roth § 264 Rdnr. 16, 17; Zöller/Greger § 264 Rdnr. 4 a; ThP/Reichold § 264 Rdnr. 6; MK/Becker-Eberhard § 264 Rdnr. 23.

363 Schellhammer Rdnr. 1667; Musielak Grundkurs Rdnr. 201.

5. Die objektive Klagehäufung (§ 260)

5.1 Nach § 260 ist die Verbindung mehrerer Klagebegehren des Klägers gegen denselben Beklagten in einem Prozess gestattet, wenn für sämtliche Ansprüche das Gericht zuständig und dieselbe Prozessart zulässig ist.

Eine solche Klagehäufung liegt immer dann vor, wenn in einem Prozess **mehrere Streitgegenstände rechtshängig** sind. Sie kann dadurch entstehen, dass

- **sogleich** mit der Klage mehrere verschiedene Streitgegenstände anhängig gemacht werden.
- **nachträglich** in einem bereits anhängigen Prozess ein weiterer Streitgegenstand anhängig gemacht wird (§ 261 Abs. 2).

  Die nachträgliche Klagehäufung ist nach h.M. zugleich eine Klageänderung oder jedenfalls zum Schutz des Beklagten **wie eine Klageänderung** zu behandeln.[364]

  Nach a.A. reichen dagegen die §§ 145 Abs. 1, 301 zum Schutz des Beklagten aus.[365]

- das Gericht mehrere bislang selbstständige Prozesse zum Zwecke der gleichzeitigen Verhandlung und Entscheidung miteinander verbindet (§ 147).

Wichtig: Eine Klagehäufung liegt immer nur dann vor, wenn auch wirklich mehrere Streitgegenstände - Klageanträge und/oder -gründe (Lebenssachverhalte) - zur Entscheidung gestellt werden, nicht aber bei unterschiedlichen tatsächlichen oder rechtlichen Begründungen eines einzigen Streitgegenstandes.[366]

5.2 Zu unterscheiden sind folgende Arten der Klagehäufung:

5.2.1 Die kumulative Klagehäufung

Mehrere prozessuale Ansprüche / Streitgegenstände werden **selbstständig nebeneinander** geltend gemacht.

Dazu gehört einmal der Fall, in dem dies schon äußerlich durch die Verschiedenheit der Anträge zum Ausdruck kommt (z.B. 1. 500 € Restmiete, 2. Herausgabe/Räumung der Mietwohnung, 3. Feststellung der Beendigung des Mietverhältnisses), zum anderen aber auch der Fall, dass in einem äußerlich einheitlichen Antrag mehrere prozessuale Ansprüche zusammengefasst sind (z.B. 3.000 €, und zwar 1.000 € Sachschaden und weitere 2.000 € Personenschaden wegen des Unfalls vom 10.12.2007).[367]

Diese kumulative Klagehäufung ist - nach Maßgabe des § 260 - **stets zulässig**. Es handelt sich bei ihr an sich um mehrere Prozesse, die lediglich aus Zweckmäßigkeitsgründen zu einem einheitlichen Verfahren verbunden worden sind. Jeder Anspruch ist daher hinsichtlich Zulässigkeit und Begründetheit gesondert zu

---

364 BGH NJW 1985, 1841; 1996, 2869@; BGH Urt. v. 15.01.2001 - II ZR 48/99, NJW 2001, 1210; BGH Urt. v. 19.03.2004 - V ZR 104/03, NJW 2004, 2152, 2154; MK/Becker-Eberhard § 263, 21; StJ/Roth § 260, 3.

365 RS/Gottwald § 96 Rdnr. 6; Schellhammer Rdnr. 1672.

366 BGH NJW 2000, 1259, 1260; ThP/Reichold § 260 Rdnr. 5.

367 s. Musielak/Foerste § 260 Rdnr. 2; s.o. § 4, 2.2.

prüfen; die Entscheidung kann unterschiedlich ausfallen. Ist ein Anspruch entscheidungsreif, ist insoweit ein Teilurteil zu erlassen (§ 301).

hins. der sachlichen Zuständigkeit jedoch: Zusammenrechnung der Anträge (§ 5).

Nach Zweckmäßigkeit kann das Gericht die Trennung anordnen (§§ 145, 150), sodass dann in – auch äußerlich – selbstständigen Prozessen verhandelt und entschieden wird; dabei bleibt die Zuständigkeit bestehen (§ 261 Abs. 3 Nr. 2), auch wenn sie nur durch § 5 begründet war.

5.2.2 Die **alternative Klagehäufung**

dahin, dass zwei Anträge gestellt werden und dem Gericht die Wahl überlassen wird, über welchen es entscheidet – z.B. Verurteilung zur Kaufpreiszahlung oder zur Rückgabe der Kaufsache –, ist grundsätzlich **unzulässig**, weil der Kläger durch einen bestimmten Antrag (§ 253 Abs. 2 Nr. 2) den Streitgegenstand festlegen muss und dessen Auswahl nicht dem Gericht überlassen kann.[368]

Allerdings wird in solchen Fällen häufig die Ausübung des richterlichen Fragerechts (§ 139) ergeben, dass der Kläger den einen Antrag nur hilfsweise für den Fall des Nichtdurchgreifens des Hauptantrages stellen will (z.B. primär Kaufpreiszahlung, nur hilfsweise Rückgabe).

Auch die unbestimmte Teilklage (s.o. Fall 12) enthält praktisch eine alternative Antragstellung: auch deshalb Aufteilung (kumulativ) o. Eventualverhältnis notwendig.

Alternativanträge sind ausnahmsweise dann zulässig, wenn sie nach materiellem Recht notwendig o. gestattet sind, wie bei der **Wahlschuld** (§§ 262 ff., insbes. § 264 Abs. 1 BGB).

5.2.3 Die **eventuelle Klagehäufung (Hilfsantrag)**

1) **Echtes Eventualverhältnis:** Der Kläger stellt mehrere Anträge im Verhältnis von Haupt- und Hilfsantrag, d.h., er begehrt eine Entscheidung **über den Hilfsantrag nur für den Fall, dass dem Hauptantrag nicht entsprochen wird**.

Beispiele: A, der dem B einen gebrauchten Wagen verkauft hat, klagt gegen B auf Zahlung von 12.000 € Kaufpreis, hilfsweise – nämlich für den Fall, dass der Kaufpreisanspruch, etwa wegen Unwirksamkeit des Kaufvertrages, nicht bestehen sollte – auf Rückübereignung des bereits gelieferten Wagens. oder (verdeckt): A verlangt von B 1.000 € aus einem im Jahre 2006 gegebenen Darlehen, hilfsweise aus einem anderen Darlehen 2007.

a) Auch eine solche – **in der Praxis außerordentlich bedeutsame und häufige** – eventuelle Klagehäufung ist grundsätzlich **durch § 260 gestattet**. Dabei handelt es sich nicht um eine unzulässige bedingte Klageerhebung, denn zum einen ist ja der Hauptantrag unbedingt erhoben – was eine unbedingte Klageerhebung begründet – und zum anderen ist der zusätzliche (Hilfs-)Antrag von einer zulässigen innerprozessualen Bedingung abhängig.[369]

s. auch § 45 Abs. 1 S. 2 GKG. – Der Hilfsantrag wird sogleich rechtshängig, sodass daher auch sogleich über ihn verhandelt werden kann.[370]

Nach h.M. ist ein Hilfsantrag allerdings nur bei rechtlichem oder wirtschaftlichem Zusammenhang mit dem Hauptantrag zulässig (Ausschluss unzumutbarer Belastung des Beklagten).[371]

---

368 BGH NJW-RR 1990, 122@; Musielak/Foerste § 260 Rdnr. 7.

369 BGH Urt. v. 25.02.2002 – X ZR 240/00, NJW-RR 2003, 1145; s.u. § 10, 1, 4).

370 RS/Gottwald § 96 Rdnr. 21.

371 MK/Becker-Eberhard § 260, 12; Mus/Foerste § 260, 8; a.A. Zö/Greger § 260, 4: schwerlich begründbar.

b) **Das Gericht ist an die vom Kläger angegebene Reihenfolge gebunden (Dispositionsmaxime!).** Über den Hilfsantrag darf daher erst und nur entschieden werden, wenn dem Hauptantrag nicht entsprochen wird: **Zwingender prozessualer Vorrang der Entscheidung über den Hauptantrag.**[372]

aa) Wird dem Hauptantrag entsprochen, fällt die Rechtshängigkeit des Hilfsantrages mit Rückwirkung weg; über den Hilfsantrag wird dann nicht mehr entschieden.[373]

Die Rechtshängigkeit des Hilfsantrages ist daher im Ergebnis **auflösend bedingt**.

bb) Ist der Hauptantrag abzuweisen – oder bereits durch Teilurteil abgewiesen[374] –, so muss nunmehr über den Hilfsantrag entschieden werden.

Es ist Auslegungsfrage, ob der Hilfsantrag auch dann zur Entscheidung gestellt ist, wenn der Hauptantrag als unzulässig oder nur zum Teil abgewiesen wird.[375]

2) Ein sog. **„unechter Hilfsantrag“** liegt vor, wenn der Kläger – z.B. aus § 985 BGB – die Verurteilung des Beklagten zur Herausgabe einer Sache und hilfsweise, für den Fall der Nichtherausgabe binnen einer vom Gericht festzusetzenden Frist, zur Zahlung ihres Wertes als Schadensersatz beantragt: Der Kläger erstrebt dann die **Verurteilung des Beklagten nach beiden Anträgen** – daher kein echtes Eventualverhältnis –, will aber im Ergebnis nur einen Antrag durchsetzen (vollstrecken); das Eventualverhältnis besteht daher nicht schon für die Klage, sondern erst für die Vollstreckung. Ein solcher „Hilfsantrag“ ist zulässig unter den Voraussetzungen der §§ 259, 260;[376] seine Begründetheit kann sich aus §§ 989, 990 BGB i.V.m. §§ 281 Abs. 1, 280 Abs. 1 BGB, § 255 ZPO ergeben.[377]

3) Zulässig ist auch der sog. **„uneigentliche Hilfsantrag“**, bei dem der weitere Antrag für den Fall gestellt ist, dass der Hauptantrag **begründet** ist. z.B.: Klage auf Abschluss eines Kaufvertrages (unbedingte Klageerhebung), bei Erfolg dieses Antrages (innerprozessuale Bedingung): weiterer Antrag auf Zahlung des Kaufpreises.[378]

6. Auswirkungen der Veräußerung des streitbefangenen Gegenstandes oder Anspruchs auf die Klage und den Klageantrag (§ 265)

1) Die Rechtshängigkeit schließt das Recht der Parteien nicht aus, die streitbefangene Sache oder Forderung zu veräußern oder abzutreten (§ 265 Abs. 1). Eine solche Veräußerung oder Abtretung nach Rechtshängigkeit hat grundsätzlich keinen Einfluss auf den Prozess (§ 265 Abs. 2 S. 1); dieser wird daher grundsätzlich **zwischen den bisherigen Parteien weitergeführt**. Die Partei, die veräußert oder abgetreten hat, hat hierdurch allerdings ihre Sachlegitimation verloren; sie wird daher in der Fortführung des Prozesses in **gesetzlicher Prozessstandschaft** für den neuen Sachberechtigten oder -verpflichteten tätig.[379]

372 BGH NJW 1998, 1140@; NJW-RR 1989, 650@; BGH Urt. v. 03.07.2003 – I ZR 270/01, NJW 2003, 3202.

373 BGHZ 72, 341; Zöller/Greger § 260 Rdnr. 6 a; RS/Gottwald § 96 Rdnr. 21.

374 BGH NJW 1995, 2361.

375 MK/Becker-Eberhard § 260 Rdnr. 51; StJ/Roth § 260 Rdnr. 18.

376 s. BGH NJW 1999, 954@; OLG Köln NJW-RR 1998, 1682; OLG Karlsruhe NJW-RR 1998, 1761.

377 s. Kaiser MDR 2004, 311. – Einzelheiten umstritten, s. Gsell JZ 2004, 110.

378 BGH Urt. v. 21.12.2000 – V ZR 254/99, NJW 2001, 1285.

379 BGH NJW 1986, 3207; BGH v. 23.08.2001 – V ZB 10/01, NJW 2001, 3340; MK/Becker-Eberhard § 265 Rdnr. 69; Jauernig § 87 III 2.

Grund: Es soll nicht möglich sein, dem Gegner einen neuen Prozess oder eine andere Partei aufzudrängen;[380] deshalb kann der Rechtsnachfolger den Prozess auch nur **mit Zustimmung** des Gegners übernehmen (§ 265 Abs. 2 S. 2; nicht durch Sachdienlichkeit ersetzbar[381]).

2) Voraussetzungen dieser Fortführung des Prozesses in Prozessstandschaft:

a) Die Veräußerung oder Abtretung muss sich auf die **streitbefangene** Sache oder Forderung beziehen. Streitbefangenheit i.S. dieser Bestimmung liegt vor, wenn auf der rechtlichen Beziehung zu der Sache oder der Forderung die Sachlegitimation des Klägers oder des Beklagten beruht.[382]

Streitbefangen i.S.d. § 265 ist die **Sache**, auf die sich der Rechtsstreit bezieht, als solche dann, wenn das Eigentum oder ein sonstiges **dingliches** Recht an ihr geltend gemacht oder wenn sie aufgrund eines **dinglichen** Anspruchs herausverlangt wird. Bloße **obligatorische** Herausgabe-(Verschaffungs-)ansprüche, wie z.B. aus §§ 433, 812 BGB, machen die Sache nicht streitbefangen; streitbefangen ist dann dieser **Anspruch**.

Beispiele: Wenn A aus § 433 BGB gegen B auf Übereignung eines gekauften Bildes klagt und B während des Prozesses das – nicht streitbefangene – Bild an C übereignet, hat dies nur Einfluss auf den materiell-rechtlichen Anspruch des A, der sich in einen Schadensersatzanspruch umwandelt, den A gem. § 264 Nr. 3 verfolgen kann; § 265 greift dagegen nicht ein, C wird daher von dem Prozess nicht berührt. – Wenn A dagegen den – streitbefangenen – Anspruch aus § 433 BGB an D abtritt, greift § 265 ein.[383]

b) Eintritt der Rechtsnachfolge **nach Rechtshängigkeit**.

Bei Rechtsnachfolge vor Rechtshängigkeit – also vor der Zustellung der Klage – hat dem Kläger bzw. dem Beklagten dagegen von Anfang an die Sachlegitimation gefehlt; die Klage ist von vornherein unbegründet und daher abzuweisen.[384]

3) Das Urteil wirkt grundsätzlich für und gegen den Rechtsnachfolger (§ 325), sodass daher eine entsprechende **Titelumschreibung** möglich ist (§§ 727, 731),

ausgenommen bei wirksamem Erwerb vom Nichtberechtigten (§ 325 Abs. 2) bei **doppelter Gutgläubigkeit** (s. dazu unten § 14, 2.2.2).

Wenn das ergehende Urteil – infolge des Gutglaubensschutzes – nicht gegen den Rechtsnachfolger des Klägers wirken würde, kann der Beklagte dem Kläger die Veräußerung und damit den Verlust der Sachbefugnis, mit der Folge der Klageabweisung, entgegenhalten (§ 265 Abs. 3): Der Beklagte muss dann vor der Fortführung des Rechtsstreits durch den Kläger geschützt werden, da er der Inanspruchnahme durch den neuen Berechtigten ausgesetzt bleibt.

4) Trotz Fortführung des Prozesses unter den bisherigen Parteien ist der **Klageantrag** nach der Relevanztheorie – soweit erforderlich – der neuen Rechtslage **anzupassen**, z.B. auf Leistung an den Rechtsnachfolger des Klägers.[385]

„Relevanztheorie“ deshalb, weil die Veräußerung insoweit doch von prozessualer Relevanz ist.

380 BGH NJW 1998, 156; MK/Becker-Eberhard § 265 Rdnr. 1, 2.

381 BGH NJW 1996, 2799@.

382 MK/Becker-Eberhard § 265 Rdnr. 17 ff.; ThP/Reichold § 265 Rdnr. 3, 4.

383 s. StJ/Roth § 265 Rdnr. 7 ff.

384 Schellhammer Rdnr. 1215.

385 h.M.: BGH NJW 1979, 924; 1986, 3207; BGH Urt. v. 19.03.2004 – V ZR 104/03, NJW 2004, 2152; BL/Hartmann § 265 Rdnr. 17 m.w.N.

Die Klage

I. **Klagearten**

1. **Leistungsklage** (Verurteilungsklage): Der Kläger erstrebt die Durchsetzung eines Anspruchs und daher einen Vollstreckungstitel gegen den Beklagten.
2. **Feststellungsklage**: gerichtet auf Feststellung des Bestehens (pos.) oder Nichtbestehens (neg.) eines gegenwärtigen Rechtsverhältnisses (Klärung der Rechtslage).
3. **Gestaltungsklage**: gerichtet auf Umgestaltung der Rechtslage durch richterliches Urteil (nur in den gesetzlich bestimmten Fällen).

II. **Klageänderung**: Änderung des Streitgegenstandes **nach Rechtshängigkeit**.

1. Grundsätzlich nur zulässig (§ 263, als Sachurteilsvoraussetzung für den neuen geänderten Antrag) bei

   a. **Einwilligung des Bekl.** (auch vermuteter, bei rügeloser Einlassung, § 267) oder

   b. Anerkennung als **sachdienlich** durch das Gericht (Prozessökonomie).

   § 264 Nr. 2 und 3 enthalten Fälle von kraft Gesetzes zulässigen Klageänderungen!
2. **Entscheidung über den neuen Antrag:** Bei zulässiger Klageänderung nach allgemeinen Regeln (Zulässigkeit, Begründetheit), bei unzulässiger Klageänderung Abweisung als unzulässig (Prozessurteil).
3. **Entscheidung über den bisherigen Antrag:**

   Bei zulässiger Klageänderung grundsätzlich nicht mehr: Die neue Klage tritt an die Stelle der bisherigen, deren Rechtshängigkeit endet (nicht bei Klageänderung mit Rücknahmecharakter hins. des ermäßigten Antragsteils, h.M.);

   bei unzulässiger Klageänderung Entscheidung notwendig (dann keine Verdrängung durch neuen Antrag), anders bei Rücknahme, Verzicht oder Erledigungserklärung des bisherigen Antrags.

III. **Objektive Klagehäufung** (§ 260 = Verbindung mehrerer Streitgegenstände in einem einzigen Prozess):

1. **kumulativ:** selbstständige Geltendmachung nebeneinander; stets zulässig.
2. **alternativ:** grundsätzlich unzulässig (anders, wenn alternativer Anspruch nach materiellem Recht: Wahlschuld).
3. **eventuell** (hilfsweise): zulässig bei rechtlichem oder wirtschaftlichem Zusammenhang. Der echte Hilfsantrag ist nur für den Fall gestellt, dass dem Hauptantrag nicht entsprochen wird; bei Erfolg des Hauptantrages fällt die (auflösend bedingte) Rechtshängigkeit des Hilfsantrages rückwirkend weg.

   Das Gericht ist an die Eventualstellung gebunden.

IV. **Veräußerung des durch die Klage streitbefangenen Anspruchs oder Rechts nach Rechtshängigkeit:**

1. **Streitbefangen:** Sachlegitimation der Partei beruht auf der rechtlichen Beziehung zu dem Anspruch oder der Sache.
2. Veräußerung grds. ohne Einfluss auf den Prozess, der mit bisherigen Parteien fortgesetzt wird (§ 265 Abs. 1, 2); Einwand der Veräußerung gegen den Kläger, falls das Urteil nicht gegen dessen Rechtsnachfolger wirkt (§§ 265 Abs. 3, 325).
3. Klageantrag: Umstellung auf Leistung an Rechtsnachfolger (Relevanztheorie).

§ 7 Die Einlassung - Verteidigung - des Beklagten

1. Allgemeiner Überblick über die Reaktionsmöglichkeiten

1) Da im Zivilprozess weder Erscheinens- noch Verhandlungszwang bestehen, kann der Beklagte die Klageschrift und Terminsladung **ignorieren**. Bei einer schlüssigen Klage riskiert er dann allerdings ein **Versäumnisurteil** (§ 331).

Ein solches Untätigbleiben kann durchaus zweckmäßig sein, nämlich dann, wenn der Beklagte gegenüber der schlüssigen Klage nichts Erhebliches vorbringen kann; denn bei einem Versäumnisurteil entstehen für ihn geringere Kosten.

2) Er kann den Klageanspruch **anerkennen** (**Anerkenntnisurteil**, § 307).

Auch durch ein Anerkenntnis wird die Kostenlast geringer. Ein sofortiges Anerkenntnis erspart dem Beklagten, der keine Veranlassung zur Klageerhebung gegeben hat - z.B. der Kläger hat vor Fälligkeit geklagt -, überhaupt die Belastung mit den Prozesskosten (§ 93).

3) Der Beklagte kann sich - lediglich - **gegen die Zulässigkeit der Klage wenden**. Er erstrebt damit die Klageabweisung durch **Prozessurteil**.

Vorbringen, das sich gegen das Vorliegen der von Amts wegen zu prüfenden Sachurteilsvoraussetzungen richtet (z.B. Rüge der Unzuständigkeit, Behauptung anderweitiger Rechtshängigkeit), und Geltendmachung echter prozesshindernder Einreden (s.o. § 5, 1).

4) Meist wird der Beklagte die **Klageabweisung durch Sachurteil** erstreben und daher zur Sache selbst Stellung nehmen. Dies ist unterschiedlich möglich:

- Der Beklagte kann - ohne das tatsächliche Vorbringen des Klägers anzugreifen - **Rechtsausführungen** gegen die Schlüssigkeit der Klage vortragen.
- Er kann vom Kläger vorgetragene **anspruchsbegründende Tatsachen bestreiten**, sei es, dass er sie schlicht verneint (einfaches Bestreiten), sei es, dass er eine abweichende Sachdarstellung gibt (substantiiertes Bestreiten).
- Er kann die Sachdarstellung des Klägers unbestritten lassen, aber seinerseits neue Tatsachen vorbringen, die gegenüber der vom Kläger behaupteten Anspruchsgrundlage eine Gegennorm ergeben und damit den Anspruch des Klägers wieder ausräumen (sog. **Einreden** im prozessualen Sinne).
- Verteidigungsmittel sind auch die **Eventualaufrechnung**
- und - im weiteren Sinne - auch die **Widerklage**.

Das sachliche Eingehen auf die Klage in der mündlichen Verhandlung hat die prozesstechnische Bezeichnung „Verhandlung zur Hauptsache“ (vgl. §§ 39, 269 Abs. 1, 282 Abs. 3).

5) Der Beklagte kann natürlich - in der Praxis auch die Regel - verschiedene Reaktions- und Verteidigungsmöglichkeiten **miteinander verbinden**.

z.B.: Hins. eines Teils der Klageforderung bestreiten, im Übrigen anerkennen; anspruchsbegründende Tatsachen bestreiten und zugleich (mehrere) Einreden erheben oder eine Hilfsaufrechnung mit einer Gegenforderung erklären. – Das Vorbringen darf – solange nicht die Wahrheitspflicht verletzt wird – zueinander in Widerspruch stehen: z.B. Bestreiten eines Vertragsschlusses, „hilfsweise“ Anfechtung oder Rücktritt wegen Mängeln.[386]

2. Die Einlassung gegenüber dem Tatsachenvortrag des Klägers

2.1 Grundsätzlich wird die Einlassung des Beklagten für die Entscheidung nur dann von Bedeutung, wenn die Klage schlüssig ist: Besteht der Klageanspruch schon nach dem eigenen Vortrag des Klägers nicht, so ist die Klage abweisungsreif, und das Gericht braucht die Einlassung nicht mehr auf ihre „Erheblichkeit“ hin zu prüfen.

s. o. § 2, 3, 2). – z.B.: K klagt auf Übereignung eines Bildes, gestützt auf ein privatschriftliches Schenkungsversprechen. B bestreitet seine Unterschrift; K benennt Zeugen dafür, dass B das Schriftstück unterschrieben habe. Die Klage ist wegen § 518 BGB nicht schlüssig und daher bereits „nach dem eigenen Vorbringen des Klägers“ abzuweisen; auf den Vortrag des B und die Zeugen kommt es nicht an.

2.2 Geständnis und fingiertes Geständnis

Wenn der Beklagte die Richtigkeit des Tatsachenvortrages des Klägers nicht angreift, hat das Gericht für die Beurteilung des Rechtsstreits von der Richtigkeit auszugehen (Verhandlungsgrundsatz! Beweisaufnahme nicht erforderlich). – Es kann dann ein Geständnis oder ein Nichtbestreiten vorliegen.

1) **Geständnis** i.S.d. § 288 ist die **Erklärung**, dass eine tatsächliche Behauptung des Gegners **zutrifft**. Es **bindet grundsätzlich die gestehende Partei** (§§ 290, 535). Ein **Widerruf** ist nur zulässig, wenn sowohl die Unrichtigkeit der zugestandenen Tatsache feststeht als auch bewiesen wird, dass das Geständnis auf einem Irrtum über die Wahrheit dieser Tatsache beruhte (§ 290).

Unterschied zum Anerkenntnis: Das Geständnis bezieht sich auf konkrete Tatsachen, das Anerkenntnis auf den geltend gemachten Anspruch als solchen. Das Geständnis erübrigt nur den Beweis der konkreten zugestandenen Tatsachen; das Anerkenntnis erspart die rechtliche Prüfung (Schlüssigkeitsprüfung) des Anspruchs überhaupt, mit der Folge des Anerkenntnisurteils. s.u. § 10, 4.

Anerkennen kann nur der Beklagte bzw. Widerbeklagte; den Tatsachenvortrag der Gegenseite zugestehen oder nicht bestreiten / bestreiten kann natürlich auch der Kläger.

Das Geständnis einer Tatsache durch eine Partei in einem anderen Verfahren, z.B. einem Strafprozess, bedeutet für den Zivilprozess kein Geständnis i.S.d. §§ 288, 290, ist aber im Rahmen der freien Beweiswürdigung (§ 286) ein wichtiges Indiz für die Wahrheit der Tatsache.[387]

2) **Nichtbestreiten** oder nicht ausreichend substantiiertes Bestreiten einer Tatsachenbehauptung führt nach § 138 Abs. 3 zu einer Geständnisfiktion, mit der Wirkung, dass ebenfalls von der Richtigkeit der Behauptung auszugehen ist. Im Unterschied zum Geständnis nach § 288 hat dieses fingierte Geständnis jedoch

386 s. MK/Wagner § 138 Rdnr. 12; s.o. § 3, 2.2.3, 1).

387 BGH Urt. v. 15.03.2004 – II ZR 136/02, NJW-RR 2004, 1001; OLG Bamberg NJW-RR 2003, 1223.

keine Bindungswirkung. Die lediglich als zugestanden „geltende" Tatsache kann daher im Laufe des Prozesses noch bestritten werden,[388]

u.U. jedoch eingeschränkt durch die Verspätungsvorschriften (§§ 296, 531). – Bloßes Nichtbestreiten oder Schweigen ist grds. kein Geständnis i.S.v. § 288.[389]

2.3 Bestreiten

der vom Kläger vorgetragenen anspruchsbegründenden Tatsachen:

1) Stellt der Beklagte die klägerische Behauptung schlicht in Abrede, so handelt es sich um ein **„einfaches Bestreiten"**; gibt er hierzu eine nähere vom Klägervortrag abweichende Sachdarstellung, so spricht man von einem **„substantiierten"** – begründeten, qualifizierten, motivierten – Bestreiten (Klageleugnen).

2) Das Bestreiten ist **grundsätzlich erheblich** und **nötigt den Kläger zum Beweis der bestrittenen klagebegründenden Tatsachen**.

3) Unbeachtlich und damit unerheblich ist

a) ein einfaches Bestreiten jedoch – wegen der Erklärungspflicht gem. § 138 Abs. 1 und 2 – dann, wenn dem Beklagten **nähere Angaben dazu möglich und zumutbar sind**, wie sich der Vorgang abgespielt hat: Der Beklagte muss dann **substantiiert bestreiten**.[390]

   Das ist insbes. dann der Fall, wenn sich die entscheidenden Vorgänge im Wahrnehmungsbereich des Beklagten abgespielt haben, während der Kläger keine Kenntnis der maßgeblichen Tatsachen besitzt.[391] – Dies deckt sich mit der **sekundären Darlegungslast** der nicht darlegungs- und beweisbelasteten Partei (s.o. § 3, 2.2.2, 3).

b) ein Bestreiten – oder Erklären – „mit Nichtwissen", wenn die vom Kläger behauptete Tatsache eine eigene Handlung oder Wahrnehmung des Beklagten betrifft (§ 138 Abs. 4): Der Beklagte muss sich dann eindeutig erklären und erforderlichenfalls substantiiert bestreiten.

Gleiches gilt, wenn der Kläger eine Tatsachenbehauptung des Beklagten bestreiten will.

2.4 Einreden

sind Ausführungen des Beklagten, die sich nicht gegen die Anspruchsvoraussetzungen richten, sondern das Eingreifen einer die Rechtsfolge vereitelnden Gegennorm darlegen. Auch dies ist eine erhebliche Einlassung; die Voraussetzungen der Gegennorm sind jedoch, falls streitig, **vom Beklagten zu beweisen**.

z.B.: Der Beklagte beruft sich gegenüber der Kaufpreisklage auf Mängel oder auf Verjährung. Er bestreitet dann nicht die Anspruchsbehauptungen – also: kein „nein" –, sondern verteidigt sich mit einem Gegenrecht – einem **„ja, aber ..."**.[392]

---

388 BGH Urt. v. 19.05.2005 – III ZR 265/04, MDR 2005, 1307.

389 BGH NJW-RR 1996, 1044@.

390 BGH Urt. v. 17.02.2004 – X ZR 108/02, MDR 2004, 898.

391 BGH Urt. v. 17.02.2004 – X ZR 108/02, MDR 2004, 898; BGH Urt. v. 18.05.2005 – VIII ZR 368/03, NJW 2005, 2395; BGH Urt. v. 17.01.2008 – III ZR 239/06, NJW 2008, 982.

392 Jauernig § 43 III 2 c.

Zu unterscheiden sind dabei:

- **rechtshindernde Einreden:** Vortrag von Gegennormen, die verhindern, dass der Anspruch entstanden ist.

  z.B.: Geschäftsunfähigkeit (§ 105 BGB); Sittenwidrigkeit (§ 138 BGB); fehlendes Verschulden gegenüber Anspruch aus Vertragsverletzung (§ 280 Abs. 1 S. 2 BGB[393]).

- **rechtsvernichtende Einreden:** Vortrag von Gegennormen, die den entstandenen Anspruch wieder beseitigen.

  z.B.: Erfüllung (§ 362 BGB); Rücktritt (§ 346 BGB); Hinterlegung (§ 372 BGB); Aufrechnung (§ 389 BGB); Anfechtung (wegen § 142 BGB auch als rechtshindernd wertbar).

- **rechtshemmende Einreden:** Vortrag von Gegennormen, die die Durchsetzung des entstandenen Anspruchs dauernd oder vorübergehend hemmen.

  z.B. Verjährung (§ 214 BGB); Stundung; Einrede des nicht erfüllten Vertrages (§§ 320, 321 BGB); Zurückbehaltungsrecht (§ 273 BGB).

  Die Art der „Hemmung" ist unterschiedlich. Sie ergibt sich aus den jeweiligen materiellrechtlichen Vorschriften. So führt Verjährung zur endgültigen Klageabweisung, Stundung zur Klageabweisung als zur Zeit unbegründet, die Einrede des nicht erfüllten Vertrages oder eines Zurückbehaltungsrechtes zur Verurteilung „Zug um Zug" (§§ 274, 322 BGB).

Die ZPO verwendet den Begriff der Einrede z.T. generell für die Geltendmachung von Gegennormen (s. §§ 146, 597). Dagegen bezeichnet der Sprachgebrauch des BGB die rechtshindernden u. rechtsvernichtenden „Einreden" als **Einwendungen** und nur die rechtshemmenden ebenfalls als **Einreden (Leistungsverweigerungsrechte).**[394]

Einwendungen im materiell-rechtlichen Sinn sind von Amts wegen zu berücksichtigen, (rechtshemmende) Einreden dagegen nur, wenn sie der Beklagte - auch nur konkludent - **geltend macht**,[395] bei außerprozessualer Geltendmachung auch, wenn sich diese aus dem Vorbringen des Klägers ergibt (z.B. dass sich der Beklagte auf Verjährung berufen hat[396]).

2.5 Wirkung der Einlassung des Beklagten: Ist die Einlassung unerheblich, ist die - schlüssige - Klage begründet, sodass ein der Klage stattgebendes Urteil zu ergehen hat; ist sie erheblich, so muss festgestellt werden, welche der unterschiedlichen Sachdarstellungen der Parteien zutrifft: Beweisverfahren.

3. Aufrechnung und Eventualaufrechnung

3.1 Voraussetzungen und Wirksamkeit des Aufrechnungseinwandes

Die Einlassung des Beklagten, die Klageforderung sei durch Aufrechnung mit einer Gegenforderung erloschen, ist eine rechtsvernichtende Einrede; dabei ist unerheblich, ob die Aufrechnungserklärung außerhalb des Prozesses oder im Prozess abgegeben worden ist.

393 Zieglmeier JuS 2007, 702 m.w.N.; nach a.A. nur Beweislastumkehr, u.a. Palandt/Heinrichs § 280, 34.

394 RS/Gottwald § 100 Rdnr. 1; Jauernig § 43 IV.

395 Musielak Grundkurs 396. - Dies gilt trotz der synallagmatischen Verknüpfung mit dem Vertragsanspruch auch für die Einrede des nicht erfüllten Vertrages, s. Palandt/Grüneberg § 322 Rdnr. 2.

396 BGH NJW 1999, 2123.

1) Dabei ist zu unterscheiden – **Doppeltatbestand** –:

a) Die **Aufrechnungserklärung** als solche ist eine **materiell-rechtliche Willenserklärung**, deren Wirksamkeit sich ausschließlich nach den Vorschriften des BGB (§§ 387 ff.) bestimmt. Daran ändert sich auch nichts, wenn diese Erklärung – nach § 388 S. 1 BGB gegenüber dem Aufrechnungsgegner! – während des Prozesses abgegeben wird.

b) Die **Einrede** (Einwendung), dass die Klageforderung durch Aufrechnung getilgt sei, ist dagegen eine **Prozesshandlung** und als solche dem Gericht gegenüber vorzunehmen. Ihre Wirksamkeit beurteilt sich nach Prozessrecht.

Daher z.B. Postulationsfähigkeit erforderlich; als Verteidigungsmittel kann sie u.U. gemäß §§ 296, 530, 531 als verspätet zurückgewiesen werden.[397]

2) Falls materiell-rechtliche und prozessuale Wirksamkeit der Aufrechnung auseinanderfallen, ist die Aufrechnung auch materiell unwirksam.[398]

Gründe: § 139 BGB; fehlende Rechtskraft; entsprechende Bedingtheit der Aufrechnung.

z.B.: Die erst im Prozess gegenüber der begründeten Klageforderung erklärte Aufrechnung wird als verspätet zurückgewiesen. Würde die Aufrechnung für materiell wirksam gehalten, würde der Beklagte seine Gegenforderung verlieren, obwohl er gemäß der Klageforderung – wegen der prozessualen Nichtberücksichtigung der Aufrechnung – verurteilt wird. Um dieses unbillige Ergebnis zu vermeiden, muss die Aufrechnung auch materiell unwirksam sein.

3) Die Aufrechnung macht die Gegenforderung **nicht rechtshängig**.[399]

Daher: Keine Sachurteilsvoraussetzungen erforderlich; es kann mit bereits anderweitig rechtshängiger oder mit in einem anderen anhängigen Prozess zur Aufrechnung gestellter Forderung (erneut) aufgerechnet werden.[400] – zur Rechtskraft: § 322 Abs. 2 (s.u. § 14, 2.2.1, 1).

4) Der Kläger kann sich gegen die Aufrechnung nicht mit einer „Gegenaufrechnung" wehren: Wenn die Aufrechnung des Beklagten durchgeprüft, geht seine Aufrechnung ins Leere.[401]

3.2 Die sog. Eventualaufrechnung

Fall 17: Klageabweisungstheorie – Beweiserhebungstheorie

K klagt gegen B eine Kaufpreisforderung von 1.200 € ein. B macht geltend, die Ware sei mangelhaft; außerdem habe er noch eine – von K nicht bestrittene – Forderung von 2.000 € gegen K, mit der er hilfsweise aufrechne.

(1) Die **hilfsweise** erklärte Aufrechnung – für den Fall, dass die Klageforderung nicht schon aus anderen Gründen abgewiesen wird (Eventualaufrechnung) – ist in der Praxis der häufigste Fall der Aufrechnung im Prozess.

Der Beklagte will seine Gegenforderung natürlich nur und erst dann „opfern", wenn seine anderweitige Verteidigung gegen die Klageforderung nicht durchgreift.

---

397 BGH NJW 1984, 1964, 1967; s. ThP/Reichold § 145 Rdnr. 11 ff.; Jauernig § 45 I; Musielak JuS 1994, 817.

398 BGH NJW 1994, 2770; OLG Hamburg MDR 1973, 57; MK/Wagner § 145 Rdnr. 25 ff.; StJ/Leipold § 145 Rdnr. 63 ff.; ThP/Reichold § 145 Rdnr. 18; Jauernig § 45 III; Musielak JuS 1994, 820.

399 BGH NJW-RR 1994, 380.

400 BGH NJW 1999, 1179; BGH Urt. v. 08.01.2004 – III ZR 401/02, NJW-RR 2004, 1000.

401 BGH NJW-RR 1994, 1203; KG MDR 2006, 1252.

Nach allg. Auffassung zulässig (s. auch § 45 Abs. 3 GKG): Die Aufrechnung ist nicht unter einer echten Bedingung erklärt – was sie als materiell-rechtliche Gestaltungserklärung (§ 388 S. 2 BGB) und als Prozesshandlung unwirksam machen würde –, sondern steht unter der **Tatbestandsvoraussetzung**, dass die Klageforderung vom Gericht als bestehend erachtet wird.

(2) Wenn – wie hier – die hilfsweise zur Aufrechnung gestellte Gegenforderung feststeht, die Klageforderung dagegen noch nicht, stellt sich die Frage, ob über das Bestehen der Klageforderung überhaupt noch Beweis erhoben werden muss. Ganz gleich nämlich, wie eine solche Beweisaufnahme ausfällt, das Ergebnis des Prozesses „Abweisung der Klage“ steht jetzt schon fest: Entweder besteht die Klageforderung bereits als solche nicht; jedenfalls aber ist sie durch die Aufrechnung erloschen.

(a) Nach der sog. **Klageabweisungstheorie** (früher Stölzel) sollte daher – ohne Beweisaufnahme über die Klageforderung – die Klage sofort mit der Begründung abgewiesen werden können, dass die Klageforderung jedenfalls durch die Aufrechnung erloschen sei.

(b) Nach der **Beweiserhebungstheorie** muss dagegen zunächst festgestellt werden, ob die Klageforderung – von der Aufrechnung abgesehen – besteht. Es muss also zunächst einmal (hier: hinsichtlich der Mängel) Beweis erhoben werden. Ergibt diese Prüfung, dass die Klageforderung nicht besteht, ist die Klage aus diesem Grunde abzuweisen; die Eventualaufrechnung ist dann bedeutungs- und wirkungslos. Ergibt die Prüfung, dass die Klageforderung besteht, wird die Klage aufgrund der Aufrechnung, die erst jetzt eingreift, abgewiesen.[402]

Richtig ist die Beweiserhebungstheorie: Nur durch sie wird die Rechtslage eindeutig geklärt und auch berücksichtigt, dass die Aufrechnung eben nur hilfsweise erklärt wurde. Die Klageabweisungstheorie ist auch nur scheinbar prozessökonomisch; in Wahrheit provoziert sie gerade einen zweiten Prozess: Bleibt offen, ob die Klageforderung bestanden hat, kann § 322 Abs. 2 hins. der Aufrechnungsforderung nicht eingreifen. Diese Forderung könnte daher von dem (früheren) Beklagten in einem neuen Prozess eingeklagt werden, mit der Begründung, dass die Forderung durch die frühere Eventualaufrechnung nicht verbraucht sei, da die damalige Klageforderung in Wirklichkeit nicht bestanden habe; dann müsste nun gerade der – im ersten Prozess ausgesparte – Beweis zur früheren Klageforderung doch erhoben werden.

3.3 Wenn der Beklagte sich ausnahmsweise allein mit der Aufrechnung gegen die – von ihm als solche anerkannte – Klageforderung verteidigt, handelt es sich um eine **Primäraufrechnung**: Dann ist von dem Bestehen der Klageforderung auszugehen und nur die Gegenforderung zu klären; allein nach dem Ergebnis hinsichtlich der Gegenforderung bestimmt sich dann der Erfolg der Aufrechnung und damit der Erfolg oder Nichterfolg der Klage.

Zur Klageforderung liegt dann ein Anerkenntnis des Beklagten zum Grund vor (s.u. § 10, 4, 3).

3.4 Das Gericht muss bei seiner Entscheidung die Aufrechnung berücksichtigen, kann aber, falls die Klageforderung, abgesehen von einer noch nicht möglichen Entscheidung über die Aufrechnungsforderung, begründet ist, gemäß §§ 145 Abs. 3, 302 hinsichtlich der Klageforderung ein **Vorbehaltsurteil** – unter dem Vorbehalt der Entscheidung über die Aufrechnung – erlassen, um so einer Prozessverschleppung durch den Beklagten entgegenzuwirken.

---

402 **Nunmehr allg. Ansicht:** BGHZ 80, 97, 99[@]; BGH NJW 1974, 2000, 2002; OLG Köln NJW-RR 2008, 240; StJ/Leipold § 145 Rdnr. 55; MK/Wagner § 145 Rdnr. 24; Zöller/Greger § 145 Rdnr. 13.

4. Die Widerklage

Mit der Widerklage geht der Beklagte seinerseits zum Angriff über, dadurch, dass er seinerseits gem. § 261 Abs. 2 einen Klageantrag gegen den Kläger erhebt. Dies ist eine **echte Klage**, nur **mit entgegengesetzten Parteirollen**: Insoweit ist der Beklagte (Wider-)Kläger, der Kläger der (Wider-)Beklagte.

z.B.: Der Kläger klagt einen Teilbetrag ein; der Beklagte beantragt Klageabweisung u. erhebt Widerklage auf Feststellung, dass dem Kläger auch keine weitergehende Forderung zusteht oder dass das Rechtsverhältnis nicht besteht (Zwischenfeststellungswiderklage, § 256 Abs. 2).

1) **Zulässigkeitsvoraussetzungen**:

a) Die Hauptklage (Klage) muss – schon und noch – rechtshängig sein.

b) Parteien: Beklagter gegen den Kläger als Widerbeklagten,

aber auch Einbeziehung eines Dritten zulässig (sog. **Drittwiderklage**): Zwar grds. nur als weiteren Widerbeklagten mit dem Kläger, allein gegen den Dritten aber dann zulässig, wenn die Sachverhalte von Klage und Widerklage tatsächlich und eng miteinander verknüpft sind und keine schutzwürdigen Interessen des Dritten verletzt werden, z.B. bei Klage des Zedenten eine Widerklage gegen den Zessionar aus demselben Sachverhalt (etwa bei gegenseitigen Ansprüchen aus einem Verkehrsunfall).[403]

c) Die Widerklage muss einen selbstständigen Streitgegenstand haben, darf also nicht nur in einer Verneinung des Klagebegehrens bestehen.

d) Nach der h.M. muss – aus § 33 hergeleitet – ein **Sachzusammenhang** (einheitliches Lebensverhältnis) zwischen Klage und Widerklage bestehen.[404]

Fehlen gem. § 295 heilbar. – Das Schrifttum sieht dagegen überwiegend in § 33 keine besondere Zulässigkeitsvoraussetzung, sondern nur einen besonderen Gerichtsstand einer (konnexen) Widerklage, der insbes. dann von Bedeutung wird, wenn sonst für die Widerklage das Gericht der Klage nicht – auch nicht über § 39 – zuständig wäre.[405]

e) Die sonstigen **allgemeinen Prozessvoraussetzungen einer Klage**.

Zulässig ist eine petitorische Widerklage auf Feststellung des Eigentums gegenüber einer possessorischen Herausgabeklage aus Besitzverletzung.[406]

2) Ist die Widerklage zulässig, wird sie **wie eine selbstständige Klage behandelt**. Sie bleibt also auch dann bestehen und erfordert eine Entscheidung, wenn die Rechtshängigkeit der Hauptklage – z.B. durch Rücknahme – endet.

3) Die Entscheidung über die Widerklage ergeht nach den allgemeinen Grundsätzen, nach denen auch über die Klage zu entscheiden ist: also Untersuchung ihrer Zulässigkeit und ihrer Begründetheit. I.d.R. wird in einem einheitlichen Urteil sowohl über die Klage als auch über die Widerklage entschieden.

z.B.: „Der Beklagte wird verurteilt, an den Kläger den Pkw Audi A 6 ... herauszugeben. Auf die Widerklage wird der Kläger verurteilt, an den Beklagten 12.000 € zu zahlen."

---

403 BGH Urt. v. 13.03.2007 – VI ZR 129/06, NJW 2007, 1753.

404 BGH NJW 1975, 1228; 1981, 1217; BGH Urt. v. 05.04.2001 – VII ZR 135/00, NJW 2001, 2094.

405 StJ/Roth § 33, 3; Zöller/Vollkommer § 33, 1, 2; Musielak/Heinrich § 33, 2, 3. – s. Huber JuS 2007, 1079.

406 BGHZ 73, 355; BGH NJW 1999, 425 (dazu Amend JuS 2001, 124); Palandt/Bassenge § 863 Rdnr. 3.

Die Einlassung des Beklagten auf die Klage

1. **Untätigkeit:** Bei schlüssiger Klage und Antrag des Klägers ergeht Versäumnisurteil.
2. **Anerkenntnis des Klageanspruchs:** Anerkenntnisurteil (§ 307).
3. **Angriff gegen die Zulässigkeit der Klage**, mit dem Ziel der Abweisung durch Prozessurteil: Vortrag des Fehlens von Sachurteilsvoraussetzungen, Erhebung echter prozesshindernder Einreden.
4. **Sachliches Eingehen auf die Klage** („Verhandlung zur Hauptsache"):
   a. Hinnahme des Tatsachenvortrags des Klägers:
      - gerichtliches Geständnis mit Bindungswirkung (§§ 288, 290),
      - Nichtbestreiten oder nicht ausreichendes Bestreiten mit Geständnisfiktion, ohne Bindungswirkung (§ 138 Abs. 3).

   b. Verteidigung mit Rechtsausführungen.

   c. Bestreiten von anspruchsbegründenden Tatsachen: als einfaches oder – u.U. gem. § 138 Abs. 1, 2 geboten – substantiiertes Bestreiten; grds. erheblich, der Kläger hat dann diese Tatsachen zu beweisen.

   d. Vortrag von Gegennormen (Einreden im prozessualen Sinne): rechtshindernde, rechtsvernichtende, rechtshemmende Einreden; Beweislast insoweit beim Beklagten.
5. **Aufrechnung** ist eine besondere rechtsvernichtende Einrede.
   a. Zu unterscheiden sind:
      - Aufrechnungserklärung: materiell-rechtliche Willenserklärung,
      - Geltendmachung im Prozess (Einrede): Prozesshandlung,
      - Erklärung im Prozess: Doppeltatbestand.

   b. **Eventualaufrechnung:** Nur für den Fall, dass die Klage nicht aus anderen Gründen abgewiesen wird; zulässig (nicht bedingt). Zunächst ist über die Klageforderung – mit etwa erforderlicher Beweisaufnahme – zu entscheiden (Beweiserhebungstheorie; streitige Klage kann nicht wegen unstreitiger Aufrechnungsforderung sogleich abgewiesen werden).
6. **Widerklage** (s. § 33): Gegenangriff mit eigenem Klageantrag, mit selbstständigem Streitgegenstand: Echte Klage gegen den Kläger als Widerbeklagten.
7. Der Beklagte kann verschiedene Einlassungsmöglichkeiten verbinden.

§ 8 Parteimehrheit und Parteiwechsel

1. Parteimehrheit (subjektive Klagehäufung): Streitgenossenschaft (§§ 59 ff.)

Eine Streitgenossenschaft liegt dann vor, wenn auf Kläger- und/oder Beklagtenseite **mehrere Personen** Partei sind (aktive bzw. passive Streitgenossenschaft).

Nur gemäß §§ 59 ff. ist eine gemeinsame Klage mehrerer Parteien zulässig. – Das deutsche Zivilprozessrecht kennt dagegen keine – wie nach amerikanischem Recht mögliche – **Sammelklage** (class action), nach der für die gesamte Gruppe aus einem gleichartigen Sachverhalt Betroffener geklagt werden kann, ohne dass alle Mitglieder der Gruppe an dem Prozess beteiligt zu sein brauchen, mit Wirkung auch für die nicht am Prozess Beteiligten.[407]

Auch das **Musterverfahren nach dem KapMuG** ist kein Sammelverfahren: Bei Klagen von Kapitalanlegern wegen unrichtiger Kapitalmarktinformation entscheidet das OLG (§ 118 GVG) auf Antrag/Vorlage in einem dieser Verfahren durch den **Musterbescheid** (nur) über bestimmte anspruchsbegründende o. -ausschließende Vorfragen, mit Bindung für das vorlegende Gericht in den anhängigen Klagen, die aber selbstständige Prozesse sind und bleiben.

Eine Art Sammelklage ist aber nunmehr dadurch möglich, dass sich durch ein Ereignis Geschädigte zu einer **BGB-Gesellschaft** zur gemeinsamen Rechtsverfolgung gegen den Schädiger (Gesellschaftszweck) zusammenschließen:[408] Formell ist das aber ein Prozess der Gesellschaft als Partei, er betrifft auch nur die beteiligten Gesellschafter.

Die Streitgenossenschaft kann einfach oder notwendig sein; die einfache ist die Regel, die notwendige die Ausnahme.[409]

1.1 Die einfache Streitgenossenschaft (§§ 59–61)

1) Bei ihr handelt es sich – wie bei der objektiven Klagehäufung (s.o. § 6, 5) – lediglich um eine Zusammenfassung mehrerer an sich selbstständiger Prozesse aus Zweckmäßigkeitserwägungen zu einem Verfahren. Grundsätzlich behalten daher die einzelnen Prozessrechtsverhältnisse ihre **rechtliche Selbstständigkeit** (§ 61); lediglich die Verhandlung, Beweisaufnahme und i.d.R. Entscheidung werden aus Zweckmäßigkeitsgründen zusammengefasst. Zulässigkeit und Begründetheit der Klage sind für jeden Streitgenossen gesondert zu prüfen; das Verfahren kann sich gegen jeden einzelnen Streitgenossen unterschiedlich entwickeln, die Streitgenossen können sich unterschiedlich verhalten, die Entscheidungen unterschiedlich ausfallen.[410]

Zeuge kann ein Streitgenosse im Prozessrechtsverhältnis eines anderen aber nur hinsichtlich solcher Tatsachen sein, die ausschließlich den anderen Streitgenossen betreffen, weil er anderenfalls als Zeuge in eigener Sache aussagen könnte.[411]

---

407 s. BVerfG v. 14.06.2007 – 2 BvR 2247/06, NJW 2007, 3709; Geulen/Sebok NJW 2003, 3244, 3245.

408 s. Koch NJW 2006, 1469.

409 s. ThP/Hüßtege § 62 Rdnr. 15; Lindacher JuS 1986, 379.

410 BGH Urt. v. 27.02.2003 – I ZR 145/00, MDR 2003, 1362; BL/Hartmann, vor § 59 Rdnr. 4, 8; StJ/Bork § 61 Rdnr. 1; ThP/Hüßtege § 61 Rdnr. 1; Jauernig § 81 III.

411 h.M.: BGH NJW-RR 1991, 256; Musielak/Weth § 61 Rdnr. 5; MK/Schultes § 61 Rdnr. 8.

2) Die Zulässigkeit der Streitgenossenschaft ergibt sich aus §§ 59, 60.

Diese Bestimmungen sind als Zweckmäßigkeitsregelung weit auszulegen.[412]

Beispiel: K, der durch einen Verkehrsunfall verletzt wurde, klagt gegen H als Halter und gegen F als Fahrer des Wagens als Gesamtschuldner auf Schadensersatz. – Einfache Streitgenossenschaft: Zulässig wegen der geltend gemachten gesamtschuldnerischen Haftung (§ 59). Das Urteil braucht nicht gleich auszufallen; so kann etwa H zu verurteilen, die Klage gegen F aber abzuweisen sein, weil dieser sich hinsichtlich eines Verschuldens entlasten kann (s. § 18 StVG). Ist eine der Parteien säumig, kann gegen sie ggf. Versäumnisurteil ergehen.

Bei Entscheidungsreife hins. einzelner Streitgenossen: Teilurteil (§ 301) möglich.[413]

3) Ist die Streitgenossenschaft nicht zulässig, erfolgt keine Abweisung der Klage (wegen Unzulässigkeit), sondern Trennung der Prozesse (§ 145 Abs. 1), denn nicht die Klagen sind dann unzulässig, sondern nur ihre Verbindung.

Auch im Übrigen Trennung nach pflichtgemäßem Ermessen (nicht aber willkürlich).

1.2 Eine **notwendige Streitgenossenschaft** (§ 62)

1) besteht dann, wenn aus prozess- oder materiell-rechtlichen Gründen die Entscheidung gegenüber allen Streitgenossen nur **einheitlich ausfallen** kann.

- **Prozessrechtlich** ist dies der Fall, wenn die Rechtskraft des Urteils gegen einen Streitgenossen sich auch auf die anderen Streitgenossen erstreckt oder wenn eine Gestaltungswirkung des Urteils allen Streitgenossen gegenüber eintritt (z.B. Klage mehrerer OHG-Gesellschafter gegen einen anderen Gesellschafter auf Auflösung der OHG, § 133 HGB).
- Aus **materiell-rechtlichen** Gründen besteht notwendige Streitgenossenschaft, wenn nach materiellem Recht wegen nur gemeinsamer Verfügungsbefugnis die Klage nur gemeinschaftlich erhoben werden kann oder gegen alle gemeinschaftlich gerichtet werden muss.[414] z.B.: Aktivprozesse einer Gesamthand,[415] die BGB-(Außen-)Gesellschaft kann aber, da parteifähig, auch als solche klagen bzw. verklagt werden;[416] Auflassungsklage grds. nur gegen alle Miteigentümer gemeinsam.[417]

Die Inanspruchnahme mehrerer Beklagter als **Gesamtschuldner** ergibt keine notwendige, sondern nur eine **einfache** Streitgenossenschaft, da der Gläubiger die Leistung von jedem Gesamtschuldner allein verlangen kann (§ 421 BGB); Gesamtschuldner können daher getrennt verklagt werden.[418] Ebenso: Bürge und Hauptschuldner;[419] OHG/KG und Gesellschafter;[420] BGB-Gesellschaft und Gesellschafter.[421]

2) Da die Entscheidung einheitlich ergehen muss, verhindert § 62 den Erlass eines Versäumnisurteils gegen nur einen Streitgenossen, indem er ihn als durch den erschienenen anderen Streitgenossen vertreten fingiert.

Anerkenntnis o. Verzicht nur eines Streitgenossen kann nicht zu einem Anerkenntnis- o. Verzichtsurteil führen, sondern allenfalls ein Indiz bei der Beweiswürdigung ergeben.

---

412 BGH NJW 1992, 981.

413 BAG Urt. v. 20.11.2003 - 8 AZR 580/02, NJW 2004, 2848.

414 BGH NJW 1990, 2689@.

415 s. Jauernig § 82 III.

416 BGH Urt. v. 29.01.2001 - II ZR 331/00, NJW 2001, 1056@; BGH Urt. v. 23.10.2003 - IX ZR 324/01, MDR 2004, 330; BGH Urt. v. 14.09.2005 - VIII ZR 117/05, NJW-RR 2006, 42. - s.o. Fall 5.

417 BGH NJW 1996, 1060@.

418 BAG Urt. v. 20.11.2003 - 8 AZR 580/02, NJW 2004, 2848; BL/Hartmann § 62 Rdnr. 11.

419 RS/Gottwald § 49 Rdnr. 11.

420 BGH NJW 1988, 2113.

421 BGH Urt. v. 29.01.2001 - II ZR 331/00, NJW 2001, 1056@.

2. Die Nebenintervention (§§ 66–71)

1) Nach § 66 kann ein Dritter, der ein rechtliches Interesse am Obsiegen einer Partei hat, dieser Partei als **Streitgehilfe (Nebenintervenient)** beitreten.

Rechtliches Interesse: Wenn die Entscheidung des Prozesses Auswirkung auf die Rechtsstellung des Dritten hat, sodass durch den Sieg der unterstützten Partei seine Rechtslage verbessert oder durch das Unterliegen verschlechtert würde. Wichtigste Fälle: bei Rechtskrafterstreckung (z.B. der Dritte hat die streitbefangene Sache in Kenntnis des Prozesses erworben, § 325); der Dritte befürchtet bei Unterliegen der Partei Regressansprüche gegen sich.

2) Der Streitgehilfe **unterstützt** lediglich die Partei; er ist jedoch **nicht selbst Partei**.[422] – Daher kann er

a) zwar grundsätzlich alle Prozesshandlungen vornehmen,

insbes. Angriffs- und Verteidigungsmittel geltend machen (z.B. Tatsachenvortrag;[423] Verjährungseinrede[424]), Rechtsmittel für die Partei einlegen,[425] allerdings **nicht im Widerspruch zu der unterstützten Partei** (§ 67),

b) nicht dagegen über den Streitgegenstand verfügen (z.B. durch Klagerücknahme, Anerkenntnis oder Vergleich); dies können nur die Parteien selbst.

3) Wichtigste Folge der Nebenintervention ist die **Interventionswirkung** (§ 68): Im Verhältnis zur unterstützten Partei (Hauptpartei) kann der Nebenintervenient in einem späteren Rechtsstreit – z.B. einem Regressprozess – nicht mehr geltend machen, dass der seinerzeitige Rechtsstreit unrichtig entschieden worden sei oder dass die Hauptpartei den Prozess mangelhaft geführt habe.

3. Die Streitverkündung (§§ 72–74)

Glaubt eine Partei, im Falle des Prozessverlustes Regressansprüche gegen einen Dritten zu haben oder Ansprüchen eines Dritten ausgesetzt zu sein, so kann sie diesem Dritten den Streit verkünden (§§ 72, 73).

1) Der Zweck der Streitverkündung besteht für die streitverkündende Partei darin, im Verhältnis zu dem Dritten die **Interventionswirkung des § 68** herbeizuführen, um zu verhindern, dass sie durch widersprechende Urteile sowohl den ersten als auch den etwaigen Folgeprozess mit dem Dritten verliert.[426]

Die Streitverkündung hemmt zudem die Verjährung (§ 204 Abs. 1 Nr. 6 BGB).

2) Der Streitverkündungsempfänger hat die Möglichkeit, dem Streitverkünder oder auch dessen Gegner[427] beizutreten. Tritt er bei, so hat er die Stellung eines Nebenintervenienten (§ 74 Abs. 1). Unabhängig aber von einem Beitritt tritt im

422 BGH NJW 1997, 2385.
423 BGH NJW-RR 1991, 361.
424 BGH VersR 1985, 80.
425 BGH NJW 1997, 2385.
426 s. Musielak/Weth § 72 Rdnr. 1; Schellhammer Rdnr. 1621; Musielak Grundkurs Rdnr. 349.
427 BGHZ 103, 278; BGH VersR 1985, 80.

Verhältnis zwischen Streitverkünder und Streitverkündungsempfänger über § 74 Abs. 3 immer die Interventionswirkung entsprechend § 68 ein.[428]

Beispiel: A wurde von E auf Herausgabe einer Schreibmaschine verklagt, die A von V gekauft hatte. E stützte die Klage darauf, Eigentümer dieser ihm abhanden gekommenen Schreibmaschine zu sein. A verkündete V den Streit; V trat dem Prozess nicht bei. A wurde zur Herausgabe an E verurteilt. Nunmehr klagt A gegen V auf Schadensersatz wegen Rechtsmangels der gekauften Schreibmaschine. V wendet ein, dass nicht E, sondern er – V – Eigentümer der Maschine gewesen sei; außerdem sei sie dem E auch nicht abhanden gekommen, sondern E habe sie ihm seinerzeit freiwillig, im Beisein des X, übergeben, was X bezeugen könne.

Wegen der Streitverkündung ist im Verhältnis von Streitverkündungsempfänger V zum Streitverkünder A die Interventionswirkung eingetreten (§§ 74 Abs. 3, 68). V kann daher in dem Rechtsstreit mit A nicht mehr vorbringen, dass der Rechtsstreit zwischen A und E falsch entschieden worden sei. Diese Interventionswirkung ist etwas anderes als eine Rechtskraftwirkung. Sie bezieht sich nämlich nicht nur auf den Urteilstenor, sondern auch auf die **tragenden tatsächlichen Feststellungen und rechtlichen Erwägungen** des Urteils – die sog. **Entscheidungselemente** –;[429] an diese ist auch das Gericht des Folgeprozesses gebunden. Daraus folgt, dass V in dem Prozess gegen A nichts vorbringen kann, was dem im Urteil angenommenen Eigentum des E und dem Abhandenkommen der Maschine entgegensteht; vielmehr ist zugrunde zu legen, dass die tatsächlichen Feststellungen und rechtlichen Erwägungen des Urteils zutreffen, dass also die Schreibmaschine dem E als Eigentümer abhanden gekommen ist.

Ohne die Streitverkündung hätte die Gefahr bestanden, dass das Gericht des Folgeprozesses, das dann an die Begründung des Urteils nicht gebunden gewesen wäre (s.u. § 14, 2.2.1), die Klage mit abweichender Begründung hätte abweisen können, sodass A dann beide Prozesse verloren hätte, obwohl er nach materiellem Recht einen hätte gewinnen müssen.

3) Die Interventionswirkung tritt nur gegen den Streitverkündungsempfänger ein, nicht dagegen auch gegen die streitverkündende Partei selbst, die daher im Folgeprozess nicht an die Ergebnisse des Vorprozesses gebunden ist: Sie besteht also nur zugunsten, nicht auch zulasten der streitverkündenden Partei,[430] ist also für diese ohne Risiko.

4. Parteiwechsel während des Verfahrens

Ein Parteiwechsel liegt vor, **wenn eine neue Partei anstelle einer ausscheidenden Partei in den Rechtsstreit eintritt**.

Dies ist zu unterscheiden von der immer zulässigen bloßen Berichtigung der Parteibezeichnung bei gleichbleibender (identischer) Partei.[431]

4.1 Parteiwechsel kraft Gesetzes. Wichtigster Fall ist der Tod einer Partei: Der Erbe tritt kraft Rechtsnachfolge in die Stellung des Erblassers als Partei; damit sich die Beteiligten auf die neue – oft noch unklare – Rechtslage einstellen können, wird der Prozess jedoch zunächst unterbrochen (§ 239).

Ferner bei **Insolvenzverfahren** einer Partei: Der Insolvenzverwalter tritt als Partei kraft Amtes an die Stelle der Partei (§ 80 InsO); der Prozess wird jedoch unterbrochen (§ 240), bis er gemäß §§ 85 ff., 180 Abs. 2 InsO aufgenommen – oder das Insolvenzverfahren beendet – wird.

428 BGH Urt. v. 18.03.2004 – IX ZR 255/00, NJW 2004, 1521.

429 BGHZ 103, 278; 116, 102; BGH NJW 1998, 80; BGH v. 27.11.2003 – V ZB 43/03, MDR 2004, 464; BGH Urt. v. 18.03.2004 – IX ZR 255/00, NJW 2004, 1521.

430 BGHZ 100, 257@; BGH NJW 1997, 2385.

431 BGH NJW 1981, 1453; 1983, 2448; 1998, 1496@; s.o. § 5, 3.2.2.1.

4.2 Ein **„gewillkürter Parteiwechsel"** liegt vor, wenn aufgrund Parteihandelns eine Partei ausgetauscht werden soll, etwa deshalb, weil zunächst ein sachlich nicht Legitimierter geklagt hat oder verklagt worden ist und nunmehr an dessen Stelle der sachlich Legitimierte eintreten soll.

Fall 18: Gewillkürter Parteiwechsel

G besaß eine Kaufpreisforderung gegen E. Nach dessen Tod klagt G gegen A – einen der Miterben – auf Zahlung. Nach Klageerhebung überträgt A seinen Miterbenanteil an K. Da G die Klage gegen A wegen dieser Erbteilsveräußerung für nicht mehr sinnvoll hält, richtet er die Klage nunmehr gegen K. Ein entsprechender Schriftsatz wird dem K zugestellt. A ist damit einverstanden, dass nunmehr K Beklagter sein soll.

Hier soll ein gewillkürter Parteiwechsel durchgeführt werden.

Kein Fall eines gesetzlichen Parteiwechsels, da zwar K infolge des Erwerbs des Erbteils nunmehr auch für die Nachlassverbindlichkeiten haftet, A aber nicht aus seiner Haftung ausgeschieden ist (§§ 2382, 2385 BGB).

(1) Die Zulässigkeit eines gewillkürten Parteiwechsels ist zwar allgemein anerkannt; seine Behandlung und Durchführung sind aber umstritten.

(a) Nach Kisch[432] nur durch Rücknahme der Klage hins. der bisherigen Partei und neue Klage gegen die neue Partei (Klagerücknahmetheorie): Wird heute nicht mehr vertreten.

(b) Die **Rechtsprechung** sieht den Parteiwechsel **grundsätzlich als eine Klageänderung** an und lässt ihn daher grundsätzlich – gemäß § 263 – nur zu, wenn die neue Partei einwilligt oder wenn der Wechsel sachdienlich ist **(Klageänderungstheorie)**.[433]

Für einen Beklagtenwechsel – auch für eine Beklagtenerweiterung – in der **Berufungsinstanz** verlangt der BGH jedoch grds. auch die Zustimmung des neuen Beklagten, sodass Sachdienlichkeit nicht ausreicht (außer bei rechtsmissbräuchlicher Verweigerung der Zustimmung).[434] Grund: dem neuen Beklagten soll nicht die / eine Tatsacheninstanz ohne seine Einwilligung verlorengehen.

(c) Im **Schrifttum** wird dagegen weitgehend eine Gesetzeslücke angenommen, die nach den allgemeinen prozessualen Grundsätzen – unter Berücksichtigung auch der Regeln über Klageänderung, Klagerücknahme und Klageerhebung – auszufüllen sei: **Prozessuales Rechtsinstitut eigener Art**.[435]

(2) Danach: Voraussetzungen des **Wechsels des Beklagten in erster Instanz:**

(a) Zunächst **(unstreitig)**: entsprechende **Parteiwechselerklärung des Klägers**,

denn nur der Kläger kann bestimmen, wer Beklagter sein soll (Dispositionsmaxime).[436]

---

432 Parteiänderung im Zivilprozess, 1912.

433 BGH NJW 1998, 1496@; BGH Urt. v. 15.01.2003 – XII ZR 300/99, NJW 2003, 1043; BGH Urt. v. 21.01.2004 – VIII ZR 209/03, NJW-RR 2004, 640; BGH Urt. v. 16.12.2005 – V ZR 230/04, NJW 2006, 1351, 1353.

434 BGH NJW 1981, 989@; 1983, 685; 1984, 2409; 1997, 2885; 1998, 1496@.

435 so nach de Boor, Zur Lehre vom Parteiwechsel und vom Parteibegriff, 1941, u.a. StJ/Roth § 263, 43, 48; BL/Hartmann § 263, 5; ThP/Hüßtege vor § 50, 15 ff.; RS/Gottwald § 42, 20 ff.; Jauernig § 86 II.

436 MK/Becker-Eberhard § 263 Rdnr. 77; ThP/Hüßtege vor § 50 Rdnr. 22.

(b) **zur Einbeziehung des neuen Beklagten:**

(aa) Zustellung eines Schriftsatzes gemäß § 253 Abs. 2 – als Klage im Verhältnis zum neuen Beklagten – (**unstreitig**; Rügeverzicht gemäß § 295 möglich!).

(bb) Nach der Rechtsprechung außerdem: **Einwilligung des neuen Beklagten oder Zulassung der Einbeziehung als sachdienlich** (entspr. § 263).[437]

Nach der Schrifttumsansicht dagegen nicht erforderlich, da der Kläger ohnehin gegen den neuen Beklagten eine selbstständige neue Klage erheben könnte.[438]

(c) Das **Ausscheiden des ursprünglichen Beklagten** setzt nach allgemeiner Auffassung seine **Einwilligung nach Maßgabe des § 269 Abs. 1** voraus.

Zwar müsste an sich diese Einwilligung nach der Klageänderungstheorie des BGH auch durch Sachdienlichkeit ersetzt werden können. Da aber aus § 269 Abs. 1 folgt, dass der Beklagte **von Beginn der mündlichen Verhandlung** an einen unentziehbaren Anspruch auf eine Sachentscheidung hat, wird auch in der Rspr. von diesem Zeitpunkt an die Einwilligung des ursprünglichen Beklagten für erforderlich gehalten[439] (also Durchbrechung der Klageänderungstheorie!). Im Schrifttum wird dies ohnehin allgemein vertreten.[440]

Vor Verhandlung reicht dagegen Sachdienlichkeit aus.[441]

(3) Hier ist die Klage gegen den neuen Beklagten K zulässig, da es seiner Zustimmung nicht bedarf (Schrifttum), der Parteiwechsel zudem sachdienlich ist (Rspr.); da der bisherige Beklagte A einverstanden ist – ggf. nach Maßgabe des § 269 erforderlich –, ist A aus dem Prozess ausgeschieden. Nur K ist daher nunmehr der Beklagte.

An den bisherigen Prozessverlauf – Vortrag und Prozesshandlungen des bisherigen Beklagten, Beweisergebnisse – ist der neue Beklagte nur gebunden, wenn er dem Parteiwechsel zugestimmt hat oder den Prozess insoweit ohne Widerspruch fortsetzt.[442]

4.3 Eine **Parteierweiterung (Parteibeitritt)** liegt vor, wenn zu einer Partei eine weitere Partei hinzutritt oder in den Prozess hineingezogen wird; es entsteht dann eine Streitgenossenschaft. Diese Parteierweiterung unterliegt nach h.M. grundsätzlich ebenfalls den dargestellten Regeln über den gewillkürten Parteiwechsel (grds. Klageänderungstheorie):[443] Also Einwilligung der weiteren Partei oder Zulassung der Erweiterung als sachdienlich.

Anders weitgehend das Schrifttum: Keine besonderen Voraussetzungen, da lediglich ein zusätzliches Prozessrechtsverhältnis begründet werde, im bisherigen aber keine Änderung eintrete; die Bestimmungen über die Streitgenossenschaft reichten daher insoweit aus.[444]

---

437 BGH NJW 1962, 347; 1996, 2799@; BGH Urt. v. 15.01.2003 – XII ZR 300/99, NJW 2003, 1043, 1044.
438 StJ/Roth § 263 Rdnr. 54; Zöller/Greger § 263 Rdnr. 24; RS/Gottwald § 42 Rdnr. 24.
439 BGH NJW 1981, 989@; BGH Urt. v. 16.12.2005 – V ZR 210/04, NJW 2006, 1351, 1353.
440 MK/Becker-Eberhard § 263, 77; Zöller/Greger § 263, 24; RS/Gottwald § 42, 24.
441 BGHZ 123, 136; StJ/Roth § 263 Rdnr. 54.
442 MK/Becker-Eberhard § 263, 78, 95 ff.; ThP/Hüßtege Vorbem. § 50, 22; Schellhammer 1683.
443 BGHZ 40, 189; 65, 268; BGH NJW 1975, 1228; 1996, 196@; 1999, 62@.
444 u.a. Musielak/Foerste § 263 Rdnr. 23; Schellhammer Rdnr. 1686.

§ 9 Das Versäumnisverfahren (§§ 330 ff.)

Die Regelungen des Versäumnisverfahrens beruhen auf dem Gedanken, dass der Rechtsstreit auch dann entschieden werden muss, wenn eine Partei ihrer Obliegenheit zur Mitwirkung nicht nachkommt. Die Mitwirkung wird zwar nicht erzwungen; aus der Verletzung dieser Obliegenheit ergeben sich jedoch für den Säumigen Nachteile, die bis zum Erlass eines Versäumnisurteils gehen.

Das Versäumnisurteil ist echtes **Sachurteil mit voller Rechtskraftwirkung**, also kein „minderes" Urteil: Bei einem Versäumnisurteil gem. § 330 gegen den Kläger ist der Anspruch endgültig aberkannt,[445] bei einem Versäumnisurteil gem. § 331 gegen den Beklagten zugesprochen.

1. Begriff des Versäumnisurteils (VU)

1) **Echte Versäumnisurteile** i.S.d. §§ 330 ff. sind nach h.M. nur solche Urteile, die

- **gegen die säumige Partei und**
- **aufgrund ihrer Säumnis** erlassen werden.[446]

2) Urteile, die zwar bei Säumnis einer Partei ergehen, aber nicht gegen die säumige Partei oder zwar gegen diese, aber nicht wegen ihrer Säumnis, sind daher **keine Versäumnisurteile i.S.d. §§ 330 ff.**, sondern **normale (streitige/kontradiktorische) Urteile**. Auf sie finden die §§ 330 ff. daher keine Anwendung; es gelten insbesondere die allgemeinen Rechtsmittel.

Solche Urteile werden vielfach als **„unechte Versäumnisurteile"** bezeichnet – missverständlich:[447] denn sie sind ja gerade **überhaupt keine Versäumnisurteile!**

2. Das Versäumnisverfahren bei Verhandlungstermin

2.1 Voraussetzungen für den Erlass eines (echten) Versäumnisurteils sind:

1) **Antrag** der erschienenen Partei auf Erlass eines Versäumnisurteils.

Die Regelung in § 13 BORA, dass ein Rechtsanwalt aus kollegialer Rücksichtnahme ein VU grds. nur nach vorheriger Ankündigung gegenüber dem gegnerischen Rechtsanwalt beantragen dürfe, ist unwirksam, u.a. wegen Verletzung der vom Rechtsanwalt gerade wahrzunehmenden Interessen seines Mandanten.[448]

---

445 BGH Urt. v. 17.12.2002 - XI ZR 90/02, NJW 2003, 1044@; s.u. 2.1, 5.

446 BGH NJW 1967, 2162; OLG Frankfurt NJW 1992, 1178; Zöller/Herget vor § 330 Rdnr. 10, 11; ThP/Reichold vor § 330 Rdnr. 11 ff.; MK/Prütting § 330 Rdnr. 18 ff.; StJ/Grunsky vor § 330 Rdnr. 15 ff.; Musielak/Stadler vor § 330 Rdnr. 10 ff.; RS/Gottwald § 104 Rdnr. 3, 4; Schellhammer Rdnr. 1531. – a.A. BL/Hartmann Übers. § 330 Rdnr. 11: Jedes Urteil gegen eine säumige Partei sei echtes VU.

447 s. MK/Prütting § 330 Rdnr. 22; StJ/Grunsky vor § 330 Rdnr. 19; Musielak/Stadler vor § 330 Rdnr. 11.

448 BVerfG NJW 2000, 347@.

2) **Säumnis der anderen Partei:** Eine Säumnis liegt vor, wenn die Partei im Verhandlungstermin trotz ordnungsgemäßer rechtzeitiger Ladung (§ 335 Abs. 1 Nr. 2) nicht erschienen bzw. - im Anwaltsprozess - nicht durch einen Rechtsanwalt vertreten ist oder nicht verhandelt (§ 333).

Verhandlungstermin ist insoweit **jeder einzelne Termin** (§ 332), d.h.: Auch wenn die Partei in einem früheren Termin verhandelt hat, kann gegen sie bei Säumnis in einem späteren Termin VU erlassen werden.

3) **Kein Fall der §§ 335 Nr. 1 und 3, 337:** Fehlender Nachweis einer noch beibringbaren Sachurteilsvoraussetzung, nicht rechtzeitiges Mitteilen von Parteivorbringen, zu kurz bemessene Einlassungs- oder Ladungsfrist, **Verhinderung der säumigen Partei ohne Verschulden** (z.B. durch unvorhersehbaren Verkehrsstau);[449] dann ist der Antrag auf VU zurückzuweisen oder - in der Praxis die Regel - ein **neuer Termin** anzuberaumen.

4) **Zulässigkeit der Klage**

Da das Versäumnisurteil ein echtes Sachurteil ist, müssen zu seinem Erlass die **Sachurteilsvoraussetzungen** vorliegen. Fehlen Sachurteilsvoraussetzungen (endgültig) - ist die Klage also nicht zulässig -, so wird sie, wie auch sonst eine Klage im normalen streitigen Verfahren, **durch Prozessurteil abgewiesen.**[450]

Dieses klageabweisende Urteil ist **kein Versäumnisurteil** i.e.S. (sog. „unechtes Versäumnisurteil"), da es

- bei Säumnis des Beklagten: nicht gegen die säumige Partei ergeht (unstreitig),
- bei Säumnis des Klägers: zwar gegen die säumige Partei, aber eben nicht aufgrund ihrer Säumnis, sondern aufgrund des Fehlens von Sachurteilsvoraussetzungen ergeht (h.M.),[451]

  nach a.A. dagegen ein echtes VU, da § 330 ausdrücklich bestimme, dass bei Säumnis des Klägers die Klage ausnahmslos - daher eben auch bei Unzulässigkeit - durch (echtes) VU abzuweisen sei.[452]

5) Bei **Säumnis des Klägers** sind keine weiteren Voraussetzungen zu prüfen: Auf Antrag des Beklagten ist die (zulässige) Klage ohne jede Sachprüfung - **durch echtes VU - abzuweisen** (§ 330). Dies beruht auf dem Gedanken, dass derjenige, der sich seines eigenen Prozesses nicht annimmt, einfach allein aus diesem prozessualen Grund den Prozess verlieren muss.

Dieses VU schließt nach Rechtskraft jede erneute Klage über den Anspruch schlechthin aus, auch wenn der Kläger das VU nur wegen mangelnder Fälligkeit des Anspruchs hatte ergehen lassen, nach Rechtskraft aber die Fälligkeit eingetreten ist:[453] Da es auf Schlüssigkeit und Begründetheit der Klage überhaupt nicht ankommt, kann es auch nicht darauf ankommen, aus welchem Grund die Klage nicht schlüssig war.

a.A. zum Teil im Schrifttum, da der Kläger insoweit nach einer Klageabweisung durch VU schlechter steht als bei Abweisung durch ein streitiges Urteil, dessen Rechtskraft bei Abweisung nur mangels Fälligkeit auf diesen Abweisungsgrund beschränkt ist.[454]

---

449 BGH NJW 1999, 724.

450 BGH MDR 1986, 998; Jauernig § 66 III 2; Schellhammer Rdnr. 1538, 1543.

451 h.M.: BGH NJW 1967, 2162; MDR 1986, 998; OLG Frankfurt NJW 1992, 1178; MK/Prütting § 330, 19; ThP/Reichold vor § 330, 12; Zöller/Herget vor § 330, 11; Musielak/Stadler vor § 330, 12.

452 Wieczorek/Borck vor § 330, 61 ff., 72 ff. (ausführlich); BL/Hartmann § 330 Rdnr. 5.

453 BGH Urt. v. 17.12.2002 - XI ZR 90/02, NJW 2003, 1044@; Zöller/Herget § 330, 9; RS/Gottwald § 152, 25.

454 s. eingehend Siemon MDR 2004, 301 m.N.; s.u. § 14, 2.2.1, 1).

6) **Bei Säumnis des Beklagten** ist dagegen noch die **Schlüssigkeit der Klage** zu prüfen. Dies ergibt sich aus der Geständnisfiktion des § 331 Abs. 1 S. 1: (Nur) der Tatsachenvortrag des Klägers gilt als zugestanden; die rechtliche Prüfung dahin, ob dieses Vorbringen den Klageantrag überhaupt zu rechtfertigen vermag, ist daher noch durchzuführen.

Der Kläger soll insoweit nicht besser stehen als ohne Säumnis des Beklagten.

- Ist die Klage **schlüssig**, ergeht ein **echtes Versäumnisurteil** gemäß dem Klageantrag gegen den Beklagten (§ 331 Abs. 2, 1. Halbs.).
- Ist die Klage **nicht schlüssig**, so wird sie **abgewiesen** (§ 331 Abs. 2, 2. Halbs.): **Normales Sachurteil; kein Versäumnisurteil**, da gegen die nichtsäumige Partei (sog. unechtes Versäumnisurteil, unstreitig).

  z.B. wenn sich aus dem Klägervortrag ergibt, dass die Forderung verjährt ist **und** dass der Beklagte sich auf Verjährung berufen hat.[455]

7) Bei nur **teilweiser** Säumnis (durch Nichtverhandeln zu einem Teil des Streitgegenstandes), Zulässigkeit oder Schlüssigkeit: Entsprechendes Teil-Versäumnisurteil; im Übrigen normales streitiges Verfahren.

2.2 Prüfungsschemata

Da je nach Vorliegen oder Fehlen der Voraussetzungen eine Klageabweisung (sog. unechtes VU), ein echtes VU oder auch nur die VU-Ablehnung/neuer Termin in Betracht kommt, eine bereits aussprechbare (endgültige) Klageabweisung aber Vorrang vor der (bloßen) VU-Ablehnung/neuer Termin haben muss, ist folgender Prüfungsaufbau zweckmäßig:

1) **Antrag des Klägers auf Erlass eines VU gegen den Beklagten**

   (1) **Zulässigkeit der Klage?** d.h. Zulässigkeitsprüfung. – Ergebnis:

      (a) Wenn bzw. soweit nicht zulässig (= **endgültiges** Fehlen von Sachurteilsvoraussetzungen): Klageabweisung durch Prozessurteil.

      (b) Wenn bzw. soweit zulässig: Weitere Prüfung:

   (2) **Schlüssigkeit der Klage?** d.h. Schlüssigkeitsprüfung. – Ergebnis:

      (a) Wenn bzw. soweit nicht schlüssig: Klageabweisung (§ 331 Abs. 2, 2. Halbs.; normales Sachurteil, kein VU).

      (b) Wenn bzw. soweit schlüssig: Weitere Prüfung:

   (3) Liegen die **besonderen Voraussetzungen** für den Erlass eines VU vor?

      §§ 335, 337: **Säumnis** (kein Verschuldensausschluss), ordnungsgemäße Ladung, rechtzeitiger Vortrag, kein Fall des § 335 Abs. 1 Nr. 1 (fehlender Nachweis einer Sachurteilsvoraussetzung, also falls der Mangel **behebbar** ist; bei endgültigem Fehlen: Klageabweisung, s.o.[1]!).

---

455 BGH NJW 1999, 2120, 2123@.

(a) Wenn nicht: Zurückweisung des VU-Antrags durch Beschluss (§ 336) oder Anberaumung eines neuen Verhandlungstermins.

(b) **Wenn ja: Erlass des Versäumnisurteils** gegen den Beklagten (§ 331).

Bei Fehlen von Voraussetzungen: Vor Klageabweisung/Antragszurückweisung Hinweis an den Kläger, um ihm ggf. noch die Beibringung zu ermöglichen (§ 139).

2) **Antrag des Beklagten auf Erlass eines VU gegen den Kläger**

(1) **Zulässigkeit der Klage?** d.h. Zulässigkeitsprüfung. - Ergebnis:

(a) Wenn bzw. soweit nicht zulässig: Klageabweisung (Prozessurteil, h.M.; nach a.A. echtes Versäumnisurteil, § 330).

(b) Wenn bzw. soweit zulässig: Weitere Prüfung:

(2) Liegen die **besonderen Voraussetzungen** für den Erlass eines VU vor?

d.h. hins. **des Klägers**: Kein Fall der §§ 335 Abs. 1 Nr. 2, 337.

(a) Wenn nicht: Zurückweisung des VU-Antrags durch Beschluss (§ 336) oder Anberaumung eines neuen Verhandlungstermins.

(b) **Wenn ja: Erlass des klageabweisenden echten Versäumnisurteils** gegen den Kläger (§ 330; **keine Schlüssigkeitsprüfung!**).

2.3 Rechtsbehelf gegen das echte Versäumnisurteil ist - nur - der Einspruch (§ 338; nicht Berufung, § 514 Abs. 1).

1) **Einlegung bei VU-Gericht** (§ 340 Abs. 1). - Zulässigkeitsvoraussetzungen:

a) **Frist:** Zwei Wochen ab Zustellung des Urteils (§ 339). Notfrist; gegen ihre Versäumung ist daher Wiedereinsetzung möglich (§§ 233 ff.).

Ohne Zustellung beginnt die Einspruchsfrist nicht; § 517 gilt nicht entsprechend.[456]

b) **Form:** § 340 Abs. 2 Nr. 1 und 2.

Begründung (Abs. 3) ist keine Zulässigkeitsvoraussetzung;[457] eine verspätete Begründung ist jedoch ggf. nach § 296 zurückzuweisen.

2) Das Gericht hat zunächst zu prüfen, ob der Einspruch zulässig ist (§ 341): Ist er unzulässig, so ist er durch Urteil als unzulässig zu verwerfen.

ohne Prüfung der Zulässigkeit, Schlüssigkeit und Begründetheit, also ohne jede Überprüfung der sachlichen Richtigkeit des VU.[458]

3) Ist der Einspruch zulässig, so wird der Prozess **in die Lage zurückversetzt, in der er sich vor Eintritt der Versäumnis befunden hat** (§ 342).

a) Es wird sodann im normalen - streitigen (kontradiktorischen) - Verfahren, also aufgrund **mündlicher Verhandlung**, weiterverfahren und entschieden, vor

456 StJ/Grunsky § 339 Rdnr. 4; MK/Prütting § 339 Rdnr. 3.

457 BGH NJW-RR 1992, 957.

458 BGH v. 05.03.2007 - II ZB 4/06, MDR 2007, 901; ThP/Reichold § 341 Rdnr. 5.

dem **bisher mit dem Rechtsstreit befassten Gericht**. Der Rechtsstreit gerät somit durch den Einspruch nicht an die höhere Instanz; der Einspruch ist daher kein Rechtsmittel.

b) Entscheidung: Ergibt sich nun die sachliche Richtigkeit des Versäumnisurteils, ergeht Urteil: „Das Versäumnisurteil vom ... wird aufrechterhalten" (§ 343 S. 1). Ergibt sich die sachliche Unrichtigkeit des Versäumnisurteils, so wird unter Aufhebung des Versäumnisurteils anderweitig entschieden (§ 343 S. 2).

4) Wenn in dem auf den Einspruch hin anberaumten Termin – nicht erst in einem folgenden – die säumige Partei sogleich wiederum säumig ist, so ergeht gegen sie auf Antrag das sog. **zweite Versäumnisurteil** nach § 345, mit dem Tenor: „Der Einspruch gegen das Versäumnisurteil vom ... wird verworfen."

a) Für dieses zweite Versäumnisurteil ist nach h.M. allein die **erneute (schuldhafte) Säumnis entscheidend; nicht** geprüft wird dagegen die Gesetzmäßigkeit des ersten VU, also die **Zulässigkeit und Schlüssigkeit der Klage**, da dies bereits beim Erlass des ersten VU geschehen ist.[459]

z.B.: Trotz fehlender Schlüssigkeit der Klage war ein VU gegen den Beklagten erlassen worden. Der Beklagte ist im Einspruchstermin erneut säumig; der Kläger beantragt ein VU auf Verwerfung des Einspruchs: Diesem Antrag ist zu entsprechen; ob die Klage schlüssig, das erste VU daher rechtmäßig ergangen ist, wird nicht mehr geprüft.

Nach a.A. ist dagegen auch die Gesetzmäßigkeit des ersten VU zu prüfen und daher das VU aufzuheben und die Klage abzuweisen, wenn nunmehr die Schlüssigkeit verneint wird; das Gericht könne nicht gezwungen sein, ein als unrichtig erkanntes VU aufrechtzuerhalten.[460]

b) Damit der Säumige nicht durch wiederholte Einsprüche den Prozess verzögern kann, gibt es gegen das zweite Versäumnisurteil keinen Einspruch mehr (§ 345), sondern nach § 514 Abs. 2 **Berufung**, die jedoch lediglich damit begründet werden kann, dass bei Erlass des zweiten Versäumnisurteils – nicht: des ersten![461] – keine schuldhafte Säumnis vorgelegen habe; nach h.M. kann daher die Berufung auch nicht auf eine anderweitige Gesetzeswidrigkeit des zweiten VU, wie fehlende Zulässigkeit oder Schlüssigkeit der Klage, gestützt werden („Prüfungsgleichlauf" mit dem Erlass des zweiten Versäumnisurteils).[462]

Anders nach Einspruch gegen Vollstreckungsbescheid: § 700 Abs. 6.[463]

2.4 Gegen eine **Klageabweisung bei Unzulässigkeit oder Unschlüssigkeit der Klage** – also gegen das sog. unechte Versäumnisurteil – gibt es nicht den Einspruch, sondern, da es sich insoweit gerade nicht um ein Versäumnisurteil i.e.S. handelt: **die allgemeinen Rechtsmittel, d.h. Berufung des Klägers**.

---

459 BGH NJW 1999, 2599@; OLG Rostock MDR 1999, 1084; KG MDR 2000, 293; MK/Prütting § 345 Rdnr. 9 ff.; Musielak/Stadler § 345 Rdnr. 4; Jauernig § 67 II 3; Schellhammer Rdnr. 1557.

460 So u.a. (auch im Hinblick auf § 700 Abs. 6 nach Vollstreckungsbescheid): BAG MDR 1995, 201@; StJ/Grunsky § 345 Rdnr. 7 ff.; Zöller/Herget § 345 Rdnr. 4; Braun JZ 1999, 1157.

461 BGH NJW 1986, 2113.

462 BGH NJW 1999, 2599@; BAG MDR 1995, 201@; OLG Hamm NJW 1991, 1067; a.A. u.a. OLG Celle FamRZ 1993, 1220; Vollkommer JZ 1991, 828; jeweils zu dem zu § 514 Abs. 2 inhaltsgleichen § 513 Abs. 2 a.F.

463 BGH NJW 1991, 43@; s.u. § 15, 2, 5 b).

3. Das Versäumnisurteil im schriftlichen Vorverfahren (§ 331 Abs. 3)

1) Ein echtes Versäumnisurteil kann es im schriftlichen Vorverfahren naturgemäß nur gegen den Beklagten geben, da nur dieser – nicht dagegen der Kläger – säumig sein kann.

2) Voraussetzungen für das Versäumnisurteil nach § 331 Abs. 3 sind:

a) Der Beklagte hat es unterlassen, entgegen der Aufforderung nach § 276 Abs. 1 S. 1 und trotz der erteilten Belehrung nach § 276 Abs. 2 dem Gericht seine Verteidigungsbereitschaft innerhalb der zweiwöchigen Notfrist anzuzeigen. Dieses Erfordernis steht gewissermaßen **anstelle der Säumnis im Termin**.

b) Im Übrigen wie bei Säumnis im Verhandlungstermin: Antrag, Zulässigkeit der Klage, Schlüssigkeit.

c) Nach § 331 Abs. 3 S. 1, 2. Halbs. darf das Versäumnisurteil nicht mehr ergehen, wenn die Verteidigungserklärung des Beklagten noch eingeht, bevor das unterschriebene Versäumnisurteil von dem Einzelrichter bzw. den Richtern der Geschäftsstelle übergeben ist.

3) Das weitere Verfahren bei einem solchen Versäumnisurteil im schriftlichen Vorverfahren – Einspruch/Verhandlungstermin – läuft wie beim normalen Versäumnisverfahren ab.

Die Einspruchsfrist beginnt einheitlich mit der letzten Zustellung.[464]

Es war bisher umstritten, ob im schriftlichen Vorverfahren bei Unzulässigkeit oder Unschlüssigkeit der Klage auch ein Urteil **gegen den Kläger auf Abweisung der Klage** ergehen könne.[465] **§ 331 Abs. 3 S. 3** i.d.F. des ersten JustizmodernisierungsG 2004 bestimmt nunmehr jedoch ausdrücklich, dass eine solche Klageabweisung nur hinsichtlich einer – unzulässigen oder unschlüssigen – **Nebenforderung**, z.B. hinsichtlich verlangter Zinsen, möglich ist. Daraus entnimmt die jetzt h.M. als **Gegenschluss**, dass eine Klageabweisung im schriftlichen Vorverfahren eben auch **nur** insoweit, nicht aber weitergehend – also nicht hinsichtlich der Hauptforderung – gestattet ist;[466] daher ist bei Unzulässigkeit oder Unschlüssigkeit der Hauptforderung ein Verhandlungstermin anzuberaumen, in dem dann ggf. – nach Hinweis, § 139 – die Klage abgewiesen wird.

4. Falls im Termin **beide Parteien nicht erscheinen**, so kann das Gericht:

- eine Entscheidung nach Lage der Akten erlassen (§ 251 a Abs. 1, Abs. 2),
- einen neuen Verhandlungstermin anberaumen (§ 227) oder
- das Ruhen des Verfahrens anordnen (§§ 251 a Abs. 3, 251).

Eine **Entscheidung nach Lage** der Akten kann auch die erschienene Partei statt eines Versäumnisurteils beantragen (§ 331 a), um so eine Entscheidung zu erhalten, die der säumige Gegner nicht mit dem Einspruch wieder hinfällig machen kann.

---

464 BGH NJW 1994, 3359.

465 so noch BL/Hartmann § 331 Rdnr. 24; Stieper JR 2005, 397.

466 StJ/Grunsky § 331 Rdnr. 46 ff.; Zöller/Herget § 331 Rdnr. 13; Musielak/Stadler § 331 Rdnr. 18; Zimmermann § 331 Rdnr. 28, 29; Hk-ZPO/Pukall § 331 Rdnr. 16.

§ 10 Prozessbeendigung durch Parteihandlungen

In der Regel wird in der mündlichen Verhandlung von den Parteien streitig verhandelt und dadurch der Streitstoff geklärt; das Gericht wird dann aufgrund dieses Streitstoffs und erforderlichenfalls einer Beweisaufnahme das Urteil fällen.

Die Parteien können jedoch durch **Prozesshandlungen** so über den Streitstoff verfügen, dass das Gericht nicht mehr zu einer Sachentscheidung kommt (Dispositionsmaxime!): Klagerücknahme und -verzicht des Klägers, Anerkenntnis des Beklagten, Erledigungserklärung der Parteien und Prozessvergleich.

1. Grundsätzliches zu den Prozesshandlungen der Parteien

1) Prozesshandlungen der Parteien sind solche Handlungen, deren Hauptwirkungen auf prozessualem Gebiet liegen. Dabei werden unterschieden:

- **Erwirkungshandlungen:** Mit ihnen soll ein Verhalten des Gerichts erwirkt werden (z.B. Klage, Anträge).
- **Bewirkungshandlungen:** Mit ihnen soll im Prozess unmittelbar etwas bewirkt – d.h. eine Gestaltung oder Änderung der Prozesslage herbeigeführt – werden (z.B. Klagerücknahme, Anerkenntnis, Verzicht).[467]

2) Voraussetzungen für die wirksame Vornahme: Partei- und Prozessfähigkeit, bei Vertretung: Vertretungsmacht und Postulationsfähigkeit des Handelnden.[468]

3) **Auslegung: Entsprechend § 133 BGB gemäß dem wirklichen Willen der Partei**, u.U. über den Wortlaut hinaus. Dabei ist im Zweifel anzunehmen, dass von der Partei bzw. dem für die Partei Handelnden (Anwalt) dasjenige gewollt ist, was nach den Maßstäben der Rechtsordnung vernünftig ist, ihrer recht verstandenen Interessenlage entspricht und zur Durchsetzung des von ihr verfolgten Rechts oder Anspruchs prozessual sinnvoll ist.[469]

z.B. Auslegung eines Klageantrags auf Freigabe einer gepfändeten Sache als zulässigen Antrag einer Drittwiderspruchsklage auf Unzulässigerklärung der Vollstreckung.[470]

Auslegung aber nur bei auslegungsbedürftiger, nicht bei eindeutiger Erklärung.[471]

u.U. kommt auch eine **Umdeutung** einer unwirksamen o. unzulässigen Prozesshandlung entspr. § 140 BGB in eine wirksame und zulässige vergleichbare Handlung in Betracht,[472] z.B. eines unzulässigen unbestimmten Leistungsantrags in einen Feststellungsantrag.[473]

---

467 s. StJ/Leipold vor § 128, 221 ff.; RS/Gottwald § 64 (nach Goldschmidt, Prozess als Rechtslage, 1925).

468 s. StJ/Leipold vor § 128 Rdnr. 234; ThP/Reichold Einl. III Rdnr. 10 ff.

469 BGH v. 14.02.2001 – XII ZB 192/99, FamRZ 2001, 1703; BGH Urt. v. 02.07.2004 – V ZR 290/03, FamRZ 2004, 1712; BGH v. 28.07.2005 – III ZB 56/05, NJW 2005, 3415.

470 BL/Hartmann § 771 Rdnr. 8; s.u. § 22, 1.4.

471 BGH v. 13.12.2006 – XII ZB 71/04, NJW 2007, 1460.

472 BGH Urt. v. 06.12.2000 – XII ZR 219/98, NJW 2001, 1217; v. 13.12.2006 – XII ZB 71/04, NJW 2007, 1460.

473 BGH NJW 2000, 664, 667; BGH Urt. v. 23.09.2004 – IX ZR 157/03, MDR 2005, 435. – anders StJ/Leipold vor § 128 Rdnr. 254: Feststellungsantrag als minus im Leistungsantrag enthalten.

4) **Prozesshandlungen sind grundsätzlich bedingungsfeindlich:** Die Notwendigkeit der Eindeutigkeit der jeweiligen Prozesssituation verbietet es, dass Prozesshandlungen unter einer Bedingung vorgenommen werden und ein Schwebezustand entsteht. So darf z.B. eine Klage nicht bedingt erhoben oder zurückgenommen, ein Rechtsmittel nicht bedingt eingelegt, ein Anerkenntnis nicht bedingt erklärt werden können.[474]

Zulässig ist allerdings i.d.R. eine Abhängigkeit von **innerprozessualen Bedingungen**,[475] da durch sie keine Unklarheit der Prozesslage entsteht.

z.B. bei der Klage: **Hilfsantrag, neben einem unbedingten Hauptantrag**, durch den die Klage wirksam (unbedingt) erhoben wird, unter der innerprozessualen auflösenden Bedingung des Erfolgs oder Nichterfolgs des Hauptantrags (s.o. § 6, 5.2.3). oder: von einer innerprozessualen Bedingung abhängiges Geständnis.[476]

Prozesshandlungen, die den Prozess einleiten oder beenden oder die den Streitgegenstand verändern – wie Klage, Klagerücknahme, Einlegung oder Rücknahme von Rechtsmitteln, Klageänderung, Parteiwechsel – vertragen jedoch auch keine innerprozessuale Bedingung.[477] Daher erfordert eine wirksame Klageerhebung **mindestens einen unbedingten Klageantrag**.

5) Prozesshandlungen unterliegen **grundsätzlich nicht den Regelungen des BGB über Willensmängel**; daher: keine Anfechtung nach §§ 119 ff. BGB.[478]

Auch ein **Widerruf** ist grds. ausgeschlossen, ausgenommen bei Vorliegen eines Restitutionsgrundes gemäß § 580.[479] – Näheres bei den einzelnen Prozesshandlungen.

6) Auch Prozesshandlungen stehen unter dem Gebot von **Treu und Glauben**: Unzulässigkeit prozessualer Arglist und des Rechtsmissbrauchs.[480]

z.B. Verbot der Zuständigkeitserschleichung (s.o. § 6, 3); Verhalten entgegen einem Prozessvertrag (s.u. 2, 4).

7) **Prozessverträge:** Von den Prozesshandlungen der Parteien – gegenüber Gericht oder Gegner – sind die Prozessverträge zu unterscheiden, d.h. Vereinbarungen der Parteien untereinander mit Wirkung auf prozessualem Gebiet. Grundsätzlich **zulässig**: Die Parteien eines (auch künftigen) Prozesses können sich vertraglich zu jedem prozessualen Verhalten verpflichten, das möglich ist und nicht gegen ein gesetzliches Verbot oder die guten Sitten verstößt.[481]

z.B. über den Gerichtsstand, die Nichteinlegung oder Rücknahme von Klage oder Rechtsmittel, Vollstreckungsverträge (s.u. § 17, 1.1 und Fall 41).

Wirksamkeitserfordernisse **nur nach materiellem Recht**, daher: Ohne Postulationsfähigkeit, nicht bedingungsfeindlich, nach §§ 119 ff. BGB anfechtbar (aber nicht mehr nach Eintritt einer bindenden Prozesslage, z.B. nach Erklärung der Klagerücknahme).[482]

---

474 BGH NJW 1996, 787; BayObLG FamRZ 2003, 391; RS/Gottwald § 65 Rdnr. 23, 24; Jauernig § 30 VI.

475 BGH NJW 1996, 787; BGH Urt. v. 25.02.2003 – X ZR 240/00, NJW-RR 2003, 1145; ThP/Reichold Einl. III Rdnr. 14; RS/Gottwald § 65 Rdnr. 25; Jauernig § 30 VI.

476 BGH Urt. v. 25.02.2003 – X ZR 240/00, NJW-RR 2003, 1145.

477 BGH Urt. v. 21.01.2004 – VIII ZR 209/03, NJW-RR 2004, 640; StJ/Leipold vor § 128 Rdnr. 264 ff.

478 BGH JR 1994, 21; NJW-RR 1994, 387; BGH v. 13.12.2006 – XII ZB 71/04, NJW 2007, 1460; StJ/Leipold vor § 128 Rdnr. 288 ff.; RS/Gottwald § 65 Rdnr. 46.

479 BGH NJW-RR 1994, 387; BGH v. 13.12.2006 – XII ZB 71/04, NJW 2007, 1460.

480 BGH v. 10.05.2007 – V ZB 83/06, NJW 2007, 3279; BL/Hartmann Einl. III Rdnr. 53 ff. m.w.N.

481 BGH NJW 1982, 2073; 1986, 198; BGH Urt. v. 21.12.2005 – VIII ZR 108/04, NJW-RR 2006, 632, 634.

482 s. StJ/Leipold vor § 128 Rdnr. 300 ff.; Zöller/Greger vor § 128 Rdnr. 26 ff.; RS/Gottwald § 66.

2. Die Klagerücknahme (§ 269)

bedeutet die Rücknahme nur der konkreten anhängigen Klage, also einen Verzicht des Klägers nur auf die Durchführung dieses Prozesses.

1) **Einseitige Erklärung des Klägers** gegenüber dem Gericht (§ 269 Abs. 2).

a) Nach Verhandlung des Beklagten zur Hauptsache bedarf die Klagerücknahme zu ihrer Wirksamkeit jedoch der **Einwilligung des Beklagten** (§ 269 Abs. 1). Verweigert der Beklagte diese Einwilligung, so geht der Prozess weiter.

Der Kläger soll sich dann nicht mehr einseitig vom Prozess lösen können, da der Beklagte dann ein schutzwürdiges Interesse an einer - i.d.R. abweisenden - Sachentscheidung hat.

Einwilligung liegt auch im Unterlassen von Widerspruch (§ 269 Abs. 2 S. 4).

b) Klagerücknahmeerklärung und Einwilligung sind als Prozesshandlungen bedingungsfeindlich, unwiderruflich und unanfechtbar.[483]

2) **Wirkungen der Klagerücknahme**:

a) Die **Rechtshängigkeit der Sache wird mit Rückwirkung beseitigt** (§ 269 Abs. 3 S. 1, 1. Halbs.); eine Sachentscheidung ergeht nicht mehr!

b) Ein im Prozess bereits ergangenes, noch nicht rechtskräftiges Urteil wird wirkungslos, ohne dass es einer Aufhebung bedarf (§ 269 Abs. 3 S. 1, 2. Halbs.).

c) **Der Kläger hat grds. die Prozesskosten zu tragen** (§ 269 Abs. 3 S. 2),

nur aufgrund der Klagerücknahme, unabhängig von der materiellen Rechtslage (prozessuale Kostenpflicht), soweit die Kosten nicht - nur bei bestimmten Familien- und Unterhaltssachen (§§ 626 Abs. 1 S. 2, 93 d) - dem Beklagten aufzuerlegen sind.[484]

Hat der Kläger jedoch die Klage deshalb zurückgenommen, weil der **Anlass zu ihrer Einreichung vor Rechtshängigkeit entfallen** ist - weil z.B. der Beklagte die Klageforderung nach Einreichung, aber vor Zustellung der Klage, bezahlt hat -, so bestimmt sich die Kostenpflicht gem. § 269 Abs. 3 S. 3 unter Berücksichtigung des bisherigen Sach- und Streitstandes nach billigem Ermessen: also Grundsätze des § 91 a (s.u. 5.1).

Diese Wirkungen sind auf Antrag durch Beschluss festzustellen.

3) Da nur die konkrete Klage zurückgenommen worden ist, kann der Kläger jederzeit erneut dieselbe Klage erheben.[485]

4) Eine **vertragliche Verpflichtung** zur Klagerücknahme ist möglich **(Prozessvertrag)**.[486] Erklärt der Kläger die Rücknahme nicht, so kann der Beklagte

a) die Rücknahmeverpflichtung **einredeweise** geltend machen - Einrede der prozessualen Arglist -, was zur Klageabweisung als unzulässig führt[487] oder

483 BGH v. 13.12.2006 - XII ZB 71/04, NJW 2007, 1460; v. 26.09.2007 - XII ZB 80/07, NJW-RR 2008, 85.

484 BGH v. 27.10.2003 - II ZB 38/02, NJW 2004, 223.

485 BGH NJW 1984, 658.

486 BGH NJW-RR 1987, 307; 1989, 802.

487 BGH a.a.O.; NJW-RR 1992, 568; Zöller/Greger § 269 Rdnr. 3; Musielak/Foerste § 269 Rdnr. 2; ThP/Reichold § 269 Rdnr. 2.

b) aus dem Vertrag **auf Klagerücknahme klagen** – Rechtsschutzbedürfnis wegen der Einredemöglichkeit streitig[488] –, auch mit Widerklage auf Abgabe einer Willenserklärung, wobei dann die rechtskräftige zur Rücknahme verurteilende Entscheidung nach § 894 die Rücknahmeerklärung ersetzt.

3. Der Klageverzicht (§ 306)

Der Klageverzicht ist die Erklärung des Klägers in der mündlichen Verhandlung gegenüber dem Gericht, dass der Klageanspruch ganz (oder teilweise) nicht besteht. Er bedeutet also einen **Verzicht auf den Klageanspruch** als solchen, nicht nur – wie bei der Klagerücknahme – auf die anhängige Klage. Der Klageverzicht führt auf Antrag des Beklagten zum klageabweisenden **(Verzichts-)Urteil**, das ohne Sachprüfung allein aufgrund des Verzichts ergeht; die Kosten des Rechtsstreits werden dabei dem Kläger als dem Unterliegenden auferlegt (§ 91). Da die Sache selbst entschieden wird, kann der Kläger nach einem Klageverzicht – im Gegensatz zur Klagerücknahme – keine erneute Klage desselben Inhalts mehr erheben (rechtskräftige Sachabweisung).

Da das Verzichtsurteil ein Sachurteil ist, müssen die Sachurteilsvoraussetzungen vorliegen; anderenfalls: Abweisung der Klage durch Prozessurteil. – In der Praxis sind Verzichtsurteile außerordentlich selten.

4. Das Anerkenntnis (§ 307)

1) ist die Erklärung des Beklagten an das Gericht, dass der vom Kläger geltend gemachte prozessuale Anspruch (Klageanspruch) besteht: Es bedeutet also eine **Unterwerfung des Beklagten unter das Klagebegehren** und führt nach § 307 zum **Erlass des Anerkenntnisurteils**, d.h. eines klagezusprechenden Urteils allein aufgrund des Anerkenntnisses.

Unterschied des Anerkenntnisses zum Geständnis: s.o. § 7, 2.2, 1). Anerkennen kann nur der Beklagte; Tatsachen zugestehen kann dagegen jede Partei.

2) Bei Anerkenntnis des Beklagten ergeht grds. ein Anerkenntnisurteil.

Ein besonderer Antrag des Klägers gerade auf Erlass eines Anerkenntnisurteils ist nicht erforderlich, auch keine mündliche Verhandlung (§ 307 S. 2).

Die Kosten trägt grds. der unterliegende Beklagte (§ 91), **bei sofortigem Anerkenntnis und fehlender Klageveranlassung dagegen der Kläger** (§ 93).

3) **Voraussetzungen** des Anerkenntnisurteils:

a) **Verfügungsbefugnis der Parteien** über den Streitgegenstand.

Da das Anerkenntnis Ausfluss der Parteiherrschaft ist (Dispositionsmaxime), ist es dort nicht wirksam, wo die Parteien über den Streitgegenstand nicht verfügen können,[489] wie z.B. in Ehe- und Kindschaftssachen (§§ 617, 640).

488 OLG Frankfurt JurBüro 2008, 104; StJ/Leipold vor § 128 Rdnr. 315; Zöller/Greger § 269 Rdnr. 3.
489 BGH NJW 1985, 2716.

b) Anerkenntnis: **Unbedingt, uneingeschränkt, vorbehaltslos**.

Ein eingeschränktes Anerkenntnis des Klageantrags – z.B. unter Aufrechnung mit einer Gegenforderung – ist daher kein Anerkenntnis i.S.v. § 307, ein Anerkenntnisurteil also nicht möglich; denn es muss ja noch über die Aufrechnungsforderung entschieden werden. Es ist aber als ein **Anerkenntnis zum Grund** und als Zugeständnis des Klagevortrags zu werten, mit der Wirkung, dass der Klageanspruch ohne Sachprüfung der Entscheidung zugrunde zulegen ist;[490] daher nur noch Sachprüfung zur Aufrechnung.

c) Vorliegen der **Sachurteilsvoraussetzungen**,

da auch das Anerkenntnisurteil ein Sachurteil ist; ist die Klage unzulässig, ist sie daher trotz eines Anerkenntnisses durch Prozessurteil abzuweisen.[491]

4) Das Anerkenntnisurteil ergeht **grundsätzlich ohne jede Sachprüfung** nur aufgrund des Anerkenntnisses. Der anerkannte Anspruch braucht daher nicht schlüssig oder materiell-rechtlich begründet zu sein.[492]

Allerdings: Die anerkannte Rechtsfolge darf nicht ersichtlich unmöglich, gesetzlich verboten oder **sittenwidrig** sein;[493] insoweit erfolgt also doch eine **eingeschränkte Sachprüfung**.

5) **Beseitigung eines Anerkenntnisses?**

Fall 19: Widerruf eines Anerkenntnisses

A klagt gegen B eine Forderung von 3.000 € aus einem Darlehen ein. B erkennt – aus Kostengründen – an, da er die Quittung über die Rückzahlung nicht findet. A beantragt Erlass eines Anerkenntnisurteils. Noch bevor es ergeht, findet B die Quittung. Kann B das Anerkenntnis wieder beseitigen?

Das Anerkenntnis i.S.d. § 307 ist eine reine Prozesshandlung und hat mit einem materiell-rechtlichen Rechtsgeschäft i.S.v. § 781 BGB nichts zu tun.[494]

(1) Als Prozesshandlung kann ein irrtümlich abgegebenes Anerkenntnis **nicht nach den Anfechtungsregeln des BGB beseitigt oder kondiziert** werden.[495]

(2) Möglich ist jedoch ausnahmsweise ein **Widerruf des Anerkenntnisses**:

(a) mit Zustimmung des Klägers.[496]

(b) bei einem **Restitutionsgrund (§ 580)**: Es ist nicht prozessökonomisch, den Beklagten dann nur auf eine Wiederaufnahme zu verweisen.[497]

Ebenso nach allg. Ansicht im Falle des § 323.[498]

---

490 BGH NJW 1974, 745; 1989, 1934@; NJW-RR 1996, 699@; BGH Urt. v. 08.11.2005 – XI ZR 90/05, NJW 2006, 217, 218; OLG München MDR 1992, 184; StJ/Leipold § 307 Rdnr. 11, 14; Zöller/Vollkommer vor § 306 Rdnr. 2; RS/Gottwald § 131 Rdnr. 43, 44. – a.A. MK/Musielak § 307 Rdnr. 9 ff.

491 BGH FamRZ 1974, 246; StJ/Leipold § 307 Rdnr. 47. – hins. des Rechtsschutzbedürfnisses a.A.: StJ/Leipold § 307 Rdnr. 43; Musielak Grundkurs Rdnr. 243 m.w.N.

492 BGH NJW 1985, 2716; 1993, 1718; OLG Schleswig NJW-RR 1993, 932; KG NJW-RR 1995, 958.

493 h.M., OLG Stuttgart NJW 1985, 2273; OLG Köln NJW 1986, 1352; StJ/Leipold § 307 Rdnr. 33.

494 h.M.: BGHZ 80, 389@; RS/Gottwald § 131 Rdnr. 65 ff.; Jauernig § 47 VI.

495 BGHZ 80, 389@; BGH Urt. v. 31.10.2001 – XII ZR 292/99, NJW 2002, 436, 438.

496 Zöller/Vollkommer vor § 306 Rdnr. 6; ThP/Reichold § 307 Rdnr. 8.

497 BGHZ 80, 389@; BGH NJW 1993, 1718@; BGH Urt. v. 31.10.2000 – XII ZR 292/99, NJW 2002, 438; OLG Rostock FamRZ 2005, 119; ThP/Reichold § 307 Rdnr. 8; Zöller/Vollkommer vor § 306 Rdnr. 6.

498 BGH Urt. v. 31.10.2001 – XII ZR 292/99, NJW 2002, 436, 438.

(c) **nicht dagegen in analoger Anwendung des § 290:**[499] fehlende Vergleichbarkeit von Anerkenntnis und Geständnis.

(d) bei offenbaren Unrichtigkeiten infolge Verschreibens, Versehens[500] (kein Widerruf i.e.S., sondern Berichtigung).

(e) Eine Berufung des Klägers auf ein erkannt irriges Anerkenntnis kann in Ausnahmefällen **gegen Treu und Glauben** verstoßen;[501] insoweit muss dann auch ein Widerruf möglich sein.

Hier: Es liegt der Restitutionsgrund des § 580 Nr. 7 b vor – Auffinden einer Urkunde, die eine günstigere Entscheidung für die Partei herbeigeführt haben würde –; B kann daher das Anerkenntnis widerrufen. Ein Anerkenntnisurteil kann somit nicht ergehen.

Wäre das Anerkenntnisurteil schon erlassen gewesen, hätte B Berufung einlegen müssen; nach Rechtskraft wäre nur noch die Wiederaufnahmeklage gemäß § 580 Nr. 7 b möglich.

5. Die Erledigung der Hauptsache

5.1 Die übereinstimmende Erledigungserklärung der Parteien (§ 91 a)

Fall 20: Übereinstimmende Erledigungserklärung

K klagt gegen B aus Kaufvertrag auf Übereignung des Pferdes Hannibal. B bestreitet den Abschluss eines Vertrages. Während des Prozesses – vor der Beweisaufnahme – geht das Pferd ohne Verschulden des B ein. K erklärt nunmehr den Rechtsstreit in der Hauptsache für erledigt. B widerspricht dieser Erklärung nicht. Wie ist zu verfahren?

Der Klageantrag ist **gegenstandslos geworden** – nämlich materiell-rechtlich unbegründet (§§ 275 Abs. 1, 283, 280 Abs. 1 BGB) –, sodass es für K keinen Sinn mehr macht, den Antrag noch weiter zu verfolgen.

(1) In einer solchen Situation kann der Kläger **den Rechtsstreit in der Hauptsache für erledigt erklären**.

Zweck: Dem Kläger soll ermöglicht werden, eine Abweisung oder Zurücknahme seiner nicht mehr erfolgversprechenden Klage mit der für ihn ungünstigen Kostenfolge nach §§ 91, 269 Abs. 3 S. 2 zu vermeiden, wenn und soweit seine Klage während des Prozesses unzulässig oder unbegründet wird.[502]

Erklärung: In mündlicher Verhandlung, schriftlich oder vor der Geschäftsstelle.

Bis zur Einverständniserklärung des Beklagten – oder einer anderweitigen Entscheidung – kann der Kläger seine Erledigungserklärung frei widerrufen, d.h. zu seinem ursprünglichen Klageantrag zurückkehren.[503]

---

499 BGHZ 80, 389@; Zöller/Vollkommer vor § 306 Rdnr. 6; RS/Gottwald § 131 Rdnr. 63.

500 OLG Karlsruhe MDR 1974, 588; König MDR 1989, 706.

501 BGHZ 80, 389@; BGH NJW 1993, 1717, 1719@; OLG Frankfurt NJW-RR 1988, 574.

502 s. StJ/Bork § 91 a Rdnr. 1; Lüke ZPR Rdnr. 244.

503 BGH Urt. v. 07.06.2001 – I ZR 157/98, NJW 2002, 442@.

(2) **Schließt sich der Beklagte der Erledigungserklärung an** (übereinstimmende Erledigungserklärung) – dem steht gleich, dass er der Erledigungserklärung nicht oder nicht rechtzeitig widerspricht ((§ 91 a Abs. 1 S. 2) –, so treten folgende Rechtswirkungen ein:

- Die **Rechtshängigkeit** der bisher streitigen Ansprüche wird **beendet**; über die Ansprüche kann und darf daher nicht mehr entschieden werden.[504]

  Noch nicht rechtskräftige Entscheidungen werden wirkungslos.[505]

- Es ist nur noch **gemäß § 91 a durch Beschluss über die Kosten des Verfahrens zu entscheiden**.

(3) Die übereinstimmenden Erledigungserklärungen binden das Gericht. Die Rechtshängigkeit der Ansprüche endet **allein aufgrund der Erklärungen der Parteien** (Dispositionsmaxime!). Es kommt daher nicht darauf an – und ist daher auch nicht vom Gericht zu prüfen –, **ob sich die Hauptsache wirklich erledigt hat und wann die Erledigung eingetreten ist**.[506]

(4) Nach § 91 a ist über die Kosten **unter Berücksichtigung des bisherigen Sach- und Streitstandes nach billigem Ermessen** zu entscheiden. Dabei sind die allgemeinen Grundgedanken des Kostenrechts (§§ 91 ff.) heranzuziehen, und es ist entscheidend zu berücksichtigen, welche der Parteien ohne die Erledigung die Kosten zu tragen gehabt hätte, wer also **voraussichtlich im Rechtsstreit unterlegen wäre**.[507]

Daher grds. (summarische) Prüfung, ob die Klage zulässig und schlüssig, die Einlassung des Beklagen erheblich und wie die Beweissituation war, um so den voraussichtlichen Prozessausgang zu ermitteln. Daneben können aber auch weitere Billigkeitsgesichtspunkte berücksichtigt werden, wie z.B. ein materiell-rechtlicher Kostenerstattungsanspruch, etwa aus Verzug,[508] der Grund der Erledigung, der Rechtsgedanke des § 93, ein freiwilliges Unterliegen (Begeben in die Rolle des Unterlegenen) durch Erfüllung der Klageforderung, [509] bei Erledigung durch Vergleich der Umfang des gegenseitigen Nachgebens und die Regelung des § 98.[510]

(5) Hier war streitig, ob ein Kaufvertrag zustande gekommen war oder nicht. Da über diese Frage noch **keine Beweisaufnahme** stattgefunden hat und jetzt – weil aufgrund des „bisherigen" Sach- und Streitstandes zu entscheiden ist – auch **grundsätzlich nicht mehr erfolgen kann**,[511] kann nicht festgestellt werden, wie das Verfahren ausgegangen wäre. Dann ist es angebracht, die Kosten den Parteien zu gleichen Teilen aufzuerlegen.[512]

---

504 BGHZ 106, 366; BGH v. 28.03.2006 – XI ZR 388/04, MDR 2006, 1124; BayObLG JurBüro 1996, 97; ThP/Hüßtege § 91 a Rdnr. 17.

505 BGH NJW 1988, 1268; BGH v. 23.10.2003 – I ZB 45/02, NJW 2004, 506.

506 eindeutig h.M.: BGHZ 83, 12, 14/15@; OLG Celle NJW-RR 1994, 1276; OLG Köln NJW-RR 1996, 1023; StJ/Bork § 91 a, 10, 21; Zöller/Vollkommer § 91 a, 12; MK/Lindacher § 91 a, 29; – RS/Gottwald § 130, 10.

507 BGH v. 07.05.2007 – VI ZR 233/05, NJW 2007, 2429; OLG Frankfurt FamRZ 1994, 910; OLG Hamm FamRZ 1991, 830; OLG München NJW-RR 1992, 731; StJ/Bork § 91 a Rdnr. 33; Zöller/Vollkommer § 91 a Rdnr. 24; ThP/Hüßtege § 91 a Rdnr. 48.

508 BGH Urt. v. 22.11.2001 – VII ZR 405/00, NJW 2002, 680@.

509 BGH v. 10.02.2004 – IV ZR 110/03, MDR 2004, 698; s. Bonifacio MDR 2004, 1094.

510 s. OLG Brandenburg FamRZ 2007, 67; Zöller/Vollkommer § 91 a, 24, 25; Musielak/Wolst § 91 a, 23, 24.

511 s. StJ/Bork § 91 a Rdnr. 31; ThP/Hüßtege § 91 a Rdnr. 46 a; Musielak Grundkurs Rdnr. 267.

512 **In der Praxis häufig:** OLG Koblenz MDR 1999, 500; OLG Köln VersR 2001, 862.

Daher Beschluss: „Die Kosten des Rechtsstreits tragen beide Parteien je zur Hälfte“ (oder: „werden gegeneinander aufgehoben“, vgl. § 92 Abs. 1 S. 2).

Gegen diesen Beschluss ist die sofortige Beschwerde zulässig (§ 91 a Abs. 2).

5.2 Die einseitige Erledigungserklärung des Klägers

Abwandlung des Falles 20: B widerspricht der Erledigungerklärung des K mit der Begründung, die Klage müsse nach wie vor abgewiesen werden; denn schließlich sei die Klage wegen Nichtzustandekommens eines Kaufvertrages von vornherein unbegründet gewesen, und daran könne sich durch den Tod des Pferdes nichts geändert haben.

Es handelt sich hier um eine nur einseitige Erledigungserklärung des Klägers. Eine solche einseitige Erledigungserklärung ist nicht gesetzlich geregelt; ihre Zulässigkeit ist jedoch allgemein anerkannt.

Eine einseitige Erledigungserklärung des Beklagten ist dagegen unzulässig, weil die Bestimmung des Streitgegenstandes ausschließlich Sache des Klägers ist.[513] Eine übereinstimmende Erledigungserklärung kann der Beklagte natürlich anregen.

(1) Für die einseitige Erledigungserklärung **gilt § 91 a nicht:** Diese Bestimmung betrifft **ausschließlich die übereinstimmende** Erledigungserklärung.[514]

(2) Die einseitige Erledigungserklärung des Klägers

- **beendet daher die Rechtshängigkeit nicht**,[515] sondern
- hat zur Folge, dass sich das ursprüngliche Begehren des Klägers in ein Feststellungsbegehren ändert: auf **Feststellung der Erledigung der Hauptsache**.

  Klageänderungstheorie, nunmehr **eindeutig h.M.**[516] – Zulässigkeit dieser Klageänderung: § 264 Nr. 2 (Beschränkung des ursprünglichen Antrags).[517]

(3) Eine **Erledigung des Rechtsstreits in der Hauptsache** in diesem Sinne ist dann eingetreten, **wenn die zunächst zulässige und begründete Klage durch ein nach Klageerhebung (Zustellung) eingetretenes Ereignis gegenstandslos, d.h. unzulässig oder unbegründet geworden ist.**[518]

Hier – bei der **einseitigen** Erledigungserklärung – ist daher nur eine Erledigung **nach Eintritt der Rechtshängigkeit von Bedeutung**.

Bei Erledigung durch **Aufrechnung:** Trotz § 389 BGB ist der **Zeitpunkt ihrer Erklärung** entscheidend, da erst die Erklärung das Erlöschen der Klageforderung und damit die Erledigung bewirkt, auch bei bereits vor Klageerhebung bestehender Aufrechnungslage.[519]

---

513 h.M., BGH NJW 1994, 2364@.

514 BGHZ 23, 340; allg. Ansicht.

515 BGH NJW 1990, 2682.

516 BVerfG NJW 1993, 1061; BGH NJW 1994, 2364@; BGH Urt. v. 07.06.2001 – I ZR 157/98, NJW 2002, 442@; BGH v. 12.02.2004 – V ZB 570/03, NJW-RR 2004, 1005; StJ/Bork § 91 a, 47; Zöller/Vollkommer § 91 a, 34.

517 BGH Urt. v. 07.06.2001 – I ZR 157/98, NJW 2002, 442; ThP/Hüßtege § 91 a Rdnr. 32 m.N.

518 BGHZ 83, 12@; BGH NJW 1994, 2895@; 1997, 2342; 1999, 2516; NJW-RR 1996, 1210; BGH Urt. v. 02.03.2000 – III ZR 65/99, NJW 2000, 1645; BGH Urt. v. 17.07.2003 – IX ZR 268/02, NJW 2003, 3134@.

519 BGH Urt. v. 17.07.2003 – IX ZR 268/02, NJW 2003, 3134; str. – Widerspruch zu § 767? s.u. § 22 Fall 37.

(4) Zur Feststellung, ob diese Voraussetzungen vorliegen, insbesondere ob die Klage zulässig und begründet war, ist eine vollständige Sachprüfung durch das Gericht, ggf. mit Beweisaufnahme, notwendig.[520]

(a) War die Klage unzulässig oder unbegründet, so kann nicht die Erledigung der Hauptsache festgestellt werden, sondern die Klage wird **durch Urteil abgewiesen**, mit der Kostenfolge gemäß § 91 gegen den unterliegenden Kläger.[521]

Grund: Die Klage ist dann von vornherein abzuweisen, wobei den Kläger nach § 91 die Kosten treffen. Dem soll sich der Kläger nicht einseitig entziehen können, wenn später ein Ereignis eintritt, das die ohnehin erfolglose Klage auch noch gegenstandslos macht.

(b) War die Klage dagegen bis zum Eintritt des erledigenden Ereignis zulässig und begründet, so wird **durch Urteil festgestellt, dass der Rechtsstreit in der Hauptsache erledigt ist**.

Die Kosten treffen den Beklagten nach § 91, da er im Streit um die Feststellung der Erledigung unterlegen ist und da er auch sonst im Prozess unterlegen wäre.[522]

(5) Hier: Es ist durch Beweisaufnahme zu klären, ob ein Kaufvertrag zustande gekommen war oder nicht. Ist dies nicht der Fall, so ist die Klage, die dann von vornherein unbegründet war, abzuweisen; ist dagegen ein Kaufvertrag anzunehmen, so ist durch Urteil die Erledigung des Rechtsstreits festzustellen. – Gegen das Urteil: Allgemeine Rechtsmittel (Berufung).

5.3 Die früher umstrittene **„Erledigung" vor Rechtshängigkeit** – z.B. der Beklagte erfüllt die Klageforderung vor Zustellung – wird nunmehr i.e.L. durch **§ 269 Abs. 3 S. 3** erfasst: Der Kläger kann die Klage zurücknehmen, über die Kosten ist dann nach § 91 a-Grundsätzen zu entscheiden (s.o. 2, 2 c).

Der Kläger wird aber auch die Klage in einen **Feststellungsantrag** dahin ändern können, **dass der Beklagte die Kosten des Rechtsstreits zu tragen habe:** An einem solchen – zulässig gem. § 264 Nr. 2, 3 geänderten – Feststellungsantrag hat der Kläger jedenfalls dann ein Rechtsschutzinteresse, wenn er einen streitigen materiell-rechtlichen Kostenerstattungsanspruch, z.B. aus Verzug, besitzt, den er dann durch eine Beweisaufnahme nachweisen kann;[523] bei § 269 Abs. 3 S. 3 findet dagegen grds. keine Beweisaufnahme statt, sodass insoweit die Gefahr besteht, dass bei streitiger Rechtslage die Kosten einfach gegeneinander aufgehoben werden (s.o. 5.1 [5]).

Auch bei einer Erledigung während des Prozesses kommt für den Kläger eine Klageänderung in einen Kostenantrag – statt Erledigungserklärung – in Betracht, wenn er einen materiell-rechtlichen Kostenerstattungsanspruch besitzt, da er dessen Voraussetzungen, falls streitig, bei übereinstimmender Erledigungserklärung nicht mehr beweisen könnte.[524]

---

520 BGH NJW 1992, 2236.

521 BGHZ 83, 12@; 91, 127; 106, 367; BGH NJW 1992, 2236; NJW-RR 1993, 391.

522 BGHZ 83, 12@; 91, 127; 106, 366; StJ/Bork § 91 a Rdnr. 50 m.w.N.

523 LG Berlin NJW-RR 2004, 647; StJ/Roth § 269, 37; Zöller/Greger § 269, 18 d; Musielak/Foerste § 269, 13; MK/Becker-Eberhard § 269, 67. – a.A. Zöller/Vollkommer § 91 a, 41, 42 und Hk-ZPO/Gierl § 91 a, 72: nur § 269 Abs. 3 S. 3.

524 ThP/Hüßtege § 91 a, 6; Hk-ZPO/Gierl § 91 a, 13; Fischer MDR 2002, 1097. – a.A. MK/Lindacher § 91 a, 24.

6. Der Prozessvergleich (§ 794 Abs. 1 Nr. 1)

Der Prozessvergleich dient der gütlichen Beilegung des Rechtsstreits, auf die auch das Gericht ständig hinzuwirken hat (vgl. § 278, s.o. § 3, 6).

Wenn das Gericht Vergleichsverhandlungen führt oder einen Vergleichsvorschlag macht, muss es allerdings darauf achten, dass nicht der Verdacht der Bevorzugung einer Partei entsteht; es setzt sich sonst der Gefahr der Ablehnung wegen Befangenheit aus (vgl. §§ 42 ff.) und erreicht dann damit gerade das Gegenteil seiner Absicht.

Vorteile des Vergleichs u.a.: Einverständlichkeit und damit größere Befriedungswirkung; Möglichkeit umfassenderer, u.U. sachgerechterer und flexiblerer Regelung, unter Berücksichtigung des Prozessrisikos; schnellere Prozessbeendigung, i.d.R. mit Vermeidung weiterer Kosten (Beweisaufnahme, Rechtsmittel). **In der Praxis daher von großer Bedeutung.**

6.1 Wirksamkeitsvoraussetzungen des Prozessvergleichs

Der Prozessvergleich ist ein **Vertrag mit Doppelnatur** in der Weise, dass Prozesshandlung und materielles Rechtsgeschäft (Vergleich i.S.d. § 779 BGB) untrennbar miteinander verbunden sind.[525] Daher müssen zu seiner Wirksamkeit die Voraussetzungen einer wirksamen Prozesshandlung und eines materiellrechtlichen Vergleichs erfüllt sein.

1) **Wirksamkeitsvoraussetzungen als Prozesshandlung**:

a) Abschluss vor einem Gericht.

i.d.R., aber nicht notwendig: das Prozessgericht,

in mündlicher Verhandlung oder schriftlich durch übereinstimmenden Vergleichsvorschlag der Parteien o. Annahme eines gerichtlichen Vergleichsvorschlags mit Feststellung des Vergleichsinhalts durch Beschluss des Gerichts (§ 278 Abs. 6).

b) Der Prozessvergleich muss den Streitgegenstand eines anhängigen Verfahrens betreffen und diesen ganz oder teilweise erledigen,

kann aber darüber hinaus auch andere Angelegenheiten der Parteien regeln.[526]

c) Verfahren mit Dispositionsmaxime,

daher keine Scheidung durch Vergleich – nur durch Urteil –, wohl aber Regelung der Scheidungsfolgen (z.B. bei sog. „einverständlicher Scheidung“, § 630; s.u. § 15, 3).

d) Postulationsfähigkeit der Vergleichsschließenden.

Soweit Anwaltszwang besteht (vgl. § 78), kann die postulationsunfähige Partei den Prozessvergleich daher nicht selbst abschließen.[527]

e) bei mündlicher Verhandlung: Protokollierung (§§ 160 Abs. 3 Nr. 1, 162).

Diese Protokollierung ersetzt jede andere materiell-rechtlich vorgeschriebene Form (§§ 127 a, 126 Abs. 4, 127 BGB). Daher kann so z.B. in einem Prozessvergleich auch eine Auflassung erklärt werden (vgl. § 925 Abs. 1 S. 3 BGB).

525 h.M., u.a. BGH Urt. v. 30.09.2005 – V ZR 275/04, NJW 2005, 3576 m.w.N.

526 BGH NJW 1999, 2807.

527 h.M., BGH NJW 1991, 1743.

2) **Wirksamkeitsvoraussetzungen als materiell-rechtlicher Vergleich** sind die allgemeinen Wirksamkeitsvoraussetzungen eines Vertrages nach materiellem Recht, wie Geschäftsfähigkeit, wirksame Vertretung, Verfügungsbefugnis.

Beispiel: K, vertreten durch seinen Vormund, klagt gegen B 15.000 € ein; ein Vergleich, durch den sich B verpflichtet, an K 9.000 € zu zahlen, bedarf gem. § 1822 Nr. 12 BGB grds. der vormundschaftsger. Genehmigung (anders nach gerichtl. Vergleichsvorschlag).

Nach § 779 BGB müsste darüber hinaus auch ein **„gegenseitiges Nachgeben"** vorliegen. Ob dies für die Annahme eines Prozessvergleichs i.e.S. überhaupt erforderlich ist, ist streitig,[528] in der Praxis jedoch ohne Bedeutung, da jedenfalls jedes auch noch so geringe Nachgeben ausreicht, wie z.B. Einverständnis mit Ratenzahlung, Übernahme eines Teils der Kosten[529] o. sogar nur der Verzicht auf ein rechtskraftfähiges Urteil.[530] – Dass eine Vereinbarung ohne gegenseitiges Nachgeben unwirksam sei, wird ohnehin nicht angenommen.

3) **Wichtig:** Wenn (nur) prozessuale Wirksamkeitsvoraussetzungen fehlen – etwa die erforderliche Form oder die Postulationsfähigkeit –, kann gleichwohl, bei entsprechendem hypothetischen Parteiwillen (§§ 140, 154 Abs. 2 BGB), ein **wirksamer materiell-rechtlicher Vergleich** zustande gekommen sein, nach dem sich nunmehr die materiell-rechtliche Rechtslage beurteilt.[531]

4) Der Prozessvergleich ist als – auch – materielles Rechtsgeschäft grundsätzlich **nicht bedingungsfeindlich**.

Der praktisch wichtigste Fall einer Bedingung ist der **„Widerrufsvorbehalt"**, durch den einer oder auch beiden Parteien noch eine Überlegungsfrist eingeräumt wird. Der Vergleich ist dann i.d.R. **aufschiebend bedingt** durch das Unterlassen des Widerrufs innerhalb einer bestimmten Frist.[532] Der Widerruf kann grds. dem Prozessgegner oder dem Gericht gegenüber erklärt werden (Doppelnatur des Vergleichs).[533]

Eine Bedingung ist aber nicht möglich, soweit ein im Vergleich geregeltes Rechtsgeschäft bedingungsfeindlich ist, daher nicht bei der Auflassung (§ 925 Abs. 2 BGB).[534]

6.2 Wirkungen des Prozessvergleichs:

1) Soweit der Vergleich reicht, **wird der Rechtsstreit beendet**.

2) Der Prozessvergleich ist ein **Vollstreckungstitel**, soweit er einen vollstreckungsfähigen Inhalt hat (§ 794 Abs. 1 Nr. 1).

Er hat aber **keine materielle Rechtskraft**: § 767 Abs. 2 gilt daher nicht; daher können im Wege der Vollstreckungsgegenklage auch Einwendungen vorgebracht werden, die **zeitlich vor dem Vergleichsabschluss liegen**.[535]

Anders, wenn die Einwendung – wie im Regelfall – gerade durch den Vergleich erledigt worden ist und daher vom Vergleich erfasst wird.[536]

528 verneinend u.a. MK/Wolfsteiner § 794 Rdnr. 13; BL/Hartmann Anh. § 307 Rdnr. 3.

529 BGH v. 01.03.2005 – VIII ZB 54/05, JurBüro 2005, 309.

530 s. StJ/Münzberg § 794 Rdnr. 17.

531 BGH NJW 1985, 1962.

532 BGHZ 88, 364@; BGH NJW-RR 1996, 15.

533 BGH Urt. v. 30.09.2005 – V ZR 275/04, NJW 2005, 3576.

534 BGH NJW 1988, 416; Palandt/Bassenge § 925 Rdnr. 19; a.A. BVerwG NJW 1995, 2179.

535 BGH NJW 1977, 583; JZ 1987, 888; StJ/Münzberg § 795 Rdnr. 15; Zöller/Stöber § 794 Rdnr. 16.

536 BL/Hartmann § 795 Rdnr. 11.

6.3 Unwirksamkeit des Prozessvergleichs

1) Der Prozessvergleich kann wegen materiell-rechtlicher o. prozessualer Abschlussmängel unwirksam sein oder rückwirkend, z.B. durch Anfechtung, unwirksam werden. Dann ist der bisherige Rechtsstreit in Wirklichkeit nicht beendet bzw. er lebt wieder auf: **Der bisherige Prozess wird dann fortgesetzt.**[537]

2) **Anders** ist es jedoch, wenn der Vergleich an sich wirksam ist, die Parteien jedoch um ein Rücktrittsrecht gem. § 323 BGB oder das Fehlen/den Wegfall der Geschäftsgrundlage streiten. Dies ist in einem neuen Prozess – z.B. durch Vollstreckungsgegenklage (§ 767) oder Feststellungsklage – zu verfolgen; der frühere Prozess ist und bleibt durch den wirksamen Prozessvergleich **beendet**.[538]

Nach a.A. ist dagegen auch dieser Streit durch Fortsetzung des bisherigen Rechtsstreits zu klären, da es auch dann letztlich um eine Unwirksamkeit des Vergleichs gehe und die Unwirksamkeitsgründe nicht prozessual unterschiedlich behandelt werden dürften.[539]

6.4 Ein **außergerichtlicher Vergleich** der Parteien beendet den Rechtsstreit nicht unmittelbar,[540] sondern grds. erst dann, wenn die Parteien aufgrund der Vereinbarung entsprechende Prozesshandlungen – z.B. Prozessvergleich, übereinstimmende Erledigungserklärung – vornehmen; die materiell-rechtliche Rechtslage bestimmt sich allerdings nach dem Vergleich.

Hat sich der Kläger in dem Vergleich zur Klagerücknahme verpflichtet, so wird die Klage, wenn sie fortgeführt wird, auf Einrede als unzulässig abgewiesen (s.o. § 10, 2, 4).

6.5 Der **Anwaltsvergleich (§§ 796 a ff.)** ist eine besondere Form eines außergerichtlichen Vergleichs, der durch Vollstreckbarerklärung – durch Gericht oder Notar – zu einem außergerichtlichen Vollstreckungstitel (§ 794 Abs. 1 Nr. 4 b) führen kann. Beide Parteien müssen durch Anwälte vertreten sein.

Der Anwaltsvergleich setzt keinen anhängigen Prozess voraus und kann daher gerade auch zur Vermeidung eines Prozesses geschlossen werden.

7. Die vorstehend dargestellten Beendigungshandlungen der Parteien brauchen nicht den gesamten Rechtsstreit zu betreffen, sondern können sich auch lediglich auf einen abgegrenzten **Teil des Rechtsstreits** beziehen; dann treten die Rechtswirkungen auch nur für diesen Teil des Rechtsstreits ein.

Beispiel: A klagt gegen B auf Zahlung von 5.000 €; im Laufe des Rechtsstreits zahlt B 2.500 €. Erklären daraufhin die Parteien den Rechtsstreit insoweit für erledigt, so ist hins. dieses Teils nur noch gemäß § 91 a über die Kosten, im Übrigen – hins. des nicht erledigten Teils – aber im normalen Verfahren sachlich zu entscheiden (einheitliches Urteil über den verbliebenen Teil mit Kostenentscheidung auch nach § 91 a).[541] – Entsprechendes gilt, wenn A die Klage zu 2.500 € zurücknimmt oder sich die Parteien insoweit vergleichen.

537 allg.M.: BGHZ 86, 187; 87, 230; BGH NJW 1999, 2903@; StJ/Münzberg § 794 Rdnr. 57 ff.

538 h.M.: BGHZ 16, 388; BGH NJW 1966, 1658; 1977, 583; 1986, 1348@; 1999, 2903@; OLG Hamm VersR 2006, 562; BL/Hartmann Anh. § 307 Rdnr. 43; Schellhammer Rdnr. 701.

539 StJ/Münzberg § 794, 72 ff.; Hk-ZPO/Kindl § 794, 21; RS/Gottwald § 129, 56 ff., 60 ff.; Schilken 656.

540 BGH Urt. v. 07.03.2002 – III ZR 73/01, NJW 2002, 1503@; OLG Thüringen FamRZ 2006, 1277.

541 s. ThP/Hüßtege § 91 a Rdnr. 44.

Beendigung des Rechtsstreits durch Parteihandlungen (Dispositionsmaxime)

I. **Klagerücknahme (§ 269)**

1. Erklärung des Klägers gegenüber dem Gericht; Einwilligung des Beklagten nach Verhandlung zur Hauptsache notwendig.
2. Wirkungen:
   a. Rückwirkende Beendigung der Rechtshängigkeit;
   b. grds. Pflicht des Klägers zur Tragung der Prozesskosten.
3. Der Kläger kann die Klage erneut erheben.

II. **Klageverzicht (§ 306)**

1. Verzicht des Klägers auf den geltend gemachten prozessualen Anspruch.
2. Verzichtsurteil (Sachurteil) auf Klageabweisung, ohne Sachprüfung, allein aufgrund des Verzichts.
3. Erneute Klage mit dem durch Verzicht erledigten Anspruch ist nicht mehr zulässig (rechtskräftige Sachabweisung).

III. **Anerkenntnis (§ 307)**

1. Erklärung des Beklagten, dass der geltend gemachte Klageanspruch besteht.
2. Es ergeht stattgebendes Anerkenntnisurteil (Sachurteil)
   a. bei Vorliegen der Sachurteilsvoraussetzungen (sonst Abweisung der Klage durch Prozessurteil),
   b. grundsätzlich ohne Sachprüfung (aber nicht bei Gesetz- oder Sittenwidrigkeit der anerkannten Rechtsfolge).
3. nicht nach BGB anfechtbar, jedoch widerrufbar bei Zustimmung des Klägers und bei Vorliegen eines Restitutionsgrundes, nicht analog § 290.

IV. **Erledigung der Hauptsache**

1. **Übereinstimmende Erledigungserklärung** der Parteien: Rechtshängigkeit endet aufgrund Parteierklärungen (keine Prüfung der Erledigung durch das Gericht); Kostenentscheidung nach § 91 a durch Beschluss, grds. danach, wer voraussichtlich im Rechtsstreit unterlegen wäre.
2. **Einseitige Erledigungserklärung des Klägers:** Fällt nicht unter § 91 a; keine Beendigung der Rechtshängigkeit; nunmehr: **Feststellungsbegehren** des Klägers.
   a. **Erledigung:** Wenn die zunächst zulässige und begründete Klage durch ein **nach Klageerhebung** eingetretenes Ereignis gegenstandslos geworden ist.
   b. bei Unzulässigkeit oder Unbegründetheit der Klage: Klageabweisung.
   c. bei Erledigung: Feststellung der Erledigung durch Urteil.
   d. Kostenentscheidung: stets nach § 91 gegen die insoweit unterliegende Partei.

V. **Prozessvergleich (§ 794 Abs. 1 Nr. 1)**

1. Vertrag mit Doppelnatur als Prozesshandlung und materiell-rechtliches Rechtsgeschäft (§ 779 BGB): Voraussetzungen beider Komponenten müssen erfüllt sein.
2. Vergleich ist Vollstreckungstitel, soweit vollstreckungsfähiger Inhalt; für Vollstreckungsgegenklage gilt § 767 Abs. 2 nicht.
3. Bei Unwirksamkeit des Vergleichs oder Streit hierüber: Fortsetzung des Rechtsstreits; bei Streit um vertragliches Rücktrittsrecht o. Störung der Geschäftsgrundlage dagegen: neuer Prozess, str.

§ 11 Überblick über das Beweisverfahren

1. Beweisbedürftigkeit

1) Um zur Sachentscheidung zu kommen, muss das Gericht die Schlüssigkeit des Klägervorbringens und die Erheblichkeit des Beklagtenvorbringens prüfen. Diese Prüfung ergibt, ob bzw. auf welche der zwischen den Parteien streitigen Tatsachen es für die Entscheidung des Rechtsstreits ankommt. **Diese streitigen entscheidungserheblichen Tatsachen sind beweisbedürftig** und müssen dann vom Gericht – **im Beweisverfahren** – festgestellt werden.

Beispiel: Der Kläger begehrt Kaufpreiszahlung (schlüssig aus § 433 Abs. 2 BGB). Der Beklagte B bestreitet eine Einigung über die Kaufsache (erheblich als Bestreiten der Voraussetzungen des § 433 BGB); im Übrigen sei ein Kaufvertrag auch wegen seiner damaligen Minderjährigkeit nicht wirksam geschlossen (erheblich als rechtshindernde Einrede). Der Kläger bestreitet, dass B damals noch minderjährig gewesen sei; hilfsweise beruft er sich darauf, dass der gesetzliche Vertreter des B mit dem Kaufvertrag einverstanden gewesen sei (als sog. Replik des Klägers gegen die rechtshindernde Einrede des B erheblich, § 107 BGB). Dies bestreitet B.

Beweisbedürftige Tatsachen sind:

(a) Die Einigung über die Kaufsache (anspruchsbegründend, Beweislast: Kläger),
(b) Minderjährigkeit des B bei Vertragsschluss (rechtshindernd, Beweislast: Beklagter),
(c) Einverständnis des gesetzlichen Vertreters (Replik gegen Einrede, Beweislast: Kläger).

Der Kläger gewinnt, wenn entweder: (a) bewiesen + (b) nicht bewiesen, oder: (a) + (c) bewiesen.

2) Keines Beweises bedürfen:

a) Zugestandene, unstreitige und nicht wirksam bestrittene Tatsachen.

Dies folgt aus dem Verhandlungsgrundsatz (s.o. § 3, 2.1).

b) Offenkundige Tatsachen (§ 291),

entweder allgemeinkundig – allgemein bekannt o. aus allgemein zugänglichen Quellen, z.B. Lexika, feststellbar – oder gerichtskundig, d.h. dem Gericht bereits amtlich bekannt. – Auch privates Wissen oder private Ermittlungen, z.B. aus Besichtigung einer Unfallstelle, darf der Richter verwerten, muss dies den Parteien aber zuvor mitteilen (rechtliches Gehör).[542]

c) Tatsachen, die Gegenstand einer **gesetzlichen Vermutung** sind.

Diejenige Partei, zu deren Lasten die Vermutung geht, kann aber grundsätzlich den „Beweis des Gegenteils“ führen, d.h. **die Vermutung widerlegen** (§ 292).

Beispiel: A, Besitzer eines Pkw, klagt gegen B auf Feststellung seines Eigentums. – Als Kläger hat A grds. sein Eigentum zu beweisen. Da er jedoch Besitzer ist, wird sein Eigentum vermutet **(§ 1006 Abs. 1 BGB)**, genauer: dass er mit dem Besitz auch das Eigentum erlangt habe,[543] wovon daher auszugehen ist. B kann aber die Vermutung widerlegen; wenn er beweist, dass A mit dem Besitz nicht zugleich das Eigentum erworben hat, greift die Vermutung nicht mehr ein, und A muss konkret seinen Eigentumserwerb beweisen.

Weitere wichtige gesetzliche Vermutungen: §§ 476, 891, 1377 BGB.

542 BGH Urt. v. 10.05.2007 – III ZR 115/06, NJW 2007, 3211.
543 BGH NJW 1992, 1163; 1994, 939; Palandt/Bassenge § 1006 Rdnr. 4.

d) Tatsachen, für die der sog. **Beweis des ersten Anscheins** (prima-facie-Beweis, **tatsächliche Vermutung**) spricht: Tatsachen, auf deren Vorliegen aus unstreitigen oder bewiesenen Tatsachen aufgrund **allgemeiner Lebenserfahrung** – aus allgemeinen Erfahrungssätzen bei typischen Geschehensabläufen – geschlossen werden kann.[544]

Beispiel: A klagt gegen B auf Schadensersatz, weil B auf den Wagen des A aufgefahren ist. – Anspruchsgrundlage: §§ 7 Abs. 1, 17 Abs. 1, 2 StVG; dabei spricht eine tatsächliche Vermutung aufgrund allgemeiner Lebenserfahrung für ein Verschulden des Auffahrenden – zu geringer Sicherheitsabstand (§ 4 Abs. 1 S. 1 StVO), überhöhte Geschwindigkeit, Unaufmerksamkeit –, was i.d.R. dazu führt, dass der Auffahrende den Schaden voll zu ersetzen hat:[545] Beweis des ersten Anscheins bei typischen Geschehensabläufen.

Allerdings kann B den Beweis des ersten Anscheins ausräumen, indem er die **ernsthafte Möglichkeit eines abweichenden atypischen Geschehensablauf vorträgt und beweist**;[546] z.B. eine grundlose abrupte Vollbremsung des A, Ausfall der Bremslichter des A: Dann ist das Verschulden nicht mehr vermutet; A muss dann einen Verschuldensbeweis durch Vortrag und Beweis entsprechender Tatsachen führen, um vollen Schadensersatz erhalten zu können.

also Ausräumung des Anscheinsbeweises durch den Prozessgegner bereits durch bloße **Erschütterung**, nicht durch volle Widerlegung (wie bei der gesetzlichen Vermutung).

Weitere Beispiele für Anscheinsbeweis: für Verschulden, wenn ein Kraftfahrer ohne erkennbaren Anlass von der Fahrbahn abkommt o. auf die Gegenfahrbahn gerät[547] oder wenn ein Linksabbieger mit einem entgegenkommenden Fahrzeug zusammenstößt,[548] für Kausalität einer Übertragung von HIV-infiziertem Blut bei anschließender Aids-Erkrankung des Empfängers,[549] für Kausalität einer Gefahrenquelle für Sturz in unmittelbarer Nähe[550] oder von Schweißarbeiten für den Ausbruch eines Brandes,[551] für einen sorgfaltswidrigen Umgang des ec-Karten-Inhabers mit der PIN-Nummer bei missbräuchlicher Abhebung durch einen Dritten, etwa durch Notierung der Nummer auf oder Verwahrung mit der Karte.[552]

gesetzlich geregelter Fall eines Anscheinsbeweises: § 371 Abs. 1 S. 2.

e) Tatsachen, die mittels **§ 287** festgestellt werden: **Schadensschätzung.**

Feststellung von Schadenseintritt, Schadenshöhe und haftungsausfüllender Kausalität zwischen Schadensereignis und eingetretenem Schaden im Rahmen von Schadensersatzansprüchen: **Gesicherte – überwiegende – Wahrscheinlichkeit ausreichend.**[553]

Materiell-rechtliche Ergänzung durch **§ 252 S. 2 BGB:** Der Geschädigte braucht hins. eines entgangenen Gewinns nur die Umstände darzulegen, aus denen sich die Wahrscheinlichket eines Gewinns bei normalem Geschehensablauf ergibt.

f) Präjudizielle Rechtsverhältnisse u. Tatsachen, die aufgrund rechtskräftiger Vorentscheidung o. der Interventionswirkung gem. §§ 68, 74 feststehen.[554]

---

544 s. BGH NJW 1991, 230@; 1996, 1828; 1997, 528; BGH Urt. v. 04.12.2000 – II ZR 293/99, NJW 2001, 1140@; BGH Urt. v. 05.10.2004 – XI ZR 210/03, NJW 2004, 3623. – eingehend: Musielak/Stadler Rdnr. 159 ff.; Schneider, Beweis und Beweiswürdigung, 5. 1994, Rdnr. 322 ff.; Oberheim JuS 1996, 918.

545 s. BGH Urt. v. 16.01.2007 – VI ZR 248/05, MDR 2007, 717; OLG Düsseldorf NJW-RR 2006, 319.

546 BGH NJW 1991, 230@; VersR 1995, 723; BGH Urt v. 05.10.2004 – XI ZR 210/03, NJW 2004, 3623.

547 BGH NJW 1996, 1828; BGH JZ 1986, 251.

548 BGH Urt. v. 13.02.2007 – VI ZR 58/06, MDR 2007, 884; Martis/Enslin MDR 2008, 117.

549 BGH Urt. v. 14.06.2005 – VI ZR 179/04, NJW 2005, 2614; Bspr. Katzenmeier NJW 2005, 3391.

550 BGH Urt. v. 02.06.2005 – III ZR 358/04, NJW 2005, 2454.

551 OLG Frankfurt MDR 2005, 1170.

552 BGH Urt. v. 05.10.2004 – XI ZR 210/03, NJW 2004, 3623; OLG Frankfurt NJW-RR 2007, 198.

553 BGH Urt. v. 12.02.2008 – VI ZR 221/06, VersR 2008, 644; Musielak/Foerste § 287 Rdnr. 7.

554 s.o. § 8, 3; s.u. § 14, 2.1.1, 2).

g) u.U. Tatsachen, **deren Beweis die gegnerische Partei schuldhaft vereitelt** hat.

z.B.: Der Beklagte weigert sich, dem Kläger die nur ihm bekannte Anschrift eines Zeugen mitzuteilen;[555] die Unfallstelle wird vor der Beweisaufnahme vom Beklagten verändert.[556]

Insoweit folgt aus §§ 427, 441 Abs. 3 S. 3, 444, 446, 453 Abs. 2, 454 Abs. 1 ZPO, § 242 BGB ein allgemeiner Rechtsgedanke: Wer dem Prozessgegner die Beweisführung schuldhaft erschwert oder unmöglich macht, darf daraus keine beweisrechtlichen Vorteile ziehen.[557]

Umstritten ist allerdings die Folge der Beweisvereitelung: Erwiesenheit der Tatsache? Umkehr der Beweislast? oder nur Indiz für die Beweiswürdigung?[558] wohl Frage der Umstände des Einzelfalles, insbes. des Grades des Verschuldens; bei vorsätzlicher Vernichtung des Beweismittels wird die Annahme der Richtigkeit der Behauptung naheliegen.[559]

2. Beweisarten, Beweismittel

2.1 Folgende Beweisarten sind zu unterscheiden:

1) **Strengbeweis:** Er ist auf die Herbeiführung der **vollen richterlichen Überzeugung** von der Wahrheit der zu beweisenden Tatsache im förmlichen Beweisverfahren nach den §§ 355 ff. gerichtet. **Dies ist grundsätzlich im Verfahren auf Erlass einer Sachentscheidung - Sachurteil - erforderlich.**

Das Strengbeweisverfahren kennt **fünf Beweismittel:**

- **Augenscheinseinnahme** (§§ 371 ff.).
- **Zeugen** (§§ 373 ff.).

  Zeuge kann jeder sein, der **nicht als Partei und nicht als gesetzlicher Vertreter vernommen** werden kann. z.B. auch die prozessunfähige Partei, da sie nicht als Partei vernommen werden kann (§ 455 Abs. 1); ihr gesetzlicher Vertreter wird dagegen als Partei vernommen und scheidet daher als Zeuge aus.

  Pflichten des Zeugen: zum Erscheinen (§ 380), zur Aussage - nicht wenn Aussageverweigerungsrecht besteht (§§ 383 ff., z.B. Ehegatten, nahe Verwandte, Lebenspartner i.S.d. LPartG, nicht aber Lebensgefährten) -, zur Informierung (§ 378) und zur Eidesleistung (§ 391).

- **Sachverständigengutachten** (§§ 402 ff.).

  Sachverständiger: Helfer und Berater des Richters, mit der Aufgabe, dem Richter Erfahrungssätze oder Spezialkenntnisse aus seinem Fachgebiet, die für die Entscheidung benötigt werden, zu vermitteln. Zuziehung im pflichtgemäßen Ermessen, bei der Beurteilung einer Fachwissen voraussetzenden Frage aber grds. geboten,[560] daher praktisch immer in Arzthaftungsprozessen. I.d.R schriftliches Gutachten, aber grds. Recht der Parteien auf mündliche Erläuterung (§ 411). - Haftung: § 839 a BGB.

  Unterschied zum Zeugen: Der Sachverständige ist durch einen anderen ersetzbar, der Zeuge dagegen nicht, da er eine gerade von ihm gemachte Wahrnehmung bekunden soll.

---

555 BGH Urt. v. 17.01.2008 - III ZR 239/06, NJW 2008, 982.

556 OLG Köln VersR 1992, 355.

557 BGH Urt. v. 23.11.2005 - VIII ZR 43/05, NJW 2006, 434.

558 s. BGH NJW 1998, 80; BGH Urt. v. 27.09.2001 - IX ZR 281/00, VersR 2002, 110; BGH Urt. v. 23.11.2005 - VIII ZR 43/05, NJW 2006, 434; MK/Prütting § 286 Rdnr. 80 ff.; BL/Hartmann Anh. § 286 Rdnr. 26 ff.

559 Schellhammer Rdnr. 532. - s. eingehend Oberheim JuS 1997, 61.

560 BGH Urt. v. 23.11.2006 - III ZR 65/06, NJW-RR 2007, 357.

▶ **Urkunden** (§§ 415 ff.).

Wichtig: Vermutung für Richtigkeit und Vollständigkeit.[561]

▶ **Parteivernehmung** (§§ 445 ff.).

Grds. nur unter den engen Voraussetzungen der §§ 445 ff. zulässig. Ob eine Erweiterung aus dem Gesichtspunkt der **„Waffengleichheit“** geboten sein kann[562] – z.B. wenn der Gegner einen auf seiner Seite stehenden Zeugen eines Vier-Augen-Gesprächs mit der Partei hat – ist umstritten; die Möglichkeit der Verwertung einer Parteianhörung gemäß § 141 bei der Beweiswürdigung und der Grundsatz der freien Beweiswürdigung werden i.d.R zur angemessenen Berücksichtigung der Beweissituation der Partei ausreichen.[563]

Bei Nichtaussage: Würdigung gegen die Partei möglich, bis zur Annahme, dass die Behauptung bewiesen sei (§§ 446, 453 Abs. 2, 454); die Parteivernehmung ist also nicht erzwingbar, es sind aber Schlüsse gegen die sich weigernde Partei möglich.

2) **Freibeweis:** Zwar ebenfalls auf die volle richterliche Überzeugung gerichtet, braucht aber nicht im Verfahren und mit den Mitteln des Strengbeweises geführt zu werden; Verfahren u. Beweismittel stehen im Ermessen des Gerichts.

z.B. Einholung einer amtlichen Auskunft, telefonische Vernehmung eines Zeugen.

Freibeweis ist u.a. zulässig:

im PKH-Verfahren (§ 118 Abs. 2), bei der Feststellung der **Prozessvoraussetzungen**,[564] im Beschwerdeverfahren,[565] im amtsgerichtlichen Schiedsverfahren (§ 495 a, s.o. § 2, 7, 4),

und **generell bei Einverständnis der Parteien** (§ 284 S. 2, 3).

3) **Glaubhaftmachung** (§ 294): Beweisführung, die dem Richter lediglich die Vorstellung hinreichender **Wahrscheinlichkeit** vermitteln soll. Sie reicht nur aus, wo sie gesetzlich vorgesehen ist (z.B. §§ 920 Abs. 2, 936 für Arrest und einstweilige Verfügung). Als Beweismittel kommen hier auch eidesstattliche Versicherungen – auch der Partei selbst – in Betracht.

2.2 Nach der **Beweisrichtung** ist zu unterscheiden:

1) **Hauptbeweis:** Die beweisbelastete Partei muss die Tatsachen nachweisen, die die Tatbestandsmerkmale der ihr günstigen Rechtsnorm ausfüllen: Volle richterliche Überzeugung erforderlich.

2) **Gegenbeweis:** Der Prozessgegner will damit tatsächliche Behauptungen der anderen Partei widerlegen. Er bezieht sich also auf das „Nichtvorliegen“ der beweisbedürftigen Tatsache und hat bereits Erfolg, wenn die richterliche Überzeugung von der Wahrheit der beweisbedürftigen Tatsache **erschüttert** ist;[566] denn dann ist der Hauptbeweis nicht erbracht.

---

561 BGH Urt. v. 05.07.2002 – V ZR 143/01, NJW 2002, 3164.

562 s. EGMR NJW 1995, 1413.

563 s. BVerfG Urt. v. 21.02.2001 – 2 BvR 140/00, NJW 2001, 2531@, dazu Reinkenhof JuS 2002, 645; BGH NJW 1998, 307; 1999, 363@; BGH v. 25.09.2003 – III ZR 384/02, NJW 2003, 3636; BGH v. 27.09.2005 – XI ZR 216/04, NJW-RR 2006, 61; BGH Urt. v. 24.01.2006 – XI ZR 320/04, NJW 2006, 1429.

564 h.M.: BGH NJW 1996, 1059@; 1997, 3319; 2000, 289@, 814; BGH v. 16.01.2007 – VIII ZB 75/06, NJW 2007, 1457. – a.A. StJ/Berger vor § 355 Rdnr. 24: Strengbeweis.

565 BGH v. 28.11.2007 – XII ZB 217/05, NJW 2008, 1531.

566 BGH Urt. v. 03.04.2001 – XI ZR 120/00, NJW 2001, 2096, 2099.

3) **Beweis des Gegenteils:** Es soll eine für den Gegner sprechende gesetzliche Vermutung – z.B. die Eigentumsvermutung nach § 1006 BGB – ausgeräumt werden (vgl. § 292): **Volle** richterliche Überzeugung erforderlich.

2.3 Nach der **Beweisnähe** ist zu unterscheiden:

1) **Unmittelbarer Beweis:** Das Beweismittel betrifft unmittelbar ein zu beweisendes Tatbestandsmerkmal einer entscheidungsbedeutsamen Rechtsnorm (Haupttatsache), z.B. einen streitigen Vertragsschluss.

2) **Mittelbarer Beweis:** Der Schluss auf das Vorliegen oder Nichtvorliegen der Haupttatsachen wird **mit Hilfstatsachen (Indizien)** geführt, mit denen die Hauptsache bewiesen werden soll, z.B. die Täterschaft des Beklagten an einer Brandstiftung.

Dabei sind immer eine **Gesamtwürdigung und Abwägung** aller für und gegen die Annahme der Haupttatsache sprechenden Indizien erforderlich.[567] – z.B. aus verschiedenen Indizien dahin, dass ein Verkehrsunfall manipuliert ist.[568]

3. Die Durchführung des Beweisverfahrens

1) Durch „Beweisantritt" – **Beweisantrag** – führt die Partei das Beweismittel für eine bestimmte Behauptung (Beweisthema) in den Prozess ein.

Beweisantrag: Benennung eines bestimmten Beweismittels zum Beweis einer bestimmten Tatsachenbehauptung.[569] – Dadurch Abgrenzung zum unzulässigen bloßen **Beweisermittlungsantrag**, bei dem es an der Behauptung einer bestimmten Tatsache oder an der Bezeichnung eines bestimmten Beweismittels fehlt.[570]

Das Gericht hat auf – ordnungsgemäße – Beweisanträge hinzuwirken (§ 139 Abs. 1).

a) Ein Beweisantrag ist grds. **nur noch für den Zeugenbeweis erforderlich** (§ 373). Im Übrigen ist dagegen das Gericht – trotz der Verhandlungsmaxime – zu einer Beweisaufnahme von Amts wegen berechtigt (s.o. § 3, 2.4).

b) Grundsätzlich sind die angetretenen Beweise zu erheben: **Ein Beweisantrag kann daher nur ausnahmsweise abgelehnt werden.**

Die ZPO enthält hierzu keine besonderen Vorschriften. Im Wesentlichen werden die Regelungen in § 244 StPO entsprechend angewendet.[571] – Weitere Ablehnungsfälle:

Zurückweisung/Nichtberücksichtigung wegen Verspätung (§§ 282, 296, 296 a).

Unzulässig ist der sog. Ausforschungsbeweis: Beweisantrag für willkürliche, erkennbar ohne jeden greifbaren tatsächlichen Anhaltspunkt aufgestellte Behauptung („ins Blaue hinein", „auf gut Glück")[572] – nur ausnahmsweise anzunehmen, lediglich vermutete Tatsachen dürfen behauptet werden, über sie ist Beweis zu erheben (s.o. § 3, 2.2.3, 1 a).

---

567 BGH NJW-RR 1993, 443; 1994, 1112; BGH Urt. v. 22.11.2006 – IV ZR 21/05, NJW-RR 2007, 312, 314.

568 s. KG VersR 2007, 126; OLG Frankfurt NJW-RR 2007, 603; OLG Karlsruhe NJW-RR 2007, 1172.

569 BGH JR 1994, 364.

570 Schellhammer Rdnr. 537.

571 BGHZ 53, 245, 259@; BGH NJW 1993, 1391; ThP/Reichold § 284, 4; Störmer JuS 1994, 241.

572 BGH NJW 1999, 361; 2000, 208; BGH Urt. v. 08.05.2002 – I ZR 28/00, NJW-RR 2002, 1433; BGH Urt. v. 13.12.2002 – V ZR 359/01, NJW-RR 2003, 491; BGH Urt. v. 27.05.2003 – IX ZR 283/99, NJW-RR 2004, 337.

Unzulässig ist ferner ein Beweisantrag auf Erhebung rechtswidrig, insbes. unter **Verletzung des Persönlichkeitsrechts des Gegners**, erlangter Beweismittel **(Beweiserhebungsverbot):** z.B. Zeuge durch Mithören eines Telefonats ohne Einwilligung des Gesprächsgegners[573] (Verkehrs- o. Geschäftsüblichkeit rechtfertigt das Mithören grds. noch nicht[574]), heimliche Tonbandaufnahme von Telefonat,[575] heimlicher Zeuge/Mithörer zu vertraulichem Gespräch (Spitzel),[576] heimlicher DNA-Test,[577] Aufnahmen aus verdeckter (u.U. auch aus offener) Videoüberwachung.[578] – Allerdings ist immer auch eine **Interessen- und Güterabwägung** mit dem Beweisinteresse des Beweisführers erforderlich:[579] Diesem kann unter besonderen Umständen – etwa einer Notwehr- o. notwehrähnlichen Lage – der Vorrang vor dem Schutz des Persönlichkeitsrechts einzuräumen sein; das allgemeine Interesse an der Wahrheitsfindung im Zivilprozess u. das Interesse des Beweisführers an dem Beweismittel rechtfertigen allein jedoch eine Persönlichkeitsverletzung noch nicht.[580]

Ausnahmsweise Ablehnung bei völliger Ungeeignetheit des Beweismittels (z.B. Lügendetektor[581]). Dabei hat **jede Vorwegnahme der Beweiswürdigung zu unterbleiben:** Daher z.B. keine Ablehnung der Vernehmung wegen einer voraussichtlichen Unglaubwürdigkeit o. Unkenntnis des Zeugen,[582] denn dies soll ja gerade in der Beweisaufnahme geklärt werden.

Ablehnung erst im Urteil, nicht zuvor durch Beschluss (also anders als § 244 Abs. 6 StPO).

c) Falls Beweise entgegen einem Beweiserhebungsverbot erhoben worden sind, stellt sich die Frage, ob die Ergebnisse gleichwohl bei der Beweiswürdigung verwertet werden dürfen oder nicht: **auch Beweisverwertungsverbot?**

Dies ist noch weitgehend ungeklärt. Ein Verstoß gegen ein Beweiserhebungsverbot wird nicht ausnahmslos auch ein Verwertungsverbot zur Folge haben, sondern es wird jeweils auf den **Schutzzweck des verletzten Verbots** abzustellen sein:[583] Falls z.B. Beweis erhoben worden ist, der an sich wegen Verspätung hätte zurückgewiesen werden müssen, kann das Ergebnis verwertet werden, da der Zurückweisungszweck nicht mehr erreicht werden kann.[584] Dagegen wird ein unter Verletzung des Persönlichkeitsrechts des Gegners rechtswidrig erlangtes Beweismittel grds. nicht bei der Beweiswürdigung verwertet werden dürfen.[585]

Die Aussage eines nicht über ein Aussageverweigerungsrecht belehrten Zeugen darf nicht verwertet werden,[586] auch nicht eine solche Aussage aus einem Strafprozess; grds. anders bei einer Partei: Interessen- u. Güterabwägung.[587] – zu einem strafproz. Geständnis s.o. § 7, 2.2.

Wird aufgrund eines rechtswidrig erlangten Beweismittels o. einer rechtswidrig erlangten Information nunmehr ein zulässiger Beweis erhoben – z.B. aufgrund eines unzulässigen heimlichen DNA-Tests nunmehr ein gerichtliches Blutgruppengutachten –, wird dieses zulässige Beweismittel verwertet werden können[588] (keine generelle Fernwirkung des vorausgegangenen Rechtsverstoßes als „fruit of the poisonous tree“[589]).

---

573 BGH Urt. v. 18.02.2003 – XI ZR 165/02, NJW 2003, 1727.
574 BVerfG v. 09.10.2002 – 1 BvR 1611/96, NJW 2002, 3619.
575 BGH NJW 1982, 277; MDR 1988, 306; OlG Hamm NJW-RR 1996, 735.
576 BGH NJW 1991, 1180; JZ 1994, 915; BAG JZ 1998, 790.
577 BGH Urt. v. 12.01.2005 – XII ZR 227/03, NJW 2005, 497. – Problem „entschärft“ durch § 1598 a BGB.
578 OLG Düsseldorf NJW-RR 1998, 241; OLG Karlsruhe NJW 2002, 2799; OLG Köln NJW 2005, 2997.
579 BVerfG v. 09.10.2002 – 1 BvR 1611/96, NJW 2002, 3619.
580 BGH Urt. v. 18.02.2003 – XI ZR 165/02, NJW 2003, 1727.
581 BGH v. 24.02.2003 – VI ZR 327/02, NJW 2003, 2527.
582 BVerfG NJW-RR 1995, 441; BGH MDR 1995, 629; BGH v. 21.11.2007 – IV ZR 128/05, VersR 2008, 382.
583 s. BGH Urt. v. 01.03.2006 – XII ZR 210/04, NJW 2006, 1657; MK/Prütting § 284 Rdnr. 64 ff.
584 BGH Urt. v. 01.03.2006 – XII ZR 210/04, NJW 2006, 1657.
585 BGH Urt. v. 18.02.2003 – XI ZR 165/02, NJW 2003, 1727.
586 MK/Prütting § 284 Rdnr. 67.
587 BGH Urt. v. 10.12.2002 – VI ZR 378/01, JZ 2003, 630.
588 BGH Urt. v. 01.03.2006 – XII ZR 210/04, NJW 2006, 1657.
589 so im US-Prozessrecht, s. BGH vorstehende Fußnote.

2) Die Anordnung der Beweiserhebung trifft das Gericht durch **Beweisbeschluss**, falls die Beweisaufnahme nicht sofort erfolgen kann, sondern ein besonderes Verfahren - z.B. einen Beweistermin - erfordert (§§ 358, 359).

3) Die **Beweisaufnahme** erfolgt grds. vor dem erkennenden Gericht (§ 355 Abs. 1, Grundsatz der Unmittelbarkeit der Beweisaufnahme; s.o. § 3, 4.2).

grds. im Verfahren gem. §§ 355 ff., also z.B. Zeugenvernehmung in mündlicher Verhandlung (§ 370), aber Erweiterung durch Freibeweismöglichkeit nach § 284 S. 2, z.B. für nachträgliche ergänzende telefonische Fragen an Zeugen oder Sachverständigen.[590] - Ein Gutachten aus einem anderen Prozess kann verwertet werden (§ 411 a).

4) Die **Beweiswürdigung** ist die Prüfung des Beweisergebnisses dahin, ob die Behauptung, über die der Beweis erhoben worden ist, bewiesen ist oder nicht.

a) Die Behauptung ist **bewiesen**, wenn das Gericht **von ihrer Wahrheit überzeugt** ist. Dabei ist allerdings eine absolute, jede Möglichkeit eines abweichenden Geschehensablaufs ausschließende, von niemandem mehr anzweifelbare Gewissheit nicht zu verlangen. Ausreichend ist vielmehr ein **für das praktische Leben brauchbarer Grad von Gewissheit**, während bloße Wahrscheinlichkeit oder Vermutungen nicht genügen.[591]

b) Ob eine Behauptung bewiesen ist, entscheidet das Gericht unter Berücksichtigung des gesamten Inhalts der Verhandlungen und des Ergebnisses der Beweisaufnahme nach freier Überzeugung (§ 286 Abs. 1; **Grundsatz der freien Beweiswürdigung**).

Also Zusammenspiel von z.B. Zeugenaussagen, Erfahrungssätzen, Parteivortrag. Dabei sind der gesamte Sachverhalt und alle Beweise erschöpfend zu berücksichtigen.[592]

Beweisregeln binden das Gericht nur in den gesetzlichen Fällen (§ 286 Abs. 2; z.B. §§ 415-418 bei Urkunden). Im Übrigen ist das Gericht **völlig frei**. Es kann also z.B. einer uneidlichen Zeugenaussage mehr glauben als einer eidlichen, den Angaben einer Partei mehr als der Aussage eines Zeugen; es braucht einem Sachverständigengutachten nicht zu folgen. Andererseits darf die Beweiswürdigung natürlich nicht willkürlich erfolgen; die Gesetze der Logik binden auch das Gericht.[593]

4. Die Beweislast

Die Beweislast regelt, wer im Falle der Nichtaufklärung oder Nichtaufklärbarkeit einer entscheidungserheblichen bestrittenen Tatsache den Prozess verliert.

1) Beweislastfragen stellen sich **in zweifacher Richtung:**

a) **Subjektive Beweislast (Beweisführungslast):** Wenn die beweisbelastete Partei für eine klärungsbedürftige streitige Tatsache keinen Beweis antritt, verliert sie den Prozess.

---

590 s. Musielak/Foerste § 284 Rdnr. 26.

591 BGHZ 53, 245, 255@ [Fall Anastasia]; BGH NJW 1993, 937; 1998, 2971; NJW-RR 1994, 567; BGH Urt. v. 22.11.2006 - IV ZR 21/05, NJW-RR 2007, 312.

592 BGH Urt. v. 14.10.2003 - VI ZR 425/02, NJW-RR 2004, 425.

593 s. BGH NJW 1998, 2736.

Beispiel: K verlangt von B Schadensersatz aus § 823 BGB mit der Behauptung, B habe am 03.04. seinen Gartenzaun beschädigt. B bestreitet das und benennt X als Zeugen dafür, dass er am 03.04. an einem anderen Ort war. – Beweisbedürftige Tatsache ist die Eigentumsbeschädigung durch B. Für diese anspruchsbegründende Tatsache i.S.d § 823 BGB trägt K die Beweislast; insoweit muss also K „den Hauptbeweis“ führen. Dass B den „Gegenbeweis“ (für das Nichtvorliegen!) angetreten hat, entbindet K nicht von seiner Beweisführungslast. Ein vom Gegner etwa – wie hier – angebotener Gegenbeweis wird nicht erhoben, wenn der Hauptbeweis nicht angetreten wird.[594] Tritt also K für die Sachbeschädigung durch B trotz richterlicher Aufforderung (§ 139!) keinen Beweis an, bleibt er also „beweisfällig“, so wird seine Klage – ohne dass es zu einer Beweisaufnahme hins. des Gegenbeweises kommt – als unbegründet abgewiesen, weil er die Beschädigung nicht bewiesen hat.

b) **Objektive Beweislast:** Wenn das Ergebnis einer Beweisaufnahme das Gericht nicht von der Wahrheit oder Unwahrheit der beweisbedürftigen Tatsache zu überzeugen vermag, geht dieses „non liquet“ zulasten dessen, der die Beweislast trägt.[595] Die Tatsache ist dann nicht bewiesen.

2) **Die Verteilung der Beweislast**

a) **Grundsatz: Jede Partei trägt die Beweislast für das Vorliegen der tatsächlichen Voraussetzungen der ihr günstigen Rechtsnormen.**[596]

Der Kläger hat daher grundsätzlich alle anspruchsbegründenden Tatsachen zu beweisen, der Beklagte dagegen die Tatsachen, die eine rechtshindernde, rechtsvernichtende oder rechtshemmende Einrede (Gegennorm) begründen. Repliktatsachen gegen solche Einreden hat wiederum der Kläger zu beweisen.[597]

Beispiele: K verlangt Kaufpreiszahlung. B behauptet, bei Vertragsabschluss noch minderjährig gewesen zu sein: damit macht er eine rechtshindernde Einrede geltend, für die er daher die Beweislast trägt. Behauptet nun der Kläger, dass der gesetzliche Vertreter des B seinerzeit genehmigt habe, so macht er eine Repliktatsache geltend, um die Gegennorm wieder auszuräumen; dafür trägt er die Beweislast.

Wer ein Recht in Anspruch nimmt, hat nur die Entstehung zu beweisen (Anspruchsvoraussetzung), der Gegner einen Fortfall (Fortbestand des Rechts nach Entstehung wird vermutet).[598] Wer sich auf eine nachträgliche Vertragsänderung beruft, hat diese zu beweisen.[599]

Behauptet der Schuldner Erfüllung, trägt er hierfür die Beweislast (rechtsvernichtende Einrede),[600] auch der Bürge bei Inanspruchnahme durch den Gläubiger.[601] Hat der Gläubiger eine Leistung als Erfüllung angenommen, trägt er die Beweislast, wenn er sie nicht mehr als Erfüllung gelten lassen will (§ 363 BGB).

b) Der Grundsatz ist durchbrochen:

aa) soweit gesetzliche **Beweislastregeln eingreifen** (z.B. §§ 179, 345, 363, 932 [„es sei denn“], 2336 Abs. 3 BGB).

594 BL/Hartmann Einf. § 284 Rdnr. 26; RS/Gottwald § 115 Rdnr. 7.

595 Jauernig § 50 II, III 3.

596 RS/Gottwald § 114 Rdnr. 7, 8 (Rosenbergsche Formel).

597 BGHZ 53, 245, 250@; 113, 224; BGH NJW 1999, 353, 2035, 2887; BGH Urt. v. 03.04.2001 – XI ZR 120/00, NJW 2001, 2096; BGH Urt. v. 17.07.2000 – X ZR 29/99, NJW 2002, 58; BGH Urt. v. 25.06.2002 – VI ZR 279/01, NJW-RR 2002, 1386; RS/Gottwald § 114 Rdnr. 10, 11; Schmidt JuS 2003, 1007.

598 BGH FamRZ 1976, 81.

599 OLG Saarbrücken VersR 2004, 624.

600 BGH Urt. v. 17.01.2007 – VIII ZR 135/04, MDR 2007, 703.

601 BGH MDR 1995, 1108.

bb) soweit **gesetzliche oder tatsächliche Vermutungen** eingreifen.

z.B. **§ 476 BGB:** An sich müsste der Käufer das Vorliegen des Sachmangels bereits bei Gefahrübergang beweisen; für den Verbrauchsgüterkauf durchbrochen: Falls der Mangel innerhalb von sechs Monaten festgestellt wird, wird sein Vorliegen bei Gefahrübergang vermutet, was dann vom Verkäufer zu widerlegen ist (§ 292).[602]

§ 22 AGG: Wenn der Betroffene Indizien für die Vermutung einer Diskriminierung beweist, trifft den Gegner die Beweislast, dass kein AGG-Verstoß vorgelegen hat.[603]

cc) durch eine Verteilung nach **Gefahrenbereichen (Sphären)**.

Beispiele: Die Schauspielerin K klagt auf Schadensersatz gegen den Friseur B, weil ihr Haar unter der Trockenhaube verbrannt ist. B wendet ein, die Friseuse F, die die K bedient habe, sei eine besonders sorgfältige und tüchtige Kraft, ein Verschulden der F sei daher ausgeschlossen; es müsse sich um einen zufälligen Defekt der Trockenhaube gehandelt haben. – Da der Schaden im **Gefahrenbereich** des B entstanden ist, hat B sich hins. einer Pflichtwidrigkeit zu entlasten,[604] ebenso gem. § 280 Abs. 1 S. 2 BGB hins. eines Verschuldens (s.o. § 7, 2.4). B trägt daher die Beweislast dafür, dass der Schaden nicht auf Pflichtwidrigkeit und Verschulden der F (§ 278 BGB) beruht hat; wenn sich dies nicht feststellen lässt, haftet B daher.

oder im Mietrecht zu § 536 BGB: Der Mieter muss einen Mangel der Mietsache beweisen. Beweist demgegenüber der Vermieter, dass der Mangel nicht aus seinem **Verantwortungsbereich** stammt, sondern dem des Mieters, hat dieser zu beweisen, dass er den Mangel nicht zu vertreten hat; gelingt dies, haftet der Vermieter, anderenfalls hat der Mieter keine Ansprüche.[605]

dd) nach der Rspr. in **bestimmten wichtigen Sonderfällen:**

Bei der **Produzentenhaftung** muss der in Anspruch genommene Hersteller beweisen, dass ihn hinsichtlich des Fehlers kein Verschulden trifft (auch § 1 ProdukthaftungsG).[606]

Bei der **Arzthaftung** kann aus einem groben Behandlungsfehler auf dessen Ursächlichkeit für eingetretene Schädigungen und auf Verschulden geschlossen werden;[607] ferner Beweiserleichterung bei fehlender oder unvollständiger Dokumentation.[608]

5. Das **selbstständige Beweisverfahren** (§§ 485 ff.)

dient der vorsorglichen Feststellung von Tatsachen, im Rahmen eines Prozesses oder auch unabhängig von einem Prozess,

und zwar zum einen zur Sicherung von Beweismitteln, deren Verlust droht – z.B. Vernehmung eines todkranken Zeugen –, zum anderen generell zur Feststellung von Tatsachen durch Sachverständigengutachten zur Vermeidung eines Rechtsstreits durch Vorwegklärung streitiger Fragen.

Verjährungshemmung (§ 204 Abs. 1 Nr. 7 BGB).

Vergleich der Verfahrensbeteiligten: § 492 Abs. 3 (Vollstreckungstitel).

Beweisaufnahme nach den allg. Vorschriften (§ 492). Benutzung des Beweisergebnisses im Hauptprozess (§ 493): **wie eine unmittelbare Beweisaufnahme im Hauptprozess selbst**.

---

602 s. BGH Urt. v. 18.07.2007 – VIII ZR 259/06, NJW 2007, 2621; Klöhn NJW 2007, 2811.

603 dazu BL/Hartmann Anh. § 286 Rdnr. 34.

604 s. ThP/Reichold § 284 Vorbem. 25 ff.

605 BGH v. 25.01.2006 – VIII ZR 223/04, NJW 2006, 1061; Palandt/Weidenkaff § 536 Rdnr. 5.

606 BGH NJW 1992, 1039; 1999, 1028; MDR 1996, 909.

607 BGH Urt. v. 27.04.2004 – VI ZR 34/03, NJW 2004, 2011 m.w.N.

608 BGHZ 99, 396; BGH NJW 1989, 2331; 1993, 2376.

§ 12 Die gerichtlichen Entscheidungen

1. Verfügungen, Beschlüsse, Urteile

Es gibt drei Arten von Entscheidungen (s. § 160 Abs. 3 Nr. 6): Verfügungen, Beschlüsse und Urteile.

1) **Verfügungen** sind Anordnungen zur Durchführung des Verfahrens (prozessleitende Maßnahmen). Sie werden nicht rechtskräftig, sondern sind – nach den wechselnden Erfordernissen des Verfahrens – abänderbar.

Beispiele: Anordnung eines Verfahrens mit frühem ersten Termin oder Anordnung eines schriftlichen Vorverfahrens, § 272; Terminsanberaumung, § 216 Abs. 2; Fristbestimmungen.

Zu beachten: Die „einstweilige Verfügung“ (§§ 935 ff.) ist keine Verfügung in diesem Sinne, sondern ergeht durch Beschluss oder Urteil (vgl. §§ 936, 922; s.u. § 24).

2) **Beschlüsse** sind Entscheidungen, die grds. ohne obligatorische mündliche Verhandlung ergehen und nicht der Urteilsform unterliegen (§ 128 Abs. 4).

Weitgehend gelten jedoch die Urteilsregelungen (§ 329),[609] insbes. müssen grds. auch die Sachurteils-/Zulässigkeitsvoraussetzungen vorliegen.[610]

a) Die Abgrenzung von Urteil und Beschluss ist formaler Natur und beruht nur auf der jeweiligen konkreten gesetzlichen Regelung. Eine allgemeine Abgrenzung gibt es nicht, auch nicht dahin, dass Urteile den Streitgegenstand beträfen, Beschlüsse nur das Verfahren: Zwar betrifft ein Großteil der Beschlüsse die Verfahrensdurchführung. Es gibt jedoch auch verfahrensbeendende und sachliche Entscheidungen in Beschlussform: z.B. Kostenbeschluss, § 91 a; einstweilige Verfügung, §§ 936, 922; Verwerfung oder Zurückweisung einer Berufung nach § 522.

b) Beschlüsse binden das erkennende Gericht grundsätzlich nicht.

Insoweit aber, als sie **urteilsähnliche – verfahrensbeendende – Wirkungen** haben, sind Beschlüsse aus Gründen der Rechtssicherheit nicht frei abänderbar, sondern nur auf Rechtsbehelf des Betroffenen (i.d.R. sofortige Beschwerde); falls ein solcher Beschluss unanfechtbar ist, ist er grds. auch unabänderbar.[611]

z.B. § 91 a-Beschluss, einstweilige Verfügung: Abänderbar nur nach sofortiger Beschwerde (§ 91 a Abs. 2, 572 Abs. 1) bzw. Widerspruch (§§ 935, 936, 924, 925). – Bei Unanfechtbarkeit (z.B. Berufungszurückweisung nach § 522 Abs. 2, 3): grds. auch keine Abänderbarkeit.

3) **Urteile** sind gerichtliche Entscheidungen, die in **bestimmter Form** (§§ 313 ff.) und in aller Regel aufgrund mündlicher Verhandlung ergehen.

Das Urteil ist die **wichtigste Entscheidung des Prozesses**, der **i.d.R durch Urteil beendet** wird: Durch das Urteil entscheidet das Gericht den Rechtsstreit.

Urteile können vom erlassenden Gericht grds. **nicht mehr abgeändert** werden (§ 318), nur noch bei zulässigem Rechtsmittel vom Rechtsmittelgericht.

609 s. BL/Hartmann § 329 Rdnr. 14 ff.

610 StJ/Brehm vor § 1 Rdnr. 243.

611 s. MK/Musielak § 329 Rdnr. 10 ff.

4) **Durchbrechung der Unabänderbarkeit** von Urteilen und ggf. Beschlüssen:

a) Berichtigung und Ergänzung in engen Grenzen bei Versehen: §§ 319 ff.,

b) **Gehörsrüge gemäß § 321 a bei Verletzung des rechtlichen Gehörs.**

Wenn ein unanfechtbares Urteil oder verfahrensbeendender Beschluss auf einer Verletzung des rechtlichen Gehörs beruht, ist auf Rüge des Betroffenen der Prozess fortzusetzen, **soweit** die Entscheidung von der Gehörsverletzung betroffen ist: Das Gericht kann dann zu einer anderen Entscheidung kommen und das Urteil bzw. den Beschluss entsprechend abändern.

eingeführt durch die ZPO-Reform 2002; jetzige Fassung: AnhorungsrügenG von 2004.

Normzweck: Erübrigung entsprechender Verfassungsbeschwerden; Ermöglichung der Selbstkorrektur des Fehlers durch das Gericht. – bedeutsam insbes. für die sog. „Pannenfälle": Das Gericht hat z.B. erhebliches Vorbringen nicht berücksichtigt, weil ein Schriftsatz durch Versehen nicht zur Akte gelangt ist.

Rügefrist: Zwei Wochen. – Zurückweisung der Rüge durch unanfechtbaren Beschluss.

Soweit eine Entscheidung anfechtbar ist, muss eine Verletzung des rechtlichen Gehörs mit den entsprechenden Rechtsmitteln oder Rechtsbehelfen (z.B. Berufung, Einspruch) gerügt werden: Subsidiarität der Gehörsrüge.

§ 321 a betrifft dem Wortlaut nach nur Verletzungen des rechtlichen Gehörs. Problematisch ist, ob eine **analoge Anwendung bei Verletzung anderer Grundrechte** (z.B. Verstoß gegen den gesetzlichen Richter, Willkür) möglich ist. Dies wird vom BGH erwogen,[612] überwiegend aber verneint, weil das AnhörungsrügenG trotz Kenntnis dieser Problematik den Anwendungsbereich des § 321 a ausdrücklich auf Gehörsverletzungen beschränkt habe (keine Regelungslücke).[613] – Bei solchen Verstößen kommen auch die Gegenvorstellung (s.u. § 13, 1, 4), eine „außerordentliche Beschwerde wegen greifbarer Gesetzwidrigkeit" (s.u. § 13, 3.3, 1 a) und letztlich die Verfassungsbeschwerde (s.u. § 14, 3.6) in Betracht – das Verhältnis aller dieser Möglichkeiten zueinander ist allerdings noch weitgehend ungeklärt.

2. Urteilsarten. Zu unterscheiden sind:

1) nach der Tragweite der Entscheidung:

a) **Sachurteile** als Entscheidung in der Sache selbst,

b) **Prozessurteile** als Entscheidung nur über die Zulässigkeit der Klage, mit entsprechend begrenzter Rechtskraft (s.o. § 5, 3.1, 3; s.u. § 14, 2.1.3).

2) nach dem Inhalt des Urteilstenors:

a) **Leistungsurteile:** Sie enthalten einen bestimmten Leistungsbefehl an den Beklagten (auf Zahlung, Herausgabe, Handlung, Duldung, Unterlassung, Abgabe einer Willenserklärung). Sie sind Vollstreckungstitel.

b) **Feststellungsurteile:** Sie enthalten einen deklaratorischen Ausspruch über das Bestehen oder Nichtbestehen eines Rechtsverhältnisses. Da sie keinen

612 BGH v. 19.01.2006 – I ZR 151/02, NJW 2006, 1978, zustimmend Jauernig § 29 III 3.

613 u.a. MK/Musielak § 321 a, 14; Zöller/Vollkommer § 321 a, 3; Hk-ZPO/Saenger § 321 a, 6.

Leistungsbefehl an den Beklagten enthalten, haben sie keinen vollstreckungsfähigen Inhalt und sind daher keine Vollstreckungstitel (mit Ausnahme der Kostenentscheidung).

Auch klageabweisende Urteile sind Feststellungsurteile, da durch sie festgestellt wird, dass dem Kläger der geltend gemachte prozessuale Anspruch nicht zusteht.[614]

c) **Gestaltungsurteile:** Sie führen – mit Eintritt der Rechtskraft – eine bisher nicht bestehende Rechtsfolge herbei. Sie wirken also konstitutiv, indem sie die bestehende (materielle) Rechtslage umgestalten.

Aus diesem Grunde wirken sie auch grds. gegenüber jedermann.

z.B. Scheidungsurteil; OHG-Auflösung, § 133 HGB.

3) nach dem Zustandekommen: **Versäumnis-/kontradiktorische Urteile**.

Der Ausdruck „kontradiktorische Urteile" ist ungenau, denn darunter werden **alle Urteile** verstanden, **die nicht Versäumnisurteile sind**. Es muss also keineswegs vorher zwingend „streitig" verhandelt worden sein; auch Entscheidungen nach Aktenlage (§§ 251 a, 331 a), Anerkenntnisurteile (§ 307) und Verzichtsurteile (§ 306) sind „kontradiktorische Urteile".

Wichtig: Gegen ein echtes Versäumnisurteil gibt es nur den Einspruch (§ 338, s.o. § 9, 2.3), gegen die kontradiktorischen Urteile dagegen die allgemeinen Rechtsmittel.

4) danach, ob sie das Verfahren erledigen oder nicht: End- u. Zwischenurteile.

a) **Endurteile** (§ 300) können

aa) entweder den Streitgegenstand oder die mehreren in einem Prozess rechtshängigen Streitgegenstände vollständig erledigen: **Vollendurteil**

bb) oder nur einen selbstständigen Teil davon: **Teilurteil** (§ 301).

Beispiel: Klage auf Zahlung von 5.000 €, und zwar 4.000 € aus Kaufvertrag vom 05.03. und weitere 1.000 € aus Werkvertrag vom 20.03. Soweit Entscheidungsreife hins. eines dieser miteinander verbundenen Streitgegenstände (objektive Klagehäufung) vorliegt, kann darüber durch Teilurteil entschieden werden. Entsprechendes gilt, wenn von einem einheitlichen Anspruch ein selbstständiger, abtrennbarer Teil entscheidungsreif ist, z.B. ein Teil des Schadens eines einheitlichen Schadensersatzanspruchs.

Das Urteil über den verbliebenen Rest des Streitgegenstandes heißt **Schlussurteil**.

Ein Teilurteil darf nur dann erlassen werden, wenn es von dem weiteren Prozessverlauf unter keinen Umständen mehr berührt werden kann, wenn es also unabhängig davon ist, wie der Streit über den Rest ausgeht, wenn also die **Gefahr inhaltlich widersprechender Entscheidungen ausgeschlossen** ist.[615] Daher darf über einen Teil eines einheitlichen streitigen Anspruchs ein Teilurteil nur ergehen, wenn zugleich ein entsprechendes Grundurteil hins. des restlichen Anspruchs erlassen wird (§ 301 Abs. 1 S. 2)

Das Teilurteil zerlegt den Prozess in für Rechtsmittel selbstständige Teile.[616] Dadurch kann ein sonst zulässiges Rechtsmittel ausgeschlossen werden – z.B. Klage über 1.000 €, Teil- und Schlussurteil über je 500 € (§ 511) –; dann sollte ein Teilurteil unterbleiben.[617]

---

614 Jauernig § 59 III.

615 BGH Urt. v. 25.11. 2003 – VI ZR 8/03, VersR 2004, 645; BGH Urt. v. 17.02.2004 – VI ZR 39/03, MDR 2004, 898; BGH Urt. v. 12.12.2007 – VIII ZR 269/06, NJW-RR 2008, 460.

616 BGH NJW 1998, 686@; 2000, 218.

617 Schellhammer Rdnr. 926.

b) Auflösend bedingte Endurteile sind die **Vorbehaltsurteile** (§§ 302, 599). Sie verurteilen den Beklagten, behalten ihm jedoch bestimmte Einwendungen vor (Aufrechnungseinrede, im Urkundenprozess abgeschnittene Einwendungen), über die in derselben Instanz im sog. Nachverfahren durch das Schlussurteil entschieden und bei deren Durchgreifen das Vorbehaltsurteil wieder aufgehoben wird.

Zu beachten: Der Vorbehalt beschränkter Erbenhaftung (§ 305) ist kein Fall eines Vorbehaltsurteils. Dieser Vorbehalt hat nur für die Zwangsvollstreckung Bedeutung (§ 780).

c) **Zwischenurteile** erledigen dagegen „nur einzelne Streitpunkte", niemals – auch nicht teilweise! – den geltend gemachten Anspruch (Streitgegenstand).

aa) Nach § 280 kann bei einem Streit über die **Zulässigkeit** der Klage abgesondert verhandelt und durch Zwischenurteil die Zulässigkeit bejaht werden; der Rechtsstreit wird dann fortgesetzt. Wird die Zulässigkeit verneint, so ist für ein Zwischenurteil kein Raum, sondern die Klage ist durch Prozessurteil (Endurteil) abzuweisen.[618]

bb) Der in der Praxis wichtigste – und zugleich der einzige auf die Sache selbst bezogene – Fall eines Zwischenurteils ist die **Vorabentscheidung über den Grund** (§ 304, **Grundurteil**), durch das bei einem Streit der Parteien über Grund und Höhe einer Forderung zunächst eine Entscheidung zum Grund getroffen wird.

Beispiel: Der Beklagte bestreitet die Verursachung des Verkehrsunfalles und wendet auch Mitverschulden des Klägers ein; außerdem bestreitet er, dass dem Kläger Sachschaden, Heilungskosten und Verdienstausfall in der geforderten Höhe entstanden seien. – Hier kann es zweckmäßig sein, stofflich die Prüfung zunächst auf die Haftungsfrage zu beschränken und diese Haftung, ggf. in einer Quote, durch Grundurteil festzustellen, damit die u.U. zeit- und kostenaufwendige Feststellung der Schadenshöhe erst dann vorgenommen werden muss, wenn rechtskräftig feststeht, dass und in welchem grundsätzlichen Umfang der Beklagte überhaupt ersatzpflichtig ist; oft erledigt sich auch der Streit zur Höhe nach Klärung des Grundes durch Vergleich. Urteilstenor dann z.B.: „Der Klageanspruch ist dem Grunde nach zur Hälfte gerechtfertigt"; wenn der Kläger die volle Verurteilung des Beklagten beantragt hatte, muss dann die Klage im Übrigen abgewiesen werden.

(1) Das Grundurteil kann mit Rechtsmitteln angefochten werden (§ 304 Abs. 2).

I.d.R. wird vor Fortsetzung des Verfahrens zur Höhe die Rechtskraft des Grundurteils abgewartet (gerade Zweck des Grundurteils).[619]

(2) Dem Grundurteil folgt dann in derselben Instanz das sog. **Betragsverfahren** nach, in dem dann – ohne dass noch Einwendungen gegen den bereits vorab entschiedenen Haftungsgrund zulässig sind – nur noch über die Höhe der Forderung verhandelt und durch Endurteil (**Schlussurteil**) entschieden wird.

(3) Das Grundurteil setzt voraus, dass zwar der Rechtsstreit zur Höhe nach nicht entscheidungsreif ist, dass aber der Anspruch mit hoher Wahrscheinlichkeit jedenfalls in irgendeiner Höhe besteht.[620] Stellt sich dann im Betragsverfahren heraus, dass die Anspruchshöhe = Null ist – z.B. doch kein Schaden –, so ist die Klage abzuweisen;[621] denn das Grundurteil bindet nur in der Beurteilung des Anspruchsgrundes, steht daher einer Abweisung aus anderen Gründen nicht entgegen.

---

618 vgl. ThP/Reichold § 280 Rdnr. 4.

619 s. OLG Celle NJW-RR 2003, 787.

620 BGH NJW 1998, 1709; BGH Urt. v. 07.05.2004 – V ZR 77/03, MDR 2004, 1051; BGH Urt. v. 10.03.2005 – VII ZR 230/03, NJW-RR 2005, 928; BGH Urt. v. 09.11.2006 – VII ZR 151/05, MDR 2007, 602.

621 BGH NJW 1986, 2508; BGH Urt. v. 04.05.2005 – VIII ZR 123/04, NJW-RR 2005, 1157.

5) In einem einzigen Urteil können – je nach der Entscheidungssituation – mehrere Urteilsarten miteinander verbunden sein.

Beispiele: Leistungs- und Feststellungsurteil: Verurteilung des Beklagten zur Zahlung eines Geldbetrages – als Schadensersatz – mit Feststellung der Ersatzpflicht für Zukunftsschäden. Oder: TeilVU gegen den Beklagten und Klageabweisung im Übrigen (kontradiktorisches Urteil, sog. „unechtes VU") bei nur teilweiser Schlüssigkeit der Klage; Grundurteil zu einem Teil (Zwischenurteil) und Klageabweisung hins. des Restes (Endurteil).

Nicht zu einer einheitlichen Entscheidung verbunden werden können dagegen **Urteil und Beschluss**, wie z.B. Teilurteil und Beweisbeschluss hinsichtlich des übrigen Teils; möglich ist aber natürlich der gleichzeitige Erlass (Verkündung).

3. Nichturteil und unwirksames Urteil

1) Grundsätzlich sind Urteile – wie alle staatlichen Akte – auch dann **wirksam, wenn sie fehlerhaft ergangen sind**; fehlerhafte Urteile sind **nur anfechtbar**, d.h. mit **Rechtsmitteln beseitigbar**, soweit deren Voraussetzungen vorliegen.

2) **Ausnahmsweise Unwirksamkeit von Urteilen:**

a) **Nichturteil (Scheinurteil)**: Die Entscheidung ist nur scheinbar ein Urteil, in Wirklichkeit nicht; sie löst keinerlei Rechtswirkungen aus und ist unbeachtlich.

Beispiele: versehentlich herausgegebener Entwurf eines Urteils; Fehlen der erforderlichen richterlichen Unterschriften;[622] **Fehlen der Verkündung (Verlautbarung)**, durch die das Urteil erst existent wird (§ 310),[623] im Unterschied zu bloßen Mängeln der Verlautbarung, die der Wirksamkeit nicht entgegenstehen,[624] wie z.B. Zustellung statt Verkündung.[625]

Falls der äußere Anschein eines Urteils entstanden ist – z.B. durch Ausfertigung eines Entwurfs durch die Geschäftsstelle und Zustellung –, kann ein Rechtsmittel, zur Beseitigung dieses Anscheins, eingelegt[626] oder eine Klage auf Feststellung erhoben werden, dass der Gegner aus dem Urteil keine Rechte herleiten kann.[627]

b) **Unwirksames (wirkungsloses) Urteil:** Das Urteil kann wegen der Natur des Fehlers keine Rechtswirkungen im Hauptausspruch auslösen.

Beispiele: Urteil gegen eine nicht der deutschen Gerichtsbarkeit unterliegende Person, für oder gegen eine nicht existierende Partei (s.o. § 5, 3.2.2.1, 5), bei Anordnung einer der deutschen Rechtsordnung unbekannten Rechtsfolge, bei unverständlichem, widersprüchlichem oder völlig unbestimmtem Urteilsausspruch.[628]

Solche Urteile können formell rechtskräftig werden. Gegen sie sind – zur Klärung der Rechtslage und zur Vermeidung von Nachteilen (z.B. Beseitigung der Kostenentscheidung) – Rechtsmittel und Wiederaufnahme möglich, auch Klage auf Feststellung der Unwirksamkeit[629] oder eine Vollstreckungsgegenklage („Titelabwehrklage", § 767 analog).[630]

---

622 BVerfG JuS 1985, 478.

623 BGH NJW 1996, 1969, 1970@; BGH Urt. v. 12.03.2004 – V ZR 37/03, NJW 2004, 2019.

624 BGH NJW 1989, 1157.

625 BGH Urt. v. 12.03.2004 – V ZR 37/03, NJW 2004, 2019.

626 BGH NJW 1995, 404; 1996, 1969, 1970@; 1999, 1192; OLG Brandenburg NJW-RR 2002, 356.

627 OLG Frankfurt MDR 1991, 63.

628 BGHZ 5, 245.

629 RS/Gottwald § 62 Rdnr. 21; BL/Hartmann Übers § 300 Rdnr. 14 ff.

630 s. BGH Urt. v. 07.12.2005 – XII ZR 94/03, NJW 2006, 695. – näher u. § 22, 1.3.2, 1).

§ 13 Die Rechtsmittel

1. Begriff des Rechtsmittels

Für den **Begriff des Rechtsmittels** im eigentlichen Sinne und zur Abgrenzung von sonstigen Rechtsbehelfen sind zwei Merkmale charakteristisch:

- **Devolutiveffekt**: über das Rechtsmittel entscheidet die höhere Instanz.
- **Suspensiveffekt**: die Einlegung des Rechtsmittels schiebt den Eintritt der formellen Rechtskraft der angefochtenen Entscheidung hinaus (§ 705 S. 2).

1) Rechtsmittel sind daher nur:

a) **die Berufung** §§ 511-541	=	Überprüfung der im ersten Rechtszug (AG oder LG als erstinstanzl. Gericht) erlassenen Urteile in tatsächlicher u. rechtlicher Hinsicht zur Fehlerkontrolle durch das Berufungsgericht (LG o. OLG)
b) **die Revision** §§ 542-566	=	Überprüfung der Berufungsurteile (LG oder OLG) in grundsätzlichen Fällen ausschließlich in rechtlicher Hinsicht durch den BGH
c) **die Beschwerde** §§ 567-572	=	Überprüfung von Beschlüssen in tatsächlicher und rechtlicher Hinsicht durch das Beschwerdegericht (ggf. Rechtsbeschwerde an den BGH, §§ 574 ff.)

2) **Keine Rechtsmittel** i.e.S. sind daher – da darüber das Gericht der angefochtenen Entscheidung, nicht die höhere Instanz entscheidet –:

a) Die **Rüge der Verletzung des rechtlichen Gehörs** (§ 321 a, s.o. § 12, 1, 4).

b) der **Einspruch gegen ein Versäumnisurteil** (§ 338).

c) die **Erinnerung** (§§ 573, 766, § 11 RPflG).

Besondere Bedeutung im Vollstreckungsrecht: Vollstreckungserinnerung, s.u. § 22, 1.1.

d) die **Gegenvorstellung**,

mit der erreicht werden soll, dass das Gericht die Entscheidung überdenkt und abändert.

Sie ist gesetzlich nicht geregelt – nur für Gehörsverletzungen in § 321 a –, wird aber auch darüber hinaus für statthaft erachtet, zum einen gegen Entscheidungen, die das Gericht ohnehin abändern kann, zum anderen gegen an sich **unabänderbare und unanfechtbare Entscheidungen**, die auf der Verletzung eines **anderweitigen Verfahrensgrundrechts** beruhen (z.B. Verstoß gegen den gesetzlichen Richter, s.u. § 14, 3.5),[631] um so auch insoweit dem Gericht die Selbstkorrektur zu ermöglichen und Verfassungsbeschwerden zu erübrigen.

Frist: zwei Wochen (entspr. § 321 a Abs. 2).

631 so **BGH:** v. 07.03.2003 – IX ZB 11/02, NJW 2002, 1577; v. 23.07.2003 – XII ZB 91/03, NJW 2003, 3137; v. 21.04.2004 – XII ZB 279/03, NJW 2004, 2224; v. 20.10.2004 – XII ZB 35/04, NJW 2005, 143.

Da die Gegenvorstellung gesetzlich nicht geregelt, ihr Anwendungsbereich ungeklärt – z.B.: nur bei Beschlüssen, oder auch gegenüber Urteilen statthaft?[632] – und § 321 a eben ausdrücklich auf Gehörsverletzungen beschränkt ist, hat das BVerfG Bedenken gegen die generelle Zulassung der Gegenvorstellung, die der Rechtssicherheit und -klarheit widerspreche, geäußert (und hält ersichtlich eine gesetzliche Regelung für notwendig).[633] – Soweit die Gegenvorstellung nicht für statthaft erachtet wird, verbleibt bei anderweitigen Grundrechtsverletzungen nur die Verfassungsbeschwerde.

3) Kein Rechtsmittel ist auch die **Dienstaufsichtsbeschwerde**, mit der der Dienstvorgesetzte des Richters zum Einschreiten gegen Pflichtverstöße veranlasst werden soll. Sie ist unzulässig, soweit die richterliche Unabhängigkeit reicht (§ 26 DRiG), kann also nur die Äußerlichkeiten der richterlichen Tätigkeit betreffen und nie zur Änderung einer Entscheidung führen.[634]

2. Allgemeine Grundsätze

Das Rechtsmittel hat **Erfolg**, wenn und soweit es **zulässig und begründet** ist.

2.1 Allgemeine Zulässigkeitsvoraussetzungen sind:

1) **Statthaftigkeit:** Das Rechtsmittel muss seiner Art nach in Betracht kommen.

Bei **formell inkorrekter Entscheidung** – z.B. Beschluss statt Urteil – ist, damit der Partei aus dem Fehler des Gerichts kein Nachteil entsteht, nach dem Grundsatz der **Meistbegünstigung** grds. sowohl das Rechtsmittel statthaft, das der inkorrekten Entscheidungsform entspricht (Beschwerde), als auch das bei korrekter Entscheidung gegebene (Berufung).[635] Aber: Kein Rechtsmittel, falls auch bei korrekter Entscheidung keins gegeben wäre.[636]

2) **Frist und Form**. – Bei Fristversäumung: Wiedereinsetzung (§§ 233 ff.)?

3) **Beschwer:** Der rechtskräftige Inhalt der angefochtenen Entscheidung muss für den Rechtsmitteleinlegenden **rechtlich nachteilig** sein, ihn also belasten (ungeschriebenes Rechtsschutzerfordernis jedes Rechtsmittels).[637]

Der Kläger ist nur beschwert, wenn die angefochtene Entscheidung von der von ihm beantragten abweicht (**formelle** Beschwer),[638]

der **Beklagte** dagegen bereits dann, wenn die Entscheidung für ihn materiell nachteilig ist (**materielle** Beschwer).[639]

Beispiele: A klagt gegen B auf Zahlung von 5.000 €. Wird B verurteilt, ist er, nicht A, beschwert. Wird die Klage abgewiesen, ist A, nicht B, beschwert. Wird B zur Zahlung von 2.500 € verurteilt und die Klage im Übrigen abgewiesen, sind A und B beschwert.

Der Kläger ist z.B. beschwert, wenn der Beklagte nach dem Hilfsantrag verurteilt und der Hauptantrag abgewiesen wird, der Beklagte, wenn die Klage aufgrund einer Eventualaufrechnung, nicht wegen Nichtbestehens der Klageforderung abgewiesen wird.

---

632 verneinend u.a. StJ/Leipold § 321 a Rdnr. 78; BL/Hartmann Grundz. § 567 Rdnr. 6.

633 BVerfG v. 08.02.2006 – 2 BvR 575/05, NJW 2006, 2907. – Der BFH hat zu dieser Frage den gemeinsamen Senat der obersten Gerichtshöfe des Bundes angerufen, s. NJW 2008, 543.

634 BVerfG v. 09.06.2004 – 1 BvR 872/04, NJW 2004, 2891.

635 BGH Urt. v. 16.10.2002 – VIII ZB 27/02, MDR 2003, 285; v. 05.11.2003 – VIII ZR 10/03, NJW 2004, 1598.

636 BGH v. 08.05.2006 – II ZB 10/05, MDR 2006, 1422.

637 BGH v. 29.06.2004 – X ZB 11/04, FamRZ 2004, 1553.

638 BGH NJW 1999, 1339@; BGH Urt. v. 17.01.2004 – XII ZR 19/03, FamRZ 2005, 514; allg. Ansicht.

639 BGH NJW 1992, 1514; OLG Brandenburg FamRZ 2001, 1630; a.A. MK/Rimmelspacher vor § 511, 13 ff.

4) **Grundsätzlich: Zulassung** vom Gericht der angefochtenen Entscheidung,

bei Berufung und Revision (bei der Revision auch Zulassung vom BGH selbst auf Nichtzulassungsbeschwerde hin),

bei **Berufung:** auch ohne Zulassung bei einem **Wert der Beschwer von mehr als 600 € (keine Nichtzulassungsbeschwerde!).**

5) **Kein Rechtsmittelverzicht** (§§ 515, 565).

Auch die **Rücknahme** des Rechtsmittels ist möglich (§§ 516, 565); dann kann es – anders als nach Verzicht – erneut eingelegt werden, solange die Einlegungsfrist noch läuft. Bei Fortführung trotz Verzicht/Rücknahmeverpflichtung ist das Rechtsmittel unzulässig.[640]

2.2 Begründetheit: Soweit die angefochtene Entscheidung unrichtig ist.

1) Über die Begründetheit darf nur entschieden werden, **wenn das Rechtsmittel zulässig** ist! Das unzulässige Rechtsmittel wird als unzulässig verworfen – im Gegensatz zur Zurückweisung bei Unbegründetheit –, ohne Eingehen auf die Begründetheit: **Vorrang der Zulässigkeitsfeststellung**.[641]

Insoweit gilt Entsprechendes wie zur Zulässigkeit der Klage (s.o. § 5, 3.1).

2) Zulässigkeit des Rechtsmittels und Zulässigkeit der angefochtenen Entscheidung sind streng zu unterscheiden; ob z.B. die Klage zulässig war, ist keine Frage der Zulässigkeit, sondern der **Begründetheit des Rechtsmittels**.

Beispiel: A klagt gegen B vor dem LG; B wird verurteilt. B legt Berufung ein mit der Begründung, die Klage sei nicht zulässig, da sie bereits anderweitig rechtshängig sei. Wie entscheidet das OLG, wenn der Rechtsstreit tatsächlich anderweitig rechtshängig ist?

Die Berufung ist zulässig, da gegen Urteile des Landgerichts die Berufung an das Oberlandesgericht statthaft ist. Sie ist nicht etwa deshalb unzulässig, weil die Klage unzulässig ist. Das Urteil des LG ist zwar wegen der Unzulässigkeit der Klage unrichtig; die Klage hätte abgewiesen werden müssen. Das Berufungsgericht soll aber gerade die Richtigkeit des erstinstanzlichen Urteils nachprüfen und ein unrichtiges Urteil beseitigen, wobei es keinen Unterschied macht, ob diese Unrichtigkeit auf prozessualen oder materiell-rechtlichen Gesichtspunkten beruht.

Die Berufung ist auch begründet, da das LG-Urteil unrichtig ist. Die Entscheidung des OLG lautet daher: „Das Urteil des Landgerichts ... wird aufgehoben. Die Klage wird abgewiesen."

2.3 Wichtig: Es gilt das **Verbot der reformatio in peius** (§§ 528, 557).

1) Die angefochtene Entscheidung darf **nicht weiter abgeändert** werden, **als dies beantragt ist**. Wer ein Rechtsmittel einlegt, läuft somit grds. nur Gefahr, dass es erfolglos bleibt. Dagegen kann das angefochtene Urteil nicht zu seinem Nachteil geändert werden.

Beispiel: A klagt gegen B auf Zahlung von 5.000 €. B wird zur Zahlung von 2.500 € verurteilt; im Übrigen wird die Klage abgewiesen.

Legt A Berufung ein, so kann bei Unbegründetheit lediglich die Berufung zurückgewiesen werden, auch wenn die Klageforderung generell verneint wird, sodass es auch dann bei der Ver-

640 BGH NJW-RR 1991, 1213; 1997, 1288; VersR 1993, 714; FamRZ 1999, 1585.

641 ThP/Reichold vor § 511 Rdnr. 11; RS/Gottwald § 134 Rdnr. 1, 2.

urteilung des B (2.500 €) bleibt; nicht aber kann die Klage ganz abgewiesen werden. Legt B Berufung ein, so kann ebenfalls nur die Berufung zurückgewiesen, B aber nicht etwa zur Zahlung von 5.000 € verurteilt werden, auch wenn das Berufungsgericht die Klageforderung in vollem Umfang für begründet hält.

2) Eine Abänderung des Urteils zuungunsten des Rechtsmittelklägers kann der Rechtsmittelbeklagte aber durch ein **eigenes Rechtsmittel** – falls als solches zulässig – oder[642] durch ein **Anschlussrechtsmittel** (Anschlussberufung, Anschlussrevision, §§ 524, 554, 567, 574) mit erleichterten Zulässigkeitsvoraussetzungen erreichen.

zum Beispiel: Legt nach Berufung des A auch B Berufung ein, so wird bei Unbegründetheit der Klage nicht nur die dann unbegründete Berufung des A zurückgewiesen, sondern auf die begründete Berufung des B hin die Klage vollständig abgewiesen.

3. Die einzelnen Rechtsmittel

3.1 Die Berufung (§§ 511–541)

1) Nach der Umgestaltung der Rechtsmittel durch die Zivilprozessreform dient die Berufung der **Kontrolle des erstinstanzlichen Urteils auf Fehler** – nicht mehr der umfassenden Neuverhandlung des Prozesses –: auf Rechtsfehler und/ oder durch konkrete Anhaltspunkte belegte Zweifel an der Richtigkeit und Vollständigkeit der Tatsachenfeststellung (§ 520). Entsprechend ist der Prüfungsumfang des Berufungsverfahrens begrenzt (§ 529); im Übrigen werden die Feststellungen der ersten Instanz auch der Berufungsentscheidung zugrunde gelegt.

2) **Zulässigkeit:**

a) **Statthaft** ist die Berufung (§ 511): Gegen Urteile des AG und erstinstanzliche Urteile des LG, und zwar

aa) bei einem Wert der Beschwer und einem Berufungsangriff (Wert des Beschwerdegegenstandes/**Berufungssumme**) von **mehr als 600 €** oder

bb) bei **Zulassung der Berufung** durch das erstinstanzliche Gericht. – Zulassung: Wenn die Sache grundsätzliche Bedeutung hat oder die Fortbildung des Rechts oder die Sicherung einer einheitlichen Rechtsprechung eine Entscheidung des Berufungsgerichts erfordert.

Die Zulassungsberufung ist durch das ZPO-RG eingeführt worden; zuvor hatte es nur eine Streitwertberufung (1.500 DM) gegeben. Mit der Zulassungsberufung bei Urteilen unter 600 € soll ein Rechtsmittelzug – letztlich bis hin zum BGH – auch in vom Streitwert weniger, aber in der Sache selbst bedeutsamen Rechtsstreitigkeiten ermöglicht werden.

b) **Einlegung:** Innerhalb **eines Monats** nach Zustellung des Urteils durch Einreichung einer Berufungsschrift **beim Berufungsgericht** (judex ad quem, §§ 517, 519). Berufungsgericht ist entweder das **Landgericht** (bei AG-Urteilen, § 72 GVG) **oder das Oberlandesgericht** (bei LG-Urteilen, § 119 GVG).

642 insoweit Wahlrecht, BGH v. 30.04.2003 – V ZB 71/02, NJW 2003, 2388.

Die Berufungsfrist von einem Monat beginnt grds. spätestens fünf Monate nach Verkündung des Urteils zu laufen, wenn nicht vorher eine wirksame Zustellung erfolgt ist.

c) Die Berufung ist frist- und formgerecht entsprechend dem Prüfungsumfang des Berufungsgerichts zu **begründen** (§§ 513, 520).

aa) **Berufungsanträge:** Erklärung, in welchem Umfang das Urteil angefochten und welche Abänderung begehrt wird.

Wenn diese Abänderung unter 600 € bleibt, ist die Berufung unzulässig (falls nicht zugelassen).

bb) **Berufungsgründe:** Begründung der geltend gemachten Rechtsverletzung und/oder der Zweifel an der Richtigkeit der Tatsachenfeststellung, ggf. Bezeichnung neuer Angriffs- und Verteidigungsmittel (§ 520 Abs. 3 Nr. 2–4).

Konkrete Begründung: auf den Einzelfall zugeschnitten, bloße pauschale Formulierungen reichen nicht,[643] zu allen das Urteil selbstständig tragenden Erwägungen.[644] Ohne eine solche konkrete Begründung ist die Berufung ebenfalls unzulässig.

Neues Angriffs- u. Verteidigungsvorbringen: nur zulässig gem. § 530 ff. – Neues **unstreitiges** Vorbringen ist aber grds beachtlich,[645] auch neue Einreden aufgrund unstreitigen Sachverhalts, wie z.B. erst in der Berufung erhobene Verjährungseinrede.[646]

3) **Verfahren**

a) Eine **unzulässige Berufung** wird grds. sogleich gemäß § 522 Abs. 1 durch **Beschluss** verworfen (dagegen Rechtsbeschwerde möglich).

b) Wenn das Berufungsgericht die Berufung **einstimmig für in der Sache erfolglos** hält – und ihr keine grundsätzliche Bedeutung beimisst –, wird die Berufung durch **unanfechtbaren Beschluss** zurückgewiesen (§ 522 Abs. 2, 3).

ggf. Gehörsrüge gem. § 321 a. – Gegen die Unanfechtbarkeit des Zurückweisungsbeschlusses werden verfassungsrechtliche Bedenken geäußert, da gegen ein die Berufung zurückweisendes Urteil ggf. die Revision statthaft ist: Sachlich nicht gerechtfertigte Differenzierung.[647]

c) Ansonsten: Verhandlungstermin und Entscheidung durch **Urteil**.

Überprüfung des erstinstanzlichen Urteils – im Rahmen der Berufungsanträge (§ 528) –: völlig in rechtlicher Hinsicht; in tatsächlicher Hinsicht: nur soweit konkrete Zweifel an der Richtigkeit und Vollständigkeit der Feststellungen bestehen: Insoweit neue oder wiederholte Beweisaufnahme (§§ 529, 538).

Bereits aufgrund eines einzigen zulässigen Berufungsangriffs hat das Berufungsgericht den gesamten Streitstoff und das erstinstanzliche Urteil insgesamt in rechtlicher und ggf. tatsächlicher Hinsicht zu überprüfen (§ 529 Abs. 2 S. 2).[648]

---

643 BGH Urt. v. 24.01.2000 – II ZR 172/98, NJW 2000, 1576; BGH Urt. v. 13.11.2001 – VI ZR 414/00, NJW 2002, 682; NJW-RR 2000, 685; BGH Urt. v. 18.09.2001 – X ZR 196/99, NJW-RR 2002, 209.

644 BGH Urt. v. 27.11.2003 – IX ZR 250/00, MDR 2004, 405; BGH v. 18.10.2005 – VI ZB 81/04, NJW-RR 2006, 285; BGH v. 28.02.2007 – V ZB 154/06, NJW 2007, 1534.

645 BGH Urt. v. 18.11.2004 – IX ZR 229/03, NJW 2005, 291, str.

646 BGH Urt. v. 19.01.2006 – III ZR 105/05, NJW-RR 2006, 630; anders BGH Urt. v. 21.12.2005 – X ZR 165/04, MDR 2006, 766. – nunmehr Vorlage an den Großen Senat für Zivilsachen; BGH v. 04.12.2007 – XI ZR 144/06, NJW 2008, 1312.

647 s. MK/Rimmelspacher § 522 Rdnr. 35; Krüger NJW 2008, 945.

648 Urt. v. 12.03.2004 – V ZR 257/03, NJW 2004, 1876; BGH Urt. v. 09.03.2005 – VIII ZR 266/03, NJW 2005, 1583 (zustimmende Anm. Wolff ZZP 2005, 485; abl. Rimmelspacher JZ 2005, 1061).

Die Entscheidung über die Berufung kann folgenden Inhalt haben:

(1) Verwerfung bei – erst jetzt festgestellter – Unzulässigkeit (§ 522 Abs. 1).

(2) Zurückweisung der Berufung, wenn sie nicht begründet ist.

(3) Ist die Berufung – ganz oder zu einem Teil – zulässig und begründet, wird das erstinstanzliche Urteil insoweit aufgehoben oder abgeändert und durch eine neue Entscheidung ersetzt.

(4) Bei wesentlichen Verfahrensfehlern u. gebotener umfangreicher Beweisaufnahme – nicht aber bei nur materiell-rechtlich anderer Beurteilung – und in den übrigen Fällen des § 538 Abs. 2 kann die Sache auf Antrag an das erstinstanzliche Gericht zurückverwiesen werden.

3.2 Die Revision (§§ 542–566)

1) Die Revision führt zu einer Überprüfung der Berufungsurteile (LG/OLG) **allein in rechtlicher Hinsicht** durch den **Bundesgerichtshof** (§§ 542, 545).

In Bayern war bisher bei Verletzung von Landesrecht gem. § 8 EGGVG das Bayerische Oberste Landesgericht zuständig, das jedoch zum 30.06.2006 abgeschafft worden ist.[649]

2) Nach der Neugestaltung der Rechtsmittel durch das ZPO-RG ist die Revision nur noch statthaft als **Zulassungsrevision** (§§ 543, 544), d.h. bei **Zulassung**

a) **durch das Berufungsgericht** (im Berufungsurteil, unabhängig vom Wert) oder

b) **durch den BGH** auf **Nichtzulassungsbeschwerde** der beschwerten Partei, wenn das Berufungsgericht die Revision nicht zugelassen hat.

Übergangsregelung (§ 26 Nr. 8 EG ZPO): Bis zum 31.12.2011 ist eine Nichtzulassungsbeschwerde grds. nur zulässig, wenn der Wert des Beschwerdegegenstandes 20.000 € übersteigt – was dann doch eine gewisse Form einer Streitwertrevision bedeutet, wenn auch modifiziert durch die Möglichkeit der Zulassung durch das Berufungsgericht.

3) Zulassung: Wenn die Sache **grundsätzliche Bedeutung** hat oder wenn die **Fortbildung des Rechts** oder die **Sicherung einer einheitlichen Rechtsprechung** eine Entscheidung des BGH erfordert (§ 543 Abs. 2).

Dadurch wird eine Konzentration der Rechtsprechung des BGH auf die eigentlichen Aufgaben eines Revisionsgerichts bezweckt: Entscheidung grundsätzlicher Rechtsfragen, Rechtsfortbildung und Sicherung der Rechtseinheitlichkeit.

Eine – selbst offensichtliche – Unrichtigkeit des Urteils allein soll daher noch kein hinreichender Grund für eine Zulassung der Revision sein,[650] wohl aber bei (objektiver) Willkür/Verfassungsverstoß[651] – umstritten, da dies so keine Akzeptanz in der Öffentlichkeit finde.[652]

4) Revisionsgrund kann **nur eine Rechtsverletzung** sein (§ 545).

Das Berufungsurteil muss auf dieser Rechtsverletzung beruhen, was in den Fällen der absoluten Revisionsgründe des § 547 unwiderlegbar vermutet wird. – **Neues tatsächliches Vorbringen** ist in der Revisionsinstanz grds. **ausgeschlossen** (§ 559).

---

649 s. BayVerfGH NJW 2005, 3699.

650 BGH Urt. v. 19.12.2002 – VII ZR 101/02, NJW 2003, 831; BGH v. 27.03.2003 – V ZR 291/02, NJW 2003, 1943; BGH v. 25.11.2003 – VI ZR 184/03, FamRZ 2004, 265.

651 BGH v. 07.10.2004 – V ZR 328/03, NJW 2005, 153; s. MK/Rimmelspacher § 543 Rdnr. 19 ff.

652 s. Bamberger ZRP 2004, 137, 141.

5) Bei Entscheidungsreife aufgrund rechtlicher Erwägungen: Entsprechendes Endurteil des BGH; bei Notwendigkeit weiterer tatsächlicher Aufklärung: Zurückverweisung an das Berufungsgericht, das dann **an die rechtliche Beurteilung durch den BGH gebunden** ist (§ 563).

Über diesen Einzelfall hinaus bindet die BGH-Rechtsprechung nicht: **Keine Präjudizienrechtsprechung im deutschen Recht** (anders als im anglo-amerikanischen Recht).

3.3 Die Beschwerde (§§ 567–577)

1) Die **sofortige Beschwerde** (§§ 567–572)

a) ist statthaft gegen **Beschlüsse** der Amts- oder Landgerichte: bei gesetzlicher Zulassung, ferner grds. gegen Entscheidungen, durch die ein das Verfahren betreffendes Gesuch abgelehnt worden ist (§ 567).

Beispiele: Gegen § 91 a-Beschluss sofortige Beschwerde (gesetzliche Anordnung); gegen Ablehnung der öffentlichen Zustellung sofortige Beschwerde nach § 567 (Ablehnung eines Verfahrensgesuchs); gegen Beweisbeschluss keine Beschwerde (weder gesetzliche Anordnung noch Antragszurückweisung);[653] gegen Vertagungsbeschlüsse keine Beschwerde, da ausdrücklich ausgeschlossen (§ 227 Abs. 4 S. 3).

Bei **„greifbarer Gesetzwidrigkeit"** wurde die Beschwerde bisher auch bei an sich unanfechtbaren Beschlüssen zugelassen: Wenn die Entscheidung mit der geltenden Rechtsordnung schlechthin unvereinbar ist, weil sie jeder rechtlichen Grundlage entbehrt und dem Gesetz inhaltlich fremd ist (Willkür).[654] Statthaftigkeit u. Notwendigkeit einer solchen **außerordentlichen Beschwerde** werden heute – nach der Umgestaltung des Beschwerderechts durch das ZPO-RG u. der Ausweitung der Gegenvorstellung (s.o. 1, 2 d) – vom BGH verneint,[655] nach a.A. aber weiterhin angenommen, um in solchen Fällen erforderlichenfalls auch das übergeordnete (Beschwerde-)Gericht anrufen zu können.[656]

b) Einlegungsfrist: **Zwei Wochen** (§ 569).

Die frühere unbefristete – „einfache" – Beschwerde ist durch das ZPO-RG abgeschafft worden. Allerdings keine Befristung, wo sie naturgemäß ausscheidet, wie z.B. bei der sog. Untätigkeitsbeschwerde (s.o. § 1, 1, 2 b)

c) Neues Vorbringen ist grds. zulässig (§ 571).

d) Über die Beschwerde entscheidet das LG bzw. OLG als übergeordnetes Gericht durch Beschluss. Das Gericht, dessen Entscheidung angefochten ist, kann jedoch der Beschwerde abhelfen, wenn es sie für begründet hält (§ 572).

2) **Rechtsbeschwerde an den BGH:** Gegen Beschwerdeentscheidungen, Beschlüsse von Berufungsgerichten und Beschlüsse der Oberlandesgerichte ist bei gesetzlicher Bestimmung oder Zulassung die Rechtsbeschwerde statthaft. Überprüfung der Beschlüsse **nur in rechtlicher Hinsicht** (§§ 576, 577).

---

653 s. BGH v. 04.07.2007 – XII ZB 199/05, MDR 2008, 30.

654 u.a. BGH v. 23.01.2001 – X ZB 7/00, NJW 2001, 1285.

655 BGH v. 21.04.2004 – XII ZB 279/03, NJW 2004, 2224; v. 20.10.2004 – XII ZB 35/04, NJW 2005, 143; v. 15.02.2006 – IV ZB 57/04, FamRZ 2006, 695; v. 04.07.2007 – VII ZB 28/07, MDR 2007, 1276.

656 Bloching/Kettinger NJW 2005, 860; Schneider MDR 2006, 969.

Rechtsmittel

1. Wesensmerkmale des Rechtsmittels: Devolutiveffekt, Suspensiveffekt.
2. Rechtsmittel (in diesem Sinne) sind nur: Berufung, Revision, Beschwerde.
3. **Grundsätzliche Zulässigkeitsvoraussetzungen** der Rechtsmittel (zu unterscheiden von der Zulässigkeit der Klage: Frage der Begründetheit des Rechtsmittels):
   a. Statthaftigkeit des Rechtsmittels.
   b. Form und Frist.
   c. Beschwer des Rechtsmittelführers.
   d. Zulassung, bei Berufung auch Streitwertberufung.

   Vorrang der Zulässigkeitsfeststellung. – Erleichterte Zulässigkeitsvoraussetzungen bei Anschlussrechtsmittel.
4. **Begründetheit des Rechtsmittels**:
   a. Wenn und soweit die angefochtene Entscheidung fehlerhaft ist.
   b. Es gilt das **Verbot der reformatio in peius**: Abänderung ist nur möglich im Rahmen der mit dem Rechtsmittel – o. Anschlussrechtsmittel – verfolgten Anträge.
5. **Berufung**:
   a. Zulässigkeitsvoraussetzungen:
      aa. Statthaft gegen erstinstanzliche Urteile des AG und des LG.
      bb. **Beschwer-/Berufungssumme von mehr als 600 €** oder **Zulassung**.
      cc. Form und Frist: Einlegung **bei Berufungsgericht (LG, OLG)**, Frist: 1 Monat, Frist zur Begründung: 2 Monate, jeweils ab Zustellung.
   b. Überprüfung (Fehlerkontrolle) des erstinstanzlichen Urteils: In rechtlicher Hinsicht; in tatsächlicher Hinsicht: wenn konkrete Zweifel an der Richtigkeit und Vollständigkeit der Feststellungen bestehen, im Übrigen Bindung an die erstinstanzlichen Feststellungen.
6. **Revision:**
   a. Statthaft: Gegen – nunmehr **alle, auch LG- – Berufungsurteile**, bei Zulassung durch Berufungsgericht oder BGH (Nichtzulassungsbeschwerde).
   b. **Revisionsgericht: BGH**.
   c. **Überprüfung nur in rechtl. Hinsicht**; Revisionsgrund ist nur Rechtsverletzung.
7. **Beschwerde:**
   a. **Sofortige Beschwerde** – Frist: zwei Wochen –: Bei AG- u. LG-Beschlüssen bei gesetzlicher Zulassung oder Zurückweisung eines Verfahrensgesuchs. Überprüfung in rechtlicher u. tatsächlicher Hinsicht durch das übergeordnete Gericht; Abhilfe durch Gericht der angefochtenen Entscheidung möglich.
   b. **Rechtsbeschwerde an den BGH:** Gegen Beschwerdeentscheidungen u. gegen Beschlüsse von LG als Berufungsgericht o. OLG, bei gesetzlicher Bestimmung oder Zulassung. Überprüfung nur in rechtlicher Hinsicht.
8. Besondere Rechtsbehelfe – keine Rechtsmittel i.e.S. – bei **Grundrechtsverletzungen durch an sich unanfechtbare / unabänderbare Entscheidungen:**
   a. **Gehörsrüge nach § 321 a** bei Verletzung des rechtlichen Gehörs: ausdehnende analoge Anwendung auf Verletzung anderer Verfahrensgrundrechte?
   b. **fristgebundene Gegenvorstellung:** nunmehr weitgehend angenommen (BGH, Bedenken bei BVerfG: mangelnde Rechtssicherheit u. -klarheit).
   c. außerordentl. Beschwerde bei **greifbarer Gesetzwidrigkeit?** str., BGH verneint.

§ 14 Die Rechtskraft

Das Prozessinstitut der Rechtskraft dient dem **Rechtsfrieden** und der **Rechtssicherheit**: Zum einen dadurch, dass der Prozess bei Eintritt der formellen Rechtskraft endgültig abgeschlossen ist und nicht wieder neu aufgerollt werden kann; zum anderen dadurch, dass die im Urteil erkannte Rechtsfolge für die Parteien endgültig verbindlich ist (materielle Rechtskraft).[657]

Auch ein materiell unrichtiges Urteil löst diese Rechtskraftwirkungen aus: Es wird so dem Streit der Parteien entzogen; Rechtssicherheit und Rechtsfrieden haben insoweit Vorrang.

1. Die formelle Rechtskraft

1) Formelle Rechtskraft bedeutet, dass eine prozessbeendigende Entscheidung – Urteil oder Beschluss – **nicht mehr** mit den Rechtsmitteln der Berufung, Revision oder Beschwerde bzw. dem Rechtsbehelf des Einspruchs (beim Versäumnisurteil und Vollstreckungsbescheid) **angefochten werden kann** (§ 705). Der Prozess als solcher ist dann beendet.

2) Die formelle Rechtskraft tritt ein:

a) bei letztinstanzlichen Entscheidungen: sogleich mit deren Wirksamwerden,

b) mit Ablauf der Frist zur Einlegung eines Rechtsmittels, des Einspruchs oder der Revisions-Nichtzulassungsbeschwerde.

c) mit Verzicht der Parteien auf Rechtsmittel/Einspruch (vgl. §§ 515, 565, 346).

3) Mit dem Eintritt der formellen Rechtskraft beginnt die 30jährige Verjährungsfrist (§§ 197 Abs. 1 Nr. 3, 201 BGB).

2. Die materielle Rechtskraft

2.1 Begriff und Wesen der materiellen Rechtskraft

2.1.1 Die materielle Rechtskraft des Urteils bedeutet, dass die Entscheidung in jedem weiteren Prozess der Parteien, in dem die rechtskräftig festgestellte Rechtsfolge erheblich wird, maßgeblich und bindend ist.

Dies wirkt sich **in zweifacher Hinsicht** aus:

1) Das rechtskräftige Urteil steht jedem neuen Prozess über **denselben** Streitgegenstand entgegen: **Hindernis der Rechtskraft bei Identität des Streitgegenstandes; die neue Klage ist unzulässig.**[658]

657 s. RS/Gottwald § 148 Rdnr. 1 ff., § 150 Rdnr. 1, 2.

658 BGH Urt. v. 19.11.2003 – VII ZR 60/03, NJW 2004, 1253; BGH Urt. v. 14.02.2006 – VI ZR 322/04, NJW-RR 2006, 712; BGH Urt. v. 24.01.2008 – VII ZR 46/07, MDR 2008, 500. – s.o. § 5, 3.2.10.

Beispiele:

(1) K klagt gegen B auf Schadensersatz aus einem Verkehrsunfall, wobei er unter Darstellung des Vorganges seine Klage auf § 823 BGB und auf § 7 StVG stützt. Die Klage wird abgewiesen, weil eine unerlaubte Handlung mangels Verschulden nicht vorgelegen habe; auf eine Haftung aus § 7 StVG ist das Gericht nicht eingegangen. Das Urteil wird rechtskräftig. Kann K nochmals klagen, um seinen Anspruch aus § 7 StVG durchzusetzen?

Die Rechtskraft des Urteils steht der neuen Klage entgegen, wenn der Streitgegenstand der neuen Klage mit dem der alten **identisch** ist. Sowohl nach dem eingliedrigen (Identität des Antrages) als auch nach dem herrschenden zweigliedrigen Streitgegenstandsbegriff (Identität von Antrag und Lebenssachverhalt) liegt hier Identität des Streitgegenstandes vor. Auch die materiell-rechtliche Auffassung würde zu keinem anderen Ergebnis kommen, da § 823 BGB und § 7 StVG nur einen einzigen materiell-rechtlichen Anspruch ergeben (s.o. § 4, 2).

Eine erneute Klage ist daher unzulässig, da über den Streitgegenstand – Zahlungsantrag (Antrag) aufgrund des Unfalles (Lebenssachverhalt) – entschieden worden ist. Dabei ist unerheblich, ob das Gericht über alle in Betracht kommenden Anspruchsgrundlagen oder Einwendungen entschieden hat, und auch, ob die Parteien alle diesen Lebenssachverhalt betreffenden Tatsachen vorgetragen hatten oder nicht:[659] Über den rechtskräftig entschiedenen Streitgegenstand ist eine neue Klage nicht mehr möglich.

K hätte Berufung einlegen müssen.

(2) Nach rechtskräftiger Abweisung einer Klage auf Rückabwicklung eines Kaufvertrags über einen Gebrauchtwagen wegen eines ihm beim Vertragsabschluss unbekannten Unfallschadens erhebt der Käufer K unter Anfechtung des Kaufvertrags eine erneute Klage auf Rückzahlung des Kaufpreises, weil der Verkäufer V den Unfallschaden gekannt und daher arglistig gehandelt habe, was er – K – erst jetzt, nach dem Vorprozess, erfahren habe. Diese neue Klage ist unzulässig, da mit der Abweisung der ersten Klage rechtskräftig feststeht, dass K wegen des Unfallschadens keinen Anspruch auf Rückzahlung des Kaufpreises besitzt; die – jetzt neu vorgetragene – Kenntnis des V von dem Vorschaden und die jetzt ausgesprochene, aber objektiv schon während des ersten Prozesses mögliche Anfechtung gehörten zu dem Lebenssachverhalt und damit Streitgegenstand des ersten Prozesses.[660]

(3) Ebenfalls unzulässig: Eine nach rechtskräftiger Abweisung einer Arzthaftungsklage erhobene neue Klage wegen eines anderen bei demselben Behandlungsgeschehen (Lebenssachverhalt) unterlaufenen Behandlungsfehlers.[661]

(4) Identität des Streitgegenstandes besteht nach dem herrschenden zweigliedrigen Streitgegenstandsbegriff nicht, wenn mit der neuen Klage zur Erreichung desselben Klageziels (Antrag) ein **im Wesentlichen – im Kern – anderer Lebenssachverhalt** (Klagegrund) vorgetragen wird.[662] Dies ist z.B. anzunehmen, wenn nach Abweisung einer auf Eigentum gestützten Herausgabeklage nunmehr die Herausgabe aufgrund Mietvertrages verlangt wird.[663]

2) In jedem späteren Prozess über einen anderen Streitgegenstand ist die rechtskräftig festgestellte **Rechtsfolge** bindend, wenn diese Rechtsfolge dort **vorgreiflich – präjudiziell, präjudizierend –** ist (**Präjudizialität der Vorentscheidung**).[664]

---

659 BGH NJW 1995, 967@, 1757@; BGH Urt. v. 18.07.2000 – X ZR 62/98, NJW 2000, 3492, 3494; BGH Urt. v. 19.11.2003 – VIII ZR 60/03, NJW 2004, 1252.

660 BGH Urt. v. 19.11.2003 – VIII ZR 60/03, NJW 2004, 1252; dazu Rimmelspacher JuS 2004, 560.

661 OLG Saarbrücken VersR 2002, 193.

662 BGH NJW 1990, 1795; BGH Urt. v. 18.07.2000 – X ZR 62/98, NJW 2000, 3494; BGH v. 11.10.2006 – KZR 45/05, NJW 2007, 83.

663 Musielak NJW 2000, 3593, 3596.

664 BGH Urt. v. 24.09.2003 – XII ZR 70/02, NJW 2004, 294; BGH Urt. v. 19.11.2003 – VIII ZR 60/03, NJW 2004, 1252; BGH Urt. v. 16.01.2008 – XII ZR 216/05, NJW 2008, 1227 (auch von Amts wegen zu beachten); ThP/Reichold § 322 Rdnr. 9; Schellhammer Rdnr. 877 ff.; Jauernig § 62 III 2.

Beispiel: K hat gegen B auf Feststellung seines Eigentums an einem Lkw geklagt und ein obsiegendes Urteil erhalten, das rechtskräftig wurde. In einem späteren Prozess verklagt K den B auf Schadensersatz wegen Beschädigung dieses Lkw. B bestreitet das Eigentum des K.

Für einen Schadensersatzanspruch aus dem Eigentümer-Besitzer-Verhältnis (§§ 989, 990 BGB) oder Verletzung des Eigentums nach § 823 Abs. 1 BGB ist entscheidend, dass K Eigentümer des Lkw ist (präjudizielle Vorfrage). Das den Schadensersatzprozess entscheidende Gericht ist an das das Eigentum des K feststellende rechtskräftige Urteil gebunden; es kann daher im Schadensersatzprozess diese Vorfrage rechtlich nicht anders beurteilen. Das Eigentum des K steht somit fest und ist daher für die Entscheidung zugrunde zu legen.

Ferner: Die Abweisung einer Zahlungsklage bindet für einen nachfolgenden Prozess über einen Anspruch, der vom Bestehen des Zahlungsanspruchs abhängt, z.B. auf Schadensersatz, weil der Vorprozess wegen einer falschen Auskunft unrichtig entschieden worden sei (wegen des rechtkräftig feststehenden Nichtbestehens eines Zahlungsanspruchs kein Schaden!).[665] – oder: Ist hinsichtlich eines Anspruchs eine positive Feststellungsklage abgewiesen – oder einer negativen stattgegeben – worden, so ist eine spätere Leistungsklage (anderer Antrag, daher keine Identität) als unbegründet abzuweisen, weil das Nichtbestehen des Anspruchs rechtskräftig feststeht.[666]

2.1.2 **Voraussetzung** ist die **formelle Rechtskraft:** Nur ein formell rechtskräftiges Urteil kann materielle Rechtskraftwirkung auslösen.[667]

2.1.3 Der materiellen Rechtskraft sind nicht nur Sachurteile fähig, sondern auch **Prozessurteile** im Umfang ihres Entscheidungsinhalts.

Beispiel: Die Klage wurde rechtskräftig wegen Prozessunfähigkeit des Beklagten abgewiesen. Der Kläger will nun erneut klagen. – Da im Vorprozess nicht in der Sache entschieden worden ist, würde einer neuen Klage zwar nicht eine Rechtskraft in der Sache selbst entgegenstehen. Aufgrund des rechtskräftigen Prozessurteils steht aber auch für einen neuen Prozess grds. rechtskräftig fest, dass der Beklagte prozessunfähig ist, sodass – wenn nicht nachträgliche Umstände inzwischen die Prozessfähigkeit begründet haben – auch eine neue Klage wegen Prozessunfähigkeit des Beklagten als unzulässig abzuweisen wäre.[668]

2.1.4 **Wesen, Bedeutung und Wirkung** der materiellen Rechtskraft

1) Nach der **materiellen Theorie**[669] gestaltet das rechtskräftige Urteil die Rechtsbeziehungen der Parteien entsprechend seinem Inhalt; es wirkt also auf die materielle Rechtslage ein.

2) Nach den heute vertretenen **prozessualen Theorien** wirkt das rechtskräftige Urteil rein prozessual, indem es den Richter eines neuen Prozesses an den Urteilsausspruch bindet, hat aber keine Auswirkung auf das materielle Recht und die materielle Rechtslage.[670]

Dabei ist nach der herrschenden ne-bis-in-idem-Lehre eine erneute Klage und Entscheidung über denselben (identischen) Streitgegenstand wegen der entgegenstehenden Rechtskraft des ersten Urteils grds. unzulässig, während nach der Bindungslehre eine neue Klage – falls ausnahmsweise ein Rechtsschutzbedürfnis für sie besteht – zulässig ist, die neue Entscheidung mit der ersten jedoch inhaltlich übereinstimmen muss (Bindung). – s.o. § 5, 3.2.10.

3) Praktische Auswirkungen haben diese unterschiedlichen Theorien allerdings nicht.

665 BGH NJW 1993, 3204.
666 BGH Urt. v. 16.01.2008 – XII ZR 216/05, NJW 2008, 1227.
667 BGHZ 34, 241.
668 BGH NJW 1985, 2535; s.o. § 5, 3.1, 3).
669 So früher Kohler, Prozess als Rechtsverhältnis, 1888; s. dazu Blomeyer § 88 III.
670 s. ThP/Reichold § 322 Rdnr. 6, 7; RS/Gottwald § 150 Rdnr. 7 ff.; Jauernig § 62 II.

2.2 Die Tragweite und die Grenzen der materiellen Rechtskraft

Die Rechtskraft eines Urteils ist in **dreifacher Hinsicht** bestimmt und begrenzt:

- **objektiv:** Das Urteil ist nur insoweit der Rechtskraft fähig, als über den erhobenen Anspruch entschieden worden ist (§ 322 Abs. 1).
- **subjektiv:** Die Rechtskraft wirkt grundsätzlich nur zwischen den Parteien (§ 325 Abs. 1, also nur „inter partes").
- **zeitlich:** Die Rechtskraft kann sich nur auf den Sachverhalt beziehen, der im Zeitpunkt der letzten Tatsachenverhandlung vorgelegen hat.

2.2.1 Objektiv reicht die Rechtskraft nur soweit, als über den Streitgegenstand entschieden worden ist.

1) In Rechtskraft erwächst grundsätzlich nur der eigentliche **Entscheidungsausspruch des Urteils - der Urteilstenor, die erkannte Rechtsfolge -**, während die Entscheidungsgründe als solche grundsätzlich nicht an der Rechtskraftwirkung teilnehmen.[671]

Daher werden die im Tatbestand oder in den Entscheidungsgründen des Urteils festgestellten oder zugrunde gelegten Tatsachen, Rechte, Rechtsverhältnisse, Einreden, Einwendungen oder Rechtsauffassungen nicht rechtskräftig festgestellt.[672]

Beispiele: Bei Verurteilung des Beklagten Zug um Zug gegen eine Gegenleistung des Klägers erwächst die Entscheidung über die Gegenleistung nicht in Rechtskraft;[673] will der Beklagte einen Vollstreckungstitel über die Gegenleistung, muss er gegen den Kläger eine entsprechende Klage erheben, bei deren Entscheidung das Gericht über die (Gegen-)Forderung des Beklagten ohne Bindung an das erste Urteil neu zu entscheiden hat.

Entsprechend erwächst bei einem stattgebenden Urteil über eine Kaufpreisrate die Annahme des Bestehens eines Kaufvertrages in den Entscheidungsgründen nicht in Rechtskraft; diese Frage könnte daher in einem Folgeprozess auch anders entschieden werden.

Allerdings müssen u.U. der Tatbestand und die Entscheidungsgründe des Urteils oder der Parteivortrag zur Feststellung der Tragweite und der Bedeutung des Tenors herangezogen werden, wie z.B. bei einem Versäumnisurteil oder einer **Klageabweisung**, bei der der Tenor für sich nicht erkennen lässt, über welchen prozessualen Anspruch entschieden[674] und ob die Klage als endgültig oder nur - etwa mangels Fälligkeit - als zur Zeit unbegründet, mit entsprechend begrenzter Rechtskraft, abgewiesen worden ist.[675]

Eine Ausnahme von dem Grundsatz, dass die Entscheidungsgründe nicht in Rechtskraft erwachsen, enthält **§ 322 Abs. 2**: Eine Entscheidung bei einer vom Beklagten erklärten Aufrechnung in den Entscheidungsgründen dahin, dass die Gegenforderung nicht bestehe oder zwar bestanden habe, aber **durch die Aufrechnung erloschen sei**,[676] erwächst bis zur Höhe der Klageforderung in Rechtskraft; in diesem Umfang kann daher die Gegenforderung nicht mehr vom Beklagten eingeklagt werden.

---

671 BGH NJW 1994, 460; NJW-RR 1999, 376@; BGH Urt. v. 26.06.2003 - I ZR 269/00, NJW 2003, 3058; Zöller/Vollkommer vor § 322 Rdnr. 31 ff.

672 BGH NJW 1993, 3204; 1995, 967@, 2993@; BGH Urt. v. 26.06.2003 - I ZR 269/00, NJW 2003, 3058; KG NJW 2006, 1677; Musielak/Musielak § 322 Rdnr. 17; ThP/Reichold § 322 Rdnr. 28 ff.

673 BGH NJW 1992, 1172.

674 BVerfG v. 30.09.2003 - 1 BvR 2388/02, NJW 2003, 3759; BGH NJW 1995, 967@, 1757@; 1999, 288.

675 BGH Urt. v. 28.09.2000 - VII ZR 57/00, NJW-RR 2001, 310@ (anders beim VU, s.o. § 9, 2, 5).

676 BGH Urt.v. 13.12.2001 - VII ZR 148/01, NJW 2002, 900; MK/Gottwald § 322 Rdnr. 197.

2) Abzustellen ist auf die Entscheidung über den vom Kläger geltend gemachten **prozessualen Anspruch** (§ 322 Abs. 1).

a) Die Rechtskraft betrifft nur den geltend gemachten prozessualen Anspruch (Streitgegenstand) und kann daher grundsätzlich **nicht über diesen Anspruch hinausgehen**.

Bedeutsam für eine **Teilklage:** Rechtskräftig entschieden wird – trotz ggf. die gesamte Forderung betreffender Ausführungen – nur über den vom Kläger eingeklagten Teil seiner behaupteten Gesamtforderung. Weder das stattgebende noch das abweisende Urteil haben daher Rechtskraftwirkung für einen Rechtsstreit über die weitere Forderung, auch nicht bei „verdeckter", d.h. nicht als solche kenntlich gemachter Teilklage.[677]

b) Mit der Entscheidung über eine Rechtsfolge wird jedoch zugleich auch das genaue – mit ihr unvereinbare **(kontradiktorische) – Gegenteil** entschieden.[678]

Beispiele: Wenn auf eine Feststellungsklage das Eigentum des Klägers K an einer Sache festgestellt wird, steht damit auch fest, dass der Beklagte B nicht der Eigentümer ist; B kann daher nicht mehr gegen K eine entgegengesetzte Klage auf Feststellung seines Eigentums erheben.

Wird eine **negative Feststellungsklage** – z.B. dahin, dass ein Vertrag oder eine Forderung **nicht** bestehe – aus Sachgründen abgewiesen, so steht mit der Rechtskraft dieses Urteils rechtskräftig auch das **Gegenteil** fest, dass also der Vertrag oder die Forderung **besteht**.[679]

Aus einer rechtskräftigen Verurteilung zur Herausgabe einer Sache folgt zugleich, dass dem Verurteilten kein Recht zur Verweigerung der Herausgabe zustehen kann (das er einem Verzug mit der Herausgabepflicht entgegenhalten könnte): Denn die Annahme eines solchen Rechts wäre das kontradiktorische Gegenteil zur festgestellten Herausgabeverpflichtung.[680]

3) Die in Rechtskraft erwachsende Entscheidung über den prozessualen Anspruch ist von dem lediglich der Entscheidung **zugrunde liegenden (präjudiziellen, präjudizierenden) Rechtsverhältnis** zu unterscheiden.

a) Soweit der prozessuale **Anspruch als solcher** Voraussetzung eines weiteren Anspruchs ist, ist in dem Rechtsstreit über den weiteren Anspruch die Entscheidung über den prozessualen Anspruch des ersten Rechtsstreits bindend.[681]

Beispiel: Wenn der Kläger gegen den Beklagten Klage auf Herausgabe einer Sache gemäß § 985 BGB erhoben hat, so ist die Entscheidung über diesen Herausgabeanspruch für eine Klage auf Herausgabe von nach Rechtshängigkeit des ersten Prozesses gezogenen Nutzungen bindend, da Voraussetzung für das Bestehen eines Anspruchs auf Nutzungsherausgabe nach § 987 BGB gerade das **Bestehen eines Herausgabeanspruches nach § 985 BGB – Vindikationslage** – ist:

Ist der Herausgabeklage stattgegeben worden, kann daher im Nutzungsprozess nicht mehr eingewandt werden, es bestehe – etwa mangels Eigentums des Klägers – kein Herausgabeanspruch nach § 985 BGB; ist die Klage abgewiesen worden, so steht damit auch fest, dass der Kläger – mangels eines Herausgabeanspruchs – keinen Anspruch auf Nutzungen hat.[682]

---

677 h.M., BGH NJW 1997, 1990@, 3019; MK/Gottwald § 322, 127 ff.; Zöller/Vollkommer § 322, 47 ff.; Brötel JuS 2003, 429; a.A. für die Abweisung der Teilklage – rechtskräftige Aberkennung des gesamten Anspruchs –: Musielak/Musielak § 322, 67 ff., für verdeckte Teilklagen auch Jauernig § 63 II, JZ 1997, 1126.

678 BGH NJW 1993, 2684; 1995, 967@; 1757@; NJW-RR 1996, 827; BGH Urt. v. 26.06.2003 – I ZR 269/00, NJW 2003, 3058; RS/Gottwald § 153 Rdnr. 3 ff.; Jauernig § 63 II; Schellhammer Rdnr. 845, 853.

679 BGH NJW 1995, 1757@; BGH Urt. v. 26.06.2003 – I ZR 269/00, NJW 2003, 3058.

680 BGH NJW 1998, 1709; BGH Urt. v. 26.07.2005 – X ZR 109/03, NJW 2006, 63.

681 BGH NJW 1993, 3204.

682 BGH NJW 1981, 1517@; 1985, 1553; ThP/Reichold § 322 Rdnr. 10; RS/Gottwald § 153 Rdnr. 7.

Diese Rechtskraftwirkung der Entscheidung über die Herausgabeklage nach § 985 BGB bezieht sich aber nur auf eine Klage auf Herausgabe der **nach Rechtshängigkeit** des ersten Prozesses gezogenen Nutzungen, denn nur ab diesem Zeitpunkt ist der Herausgabeanspruch festgestellt,[683] nicht daher auf Nutzungen vor Rechtshängigkeit; für solche Nutzungen ist das Bestehen der Anspruchsvoraussetzungen – Vorliegen eines Herausgabeanspruchs nach § 985 BGB – unabhängig vom ersten Rechtsstreit festzustellen.

b) **Auf ein bloßes präjudizielles (präjudizierendes) Rechtsverhältnis bezieht sich die Rechtskraftwirkung dagegen nicht.**

Fall 21: Objektive Grenze der Rechtskraft

K klagte gegen B auf Rückgabe einer Druckmaschine, wobei er die Klage auf Eigentum (§ 985 BGB) und ungerechtfertigte Bereicherung (§ 812 BGB) stützte, weil er den Kaufvertrag und die Übereignung wegen arglistiger Täuschung angefochten habe. B wurde rechtskräftig zur Herausgabe verurteilt; im Urteil ist ausgeführt, dass K infolge wirksamer Anfechtung der Übereignung Eigentümer der Maschine (geblieben) sei.
Nach Herausgabe der Maschine erhebt K gegen B Klage auf Zahlung von 3.000 € Schadensersatz, mit der Begründung, dass B – wie er nunmehr festgestellt habe – die Maschine fahrlässig beschädigt habe. B wendet ein, dass eine Haftung wegen Beschädigung einer fremden Sache ausscheide, da er selbst der Eigentümer der Maschine sei; die Anfechtung des Kaufvertrages und der Übereignung sei unbegründet, das Gericht des Vorprozesses habe zu Unrecht eine arglistige Täuschung angenommen.

(I) Die Klage ist **zulässig:** Die Rechtskraft des ersten Urteils steht der neuen Klage nicht entgegen, da sich die beiden Prozesse, in denen **verschiedene Anträge** gestellt wurden, (unstreitig) auf **verschiedene Streitgegenstände** beziehen; im ersten Prozess wurde Herausgabe der Maschine verlangt, mit der zweiten Klage dagegen wird Schadensersatz (Zahlung) wegen ihrer Beschädigung begehrt.

(II) Begründetheit der Klage

(1) Der von K geltend gemachte Schadensersatzanspruch ist schlüssig aus §§ 989, 990 BGB. Da B die arglistige Täuschung und damit den Anfechtungsgrund und das Eigentum des K bestreitet, kann es für die Entscheidung des Rechtsstreits grundsätzlich darauf ankommen, ob B tatsächlich den K getäuscht hat, sodass K ein Anfechtungsrecht besaß und daher Eigentümer geblieben ist.

(2) Über diese Fragen brauchte jedoch nicht neu entschieden zu werden – und dürfte es auch nicht! –, wenn über sie bereits im Vorprozess, in dem ja die Anfechtung und das Eigentum des K anerkannt worden sind, **rechtskräftig entschieden** worden wäre.

(a) **Anfechtbarkeit und Eigentum des K?** – In Rechtskraft erwächst jedoch nur der Ausspruch im Urteilstenor über den geltend gemachten prozessualen Anspruch; rechtskräftig festgestellt ist daher nur, dass der Beklagte **zur Herausgabe verpflichtet** ist. Nicht an der Rechtskraft nehmen dagegen die zugrunde gelegten

683 BGH NJW 1978, 1531; 1983, 164; 1985, 1553; grds. auch BGH Urt. v. 26.07.2005 – X ZR 109/03, NJW 2006, 63; MK/Gottwald § 322 Rdnr. 104.

Tatsachen und Rechtsverhältnisse teil; daher sind eine arglistige Täuschung und damit das **Eigentum des K nicht rechtskräftig festgestellt**.[684]

Entsprechendes gilt für ein stattgebendes Urteil aus § 894 BGB: Rechtskräftig festgestellt wird nur der Berichtigungsanspruch, nicht die dingliche Rechtslage als Vorfrage.[685]

(b) Rechtskräftig festgestellt ist dagegen der **Herausgabeanspruch aus § 985 BGB**.[686]

(c) Entscheidend wird daher, was Voraussetzung des Anspruchs aus §§ 989, 990 BGB ist: das Eigentum oder (nur) der Herausgabeanspruch aus § 985 BGB?

(aa) Nach h.M. ist Grundlage des Schadensersatzanspruchs aus §§ 989, 990 BGB der Vindikationsanspruch.[687] Da gerade dieser Vindikationsanspruch durch das Herausgabeurteil rechtskräftig festgestellt ist, steht damit dann auch die entscheidende Voraussetzung des Anspruchs aus §§ 989, 990 BGB rechtskräftig fest. Der Einwand des gemäß § 985 BGB zur Herausgabe Verurteilten im Folgeprozess aus §§ 989, 990 BGB, in Wirklichkeit sei er der Eigentümer, ist daher unerheblich, da nicht dies, sondern die rechtskräftige Feststellung des Herausgabeanspruchs entscheidend ist – wobei diese Feststellung, wie hinsichtlich des Folgeanspruchs auf Herausgabe von Nutzungen (s.o.), nur für Verschlechterungen nach Rechtshängigkeit des Herausgabeprozesses gilt.[688]

(bb) Falls dagegen nicht die Vindikationslage, sondern das Eigentum als Voraussetzung des Schadensersatzanspruchs gesehen wird – und in den §§ 989, 990 BGB nur eine Privilegierung des Besitzers gegenüber der grundsätzlichen Haftung aus § 823 BGB[689] –, so wäre auf das Eigentum abzustellen, das, da durch das Herausgabeurteil nicht festgestellt, erneuter Prüfung und Entscheidung bedürfte, mit möglicherweise anderem Ergebnis als im Vorprozess.

(d) Somit: Falls K Beschädigungen einklagt, die **nach** Rechtshängigkeit des Vorprozesses entstanden sind, ist der Einwand des B unerheblich (aber noch ein Verschulden des B als weitere Anspruchsvoraussetzung festzustellen[690]).

Wenn K dagegen Beschädigungen **vor** Rechtshängigkeit des Vorprozesses geltend macht, ist erneut das Bestehen einer Vindikationslage für den betreffenden Zeitraum und damit das Eigentum des K als Voraussetzung dafür festzustellen, ohne Bindung an den Vorprozess, da insoweit weder der Herausgabeanspruch noch das Eigentum des K rechtskräftig festgestellt sind: Dann muss nochmals über die Frage der Täuschung Beweis erhoben und entschieden werden, wobei das Gericht auch zu einem anderen Ergebnis kommen und die Klage mit der Begründung abweisen kann, dass K nicht mehr der Eigentümer gewesen sei.

---

684 **h.M.:** BGH NJW 1981, 1517@; NJW-RR 1999, 376@; BGH Urt. v. 30.10.2001 – VI ZR 127/00, MDR 2002, 393@; Hk-ZPO/Saenger § 322 Rdnr. 23; ThP/Reichold § 322 Rdnr. 29; StJ/Leipold § 322 Rdnr. 82; MK/Gottwald § 322 Rdnr. 104; RS/Gottwald § 152 Rdnr. 14; Jauernig § 63 III 2; Musielak/Musielak § 322 Rdnr. 17; Lüke JuS 2000, 1042, 1045. – a.A. BL/Hartmann § 322, 47: auch Eigentum als entscheidende Voraussetzung des § 985 BGB festgestellt.

685 s. BGH Urt. v. 30.10.2001 – VI ZR 127/00, MDR 2002, 393@; streitig, a.A. StJ/Leipold § 322, 209.

686 Staudinger/Gursky § 985, 156; Palandt/Bassenge § 985, 17; Jauernig § 63 III 2.

687 s. Palandt/Bassenge vor § 987 Rdnr. 2; Erman/Ebbing, 11. Aufl. 2004, vor § 987 Rdnr. 4.

688 Schilken 1031, 1024; grds. ferner MK/Gottwald § 322 Rdnr. 104; Staudinger/Gursky § 985 Rdnr. 157.

689 s. dazu Staudinger/Gursky vor § 987 Rdnr. 4.

690 Schilken Rdnr. 1031.

4) Weil somit lediglich in den Entscheidungsgründen getroffene Feststellungen über ein präjudizielles Rechtsverhältnis an der Rechtskraft nicht teilnehmen, hat die **Zwischenfeststellungsklage** (§ 256 Abs. 2), die eine rechtskräftige Feststellung solcher Verhältnisse herbeiführt, große Bedeutung:[691] K hätte durch Zwischenfeststellungsklage mit den Anträgen auf Feststellung seines Eigentums und der Nichtigkeit des Kaufvertrages oder B hätte durch Zwischenfeststellungswiderklage auf Feststellung seines Eigentums und der Wirksamkeit des Kaufvertrages eine **rechtskräftige Feststellung im Urteilstenor** gerade über diese präjudiziellen Rechtsverhältnisse erreichen können. Im Schadensersatzprozess wäre dann das Gericht an diese Feststellung gebunden gewesen.

2.2.2 Subjektiv wirkt die Rechtskraft grundsätzlich nur zwischen den Parteien des Prozesses, also **nicht zu Dritten**, die am Prozess nicht beteiligt waren. Eine Rechtskraftwirkung für und gegen Dritte ist daher die Ausnahme.

Wenn daher z.B. in einem Prozess des A gegen B das Eigentum des A rechtskräftig festgestellt ist, wirkt dies grds. nicht in einem Prozess des A gegen C: In diesem Prozess kann das Gericht daher auch zu dem Ergebnis kommen, nicht A, sondern C sei der Eigentümer.

1) Nach **§ 325 Abs. 1** wirkt die Rechtskraft jedoch für und gegen den Rechtsnachfolger einer Partei, wenn die **Rechtsnachfolge nach Rechtshängigkeit** eingetreten ist.

a) Dabei macht es keinen Unterschied, ob es sich um eine Gesamt- oder um eine Einzelrechtsnachfolge handelt (z.B. Erbfall, Forderungsübergang, Abtretung). Es ist auch unerheblich, ob die Rechtsnachfolge während oder erst nach Ende des Prozesses eingetreten ist.

Beispiel: K klagt gegen B auf Lieferung einer Schreibmaschine aus Kaufvertrag. Tritt K den **Anspruch** aus § 433 Abs. 1 BGB – der als solcher streitbefangen ist! – während des Prozesses an D ab, so gilt die Kette der §§ 265, 325 Abs. 1, 727 (s.o. § 6, 6): Nach einem obsiegenden Urteil könnte also D das Urteil auf sich umschreiben lassen und gegen B vollstrecken. Bei einem klageabweisenden Urteil stünde die Rechtskraft dieses Urteils einer nunmehrigen Klage des D gegen B auf Lieferung entgegen. Dieselbe Folge ergibt sich über §§ 325 Abs. 1, 727 – es bedarf nur nicht des Kettengliedes § 265 –, wenn die Abtretung des Lieferungsanspruchs erst nach Abschluss des Prozesses erfolgt ist.

Veräußert der Beklagte B während des Prozesses oder nachher die mit dem Lieferungsanspruch verlangte **Schreibmaschine** an X, so liegt kein Fall einer Rechtskrafterstreckung gegenüber X vor; denn die Rechtsnachfolge i.S.d. § 325 muss immer hinsichtlich des **streitbefangenen** Gegenstandes – des eingeklagten Anspruchs oder einer mit einem dinglichen Anspruch herausverlangten Sache (s.o. § 6, 6) – eingetreten sein. Gegen X könnte also K oder D den gegen B gerichteten rechtskräftigen Lieferungstitel nicht umschreiben lassen.

Bei einer Rechtsnachfolge **vor** Rechtshängigkeit findet keine Rechtskrafterstreckung statt; den Parteien fehlte dann die Aktiv- bzw. Passivlegitimation (s.o. § 6, 6, 2 b).

b) Eine **Ausnahme** von der Rechtskrafterstreckung gegen den Rechtsnachfolger bestimmt § 325 Abs. 2 für den Fall, dass zugunsten des Rechtsnachfolgers die Regelungen über einen **wirksamen Erwerb vom Nichtberechtigten** eingreifen.

Voraussetzung ist, dass hins. des streitbefangenen Gegenstandes ein Erwerb vom Nichtberechtigten überhaupt möglich ist, dass der Rechtsnachfolger hins. der Nichtberechtigung seines Rechtsvorgängers gutgläubig war – sodass die materiell-rechtlichen Voraussetzungen des Er-

691 BGH Urt. v. 26.06.2003 – I ZR 269/00, NJW 2003, 3058. – s.o. § 5, 3.2.8, 3 b).

werbs vom Nichtberechtigten erfüllt sind – und dass er außerdem hins. der Rechtshängigkeit des Vorprozesses gutgläubig war **(doppelte Gutgläubigkeit)**.[692]

s.u. Fall 24. – Grund dieser Ausnahmeregelung: Durch die grundsätzliche Rechtskrafterstreckung bei Rechtsnachfolge soll nicht der materiell-rechtliche Erwerb vom Nichtberechtigten schlechthin beseitigt werden (Übereinstimmung von materiellem und Prozessrecht). – Darüber hinaus aber wird die Rechtskrafterstreckung gemäß § 325 Abs. 1 nicht durch eine Gutgläubigkeit des Rechtsnachfolgers hins. des Vorprozesses ausgeschlossen.

2) Die Rechtskraft erstreckt sich nach § 325 Abs. 1 ferner gegen denjenigen, der nach Rechtshängigkeit **Besitzmittler** der streitbefangenen Sache geworden ist. z.B. B verleiht das Bild, das K von ihm herausverlangt, an D; ein rechtskräftiges Herausgabeurteil wirkt gegen D.

3) Weitere Fälle der Rechtskrafterstreckung: §§ 326, 327, der Partei kraft Amtes zum Rechtsinhaber (z.B. Insolvenzverwalter und Schuldner), des gewillkürten Prozessstandschafters zum Rechtsinhaber (s.o. § 5, 3.2.5.2, 3), in der Kfz-Versicherung (§ 3 Nr. 8 PflVersG), vom **Altgläubiger zum Neugläubiger bei Abtretung vor Rechtshängigkeit (§ 407 Abs. 2 BGB)**.

2.2.3 Zeitlich bezieht sich die Rechtskraft auf die **Tatsachenlage zum Schluss der letzten Tatsachenverhandlung**, da das Urteil auf dieser Tatsachenlage beruht; alle späteren Änderungen der Tatsachenlage werden daher von der Rechtskraft nicht mehr erfasst.[693]

Beispiele: Der mit der Eigentumsherausgabeklage abgewiesene Kläger kann mit der Begründung, er habe **nach** Schluss der letzten Tatsachenverhandlung – z.B. durch nachträglichen Erbfall – nunmehr das Eigentum erworben, erneut klagen;[694] in diesem Prozess ist dann aber nur dieser nachträgliche Vorgang entscheidungserheblich, da rechtskräftig feststeht, dass der Kläger zuvor keinen Herausgabeanspruch besaß. – Falls der Erbfall bereits zur Zeit des ersten Prozesses vorlag, aber nicht vorgetragen war, wird die neue Klage ebenfalls auf ihn gestützt werden können: neuer Lebenssachverhalt, nicht Streitgegenstand des Vorprozesses.[695]

Die Rechtskraft eines Schmerzensgeldurteils schließt ein weiteres Schmerzensgeld für spätere, zuvor nicht berücksichtbare Verletzungsfolgen nicht aus.[696]

Ausfluss dieses Grundsatzes ist auch die Bestimmung des **§ 767 Abs. 2**, nach der bei der Vollstreckungsgegenklage (nur) solche Einwendungen geltend gemacht werden können, deren Gründe erst nach der letzten mündlichen Tatsachenverhandlung entstanden sind.

3. Beseitigung einer rechtskräftigen Entscheidung

Ein rechtskräftiges Urteil kann grds. nicht mehr aufgehoben oder abgeändert werden, und zwar auch dann nicht, wenn es falsch ist: Der Rechtsstreit ist beendet (formelle Rechtskraft), der Inhalt der Entscheidung bindend für die Zukunft (materielle Rechtskraft); darin liegt gerade der Sinn der Rechtskraft.

Von dieser grundsätzlichen Unabänderbarkeit des rechtskräftigen Urteils gibt es jedoch folgende **Ausnahmen:**

692 h.M.: MK/Gottwald § 325, 97; Zöller/Vollkommer § 325, 45; Musielak/Musielak § 325, 24; Hk-ZPO/Saenger § 325, 32.– a.A. Stadler/Bensching Jura 2001, 437 ff.: nur prozessuale Gutgläubigkeit entscheidend.

693 BGH NJW 1986, 2645; 1995, 2993, 2994@; 1998, 374; NJW-RR 1999, 376@; BGH Urt. v. 02.03.2000 – IX ZR 285/99, NJW 2000, 2022@; BGH Urt. v. 14.02.2006 – VI ZR 322/04, NJW-RR 2006, 712.

694 BL/Hartmann § 322 Rdnr. 47.

695 s. Musielak NJW 2000, 3593, 3597.

696 BGH NJW 1995, 1614@; BGH Urt. v. 14.02.2006 – VI ZR 322/04, NJW-RR 2006, 712.

3.1 Gehörsrüge (§ 321 a): bei Verletzung des rechtlichen Gehörs (s.o. § 12, 1).

3.2 Ist die formelle Rechtskraft durch Ablauf der Rechtsmittel- oder Einspruchsfrist eingetreten, so kann unter den Voraussetzungen des § 233 – fehlendes Verschulden – hins. der versäumten Frist (Notfristen!) **Wiedereinsetzung in den vorigen Stand** beantragt und bei Gewährung das Rechtsmittel bzw. das weitere Verfahren trotz des Fristablaufs betrieben bzw. fortgeführt werden.

3.3 Abänderungsklage (§ 323): Bei einer Veränderung der Verhältnisse, die für eine Verurteilung zu wiederkehrenden Leistungen maßgebend waren (§ 258).

Besondere Bedeutung für Unterhaltsurteile.[697] – Keine Durchbrechung der Rechtskraft im eigentlichen Sinne, da i.e.L. Berücksichtigung **nachträglich** eingetretener Veränderungen; es muss aber der Inhalt des Titels für die Zukunft richtiggestellt/angepasst werden.

3.4 Eine Beseitigung des rechtskräftigen Urteils durch **Wiederaufnahme des Verfahrens** (§§ 578 ff.) gibt es zum einen bei besonders schweren prozessualen Mängeln über die **Nichtigkeitsklage** (§ 579), zum anderen bei besonders schweren Mängeln der Urteilsgrundlage über die **Restitutionsklage** (§ 580).

1) Die Wiederaufnahmegründe sind in §§ 579, 580 erschöpfend aufgezählt. Der praktisch wichtigste Wiederaufnahmegrund ist § 580 Nr. 7 b: Die Partei findet nachträglich eine **Urkunde** auf oder wird zur Benutzung einer Urkunde in den Stand versetzt, die eine ihr günstigere Entscheidung des ersten Prozesses herbeigeführt haben würde.[698] Auf das nachträgliche Auffinden anderer Beweismittel ist § 580 Nr. 7 b nicht entsprechend anwendbar; insbesondere ist – im Gegensatz zum Strafprozess (vgl. § 359 Nr. 5 StPO) – **das Auffinden eines neuen Zeugen kein Wiederaufnahmegrund im Zivilprozess**.[699]

Auch ein neues Sachverständigengutachten ist kein Wiederaufnahmegrund,[700] ausgenommen neue Vaterschaftsgutachten gegenüber Vaterschaftsurteilen (§ 641 i).

Einen neuen Wiederaufnahmegrund enthält § 580 Nr. 8, mit Geltung ab 31.12.2006: Entscheidung des EGMR, durch die eine für das Urteil kausal gewordene Verletzung der EMRK festgestellt wird. – Für einer Verfassungsbeschwerde stattgebende Entscheidungen des BVerfG bedurfte es dagegen einer solchen Regelung nicht, weil diese bereits unmittelbar zur Durchbrechung der Rechtskraft führen (s.u. 3.6).

2) Frist: ein Monat ab Kenntnis des Anfechtungsgrundes, nicht mehr nach fünf Jahren seit Rechtskraft (§ 586, Ausnahme bei mangelnder Vertretung).

Zuständig ist das Gericht, dessen Urteil angefochten wird (§ 584).

3) Das Wiederaufnahmeverfahren gliedert sich in **drei Abschnitte:**

- Prüfung der Zulässigkeit der Wiederaufnahmeklage: Bei Verneinung Verwerfung (nur) der Wiederaufnahmeklage als unzulässig (§ 589).

697 ggf. auch für Schmerzensgeldrenten, BGH Urt. v. 15.05.2007 – VI ZR 150/06, NJW 2007, 2475.
698 s. BGH Urt. 28.02.2007 – XII ZR 95/04, NJW-RR 2007, 1448.
699 s. BGHZ 89, 118.
700 OLG Koblenz VersR 1995, 1374; ThP/Reichold § 580 Rdnr. 15; Schellhammer Rdnr. 1138.

- Prüfung der Begründetheit: Liegt der Wiederaufnahmegrund vor, so wird das Urteil aufgehoben, andernfalls die Wiederaufnahmeklage abgewiesen.
- bei durchgreifender Wiederaufnahme: Neuentscheidung des Rechtsstreits.

3.5 Durchbrechung der Rechtskraft über § 826 BGB?

Fall 22: Das sittenwidrig erschlichene Urteil
A klagt gegen B auf Rückzahlung eines Darlehens. B wendet ein, dass er das Darlehen längst zurückgezahlt habe; er kann sich dafür jedoch mangels anderer Beweismittel lediglich auf die Vernehmung des Klägers A als Partei berufen. A sagt unter Eid aus, das Darlehen sei nicht zurückgezahlt worden. B wird daraufhin zur Rückzahlung des Darlehens verurteilt. Nach Eintritt der Rechtskraft dieses Urteils stellt sich heraus, dass B das Darlehen tatsächlich zurückgezahlt hatte; A hatte vorsätzlich falsch ausgesagt. A wird deshalb wegen Meineides und Prozessbetruges rechtskräftig verurteilt. Ein halbes Jahr nach dieser Verurteilung schickt A sich gleichwohl an, aus dem Urteil gegen B die Vollstreckung zu betreiben. Was kann B dagegen unternehmen?

B ist rechtskräftig zur Rückzahlung des Darlehens verurteilt worden; da dieses Urteil existiert, kann A aus diesem Urteil auch vollstrecken. B kann das Urteil nicht mehr mit der Wiederaufnahmeklage – Restitutionsklage, §§ 580 Nr. 1, Nr. 4, 581 – beseitigen, da die Monatsfrist des § 586 Abs. 1 verstrichen ist.

Es stellt sich daher die Frage, ob A an der Vollstreckung des unrichtigen Urteils über § 826 BGB gehindert werden kann: A hat durch die Erwirkung des unrichtigen Urteils mittels Meineides und Prozessbetruges den B **sittenwidrig geschädigt**. Der Schadensersatzanspruch des B aus § 826 BGB würde dahin gehen, dass A die Vollstreckung aus dem Urteil unterlässt und die Urteilsurkunde (Vollstreckungstitel) herausgibt.

Nach erfolgter Vollstreckung würde der Anspruch auf Schadensersatz in Geld gerichtet sein.

In der Anerkennung eines solchen Anspruches würde jedoch eine Durchbrechung der Rechtskraft des nun einmal vorhandenen, mit der Wiederaufnahmeklage nicht mehr zu beseitigenden Urteils liegen.

Ob dies zulässig ist, ist sehr umstritten:

(1) Im **Schrifttum** wird eine solche Durchbrechung der Rechtskraft mittels § 826 BGB weitgehend für unzulässig erachtet: Die Anerkennung eines solchen Schadensersatzanspruches bedrohe die Rechtssicherheit und führe dazu, dass rechtskräftig entschiedene Prozesse immer wieder – bereits mit der bloßen Behauptung sittenwidriger Schädigung – neu aufgerollt werden könnten, sodass niemals ein endgültiger Rechtsfrieden eintrete; die Beseitigung von rechtskräftigen Urteilen sei vom Gesetz ausdrücklich eben nur mit der Wiederaufnahmeklage zugelassen, und deren enge Voraussetzungen (bestimmte Anfechtungsgründe und -fristen) dürften nicht mit § 826 BGB umgangen werden.[701]

701 BL/Hartmann Einf. vor §§ 322–327 Rdnr. 28 ff.; Jauernig § 64; Schilken 1072; Schellhammer 1152.

(2) Die **Rechtsprechung** (früher bereits RG, jetzt BGH) lässt dagegen in **besonderen Ausnahmefällen** wegen des **Vorrangs der materiellen Gerechtigkeit** unter engen Voraussetzungen einen Schadensersatzanspruch aus § 826 BGB auf Unterlassung der Zwangsvollstreckung und Herausgabe des Urteils zu, wenn

(a) das **Urteil offensichtlich unrichtig ist**

und diese Unrichtigkeit nicht auf eine nachlässige Prozessführung des Betroffenen zurückzuführen ist (§ 582 entsprechend),[702]

(b) der **Urteilsgläubiger die Unrichtigkeit des Titels kennt und**

(c) **besondere sittenwidrigkeitsbegründende Umstände** hinzutreten:

(aa) wenn entweder das unrichtige Urteil vom Urteilsgläubiger **in unredlicher oder arglistiger Weise erwirkt – „erschlichen"** – worden ist,

z.B. durch arglistiges Erschleichen der öffentlichen Zustellung der Klage,[703]

(bb) oder wenn aufgrund anderer besonderer Umstände die Ausnutzung des als unrichtig erkannten Urteils durch den Urteilsgläubiger **mit dem Gerechtigkeitsgedanken schlechthin unvereinbar** wäre.[704]

Diese Rspr. wird inzwischen als **richterliches Gewohnheitsrecht** bezeichnet.[705]

Die bloße Unrichtigkeit des Urteils und auch die Kenntnis des Gläubigers davon hindern – auch nach der Rspr. – die Vollstreckung für sich noch nicht!

(3) Nach dieser Rechtsprechung besteht hier ein Schadensersatzanspruch des B, da A das Urteil durch Meineid und Prozessbetrug erschlichen hat. Dass eine Wiederaufnahme möglich war, deren Frist von B versäumt worden ist, steht nicht entgegen; denn die Rspr. sieht in den Vorschriften über die Wiederaufnahme keine Beschränkung für den Anspruch aus § 826 BGB. B kann somit von A verlangen, dass A die Vollstreckung unterlässt und das Urteil herausgibt.

Unstreitig hat dagegen der Schuldner **keinen Anspruch aus § 812 BGB** gegen den Gläubiger auf Herausgabe des aufgrund eines rechtskräftigen Urteils Geleisteten – etwa mit der Begründung der Unrichtigkeit –, solange das Urteil besteht und **soweit die Rechtskraft reicht**.[706]

Das Problem einer Durchbrechung der Rechtskraft war besonders bedeutsam bei Entscheidungen – insbes. Vollstreckungsbescheiden –, in denen Ansprüche aus sittenwidrigen Ratenkrediten tituliert waren. In der Rspr. sind diese Fälle überwiegend über § 826 BGB gelöst worden, wobei der BGH die besonderen Umstände einer Sittenwidrigkeit u.a. dann angenommen hat, wenn der – wirtschaftlich und geschäftlich überlegene – Kreditgeber das Mahnverfahren, insbes. die eingeschränkte Schlüssigkeitsprüfung (s.u. § 15, 3), bewusst zur Erwirkung des Vollstreckungstitels ausgenutzt hatte.[707] – Heute stellt sich die Problematik insoweit für Titel aus sittenwidrigen Bürgschaften und Partnervermittlungsverträgen.[708]

---

702 BGH NJW-RR 1988, 957; NJW 1998, 2819.

703 BGH Urt. v. 11.12.2002 – XII ZR 51/00, JZ 2003, 903 m. Anm. Braun.

704 **BGH** Urt. v. 11.07.2002 – IX ZR 326/99, NJW 2002, 2940; Urt. v. 29.06.2005 – VIII ZR 299/04, NJW 2005, 2991; Urt. v. 13.09.2005 – VI ZR 137/04, NJW 2006, 154. – zustimmend u.a. MK/Gottwald § 322, 221 ff.; Zöller/Vollkommer vor § 322, 76; StJ/Leipold § 322, 268 ff.; Hk-ZPO/Saenger § 322, 51 ff.

705 s. Musielak/Musielak § 322 Rdnr. 93; Hk-ZPO/Saenger § 322 Rdnr. 51; Klados JuS 1997, 705.

706 BGHZ 83, 278, 280; RS/Gottwald § 161 Rdnr. 1.

707 BGH NJW 1987, 3256@; 1988, 972; 1998, 2818@; 1999, 1257@; NJW-RR 1990, 304; 1992, 1073; 1993, 1014.

708 s. ThP/Reichold § 322 Rdnr. 52, 53; Zöller/Vollkommer § 700 Rdnr. 16 a, 16 c m.N.

3.6 Durchbrechung der Rechtskraft ist letztlich möglich mit **Verfassungsbeschwerde**, falls der Betroffene durch das Urteil in **Grundrechten** verletzt wird: Aufhebung des Urteils und Zurückverweisung (§§ 90 ff., 95 Abs. 2 BVerfGG).

Die Zulässigkeit der Verfassungsbeschwerde setzt die Erschöpfung des Rechtswegs voraus (§ 90 Abs. 2 S. 1 BVerfGG, **Subsidiarität der Verfassungsbeschwerde**), d.h. die vorherige Ausschöpfung aller statthaften zivilprozessualen Rechtsmittel u. -behelfe, nicht aber (mehr) solcher, deren Statthaftigkeit noch ungeklärt ist, wie z.B. der Gegenvorstellung.[709]

Besonders bedeutsam – **„prozessuale Grundrechte"**[710] –: Verletzung

des **rechtlichen Gehörs** (Art. 103 Abs. 1 GG; s.o. § 3, 3); Verfassungsbeschwerde aber durch die Möglichkeit der **Gehörsrüge (§ 321 a)** ausgeschlossen, falls nicht in einer fehlerhaften Behandlung der Rüge durch das Gericht eine erneute Gehörsverletzung liegt.[711]

des Grundsatzes des **gesetzlichen Richters** (Art. 101 Abs. 1 S. 2 GG),

des **Gleichheitssatzes** und des **Willkürverbots** (Art. 3 Abs. 1 GG), z.B. durch unter keinem Gesichtspunkt rechtlich vertretbare, daher offensichtlich sachfremde Erwägungen,[712]

des Rechtes der Parteien auf **Chancen- und Waffengleichheit** und auf gleichmäßige Verteilung des Risikos am Prozessausgang (**Gleichbehandlung**, Art. 3 Abs. 1 GG)[713] und

des Rechtes auf ein **faires Verfahren** (Art. 2 Abs. 1, 20 Abs. 3 GG),[714] z.B. durch **Überraschungsentscheidungen**.[715]

4. Übungsfälle

Fall 23: K klagt gegen B auf Zahlung von 800 € mit der Begründung, der Beklagte schulde sie ihm aus Kaufvertrag für eine Weinlieferung. Die Klage wird rechtskräftig abgewiesen mit der Begründung, dass ein Kaufvertrag nicht zustande gekommen sei. Nunmehr klagt K erneut auf Zahlung von 800 €, und zwar gestützt auf ungerechtfertigte Bereicherung (§ 812 BGB), weil B den gelieferten Wein, der objektiv auch 800 € wert sei, verbraucht habe. Ist diese neue Klage zulässig?

Fall 24: B hat den Wagen des A in Besitz. Als er die Herausgabe verweigert, erhebt A gegen ihn Herausgabeklage aufgrund seines Eigentums. B merkt, dass er unterliegen wird, und veräußert daher den Wagen an X, der zwar hinsichtlich des fehlenden Eigentums des B gutgläubig ist, aber Kenntnis von dem anhängigen Prozess hat. B wird zur Herausgabe des Wagens verurteilt. Nunmehr erfährt A von der Veräußerung. Er möchte gegen X vorgehen.

Fall 23: Dem neuen Prozess würde die Rechtskraft des Urteils des ersten Prozesses entgegenstehen – mit der Folge, dass die erneute Klage unzulässig wäre –, wenn der Streitgegenstand in beiden Prozessen **identisch** wäre.

---

709 BVerfG v. 08.02.2006 – 2 BvR 575/05, NJW 2006, 2907. – s. ferner BVerfG v. 09.07.2007 – 1 BvR 646/06, NJW 2007, 3419; MK/Braun vor § 578 Rdnr. 34.

710 s. StJ/Leipold vor § 128 Rdnr. 3 ff.; MK/Rauscher Einleitung Rdnr. 190 ff.

711 BVerfG v. 14.03.2007 – 1 BvR 2748/06, NJW 2007, 2241.

712 BVerfG NJW 2000, 2094; BVerfG v. 04.09.2000 – 1 BvR 142/96, NJW 2001, 1200; BVerfG v. 04.10.2004 – 1 BvR 964/04, NJW 2005, 409.

713 BVerfG NJW 1988, 2597.

714 BVerfG NJW 1996, 3202@; 1998, 2044@; BVerfG v. 03.01.2001 – 1 BvR 2147/00, NJW 2001, 1343.

715 BVerfG v. 25.10.2001 – 1 BvR 1079/96, NJW 2002, 1334; BVerfG v. 04.05.2004 – 1 BvR 1892/03, NJW 2004, 2887; BVerfG v. 24.10.2007 – 1 BvR 1086/07, FamRZ 2008, 244;.s.o. § 3, 3, 2 c.

Nach dem zweigliedrigen Streitgegenstandsbegriff hat die zweite Klage trotz Gleichheit des Antrags einen anderen Streitgegenstand, weil mit dem Vortrag vom **Verbrauch** des rechtsgrundlos gelieferten Weins ein **anderer Klagegrund** (Lebenssachverhalt) als im ersten Prozess vorgetragen wird.[716] Die Rechtskraft des ersten Urteils steht der Klage nicht entgegen: Die Klage ist zulässig.

Anders wäre es, wenn der Verbrauch des gelieferten Weins bereits im ersten Prozess vorgetragen worden wäre, wenn also beide Klagegründe vorgetragen worden wären (objektive Klagehäufung) und wenn das Gericht bei seinem Urteil lediglich übersehen hätte, dass bei Verneinung des Kaufvertrages der geltend gemachte Zahlungsanspruch aus §§ 812, 818 BGB begründet ist: Dann wäre durch das klageabweisende Urteil die Klage auch hinsichtlich des zweiten Klagegrundes, da auch dieser Streitgegenstand war, - wenn auch unrichtig - rechtskräftig abgewiesen worden.[717]

Wenn in einem rechtskräftigen Urteil versehentlich über einen von mehreren **Anträgen** nicht entschieden worden ist, erlischt zwar dessen Rechtshängigkeit, sodass daher insoweit eine neue Klage möglich ist.[718] Dies wird aber nicht auf den Fall mehrerer Klagegründe zur Begründung eines Antrags übertragbar sein, weil dann die Entscheidung über den Antrag alle vorgetragenen Klagegründe erfasst (einheitliche Entscheidung[719]).

Fall 24: A kann gegen X vorgehen, wenn das Urteil gegen B auch gegen X wirkt. Grundsätzlich wirkt ein Urteil allerdings nur zwischen den Parteien. Hier kann jedoch im Verhältnis des A zu X eine Rechtskrafterstreckung gemäß §§ 265, 325 Abs. 1 (Rechtsnachfolge) vorliegen.

Rechtsnachfolger i.S.d. § 325 ist, wer den streitbefangenen Gegenstand anstelle der Partei erwirbt.[720] Da der Wagen als solcher streitbefangen war - denn es wurde ein dingliches Recht an ihm geltend gemacht (s.o. § 6, 6) - und da X den Wagen nach Eintritt der Rechtshängigkeit erworben hat, ist er Rechtsnachfolger des B: Das gegen B ergangene Urteil wirkt daher grds. auch gegen ihn.

Vom Grundsatz des § 325 Abs. 1 macht jedoch § 325 Abs. 2 eine Ausnahme: Das Urteil wirkt nicht gegen den Rechtsnachfolger, wenn dieser gutgläubig war, wobei eine **doppelte Gutgläubigkeit**, nämlich hinsichtlich des Rechts und der fehlenden Rechtshängigkeit, erforderlich ist (s.o. 2.2.2). Da X nur hinsichtlich des fehlenden Eigentums des B, nicht aber der Rechtshängigkeit gutgläubig war - der Maßstab ergibt sich auch insoweit aus § 932 Abs. 2 BGB[721] -, greift der Gutglaubensschutz des § 325 Abs. 2 nicht zugunsten des X ein.

Das Urteil gegen B wirkt somit auch gegen X. A kann daher den Titel gegen X umschreiben lassen (§ 727) oder auf Erteilung der Vollstreckungsklausel klagen (§ 731): Er kann dann aus dem Urteil gegen X auf Herausgabe vollstrecken.

716 ThP/Reichold § 322, 34; Musielak/Musielak Einl. 75, 76; Musielak NJW 2000, 3593, 3599.

717 BGH NJW 1995, 1757[@]; 1997, 2955; Zöller/Vollkommer Einl. 70. - a.A.. Musielak a.a.O.

718 BGH Urt. v. 16.02.2005 - VIII ZR 133/04, NJW-RR 2005, 790.

719 s. ThP/Reichold § 260 Rdnr. 3.

720 MK/Gottwald § 325 Rdnr. 17.

721 Musielak/Musielak § 325 Rdnr. 27.

Die Rechtskraft des Urteils

1. Zu unterscheiden sind:
   a. **formelle Rechtskraft:** Unanfechtbarkeit des Urteils;
   b. **materielle Rechtskraft:** Der Inhalt der Entscheidung ist in jedem weiteren Prozess der Parteien für die Gerichte und die Parteien maßgeblich und bindend.

   Die materielle Rechtskraft setzt die formelle Rechtskraft voraus.
2. Die Bindungswirkung der materiellen Rechtskraft bewirkt:
   a. Ein neuer Prozess mit **identischem Streitgegenstand ist unzulässig**.
   b. **Präjudizialität:** In einem späteren Prozess über einen anderen Streitgegenstand ist die **rechtskräftig festgestellte Rechtsfolge zu beachten**.
3. Diese Bindungswirkung der materiellen Rechtskraft ist bestimmt und begrenzt:
   a. **in objektiver Hinsicht:** Das Urteil ist nur insoweit der Rechtskraft fähig, als über den erhobenen prozessualen Anspruch entschieden worden ist (§ 322 Abs. 1). In Rechtskraft erwächst grundsätzlich **nur der Urteilstenor - die erkannte Rechtsfolge -, nicht** dagegen die Begründung, wie Tatsachenfeststellung, präjudizierende Rechtsverhältnisse, Entscheidung über Einreden oder Einwendungen (ausgenommen § 322 Abs. 2: Aufrechnung).
   b. **in subjektiver Hinsicht:** Die Rechtskraft wirkt grundsätzlich nur zwischen den Parteien des Prozesses (inter partes); Rechtskrafterstreckung auf Dritte im Falle des § 325 (Rechtsnachfolge, nicht aber bei doppelter Gutgläubigkeit des Rechtsnachfolgers hinsichtlich des Rechts und der Rechtshängigkeit).
   c. **in zeitlicher Hinsicht:** Die Rechtskraft bezieht sich nur auf den Sachverhalt im Zeitpunkt der letzten Tatsachenverhandlung.
4. Die **Beseitigung eines rechtskräftigen Urteils** ist nur möglich:
   a. gemäß **§ 321 a (Gehörsrüge)** bei Verletzung des rechtlichen Gehörs
   b. durch **Wiedereinsetzung in den vorigen Stand** (§§ 233 ff.) bei schuldloser Versäumung der Rechtsmittel- oder Einspruchsfrist.
   c. mittels der **Abänderungsklage** (§§ 323, 258).
   d. durch **Wiederaufnahme des Verfahrens:**
      aa. Nichtigkeitsklage (§ 579) bei schwerwiegenden prozessualen Mängeln,
      bb. Restitutionsklage (§ 580) bei schweren Mängeln der Urteilsgrundlage.
   e. nach der **Rechtsprechung** (anders zum Teil im Schrifttum) mittels eines Schadensersatzanspruchs aus § 826 BGB auf Unterlassung der Vollstreckung und Herausgabe des Urteils, wenn
      aa. das Urteil offensichtlich unrichtig ist,
      bb. der Urteilsgläubiger die Unrichtigkeit des Urteils kennt und
      cc. **besondere sittenwidrigkeitsbegründende Umstände** hinsichtlich der Erwirkung oder einer Vollstreckung des Urteils vorliegen, die die Ausnutzung des Urteils durch den Urteilsgläubiger als **mit dem Gerechtigkeitsgedanken schlechthin unvereinbar** erscheinen lassen.
   f. durch **Verfassungsbeschwerde**: unter den Vorauss. der §§ 90 ff. BVerfGG.

§ 15 Überblick über die besonderen Verfahrensarten

1. Der Urkunden- und Wechselprozess (§§ 592–605 a)

Zweck dieser Prozessart ist es, für (in erster Linie) **Zahlungsansprüche**, die durch Urkunden belegt werden können, ein erleichtertes summarisches Verfahren zur schnellen Erlangung eines – möglicherweise allerdings **nur vorläufigen – Vollstreckungstitels** zu schaffen.

Der Kläger kann natürlich auch im Normalprozess klagen (Wahlrecht, Dispositionsmaxime).

1) **Besondere Zulässigkeitsvoraussetzung** der Urkundenklage (§ 592): **Die zur Begründung des Anspruchs erforderlichen Tatsachen müssen durch Urkunden beweisbar sein.**

Nach h.M. brauchen allerdings **unstreitige** Tatsachen nicht durch Urkunden belegt zu werden (§ 138 Abs. 3, auch § 597 Abs. 2: „obliegender" Beweis);[722] es muss jedoch überhaupt eine auf die Klageforderung bezogene Urkunde (Grundurkunde) vorgelegt werden, damit der Urkundenprozess statthaft ist.[723]

Falls der Anspruch nicht durch Urkunden bewiesen wird, wird die Klage „als in der gewählten Prozessart unstatthaft" abgewiesen (§ 597 Abs. 2); die Klage kann dann jedoch im normalen Verfahren erneut erhoben werden. Um einer solchen Klageabweisung zu entgehen, kann der Kläger jederzeit vom Urkundenprozess Abstand nehmen (§ 596). Der Rechtsstreit wird dann im normalen Verfahren fortgesetzt.

2) Ein besonderes Merkmal des Urkundenprozesses ist die **Einschränkung der Verteidigungsmöglichkeiten und der Beweisführung.**

Eine Widerklage ist ausgeschlossen (§ 595 Abs. 1). Zum Beweis der Einwendungen des Beklagten sind nur Urkunden und Parteivernehmung zulässig (§§ 595 Abs. 2, 598), nicht daher Zeugen- und Sachverständigenbeweis.[724]

3) Das stattgebende Urteil im Urkundenprozess ergeht wegen dieser Beschränkung der Beweismöglichkeiten jedoch – wenn der Beklagte dem Anspruch widersprochen hat – nur als vorläufiges Urteil, als **Vorbehaltsurteil** (§ 599): Dem Beklagten wird die Ausführung seiner Rechte vorbehalten, d.h.: in einem anschließenden Verfahren – dem sog. Nachverfahren – kann er neues Verteidigungsvorbringen einführen, z.B. nunmehr die bisher nicht bestrittene Echtheit der Urkunde bestreiten,[725] und sich insbes. auf die Beweismittel berufen, mit denen er im Urkundenprozess ausgeschlossen war.

Aus dem Vorbehaltsurteil kann bereits vollstreckt werden (§ 708 Nr. 4).

Nachverfahren: nur auf Antrag. – Es kann daher auch beim Vorbehaltsurteil bleiben.

---

722 BGHZ 62, 286@; 70, 267; BGH Urt. v. 18.09.2007 – XI ZR 211/06, NJW 2008, 523; OLG Köln NJW 1992, 1774. – a.A. MK/Braun § 592 Rdnr. 14; Wieczorek/Olzen § 592 Rdnr. 30: Urkundlicher Beweis aller anspruchsbegründenden Tatsachen als Voraussetzung des Privilegs des Urkundsprozesses erforderlich.

723 BGHZ 62, 286; Schellhammer Rdnr. 1830, 1831; streitig.

724 schriftliche Aussagen o. Gutachten gelten nicht als Urkunden, s. BGH Urt. v. 18.09.2007 – XI ZR 211/06, NJW 2008, 523.

725 BGH Urt. v. 10.02.2004 – XI ZR 36/03, NJW 2004, 1159@.

4) Im **Nachverfahren** – einem ordentlichen (normalen) Verfahren – wird dann über den Anspruch unter **Berücksichtigung des gesamten, auch neuen Vorbringens und insbes. aller Beweismittel neu entschieden**.

Dabei bindet das Vorbehaltsurteil gem. § 318 jedoch grds. insoweit, als es nicht auf den Beschränkungen des Urkundenprozesses, insbes. hins. der Beweismittel, beruht, z.B. hins. der angenommenen Zulässigkeit und Schlüssigkeit der Klage.[726]

Falls die Klage nunmehr (auch) auf einen anderweitigen Klagegrund gestützt wird, z.B. ein der Urkunde zugrunde liegendes Grundgeschäft, gelten die Klageänderungsregeln.[727]

Je nach Entscheidung wird das Vorbehaltsurteil unter Wegfall des Vorbehalts aufrechterhalten oder das Vorbehaltsurteil wird aufgehoben und die Klage abgewiesen; war bereits aus dem Vorbehaltsurteil vollstreckt worden, so hat der Beklagte im letzteren Falle Anspruch auf Schadensersatz (§§ 600 Abs. 2, 302 Abs. 4: Risiko des Klägers).

5) Besondere Form des Urkundenprozesses: **Wechsel- u. Scheckprozess** (§§ 602 ff., 605 a).

2. Das Mahnverfahren (§§ 688–703 d)

ist ein abgekürztes Verfahren, das auf schnelle, einfache und kostensparende Art die Erlangung eines **Vollstreckungstitels** – **Vollstreckungsbescheid** – für **Zahlungsansprüche** (§ 688 Abs. 1) in denjenigen Fällen ermöglichen soll, in denen der Gläubiger nicht mit Einwendungen des Schuldners rechnet.

Das Mahnverfahren ist in der Praxis von – **auch zahlenmäßig** – **großer Bedeutung**.

1) Das Mahnverfahren beginnt mit einem **Antrag des Gläubigers** (§ 690), unter Angabe des geforderten Betrages und (nur) **Individualisierung des geltend gemachten Anspruchs** (s.o. § 5, 3.2.1.3).[728]

2) **Zuständigkeit** für das Mahnverfahren: Das Amtsgericht des allgemeinen Gerichtsstands des Antragstellers (§ 689 Abs. 2, ausschließlich, unabhängig vom Streitwert).

Zunehmend werden bestimmte Amtsgerichte als **zentrale Mahngerichte** für größere Gerichtsbezirke bestimmt (§§ 689, 703 b, c).[729] – Zweck: Vereinfachte Abwicklung durch **EDV-Bearbeitung**; ab 01.12.2008 können Anwälte Mahnanträge daher nur noch in maschinenlesbarer Form stellen.

3) Funktionell zuständig für das Mahnverfahren ist der **Rechtspfleger** (§ 20 Nr. 1 RPflG); erst dann, wenn das Verfahren – nach Widerspruch oder Einspruch – in das streitige Verfahren übergegangen ist, wird der Richter zuständig.

Der **Rechtspfleger** ist ein Beamter des (gehobenen) Justizdienstes, der in – voller – sachlicher Unabhängigkeit bestimmte Aufgaben der Rechtspflege, insbes. in der Zwangsvollstreckung, wahrnimmt. Stellung und Aufgaben sind durch das **Rechtspflegergesetz** geregelt.[730]

---

726 BGH NJW 1993, 668@; NJW-RR 1992, 254; BGH Urt. v. 10.02.2004 – XI ZR 36/03, NJW 2004, 1159@; BL/Hartmann § 600, 4 ff.; ThP/Reichold § 600, 4; Musielak/Voit § 600, 8 ff.; Schellhammer 1854. – a.A. MK/Braun § 600, 18 ff.; Zöller/Greger § 600, 20; Schilken 802: Keinerlei Bindung im Nachverfahren.

727 BGH NJW-RR 1987, 58.

728 BGH Urt. v. 06.12.2001 – VII ZR 183/00, NJW 2002, 520@.

729 s. Musielak/Voit § 689 Rdnr. 3, § 703 c Rdnr. 3.

730 s. näher RS/Gottwald § 25 Rdnr. 1 ff.; Mielke ZRP 2003, 442.

a) Der Rechtspfleger prüft die Voraussetzungen für einen Mahnbescheid (§ 691).

stark eingeschränkte Schlüssigkeitsprüfung (s. § 692 Abs. 1 Nr. 2): nur dahin, ob der Anspruch hinreichend individualisiert und nicht erkennbar ungerechtfertigt ist. – Erweiterung bei Verbraucherdarlehen: §§ 688 Abs. 2 Nr. 1, 690 Abs. 1 Nr. 3.

b) Fehlen die Voraussetzungen, wird der Antrag zurückgewiesen (§ 691).

c) Sind, wie im Regelfall, die Voraussetzungen erfüllt, so erlässt der Rechtspfleger den **Mahnbescheid**, ohne den Antragsgegner zu hören (§ 702 Abs. 2). Der Mahnbescheid wird dem Antragsgegner von Amts wegen zugestellt (§ 693).

Die Zustellung hemmt die Verjährung (§ 204 Abs. 1 Nr. 3 BGB, Vorwirkung gem. § 167), aber nur bei hinreichender Individualisierung des Anspruchs.[731]

4) Gegen den Mahnbescheid kann der Gegner **Widerspruch** einlegen (§ 694).

Frist zwei Wochen ab Zustellung (§ 692 Abs. 1 Nr. 3); ein späterer Widerspruch ist aber noch rechtzeitig, solange der Vollstreckungsbescheid noch nicht verfügt ist (§ 694 Abs. 1).

a) Bei rechtzeitigem Widerspruch **endet das Mahnverfahren:** Die Sache wird auf Antrag einer Partei an das Gericht – Amts- oder Landgericht, je nach Streitwert – abgegeben, das im Mahnbescheid als für das streitige Verfahren erstinstanzlich zuständig bezeichnet worden ist (Streitgericht, § 696 Abs. 1). Dadurch wird die Sache nunmehr **im streitigen Verfahren rechtshängig**. Der Antragsteller – jetzt: Kläger – hat den Anspruch in einer der Klageschrift entsprechenden Form zu begründen (§ 697 Abs. 1). Im Übrigen läuft dann das Verfahren nach den allgemeinen Regeln über das **normale streitige Verfahren** ab.

Daher ist das Mahnverfahren oft der Beginn eines (dann) normalen Prozesses.

b) Wird kein Widerspruch erhoben, so erlässt der Rechtspfleger auf Antrag den **Vollstreckungsbescheid** (§ 699 Abs. 1): Der Vollstreckungsbescheid **steht einem für vorläufig vollstreckbar erklärten Versäumnisurteil gleich** (§ 700 Abs. 1); er ist ein **Vollstreckungstitel** (§ 794 Abs. 1 Nr. 4).

5) Gegen den Vollstreckungsbescheid kann der Antragsgegner innerhalb von zwei Wochen ab Zustellung **Einspruch** einlegen (§§ 700 Abs. 3, 339 Abs. 1).

a) Legt der Antragsgegner keinen Einspruch ein, wird der Vollstreckungsbescheid **rechtskräftig: Volle Rechtskraft** wie bei einem Urteil, **mit allen Rechtskraftwirkungen**.[732] Der Antragsteller erhält daher so einen **vollwertigen und endgültigen Vollstreckungstitel**.

b) Wird Einspruch eingelegt, so endet wiederum das Mahnverfahren: Der Rechtspfleger gibt die Sache an das Streitgericht ab (§ 700 Abs. 3 S. 1). Der – nunmehr – Kläger hat zunächst wiederum die Klagebegründung nachzuholen (§§ 700 Abs. 3, 697 Abs. 1). Im Übrigen läuft dann das **normale streitige Verfahren** wie nach Erlass eines Versäumnisurteils ab.

Der nicht rechtzeitige Einspruch wird daher durch Urteil als unzulässig verworfen (§ 341).

---

731 BGH NJW 2000, 1420@; BGH Urt. v. 17.10.2000 – XI ZR 312/99, NJW 2001, 305@.

732 BGH NJW 1987, 3256@, streitig; s. Braun JuS 1992, 177. – zu § 826 BGB: s.o. § 14, 3.5.

Bei zulässigem Einspruch wird Termin zur mündlichen Verhandlung über den Einspruch und über die Hauptsache anberaumt (§ 341 a). Je nach dem Ergebnis des Verfahrens lautet das spätere Urteil auf Aufrechterhaltung des Vollstreckungsbescheids oder auf – völlige oder teilweise Aufhebung und Klageabweisung (§ 343).

Ist der Beklagte im Einspruchstermin säumig: Versäumnisurteil gemäß §§ 345, 700 Abs. 6 auf Verwerfung des Einspruchs, nach – anders als beim zweiten Versäumnisurteil nach Klage (s.o. § 9, 2.3, 4) – Prüfung von Zulässigkeit u. Schlüssigkeit der Klage; entsprechend Berufung gem. § 514 Abs. 2 auch dahin, dass die Klage unzulässig o. unschlüssig gewesen sei.[733] Diese unterschiedliche Regelung erklärt sich damit, dass beim Erlass des ersten Versäumnisurteils bereits eine richterliche Anspruchsprüfung stattgefunden hat, beim Erlass des Vollstreckungsbescheids aber noch nicht und die daher noch nachgeholt werden muss.

3. Das Verfahren in Familiensachen (§§ 606–660), insbesondere Ehesachen

1) **Familiensachen** sind (s. § 23 b Abs. 1 GVG):

- die **Ehesachen** (§ 606): Verfahren auf Scheidung oder Aufhebung der Ehe, auf Feststellung des Bestehens oder Nichtbestehens einer Ehe zwischen den Parteien, auf Herstellung des ehelichen Lebens;
- die **„anderen Familiensachen“** (§ 621), wie z.B. die Kindschaftssachen,

die jedoch nur zum Teil im ZPO-Verfahren entschieden werden – wie die Unterhaltssachen –, im Übrigen dagegen nach dem FGG u. der HausratsVO (§ 621 a).

Die Familiensachen sind in **§ 621 abschließend aufgeführt**.

Anderweitige Streitigkeiten mit Familienbezug, die hier nicht aufgeführt sind – z.B. zwischen getrennt lebenden oder geschiedenen Eheleuten aus der Verwaltung oder Versteigerung eines gemeinschaftlichen Hausgrundstücks –, sind daher keine Familiensachen, **sondern normale Zivilprozesse**.[734]

Verfahren nach dem **GewaltschutzG:** Bei gemeinsamem Haushalt der Beteiligten Familiensachen, insoweit also auch ohne familienrechtliche/verwandtschaftliche Beziehung (§ 621 Abs. 1 Nr. 13); sonst: allg. Zivilprozessrecht, ggf. einstw. Verfügung (s. § 940 a):

Reformbestrebungen zielen seit langem auf die Schaffung eines sog. **„Großen Familiengerichts“**, das für **alle** mit dem „sozialen Verband von Ehe und Familie“ sachlich zusammenhängenden Streitigkeiten zuständig sein soll – auch soweit zur Zeit noch die normalen ZPO-Gerichte o. das Vormundschaftsgericht zuständig sind – und das in einem einheitlichen Verfahren entscheiden soll: Insoweit hat der Bundestag nunmehr ein entsprechendes Gesetz verabschiedet, das am **1. September 2009** in Kraft treten soll.

2) **Instanzenzug:** Erste Instanz ist das **Familiengericht**, eine mit dem Familienrichter besetzte Abteilung des Amtsgerichts (§ 23 b GVG), Berufungs- u. Beschwerdeinstanz das **Oberlandesgericht – Familiensenat** – (§ 119 GVG).

Anwaltszwang: Obgleich das Familiengericht zum Amtsgericht gehört, besteht bei den wichtigsten Familiensachen – insbes. Ehe- und Folgesachen – Anwaltszwang (§ 78).

3) Das Verfahren ist grundsätzlich **nicht öffentlich** (§ 170 GVG).

733 BGH NJW 1991, 43@.

734 s. Zöller/Philippi § 621 Rdnr. 67.

4) **Das Verfahren in Ehesachen (§§ 606 ff.)**

a) Grundsätzlich gelten die Vorschriften für das landgerichtliche Verfahren (§ 608), soweit nicht in den §§ 606 ff. Sonderregelungen normiert sind.

b) Die Verhandlungsmaxime ist zugunsten des **Untersuchungsgrundsatzes** zurückgedrängt, die Dispositionsmaxime eingeschränkt (§§ 616, 617).

Grund: das öffentliche Interesse am Ausgang einer Ehesache.

c) Während des Verfahrens können **einstweilige Anordnungen** zur Regelung bestimmter mit der Ehe verbundenen Fragen getroffen werden (s. § 620).

d) **Zum Scheidungsverfahren (§§ 622 ff.)**

aa) Das Verfahren wird durch Einreichung einer **Antragsschrift**, die anstelle der Klage steht und deren Erfordernissen entsprechen muss, anhängig (§ 622).

Für den weiteren Inhalt der Antragsschrift ist zwischen der streitigen und der einverständlichen Scheidung zu unterscheiden (§§ 622, 630).

„Einverständlich“ bedeutet dabei nur, dass auch der Antragsgegner mit der Scheidung einverstanden ist. Dies ist aber kein „Prozessvergleich“ i.e.S.; es muss insoweit gleichwohl durch Urteil entschieden werden. – Reformüberlegungen gehen dahin, einverständliche Scheidungen durch Einschaltung von Notaren zu vereinfachen bzw. zu erleichtern.

bb) Nach Maßgabe des § 623 besteht zwischen einer Scheidungssache und anhängigen anderen Familiensachen – wie z.B. Unterhalts- und Sorgerechtsregelungen – ein **Verfahrensverbund**. Die in diesen Verbund fallenden Familiensachen heißen **Folgesachen**. Sinn des Verbundes: Die gleichzeitige Verhandlung über die Scheidung und die Folgesachen zu gewährleisten und für den Fall der Scheidung grds. durch **einheitliches Urteil** zugleich über die Folgesachen mitzuerkennen (Grundsatz der einheitlichen Endentscheidung, §§ 623, 629).

Bei der **einverständlichen Scheidung** – d.h. einer Scheidung, die im Einverständnis der Parteien nur aufgrund des Ablaufs des Trennungsjahrs ausgesprochen werden soll (§§ 1565 Abs. 1 S. 1, 1566 Abs. 1 BGB) – müssen diese Folgeregelungen grds. von den Parteien selbst getroffen werden. Daher müssen die entsprechenden Vereinbarungen grds. bereits in der Antragsschrift mitgeteilt werden; das Scheidungsurteil darf grds. erst dann erlassen werden, wenn die Parteien insbes. hins. der Unterhaltspflichten einen vollstreckbaren Schuldtitel – Prozess- o. Anwaltsvergleich, notarielle Unterwerfungsurkunde – herbeigeführt haben (§ 630).

5) **Das Verfahren in Kindschaftssachen (§§ 640–641 i)**

Kindschaftssachen sind (§ 640): Die Klage auf – positive oder negative – Feststellung eines Eltern-Kind-Verhältnisses, die Vaterschaftsanfechtung (§§ 1599 ff. BGB) und die – positive oder negative – Feststellungsklage über das Bestehen der elterlichen Sorge.

Für das Verfahren gilt grundsätzlich das Urteilsverfahren der ZPO. Da jedoch ein öffentliches Interesse an der Feststellung des wahren Familienstandes besteht, ist das Verfahren weitgehend den Vorschriften über das Verfahren in Ehesachen unterstellt (vgl. § 640 Abs. 1), insbesondere: Es gilt der Untersuchungsgrundsatz (§§ 640 Abs. 1, 616 Abs. 1).

6) **Unterhaltsverfahren (§§ 642 ff.): Alle** Verfahren über durch Ehe o. Verwandtschaft begründete Unterhaltspflichten – auch hins. nichtehelicher Kinder – sind Familiensachen (§ 23 b Abs. 1 Nr. 5, 6 GVG).

Vereinfachtes Verfahren über den Unterhalt Minderjähriger: §§ 645 ff.

7) **Die Lebenspartnerschaftssachen (§ 661)** sind **den Familiensachen gleichgestellt**, und zwar die Verfahren auf Aufhebung (entspr. Scheidung), Feststellung des Bestehens o. Nichtbestehens und über die Fürsorgepflicht: den Ehesachen, im Übrigen – z.B. über die durch die Partnerschaft begründete Unterhaltspflicht –: den anderen Familiensachen.

4. Das Schiedsgerichtsverfahren (§§ 1025 ff.)

bedeutet die Erledigung bürgerlichrechtlicher Streitigkeiten statt durch die staatlichen Gerichte durch private, auf Vereinbarung der Parteien – Schiedsvertrag – beruhende Gerichte **(Schiedsgerichte)**.

Die Schiedsgerichtsbarkeit ist insbes. im **Handels- und Wirtschaftsverkehr** – besonders auch im **internationalen Rechtsverkehr** – verbreitet. Gründe dafür sind u.a.: die i.d.R. speziellere Sachkunde der Schiedsrichter, kürzere Verfahrensdauer und flexiblere Verfahrensgestaltung als in der staatlichen Gerichtsbarkeit.[735]

Die Regelungen in §§ 1025 ff. lehnen sich an ein **UNO-Modellgesetz** an.

1) Abschluss, Form und Wirksamkeit des Schiedsvertrages: §§ 1029 ff.

2) Der Schiedsvertrag hindert den Kläger nicht, den Rechtsstreit vor das staatliche Gericht zu bringen. Die Zuständigkeit des Schiedsgerichts wird nur **auf Rüge des Beklagten** berücksichtigt (§ 1032, Prozesshindernis); rügt der Beklagte nicht, wird der Prozess vor dem staatlichen Gericht durchgeführt.

3) Schiedsrichter: §§ 1034 ff.

4) Das **Verfahren** vor dem Schiedsgericht wird grundsätzlich durch den Schiedsvertrag und von den Schiedsrichtern bestimmt (§ 1042 Abs. 3, 4).

Einzelne Verfahrensregelungen in §§ 1042 ff. – Wichtig: Gleichbehandlungsgrundsatz, rechtliches Gehör (§ 1042 Abs. 1); eine Verletzung begründet die Aufhebung des Schiedsspruchs durch das staatliche Gericht (§ 1059 Abs. 2 Nr. 1 b, 2 b).

Die Schiedsrichter sind grds. an das materielle Recht gebunden, jedoch kann der Schiedsvertrag sie freier stellen (z.B. Billigkeitsentscheidung, § 1051).

5) Die **Entscheidung** durch das Schiedsgericht – der **Schiedsspruch** – hat die Wirkungen eines **rechtskräftigen gerichtlichen Urteils** (§ 1055).

Ein **Rechtsmittel** gegen den Schiedsspruch gibt es nicht (kein Instanzenzug). Dies kürzt das Verfahren im Verhältnis zum ordentlichen Prozess stark ab, was häufig Grund für die Vereinbarung eines Schiedsgerichtes ist, aber natürlich auch erhebliche Gefahren für die Parteien mit sich bringt. Unter den Voraussetzungen des § 1059 kann der Unterlegene jedoch die Aufhebung des Schiedsspruchs durch das staatliche Gericht erwirken.

6) Die Zwangsvollstreckung aus dem Schiedsspruch kann erst nach dessen **Vollstreckbarerklärung** durch das staatliche Gericht (OLG) durchgeführt werden (§ 1060). Das Schiedsverfahren steht daher letztlich insgesamt **unter der Kontrolle durch die staatlichen Gerichte**.

---

735 s. RS/Gottwald § 173 Rdnr. 6; Jauernig § 92 I.

2. Teil: Die Zwangsvollstreckung

1) Die Zwangsvollstreckung ist die Durchsetzung eines für den Gläubiger gegen den Schuldner im Vollstreckungstitel festgelegten Anspruches – falls der Schuldner diesen Anspruch nicht freiwillig erfüllt – mit Hilfe **staatlicher Zwangsmaßnahmen**.

Diese Durchsetzung erfolgt immer und **nur durch hoheitlich handelnde staatliche Vollstreckungsorgane**.

Ausfluss einerseits der Justizgewährungspflicht, andererseits des Zwangs- und Gewaltmonopols des Staates.[736]

Daher ist auch insoweit keine Selbsthilfe gestattet, auch nicht durch „schwarze Schatten"[737] oder durch andere Formen der öffentlichen Bloßstellung des Schuldners, etwa im Rahmen von Fernsehsendungen („Mahn-Man").[738]

2) Bei der Vollstreckung ist zu unterscheiden:

- die **Einzelvollstreckung (Zwangsvollstreckung i.e.S.)**, d.h. die Vollstreckung von privatrechtlichen Ansprüchen seitens **einzelner** Gläubiger, i.d.R. durch Zugriff in Einzelgegenstände des Vermögens des Schuldners.
- die **Gesamtvollstreckung**, d.h. die Befriedigung **aller** vermögensrechtlicher Gläubiger durch Verwertung des gesamten Schuldnervermögens: **Insolvenzverfahren**.

Die Einzelvollstreckung ist in der ZPO und im ZVG geregelt, die Gesamtvollstreckung in der Insolvenzordnung (InsO).

Die Insolvenzordnung ist am 01.01.1999 in Kraft getreten. Zuvor hatte in den alten Bundesländern die Konkursordnung und in den neuen Bundesländern die Gesamtvollstreckungsordnung gegolten.

3) Im Vollstreckungsverfahren werden die Beteiligten nicht als Kläger und Beklagte bezeichnet, sondern als Gläubiger und Schuldner:

- **Gläubiger** ist derjenige, dessen titulierter Anspruch vollstreckt werden soll,
- **Schuldner** ist derjenige, gegen den dieser Anspruch vollstreckt werden soll.

Diese Bezeichnungen finden ihren Grund einmal darin, dass der Zwangsvollstreckung keine Klage vorausgegangen zu sein braucht; so kann z.B. auch aus einem Vollstreckungsbescheid, einem Anwaltsvergleich oder einer notariellen Urkunde vollstreckt werden (s. § 794 Abs. 1 Nr. 4, 4 b, 5). Außerdem kann sich die Zwangsvollstreckung auch gegen den Kläger selbst richten, z.B. wegen der dem Beklagten bei Verlust des Prozesses zu erstattenden Kosten (s. § 794 Abs. 1 Nr. 2) oder wegen in einem Prozessvergleich übernommener Verpflichtungen (§ 794 Abs. 1 Nr. 1).

---

736 BVerfG NJW 1983, 559.

737 LG Leipzig DGVZ 1996, 40.

738 Edenfeld JZ 1998, 645; Huff NJW 2002, 2840; nach BGH Urt. v. 06.12.2001 – I ZR 101/99, NJW 2002, 2879@ dagegen wohl zulässig, jedenfalls keine unerlaubte Rechtsbesorgung i.S.d. früheren RechtsberG, entspr. auch BVerfG v. 15.01.2004 – 1 BvR 1807/98, NJW 2004, 672.

§ 16 Überblick über die Zwangsvollstreckung

1. Die Zwangsvollstreckung i.e.S. ist im **8. Buch der ZPO** geregelt, in einem **sehr systematischen Aufbau (bitte einprägen!).**

1.1 Allgemeine Bestimmungen über die Voraussetzungen, Durchführung und Rechtsbehelfe der Zwangsvollstreckung: §§ 704–802.

1.2 Die einzelnen Vollstreckungsmaßnahmen

Welche Vollstreckungsmaßnahmen zu treffen sind, bestimmt sich nach dem **Inhalt des zu vollstreckenden Titels**. Dabei unterscheidet das Gesetz:

- Zahlungstitel – also Titel über Geldforderungen – (§§ 803–882 a),
- Titel auf Herausgabe und Leistung von Sachen (§§ 883–886),
- Titel auf Vornahme, Unterlassung und Duldung von Handlungen (§§ 887 bis 890),
- Titel auf Abgabe von Willenserklärungen (§§ 894–898).

Entsprechend diesem möglichen Inhalt des im Titel festgelegten Anspruchs hat die ZPO die Vollstreckungsmaßnahmen typisiert.

1.2.1 Zwangsvollstreckung wegen Geldforderungen (§§ 803–882 a)

1.2.1.1 Die Vollstreckung erfolgt durch Zugriff in **Vermögensgegenstände des Schuldners**, durch deren Verwertung der Gläubiger befriedigt wird. Zu unterscheiden ist dabei – nach dem Vermögensgegenstand, auf den zugegriffen wird – die Vollstreckung

(1) **in bewegliche Sachen** (§§ 808–827): Vollstreckungsorgan ist der **Gerichtsvollzieher**; Vollstreckungsakte sind Pfändung durch Wegnahme, Siegelanlegung usw. und anschließende Versteigerung (Verwertung).

(2) **in Forderungen und andere Rechte** (§§ 828–863): Vollstreckungsorgan ist das Amtsgericht als **Vollstreckungsgericht**; Vollstreckungsakte sind Pfändungs- und Überweisungsbeschluss, §§ 829, 835.

(3) **in das unbewegliche Vermögen** (§§ 864–871): Vollstreckungsakte sind

- die Eintragung einer Zwangshypothek durch das Grundbuchamt (§§ 866, 867 ZPO, § 1 GBO),
- Zwangsversteigerung und -verwaltung durch das Amtsgericht (§ 866).

Zwangsversteigerung und Zwangsverwaltung sind im **ZVG** geregelt, das gemäß § 869 als Teil der ZPO gilt.

1.2.1.2 Unter den Voraussetzungen der **Gläubigeranfechtung nach dem Anfechtungsgesetz** (Schönfelder 111) kann der Gläubiger eines Zahlungstitels – mittels neuer Klage und Vollstreckung – aber auch auf das **Vermögen eines Dritten** Zugriff nehmen, an den der Vollstreckungsschuldner Vermögensgegenstände weggegeben hat; hierdurch wird die Zugriffsmasse für die Vollstreckung wegen Geldforderungen erweitert und der Gläubiger **vor Vermögensverschiebungen durch den Schuldner** geschützt.

Neufassung des AnfG ab 01.01.1999, im Zusammenhang mit der InsO: Wesentliche Verschärfungen der Zugriffsmöglichkeit. – Spezialliteratur: Huber, Anfechtungsgesetz, 10. Auflage 2006; Nerlich/Niehus, Anfechtungsgesetz, 2000.

1) **Voraussetzungen der Gläubigeranfechtung**

a) Unzulänglichkeit des vorhandenen Vermögens des Schuldners zur Befriedigung des Gläubigers,

b) Weggabe von Vermögensgegenständen durch den Schuldner an den Dritten mittels einer Rechtshandlung unter

(1) **objektiver Gläubigerbenachteiligung** (§ 1 Abs. 1 AnfG), d.h. Beeinträchtigung der Vollstreckungsmöglichkeiten der Gläubiger[739] und

(2) Vorliegen eines der **Anfechtungstatbestände** der §§ 3 ff. AnfG, insbes.:

(a) **Vorsatzanfechtung** (§ 3 AnfG): bei Vorsatz des Schuldners zur Gläubigerbenachteiligung und Kenntnis des Dritten von dieser Absicht, bei Rechtshandlungen innerhalb der letzten zehn Jahre.

Erweiterung gegenüber nahestehenden Personen (§ 138 InsO) – z.B. bei Rechtsgeschäften des Schuldners mit seiner Ehefrau –: Anfechtbar sind grds. auch alle entgeltlichen Verträge innerhalb der letzten zwei Jahre; Gläubigerbenachteiligungsabsicht und Kenntnis werden vermutet (§ 3 Abs. 2 AnfG).

(b) **Schenkungsanfechtung** (§ 4 AnfG): Unentgeltliche Leistung des Schuldners, innerhalb der letzten vier Jahre.

2) **Wirkung der Anfechtung**: Der Dritte hat das Erlangte dem Gläubiger zur Verfügung zu stellen, soweit es zu dessen Befriedigung erforderlich ist (§ 11 AnfG). Das bedeutet jedoch nicht, dass der Dritte das Erlangte an den Gläubiger herausgeben muss; der Dritte hat vielmehr (schuldrechtlich) **die Zwangsvollstreckung des Gläubigers in den Gegenstand so zu dulden**, wie sie der Schuldner ohne die Weggabe zu dulden gehabt hätte, also: **Wiederherstellung der Zugriffslage für den Gläubiger** beim Schuldner so, wie sie ohne die Weggabe des Vermögensgegenstandes für ihn bestanden hätte.[740]

Diese Anfechtung hat daher mit der Anfechtung von Willenserklärungen nach dem BGB (Nichtigkeit, § 142 BGB) nichts gemeinsam.

---

739 s. BGH NJW 1999, 1395; 2000, 1261; BGH Urt. v. 23.11.2006 – X ZR 126/03, VersR 2007, 398.

740 BGH NJW-RR 1992, 612, 734; NJW 1995, 2848 (zum sachlich gleichen § 7 AnfG a.F.); Jauernig/Berger § 31 Rdnr. 7; Brox/Walker Rdnr. 263; Baur/Stürner/Bruns § 26.68; Lackmann Rdnr. 632; Huber § 11 Rdnr. 8, 17 ff.; Nerlich/Niehus § 11 Rdnr. 8 ff.

3) Diese Duldungspflicht kann der Gläubiger gegen den Dritten **durch Klage (§ 13 AnfG) durchsetzen und dann vollstrecken**.

Beispiel: K hat gegen B ein Urteil auf Zahlung von 10.000 € erwirkt. B ist vermögenslos, hat aber vor drei Jahren ein wertvolles Bild seiner Ehefrau F geschenkt. K kann die Übereignung des Bildes durch Klage gegen die F anfechten (§ 4 AnfG); die F wird dann zur Duldung der Vollstreckung in das Bild wegen des titulierten Anspruchs des K verurteilt. Mit diesem Duldungsurteil kann K das Bild bei der F pfänden und im Wege der Vollstreckung wegen Geldforderungen in bewegliches Vermögen verwerten lassen.

Ggf. kann der Gläubiger die Anfechtung auch durch Einrede verfolgen (§ 9 AnfG), z.B. gegen eine Drittwiderspruchsklage des Anfechtungsgegners. s.u. § 22, 1.4.3, 2).

Bei – zusätzlichem – Vorliegen der Voraussetzungen des § 826 BGB kann auch eine Schadensersatzpflicht des Dritten bestehen.[741]

1.2.2 Zwangsvollstreckung zur Erwirkung der Herausgabe und Leistung von Sachen (§§ 883–886)

1) Bei Sachen im Gewahrsam des Schuldners ist der Gerichtsvollzieher Vollstreckungsorgan. Die Vollstreckung erfolgt durch Wegnahme bzw. Besitzentziehung (Grundstücke und Wohnungen) und Übergabe an den Gläubiger.

2) Ist die Sache im Gewahrsam eines nicht herausgabebereiten Dritten, so wird dadurch vollstreckt, dass der Gläubiger den Herausgabeanspruch des Schuldners gegen den Dritten gemäß §§ 829, 835 pfänden und sich überweisen lässt (§ 886, und dann durchsetzt, erforderlichenfalls im Klageweg). Vollstreckungsorgan ist das Amtsgericht als Vollstreckungsgericht.

1.2.3 Zwangsvollstreckung zur Erwirkung der Vornahme, Duldung oder Unterlassung von Handlungen (§§ 887–890)

Vollstreckungsorgan ist das Prozessgericht erster Instanz.

1) Geht der Titel auf Vornahme einer vertretbaren, d.h. auch durch einen Dritten vornehmbaren Handlung (§ 887), so erfolgt die Vollstreckung durch Ermächtigung an den Gläubiger, die Handlung auf Kosten des Schuldners selbst vornehmen zu lassen (Ersatzvornahme).

2) Bei einem Titel auf Vornahme einer unvertretbaren Handlung (§ 888) besteht die Vollstreckung in der Festsetzung einer Beugestrafe (Zwangsgeld oder -haft) gegen den Schuldner, bis zur Vornahme der Handlung.

3) Ein Unterlassungs- oder Duldungstitel (§ 890) wird durch Verurteilung des Schuldners zu Ordnungsgeld oder -haft bei Zuwiderhandlung vollstreckt.

1.2.4 Wenn der Titel auf **Abgabe einer Willenserklärung** gerichtet ist (§ 894), wird die Zwangsvollstreckung dadurch ersetzt, dass mit Rechtskraft des Urteils die Abgabe der Willenserklärung durch den Schuldner fingiert wird.

---

741 BGH Urt. v. 04.07.2000 – VI ZR 192/99, NJW 2000, 3138@.

2. Das Zwangsvollstreckungsverfahren unterscheidet sich erheblich vom Erkenntnisverfahren, denn die allgemeinen Verfahrensgrundsätze des Erkenntnisverfahrens – Prozessmaximen – gelten nur eingeschränkt:

Die Dispositionsmaxime gilt zwar auch hier (s.u. § 17, 1.1). Nicht dagegen gelten die Grundsätze der Mündlichkeit und Öffentlichkeit des Verfahrens, ferner i.d.R. nicht der Verhandlungsgrundsatz, da dies mit dem Zwangscharakter des Verfahrens unvereinbar wäre (streitig u.a. bei § 891); rechtliches Gehör wird i.d.R. erst nach dem Vollstreckungszugriff – mit besonderen Rechtsbehelfen – gewährt, um den Vollstreckungserfolg nicht zu gefährden (s. § 834).

Soweit allerdings im Vollstreckungsrecht als Rechtsbehelfe Klagen vorgesehen sind (s.u. § 22), gelten für diese uneingeschränkt alle Prozessmaximen des Erkenntnisverfahrens.

§ 17 Die Voraussetzungen der Vollstreckung

Das Vollstreckungsorgan darf nur dann tätig werden, wenn die **Zwangsvollstreckungsvoraussetzungen** vorliegen:

- die allgemeinen Voraussetzungen – für **jede** Zwangsvollstreckung –,
- die besonderen Voraussetzungen – nur in bestimmten Fällen –,
- das Fehlen von Vollstreckungshindernissen.

Diese Voraussetzungen sind grds. für alle Arten von Zwangsvollstreckungsmaßnahmen erforderlich, für die Sach- und Forderungspfändung ebenso wie für die Immobiliarvollstreckung und die Vollstreckung wegen Handlungen oder Unterlassungen.

1. Die allgemeinen Voraussetzungen

1.1 Der **Antrag des Gläubigers** an das zuständige Vollstreckungsorgan

In §§ 753, 766 Abs. 2 ist unzutreffend von „Auftrag" die Rede; zwischen Gläubiger und Vollstreckungsorgan besteht jedoch kein privatrechtliches Auftragsverhältnis, das Vollstreckungsorgan wird vielmehr in amtlicher Eigenschaft – durch Amtshandlung – hoheitlich tätig.

1) Das Antragserfordernis ist Ausfluss der **Dispositionsmaxime**.

a) Der Gläubiger entscheidet daher, **ob es überhaupt zur Vollstreckung kommt**.

Er kann den Antrag auch jederzeit zurücknehmen – auch ohne Einwilligung des Schuldners (anders als nach § 269!) – und auf Rechte aus Vollstreckungsmaßnahmen verzichten.

b) Das dann aufgrund des Antrages ablaufende **Verfahren** ist jedoch – als staatliches Zwangsverfahren – weitgehend der Disposition der Parteien entzogen.

Vollstreckungsverträge sind daher grundsätzlich nur zulässig, soweit sie die Vollstreckung in zeitlicher oder gegenständlicher Hinsicht beschränken, nicht aber zur Erweiterung der Vollstreckungsmöglichkeiten für den Gläubiger.[742]

742 BL/Hartmann, Grundz. § 704 Rdnr. 24 ff.; Rosenberg/Gaul § 33. – s.u. Fall 41.

2) Das angerufene Vollstreckungsorgan prüft:

a) Seine Zuständigkeit zur Vornahme der beantragten Vollstreckungsmaßnahme.

b) Das Vorliegen der allgemeinen Verfahrensvoraussetzungen.

Der Antrag ist Prozesshandlung; der Gläubiger muss daher partei- und prozessfähig sein.

Der **Vollstreckungsschuldner** muss ebenfalls partei- und **auch prozessfähig** sein.[743] Die im Urteil getroffene oder zugrunde gelegte Annahme der Prozessfähigkeit des Schuldners bindet aus Rechtskraftgründen aber auch für das Vollstreckungsverfahren.[744]

Für die prozessunfähige Partei muss ihr gesetzlicher Vertreter handeln/beteiligt werden.

Rechtsschutzbedürfnis des Gläubigers: Grds. gegeben, da der Gläubiger ja gerade der staatlichen Vollstreckung zur Durchsetzung seines Anspruchs bedarf, daher auch bei möglicher Leistungsunfähigkeit des Schuldners,[745] nicht jedoch zur Verfolgung zweckwidriger Ziele, wie z.B. nur zur Schädung des Schuldners (Schikane).[746]

c) Das Vorliegen der Vollstreckungsvoraussetzungen: Titel, Klausel, Zustellung.

3) Eine Zwangsvollstreckung ist grundsätzlich auch wegen **Bagatellforderungen** gestattet, da der Gläubiger auch dann auf die staatliche Vollstreckung angewiesen ist, der Schuldner anderenfalls Restbeträge einfach unbezahlt lassen könnte und der Schuldner den Zwang jederzeit leicht durch Erfüllung abwenden kann.[747]

4) Entspricht das Vollstreckungsorgan trotz Vorliegens der Vollstreckungsvoraussetzungen dem Antrag nicht, kann sein Handeln vom Gläubiger durch **Erinnerung bzw. Beschwerde erzwungen** werden (s.u. § 22, 1.1, 1.2).

1.2 Das Vorliegen von **Titel, Klausel und Zustellung** (§ 750)

1.2.1 Der **Vollstreckungstitel**

1) Vollstreckungstitel ist die Urkunde, in der das Bestehen des durchzusetzenden materiellen Anspruchs von der zuständigen Stelle festgestellt worden ist.

Das Vollstreckungsorgan kann nicht wissen und soll auch nicht nachzuprüfen haben, ob der Schuldner das vom Gläubiger Begehrte auch wirklich schuldet. Zu einer solchen Feststellung sind andere Stellen in anderen Verfahren berufen (z.B. das Prozessgericht im Erkenntnisverfahren). Das Vollstreckungsorgan legt daher deren Entscheidung – z.B. das Urteil – seinem Vorgehen zugrunde; es ist daran **gebunden**, kann also den materiellen Anspruch nicht in Frage stellen (Grundsatz der **Formalisierung der Zwangsvollstreckung**).[748]

Einwendungen gegen den titulierten Anspruch kann der Schuldner **(nur) mit der Vollstreckungsgegenklage** geltend machen (§ 767, s.u. § 22, 1.3).

---

743 h.M., StJ/Münzberg vor § 704, 80; Brox/Walker Rdnr. 25. – nach a.A. ist Prozessfähigkeit nur erforderlich, soweit der Schuldner aktiv, nicht soweit er nur passiv beteiligt ist, BL/Hartmann, Grundz. vor § 704, 40.

744 s. Jauernig/Berger § 1 Rdnr. 18; Baur/Stürner/Bruns § 12. 10.

745 BGH v. 27.06.2003 – IX a ZB 62/03, NJW-RR 2003, 1650.

746 BGH v. 18.07.2002 – IX ZB 26/02, NJW 2002, 3178.

747 eingehend Jauernig/Berger § 1, 41 ff.; Kirchner Rpfleger 2004, 395; Buß NJW 1998, 337, 339; streitig.

748 s. Rosenberg/Gaul § 5 IV; Hk-ZPO/Saenger Einführung Rdnr. 80.

2) Der Titel bestimmt Art und Umfang des zu vollstreckenden Anspruchs, ferner den Vollstreckungsgläubiger und den Vollstreckungsschuldner.[749]

Auslegung des Titels durch das Vollstreckungsorgan nur aus dem Titel selbst heraus,[750] u.U. in Verbindung mit offenkundigen Daten.[751]

3) **Titel**, aus denen die Zwangsvollstreckung betrieben werden kann, sind:

a) **Endurteile** (§ 704; die wichtigsten Vollstreckungstitel!).

Das Urteil muss **formell rechtskräftig** oder **vorläufig vollstreckbar** sein.

Vorläufige Vollstreckbarkeit bedeutet, dass das noch nicht rechtskräftige Urteil bereits vor Eintritt der Rechtskraft vollstreckt werden kann (s.o. § 2, 5.2, 3 b cc)); wird das Urteil jedoch später auf Rechtsmittel des Beklagten hin aufgehoben, so muss der Kläger dem Beklagten den durch die Vollstreckung entstandenen Schaden ersetzen (§ 717 Abs. 2; der Kläger vollstreckt daher auf eigene Gefahr). Zur vorläufigen Vollstreckbarkeit: §§ 708 ff.

b) Die **Titel des § 794 Abs. 1:** u.a. Vollstreckungsbescheide, Prozessvergleiche, Kostenfestsetzungsbeschlüsse, notarielle Unterwerfungsurkunden.

c) Ferner u.a.: Arrestbefehle u. einstweilige Verfügungen (§§ 922 ff.), Arbeitsgerichtsurteile (§ 62 ArbGG), der Zuschlag in der Zwangsversteigerung (§§ 93 ZVG), Auszug aus der Insolvenztabelle, bestätigter Insolvenzplan (§§ 201 Abs. 2, 257 InsO).[752]

4) **Ausländische Vollstreckungstitel** sind in Deutschland vollstreckbar nach Anerkennung (§ 328). - Für Vollstreckungstitel aus EG-Staaten gelten insoweit die **EuGVVO** und ein vereinfachtes Vollstreckungsverfahren für Titel über unbestrittene Forderungen (EG-VO 805/2004, „Europäischer Vollstreckungstitel"). s.o. § 5, 2, 2 b).

1.2.2 Die **Vollstreckungsklausel**

Die Vollstreckungsklausel ist der amtliche Vermerk der Vollstreckbarkeit des Titels auf dem Titel (vollstreckbare Ausfertigung, §§ 724, 725).

Die Vollstreckungsklausel lautet (s. § 725): „Vorstehende Ausfertigung wird dem ... (Bezeichnung der Partei) zum Zwecke der Zwangsvollstreckung erteilt."

1) **Grds. bedarf jeder Titel zur Vollstreckung der Vollstreckungsklausel**.

Dieses Erfordernis besteht zum einen, um dem Vollstreckungsorgan die Prüfung zu ersparen, ob aus dem Titel vollstreckt werden kann und darf (grds. ebenfalls **Bindung des Vollstreckungsorgans: Formalisierung**).[753] Es ist z.B. möglich, dass der Schuldner aufgrund des Urteils zur Leistung erst nach Eintritt bestimmter Umstände verpflichtet ist (s. § 726 Abs. 1); dies wird grds. im Klauselerteilungsverfahren festgestellt (sog. **titelergänzende Klausel**).

Zum anderen dient das Klauselerfordernis dem Schutz des Schuldners, da von dem Titel grds. nur **eine einzige** vollstreckbare Ausfertigung erteilt werden darf, eine zweite nur bei Verlust der ersten; der Schuldner wird hierdurch vor mehrfacher Vollstreckung geschützt.

Keiner Vollstreckungsklausel bedürfen lediglich: Vollstreckungsbescheide (§ 796 Abs. 1), Arrestbefehle und einstweilige Verfügungen (§§ 929 Abs. 1, 936) - nur bei Titelumschreibung - und unselbstständige Kostenfestsetzungsbeschlüsse (§§ 795 a, 105).

749 BGHZ 96, 66.
750 BGH NJW 1986, 1440; BGH Urt. v. 07.12.2005 - XII ZR 94/03, NJW 2006, 695.
751 BGH Rpfleger 1995, 366.
752 s. BL/Hartmann § 794 Rdnr. 45 ff.
753 s. BGH NJW 1992, 2160; Jaspersen Rpfleger 1995, 4.

2) Voraussetzungen für die Klauselerteilung sind: ein formgültiger vollstreckbarer Titel, vollstreckungsfähiger Inhalt und Bestimmtheit des Titels sowie Identität der Parteien des Titels und des Vollstreckungsverfahrens.[754]

3) Soll die Vollstreckung **für oder gegen eine andere Person** als den im Titel als Gläubiger oder Schuldner Bezeichneten durchgeführt werden, so muss zuvor die Vollstreckungsklausel entsprechend für oder gegen diesen anderen Beteiligten erteilt - **umgeschrieben** - werden (§§ 727 ff.). - Fälle:

a) **Rechtsnachfolge** auf Seiten des Gläubigers oder Schuldners (§ 727).

Beispiele:

Auf **Gläubigerseite**: Umschreibung auf einen Gläubiger, der den titulierten Anspruch hat pfänden und sich überweisen lassen,[755] ferner auf den Neugläubiger bei Abtretung nach Rechtshängigkeit.[756] - Dagegen ist die bloße Einräumung einer Befugnis zur Vollstreckung nicht möglich: **Keine isolierte Vollstreckungsstandschaft.**[757]

Auf **Schuldnerseite**: Gegen einen Rechtsnachfolger des im Titel bezeichneten Schuldners ist gemäß § 727 die Umschreibung im Umfange der Rechtskrafterstreckung nach § 325 möglich; die Einschränkung gemäß § 325 Abs. 2 bei Gutgläubigkeit (s.o. § 14, 2.2.2) ist bei der Klauselerteilung nicht zu berücksichtigen, sondern vom Rechtsnachfolger durch Erinnerung gemäß § 732 oder Klage nach § 768 gegen die Klauselerteilung geltend zu machen.

Vollstreckung gegen **Erben des Schuldners**: Der Erbe ist Rechtsnachfolger, sodass der Titel gegen ihn umgeschrieben und dann gegen ihn vollstreckt werden kann; hatte die Vollstreckung schon gegen den Erblasser begonnen, kann sie ohne Klauselumschreibung in den Nachlass fortgesetzt werden (§ 779). Der Erbe kann die Beschränkung der Erbenhaftung nur mit Klage nach § 781 geltend machen; falls das Urteil bereits gegen ihn - als Erben - ergangen war, ist dazu der Vorbehalt der Haftungsbeschränkung im Urteil erforderlich (§ 780).

b) Titelumschreibung ferner: bei Firmenfortführung (§ 729), im Verhältnis von Vor- und Nacherben, Testamentsvollstrecker und Erbe (§ 728), bei Parteien kraft Amtes (entspr. § 727).[758]

4) **Zuständig** für die Erteilung der Vollstreckungsklausel zu Urteilen ist grundsätzlich der Urkundsbeamte der Geschäftsstelle des Gerichts, das das Urteil erlassen hat (§ 724, sog. „einfache" Klausel), bei Titelumschreibung und -ergänzung der Rechtspfleger (§ 20 Nr. 12 RPflG).

5) **Rechtsmittel und -behelfe** im Klauselerteilungsverfahren

Sie sind besonders geregelt. Es gelten grds. noch nicht die Rechtsbehelfe des Zwangsvollstreckungsverfahrens (s.u. § 22), da das Klauselerteilungsverfahren noch nicht zur Zwangsvollstreckung gehört, sondern ihr vorgelagert ist.[759]

a) für den **Gläubiger** gegen eine Versagung der Klausel: befristete Erinnerung gemäß § 573 bzw. sofortige Beschwerde gemäß §§ 567 ZPO, 11 RPflG, Klage auf Erteilung der titelumschreibenden oder titelergänzenden Klausel gemäß § 731;

---

754 s. BL/Hartmann § 724 Rdnr. 8, 9; Brox/Walker Rdnr. 108.

755 BGHZ 86, 339.

756 BGHZ 120, 387.

757 BGHZ 92, 347@; BGH NJW-RR 1992, 61; a.A. OLG Dresden NJW-RR 1996, 444; eingehend Scherer Rpfleger 1995, 98; Maihold JA 2000, 841.

758 s. StJ/Münzberg § 727 Rdnr. 27 ff.

759 StJ/Münzberg vor § 704 Rdnr. 107, § 724 Rdnr. 17; BL/Hartmann Grundz. § 704 Rdnr. 51. - s. aber u. § 22, 1.3.2, 1): **Titelabwehrklage**.

b) für den **Schuldner** gegen die Klauselerteilung: Klauselerinnerung gemäß § 732 bei Fehlen der **formellen** Voraussetzungen (auch Unwirksamkeit des Titels),[760] Klage gemäß § 768 bei Fehlen der **materiellen** Voraussetzungen für Titelumschreibung oder -ergänzung.

für Einwendungen gegen den titulierten materiell-rechtlichen Anspruch: Vollstreckungsgegenklage, § 767 (s.u. § 22, 1.3).[761]

1.2.3 Die Zustellung

des Titels muss grundsätzlich vor Beginn der Vollstreckung erfolgt sein oder spätestens gleichzeitig mit der Vollstreckung erfolgen (§ 750 Abs. 1),

anders bei Arrest und einstweiliger Verfügung (§§ 929 Abs. 3, 935, 936): Überraschungseffekt.

Zustellung an den Vollstreckungsschuldner, bei BGB-Gesellschaft: an den geschäftsführenden Gesellschafter, sonst an einen der Gesellschafter.[762]

2. Die besonderen Voraussetzungen der Zwangsvollstreckung

müssen in drei Fällen vorliegen:

1) Bei Verurteilung des Schuldners zur Leistung **Zug um Zug gegen eine Gegenleistung des Gläubigers** darf die Vollstreckung erst dann vorgenommen werden, wenn der Schuldner befriedigt ist oder sich in Annahmeverzug befindet (§§ 756, 765; wörtliches Angebot genügt).

Nachweis des Annahmeverzugs bereits durch einen entsprechenden Feststellungsausspruch im Urteil möglich.[763]

2) Ist der titulierte Anspruch vom Eintritt eines **bestimmten Kalendertages** abhängig, darf erst nach diesem Tag vollstreckt werden (§ 751 Abs. 1).

3) Hängt die Vollstreckung von einer **Sicherheitsleistung des Gläubigers** ab, darf die Vollstreckung erst beginnen, wenn diese durch öffentliche oder öffentlich beglaubigte Urkunden nachgewiesen ist (§ 751 Abs. 2).

In diesen Fällen wird die **Vollstreckungsklausel sogleich und ohne Nachweise erteilt**; das **Vollstreckungsorgan** hat jedoch diese besonderen Voraussetzungen festzustellen, bevor es mit der Vollstreckung beginnt.

3. Das Fehlen von Vollstreckungshindernissen

Trotz Vorliegens der Vollstreckungsvoraussetzungen ist die Zwangsvollstreckung nicht zulässig, wenn Vollstreckungshindernisse bestehen. Fälle:

---

760 BGH Urt. v. 05.12.2003 – V ZR 341/02, MDR 2004, 471; BGH v. 05.07.2004 – VIII ZB 27/05, Rpfleger 2005, 612; BGH v. 04.10.2005 – VII ZB 54/05, NJW-RR 2005, 567 – **auch Klage aus § 767?** s.u. § 22, 1.3.2.

761 KG MDR 2008, 581.

762 BGH v. 06.04.2006 – V ZB 158/05, MDR 2006, 1254.

763 BGH Urt. v. 31.05.2000 – XII ZR 41/98, NJW 2000, 2663@, s.o. § 6, 2.2.

1) Wenn die Zwangsvollstreckung **eingestellt** oder einzustellen ist:

a) Wenn gerichtliche Verfahren gegen den Titel, die Klausel oder die Zulässigkeit der Vollstreckung anhängig sind und das Gericht die Vollstreckung bis zur Entscheidung einstweilen einstellt (§§ 707, 719, 732, 766, 769, 771 Abs. 3).

b) in den Fällen des § 775, insbesondere bei Nachweis einer inzwischen erfolgten Befriedigung des Gläubigers (Nr. 4, 5).

c) aufgrund **Schuldnerschutzes** (§ 765 a; s.u. § 22, 1.6).

2) Im **Insolvenzverfahren des Schuldners** (§ 89 InsO): Einzelvollstreckungen sind unzulässig; die Insolvenzgläubiger können sich nur am Insolvenzverfahren beteiligen. – Grund: Gleichbehandlung der Insolvenzgläubiger (s.u. § 23, 4.3, 4).

4. Mängel des Zwangsvollstreckungsverfahrens

1) Wird eine Vollstreckungsmaßnahme vorgenommen, obwohl die Vollstreckungsvoraussetzungen nicht erfüllt sind, so ist die Vollstreckungsmaßnahme fehlerhaft. Die Zulässigkeitsvoraussetzungen der Vollstreckung sind zwingendes Recht; ihre Verletzung macht den Vollstreckungsakt daher rechtswidrig.

2) **Folge des Gesetzesverstoßes:**

a) **Nur ausnahmsweise Nichtigkeit**, d.h. völlige Unwirksamkeit des Vollstreckungsaktes: nur bei **evidenten grundlegenden schweren Mängeln**.

Fehlen eines Titels;[764] funktionelle Unzuständigkeit des Vollstreckungsorgans, z.B. der Gerichtsvollzieher pfändet eine Forderung, das Vollstreckungsgericht eine Sache.[765]

b) **I.d.R dagegen lediglich Anfechtbarkeit:** Der Vollstreckungsakt ist **wirksam, aber vernichtbar**, nämlich auf Rechtsbehelf des Betroffenen, insbesondere Erinnerung (§ 766), aufzuheben; bis zu einer solchen Aufhebung ist und bleibt der Vollstreckungsakt voll wirksam.[766]

Grund für diese Regelung: Vollstreckungsmaßnahmen sind **staatliche Hoheitsakte**. Staatliche Hoheitsakte sind bei Rechtswidrigkeit grundsätzlich nur anfechtbar und nur ausnahmsweise bei besonders schwerwiegenden Fehlern nichtig (s. §§ 43, 44 VwVfG zum **fehlerhaften Verwaltungsakt**). Dies gilt entsprechend auch für Vollstreckungsmaßnahmen.[767]

3) **Heilung:**

a) Ein nichtiger Vollstreckungsakt kann nicht geheilt, sondern lediglich – natürlich ohne Rückwirkung – neu vorgenommen werden.[768]

b) Der fehlerhafte, aber nicht nichtige Vollstreckungsakt kann dagegen **durch spätere Beseitigung des Mangels geheilt** werden (allg. Ansicht). – Dazu:

---

764 BGHZ 70, 313, 317; BGH NJW 1993, 735@; StJ/Münzberg vor § 704 Rdnr. 129; Rosenberg/Gaul § 31 III 2.

765 Hk-ZPO/Kindl vor § 704 Rdnr. 21; Baur/Stürner § 11.3; Rosenberg/Gaul § 31 III 6.

766 BGHZ 30, 175; 66, 81; 80, 298; BGH NJW 1979, 2045; Rosenberg/Gaul § 22 II 1.

767 Musielak/Lackmann vor § 704 Rdnr. 32; Baur/Stürner/Bruns § 11. 2, 3.

768 StJ/Münzberg vor § 704 Rdnr. 134; ThP/Hüßtege vor § 704 Rdnr. 58; MK/Gruber § 804 Rdnr. 21.

Fall 25: Die nachträglich erteilte Vollstreckungsklausel

A betreibt die Vollstreckung gegen S. Der Gerichtsvollzieher pfändet für A einen Pkw des S, obwohl dem A noch keine Vollstreckungsklausel erteilt ist. Einige Tage später pfändet der Gerichtsvollzieher den Wagen für den weiteren Gläubiger B des S, der einen ordnungsgemäß zugestellten Titel mit Klausel vorgelegt hat. Nunmehr wird auch dem A die Klausel erteilt. Als der Erlös des Pkw zur Befriedigung von A und B nicht ausreicht, streiten A und B um die Reihenfolge ihrer Befriedigung.

Wenn eine Sache für mehrere Gläubiger des Schuldners gepfändet worden ist, entscheidet der **zeitliche Rang der Pfändungspfandrechte** über die Reihenfolge der Befriedigung der beteiligten Gläubiger (vgl. § 804 Abs. 3: **Prioritäts- oder Präventionsprinzip**).

Der Pkw war zunächst für A gepfändet worden. Diese Pfändung war fehlerhaft, da die Vollstreckungsklausel fehlte. Dieser Mangel machte den Vollstreckungsakt jedoch nicht nichtig, sondern nur anfechtbar.[769] Durch die Erteilung der Klausel ist der Mangel daher geheilt worden. Da jedoch vor dieser Heilung der Wagen ordnungsgemäß für B gepfändet worden ist, stellt sich die Frage, ob die Heilung des Mangels mit Rückwirkung oder nur für die Zukunft erfolgt ist.

Diese Frage ist streitig.

(1) Nach der herrschenden Meinung besitzt die Heilung **keine Rückwirkung**, wirkt also lediglich **ex nunc**, mit der Folge, dass eine vor der Heilung des fehlerhaften Vollstreckungsaktes vorgenommene fehlerfreie anderweitige Vollstreckungsmaßnahme den Vorrang erhält. Grund: Ein fehlerhafter Vollstreckungsakt dürfe dem verfrüht und rechtswidrig vollstreckenden Gläubiger keine Vorzugstellung vor anderen korrekt vorgehenden Gläubigern verschaffen.[770]

(2) Nach der Gegenmeinung wirkt die Heilung dagegen **ex tunc**, also mit **Rückwirkung**. Grund: Der anfechtbare Vollstreckungsakt sei von Anfang an wirksam, lediglich auflösend bedingt durch eine Anfechtung; infolge der Heilung entfalle diese auflösende Bedingung, der Vollstreckungsakt gelte daher als von Anfang an voll wirksam.[771]

Die Frage einer Rückwirkung der Heilung von Verfahrensmängeln hängt letztlich auch mit der Frage nach der Rechtsnatur und der Entstehung des Pfändungspfandrechts (öffentlich-rechtliche/gemischte privatrechtlich-öffentlich-rechtliche Theorie) zusammen.[772] **s.u. § 18, 3.4, 3)**.

Ergebnis: Nach der herrschenden Auffassung hat B den Vorrang vor A; nach der zweiten Ansicht ist dagegen A vor B aus dem Erlös zu befriedigen.

---

769 StJ/Münzberg § 725 Rdnr. 12, vor § 704 Rdnr. 129.

770 MK//Gruber § 804 Rdnr. 22; Schuschke/Walker vor § 803 Rdnr. 17; Baur/Stürner/Bruns § 11.8; Rosenberg/Gaul § 31 IV 2 a; Jauernig/Berger § 7 Rdnr. 16; Lippross Rdnr. 233; ThP/Hüßtege vor § 704 Rdnr. 59 und Zöller/Stöber vor § 704 Rdnr. 35 (für das Rangverhältnis).

771 LG München NJW 1962, 2306; BL/Hartmann Einf. vor § 750 Rdnr. 5; StJ/Münzberg vor § 704 Rdnr. 138 ff.

772 MK/Gruber § 804 Rdnr. 22; Brox/Walker Rdnr. 390, 497; Prütting/Stickelbrock S. 56.

Die Zwangsvollstreckungsvoraussetzungen

I. Das Vollstreckungsorgan hat die Vollstreckungsmaßnahme vorzunehmen, wenn die **Vollstreckungsvoraussetzungen** vorliegen.

1. **Allgemeine Vollstreckungsvoraussetzungen** (für **jede** Vollstreckung):

a. **Antrag des Gläubigers** an das für die beantragte Vollstreckungsmaßnahme zuständige Vollstreckungsorgan: Antrag auf Vornahme einer Amtshandlung. Das Vollstreckungsorgan prüft:

   aa. seine Zuständigkeit,

   bb. das Vorliegen der allgemeinen Verfahrensvoraussetzungen,

   cc. die Vollstreckungsvoraussetzungen im Übrigen:

b. **Titel, Klausel, Zustellung**

   aa. **Vollstreckungstitel:** Urkunde, in der das Bestehen des zu vollstreckenden materiellen Anspruchs von der dazu zuständigen Stelle festgestellt worden ist (z.B. Endurteil, § 704; ferner u.a. die Titel des § 794 Abs. 1).

   bb. **Vollstreckungsklausel:** Amtlicher Vermerk der Vollstreckbarkeit des Titels auf dem Titel (§§ 724, 725), durch Urkundsbeamten oder Rechtspfleger des Prozessgerichts. Durch titelumschreibende Klausel kann der Titel für oder gegen Dritte, gegen die er wirkt, vollstreckbar gemacht werden (insbes. bei Rechtsnachfolge, §§ 727, 325).

   cc. **Zustellung des Titels:** vor oder mit der Vollstreckung (§ 750).

   An Vollstreckungstitel und -klausel ist das Vollstreckungsorgan gebunden (Formalisierung des Vollstreckungsverfahrens).

2. **Besondere Vollstreckungsvoraussetzungen:** Bei Abhängigkeit der Vollstreckung von einer Gegenleistung des Gläubigers (§§ 756, 765), dem Eintritt eines bestimmten Kalendertages (§ 751 Abs. l) oder der Erbringung einer Sicherheitsleistung durch den Gläubiger (§ 751 Abs. 2).

3. **Fehlen von Vollstreckungshindernissen:** u.a. Einstellung der Zwangsvollstreckung, Fälle des § 775, Insolvenzverfahren (§ 89 InsO).

II. **Das Fehlen von Vollstreckungsvoraussetzungen**

1. macht die Vollstreckungsmaßnahme nur bei evidenten grundlegenden schweren Mängeln nichtig, im Regelfall **nur anfechtbar** (entsprechend Verwaltungsakt!);

2. ist beim anfechtbaren Vollstreckungsakt **heilbar: streitig, ob mit oder ohne Rückwirkung**.

§ 18 Die Zwangsvollstreckung wegen Geldforderungen in bewegliche Sachen

Der **Gerichtsvollzieher** als für diese Zwangsvollstreckung – **Mobiliarvollstreckung**, Fahrnisvollstreckung – zuständiges Vollstreckungsorgan pfändet die im Gewahrsam des Schuldners befindliche Sache, verwertet (versteigert) sie und händigt den Erlös dem Gläubiger zu dessen Befriedigung aus.

Rechtsstellung des Gerichtsvollziehers:

Beamter (§ 154 GVG), der bei der Zwangsvollstreckung in **Ausübung eines öffentlichen Amtes**[773] handelt, nicht als Vertreter des Vollstreckungsgläubigers. Erforderliche privatrechtliche Verträge, etwa zur Verwahrung gepfändeter Sachen, schließt er daher i.d.R. nicht für sich oder für den Gläubiger oder Schuldner, sondern als bevollmächtigter Vertreter des Landes (Justizfiskus);[774] bei Amtspflichtverletzungen tritt Staatshaftung ein.[775] Seine Tätigkeit ist weitgehend in der Geschäftsanweisung für Gerichtsvollzieher (GVGA, bundeseinheitliches Landesrecht) geregelt.[776]

Wenn der Gerichtsvollzieher allerdings eine **freiwillige** Zahlung des Schuldners entgegennimmt, handelt er nach der (früher herrschenden) Vertretertheorie, da er dann nicht im eigentlichen Sinne vollstrecke, als rechtsgeschäftlicher Vertreter des Gläubigers mit Vertretungsmacht zur schuldtilgenden Entgegennahme;[777] zunehmend wird aber auch insoweit ein amtliches (öffentlich-rechtliches) Handeln angenommen (Amtstheorie), mit Geltung des § 815 Abs. 3, was im Ergebnis ebenfalls zur schuldtilgenden Wirkung der Zahlung führt.[778]

1. Der Gegenstand der Mobiliarvollstreckung

1) Der Begriff der „körperlichen Sachen“ in § 808 Abs. 1 entspricht dem der **beweglichen Sachen** i.S.d. bürgerlichen Rechts.[779] – Folge:

a) Gegenstand der Mobiliarvollstreckung sind grundsätzlich **alle beweglichen Sachen i.S.d. §§ 90 ff. BGB**.

b) **Nicht** der Mobiliarvollstreckung unterliegen daher: **Grundstücke** mit ihren wesentlichen Bestandteilen, **Forderungen und andere Vermögensrechte**.

Software: Das Verwertungs**recht** des Urhebers unterliegt daher der Rechts-, die vom Anwender erworbene Software der Sachpfändung (ebenso natürlich die Hardware).[780]

Da die BGB-Regelungen gelten, unterfallen die Scheinbestandteile i.S.d. § 95 BGB der Mobiliarvollstreckung, da sie als selbstständige – bewegliche – Sache gelten: daher pfändbar.

2) Von dem Grundsatz, dass alle beweglichen Sachen – aber: auch nur sie – der Mobiliarvollstreckung unterliegen, gibt es folgende **Ausnahmen:**

773 BGH v. 30.01.2004 – IX a ZB 274/03, NJW-RR 2004, 788.
774 BGH NJW 1999, 2597@.
775 BGH Urt. v. 09.11.2000 – III ZR 314/99, NJW 2001, 434@.
776 s. näher: Rosenberg/Gaul § 25; Baur/Stürner/Bruns § 8; Jauernig/Berger § 8; Brox/Walker Rdnr. 11 ff.
777 so StJ/Münzberg § 754 Rdnr. 17, § 815 Rdnr 23.
778 u.a. Musielak/Becker § 815 Rdnr. 5; Brox/Walker Rdnr. 314; zum Streitstand Rosenberg/Gaul § 25 IV 1 d.
779 Brox/Walker Rdnr. 214.
780 Musielak/Becker § 808 Rdnr. 24 m.N.

a) **gemäß § 865** für Sachen der **Hypothekenhaftung** (§ 1120 BGB):

aa) In **Grundstückszubehör kann schlechthin nicht durch Pfändung**, sondern nur – zusammen mit dem Grundstück – im Wege der Vollstreckung in das unbewegliche Vermögen vollstreckt werden (§ 865 Abs. 2 S. 1).

Grund: Erhaltung der Funktionseinheit.

Dabei ist nicht notwendig, dass an dem betreffenden Grundstück tatsächlich eine Hypothek besteht, sondern entscheidend ist nur, ob das Zubehörteil gemäß §§ 1120 ff. BGB für eine **etwaige** Hypothek haften **würde** (**abstrakte** Prüfung;[781] nicht z.B. Zubehör, das nicht im Eigentum des Grundstückseigentümers steht oder das aus dem Haftungsverband ausgeschieden ist). – Pfändung entgegen § 865 Abs. 2 S. 1 ist nur anfechtbar, nicht nichtig.[782]

bb) Die übrigen Gegenstände der Hypothekenhaftung können dagegen gepfändet werden, solange nicht das Grundstück – und damit auch diese Gegenstände – im Wege der Immobiliarvollstreckung beschlagnahmt worden ist (§ 865 Abs. 2 S. 2).

Die vor der Beschlagnahme bewirkte Pfändung wird in der dann anlaufenden Immobiliarvollstreckung berücksichtigt (§ 37 Nr. 4 ZVG).[783]

b) gemäß § 810: Früchte, die vom Boden noch nicht getrennt sind, können – obwohl wesentliche Bestandteile (§ 94 BGB) – im Wege der Mobiliarvollstreckung gepfändet werden, solange nicht ihre Beschlagnahme im Wege der Immobiliarvollstreckung erfolgt ist.

2. Der Pfändungsvorgang

Die **Pfändung** ist ein staatlicher Hoheitsakt des Vollstreckungsorgans, durch den die Sache der Verfügungsmacht des Schuldners entzogen wird (**Beschlagnahme**), zu dem Zweck, den Gläubiger zu befriedigen. Diese Pfändung erfolgt bei beweglichen Sachen dadurch, dass der Gerichtsvollzieher sie **in Besitz nimmt** (§ 808 Abs. 1).

Voraussetzung einer fehlerfreien Pfändung ist zum einen das Vorliegen der Vollstreckungsvoraussetzungen – wie bei jeder Vollstreckungsmaßnahme (s.o. § 17) –

und zum anderen das Vorliegen der **besonderen Pfändungsvoraussetzungen**, d.h. die Pfändung muss erfolgen:

- zur rechten Zeit
- am rechten Ort
- in der rechten Weise
- im rechten Umfang

2.1 Die Pfändung darf nur **„zur rechten Zeit“** erfolgen, d.h. grds. zwar **jederzeit**, aber eingeschränkt zur Nachtzeit und an Sonn- und Feiertagen (§ 758 a Abs. 4).

781 Brox/Walker Rdnr. 216.
782 h.M., Musielak/Becker § 865 Rdnr. 10; Hk-ZPO/Kindl § 865 Rdnr. 6; Brox/Walker Rdnr. 207 m.N.
783 ThP/Hüßtege § 865 Rdnr. 4; Zöller/Stöber § 865 Rdnr. 10.

2.2 Die Pfändung muss „am rechten Ort" erfolgen: Der Pfändung unterliegen nur bewegliche Sachen, die sich im Gewahrsam des Schuldners, des Gläubigers oder eines zur Herausgabe bereiten Dritten befinden (§§ 808, 809).

1) **Gewahrsam** i.S.d. §§ 808, 809 ist ein **rein tatsächliches Herrschaftsverhältnis** über die Sache.[784]

Im Unterschied zum Besitz i.S.d. bürgerlichen Rechts begründen der nur auf § 857 BGB gegründete Besitz des Erben, der Mitbesitz (§ 866 BGB) und der mittelbare Besitz (§ 868 BGB) grds. keinen Gewahrsam. – Der Besitzdiener hat keinen Gewahrsam.

2) Der Gewahrsam **des Schuldners** (§ 808 Abs. 1):

Der Gerichtsvollzieher darf grds. alle Sachen pfänden, die sich im Gewahrsam des Schuldners befinden. Er prüft daher nur, ob der Schuldner am Pfändungsobjekt Gewahrsam hat, **nicht aber die Eigentumsverhältnisse**. Grund: Der Gerichtsvollzieher kann die Eigentumsverhältnisse nicht übersehen und klären; er soll sich daher mit der Prüfung der leichter festzustellenden Gewahrsamsverhältnisse begnügen können. Die Pfändung einer schuldnerfremden Sache, die sich im Gewahrsam des Schuldners befindet, ist daher wirksam und verletzt keine Vollstreckungsbestimmung (daher keine Erinnerung); dem Eigentümer bleibt es überlassen, sein Eigentum mit der **Drittwiderspruchsklage (§ 771)** geltend zu machen und damit die Vollstreckung zu verhindern.

Eine Ausnahme von diesem Grundsatz besteht jedoch dann, wenn für den Gerichtsvollzieher vernünftigerweise kein Zweifel daran bestehen kann, dass die Sache nicht dem Schuldner gehört (z.B. Reparaturgegenstände beim Handwerker, ein Bibliotheksbuch bei einem Studenten); dann hat eine Pfändung zu unterbleiben.[785]

3) Der Gewahrsam eines **Dritten** (§ 809): Sachen, die sich nicht im (Allein-)Gewahrsam des Schuldners, sondern im Gewahrsam oder Mitgewahrsam eines Dritten befinden, darf der Gerichtsvollzieher nur pfänden, wenn der Dritte **zur Herausgabe bereit** ist. Ist dies nicht der Fall, kann der Gläubiger nur in den Herausgabeanspruch des Schuldners gegen den Dritten vollstrecken (§ 847),

d.h. den Herausgabeanspruch pfänden, aufgrund dieser Pfändung den Herausgabeanspruch gegen den Dritten – auf Herausgabe an den Gerichtsvollzieher – einklagen u. aus einem entsprechenden Herausgabeurteil vollstrecken, sodass dann der Gerichtsvollzieher nach der Wegnahme die Sache zur Befriedigung des Gläubigers verwerten kann.[786]

Ohne einen solchen Herausgabetitel darf der Gerichtsvollzieher eine gleichwohl gepfändete Sache auch nicht dem Dritten gegen dessen Widerspruch wegnehmen.[787]

Eine Pfändung ist bei einem nicht herausgabebereiten Dritten nach h.M. auch dann nicht zulässig, wenn der Dritte zur Herausgabe der Sache an den Gläubiger oder den Schuldner verpflichtet ist, da der Gerichtsvollzieher die materiell-rechtlichen Herausgabeansprüche weder sicher beurteilen noch verbindlich entscheiden dürfe;[788] dabei ist streitig, ob eine Pfändung ausnahmsweise wenigstens dann zulässig ist, wenn feststeht, dass der Schuldner nur deshalb

---

784 s. LG Frankfurt NJW-RR 1988, 1215; Schuschke/Walker § 808 Rdnr. 1.

785 BGH NJW 1957, 544; BL/Hartmann § 808 Rdnr. 2; Brox/Walker Rdnr. 259.

786 s. Brox/Walker Rdnr. 256; s.u. § 19.2.

787 BGH v. 31.10.2003 – IX a ZB 195/03, NJW-RR 2004, 352.

788 MK/Gruber § 809 Rdnr. 7; ThP/Hüßtege § 809 Rdnr. 4; Schuschke/Walker § 809 Rdnr. 3; Brox/Walker Rdnr. 254. – a.A. BL/Hartmann § 809 Rdnr. 2, wenn die Herausgabepflicht unzweifelhaft bestehe.

im kollusiven Einverständnis mit dem Dritten den Gewahrsam an diesen übertragen hat, um die Pfändung zu verhindern (Rechtsmissbrauch).[789]

4) Der Gewahrsam bei Vollstreckung gegen einen **Ehegatten:** Wird gegen einen Ehegatten vollstreckt, so hat i.d.R. der andere Ehegatte Mitgewahrsam, sodass die Sache an sich – wegen § 809 – nur gepfändet werden könnte, wenn der andere Ehegatte zur Herausgabe bereit ist. Gemäß **§ 739 gilt** jedoch – im Umfang der Vermutung des § 1362 BGB – **nur der Schuldner** als Gewahrsamsinhaber, sodass daher die Pfändung ohne Herausgabebereitschaft des anderen Ehegatten, auf die es dann nicht ankommt, zulässig ist.

Für die Vollstreckung **unwiderlegliche Vermutung**.[790] Der andere Ehegatte kann daher Eigentumsrechte nur **mit der Drittwiderspruchsklage gem. § 771** – nicht mit Erinnerung (kein Verfahrensfehler) – geltend machen und dann die Vermutung des § 1362 BGB widerlegen.

Entsprechendes gilt für **Lebenspartner i.S.d. LPartG** (§ 739 Abs. 2).

Nach h.M. gelten §§ 1362 BGB, 739 ZPO nicht entsprechend für **nichteheliche Lebensgemeinschaften** (keine planwidrige Regelungslücke),[791] sodass § 809 – Schutz des Dritten – insoweit uneingeschränkt gilt; da dies zu einer Schlechterstellung von Eheleuten führt, ist die Verfassungsmäßigkeit der §§ 739 ZPO, 1362 BGB umstritten.

2.3 Die Pfändung muss „in der rechten Weise" erfolgen.

1) Die Pfändung wird dadurch bewirkt, dass der Gerichtsvollzieher die Sache **in Besitz nimmt** (§ 808 Abs. 1).

a) Geld, Kostbarkeiten und Wertpapiere nimmt der Gerichtsvollzieher mit.

b) Andere Sachen belässt der Gerichtsvollzieher dagegen im Allgemeinen **beim Schuldner**, sofern dadurch nicht die Befriedigung des Gläubigers gefährdet wird (§ 808 Abs. 2 S. 1). Die Pfändung ist dann jedoch durch Anlegung von Siegelmarken oder auf sonstige Weise **kenntlich zu machen** (§ 808 Abs. 2 S. 2). Diese Kenntlichmachung ist **unbedingtes Wirksamkeitserfordernis** der Pfändung der im Gewahrsam des Schuldners belassenen Sache; fehlende oder nicht hinreichend bestimmte Kenntlichmachung macht die Pfändung **unheilbar nichtig**, es entsteht keine öffentlichrechtliche Verstrickung der Sache.[792]

Behält der Schuldner die Sache, so ist er unmittelbarer Besitzer; er vermittelt den Besitz für den Gerichtsvollzieher und den Gläubiger, wobei der Gerichtsvollzieher (Staat) erststufiger, der Gläubiger zweitstufiger mittelbarer Besitzer wird.[793]

2) Gemäß § 758 ist der Gerichtsvollzieher grundsätzlich befugt, zum Zwecke der Pfändung die **Wohnung des Schuldners** zu betreten und zu **durchsuchen**. Falls der Schuldner jedoch hiermit nicht einverstanden ist, bedarf der Gerichtsvollzieher dazu mit Rücksicht auf das Grundrecht der Unverletzlichkeit der Wohnung (Art. 13 GG) einer besonderen **richterlichen Erlaubnis** (§ 758 a).

789 so MK/Gruber § 809 Rdnr. 6; Zöller/Stöber § 809 Rdnr. 5; abl. auch dann ThP/Hüßtege § 809 Rdnr. 4. – zur entsprechenden Situation bei der Räumungsvollstreckung s.u. § 21, 2.

790 h.M., u.a. StJ/Münzberg § 739 Rdnr. 22; Brox/Walker Rdnr. 239; Kilian JurBüro 1996, 67.

791 BGH Urt. v. 14.12.2006 – IX ZR 92/05, NJW 2007, 992 mit Darstellung des Streitstandes.

792 BL/Hartmann § 808 Rdnr. 21; Zöller/Stöber § 808 Rdnr. 18; Jauernig/Berger § 17 Rdnr. 22.

793 StJ/Münzberg § 808 Rdnr. 45, 46.

Mit Rücksicht auf den Schutzzweck des Art. 13 GG ist die richterliche Erlaubnis bei **jedem** Betreten der Wohnung durch den Gerichtsvollzieher gegen den Willen des Schuldners erforderlich, nicht nur für „Durchsuchungen" i.e.S., sondern auch dann, wenn der Gerichtsvollzieher in der Wohnung offen zutage liegende oder ihm von vornherein bekannte Gegenstände pfänden will.[794] Zur „Wohnung" zählen – von diesem Schutzzweck her – auch Arbeits- und Geschäftsräume.[795]

Ausnahme vom Erlaubniserfordernis: bei Gefahr im Verzug (Gefährdung des Erfolgs der Durchsuchung, § 758 a Abs. 1 S. 2).

Zuständig für die Erlaubnis ist der Amtsrichter, in dessen Bezirk die Durchsuchung erfolgt; die Anordnung setzt einen Antrag des Gläubigers voraus, nicht des Gerichtsvollziehers.

Zur Duldung der Durchsuchung ist dann auch ein Mitgewahrsamsinhaber – z.B. Ehegatte – verpflichtet (§ 758 a Abs. 3).

2.4 Die Pfändung muss „im rechten Umfang" erfolgen. Das bedeutet: Grundsätzlich kann der Gerichtsvollzieher zwar in das gesamte bewegliche Vermögen des Schuldners vollstrecken. Es bestehen jedoch die folgenden **Pfändungsbeschränkungen**, deren Verletzung zwar die Pfändung nicht nichtig macht, aber zur Aufhebung der Pfändung auf Erinnerung (§ 766) des Schuldners hin führt:

1) Verbot der Überpfändung (§ 803 Abs. 1 S. 2; s. auch § 777).

2) Verbot der zwecklosen Pfändung (§ 803 Abs. 2).

3) Verbot der Pfändung von Haushaltsgegenständen, wenn der Verwertungserlös außer Verhältnis zu deren Wert für den Schulner steht (§ 812).

4) **Unpfändbarkeit aus sozialpolitischen Gründen: § 811.** – Wichtigste Fälle:

a) **§ 811 Abs. 1 Nr. 1:** Unpfändbar sind **die dem persönlichen Gebrauch** oder dem **Haushalt** dienenden Sachen, soweit der Schuldner sie zu einer seiner Berufstätigkeit und seiner Verschuldung angemessenen bescheidenen Lebens- und Haushaltsführung benötigt,

was sich nach den heutigen beruflichen, sozialen und örtlichen Verhältnissen und nach der individuellen Situation des Schuldners, z.B. Alter, Gesundheit, Familienstand, bestimmt.[796]

Unpfändbar sind daher z.B.: Die notwendige Wohnungseinrichtung, i.d.R. auch Waschmaschine, Kühlschrank und Telefon. Grundsätzlich unpfändbar ist auch ein Fernsehgerät, auch bei Vorhandensein eines Radios; heute werden dem Schuldner zur erforderlichen Information Fernsehgerät und Radio zuzubilligen sein.[797] Pfändbar sind dagegen: Stereoanlage, CD-Player, Videorecorder,[798] Videokamera,[799] andere Geräte der Unterhaltungselektronik.

b) **§ 811 Abs. 1 Nr. 5:** Unpfändbar sind bei Personen, die aus ihrer körperlichen oder geistigen Arbeit oder sonstigen **persönlichen Leistungen** ihren Erwerb ziehen, die zur Fortsetzung dieser Erwerbstätigkeit erforderlichen Gegenstände.

---

794 Brox/Walker Rdnr. 325.

795 BVerfG NJW 1997, 2165; Zöller/Stöber § 758 a Rdnr. 4.

796 Musielak/Becker § 811 Rdnr. 11.

797 BFH NJW 1990, 1871; AG Lichtenberg DGVZ 2007, 173; Schuschke/Walker § 811 Rdnr. 18; streitig, a.A. u.a. LG Gera DGVZ 2001, 9.

798 VGH Mannheim NJW 1995, 2804.

799 AG Essen DGVZ 1998, 30.

z.B.: Pkw, den der Schuldner zur Erreichung seiner Arbeitsstelle benötigt[800] (nicht dagegen, wenn er den Arbeitsplatz mit öffentlichen Verkehrsmitteln zumutbar erreichen kann);[801] u.U. PC oder EDV-Anlage,[802] grds. auch bei einem Studenten;[803] i.d.R. Anrufbeantworter, Fax- und Kopiergerät bei einem Selbstständigen,[804] die Kamera eines Fotografen;[805] Ware/Wechselgeld bei kleinem Ladengeschäft.[806]

Geschützt werden auch solche Gegenstände des Schuldners, die dessen **Ehegatte** zur Erwerbstätigkeit benötigt (arg. § 1360 BGB).[807]

Fall 26: Pfändung des Lkw eines Fuhrunternehmers

S ist ein Fuhrunternehmer mit nur einem Lkw, den er selbst fährt. Der Gerichtsvollzieher will diesen Lkw pfänden.

Der Lkw ist gemäß § 811 Abs. 1 Nr. 5 unpfändbar, wenn er vom Schuldner zur Erwerbserzielung „aus persönlicher Leistung" benötigt wird. Den Gegensatz zur persönlichen Leistung bildet die **kapitalistische Arbeitsweise**; Gegenstände, mit denen durch den Einsatz von Kapital, aber ohne persönliche Leistung, vom Schuldner Verdienst erzielt wird, fallen daher nicht unter § 811 Abs. 1 Nr. 5 und sind daher pfändbar.

Ein Lkw, den der Fuhrunternehmer selbst fährt, ist nach § 811 Abs. 1 Nr. 5 unpfändbar; zwar arbeitet der Fuhrunternehmer insoweit auch mit Kapital, jedoch ist seine persönliche Arbeit und nicht die Ausnutzung des Kapitals für den Erwerb die Hauptsache.[808]

Gleiches gilt für den Pkw eines Vertreters oder eines allein fahrenden Taxiunternehmers.[809]

Pfändbar wären dagegen die Lkws eines größeren Fuhrunternehmers, weil dieser nicht in persönlicher Arbeitsleistung seinen Erwerb findet, sondern insoweit sein Kapital – und auch andere Personen – für sich arbeiten lässt.

c) **Austauschpfändung:** Die Pfändungsbeschränkungen gem. § 811 Abs. 1 Nr. 1, 5, 6 entfallen, wenn der Gläubiger dem Schuldner ein Ersatzstück, das dem geschützten Zweck genügt – z.B.: einfaches Fernsehgerät statt Luxusgerät;[810] kleinerer statt größerer Pkw[811] – oder den entsprechenden Geldbetrag überlässt (§ 811 a, kaum praktiziert).

d) Gemäß § 811 Abs. 1 Nr. 12 unpfändbar ist der Pkw eines außergewöhnlich gehbehinderten Schuldners (Ermöglichung der notwendigen sozialen Kontakte).[812]

e) Generell unpfändbar sind **Haustiere** (§ 811 c, Gesetz zur Verbesserung der Rechtsstellung des Tieres v. 20.08.1990; auch Art. 20 a GG).

---

800 OLG Hamm MDR 1984, 855; LG Rottweil DGVZ 1993, 57.
801 LG Rottweil DGVZ 1993, 97; Zöller/Stöber § 811 Rdnr. 27; MK/Gruber § 811 Rdnr. 62.
802 s. Roy/Palm NJW 1995, 690; BL/Hartmann § 811 Rdnr. 39; MK/Gruber § 811 Rdnr. 62.
803 AG Essen DGVZ 1998, 94, str., a.A. AG Kiel JurBüro 2004, 334.
804 BL/Hartmann § 811 Rdnr. 39 ff.
805 Zöller/Stöber § 811 Rdnr. 28; MK/Gruber § 811 Rdnr. 62.
806 LG Lübeck DGVZ 2002, 185; Zöller/Stöber § 811 Rdnr. 27.
807 Zöller/Stöber § 811, 24; Musielak/Becker § 811, 17; str., a.A. Hk-ZPO/Kemper § 811, 23.
808 AG Gießen DGVZ 1997, 189; StJ/Münzberg § 811 Rdnr. 47; BL/Hartmann § 811 Rdnr. 33, 35.
809 ThP/Hüßtege § 811 Rdnr. 22, 28; Musielak/Becker § 811 Rdnr. 17.
810 MK/Gruber § 811 Rdnr. 61.
811 Musielak/Becker § 811 a Rdnr 2.
812 BGH v. 19.03.2004 – IX a ZB 321/03, NJW-RR 2004, 789.

f) Ein **vorheriger Verzicht** auf den Pfändungsschutz ist **ausgeschlossen:** Die Pfändungsbeschränkungen des § 811 sind zwingend; denn sie bestehen nicht nur im Interesse des Schuldners, sondern in erster Linie aus sozialpolitischen Gründen. Der Pfändungsschutz würde sonst auch in vielen Fällen nur auf dem Papier stehen, weil starke Gläubiger den Verzicht des Schuldners auf den Pfändungsschutz erzwingen würden.[813]

Zulässig ist jedoch nach verbreiteter Ansicht,[814] dass der Schuldner **bei oder nach** der Pfändung auf den Schutz verzichtet: Der Schuldner brauche ja auch nicht gegen die Pfändung Erinnerung einzulegen; zudem könne der Schuldner über die unpfändbaren Gegenstände rechtsgeschäftlich frei verfügen. Nach der Gegenmeinung ist dagegen ein Verzicht auch insoweit ausgeschlossen, weil der Staat auch dann nicht an der Verringerung der Existenzgrundlagen des Schuldners mitwirken dürfe.[815]

g) Umstritten ist, ob die Pfändungsschutzbestimmungen auch bei einer **Pfändung gläubigereigener Sachen** eingreifen.

Fall 27: Pfändung in gläubigereigene Sache
Der Fuhrunternehmer S hat der G-Bank zur Sicherung eines Darlehens seinen einzigen Lkw, mit dem er selbst fährt, zur Sicherung übereignet. Als S das Darlehen nicht zurückzahlt, erwirkt die Bank gegen ihn einen Zahlungstitel, aus dem sie die Vollstreckung betreibt. Darf der Gerichtsvollzieher den Lkw pfänden?

(1) Der Lkw steht infolge der Sicherungsübereignung im Eigentum der Gläubigerin selbst. Nach allgemeiner Ansicht können aber auch gläubigereigene Sachen wirksam gepfändet werden.[816]

Es mag dann zwar kein Pfändungspfandrecht entstehen (vgl. § 1256 BGB, s.u. 3.2), aber dies wirkt sich mangels einer Drittwiderspruchsklage und der Unnötigkeit eines Bereicherungsausgleichs nicht aus.[817] Die Pfändung einer eigenen Sache kann auch zur Vereinfachung der Verwertung und zum Ausschluss anderer Gläubiger oder Gewahrsamsinhaber durchaus zweckmäßig sein.[818]

(2) Der Lkw ist nach § 811 Nr. 5 unpfändbar (s.o.).

Diese Unpfändbarkeit aufgrund des § 811 gilt **jedoch nur für die Vollstreckung wegen Geldforderungen**. Würde die Bank dagegen – was ihr freisteht – aufgrund ihres **Eigentums auf Herausgabe** des Lkw klagen und dann die Herausgabevollstreckung betreiben, würde § 811 Nr. 5 der Vollstreckung daher nicht entgegenstehen. Führt dies dazu, dass nun auch die Zwangsvollstreckung wegen des Zahlungsanspruches in den Lkw zulässig ist?

Diese Frage ist streitig:

---

813 Zöller/Stöber § 811 Rdnr. 10; Rosenberg/Schilken § 52 III 1; Baur/Stürner/Bruns § 10.3; Brox/Walker Rdnr. 302; Lippross Rdnr. 190.

814 u.a. Rosenberg/Schilken § 52 III 1; Wieczorek/Lüke § 811 Rdnr. 13.

815 u.a. Brox/Walker Rdnr. 303, 304; Musielak/Becker § 811 Rdnr. 9; Zöller/Stöber § 811 Rdnr. 10.

816 u.a. BGH NJW 1955, 64; BGH Urt. v. 01.03.2007 – IX ZR 261/03, NJW 2007, 2485; ThP/Hüßtege § 808 Rdnr. 10; BL/Hartmann § 804 Rdnr. 7; Musielak/Becker § 808 Rdnr. 5; Baur/Stürner/Bruns § 27.13.

817 Baur/Stürner § 27, 13.

818 s. BL/Hartmann § 804 Rdnr. 7; Musielak/Becker § 808 Rdnr. 5.

(a) Zum Teil wird bei dieser Sachlage die Berufung des Schuldners auf § 811 für treuwidrig (arglistig), die Pfändung demgemäß für zulässig gehalten.[819]

(b) Die **h.M. lässt dagegen auch bei dieser Sachlage § 811 eingreifen**, sodass eine Pfändung unzulässig ist: Vollstreckt der Gläubiger wegen seiner Geldforderung, so stehen ihm auch alle Vollstreckungsverbote entgegen; will er diese vermeiden, muss er einen Herausgabetitel erwirken und aus diesem vollstrecken. Der Gerichtsvollzieher sei auch weder in der Lage noch dafür zuständig, (inzidenter) über materiell-rechtliche Herausgabeansprüche zu entscheiden.[820]

Abwandlung: Der Lkw war dem S von V unter Eigentumsvorbehalt geliefert worden; V möchte wegen seiner restlichen Kaufpreisforderung in den Lkw vollstrecken.

Einer Pfändung würde an sich wieder § 811 Abs. 1 Nr. 5 entgegenstehen. Für den **Eigentumsvorbehalt** bestimmt **§ 811 Abs. 2** jedoch ausdrücklich, dass der Lieferant wegen seiner Kaufpreisforderung auch dann in die Kaufsache vollstrecken kann, wenn sie an sich dem Schutz des § 811 Abs. 1 Nr. 1, 4, 5–7 unterliegt (Grund: Vermeidung eines weiteren Prozesses).[821] Der Lkw kann daher für V gepfändet werden.

Sonderregelung nur für den – urkundlich nachgewiesenen – **einfachen**, nicht für verlängerten o. erweiterten Eigentumsvorbehalt.[822] – Aus dieser Regelung kann als **Gegenschluss** zugleich auch ein Argument für die h.M. dahin gewonnen werden, dass die Pfändungsverbote des § 811 im Übrigen gegenüber Geldforderungen des Eigentümers gerade gelten.

Bei der Pfändung einer unter Eigentumsvorbehalt gelieferten Sache ist beim Verbraucher-Ratengeschäft die **Rücktrittsfiktion gem. § 503 Abs. 2 S. 4 BGB** zu beachten; s.u. Fall 42.

h) **Maßgeblicher Zeitpunkt** bei Änderung der Pfändbarkeit/Unpfändbarkeit:

aa) Wird eine bei Pfändung pfändbare Sache nachträglich unpfändbar – z.B. der Schuldner, der zwei Fernseher besitzt, verkauft den nicht gepfändeten, oder dieser wird ihm gestohlen –, so bleibt nach h.M. die Pfändung zulässig; sonst könnte der Schuldner die Unpfändbarkeit nachträglich selbst herbeiführen und sich „gesetzlich einrichten".[823]

Nach a.A. ist das Pfändungsverbot dagegen vom Zeitpunkt einer späteren Erinnerungsentscheidung zu beurteilen, sodass also jetzt Unpfändbarkeit anzunehmen und die Pfändung aufzuheben sein könne; eine rechtsmissbräuchliche Herbeiführung der Unpfändbarkeit sei aber unbeachtlich (Beweislast für fehlenden Rechtsmissbrauch beim Schuldner).[824]

bb) Wird eine im Zeitpunkt der Pfändung unpfändbare Sache **nachträglich pfändbar**, so wird der Mangel der Pfändung geheilt (unstreitig).

---

819 BL/Hartmann § 811 Rdnr. 6; eingehend Wacke JZ 1987, 381.

820 OLG Hamm MDR 1984, 855; StJ/Münzberg § 811 Rdnr. 14; Musielak/Becker § 811 Rdnr. 5; Zöller/Stöber § 811 Rdnr. 7; Baur/Stürner/Bruns § 23.3; Rosenberg/Schilken § 52 III 2; Brox/Walker Rdnr. 296, 300.

821 entspr. bei anderen Pfändungsverboten, z.B. Nr. 13: s. BGH v. 20.12.2005 – VII ZB 48/05, NJW-RR 2006, 570 (Pfändung des unter EV gelieferten Grabsteins durch den Steinmetz, dazu Loof Rpfleger 2008, 53).

822 s. dazu eingehend Münzberg DGVZ 1998, 81.

823 LG Bochum DGVZ 1980, 37, 38; Zöller/Stöber § 811 Rdnr. 9; ThP/Hüßtege § 811 Rdnr. 3.

824 Musielak/Becker § 811 Rdnr. 7; StJ/Münzberg § 811 Rdnr. 17; Brox/Walker Rdnr. 295.

2.5 Die Anschlusspfändung (§ 826)

Fall 28: Für den Gläubiger G hat der Gerichtsvollzieher bei S einen Pkw gepfändet. Der Gerichtsvollzieher bekommt von X, der ebenfalls einen Zahlungstitel gegen S besitzt, einen weiteren Auftrag zur Vollstreckung bei S. S hat kein weiteres pfändbares Vermögen. Was macht der Gerichtsvollzieher?

Der Gerichtsvollzieher kann eine Anschlusspfändung vornehmen, d.h. den Pkw auch für X pfänden. Dazu genügt seine in das Pfändungsprotokoll aufgenommene Erklärung, dass er die Sache für X pfände; einer Pfändung gemäß § 808, also etwa einer zweiten Siegelanbringung, bedarf es nicht. Wirksamkeitserfordernis ist eine **wirksame Erstpfändung**, d.h. die Sache muss **(noch) verstrickt** sein.

Die Reihenfolge der Befriedigung der beteiligten Gläubiger richtet sich nach dem Rang der Pfändungspfandrechte, also nach der zeitlichen Reihenfolge der Pfändungen (§ 804 Abs. 3). Bei einem Streit über die Reihenfolge der Befriedigung greift das besondere **Verteilungsverfahren** nach §§ 827 Abs. 2, 872 ff. ein.

Dieses Verteilungsverfahren greift auch im Übrigen bei unklarer oder umstrittener Rangfolge ein, z.B. bei mehrfacher Forderungspfändung (§§ 853, 872): Das Vollstreckungsgericht stellt einen **Teilungsplan** auf; Gläubiger, die mit diesem Plan nicht einverstanden sind, können **Widerspruchsklage** gemäß § 878 gegen die anderen beteiligten Gläubiger erheben.

3. Die mit der Pfändung eintretenden Rechtsfolgen

Mit der Pfändung können entstehen – und entstehen auch im Regelfall –:

- die **öffentlichrechtliche Verstrickung der Sache**,
- ein **Pfändungspfandrecht zugunsten des Gläubigers** (§ 804 Abs. 1).

Diese beiden Wirkungen der Pfändung – öffentlichrechtliche Verstrickung und Pfändungspfandrecht – müssen voneinander unterschieden werden:

- Wenn die **öffentlichrechtliche Verstrickung** eingetreten ist, so steht damit fest, dass die Pfändung **als staatlicher Hoheitsakt wirksam** ist: Die Sache ist **beschlagnahmt**; die Beschlagnahme ist durch § 136 StGB geschützt.
- Wenn ein **Pfändungspfandrecht** entstanden ist, so steht damit fest, dass der Gläubiger an der gepfändeten Sache ein **Pfandrecht** hat und deshalb berechtigt ist, mit Hilfe des Staates durch die Verwertung der gepfändeten Sache **wegen seiner Forderung Befriedigung zu erhalten**.

3.1 Öffentlichrechtliche Verstrickung und Pfändungspfandrecht entstehen unstreitig dann, wenn die Pfändung verfahrensfehlerfrei erfolgt ist – d.h. die Vollstreckungs- und Pfändungsvoraussetzungen vorliegen –, **die zu vollstreckende Forderung besteht und der Schuldner Eigentümer der gepfändeten Sache ist**.

Umstritten ist die Rechtslage jedoch, wenn eine dieser Voraussetzungen fehlt.

3.2 Wenn der Gerichtsvollzieher die Vollstreckungsvorschriften beachtet, also verfahrensfehlerfrei gepfändet hat, der Schuldner jedoch **nicht Eigentümer der gepfändeten Sache** oder der Gläubiger **nicht Inhaber der Forderung** ist, so

1) tritt zwar **unstreitig die öffentlichrechtliche Verstrickung** ein, da diese allein durch den wirksamen Pfändungsakt bewirkt wird,

2) ist es jedoch **streitig**, ob zugleich mit dieser Verstrickung auch ein **Pfändungspfandrecht** entsteht. – Hier wird die **Rechtsnatur des Pfändungspfandrechts** von Bedeutung.

a) Die heute nur noch vereinzelt vertretene rein privatrechtliche Theorie sieht im Pfändungspfandrecht eine dritte Art des privatrechtlichen Pfandrechts, neben dem durch Vertrag und Gesetz begründeten Pfandrecht. Es entsteht daher nur bei Vorliegen der materiell-rechtlichen Pfandrechts-Voraussetzungen u. ist dann die Grundlage der ganzen weiteren Vollstreckung.[825]

Haupteinwand der anderen Theorien: Diese Auffassung werde der öffentlichrechtlichen – hoheitlichen – Natur der Zwangsvollstreckung nicht gerecht.

b) Die herrschende **gemischte privatrechtlich-öffentlichrechtliche Theorie**

aa) hat zwar den gleichen Ausgangspunkt wie die rein privatrechtliche Theorie: Pfändungspfandrecht als **dritte Art des privatrechtlichen Pfandrechts, akzessorisch, kann nur an schuldnereigenen Gegenständen entstehen**.

Gutgläubiger Erwerb eines Pfändungspfandrechts ist nicht möglich.[826]

Hins. der Akzessorietät ist allerdings nicht das wirkliche Bestehen einer Forderung des Gläubigers erforderlich, sondern das Vorliegen eines Vollstreckungstitels ausreichend; wenn ein Titel vorliegt – und solange er nicht gemäß § 767 oder in anderer Weise beseitigt ist –, ist das Bestehen der titulierten Forderung zugrundezulegen.[827]

bb) sieht jedoch die **Grundlage der Verwertung allein in der Verstrickung** – der staatlichen Beschlagnahme –, und nicht im Pfändungspfandrecht. Begründet wird dies damit, dass die Vollstreckung Ausübung staatlicher Zwangsgewalt ist und dass daher die wesentlichen Pfändungswirkungen in der staatlichen Beschlagnahme liegen: Die Verwertung ist daher nach dieser Theorie solange rechtmäßig, als der öffentlichrechtliche Akt der Verstrickung nicht auf einen Rechtsbehelf hin aufgehoben ist.[828]

c) Im Schrifttum ist die **öffentlichrechtliche Theorie** verbreitet. Nach ihr ist das Pfändungspfandrecht rein öffentlichrechtlicher Natur und entsteht **mit jeder wirksamen Verstrickung**, ohne dass weitere materiell-rechtliche Voraussetzungen vorzuliegen brauchen („prozessuales Pfandrecht“); der wirksame Pfändungsakt bewirkt immer zugleich auch das Pfändungspfandrecht.[829]

825 Vertreter: Wolff/Raiser § 167 III Fußn. 7; Pinger JR 1973, 94 ff.; Marotzke NJW 1978, 133, 136.

826 BGHZ 119, 75, 89@.

827 Rosenberg/Schilken § 50 III 3 b cc.

828 Vertreter: RGZ 156, 398; BGHZ 23, 299; 56, 351; MK/Gruber § 804 Rdnr. 6, 11; Musielak/Becker § 804 Rdnr. 4; Schuschke/Walker vor § 803 Rdnr. 13; Gottwald vor § 803 Rdnr. 19; Palandt/Bassenge, Überblick vor § 1204 Rdnr. 4; Rosenberg/Schilken § 50 III 3; Brox/Walker 379 ff., 393; Baur/Stürner/Bruns § 27, 10 ff.; Prütting/Stickelbrock S. 113; Lippross Rdnr. 228 ff.

829 Vertreter: StJ/Münzberg § 804 Rdnr. 1, 7 ff.; BL/Hartmann, Übers vor § 803 Rdnr. 8; Zöller/Stöber § 804 Rdnr. 2, 3; ThP/Hüßtege § 803, 8; Wieczorek/Lüke § 804, 56 ff.; Hk-ZPO/Kemper § 804, 3.

3.3 Wenn der Gerichtsvollzieher bei der Pfändung **Vollstreckungsvorschriften** verletzt hat, so gilt:

1) Die Pfändung ist als Hoheitsakt **nur ausnahmsweise**, nur bei besonders schweren Fehlern nichtig (z.B. keine wirksame Besitzergreifung, s.o. § 17, 4, § 18, 2.3). Die nichtige Pfändung ist wirkungslos; sie begründet **weder eine öffentlichrechtliche Verstrickung noch ein Pfändungspfandrecht** (unstreitig).

2) **In der Regel** ist dagegen die Pfändung **nur anfechtbar**.

a) Die anfechtbare Pfändung bewirkt unstreitig die **öffentlichrechtliche Verstrickung**;[830] die Sache ist also wirksam beschlagnahmt, bis die Beschlagnahme – etwa auf Rechtsbehelf des Betroffenen hin – wieder aufgehoben ist.

b) Ob auch ein **Pfändungspfandrecht** entsteht, ist streitig:

aa) Nach der **privatrechtlich-öffentlichrechtlichen Theorie** kann grundsätzlich nur die fehlerfreie Pfändung die Entstehung eines Pfändungspfandrechts bewirken; denn auch das Vorliegen und die Einhaltung der wesentlichen Vollstreckungsvoraussetzungen und -vorschriften sind Voraussetzung für die Entstehung des Pfändungspfandrechts. Bei Verletzung von Vollstreckungsvorschriften entsteht das Pfändungspfandrecht daher nach der privatrechtlich-öffentlichrechtlichen Theorie **grundsätzlich nicht**.[831]

z.B. bei Pfändung unpfändbarer Sachen.[832] Eine Verletzung bloßer Ordnungsvorschriften – z.B. §§ 758 a Abs. 4, 803 Abs. 1 S. 2 – hindert dagegen die Entstehung des Pfändungspfandrechts nicht.

bb) Die Vertreter der **öffentlichrechtlichen Theorie** vertreten demgegenüber überwiegend die Auffassung, dass auch dann mit der öffentlichrechtlichen Verstrickung zugleich das Pfändungspfandrecht entsteht, weil es eben allein auf der – wirksamen – Verstrickung beruhe.[833]

3.4 Die öffentlichrechtliche und die gemischte privatrechtlich-öffentlichrechtliche Theorie kommen im Wesentlichen zu denselben Ergebnissen.[834]

1) Wenn der **Vollstreckungsschuldner nicht der Eigentümer** der gepfändeten Sache ist, so entsteht zwar nur nach der öffentlichrechtlichen, nicht aber nach der privatrechtlich-öffentlichrechtlichen Theorie das Pfändungspfandrecht.

a) Die **Verwertung** der Sache ist aber auch nach der gemischten privatrechtlich-öffentlichrechtlichen Theorie verfahrensfehlerfrei, da nach ihr nicht das Pfandrecht, sondern die Verstrickung die Grundlage der Verwertung ist. Der Eigentümer muss sein Eigentum mit der Drittwiderspruchsklage (§ 771 ZPO) verfolgen; solange dies nicht geschehen ist, läuft die Vollstreckung weiter.

830 s. Jauernig/Berger § 16 Rdnr. 4 ff.
831 Musielak/Becker § 804 Rdnr. 5; Brox/Walker Rdnr. 383; Baur/Stürner/Bruns § 27.12.
832 MK/Gruber § 811 Rdnr. 22. – s.u. Fall 45.
833 StJ/Münzberg § 804 Rdnr. 7; BL/Hartmann § 804 Rdnr. 3; Zöller/Stöber § 804 Rdnr. 2.
834 s. MK/Gruber § 804, 8; Musielak/Becker § 804, 3; Brox/Walker 386 ff.; Lipp JuS 1988, 119; zum Sonderfall des § 50 Abs. 1 InsO s.u. Fall 29, zur Pfändung unpfändbarer Sachen s.u. Fall 45.

b) In der Versteigerung erwirbt der **Ersteher unstreitig wirksam das Eigentum an der Sache** – auch wenn der Vollstreckungsgläubiger kein Pfändungspfandrecht hatte –; denn der Gerichtsvollzieher wird hoheitlich tätig und überträgt das Eigentum durch Hoheitsakt auf den Ersteher (s.u. 5).

c) Der **Versteigerungserlös** gebührt unstreitig nicht dem Vollstreckungsgläubiger, sondern dem **früheren Eigentümer**; der Vollstreckungsgläubiger wird um den ihm vom Gerichtsvollzieher übergebenen Versteigerungserlös ungerechtfertigt bereichert und muss ihn daher gemäß § 812 BGB an den früheren Eigentümer herausgeben (s. näher unten § 22, 2). Dass der Vollstreckungsgläubiger den Erlös ohne Rechtsgrund erhalten hat, ergibt sich für die gemischte privatrechtlich-öffentlichrechtliche Theorie zwingend einfach deshalb, weil ein materielles Befriedigungsrecht für den Gläubiger nur aus einem Pfändungspfandrecht folgen kann, das hier aber gerade nicht bestanden hat; nach der öffentlichrechtlichen Theorie hat das zwar entstandene, aber rein prozessuale Pfändungspfandrecht an der schuldnerfremden Sache kein endgültiges materielles Befriedigungsrecht – kein Recht zum endgültigen Behaltendürfen des Erlöses – zur Folge.[835]

Diese letztere Überlegung – die das Pfändungspfandrecht ganz entscheidend entwertet – ist ein innerer Widerspruch der öffentlichrechtlichen Theorie, der daher auch gegen sie eingewandt wird.[836]

2) Auf das Pfändungspfandrecht sind nach beiden Theorien weitgehend die **Bestimmungen über das privatrechtliche Pfandrecht des BGB** anwendbar. Für die gemischte privatrechtlich-öffentlichrechtliche Theorie ergibt sich dies – ebenfalls einfach – daraus, dass das Pfändungspfandrecht dem privatrechtlichen Pfandrecht gleichsteht, sodass daher auch die BGB-Bestimmungen grundsätzlich gelten, soweit nicht Sonderregelungen des Vollstreckungsrechts eingreifen.[837] Für die öffentlichrechtliche Theorie gelten zwar im Ausgangspunkt die privatrechtlichen Pfandrechtsregelungen nicht; sie kommen aber insoweit als Richtlinien in Betracht, als die zivilprozessualen Regelungen Lücken aufweisen und die Heranziehung der bürgerlichen Pfandrechtsvorschriften mit der Eigenart des Pfändungspfandrechts vereinbar ist,[838] was im Ergebnis oft ebenfalls zur Anwendung führt.

Beispiele: Der Vollstreckungsgläubiger kann gemäß § 823 BGB Schadensersatz wegen einer Beschädigung der Pfandsache durch einen Dritten verlangen und u.U. den Herausgabeanspruch gemäß §§ 1227, 985 BGB, auf Rückgabe an den Schuldner oder an den Gerichtsvollzieher, geltend machen.[839] Ein **gutgläubiger lastenfreier Erwerb hinsichtlich des Pfändungspfandrechts ist gemäß § 936 BGB möglich**, z.B. bei Veräußerung der Pfandsache durch den Schuldner, in dessen Besitz sie geblieben war.[840]

835 StJ/Münzberg § 804 Rdnr. 16 ff.

836 Jauernig/Berger § 16 Rdnr. 19; Brox/Walker Rdnr. 392; Rosenberg/Schilken § 50 III 3 a bb; Musielak Grundkurs Rdnr. 648; Lippross Rdnr. 231.

837 Palandt/Bassenge Überbl. § 1204 Rdnr. 4.

838 BL/Hartmann § 804 Rdnr. 9; Zöller/Stöber § 804 Rdnr. 2.

839 BL/Hartmann § 804 Rdnr. 10; Brox/Walker Rdnr. 386.

840 h.M.: BL/Hartmann § 804 Rdnr. 5; StJ/Münzberg § 804 Rdnr. 43; Brox/Walker Rdnr. 385. – zum gutgläubigen lastenfreien Erwerb von der Verstrickung s.u. 4.

3) Bedeutung hat der Theorienstreit für die Frage einer **Rückwirkung der Heilung von Vollstreckungsmängeln**, was Auswirkung auf das Rangverhältnis zwischen mehreren Gläubigern hat (s.o. § 17, 4):

a) nach der öffentlichrechtlichen Theorie: grundsätzlich Rückwirkung; das Pfändungspfandrecht war ja sogleich **mit der Pfändung entstanden**.

b) nach der privatrechtlich-öffentlichrechtlichen Theorie: Heilung ohne Rückwirkung, da das Pfändungspfandrecht **nunmehr erst entsteht**.

Dies gilt grds. auch für die nachträgliche Entstehung der materiell-rechtlichen Voraussetzungen, z.B. den nachträglichen Eigentumserwerb des Schuldners. Bei der Pfändung einer schuldnerfremden Sache kann das Pfandrecht jedoch mittels **§ 185 BGB** u.U. (Genehmigung des Berechtigten) auch ex tunc entstehen.[841]

4. Die Aufhebung der Pfändung

Die sog. **Entstrickung** wird vom Gerichtsvollzieher vorgenommen durch Rückgabe der Sache an den Schuldner oder durch Ablösung der Pfandsiegel.

1) Der Gerichtsvollzieher hat die Pfändung **aufzuheben:** Wenn die Voraussetzungen der §§ 776, 775 vorliegen (z.B. gerichtliche Entscheidung, etwa auf Erinnerung) oder wenn der Gläubiger durch Erklärung gegenüber dem Gerichtsvollzieher auf die Pfändung verzichtet, die Pfandsache also „freigibt".

Die Freigabeerklärung des Gläubigers führt nach h.M. nicht – wie gemäß § 843 bei der Forderungspfändung – von selbst zum Entfallen der Verstrickung.[842]

2) Die Pfändung (Verstrickung) endet dagegen noch nicht dadurch, dass

a) der Gerichtsvollzieher unfreiwillig den Besitz an der Sache verliert, dass das Pfandsiegel sich ablöst o. von einem hierzu nicht Berechtigten entfernt wird

b) oder dass ein **Dritter** den Besitz der Sache erlangt, wohl aber durch **gutgläubigen lastenfreien Erwerb** des Dritten gem. §§ 136, 135 Abs. 2 BGB.[843]

§ 936 BGB ermöglicht einen gutgläubigen lastenfreien Erwerb hins. des Pfändungspfandrechts (s.o. 3.4, 2), §§ 135, 136 BGB hins. der Verstrickung; mit der Verstrickung entfällt aber zugleich das Pfändungspfandrecht.

Der Gerichtsvollzieher kann die gepfändete Sache nicht dem Dritten wegnehmen: Mangels einer Ermächtigungsgrundlage besteht **kein Verfolgungsrecht** des Gerichtsvollziehers zur Wegnahme einer verstrickten Sache bei einem Dritten; die Verstrickung gewährt hoheitliche Gewaltrechte nur gegenüber dem Vollstreckungsschuldner.[844] Gegen den Dritten ist nur eine Herausgabeklage des Gläubigers aus seinem Pfändungspfandrecht oder des Gerichtsvollziehers aus seinem verletzten Besitz möglich, mit anschließender Herausgabevollstreckung;[845] nach Herausgabe kann dann die Vollstreckung fortgesetzt werden.

3) Nach der Entstrickung unterliegt die Sache wieder der Verfügungsbefugnis des Schuldners; Verstrickung und Pfändungspfandrecht sind dann erloschen.

841 MK/Gruber § 804 Rdnr. 22 m.N.

842 Brox/Walker Rdnr. 369 m.N.

843 h.M., u.a. StJ/Münzberg § 804 Rdnr. 43; Brox/Walker Rdnr. 370.

844 BGH v. 31.10.2003 – IX a ZB 195/03, NJW-RR 2004, 352; StJ/Münzberg § 808 Rdnr. 48; Musielak/Becker § 808 Rdnr. 20; Jauernig/Berger § 17 Rdnr. 18.

845 BGH v. 31.10.2003 – IX a ZB 195/03, NJW-RR 2004, 352; Schuschke/Walker § 808 Rdnr. 14.

5. Die Verwertung der Pfandsache

Die Verwertung der Pfandsache richtet sich nach den §§ 814 ff.: Gepfändetes Geld ist dem Gläubiger abzuliefern (§ 815 Abs. 1); gepfändete Sachen werden vom Gerichtsvollzieher durch **öffentliche Versteigerung** verwertet (§ 814).

Zum Begriff der öffentlichen Versteigerung: **§ 383 Abs. 3 BGB**.

Eine Versteigerung mittels **eBay** scheidet grds. aus, weil die zwingenden Verfahrensregelungen und die hoheitlichen Auswirkungen der Zwangsvollstreckung nicht erfüllt würden.[846]

1) Bei der Versteigerung wird der Gerichtsvollzieher **hoheitlich** tätig. Er ist **nicht Vertreter des vollstreckenden Gläubigers**.[847]

2) Dem Meistbietenden wird der **Zuschlag** erteilt (§ 817 Abs. 1). Mit dem Zuschlag kommt ein **öffentlichrechtlicher Vertrag** eigener Art zwischen Staat und Ersteher zustande:[848] Kein privatrechtlicher Kauf, daher **keine Gewährleistung** (§ 806)! Aus diesem Vertrag ergibt sich ein Anspruch auf Übereignung,

den der Ersteher aber nicht mittels Klage gegen den Staat durchsetzen kann, sondern durch Erinnerung gem. § 766 gegen eine Übereignungsweigerung des Gerichtsvollziehers.[849]

Die Eigentumsübertragung vollzieht sich wie folgt:

a) Mit der Übergabe der Sache – **„Ablieferung"** (§ 817 Abs. 2) – bringt der Gerichtsvollzieher zum Ausdruck, dass das Eigentum auf den Ersteher übergehen soll; er gibt also als Hoheitsperson eine Erklärung ab, die auf Eigentumsübertragung gerichtet ist.

b) Diese kraft Hoheitsakts vorzunehmende Übereignung ist wirksam, wenn

(1) eine **wirksame Verstrickung** der Sache eingetreten war und noch besteht

(2) und die Sache in wirksamer **öffentlicher Versteigerung** durch den Gerichtsvollzieher an den Ersteher übertragen wird.[850]

aa) Liegen diese beiden Wirksamkeitsvoraussetzungen vor, so geht das Eigentum **kraft staatlichen Hoheitsakts** auf den Ersteher über, unabhängig davon, ob der Schuldner Eigentümer der Sache ist und ob dem Ersteher dies bekannt ist **(originärer Erwerb); insoweit kommt es also auf Gut- oder Bösgläubigkeit des Erstehers nicht an.**[851]

Der Erwerber wird daher lastenfreier Eigentümer, auch wenn dem Schuldner die Sache nicht gehörte, ein Pfändungspfandrecht daher nicht entstanden war und der Erwerber dies weiß; **entscheidend ist allein die Verstrickung**.

---

846 s. Schnabl NJW 2005, 941.

847 RGZ 156, 398, allg. Ansicht.

848 str., s. Brox/Walker Rdnr. 406.

849 Musielak/Becker § 817 Rdnr. 3; Brox/Walker Rdnr. 407.

850 BL/Hartmann § 817 Rdnr. 8; Schuschke/Walker § 817 Rdnr. 7; Musielak/Becker § 817 Rdnr. 4; Jauernig/Berger § 18 Rdnr. 18, 19; Brox/Walker Rdnr. 412, 413; Baur/Stürner/Bruns § 29.7.

851 h.M.: **BGHZ** 55, 20, 25; 100, 95, 98[@]; 119, 76, 77; StJ/Münzberg § 817, 24; BL/Hartmann vor § 814, 1; Musielak/Becker § 817, 4; MK/Gruber § 817, 16; ThP/Hüßtege § 817, 9; Brox/Walker Rdnr. 411; Baur/Stürner/Bruns § 29.7. – a.A.: Marotzke NJW 1978, 133 (von der privatrechtlichen Theorie her).

bb) Versteigert der Gerichtsvollzieher eine Sache, die nicht verstrickt ist (z.B. nicht oder unwirksam = nichtig gepfändet), so erwirbt der Ersteher kein Eigentum, auch wenn er hinsichtlich der fehlenden Verstrickung gutgläubig ist.[852]

cc) Hat der Gerichtsvollzieher wesentliche Versteigerungsvorschriften verletzt – z.B. nicht öffentlich, Verstoß gegen Barzahlungsgebot (§ 817 Abs. 2) –, geht ebenfalls das Eigentum nicht über, wiederum unabhängig von Gut- oder Bösgläubigkeit des Erstehers.[853]

c) An dem von dem Meistbietenden gezahlten Versteigerungserlös setzen sich die Rechte fort, die an der Sache bestanden haben (analog § 1247 BGB, **dingliche Surrogation**; der Erlös tritt an die Stelle der Sache):[854] Eigentümer wird also zunächst der bisherige Eigentümer der Pfandsache, Verstrickung und Pfändungspfandrecht setzen sich an dem Erlös fort. Der Gläubiger wird dadurch hinsichtlich seiner titulierten Forderung befriedigt, dass ihm der Gerichtsvollzieher den Erlös bzw. den entsprechenden Erlösteil – wiederum **kraft Hoheitsaktes** – übereignet; ein etwaiger Überschuss gebührt dem Schuldner.

3) Nach § 825 kann der Gerichtsvollzieher auf Antrag die Verwertung in **anderer Weise** – z.B. durch freihändige Veräußerung – durchführen.

Grund: In öffentlicher Versteigerung wird oft nicht der wirkliche Wert erreicht (s. § 817 a); eine anderweitige Verwertung kann einen höheren Erlös erbringen.

In der Praxis ist von besonderer Bedeutung die Zuweisung der Sache **an den Gläubiger selbst**, unter Anrechnung zu dem vom Gerichtsvollzieher festgesetzten Wert auf seine Forderung, z.B. an den Händler, wegen dessen restlicher Kaufpreisforderung die unter Eigentumsvorbehalt verkaufte Sache gepfändet worden ist und der dann die Sache erneut in seinem Geschäft verkaufen kann, i.d.R. günstiger als die Versteigerung.[855]

Das Vollstreckungsgericht kann auch die Versteigerung durch einen Dritten – z.B. einen Auktionator – anordnen.[856] Eine solche Versteigerung hat aber nicht die Wirkung einer Versteigerung durch den Gerichtsvollzieher: Eigentumserwerb des Erstehers nach bürgerlichrechtlichen Grundsätzen, bei schuldnerfremder Sache daher Gutgläubigkeit hins. des Eigentums des Schuldners erforderlich.[857]

6. Titelaushändigung

Wenn der Gerichtsvollzieher den zur Befriedigung des Gläubigers erforderlichen Betrag oder Versteigerungserlös erhalten hat, gilt der Gläubiger bereits als befriedigt (§§ 815, 819); der Gerichtsvollzieher händigt dann die vollstreckbare Ausfertigung des Titels an den Schuldner aus (§ 757).

Teilleistungen sind auf der vollstreckbaren Ausfertigung zu vermerken, die dann natürlich zunächst noch dem Gläubiger verbleibt.

---

852 Baur/Stürner/Bruns § 29.7; Brox/Walker Rdnr. 412.

853 Baur/Stürner/Bruns § 29.7; Brox/Walker Rdnr. 413 ff.

854 RGZ 156, 399; StJ/Münzberg § 803 Rdnr. 10; Brox/Walker Rdnr. 452.

855 BL/Hartmann § 825 Rdnr. 15 ff. – zum Verbraucherkreditschutz s.u. Fall 42.

856 insoweit auch Versteigerung über eBay denkbar, s. Schnabl NJW 2005, 941, 942.

857 BGHZ 119, 75@.

7. Die eidesstattliche Offenbarungsversicherung (früher „Offenbarungseid")

Wenn eine Pfändung nicht zur vollständigen Befriedigung des Gläubigers geführt hat oder führen wird oder wenn der Schuldner die Durchsuchung der Wohnung verweigert hat oder erschwert, hat der Schuldner gemäß § 807 auf Antrag des Gläubigers ein Verzeichnis seines Vermögens aufzustellen und die Richtigkeit dieses Verzeichnisses eidesstattlich zu versichern. Der Gläubiger erhält hierdurch Kenntnis von den verwertbaren Vermögenswerten des Schuldners und kann danach weitere Vollstreckungsmaßnahmen durchführen.

Zum Verfahren: §§ 899 ff. Zuständig ist der **Gerichtsvollzieher**. – Da dieses Verfahren nicht unbedingt erfolgversprechend ist, gehen Reformbestrebungen dahin, dem Gerichtsvollzieher eine weitergehende Sachaufklärung zu ermöglichen.

Wer die eidesstattliche Versicherung abgegeben hat, wird in das – beschränkt öffentliche – **Schuldnerverzeichnis** („schwarze Liste") eingetragen (s. §§ 915 ff.).

8. Fall 29: Übungsfall zur Zwangsvollstreckung in bewegliche Sachen

G lässt wegen einer Forderung von 1.200 € bei S vollstrecken. In einem Raum des S stehen u.a. 60 Kisten Konserven im Wert von 6.000 €, die zur Sicherheit für eine Forderung an E übereignet sind. Der Gerichtsvollzieher bringt in diesem Raum eine Tafel mit einer Siegelmarke an, auf der die Pfändung der Kisten angegeben ist; im Pfändungsprotokoll führt er die gepfändeten 60 Kisten auf. Nach mehreren Monaten wird über das Vermögen des S das Insolvenzverfahren eröffnet. G verlangt vom Insolvenzverwalter die Verwertung der Konserven und aus dem zu erwartenden Verwertungserlös die Zahlung des von S geschuldeten Betrages von 1.200 €.

Lösung: G kann vom Insolvenzverwalter gem. § 170 Abs. 1 S. 2 InsO aus dem Erlös der Verwertung der Konserven die Befriedigung wegen seines Anspruchs verlangen, wenn er durch die Pfändung an den Konserven ein **Pfändungspfandrecht** erworben hat, das ihm ein Recht auf abgesonderte Befriedigung geben würde (§ 50 Abs. 1 InsO).

Dabei kommt es im Verhältnis des G zum Insolvenzverwalter nur auf das Pfändungspfandrecht an; E muss seine etwaigen Eigentumsrechte selbst und gesondert geltend machen.

Frage daher: Besitzt G ein Pfändungspfandrecht an den Konserven?

(1) Unstreitig ist Voraussetzung für die Entstehung eines Pfändungspfandrechts, dass eine wirksame, d.h. nicht nichtige Pfändung erfolgt, dass also die **öffentlichrechtliche Verstrickung** eingetreten ist. Bedenken gegen die Wirksamkeit der Pfändung der Kisten können sich (nur) ergeben:

(a) nicht deshalb, weil die Konserven Eigentum des E sind: Der Gerichtsvollzieher hatte nur den **Gewahrsam des Schuldners** zu berücksichtigen (§ 808); dem E bleibt es überlassen, Drittwiderspruchsklage (§ 771) zu erheben.

(b) nicht aus dem Verbot einer **Überpfändung** (§ 803 Abs. 1 S. 2): Denn ein Verstoß würde die Pfändung nicht nichtig, sondern nur anfechtbar machen; der

Schuldner hat nur die Möglichkeit, Erinnerung gemäß § 766 einzulegen, auf die hin die Vollstreckung ggf. einzuschränken ist.[858]

(c) **Kenntlichmachung** der Pfändung (§ 808 Abs. 2 S. 2)? Werden mehrere Gegenstände gepfändet - z.B. ein Warenlager -, so brauchen nicht alle Gegenstände einzeln mit einem Pfandsiegel versehen zu werden; es reicht aus, wenn - wie hier - an sichtbarer Stelle eine vom Gerichtsvollzieher unterzeichnete und mit Dienstsiegel versehene **Pfandanzeige** angebracht wird, aus der sich die Pfändung der genau angegebenen Gegenstände ergibt.[859]

Somit: Die Pfändung ist wirksam, die Verstrickung eingetreten.

(2) Nach der **öffentlichrechtlichen Theorie** zum Pfändungspfandrecht ist mit der öffentlichrechtlichen Verstrickung zugleich auch das Pfändungspfandrecht entstanden, sodass G daher einen Anspruch gegen den Insolvenzverwalter auf abgesonderte Befriedigung besitzt.

(3) Nach der **gemischten privatrechtlich-öffentlichrechtlichen Theorie** ist dagegen zur Entstehung des Pfändungspfandrechts weiterhin erforderlich, dass keine wesentlichen Verfahrensvorschriften verletzt sind, dass der Vollstreckungsschuldner Eigentümer der gepfändeten Sache ist und dass die Forderung des Gläubigers besteht.

(a) Eine Überpfändung würde einem Pfändungspfandrecht nicht entgegenstehen: § 803 Abs. 1 S. 2 ist nur eine Sollvorschrift;[860] eine Verletzung von Soll- oder Ordnungsvorschriften ist auch nach der privatrechtlich-öffentlichrechtlichen Theorie unerheblich (s.o. 3.3).

(b) Die Entstehung eines Pfändungspfandrechts scheitert jedoch daran, dass der S **nicht der Eigentümer** der gepfändeten Kisten ist.

(c) Dies führt zu dem Ergebnis, dass **nach der gemischten privatrechtlich-öffentlichrechtlichen Theorie kein Pfändungspfandrecht**, daher **kein Recht auf abgesonderte Befriedigung nach § 50 Abs. 1 InsO** und demgemäß auch kein Anspruch des G auf Befriedigung aus den Konserven bestehen kann[861]

und übrigens wegen § 89 InsO insoweit auch nachträglich nicht mehr entstehen könnte, etwa dadurch, dass G oder auch der Insolvenzverwalter den E wegen dessen Forderung befriedigt, wodurch dann S wieder Eigentümer der Konserven würde.

Ein Unterschied zwischen der öffentlichrechtlichen und der gemischt privatrechtlich-öffentlichrechtlichen Theorie besteht also dann, wenn - wie hier über § 50 Abs. 1 InsO - ein Anspruch oder Recht geltend gemacht wird, das **gerade ein Pfändungspfandrecht voraussetzt**.

---

858 BL/Hartmann § 803 Rdnr. 11.

859 BL/Hartmann § 808 Rdnr. 22.

860 BL/Hartmann § 803 Rdnr. 10.

861 s. MK/Gruber § 804 Rdnr. 9; Musielak/Becker § 804 Rdnr. 3, 18; Brox/Walker Rdnr. 389; Prütting/Stickelbrock S. 114.

Zwangsvollstreckung wegen Geldforderungen in bewegliche Sachen (Mobiliarvollstreckung)

I. Gegenstand der Mobiliarvollstreckung: Körperliche Sachen (§ 808 Abs. 1) = **bewegliche Sachen i.S.d. §§ 90 ff. BGB** (Ausnahmen bei Gegenständen der Hypothekenhaftung und bei Früchten).

II. **Pfändung:** durch Inbesitznahme durch den Gerichtsvollzieher. – Voraussetzungen:

1. **Vollstreckungsvoraussetzungen**, wie bei jeder Vollstreckungsmaßnahme: Titel, Klausel, Zustellung.
2. **Pfändungsvoraussetzungen:**
   a. **zur rechten Zeit.**
   b. **am rechten Ort:** Sachen im (Allein-)**Gewahrsam des Schuldners** (§ 808).
      aa. Der Gerichtsvollzieher prüft grundsätzlich nicht die Eigentumsverhältnisse!
      bb. Pfändung auch bei herausgabebereitem Dritten möglich (§ 809).
      cc. bei Eheleuten: Gewahrsamsfiktion gemäß §§ 739 ZPO, 1362 BGB.
   c. **in rechter Weise:** Inbesitznahme.
      aa. Falls Sachen bei Schuldner verbleiben, Kenntlichmachung der Pfändung durch Pfandsiegel o.ä., unbedingtes Wirksamkeitserfordernis, sonst: Pfändung nichtig.
      bb. Zum Betreten der Wohnung gegen den Willen des Schuldners: Richterliche Genehmigung notwendig (Art. 13 GG, § 758 a ZPO).
   d. **im rechten Umfang:** Insbes. ist sozialpolitischer **Pfändungsschutz** gemäß § 811 zu beachten; Verzicht des Schuldners grds. nicht möglich. Gilt nach h.M. grds. auch bei Pfändung gläubigereigener Sache wegen Geldforderung (trotz Herausgabeanspruchs), anders aber bei einfachem Eigentumsvorbehalt (§ 811 Abs. 2).

III. **Rechtsfolgen der Pfändung: Verstrickung, Pfändungspfandrecht** (§ 804 Abs. 1)

1. **Verstrickung:** Beschlagnahme, entsteht mit jeder – nicht nichtigen – Pfändung.
2. **Pfändungspfandrecht:** Entsteht
   a. nach **gemischter privatrechtlicher-öffentlichrechtlicher Theorie:** bei Vorliegen der Vollstreckungs- und Pfändungsvoraussetzungen, Eigentum des Schuldners und Forderung (Titel) des Gläubigers. Grundlage der Verwertung ist jedoch nicht das Pfändungspfandrecht, **sondern die Verstrickung**.
   b. nach **öffentlichrechtl. Theorie:** mit wirksamer Beschlagnahme; ist Grundlage der Verwertung, ergibt aber für sich noch kein materiell-rechtliches Befriedigungsrecht.

   Praktisch weitgehend gleiche Ergebnisse (insbes.: bei Pfändung schuldnerfremder Sachen!).

IV. **Aufhebung der Pfändung:** durch **Entstrickung** durch den Gerichtsvollzieher.

V. **Verwertung der Pfandsache:**

1. Grds. durch öffentliche Versteigerung (gepfändetes Geld wird abgeliefert).
2. Gerichtsvollzieher wird hoheitlich tätig und überträgt originär lastenfreies Eigentum **durch Hoheitsakt** auf den Ersteher; **auf Gut- oder Bösgläubigkeit kommt es nicht an**.
3. Übereignung des Erlöses an Gläubiger durch Hoheitsakt des Gerichtsvollziehers: Befriedigung des Gläubigers. Ein Übererlös steht dem Schuldner zu.

§ 19 Die Zwangsvollstreckung wegen Geldforderungen in Forderungen und andere Rechte (§§ 828–863)

Zuständiges Vollstreckungsorgan ist das **Vollstreckungsgericht**, d.h. das **Amtsgericht**, bei dem der Schuldner seinen allgemeinen Gerichtsstand hat (§ 828), und funktionell: der **Rechtspfleger** (§ 20 Nr. 17 RPflG).

Der Vollstreckungsgläubiger erhält seine Befriedigung dadurch, dass er auf eine Forderung seines Schuldners gegen einen Dritten – oder auf ein anderes Recht des Schuldners – Zugriff nimmt, durch Einziehung verwertet und den so erlangten Betrag zur Tilgung seiner titulierten Forderung verwendet. Dies ist in der Praxis von **großer wirtschaftlicher Bedeutung** – erheblich größer als die „klassische" Pfändung von (weitgehend unpfändbaren!) Sachen –: Der Gläubiger kann so z.B. auf Arbeitseinkommen, auf Honorar- und Werklohnansprüche und geschäftliche Außenstände oder auf Bankguthaben seines Schuldners Zugriff nehmen und zu seiner Befriedigung verwenden.

Spezialschrifttum: Stöber, Forderungspfändung, 14. Auflage 2005.

1. Die Vollstreckung in Geldforderungen (§§ 829 ff.)

1.1 Der Pfändungsbeschluss (§ 829)

Durch ihn wird zugunsten des Vollstreckungsgläubigers Zugriff auf die Forderung genommen.

1) Im **Antrag** des Vollstreckungsgläubigers an das Vollstreckungsgericht auf Pfändung der Forderung muss die zu pfändende Forderung **hinreichend bestimmt (individualisiert)** werden, sodass sie **eindeutig feststellbar** ist. Es müssen daher angegeben werden:

- der Gläubiger der zu pfändenden Forderung, d.h. der Schuldner des vollstreckenden Gläubigers (Vollstreckungsschuldner),
- der Schuldner der zu pfändenden Forderung (sog. **Drittschuldner**),
- die Forderung und ihr Schuldgrund, und zwar so bestimmt, dass – auch für Dritte – eindeutig feststeht, welche Forderung gepfändet werden soll.[862]

  Entsprechend bestimmt muss insoweit dann auch der Pfändungsbeschluss sein.[863]

2) Das Vollstreckungsgericht stellt (nur) fest, ob die Vollstreckungsvoraussetzungen – Titel, Klausel, Zustellung – vorliegen und ob die zu pfändende Forderung so, wie sie angegeben ist, bestehen **kann** und nicht unpfändbar ist.[864] Das Gericht prüft dagegen **nicht** nach, ob die Forderung **tatsächlich besteht**; gepfändet wird die **„angebliche Forderung"** des Schuldners.[865]

862 s. BL/Hartmann § 829 Rdnr. 16 ff., 24 ff.; Musielak/Becker § 829 Rdnr. 3.

863 BGH Urt. v. 14.01.2000 – V ZR 269/98, NJW 2000, 1268[@]; BGH Urt. v. 13.07.2000 – IX ZR 131/99, NJW 2000, 3218; BGH v. 28.03.2007 – VII ZB 25/05, NJW 2007, 3132; Zöller/Stöber § 829 Rdnr. 7.

864 BGH Urt. v. 12.12.2007 – VII ZB 38/07, MDR 2008, 530.

865 BGH v. 19.03.2004 – IX a ZB 229/03, NJW 2004, 2096; Zöller/Stöber § 829, 4; Musielak/Becker § 829, 8.

a) Daher ist insoweit auch eine gewisse **„Verdachtspfändung“** zulässig, d.h. von Forderungen, deren Bestehen der Gläubiger nicht sicher kennt, z.B. dadurch, dass er mögliche Ansprüche des Schuldners gegen die ortsansässigen Banken pfänden lässt.[866]

b) Besteht die gepfändete Forderung nicht oder steht sie nicht dem Vollstreckungsschuldner zu – ist sie z.B. anderweitig abgetreten –, so ist die Pfändung gegenstands- und wirkungslos und **geht „ins Leere“**;[867] sie wird auch nicht wirksam, wenn der Schuldner die Forderung nachträglich – etwa durch Rückabtretung – erwirbt[868] (§ 185 Abs. 2 BGB gilt nicht!). Der wirkliche Forderungsinhaber wird daher von der Pfändung grds. nicht berührt.

Insoweit besteht also ein Unterschied zur Sachpfändung, die auch dann die Verstrickung auslöst, wenn die Sache nicht im Eigentum des Vollstreckungsschuldners steht (s.o. § 18, 3.2).

3) Sind die Voraussetzungen gegeben, so erlässt das Vollstreckungsgericht den Pfändungsbeschluss, der folgenden Inhalt hat (§ 829 Abs. 1):

- Ausspruch der Pfändung der bestimmt (s.o.) bezeichneten Forderung,
- Verbot an den Drittschuldner, an den Schuldner zu zahlen und
- Gebot an den Schuldner, sich jeder Verfügung über die Forderung, insbesondere der Einziehung, zu enthalten.

Wirksamkeitserfordernisse der Pfändung sind die hinreichende Bestimmtheit der Forderung u. das Zahlungsverbot an den Drittschuldner; ihr Fehlen macht die Pfändung nichtig.[869]

4) Der Pfändungsbeschluss wird **mit der Zustellung an den Drittschuldner wirksam** (§ 829 Abs. 2 S. 1, Abs. 3; die Zustellung an den Schuldner ist kein Wirksamkeitserfordernis). Mit dem Wirksamwerden der Pfändung entstehen die Verstrickung (Beschlagnahme) und das Pfändungspfandrecht zugunsten des Gläubigers an der gepfändeten Forderung.

Wenn die gepfändete Forderung einen höheren Betrag hat als die zu vollstreckende, ist es streitig, ob die Pfändung die gepfändete Forderung in voller Höhe erfasst („Vollpfändung“)[870] oder nur zu einem der zu vollstreckenden Forderung entsprechenden Teil („Teilpfändung“),[871] wenn der Pfändungsbeschluss nicht ausdrücklich eine Teilpfändung ausspricht.[872]

5) Der Pfändungsbeschluss ergeht – zur Vermeidung einer Vollstreckungsvereitelung – grds. **ohne vorheriges rechtliches Gehör** des Schuldners (§ 834), der sich aber ggf. gegen die Pfändung mit der Erinnerung (§ 766) wehren kann.

6) Durch **Vorpfändung** (§ 845) kann die zeitliche Wirkung der Pfändung vorverlegt werden.

7) **Mehrfache Pfändung** einer Forderung durch verschiedene Gläubiger ist möglich: Rang gemäß § 804 Abs. 3; der Drittschuldner ist zur Hinterlegung berechtigt und auf Verlangen eines Gläubigers auch verpflichtet (§ 853, Verteilungsverfahren gemäß §§ 872 ff.).

---

866 BGH v. 19.03.2004 – IX a ZB 229/03, NJW 2004, 2096.

867 BGH NJW 1988, 495; NJW-RR 1990, 178; BGH Ur. v. 12.12.2001 – IV ZR 47/01, NJW 2002, 755@; Zöller/Stöber § 829 Rdnr. 4.

868 BGH Urt. v. 12.12.2001 – IV ZR 47/01, NJW 2002, 755@; Zöller/Stöber § 829 Rdnr. 4.

869 Brox/Walker Rdnr. 605, 606.

870 h.M.: BGH Urt. v. 05.04.2001 – IX ZR 441/99, NJW 2001, 2178@; StJ/Brehm § 829, 74; Brox/Walker 632.

871 u.a. Baur/Stürner/Bruns § 30.21.

872 s. BGH NJW 1975, 738.

1.2 Der Überweisungsbeschluss (§ 835)

1) Zur Verwertung wird die Forderung an den Gläubiger **überwiesen** (§ 835), und zwar nach seiner Wahl an Zahlungs Statt – mit der Wirkung, dass der Gläubiger als zum Nennwert befriedigt gilt (§ 835 Abs. 1 u. 2), in der Praxis selten – oder zur bloßen **Einziehung** (in der Praxis die Regel).

2) Die Überweisung erfolgt durch den Überweisungsbeschluss, i.d.R. zusammen mit der Pfändung als **„Pfändungs- und Überweisungsbeschluss"**.

3) **Bedeutung der Überweisung:** Sie ersetzt die förmlichen Erklärungen des Schuldners, von denen nach den Vorschriften des bürgerlichen Rechts die Berechtigung zur Einziehung der Forderung abhängig ist (§ 836). Mit anderen Worten: **Der Gläubiger wird berechtigt, die Forderung gegen den Drittschuldner geltend zu machen.**

Der Schuldner bleibt zwar Inhaber der Forderung[873] und kann auch noch solche Maßnahmen treffen, die das Pfandrecht des Gläubigers nicht beeinträchtigen, z.B. gegen den Drittschuldner auf Leistung an den Gläubiger klagen.[874] Der Gläubiger erhält aber nunmehr ein **eigenes Einziehungsrecht**:[875] Er kann daher erforderlichenfalls die Forderung kündigen[876] und insbesondere (ebenfalls) den Drittschuldner **auf Leistung an sich verklagen**[877] (**Prozessführungsbefugnis**, gesetzliche Prozessstandschaft);[878] falls die gepfändete Forderung bereits tituliert ist, kann er den Titel gem. § 727 auf sich umschreiben lassen.[879]

Der Schuldner muss den Gläubiger durch Auskunft u. Herausgabe der Urkunden über die Forderung unterstützen (§ 836 Abs. 3, ggf. Wegnahme durch Hilfspfändung, S. 3).

4) Bei der Überweisung zur Einziehung: **Soweit der Gläubiger vom Drittschuldner Zahlung erhält, gilt er als vom Schuldner befriedigt.**

1.3 Die Rechtsstellung des Drittschuldners

1.3.1 Fall 30: Die grundsätzliche Stellung des Drittschuldners

G hat eine Forderung des S gegen D gepfändet und zur Einziehung überwiesen erhalten. D weigert sich, an G zu zahlen: Die von G gepfändete Forderung des S bestehe nicht; hilfsweise rechne er mit Forderungen auf, die er gegen S und G besitze.

Die Überweisung bewirkt nur, dass die Forderung des Schuldners gegen den Drittschuldner vom Gläubiger geltend gemacht – eingezogen – werden kann. Die Rechtsstellung des Drittschuldners wird dagegen durch die Pfändung und Überweisung im Übrigen **nicht berührt**;[880] er darf lediglich nicht mehr an den Schuldner leisten. Daher:

---

873 BGH Urt. v. 08.05.2007 – XI ZR 278/06, NJW 2007, 2560.

874 BGH Urt. v. 05.04.2001 – IX ZR 441/99, NJW 2001, 2178@.

875 BGHZ 82, 28, 31; 100, 36, 44; BGH Urt. v. 08.05.2007 – XI ZR 278/06, NJW 2007, 2560.

876 MK/Smid § 835 Rdnr. 12.

877 BGHZ 82, 28, 31; BGH Urt. v. 08.05.2007 – XI ZR 278/06, NJW 2007, 2560.

878 Rosenberg/Schilken § 55 II 1 b; s.o. § 5, 3.2.5.2, 1).

879 BGH NJW 1983, 886, 887@.

880 MK/Smid § 829 Rdnr. 71; Zöller/Stöber § 829 Rdnr. 19; Baur/Stürner/Bruns § 30.33.

- Der Pfändungs- und Überweisungsbeschluss ist **kein Vollstreckungstitel gegen den Drittschuldner**. Erfüllt der Drittschuldner nicht freiwillig, so muss der Gläubiger gegen ihn **Klage** erheben und kann erst aus dem gegen den Drittschuldner erwirkten Urteil die Zahlungsvollstreckung betreiben.[881]

  sog. **Einziehungsklage** (oder – missverständlich – Drittschuldnerklage). Dabei handelt es sich um eine normale Zahlungsklage;[882] Zuständigkeit wie bei einer Klage des Schuldners selbst,[883] z.B. bei gepfändeten Lohnansprüchen: das Arbeitsgericht.

  Damit sich der Gläubiger über ein Vorgehen gegen den Drittschuldner schlüssig werden kann, muss dieser ihm gemäß § 840 **Auskunft** über die Forderung geben; auf die Auskunft besteht allerdings insoweit kein einklagbarer Anspruch,[884] aber Schadensersatzpflicht des Drittschuldners gemäß § 840 Abs. 2, auch aus einer Unrichtigkeit.

- Der Drittschuldner kann einwenden, dass der Gläubiger zur Klage nicht befugt sei, weil die Pfändung **nichtig** sei,[885]

  nicht aber, dass die Pfändung **anfechtbar** sei, z.B. wegen Unpfändbarkeit der Forderung: Dies kann der Drittschuldner nur mit der Erinnerung gem. § 766 beim Vollstreckungsgericht geltend machen (s.u. § 22, 1.1, 3 d), das allein befugt ist, die Pfändung aufzuheben; bis zu einer Aufhebung hat die – anfechtbare – Pfändung Bestand, das Gericht des Einziehungsprozesses ist daran gebunden.[886]

  Ebenfalls nicht einwenden kann der Drittschuldner, dass die **Forderung, wegen der der Gläubiger vollstreckt**, nicht bestehe oder dass Einwendungen gegen **diese** Forderung bestünden;[887] insoweit bleibt es allein dem Schuldner vorbehalten, etwa gemäß § 767 gegen den Titel vorzugehen.

- Gegenüber der **gepfändeten Forderung** kann der Drittschuldner **alle Einwendungen** erheben, die ihm gegen den Schuldner – also gegenüber **seinem** Gläubiger – zustanden (entspr. § 404 BGB).[888]

  z.B. dass die Forderung nicht entstanden oder – etwa weil bereits erfüllt – untergegangen,[889] ferner dass sie nicht fällig sei.[890] – Insoweit wird dann geklärt, ob die „angebliche" Forderung wirklich besteht.

Hier muss G daher, wenn er die Erfüllung der gepfändeten Forderung erreichen will, gegen D Klage erheben. In diesem Prozess kann D sich darauf berufen, dass eine Forderung des S gegen ihn nicht bestehe. D kann gegenüber der geltend gemachten Forderung auch aufrechnen: Mit Forderungen gegen S, also gegenüber seinem Gläubiger, gemäß §§ 392, 406 BGB,[891] aber auch mit Forderungen unmittelbar gegen den pfändenden Gläubiger; denn der Drittschuldner kann den Gläubiger in jeder Weise – also auch durch Aufrechnung – befriedigen.

---

881 BGH NJW 1995, 2715, 2716; Brox/Walker Rdnr. 640.
882 Lüke/Hau S. 91; Lackmann Rdnr. 339.
883 ThP/Hüßtege § 836 Rdnr. 3; Brox/Walker Rdnr. 641.
884 BGH NJW 1984, 1901, streitig.
885 BGHZ 70, 317; BAG NJW 1989, 2148.
886 MK/Smid § 829 Rdnr. 67; Brox/Walker Rdnr. 653; streitig.
887 BGHZ 81, 321; BAG NJW 1989, 1053; MK/Smid § 829 Rdnr. 66; Brox/Walker Rdnr. 661.
888 Brox/Walker Rdnr. 654; Behr JB 1994, 650.
889 Brox/Walker Rdnr. 654.
890 MK/Smid § 829 Rdnr. 71.
891 BGH Urt. v. 18.12.2003 – VII ZR 315/02, NJW-RR 2004, 525; ThP/Putzo § 836 Rdnr. 4.

1.3.2 Der Schutz des Drittschuldners

1) **bei Unkenntnis der Pfändung**

Fall 31: G besitzt gegen S einen Zahlungstitel über 10.000 €. Er pfändet eine Forderung des S von 2.500 € gegen D und lässt sie sich zur Einziehung überweisen. Der Postbeamte trifft den D bei der Zustellung des Beschlusses nicht an und übergibt ihn daher dessen erwachsener Tochter, die aber vergisst, das Schriftstück ihrem Vater D zu geben. Infolgedessen zahlt D die Rechnung an S. G verlangt nunmehr von D Zahlung von 2.500 €.

G hat wirksam die Forderung des S gegen D gepfändet und zur Einziehung überwiesen erhalten; denn der Beschluss war dem Drittschuldner D wirksam im Wege der Ersatzzustellung zugestellt worden (§ 178 Abs. 1 Nr. 1). S war daher nicht mehr zur Einziehung berechtigt, sondern das Einziehungsrecht stand dem G zu; dem D war untersagt, noch an S zu zahlen (§ 829 Abs. 1), sodass ihn daher seine Zahlung an S nicht befreit haben könnte.

Analog **§ 407 BGB** wird der Drittschuldner jedoch geschützt, wenn er in Unkenntnis der Pfändung an seinen Gläubiger – also den Vollstreckungsschuldner – zahlt.[892] D ist daher durch die Zahlung an S frei geworden.

2) **bei Unwirksamkeit der Pfändung**

Abwandlung: G hat die angebliche Forderung des S gegen D gepfändet und überwiesen erhalten; D hat daraufhin den Betrag von 2.500 € auch an G gezahlt. S hatte aber bereits vor der Pfändung seine Forderung gegen D an A abgetreten, der nunmehr von D Zahlung von 2.500 € verlangt.

Da die Forderung im Zeitpunkt der Pfändung nicht mehr dem S zustand – sondern dem A als Abtretungsempfänger –, ist die Pfändung „ins Leere gegangen" und war daher nichtig (s.o. 1.1, 2). G hatte daher kein Einziehungsrecht erlangt; die Zahlung an G könnte daher den D nicht befreit haben.

Zugunsten des D können aber Schutzvorschriften eingreifen.

(1) Gem. § 836 Abs. 2 wird der Drittschuldner durch Zahlung an den Gläubiger grds. auch dann frei, wenn der Überweisungsbeschluss zu Unrecht erlassen war. Dies gilt aber nur „dem Schuldner gegenüber", nicht also im Verhältnis zum wahren Gläubiger;[893] also hier nicht gegenüber A.

(2) Analog §§ 408 Abs. 2, 407 BGB wird der Drittschuldner aber auch dann geschützt, wenn er in Unkenntnis einer vorausgegangenen Abtretung an den Pfändungsgläubiger leistet:[894] D ist daher durch die Zahlung an G auch gegenüber A frei geworden. – A besitzt dann aber seinerseits einen Anspruch aus § 816 Abs. 2 BGB gegen G.

892 BGH NJW 1983, 886@.

893 BGH NJW 1988, 495; BGH Urt. v. 12.12.2001 – IV ZR 47/01, NJW 2002, 755@.

894 BGH Urt. v. 12.12.2001 – IV ZR 47/01, NJW 2002, 755@.

Abwandlung: Die von G gepfändete angebliche Forderung des S gegen D stand in Wirklichkeit dem A zu. D zahlt an G; A verlangt Zahlung von D.

Die Zahlung hat D nicht befreit: G hatte durch die ins Leere gegangene Pfändung kein Einziehungsrecht gegen D erlangt. Die §§ 408 Abs. 2, 407 BGB greifen nicht zugunsten des D ein, denn die Forderung war nicht von S an A abgetreten, sondern hatte von vornherein dem A zugestanden.

A kann daher Zahlung von D verlangen. – D hat aber einen Anspruch aus § 812 BGB gegen G auf Rückzahlung, da für diese Zahlung kein Rechtsgrund – kein Einziehungsrecht – bestanden hatte.[895]

A kann aber auch die Leistung des D an G genehmigen und damit wirksam machen: Dann erhält er einen Anspruch aus § 816 Abs. 2 BGB gegen G, während D befreit wird.

3) Bei Unklarheit über die Gläubiger- bzw. Einziehungsberechtigtenstellung kann der Drittschuldner **gemäß §§ 372 ff. BGB, 853 ZPO hinterlegen** und dadurch dem Risiko einer nicht befreienden Leistung entgehen.

1.4 Pfändbarkeit: Grundsätzlich sind **alle Forderungen** des Schuldners pfändbar.

1) Auch **künftige Forderungen** sind pfändbar, wenn sie bestimmt oder hinreichend bestimmbar sind, d.h., wenn bereits eine Rechtsbeziehung zwischen Schuldner und Drittschuldner besteht, aus der die künftige Forderung nach ihrem Inhalt und der Person des Drittschuldners bestimmt werden kann.[896]

Die Pfändbarkeit ist daher an engere Voraussetzungen geknüpft als die Abtretbarkeit.[897]

Das Pfändungspfandrecht als solches entsteht zwar erst mit der Forderung,[898] hat aber entspr. § 185 Abs. 2 S. 2 BGB Vorrang vor einer nachträglichen Abtretung.[899]

Pfändbar sind z.B. **künftige Lohn- und Gehaltsansprüche** aus einem bestehenden Arbeitsverhältnis (s. § 832), Ansprüche aus noch nicht fälliger **Lebensversicherung** (Kündigung u. Geltendmachung des Rückkaufwertes),[900] Steuererstattungsansprüche dagegen erst nach ihrer Entstehung (§ 46 Abs. 6 AO).[901]

Künftiges Arbeitseinkommen: auch für erst künftig fällig werdende Unterhalts- und Rentenansprüche des Gläubigers, mit dem Rang dieser Pfändung (§ 850 d Abs. 3, Ausnahme von § 751 Abs. 1, **Vorratspfändung**; zu unterscheiden von der nicht rangwahrenden Voraus- oder Dauerpfändung für und in andere wiederkehrende Forderungen).[902]

Ist ein gepfändeter Lohnanspruch anderweitig abgetreten, so wird die zunächst gegenstandslose Pfändung wegen § 832 mit Rückabtretung wirksam:[903] Ausnahme von dem Grundsatz, dass § 185 Abs. 2 BGB nicht bei einer gegenstandslosen Pfändung gilt (s.o. 1.1, 2).

895 s. BGH Urt. v. 13.06.2002 – IX ZR 242/01, NJW 2002, 2871.

896 BGH Urt. v. 29.03.2001 – IX ZR 34/00, NJW 2001, 1937@; v. 31.10.2003 – IX a ZB 200/03, NJW 2004, 369.

897 s. Palandt/Grüneberg § 398 Rdnr. 11.

898 BGH Urt. v. 22.01.2004 – IX ZR 19/03, NJW 2004, 1444.

899 s. Palandt/Heinrichs § 185 Rdnr. 12.

900 BFH NJW 1992, 527; Heiss VersR 2005, 15.

901 Der Gläubiger kann aber eine noch erforderliche Mitwirkung des Schuldners – z.B. Antrag an das Finanzamt, Abgabe der Steuererklärung – nicht erzwingen, daher erfolgreich erst nach Festsetzung des Erstattungsbetrages, BGH v. 27.03.2008 – VII ZB 70/06, NJW 2008, 1675.

902 BGH Urt. v. 31.10.2003 – IX a ZB 200/03, NJW 2004, 369; Brox/Walker Rdnr. 159 ff.

903 BAG NJW 1993, 2699@.

2) **Unpfändbar** sind jedoch **nicht übertragbare Forderungen** (§ 851 Abs. 1):

a) Forderungen, die kraft gesetzlicher Bestimmung nicht übertragbar sind.

b) Forderungen, die nach **§ 399 BGB** nicht abtretbar sind: Wenn also die Leistung an einen anderen Gläubiger nicht ohne Inhaltsänderung erfolgen kann oder wenn die Abtretung durch Vereinbarung mit dem Drittschuldner ausgeschlossen ist.

Eine Pfändung ist jedoch insoweit möglich, als der geschuldete Gegenstand selbst pfändbar ist (§ 851 Abs. 2). Grund: Schuldner und Drittschuldner sollen nicht durch Vereinbarung Vermögenswerte des Schuldners dessen Gläubigern entziehen können.

c) **Zweckgebundene** Forderungen: Pfändbar **nur im Rahmen ihrer Zweckbindung**.[904]

Zweckgebunden ist eine Forderung, wenn der Gläubiger bei der Verwendung des Betrages für einen bestimmten Zweck **rechtlich gebunden** ist (wobei streitig ist, ob die Zweckbindung auch einen sogar treuhänderischen Charakter besitzen muss).[905] – Eine bloße Zweckbestimmung ohne Bindung begründet dagegen noch keine Unpfändbarkeit.[906]

Beispiel: D hat sich verpflichtet, dem S einen Betrag zu zahlen, den S nur zur Renovierung seines Hauses verwenden darf. Die hieraus folgende Forderung des S gegen D kann nicht von allgemeinen Gläubigern des S gepfändet werden, wohl aber von einem Bauhandwerker wegen aus den Renovierungsarbeiten herrührender Ansprüche gegen S.

d) **Schuldbefreiungsansprüche** sind nur an den Gläubiger der zu tilgenden Verbindlichkeit abtretbar[907] und daher auch nur von diesem pfändbar, unter Umwandlung in einen Zahlungsanspruch.[908]

Beispiel: S hat im Auftrag des D ein Geschäft mit G getätigt, aus dem er dem G zur Zahlung von 1.000 € verpflichtet ist. Der Anspruch des S gegen D aus §§ 670, 257 BGB auf Befreiung von dieser Verbindlichkeit kann (nur) von G gepfändet werden, der dann von D unmittelbar Zahlung verlangen kann.

3) Pflichtteils-, Schenkungsrückforderungs- u. Zugewinnausgleichsansprüche sind nur pfändbar, wenn sie durch Vertrag anerkannt o. rechtshängig sind (§ 852). – Grund: Es soll dem anspruchsberechtigten Schuldner überlassen bleiben, ob er den Anspruch geltend macht.

4) **Pfändungsschutz:** Die Pfändbarkeit von Geldforderungen ist gemäß §§ 850 ff. aus sozialpolitischen Gründen eingeschränkt; besonders bedeutsam bei Pfändung von **Arbeitseinkommen**: Pfändbar nur, soweit es bestimmte, von Unterhaltspflichten abhängige **Pfändungsfreibeträge** übersteigt.[909]

auch für Pensions- u. Rentenansprüche (§ 850 Abs. 2, § 54 Abs. 4 SGB I) u. für vertragliche Altersrenten (§ 851 c, d, Gesetz zum Pfändungsschutz der Altersvorsorge v. 26.03.2007).[910]

Verhinderung von Lohnschiebung u. -verschleierung: § 850 h.

---

904 BGH NJW 1998, 746; 2000, 1270; StJ/Brehm § 851 Rdnr. 23; BL/Hartmann § 851 Rdnr. 4 ff.

905 s. BGH NJW 2000, 1270.

906 BL/Hartmann § 851 Rdnr. 4.

907 BGH NJW 1993, 2233.

908 Musielak/Becker § 851 Rdnr. 5; Brox/Walker Rdnr. 523.

909 s. Brox/Walker Rdnr. 539 ff.; Becker JuS 2004, 780; Tabellen u.a. bei BL/Hartmann, bei § 850 c.

910 s. Stöber NJW 2007, 1242.

1.5 Besondere Formen der Forderungspfändung

1) Vollstreckung in eine Geldforderung, die durch eine **Hypothek** gesichert ist: Die Pfändung erfolgt durch Pfändungsbeschluss und Übergabe/Wegnahme des Hypothekenbriefes bzw. Eintragung der Pfändung im Grundbuch (§ 830). Durch Überweisungsbeschluss (Verwertung, § 837) erhält der Gläubiger die Klagemöglichkeit gegen den Grundstückseigentümer aus § 1147 BGB auf Duldung der Vollstreckung in das Grundstück.[911]

2) **Pfändung von Bankguthaben**

a) Ein normaler Anspruch des Schuldners gegen eine Bank – z.B. auf Auszahlung eines Guthabens oder Rückzahlung eines Festgeldbetrages – ist nach den allgemeinen Regeln pfändbar.[912]

b) **Pfändung eines Guthabens mit Sparkassenbuch**

Fall 32: G hat gegen S eine titulierte Kaufpreisforderung von 10.000 €. S besitzt bei der Sparkasse ein Sparguthaben über 10.000 €, das allerdings für zwei Jahre unkündbar ist. Was kann G unternehmen?

Die Vollstreckung in ein Sparguthaben – d.h. in die Forderung des Schuldners gegen die Sparkasse – ist eine Vollstreckung in Geldforderungen; sie erfolgt daher durch Pfändungs- und Überweisungsbeschluss (§§ 829, 835); einer Übergabe des Sparkassenbuches bedarf es insoweit nicht (s. § 952 BGB).

Der Gläubiger benötigt das Sparkassenbuch jedoch, um die Forderung gegen die Sparkasse geltend zu machen (§ 808 Abs. 2 S. 1 BGB). Gibt der Schuldner das Buch – wozu er nach § 836 Abs. 3 S. 1 verpflichtet ist – nicht freiwillig an den Gläubiger heraus, muss gegen ihn gemäß § 836 Abs. 3 S. 3 im Wege der Hilfspfändung vorgegangen werden: Wegnahme des Sparkassenbuches durch den Gerichtsvollzieher aufgrund des Überweisungsbeschlusses (§ 883).

Bei der Einziehung der Forderung muss der Gläubiger allerdings die Kündigungsfrist einhalten, da die Stellung des Drittschuldners durch die Pfändung nicht berührt wird; der Gläubiger könnte hier daher Befriedigung erst in zwei Jahren erreichen. Bei betagten oder bedingten oder von Gegenleistungen abhängigen Forderungen – oder auch, wenn die Einziehung aus anderen Gründen mit Schwierigkeiten verbunden ist – kann jedoch gemäß § 844 das Vollstreckungsgericht auf Antrag eine **andere Art der Verwertung** anordnen (entsprechend § 825 bei der Sachpfändung).

Hier käme ein freihändiger Verkauf – ggf. unter Diskontierung – in Betracht.

c) Bei **Kontokorrent-Konten** ist nur der Saldo – nicht die einzelne ins Kontokorrent eingestellte Forderung – pfändbar, und zwar der Saldo im Zeitpunkt der Zustellung des Pfändungsbeschlusses („Zustellungssaldo"), ferner die zukünftigen Saldoforderungen gemäß den vereinbarten Saldierungsperioden.[913]

---

911 zur Vollstreckung in Wertpapiere: Becker JuS 2005, 232; Hezel Rpfleger 2006, 105.

912 Baur/Stürner/Bruns § 30.8.

913 BGHZ 80, 172[@]; BGH NJW 1997, 1857. – s. **§ 357 HGB**.

Entsprechendes gilt grds. für **Girokonten**:[914] Pfändbarkeit auch des „Tagesguthabens“, also des Guthabens im Zeitpunkt der Zustellung, ferner künftige Eingänge und Salden.[915] – Der Gläubiger kann nicht vom Schuldner aus § 830 Abs. 3 S. 1 die Herausgabe der ec-Karte verlangen, da er sie nicht zur Durchsetzung der Ansprüche benötigt.[916]

d) Sehr streitig ist, ob die Pfändung einer **„offenen Kreditlinie“** des Schuldners, insbesondere im Rahmen einer Kontokorrentverbindung (vereinbarter **Dispositionskredit**, nicht nur geduldeter Überziehungskredit) = Anspruch des Schuldners gegen die Bank auf Auszahlung entsprechender Darlehen, pfändbar ist, mit der Folge, dass der Gläubiger von der Bank als Drittschuldnerin Auszahlung des Kredits verlangen kann: Dies wird im Schrifttum weitgehend – insbes. wegen der persönlichen Vertrauensbeziehung zwischen kreditgebender Bank und Schuldner – verneint,[917] vom BGH jedoch zugelassen, soweit der Schuldner **den Kredit in Anspruch nimmt**, also für den Fall des Abrufs durch den Schuldner (nicht also die Kreditlinie als solche oder das Abrufrecht des Schuldners): Auch auf diesen Vermögenswert müsse der Vollstreckungsgläubiger Zugriff nehmen können[918] – letztlich ohne realisierbaren Wert, weil der Gläubiger nicht erzwingen kann, dass der Schuldner den Kredit abruft.[919]

1.6 Die durch Pfändung u. Überweisung entstandenen Rechte erlöschen unmittelbar durch **Verzicht des Gläubigers** (§ 843); einer besonderen Aufhebung der Beschlüsse bedarf es nicht, ist aber zur Klarstellung zulässig.[920]

also anders als bei der Pfändung beweglicher Sachen (s.o. § 18, 4).

2. Die Zwangsvollstreckung in Herausgabe- und Leistungsansprüche (§§ 846 ff.)

erfolgt nach § 846 grds. entsprechend der Vollstreckung in Geldforderungen.

Bei der Vollstreckung in Herausgabeansprüche des Schuldners gegen Dritte ergeben sich gegenüber der Pfändung von Geldforderungen jedoch insofern Besonderheiten, als der Gläubiger, der ja wegen eines Zahlungsanspruchs vollstreckt, keine Sache oder Lieferung erhalten will, sondern im Ergebnis: den vom Schuldner geschuldeten **Geldbetrag**. Außerdem muss der Drittschuldner, der aus seinem Schuldverhältnis dem Schuldner zur Leistung verpflichtet ist, durch die Erbringung der Leistung von seiner Verpflichtung befreit werden.

Fall 33: Vollstreckung in einen Anspruch auf Herausgabe einer beweglichen Sache

G hat einen Zahlungstitel gegen S. S hat seinen Pkw dem D geliehen. G will in den Wagen vollstrecken. Wie muss er vorgehen, wenn D den Wagen nicht herausgeben will?

---

914 BGHZ 84, 325, 371@.

915 näher: Musielak/Becker § 850 k Rdnr. 16 ff.; Brox/Walker Rdnr. 525 ff.

916 BGH v. 14.02.2003 – IX a ZB 53/03, NJW 2003, 1256.

917 u.a. Brox/Walker Rdnr. 529.

918 BGH Urt. v. 29.03.2001 – IX ZR 34/00, NJW 2001, 1937@; BGH Urt. v. 22.01.2004 – IX ZR 39/03, NJW 2004, 1444; s. dazu Weidner/Walter JurBüro 2005, 177.

919 Lüke/Hau S. 110.

920 BGH Urt. v. 07.03.2002 – IX ZR 293/00, NJW 2002, 1788.

Die Pfändung des Wagens selbst nach §§ 808 ff. ist nicht möglich, da S keinen Gewahrsam an dem Wagen besitzt und D nicht herausgabebereit ist. S hat nur einen Herausgabeanspruch gegen D; in diesen Anspruch kann G vollstrecken.

(1) Die **Pfändung** dieses Anspruches geschieht durch Pfändungsbeschluss (§ 829). In diesem wird zugleich angeordnet, dass der Wagen an einen vom Gläubiger zu beauftragenden Gerichtsvollzieher herauszugeben ist (§ 847 Abs. 1). Mit der Zustellung des Beschlusses an D (Drittschuldner) entsteht ein Pfändungspfandrecht an dem **Herausgabeanspruch**.

(2) Mit der Herausgabe der Sache an den Gerichtsvollzieher erlischt der Herausgabeanspruch gegen den Drittschuldner und damit das Pfändungspfandrecht an diesem Anspruch. Entsprechend §§ 1287 S. 1 BGB, 848 Abs. 2 S. 2 ZPO entsteht nunmehr – von selbst, ohne weitere Pfändung (dingliche Surrogation) – ein Pfändungspfandrecht für den Gläubiger **an der Sache selbst**.[921]

Gibt der Drittschuldner die Sache nicht freiwillig heraus, muss der Gläubiger gegen ihn auf Herausgabe an den Gerichtsvollzieher klagen und aus dem Urteil gem. § 883 entsprechend vollstrecken.[922]

(3) Die **Verwertung** erfolgt entsprechend der Verwertung gepfändeter Sachen, also nach §§ 814 ff. (§ 847 Abs. 2); aus dem Erlös wird der Gläubiger befriedigt.

Abwandlung: S hat von D einen Wagen gekauft, aber noch nicht geliefert erhalten. In den Lieferungsanspruch des S gegen D will G vollstrecken.

Die Vollstreckung in den Lieferungsanspruch des S gegen D erfolgt wie im Ausgangsfall; es ist jedoch folgende Besonderheit zu beachten: S ist noch nicht Eigentümer des Wagens; D ist verpflichtet, das Eigentum an dem Wagen an S zu übertragen (§ 433 Abs. 1 BGB). Damit D durch die Herausgabe des Wagens an den Gerichtsvollzieher von seiner Übereignungsverpflichtung frei wird, ist es notwendig, dass das Eigentum auf S übergeht. Entspr. § 848 Abs. 2 wird deshalb der Gerichtsvollzieher bei der Herausgabe des Wagens hins. der Übereignung als Vertreter des Schuldners tätig und **erwirbt daher für S das Eigentum**. Die Verwertung des nunmehr entstehenden Pfändungspfandrechtes des G erfolgt wiederum gemäß §§ 814 ff. (§ 847 Abs. 2).

Übereignet D den Wagen nicht freiwillig, muss G gegen ihn auf Herausgabe an den Gerichtsvollzieher und auf Übereignung an den Schuldner klagen.[923]

Fall 34: Vollstreckung in Anspruch auf Übereignung eines Grundstücks
S hat von D ein Grundstück gekauft; die Auflassung an S hat noch nicht stattgefunden. Der Gläubiger G des S will in das Grundstück vollstrecken.

(1) **Pfändung** des Übereignungsanspruches: Durch Pfändungsbeschluss, in dem zugleich angeordnet wird, dass das Grundstück an einen zu bestellenden Sequester – d.h. an einen Treuhänder – herauszugeben und aufzulassen ist (§ 848 Abs. 1, 2; Zustellung an D als Drittschuldner).

---

921 BGHZ 67, 378, 383; 72, 336; Jauernig/Berger § 20 Rdnr. 6.

922 Brox/Walker Rdnr. 706.

923 Brox/Walker Rdnr. 706. – Vollstreckung: §§ 883, 894, 897 (s.u. § 21, 1).

(2) Die Auflassung des Grundstücks erfolgt an den **Sequester als Vertreter des Schuldners** (§ 848 Abs. 2 S. 1); der Sequester kann nach der Auflassung die Eintragung des Schuldners als Eigentümer im Grundbuch erreichen.

Lässt der Drittschuldner das Grundstück nicht freiwillig auf, so muss der Gläubiger eine entsprechende Klage gegen ihn erheben (Vollstreckung gemäß § 894). Der Drittschuldner kann gegenüber dieser Klage natürlich alle Einwendungen und Einreden erheben, z.B. dass der **Kaufpreis noch nicht bezahlt** sei (Verurteilung Zug um Zug, § 322 BGB).

(3) Mit dem Eigentumserwerb des Schuldners entsteht kraft Gesetzes eine **Sicherungshypothek** zugunsten des Gläubigers (§ 848 Abs. 2 S. 2); sie entsteht außerhalb des Grundbuchs, ihre Eintragung hat nur berichtigende Wirkung.

(4) Die Vollstreckung in das Grundstück selbst wird dann aus dieser Hypothek nach den für die Vollstreckung in unbewegliche Sachen geltenden Vorschriften bewirkt (§ 848 Abs. 3), also i.d.R. durch Zwangsversteigerung (§ 866, s.u. § 20).

Wenn der Schuldner bereits durch Auflassung u. Eintragungsantrag ein **Anwartschaftsrecht** auf Eigentumserwerb erlangt hat, kann auch dieses Anwartschaftsrecht gepfändet werden:[924] Rechtspfändung, gem. § 857 Abs. 2 (nur) durch Zustellung des Pfändungsbeschlusses an den Schuldner als den Anwartschaftsberechtigten.[925] Mit der Eintragung des Schuldners, die der Gläubiger aufgrund der Überweisung erreichen kann, erhält der Gläubiger auch hier entspr. § 848 Abs. 2 eine Sicherungshypothek: Daher im Ergebnis gleich Rechtsfolgen wie bei der auch dann noch möglichen Pfändung des Übereignungsanspruchs.[926]

3. Die Vollstreckung in sonstige Rechte des Schuldners (§§ 857 ff.)

1) Vollstreckt werden kann nur in **selbstständig übertragbare Vermögenswerte**.

nicht daher z.B. in Persönlichkeits- und Familienrechte, in Mitgliedschaftsrechte ohne Vermögenswert (Idealverein), in bloße Befugnisse.

2) Die **Pfändung** erfolgt entsprechend den §§ 828 ff., also durch Pfändungsbeschluss (§ 857 Abs. 1). Dabei ist zu unterscheiden:

a) Ist ein Drittschuldner vorhanden, so erfolgt die Pfändung nach § 829 Abs. 3: Zustellung des Pfändungsbeschlusses **an den Drittschuldner**.

   Drittschuldner ist jeder, dessen Recht von der Pfändung irgendwie berührt wird, was – vom Schutzzweck her – weit auszulegen ist.[927]

b) **Fehlt ein Drittschuldner**, so wird die Pfändung wirksam mit der Zustellung des Pfändungsbeschlusses **an den Schuldner** (§ 857 Abs. 2).

3) Die **Verwertung** erfolgt entsprechend §§ 835, 844, also durch Überweisung oder Anordnung einer – je nach Art des Rechts – anderweitigen Verwertung.

z.B. durch Versteigerung o. freihändigen Verkauf durch einen Auktionator.

---

924 BGH NJW 1989, 1093; BayObLG NRW-RR 1997, 1173; OLG Frankfurt NJW-RR 1997, 1308; Musielak/Becker § 848 Rdnr. 7 ff.; Brox/Walker Rdnr. 819 ff.

925 BGHZ 49, 197, streitig.

926 Brox/Walker Rdnr. 824.

927 BL/Hartmann § 857 Rdnr. 11; Brox/Walker Rdnr. 727.

4) **Einzelfälle:**

Zur Vollstreckung in eine vom Schuldner unter **Eigentumsvorbehalt** gekaufte Sache ist nach h.M. eine **Doppelpfändung** erforderlich: In das für den Schuldner bestehende **Anwartschaftsrecht** als dem eigentlichen Vermögenswert des Schuldners (§§ 857 Abs. 1, 829, der Verkäufer ist Drittschuldner), aber auch – da das Anwartschaftsrecht mit dem Eigentumserwerb des Schuldners untergehen würde und der Gläubiger dann nicht mehr gesichert wäre, aber auch aus Publizitätsgründen – der **Sache selbst** (Sachpfändung, §§ 808 ff.).[928] Das Widerspruchsrecht des Verkäufers gem. § 771 aufgrund seines Eigentums kann der Gläubiger dadurch ausräumen, dass er den Restkaufpreis zahlt u. dadurch den Eigentumserwerb des Schuldners herbeiführt. Verwertung der Sache dann nach §§ 814 ff. – Gegenmeinungen: nur Sachpfändung, nur Rechtspfändung, Rechtspfändung in Form der Sachpfändung.[929]

Entsprechendes gilt für die Vollstreckung in das Anwartschaftsrecht des besitzenden Sicherungsgebers auf Rückerwerb des Eigentums an einer **sicherungsübereigneten Sache: Doppelpfändung**.[930] – Bei bloßem schuldrechtlichen Rückübereignungsanspruch bei Befriedigung des Gläubigers gilt Gleiches: Da der Sicherungsgeber bereits im Besitz der Sache ist, kann § 847 nicht gelten; daher ebenfalls Pfändung des Anspruchs und Sachpfändung der Sache.[931]

Ein **Erbanteil** des Schuldners (nicht an den einzelnen Nachlassgegenständen, § 2033 Abs. 2 BGB!) ist gemäß §§ 859 Abs. 2, 857 Abs. 1, 829 Abs. 3 pfändbar; Drittschuldner sind die übrigen Miterben.[932] Verwertung: Überweisung des Erbteils an den Gläubiger zur Einziehung, sodass der Gläubiger nunmehr die Auseinandersetzung betreiben (§§ 2042 ff. BGB) und sich aus dem Erlös befriedigen kann, oder Veräußerung des Erbteils gemäß § 857 Abs. 5 an einen Dritten, wobei der Gläubiger aus dem Veräußerungserlös befriedigt wird.

Pfändung eines **Gesellschaftsanteils**: § 859 Abs. 1 (Zustellung des Pfändungsbeschlusses an den/die geschäftsführenden Gesellschafter);[933] dann Ausübung der Gesellschaftsrechte des Schuldners, insbes. auf den Gewinnanteil, ferner Kündigung und Auseinandersetzung.[934]

GmbH-Anteil: § 857, 829; Drittschuldnerin ist die GmbH.[935]

Grundschuld: wie Hypothekenforderung (§§ 857 Abs. 6, 830, 837, s.o. 1.5, 1). Nach h.M. gilt § 857 Abs. 6 auch für die Pfändung einer **Eigentümergrundschuld**, sodass daher Übergabe des Briefes bzw. Eintragung der Pfändung im Grundbuch erforderlich ist;[936] nach a.A. reicht Pfändungsbeschluss nach § 857 Abs. 2 aus, da wegen der Identität von Grundstückseigentümer und Grundschuldinhaber kein Drittschuldner vorhanden sei.[937]

Internet-Domain: Nicht als solche pfändbar, wohl aber die Ansprüche gegen die Vergabestelle DENIC (Drittschuldnerin) auf Aufrechterhaltung u. Umschreibung der Registrierung.[938] Verwertung gem. § 844, z.B. durch Versteigerung in Domain-Börse im Internet.[939]

Miteigentum an beweglicher Sache (§ 747 S. 1 BGB): Drittschuldner sind die übrigen Miteigentümer; nach Überweisung: Auseinandersetzung gem. §§ 749 ff. BGB.[940] – Miteigentum an unbeweglicher Sache (Grundstück): Immobiliarvollstreckung, s.u. § 20.

---

928 BGH NJW 1954, 1325; MK/Smid § 857, 22; BL/Hartmann vor § 704, 60; Musielak Grundkurs 672 ff.
929 s. Brox/Walker 807 ff.; Leible/Sosnitza JuS 2001, 343.
930 Brox/Walker Rdnr. 818.
931 MK/Smid § 857 Rdnr. 24.
932 BL/Hartmann § 859 Rdnr. 6.
933 BGH NJW 1986, 1991.
934 BGH NJW 1992, 830.
935 Musielak/Becker § 859 Rdnr. 14; streitig.
936 BGH NJW 1961, 601; 1979, 2045; Zöller/Stöber § 857 Rdnr. 18 ff.; Brox/Walker Rdnr. 737 ff., 742.
937 Baur/Stürner/Bruns Rdnr. 32.20; Jauernig/Berger § 20 Rdnr. 36.
938 BGH v. 05.07.2005 – VII ZB 5/05, NJW 2005, 3353. – s. Boecker MDR 2007, 1234.
939 Prütting/Stickelbrock S. 154.
940 Musielak/Becker § 857 Rdnr. 8.

Die Zwangsvollstreckung wegen Geldforderungen in Forderungen und Rechte

I. **Vollstreckungsorgan** ist das Vollstreckungsgericht (§ 828; Rechtspfleger).

II. **Vollstreckung in Geldforderungen** (§§ 829 ff.)

1. **Pfändung erfolgt durch Pfändungsbeschluss** (§ 829) auf Antrag des Gläubigers.

a. Das Vollstreckungsorgan prüft:

aa. Vorliegen der Zwangsvollstreckungsvoraussetzungen: Titel, Klausel, Zustellung.

bb. nur, ob die zu pfändende Forderung bestehen **kann:** „Angebliche" Forderung wird gepfändet; besteht sie nicht (für den Schuldner), geht die Pfändung ins Leere.

cc. Pfändbarkeit: grds., falls übertragbar, § 851 Abs. l; Pfändungsschutz: §§ 850 ff.

b. Inhalt des Pfändungsbeschlusses: § 829 Abs. 1.

c. Wirksamwerden (Verstrickung, Pfändungspfandrecht): Zustellung an den Drittschuldner, § 829 Abs. 3.

2. **Verwertung erfolgt durch Überweisungsbeschluss** (§ 835, i.d.R. zugleich mit dem Pfändungsbeschluss).

a. Überweisung der gepfändeten Forderung an den Gläubiger: an Zahlungs Statt (selten) oder **zur Einziehung (Regelfall)**.

b. Die Überweisung berechtigt den Gläubiger, die Forderung gegen den Drittschuldner geltend zu machen (§ 836, auch Prozessführungsbefugnis); soweit er vom Drittschuldner Zahlung erhält, gilt er als vom Schuldner befriedigt.

c. Die Rechtsstellung des Drittschuldners wird im Übrigen nicht berührt.

aa. Erfüllt der Drittschuldner nicht, **ist Klage erforderlich**. Pfändungs- u. Überweisungsbeschluss ist grundsätzlich **kein Vollstreckungstitel!**

bb. Alle Einwendungen gegen die gepfändete Forderung möglich.

cc. Gutglaubensschutz: bei Zahlung an den Schuldner analog § 407 BGB, an den infolge Vorabtretung nichtberechtigten Pfändungsgläubiger: §§ 408 Abs. 2, 407 BGB.

III. **Vollstreckung in Herausgabeansprüche** (§§ 846 ff.)

1. Grundsätzlich wie Vollstreckung in Geldforderungen (§§ 829 ff.).

2. Anspruch auf Herausgabe einer **beweglichen Sache:**

a. Anordnung der Herausgabe an den Gerichtsvollzieher (§ 847 Abs. 1). Mit Herausgabe entsteht Pfändungspfandrecht an der Sache selbst. Verwertung wie gepfändete bewegliche Sache (§§ 847 Abs. 2, 814 ff.).

b. Muss der Drittschuldner noch das Eigentum an den Schuldner übertragen, wird der Gerichtsvollzieher insoweit zugleich als Vertreter des Schuldners tätig, sodass dieser das Eigentum an der Sache erwirbt.

3. Anspruch auf Herausgabe und Übereignung eines **Grundstücks** (§ 848): Das Grundstück ist an einen Sequester herauszugeben bzw. an den Sequester als Vertreter des Schuldners aufzulassen; für den Gläubiger entsteht eine Sicherungshypothek.

IV. **Vollstreckung in andere Vermögensrechte** (§ 857): Grds. wie §§ 828 ff., durch Pfändungs- u. Überweisungsbeschluss; Zustellung bei Vorhandensein eines Drittschuldners an diesen erforderlich, sonst nur an den Schuldner.

§ 20 Die Zwangsvollstreckung wegen Geldforderungen in das unbewegliche Vermögen des Schuldners (Immobiliarvollstreckung)

1. Gegenstand: Der Immobiliarvollstreckung unterliegen:

1) **Grundstücke** (§ 864 Abs. 1), **einschließlich aller Bestandteile**.

Grundstücksbestandteile sind daher nicht selbstständig pfändbar; der Mobiliarvollstreckung unterliegen dagegen die Scheinbestandteile (§ 95 BGB).

2) grundstücksgleiche Rechte (§ 864 Abs. 1, z.B. Erbbaurechte, Wohnungseigentum).

3) Miteigentumsanteile an Grundstücken und grundstücksgleichen Rechten (§ 864 Abs. 2).

4) die **Gegenstände**, auf die sich bei Grundstücken und grundstücksgleichen Rechten **die Hypothek erstreckt** (§§ 865 Abs. 1 ZPO, 1120 BGB).

Grundstückszubehör ausnahmslos (§ 865 Abs. 2 S. 1) – aber nicht für sich, sondern nur zusammen mit dem Grundstück –, die anderen Gegenstände des § 1120 BGB bei Beschlagnahme des Grundstückes (§ 20 ZVG, vorher sind sie pfändbar, § 865 Abs. 2 S. 2). s.o. § 18, 1.

z.B. daher bei **Einbauküchen:**[941] Falls wesentlicher Grundstücksbestandteil (§§ 93, 94 BGB) oder Grundstückszubehör (§ 97 BGB): Immobiliarvollstreckung, andernfalls Mobiliarvollstreckung (aber § 811 Abs. 1 Nr. 1?).

2. Die Arten der Immobiliarvollstreckung

Die Vollstreckung in das unbewegliche Vermögen kann erfolgen (§ 866 Abs. 1):

- durch Eintragung einer Sicherungshypothek **(Zwangshypothek)** für die Forderung, wegen der vollstreckt wird,
- durch **Zwangsversteigerung** oder/und
- durch **Zwangsverwaltung**.

1) Zweck und Aufgabe dieser verschiedenen Vollstreckungsmöglichkeiten:

a) Durch eine Sicherungshypothek erlangt der Gläubiger nur eine **dingliche Sicherheit** für seine Forderung an dem Grundstück des Schuldners, also noch keine Befriedigung.

b) Durch die Zwangsversteigerung soll der **Wert des Grundstücks** selbst realisiert und zur **Befriedigung** des Gläubigers verwendet werden.

c) Bei der Zwangsverwaltung wird die Verwaltung des Grundstücks dem Schuldner genommen und durch einen Zwangsverwalter ausgeübt, der den Gläubiger aus den laufenden **Nutzungen befriedigt** (also nicht aus dem Wert).

941 s. Stöber, ZVG, § 20 Anm. 3.2, c).

2) Der Gläubiger kann diese verschiedenen Vollstreckungsmöglichkeiten wahlweise allein oder nebeneinander ergreifen (§ 866 Abs. 2).

3) Die Zwangshypothek ist in den §§ 866 ff. geregelt, Zwangsversteigerung und Zwangsverwaltung dagegen in einem besonderen Gesetz, dem Gesetz über die Zwangsversteigerung und Zwangsverwaltung **(ZVG)**.

Spezialliteratur u.a.: Steiner [Eickmann/Hagemann/Storz/Teufel], ZVG, 9. 1984/1986; Stöber, ZVG, 18. 2006; Böttcher, ZVG, 4. 2005; Dassler/Schiffhauer, ZVG, 13. 2008; Eickmann, Zwangsversteigerungs- und Zwangsverwaltungsrecht, 2. Aufl., 2004.

3. Vollstreckungsorgane sind:

1) für die Eintragung einer Zwangshypothek: das **Grundbuchamt** (§ 867),

2) für Zwangsversteigerung und Zwangsverwaltung: das Amtsgericht, in dessen Bezirk das Grundstück belegen ist, als **Vollstreckungsgericht** (§ 1 ZVG).

Funktionelle Zuständigkeit: Rechtspfleger (§ 3 Nr. 1 h, i RPflG).

4. Für das Verfahren gelten grundsätzlich die **allgemeinen Vorschriften über die Zwangsvollstreckung,** z.B. hinsichtlich der Vollstreckungsvoraussetzungen und der Rechtsbehelfe (Erinnerung, Drittwiderspruchs- u. Vollstreckungsgegenklage). Soweit das ZVG keine Sonderregelung trifft, **gilt die ZPO, da das ZVG als Teil der ZPO** anzusehen ist (§ 869).

5. Die Zwangsversteigerung

1) Die Zwangsversteigerung eines Grundstückes wird vom Vollstreckungsgericht auf Antrag des Gläubigers angeordnet (§ 15 ZVG), wenn

a) die allgemeinen Vollstreckungsvoraussetzungen vorliegen, insbesondere also ein vollstreckbarer Zahlungstitel **(persönlicher Titel)**

   oder ein Titel auf Duldung der Zwangsvollstreckung zu einem bestimmten Betrag aus einem im Grundbuch eingetragenen dinglichen Recht – z.B. Hypothek oder Grundschuld (§§ 1147, 1192 BGB, **sog. dinglicher Titel**) –, wenn der Gläubiger dieses Recht durch Zwangsvollstreckung verwerten will,

b) der Schuldner als **Eigentümer des Grundstücks eingetragen** (oder Erbe des eingetragenen Eigentümers) ist (§§ 16, 17 ZVG).

   Besitzer des Grundstücks muss der Schuldner nicht sein, z.B. bei Vermietung.

2) Der Anordnungsbeschluss gilt zugunsten des Gläubigers als **Beschlagnahme des Grundstücks** (und der Gegenstände des § 1120 BGB, § 20 ZVG).

Der Beschluss wird im Grundbuch eingetragen (§ 19 ZVG).

Schuldnerschutz: Einstellung nach §§ 30 a ff. ZVG; daneben: **§ 765 a ZPO** (s.u. § 22, 1.6).

Beitritt weiterer Gläubiger zum Versteigerungsverfahren möglich: § 27 ZVG.

3) Die **Verwertung** des Grundstücks erfolgt durch **Versteigerung**.

a) Diese Versteigerung darf jedoch nicht solche Rechte beeinträchtigen, die dem betreibenden Gläubiger vorgehen (z.B. vorrangige Hypotheken).

aa) In der Versteigerung wird deshalb nur ein solches Gebot zugelassen, durch das die dem Anspruch des Gläubigers vorgehenden Rechte gedeckt werden (§ 44 Abs. 1 ZVG; **geringstes Gebot, Deckungsprinzip**).

vorgehende Rechte: Bei Vollstreckung aus einem persönlichen Titel **alle** im Grundbuch eingetragenen Belastungen, bei Vollstreckung aus einem dinglichen Titel die dem dinglichen Recht des Gläubigers im Rang vorgehenden Belastungen.

bb) Die im geringsten Gebot enthaltenen Rechte braucht der Ersteher jedoch nicht durch Zahlung zu befriedigen; sie bleiben bestehen und werden **vom Ersteher übernommen** (**Übernahmeprinzip**, § 52 Abs. 1 ZVG), werden also durch die Versteigerung nicht berührt.

Dadurch wird die Ersteigerung und damit auch die Verwertung des Grundstückes erleichtert. Denn der Ersteher braucht diesen Teil des geringsten Gebots nicht zu zahlen, sondern nur das darüber hinausgehende (Mehr-)Gebot = **Bargebot** (§ 49 ZVG).

b) Dem **Meistbietenden** wird der **Zuschlag** erteilt (§ 81 Abs. 1 ZVG).

Meistgebot. – Zur Vermeidung einer Verschleuderung bestehen Mindestgrenzen (§§ 74 a, 85 a ZVG: 7/10, Hälfte des Grundstückswertes), nicht jedoch im neuen Versteigerungstermin.

aa) Durch den Zuschlag wird der **Ersteher Eigentümer des Grundstücks** (§ 90 Abs. 1 ZVG), und zwar **kraft Hoheitsaktes**, originär, außerhalb des Grundbuchs; seine Eintragung im Grundbuch hat nur berichtigende Bedeutung.[942]

Also gleiche Rechtslage wie bei der Versteigerung in der Mobiliarvollstreckung (s.o. § 18, 5).

Außerdem erwirbt der Ersteher die Gegenstände, auf die sich die Versteigerung erstreckt hat (§ 90 Abs. 2 ZVG, Verweisung auf §§ 55, 20 ZVG, 1120 BGB), z.B. Grundstückszubehör.

bb) Die Rechte, die nicht im geringsten Gebot enthalten waren – also das Recht des Gläubigers, wenn dieser aus einem dinglichen Recht vollstreckt, und die nachrangigen Rechte –, **erlöschen** (§ 91 ZVG); sie setzen sich nunmehr am Versteigerungserlös fort (§ 92 Abs. 1 ZVG; dingliche Surrogation).[943]

cc) Aus dem Zuschlagsbeschluss kann der Ersteher gegen den Besitzer des Grundstücks die Zwangsvollstreckung auf Räumung und Herausgabe betreiben (§ 93 ZVG).

Hat der Besitzer allerdings ein Besitzrecht, das durch den Zuschlag nicht erloschen ist – z.B. aus **Mietvertrag, § 566 BGB** –, darf gegen ihn nicht vollstreckt werden (§ 93 S. 2, 3 ZVG, ggf. § 771 ZPO); der Ersteher hat jedoch ein Sonderkündigungsrecht, § 57 a ZVG.

4) Nach der Erteilung des Zuschlags findet ein Verteilungsverfahren hins. des Erlöses statt (§§ 105 ff. ZVG, Rangfolge: § 10 ZVG), in dem der Gläubiger – soweit es aus dem Versteigerungserlös möglich ist – Befriedigung erlangt.

Ein Überschuss gehört dem Schuldner (früherer Eigentümer: dingliche Surrogation).

942 BGH NJW 1990, 2744; MDR 1986, 1022; BGH Urt. v. 29.06.2004 – IX ZR 258/02, NJW 2004, 2900.

943 BGH NJW 1989, 2536; Stöber, ZVG, § 91 Anm. 2.5.

5) Die **Auseinandersetzungsversteigerung** (§§ 180 ff. ZVG) zur Aufhebung einer Miteigentumsgemeinschaft an einem Grundstück – z.B. von getrenntlebenden[944] oder geschiedenen Eheleuten (in der Praxis von erheblicher Bedeutung!) oder von Miterben – ist keine Zwangsvollstreckung im eigentlichen Sinne, sondern mehr eine Art freihändigen Verkaufs.[945] Dieser Verkauf ist aber in die rechtliche Form einer Zwangsversteigerung gekleidet worden, sodass **ZVG und ZPO gelten**, soweit in §§ 180 ff. ZVG nichts Abweichendes bestimmt ist, z.B. auch § 765 a ZPO.[946] – Der Versteigerungserlös wird unter den Miteigentümern gemäß ihrer Berechtigung (Anteil) verteilt.[947]

6. Die Zwangsverwaltung

Anordnung entsprechend der Zwangsversteigerung (§ 146 ZVG), also auf Antrag des Gläubigers. Das Vollstreckungsgericht ernennt einen Zwangsverwalter (§ 150 Abs. 1 ZVG), der die Verwaltung und Nutzung des Grundstücks für die Zwangsverwaltungsmasse ausübt (§ 152 Abs. 1 ZVG). Die Überschüsse der Verwaltung werden gemäß § 155 ZVG verteilt, wobei dann – soweit sie hierzu reichen – der Gläubiger Befriedigung erlangt.

7. Die Zwangshypothek

Die Eintragung einer Zwangshypothek erfolgt durch das **Grundbuchamt**.

1) Das Grundbuchamt trägt die Zwangshypothek auf Antrag des Gläubigers ein, wenn die grundbuchrechtlichen Voraussetzungen für die Eintragung vorliegen; die nach § 19 GBO erforderliche **Einwilligung** des Grundstückseigentümers (Schuldner) wird **durch die Vollstreckungsvoraussetzungen ersetzt**.

2) Gegen die Entscheidungen des Grundbuchamtes sind nach h.M. nicht die Rechtsbehelfe des Zwangsvollstreckungsrechts gegeben, sondern – nur – die des **Grundbuchrechts** gemäß §§ 71 ff. GBO.[948]

Einwendungen des Schuldners gegen den Titel: § 767,[949] noch zulässig, da die Zwangshypothek mangels Befriedigung des Gläubigers keine Beendigung der Vollstreckung bedeutet.[950]

3) Die Zwangshypothek führt nur zu einer Sicherung des Gläubigers. Wenn der Gläubiger Befriedigung aus dem Grundstück erlangen will, muss er daher die Zwangsversteigerung des Grundstücks betreiben. Dies kann er unmittelbar aus der Zwangshypothek – also mit ihrem Rang und damit vor später eingetragenen Belastungen, vor denen ihn daher die Hypothek gesichert hat –, ohne dass er noch einen zusätzlichen dinglichen Titel auf Duldung der Vollstreckung aus der Zwangshypothek gegen den Eigentümer erwirken muss (§ 867 Abs. 3).

---

944 § 1365 BGB gilt, BGH v. 14.06.2007 – V ZB 102/06, NJW 2007, 3124.
945 BGHZ 13, 133, 136.
946 BGH v. 22.03.2007 – V ZB 152/06, NJW 2007, 3430.
947 s. näher Brox/Walker Rdnr. 984 ff.
948 OLG Zweibrücken JurBüro 2001, 271; OLG Köln Rpfleger 1996, 189; Musielak/Becker § 867 Rdnr. 12.
949 OLG Köln Rpfleger 1991, 149.
950 Brox/Walker Rdnr. 1045 m.w.N.

§ 21 Die Zwangsvollstreckung wegen anderer Ansprüche als Geldforderungen

1. Die Vollstreckung auf Herausgabe von Sachen (§§ 883–886)

1) Bei **Sachen im Gewahrsam des Schuldners**

a) **Bewegliche Sachen:** Die Sachen werden dem Schuldner **vom Gerichtsvollzieher weggenommen** und dem Gläubiger übergeben (§§ 883, 884).

Der Pfändungsschutz gemäß §§ 811, 812 gilt für diese Herausgabevollstreckung nicht!

Verpflichtung des Schuldners zur eidesstattlichen Versicherung: § 883 Abs. 2. Besitzt der Schuldner die Sachen nicht (mehr), bleibt dem Gläubiger die Klage auf Schadensersatz (§ 893).

b) Muss der Schuldner nach dem Urteil die Sache auch an den Gläubiger **übereignen**, so kommt die Übereignung gemäß § 929 BGB wie folgt zustande:

aa) **Einigung:** Mit Rechtskraft des Urteils gilt die Einigungserklärung des Schuldners als abgegeben (§ 894); mit – auch schlüssiger – Annahme der Erklärung des Schuldners durch den Gläubiger bzw. entsprechender Einigungserklärung des Gläubigers ist die Einigung zustande gekommen.

bb) **Übergabe:** wird durch die Wegnahme der Sache durch den Gerichtsvollzieher ersetzt (§ 897).

Die gemäß § 894 fingierte Willenserklärung steht einer rechtsgeschäftlichen gleich; daher ist auf diesem Wege – im Rahmen einer Zwangsvollstreckung! – auch ein **gutgläubiger Erwerb vom Nichtberechtigten** möglich (§ 898).

c) Ein Anspruch auf **Herausgabe von Grundstücken** – auch auf Räumung von **Wohnungen** – wird gemäß § 885 vollstreckt: Der **Gerichtsvollzieher** setzt den Schuldner aus dem Besitz und weist den Gläubiger in den Besitz ein.

ohne besondere zusätzliche Richtererlaubnis: § 758 a Abs. 2 (da diese immanent im Räumungsurteil liegt). – Räumungsschutz: §§ 721, 765 a (s.u. § 22, 1.6).

Räumung von Mietwohnungen:[951] Nach jetzt h.M. ist ein Räumungstitel gegen **alle Mitbesitzer** der Wohnung – nicht nur den Mieter – erforderlich, da der Mitbesitzer eine eigene Besitzstellung hat, sodass daher zu seiner Besitzentsetzung ein Titel gerade auch gegen ihn vorliegen muss.[952] Daher kann gegen den **Ehegatten** des zur Räumung verurteilten Mieters nur vollstreckt werden, wenn auch er zur Räumung verurteilt ist.[953] Gleiches gilt für den in der Wohnung mitlebenden Lebenspartner oder Lebensgefährten,[954] für die Mitglieder einer Wohngemeinschaft[955] und für einen Untermieter:[956] Räumung nur zulässig, wenn sich der **Räumungstitel auch gegen sie** richtet.

Kein besonderer Räumungstitel ist erforderlich hins. **Besitzdiener** – z.B. **Kinder**[957] – o. anderer Personen, die sich in der Wohnung aufhalten, ohne Mitbesitzer zu sein, wie Besuch.[958]

951 zur Räumungsvollstreckung ausführlich Gilleßen DSVZ 2006, 145, 165, 185.

952 BGH v. 25.06.2004 – IX a ZB 29/04, NJW 2004, 3041; v. 05.11.2004 – IX a ZB 51/04, FamRZ 2005, 269.

953 BGH v. 25.06.2004 – IX a ZB 29/04, NJW 2004, 3041; Musielak/Lackmann § 885 Rdnr. 6 ff.; a.A. BL/Hartmann § 885 Rdnr. 9, 10 (nur abgeleitetes Besitzrecht). – ausführlich Stickelbrock ZZP 2005, 106.

954 falls Mitbesitzer, BGH v. 19.03.2008 – I ZB 56/07, FamRZ 2008, 1174.

955 Musielak/Lackmann § 885 Rdnr. 10.

956 BGH v. 18.07.2003 – IX a ZB 116/03, NJW-RR 2003, 1450.

957 BGH v. 19.03.2008 – I ZB 56/07, FamRZ 2008, 1174.

958 Zöller/Stöber § 885 Rdnr. 7; Musielak/Lackmann § 885 Rdnr. 6, 9.

Drohende Obdachlosigkeit des Räumungsschuldners steht der Räumung grds. nicht entgegen; sie zu verhindern, ist Aufgabe der Ordnungsbehörde. Bei Wiedereinweisung des Räumungsschuldners ist der Räumungstitel nicht verbraucht.[959]

Entfernung der Habe des Schuldners: § 885 Abs. 2–4. – Oft hohe Kosten für den Gläubiger: Dadurch vermeidbar, dass dieser an **allen** Sachen ein Vermieterpfandrecht geltend macht u. die Vollstreckung auf die Herausgabe der Wohnung beschränkt („Berliner Modell")[960]

2) Ist die Sache **im Gewahrsam eines nicht herausgabebereiten Dritten**, so erfolgt die Vollstreckung gem. § 886 dadurch, dass der Gläubiger den Anspruch des Schuldners gegen den Dritten auf Herausgabe nach §§ 829, 835 pfänden und sich überweisen lässt (und den Anspruch dann gegen den Dritten durchsetzt, erforderlichenfalls durch Klage und Vollstreckung gem. § 883).

aber: unmittelbare Räumungsvollstreckung gegen Dritten, dem der Schuldner kurzfristig den Besitz übertragen hat, um die Räumung zu verhindern (Rechtsmissbrauch)?[961]

3) Herausgabe eines Kindes (§ 1632 BGB): Vollstreckbar nach § 33 FGG, nicht ZPO.[962]

2. Die Zwangsvollstreckung zur Erwirkung von Handlungen

1) Ein Anspruch auf Vornahme **einer vertretbaren Handlung** wird nach § 887 dadurch vollstreckt, dass das **Prozessgericht** der ersten Instanz den Gläubiger ermächtigt, die Handlung auf Kosten des Schuldners vornehmen zu lassen.

zivilprozessuale Ersatzvornahme. – Der Gläubiger kann dabei zugleich beantragen, dass das Gericht den Schuldner zur Vorauszahlung der entstehenden Kosten verurteilt (Beschluss, gem. §§ 794 Abs. 1 Nr. 3, 803 ff. vollstreckbar). Hat der Gläubiger diese Kosten bereits verauslagt, kann er sie vom Schuldner nicht nachträglich im Vollstreckungsverfahren, sondern nur mit neuer Klage aus §§ 667 ff., 812 BGB erstattet verlangen.[963]

2) Die Vollstreckung wegen eines Anspruches auf Vornahme einer **unvertretbaren Handlung** wird nach § 888 dadurch bewirkt, dass der Schuldner auf Antrag des Gläubigers vom **Prozessgericht** durch Zwangsgeld oder Zwangshaft zur Vornahme der Handlung angehalten wird (Beugemaßnahmen).

Nur Zwangsmittel, daher kein Verschulden des Schuldners an der Nichterfüllung erforderlich.[964] Der Schuldner kann die Beugemittel jederzeit durch Erfüllung abwenden.

§ 888 gilt nach h.M. auch für eine Vollstreckung auf Widerruf ehrverletzender Äußerungen.[965]

Ausgeschlossen ist diese Vollstreckung bei unvertretbaren Dienstleistungen (§ 883 Abs. 3), bei Leistungen, die dem Schuldner unmöglich o. die nicht ausschließlich von seinem Willen abhängig sind (z.B. künstlerische Leistung, nicht erreichbare Mitwirkung Dritter).[966]

Das Zwangsgeld fließt der Staatskasse zu, wird aber vom Gläubiger beigetrieben.[967]

---

959 ThP/Hüßtege § 885 Rdnr. 10; StJ/Brehm § 885 Rdnr. 20.

960 s. BGH v. 17.11.2005 – I ZB 45/05, NJW 2006, 848; BGH v. 10.08.2006 – I ZB 135/05, NJW 2006, 3273.

961 s. AG Hamburg-Barmbek/LG Hamburg DGVZ 2005, 164; AG Hamburg-St. Georg DGVZ 2007, 63; Gilleßen DGVZ 2006, 145, 154. – zur gleichen Situation bei der Sachpfändung s.o. § 18, 2.2, 3).

962 BL/Hartmann § 883 Rdnr. 18; Palandt/Diederichsen § 1632 Rdnr. 8.

963 BGH v. 10.08.2006 – I ZB 110/05, NJW-RR 2007, 213.

964 OLG Hamm NJW-RR 1988, 1088.

965 OLG Frankfurt MDR 1998, 986; BL/Hartmann § 887, 40; a.A. OLG Hamm NJW-RR 1992, 635: § 894.

966 s. Brox/Walker Rdnr. 1078 ff.; Jauernig/Berger § 27 Rdnr. 15, 16.

967 BGH NJW 1983, 1859, streitig.

3) **Vertretbar** i.S.d. § 887 ist eine **Handlung**, hinsichtlich der es für den Gläubiger gleich bleibt, ob gerade der Schuldner oder ein Dritter sie vornimmt, die also statt vom Schuldner auch von einem Dritten vorgenommen werden kann.

Arbeits- und Dienstleistungen sind i.d.R. vertretbar.

4) Es ist streitig, ob der Schuldner den Einwand der **Erfüllung** aus Gründen der Prozessökonomie bereits im Vollstreckungsverfahren geltend machen kann[968] oder grundsätzlich nur – wie auch sonst bei materiell-rechtlichen Einwendungen – mit der Vollstreckungsgegenklage.[969]

3. Die Zwangsvollstreckung zur Erwirkung von Unterlassungen und Duldungen

erfolgt nach § 890: Der Schuldner ist wegen jeder – schuldhaften[970] – Zuwiderhandlung auf Antrag des Gläubigers vom **Prozessgericht** der ersten Instanz zu Ordnungsgeld oder zu Ordnungshaft zu verurteilen. Der Verurteilung muss eine entsprechende Androhung vorausgehen.

Zuwiderhandlung: nicht nur bei exaktem Verstoß, sondern immer dann, wenn der Kern der Unterlassungsverpflichtung verletzt wurde **(Kerntheorie)**.[971] – Erfordert die Erfüllung der Unterlassungs- o. Duldungspflicht zugleich ein positives Tun des Schuldners, wird auch dieses von der Verurteilung erfasst und kann nach § 890 erzwungen werden.[972]

Sonderregelung in § 892 a: Eine Zuwiderhandlung gegen ein nach § 1 GewSchG angeordnetes Unterlassungsgebot – z.B. eine bestimmte Wohnung zu betreten – kann auch vom Gerichtsvollzieher durch unmittelbaren Zwang beendet werden (Zweck: sofortige Durchsetzung).

4. Die Vollstreckung auf Abgabe einer Willenserklärung

erfolgt gemäß § 894: Mit Eintritt der Rechtskraft des Urteils **gilt die Erklärung als abgegeben**; das Urteil ersetzt die Erklärung, weitere Vollstreckungsmaßnahmen sind nicht erforderlich.

Nur die Willenserklärung des Schuldners ist damit abgegeben. Ist zum Zustandekommen eines Vertrages die Annahme durch den Gläubiger erforderlich, so muss der Gläubiger diese Annahme noch erklären. Zum Zustandekommen einer Auflassung muss daher der Gläubiger die titulierte Auflassungserklärung des Schuldners in notarieller Form annehmen; das Erfordernis der „gleichzeitigen Anwesenheit" der Auflassungsparteien (§ 925 Abs. 1 S. 1 BGB) wird dadurch gewahrt, dass das die Auflassungserklärung des Schuldners enthaltende rechtskräftige Urteil bei der Beurkundung der Annahmeerklärung des Gläubigers vorliegt.[973]

Für die Verpflichtung zur Abgabe einer Willenserklärung in einem Prozessvergleich gilt § 894 nicht: Vollstreckung nach § 888 oder neue Klage auf Abgabe der Erklärung mit Vollstreckung dann gemäß § 894.[974] – Möglich natürlich aber auch: Erklärung selbst in dem Vergleich.

968 so BGH v. 05.11.2004 – IX a ZB 32/04, NJW 2005, 367 (nicht aber den Einwand, die Vornahme der Handlung sei unzumutbar o. führe nicht zum Erfolg, BGH v. 07.04.2005 – I ZB 2/05, NJW-RR 2006, 202).

969 u.a. OLG München MDR 2000, 907; KG NJW-RR 2003, 214.

970 BVerfG v. 04.12.2006 – 1 BvR 1200/04, NJW-RR 2007, 861.

971 Schuschke/Walker § 890, 22 ff.; MK/Gruber § 890, 10. – verfassungsgemäß, BVerfG vorst. Fußnote.

972 BGH v. 25.01.2007 – I ZB 58/06, NJW-RR 2007, 863.

973 BayObLG Rpfleger 1983, 390; Palandt/Bassenge § 925 Rdnr. 6.

974 BGH NJW 1986, 2704@.

§ 22 Die Rechtsbehelfe in der Zwangsvollstreckung

Den durch ein Vollstreckungshandeln Betroffenen – Schuldner, Gläubiger, Dritten – stehen besondere Rechtsbehelfe zur Verfügung:

- **Erinnerung (Vollstreckungserinnerung**, § 766): Mit ihr kann eine Verfahrensfehlerhaftigkeit einer Vollstreckungsmaßnahme beanstandet werden.
- **Sofortige Beschwerde** (§ 793): Gegen gerichtliche Entscheidungen.
- **Vollstreckungsgegenklage** (§ 767): Für den Schuldner zur Geltendmachung von Einwendungen gegen den titulierten materiellen Anspruch.
- **Drittwiderspruchsklage** (§ 771): Für einen Dritten zur Beseitigung von Vollstreckungsmaßnahmen in schuldnerfremdes Vermögen.
- **Klage auf vorzugsweise Befriedigung** (§ 805): Für einen anderweitigen Gläubiger des Schuldners zur Erreichung einer Befriedigung aus dem Gegenstand der Vollstreckung vor dem vollstreckenden Gläubiger.
- **Vollstreckungsschutzantrag des Schuldners** (§ 765 a).

Diese Rechtsbehelfe gelten grds. nur, **solange ein Zwangsvollstreckungsverfahren anhängig ist**, also bereits begonnen hat und noch nicht beendet ist; nach Beendigung – d.h. nach vollständiger und endgültiger Verwertung des Vollstreckungsobjektes und Verteilung des Erlöses – können diese Rechtsbehelfe daher nicht mehr eingreifen.

Diese besonderen Rechtsbehelfe kommen in allen Vollstreckungsverfahren – z.B. in der Mobiliar- und Immobiliarvollstreckung – in Betracht. Soweit sie eingreifen, ist eine auf das gleiche Ziel gerichtete materiell-rechtliche Klage ausgeschlossen.[975]

1. Die einzelnen Rechtsbehelfe

1.1 Die Vollstreckungserinnerung (§ 766)

Mit ihr wird das Verfahren des Vollstreckungsorgans bei der Vollstreckung – die **„Art und Weise“ der Vollstreckung** (§ 766 Abs. 1 S. 1) – gerügt und die Überprüfung der Vollstreckungsmaßnahme **in vollstreckungsverfahrensrechtlicher Hinsicht durch das Vollstreckungsgericht** (§ 764) verlangt.

Es entscheidet der **Richter**, nicht der Rechtspfleger (§ 20 Nr. 17 RPflG).

1.1.1 **Zulässigkeit** der Vollstreckungserinnerung

1) Die Vollstreckungserinnerung ist **gegeben (statthaft):**

a) gegen das **gesamte Verhalten des Gerichtsvollziehers:** Gegen Vollstreckungsmaßnahmen, aber auch gegen die Ablehnung des Tätigwerdens (§ 766 Abs. 2).

975 Baur/Stürner/Bruns § 42, 4; Lüke/Hau S. 172/173; Lackmann Rdnr. 26.

b) gegen **Vollstreckungsmaßnahmen des Vollstreckungsgerichts**.

Den Gegensatz zu den Zwangsvollstreckungs„**maßnahmen**“ bilden die „**Entscheidungen“ des Vollstreckungsgerichts**. Gegen Entscheidungen ist nicht die Vollstreckungserinnerung nach § 766 an das Vollstreckungsgericht gegeben, sondern nach § 793 die **sofortige Beschwerde** an das übergeordnete Gericht.

aa) Die demnach sehr wichtige Abgrenzung von gerichtlichen Vollstreckungsmaßnahmen und Entscheidungen ist nach h.M. wie folgt vorzunehmen:

- Vollstreckungs**maßnahmen**: Anordnung von Vollstreckungszugriffen **ohne Anhörung des Betroffenen**.
- **Entscheidungen:** Vollstreckungsmaßnahmen **nach Anhörung des Betroffenen**, ferner **Ablehnung und Aufhebung** von Vollstreckungsmaßnahmen.[976]

Grund dieser Abgrenzung: Bei einer Maßnahme nach Anhörung oder bei Ablehnung hat sich das Vollstreckungsgericht bereits mit den Argumenten des Betroffenen auseinandergesetzt, als Kriterium einer echten Entscheidung; wendet sich der Betroffene gegen diese Entscheidung, soll daher erforderlichenfalls das übergeordnete Beschwerdegericht entscheiden. Bei einer Vollstreckungsmaßnahme ohne Anhörung des Betroffenen hat dagegen eine solche Auseinandersetzung noch nicht stattgefunden; es ist daher angebracht, dass dann zunächst das Vollstreckungsgericht über die Einwendungen des Betroffenen befindet, also nunmehr eine Entscheidung trifft, und nicht sogleich das Bewerdegericht.

bb) Dabei kommt es nicht darauf an, ob die Vollstreckungsmaßnahme oder die Entscheidung vom – wie in der Regel – **Rechtspfleger** oder vom Richter getroffen worden ist: Nach § 11 Abs. 1 RPflG sind gegen die Entscheidungen des Rechtspflegers die **allgemeinen Rechtsmittel** gegeben, also die Vollstreckungserinnerung oder die sofortige Beschwerde, je nach Qualifizierung als Vollstreckungs„maßnahme“ oder Entscheidung.

cc) **Beispiele:** Der Pfändungsbeschluss, der gemäß § 834 ohne Anhörung des Schuldners und Drittschuldners erlassen wird, ist keine „Entscheidung“, sondern eine Vollstreckungsmaßnahme; gegen ihn ist daher die Vollstreckungserinnerung nach § 766 gegeben.[977] Ist der Schuldner allerdings vor Erlass gehört worden, so liegt eine „Entscheidung“ vor, mit dem Rechtsmittel der sofortigen Beschwerde (§§ 11 Abs. 1 RPflG, 793 ZPO).[978] Die Ablehnung eines Pfändungsbeschlusses durch den Rechtspfleger ist ebenfalls eine „Entscheidung“, gegen die deshalb wiederum die sofortige Beschwerde stattfindet.[979]

c) **nicht gegen Vollstreckungsmaßnahmen des Prozessgerichts** (z.B. gemäß §§ 887 ff.); dies sind nach Anhörung gemäß § 891 S. 2 ergangene Beschlüsse und damit immer **Entscheidungen**, gegen die daher die sofortige Beschwerde gemäß § 793 gegeben ist.[980]

2) Die Erinnerung ist nicht fristgebunden (fristlos).

976 So: OLG Frankfurt JurBüro 1992, 568; MK/Schmidt § 766 Rdnr. 17; Zöller/Stöber § 766 Rdnr. 2, 3; Musielak/Lackmann § 766 Rdnr. 11 ff.; ThP/Hüßtege § 793 Rdnr. 3; Brox/Walker Rdnr. 1176 ff.; Rosenberg/Gaul § 37 IV 2; Prütting/Stickelbrock S. 190. – a.A. Baur/Stürner/Bruns § 43, 4: Ein Vollstreckungszugriff bleibe auch nach Anhörung eine (dieselbe) Vollstreckungsmaßnahme.

977 OLG Köln NJW-RR 2001, 69.

978 s. OLG Köln NJW-RR 1992, 894.

979 s. OLG Koblenz NJW-RR 1986, 679.

980 Brox/Walker Rdnr. 1183.

3) **Erinnerungsbefugnis:** Berechtigt zur Einlegung der Erinnerung ist, wer durch die Vollstreckungsmaßnahme **beeinträchtigt (beschwert)**, d.h. in seinen Rechten verletzt worden sein kann.

Dies können der Schuldner und der Gläubiger, aber auch Dritte sein.

a) Der **Schuldner** ist grundsätzlich bereits durch die Zwangsvollstreckung als solche beschwert und kann daher grundsätzlich gegen jede gegen ihn gerichtete Vollstreckungsmaßnahme Erinnerung einlegen.[981]

z.B. wenn der Gerichtsvollzieher eine unpfändbare Sache (§ 811) pfändet, wenn eine der allgemeinen Voraussetzungen für den Beginn der Zwangsvollstreckung fehlt (§§ 750 ff.);

nicht jedoch dagegen, wenn der Gerichtsvollzieher eine im Gewahrsam des Schuldners befindliche Sache pfändet, die nicht zum Schuldnervermögen gehört, denn der Gerichtsvollzieher hat hier keinen Verfahrensverstoß begangen, sondern ist nach § 808 korrekt vorgegangen; auch wenn das fremde Eigentum so offenkundig war, dass der Gerichtsvollzieher nicht hätte pfänden dürfen (s.o. § 18, 2.2, 2), kann dies nicht vom Schuldner - nur von dem Dritten - gerügt werden, da er durch die Verletzung des Fremdeigentums nicht beeinträchtigt wird.[982]

ebenfalls nicht durch eine Verletzung des Gewahrsams eines nicht herausgabebereiten Dritten (§ 809), da auch dies den Schuldner nicht beeinträchtigt.[983]

b) Der **Gläubiger** ist beschwert, wenn der Gerichtsvollzieher oder das Vollstreckungsgericht die Ausführung des Vollstreckungsantrags ablehnt oder verzögert oder von dem Vollstreckungsantrag abweicht.

c) Ein **nachpfändender Gläubiger** ist wegen § 804 Abs. 3 durch jede vorrangige Pfändung beschwert.[984]

d) Der **Drittschuldner einer gepfändeten Forderung** ist - wie der Schuldner - bereits durch die Pfändung als solche beschwert, da ihn nunmehr die Pflichten aus § 840 treffen und da er nur noch an den Gläubiger leisten darf.[985]

Er kann daher grds. jeden Verfahrensmangel geltend machen.

e) Ein **sonstiger Dritter** ist - nur - dann erinnerungsbefugt, wenn er rügt, dass durch die Vollstreckungsmaßnahme eine Verfahrensvorschrift verletzt worden sei, die - mindestens auch - seinem Interesse oder seinem Schutz dient.[986]

z.B. wenn der Gerichtsvollzieher bei dem nicht herausgabebereiten Dritten pfändet, denn § 809 dient dem Schutz des Dritten; wenn gegen den Dritten vollstreckt wird, obwohl der Titel nicht ihn betrifft und auch nicht gegen ihn umgeschrieben worden ist.[987] Einen Verstoß gegen § 811 Abs. 1 Nr. 1 kann auch ein Familienangehöriger rügen.

4) **Erinnerungsgegner:** die Gegenpartei im Vollstreckungsverfahren, also z.B. der Gläubiger bei Erinnerung des Schuldners, die sich gegen eine Pfändung des Gerichtsvollziehers richtet (nicht etwa der Gerichtsvollzieher, da dieser nicht Partei des Verfahrens ist[988]).

981 Rosenberg/Gaul § 37 V 2 n; Brox/Walker Rdnr. 1196; Lippross Rdnr. 345.
982 Brox/Walker Rdnr. 259, 1196.
983 Musielak/Becker § 809 Rdnr. 8; Brox/Walker Rdnr. 1196; Rosenberg/Gaul § 37 V 2 a.
984 BGH MDR 1989, 633; Musielak/Lackmann § 766 Rdnr. 19.
985 BGHZ 69, 144, 148; Musielak/Lackmann § 766, 19; Schuschke/Walker § 766, 16; Brox/Walker 1200.
986 StJ/Münzberg § 766, 36; Musielak/Lackmann § 766, 19; Brox/Walker 1198, 1203; Lippross 345.
987 Brox/Walker Rdnr. 1199.
988 BGH v. 20.12.2006 - VII ZB 88/06, NJW 2007, 1276.

5) **Rechtsschutzbedürfnis:** Sobald die **konkrete Vollstreckungsmaßnahme** begonnen hat o. unmittelbar bevorsteht und noch nicht als solche vollständig beendet ist, ggf. also noch rückgängig gemacht werden kann (nicht bis zur Beendigung der Vollstreckung im Ganzen).[989]

1.1.2 Begründet ist die Erinnerung, wenn eine Verfahrensvorschrift des Vollstreckungsrechts verletzt, wenn also die Vollstreckungsmaßnahme – bzw. ihre Ablehnung durch den Gerichtsvollzieher – **verfahrensfehlerhaft** ist.

1) Das Vollstreckungsgericht hat daher grds. das angegriffene Vollstreckungsverhalten **generell** – auch **über konkrete Rügen hinaus** – auf seine Verfahrensgemäßheit bzw. -fehlerhaftigkeit zu überprüfen, d.h. dahin, ob

a) die allgemeinen und besonderen Vollstreckungsvoraussetzungen vorliegen,

b) Vollstreckungshindernisse fehlen und

c) der Vollstreckungsakt als solcher ordnungsgemäß durchgeführt worden ist.[990]

Falls allerdings ein sonstiger Dritter (s.o. 1.1.1, 3 e) Erinnerung eingelegt hat, ist die Prüfung darauf beschränkt, ob der zulässig gerügte Verfahrensfehler vorliegt.[991]

2) Prüfungszeitpunkt: Erlass der Entscheidung. Daher kann eine zunächst begründete Erinnerung durch Heilung des Mangels unbegründet werden.[992]

1.1.3 Die Entscheidung ergeht durch **Beschluss**, z.B. auf Aufhebung der Vollstreckungsmaßnahme oder Anweisung an das Vollstreckungsorgan, die beantragte Vollstreckungsmaßnahme vorzunehmen. Gegen den Beschluss des Richters gibt es die sofortige Beschwerde nach § 793.

1.2 Die sofortige Beschwerde (§ 793)

1) Sie ist gegeben gegen **Entscheidungen**, die im Zwangsvollstreckungsverfahren ohne mündliche Verhandlung ergehen können. Gegen „Entscheidungen“, also nicht gegen Vollstreckungsmaßnahmen (dann § 766!, s. vorstehend zu 1.1).

Beschwerdebefugnis: Beeinträchtigung (Beschwer) durch die angefochtene Entscheidung.

2) Für die Zulässigkeit gelten die §§ 567 ff.; Frist zur Einlegung: zwei Wochen ab Zustellung (§ 569). Das Gericht der angefochtenen Entscheidung (ggf. der Rechtspfleger) kann der Beschwerde **abhelfen** (§ 572); anderenfalls legt es die Beschwerde dem Beschwerdegericht zur Entscheidung vor.

3) Die Beschwerdeentscheidung ergeht durch **Beschluss**, gegen den – bei Zulassung – Rechtsbeschwerde an den BGH stattfindet (§ 574 Abs. 1 Nr. 2).

989 BGH v. 21.12.2004 – IX a ZB 324/03, MDR 2005, 648 (keine Feststellung der Rechtswidrigkeit einer bereits beendeten Vollstreckungsmaßnahme); ThP/Hüßtege § 766 Rdnr. 21.

990 Musielak/Lackmann § 766 Rdnr. 22; MK/Schmidt § 766 Rdnr. 46; Schuschke/Walker § 766 Rdnr. 26; Brox/Walker Rdnr. 1211 ff.; Lippross Rdnr. 347.

991 Lippross Rdnr. 349.

992 Musielak/Lackmann § 766 Rdnr. 23 ff.; Brox/Walker Rdnr. 1233. – s. zur Auswirkung auf die Rangverhältnisse aber oben § 17, 4 Fall 25; zu § 811: oben § 18, 2.4, 4 h).

1.3 Die Vollstreckungsgegenklage (Vollstreckungsabwehrklage, § 767)

ist eine **prozessuale Gestaltungsklage**,[993] mit der der Schuldner die Beseitigung der Vollstreckbarkeit des Vollstreckungstitels aufgrund von **materiell-rechtlichen Einwendungen oder Einreden gegen den zu vollstreckenden (titulierten) materiellen Anspruch erstrebt**. Ziel der Klage ist es, dass die Vollstreckung aus dem Titel für unzulässig erklärt wird: Sie richtet sich daher gegen die Vollstreckbarkeit des Titels **schlechthin**, nicht nur – wie Erinnerung oder Drittwiderspruchsklage – gegen die Zulässigkeit einzelner Vollstreckungsmaßnahmen.

nicht nur gegen Urteile statthaft,[994] sondern bei allen Arten von Vollstreckungstiteln, wie u.a. Vollstreckungsbescheiden, Prozessvergleichen, vollstreckbaren Urkunden.[995]

1.3.1 Zulässigkeit: Allgemeine Verfahrensvoraussetzungen (Sachurteilsvoraussetzungen), mit folgenden Besonderheiten:

1) Ausschließlich zuständig: Prozessgericht des ersten Rechtszuges des angegriffenen Urteils (§§ 767 Abs. 1, 797 Abs. 5, 802, unabhängig vom Streitwert).

daher bei Klage gegen erstinstanzliches LG-Urteil über 3.000 €: dieses Landgericht.

2) Kläger: der Schuldner, Beklagter: der Vollstreckungsgläubiger,

nach Abtretung des titulierten Anspruchs der neue Gläubiger, falls die Klausel auf ihn umgeschrieben ist oder umgeschrieben werden kann.[996]

3) Klageantrag: dahin zu stellen, dass die Vollstreckung **aus dem Titel** – nicht nur eine einzelne Vollstreckungsmaßnahme – für unzulässig erklärt wird.[997]

Betrifft die Einwendung nur einen Teil des titulierten Anspruchs: Entsprechende Beschränkung des Antrags; dann auch nur teilweise Unzulässigerklärung der Vollstreckung.[998]

4) Rechtsschutzbedürfnis für die Klage: Besteht (bereits), **sobald und solange** der Gläubiger den Vollstreckungstitel in Händen hat, und endet (erst), wenn eine Vollstreckung aus dem Titel nicht mehr droht.[999]

also auch, ohne dass eine konkrete Vollstreckung bevorsteht: Daher früher einsetzender Anwendungsbereich als bei den anderen Vollstreckungsrechtsbehelfen.

1.3.2 Die Klage ist **begründet**, wenn der materielle Anspruch, der im Titel niedergelegt ist, **nach materiellem Recht** vom Gläubiger nicht mehr, nicht mehr vollständig oder nur noch eingeschränkt durchgesetzt werden darf.

1) **Beispiele** für insoweit relevante Umstände: Erfüllung der titulierten Forderung; Erlass oder Verzicht; nachträgliche Unmöglichkeit.

---

993 BGH NJW 1992, 2160; BGH Urt. v. 24.05.2007 – IX ZR 142/05, NJW-RR 2007, 1554, 1555.

994 auch Unterlassungsurteile, BGH Urt. v. 14.03.2008 – V ZR 16/07, NJW 2008, 1446 (nicht § 323).

995 s. § 795; BL/Hartmann § 767 Rdnr. 9 ff.

996 BGH NJW 1993, 1396.

997 BGH NJW 1960, 2286.

998 BGH NJW-RR 1991, 759.

999 BGH NJW 1998, 2967; ThP/Hüßtege § 767 Rdnr. 14, 16; Brox/Walker Rdnr. 1332.

ferner: Verlust der Sachbefugnis, z.B. infolge Pfändung der titulierten Forderung, aufgrund derer der bisherige Gläubiger nicht mehr vollstrecken darf (s.o. § 17, 1.2.2, 3 a); nachträgliche Verjährung der Hauptforderung bei Verurteilung aus Bürgschaft (nachträgliche Entstehung einer Einrede gemäß § 768 BGB für den verurteilten Bürgen).[1000]

grds. nicht: nachträgliche Änderung der Rechtsprechung oder Rechtsauffassung.[1001] Ausnahme: Nichtigerklärung der Urteilsnorm durch das Bundesverfassungsgericht **(§ 97 Abs. 2 S. 3 BVerfGG)**, aber auch Feststellung einer verfassungswidrigen Auslegung der Urteilsnorm, mit der Folge, dass die aufgrund entsprechender Beanstandung durch das BVerfG erfolgte Änderung der Rechtsprechung zur Sittenwidrigkeit von Bürgschaften naher Angehöriger die Vollstreckungsgegenklage gegenüber zuvor ergangenen Verurteilungen begründen kann.[1002]

Dass der Gläubiger eine andere Forderung hat, ist unerheblich: Die titulierte Forderung kann nicht durch eine andere ersetzt, dem Titel kein anderer Anspruch unterlegt werden.[1003]

Entsprechende Anwendung bei Einwand, der **Titel selbst sei unwirksam**, etwa zu unbestimmt: Zwar ist für diesen Einwand an sich die Klauselerinnerung gem. § 732 gegeben, aber die Rechtsprechung lässt wegen der weitergehenden Rechtskraftwirkung auch eine Klage entsprechend § 767 – sog. **„Titelabwehrklage"** – auf Unzulässigerklärung der Vollstreckung, nicht nur der Klausel, zu, und zwar nicht nur neben Einwendungen gem. § 767, sondern auch isoliert nur aufgrund des Unwirksamkeitseinwands (Wahlrecht).[1004]

2) Die **Rechtskraft des Urteils** darf jedoch nicht angetastet werden. Daher kann der Schuldner nur solche Einwendungen oder Einreden geltend machen, die erst **nach dem Schluss der letzten mündlichen Tatsachenverhandlung des Vorprozesses entstanden** sind (§ 767 Abs. 2); alle anderen werden durch die Rechtskraft der Entscheidung des Gerichts abgeschnitten (Präklusion).[1005]

In dieser **Präklusion** liegt die **besondere Problematik des § 767**.

Fall 35: Einrede schon vor Schluss der letzten mündlichen Verhandlung entstanden

S ist zur Zahlung von 1.000 € an G verurteilt worden. Er erhebt Vollstreckungsgegenklage mit dem Antrag, die Zwangsvollstreckung für unzulässig zu erklären. Er macht geltend, das Urteil sei unrichtig, da G die Schuld für 2 Jahre gestundet habe; im Prozess habe er diese Stundung nicht beweisen können, jetzt aber den Zeugen Z ermittelt, der die Stundung bezeugen könne.

Die Vollstreckungsgegenklage des S ist unbegründet: Die Stundungseinrede ist vor der letzten mündlichen Verhandlung entstanden; § 767 Abs. 2 steht daher ihrer Berücksichtigung entgegen. Dass S die Stundung im Prozess nicht beweisen konnte, ändert daran nichts; denn im Urteil wird über alle Einwendungen und Einreden des Schuldners – seien sie beweisbar oder nicht – entschieden. Ein späterer Angriff auf das Urteil mit der Begründung, es seien neue Beweismittel aufgefunden worden, verstößt daher gegen die Rechtskraft.

1000 BGH NJW 1998, 2972; 1999, 278@; MK/Schmidt § 767 Rdnr. 59; Lüke/Hau S. 151.

1001 Musielak/Lackmann § 767 Rdnr. 28.

1002 BVerfG v. 06.12.2005 – 1 BvR 1905/02, JZ 2006, 968 (Anm. Brehm); BGH Urt. v. 25.04.2006 – XI ZR 330/05, FamRZ 2006, 1024.

1003 BGH NJW 1995, 1163.

1004 BGH Urt. v. 16.07.2004 – IX a ZB 326/03, MDR 2005, 113; BGH Urt. v. 07.12.2005 – XII ZR 94/03, NJW 2006, 695; BGH v. 23.8.2007 – VII ZB 115/06, NJW-RR 2007, 1724.

1005 Frage der Begründetheit, nicht der Zulässigkeit der Klage, Musielak/Lackmann § 767, 30.

Allein entscheidend für § 767 Abs. 2 ist, ob die Einrede bereits vor Schluss der Verhandlung **entstanden** ist oder erst nachher, **nicht** dagegen, ob der Schuldner sie **kannte** oder beweisen konnte; schon die **objektive Möglichkeit** der Geltendmachung der Einrede in dem früheren Verfahren schließt das nachträgliche Vorbringen mit der Vollstreckungsgegenklage aus.[1006]

Wenn – wie hier – die geltend gemachte Einrede vor Schluss der letzten mündlichen Tatsachenverhandlung entstanden ist, kann der Schuldner daher nicht mit der Vollstreckungsgegenklage vorgehen, sondern die Rechtskraft des Urteils allenfalls mit der Wiederaufnahmeklage oder der Klage aus § 826 BGB angreifen. Für S besteht hier jedoch keine solche Möglichkeit: Das spätere Auffinden eines Zeugen ist kein Wiederaufnahmegrund; auch ein Anspruch aus § 826 BGB (s.o. § 14, 3.5) – der ja, wenn überhaupt, nur unter engen Voraussetzungen zugelassen wird – wird für S nicht gegeben sein.

Da die Präklusion gem. § 767 Abs. 2 Ausfluss der Rechtskraft ist, gilt sie **nicht für Titel ohne Rechtskraft**, wie Prozessvergleich oder Unterwerfungsurkunde.[1007]

Fall 36: Entstehen der Einwendung bei einem Gestaltungsrecht

G klagt gegen S auf Zahlung von 5.000 € als Kaufpreis für einen gelieferten Pkw; S wird verurteilt. S erhebt Vollstreckungsgegenklage mit der Begründung, er sei – wie er erst jetzt festgestellt habe – von G beim Abschluss des Vertrages getäuscht worden, denn der Wagen sei ein Unfallwagen; er fechte daher den Kaufvertrag an.

S hat nach Schluss der letzten mündlichen Verhandlung die **Anfechtung erklärt**, also ein Gestaltungsrecht ausgeübt, sodass seine Vertragserklärung und damit der Kaufvertrag und der Kaufpreisanspruch des G erst **nach** dem in § 767 Abs. 2 bestimmten Zeitpunkt entfallen sind. Der **Grund** für das Gestaltungsrecht – die Täuschung – lag jedoch bereits während des Vorprozesses, also vor dem Zeitpunkt des § 767 Abs. 2, vor.

Kann dann die Anfechtung mit der Vollstreckungsgegenklage geltend gemacht werden? – Die Frage ist **sehr umstritten** („klassische“ Streitfrage):

(1) Nach verbreiteter Literaturansicht[1008] entsteht die Einwendung **als solche** – hier: das **Entfallen** des Kaufpreisanspruches – überhaupt erst mit der **Ausübung des Gestaltungsrechts**, sodass daher entscheidend sei, wann die Anfechtung vom Schuldner **erklärt** worden ist; denn vor der Ausübung sei das Gestaltungsrecht als solches weder eine Einwendung noch eine Einrede.

Nach einer vermittelnden Meinung ist auf den Zeitpunkt der Ausübung jedoch nur dann abzustellen, wenn in dem Unterbleiben der Erklärung im ersten Prozess kein Verstoß gegen die prozessualen Förderungspflichten gem. § 282 gelegen hat (s.o. § 3, 5.2, Einzelfallfrage).[1009]

1006 BGHZ 34, 274; 125, 352@; BGH Urt. v. 19.10.2000 – IX ZR 255/99, NJW 2001, 231; Zöller/Herget § 767 Rdnr. 14; Brox/Walker Rdnr. 1342 m.w.N.

1007 Zöller/Herget § 767 Rdnr. 20; Musielak/Lackmann § 767 Rdnr. 31; s.o. § 10, 6.2.

1008 So: StJ/Münzberg § 767, 32 ff.; Musielak/Lackmann § 767, 37; Wieczorek/Salzmann § 767, 55; Brox/Walker, 1345 ff.; Baur/Stürner/Bruns § 45, 14; Rosenberg/Gaul § 40 V 2 b; Prütting/Stickelbrock S. 227.

1009 Jauernig/Berger § 12 Rdnr. 14.

(2) Nach h.M., insbesondere des **BGH**, ist wegen des Vorrangs der Rechtskraft der Zeitpunkt der **objektiven Entstehung des Gestaltungsrechts** maßgeblich, ohne dass es darauf ankomme, wann der Schuldner von dem Gestaltungsrecht Kenntnis erlangt hat, Kenntnis hätte erlangen können oder das Gestaltungsrecht ausgeübt hat. Es ist danach allein entscheidend, ob die Einwendung bereits vor Schluss der letzten mündlichen Tatsachenverhandlung **objektiv** hätte geltend gemacht werden **können**.[1010]

Dies gilt dann auch für den Verbraucherwiderruf gem. §§ 312, 355 ff. BGB, der nunmehr eindeutig ein Gestaltungsrecht ist.[1011]

(3) Nach dieser h.M. gilt die Maßgeblichkeit der Entstehung des Gestaltungsrechts auch bei Anfechtung wegen Täuschung.[1012] S kann daher nicht mit Erfolg die Vollstreckungsgegenklage erheben (auch keine Klage gem. § 826).[1013] – Die Klage ist nach dieser Rspr. abzuweisen.

Auch im Falle einer Abtretung der titulierten Forderung durch den Gläubiger ist für § 767 Abs. 2 nur auf den Zeitpunkt der Abtretung, nicht – wegen § 407 BGB – auf den Zeitpunkt der Kenntniserlangung des Schuldners abzustellen;[1014] der Schuldner kann aber bei Ungewissheit über die Person des Gläubigers gemäß §§ 372 S. 2, 378 BGB mit schuldbefreiender Wirkung hinterlegen und dann ggf. auf diese Hinterlegung (= Erfüllung) die Klage stützen.

Fall 37: Aufrechnung und selbstständige Zahlungsklage des Schuldners

G hat gegen S einen Zahlungstitel erwirkt. S rechnet mit einer Gegenforderung gegen G auf, die er – S – bereits vor dem Schluss der letzten mündlichen Tatsachenverhandlung erworben hat, und erhebt Vollstreckungsgegenklage.

S hat wieder nachträglich ein **Gestaltungsrecht** – Aufrechnung – ausgeübt.

(1) Nach der h.M. entscheidet auch hier der Zeitpunkt der Entstehung des Gestaltungsrechts, d.h. der **Entstehung der Aufrechnungslage**, nicht der Aufrechnungserklärung.[1015] S kann daher die Aufrechnung nicht mit der Vollstreckungsgegenklage geltend machen, da die Aufrechnungslage schon vor der letzten mündlichen Verhandlung bestanden hat.

Für den Zeitpunkt der Erledigung des Rechtsstreits durch Aufrechnung hat der BGH allerdings auf die Aufrechnungserklärung abgestellt, da erst diese die Erledigung bewirke.[1016] Es ist problematisch, ob dies dann nicht auch für die Vollstreckungsgegenklage gelten muss.

Auch nach Ansicht des BGH führt aber nicht zur Präklusion, dass der Schuldner **eine noch nicht bestehende Aufrechnungslage** im Vorprozess **hätte schaffen können**.[1017]

1010 BGHZ 34, 274; 42, 37; 59, 124; 125, 352@; 131, 82@; BGH Urt. v. 19.11.2003 – VIII ZR 60/03, NJW 2004, 1252; BGH Urt. v. 16.11.2005 – VIII ZR 5/05, MDR 2006, 741; BL/Hartmann § 767, 52 ff.; ThP/Hüßtege § 767, 22 a; Zöller/Herget § 767, 14; Schuschke/Walker § 767, 32; grds. auch MK/Schmidt § 767, 80 ff.

1011 so u.a. Schuschke/Walker § 767 Rdnr. 32; a.A. insoweit MK/Schmidt § 767 Rdnr. 82 (u. natürlich die grundsätzliche Gegenmeinung zu [1]).

1012 BGHZ 42, 37; BGH Urt. v. 19.11.2003 – VIII ZR 60/03, NJW 2004, 1252 (s.o. § 14, 2.1.1, 1).

1013 BGHZ 42, 37.

1014 BGH Urt. v. 19.10.2000 – IX ZR 255/99, NJW 2001, 231@, streitig.

1015 für Aufrechnung u.a. BGHZ 34, 279; 103, 366; 125, 352@; BGH Urt. v. 17.07.2003 – IX ZR 268/02, NJW 2003, 3134; BGH Urt. v. 07.07.2005 – VII ZR 351/03, NJW 2005, 2926.

1016 BGH Urt. v. 17.07.2003 – IX ZR 268/02, NJW 2003, 3134. – s.o. § 10, 5.2 (3); Feser JA 2008, 525.

1017 BGH Urt. v. 07.07.2005 – VII ZR 351/03, NJW 2005, 2926. – dazu Beck NJW 2006, 336.

(2) Nach der grundsätzlichen entgegenstehenden Literaturmeinung entscheidet dagegen die Aufrechnungserklärung:[1018] Die Klage wäre begründet.

z.T. aber eingeschänkt dahin, dass dies nur dann gelte, wenn für die Berücksichtigung der Aufrechnung Sachdienlichkeit i.S.d. § 533 Nr. 1 (Zulassung in der Berufung) bestehe:[1019] Verhinderung der Prozessverschleppung.

Abwandlung: S erhebt nunmehr gegen G eine selbstständige Zahlungsklage mit seiner Gegenforderung. – S hatte bereits die Aufrechnung mit dieser Gegenforderung erklärt, sodass diese Forderung an sich erloschen sein müsste (§ 389 BGB). Er kann diese Aufrechnung aber nicht mehr mit der Vollstreckungsgegenklage gegen den titulierten Anspruch, gegen den er aufgerechnet hat, geltend machen; der Anspruch des G bleibt trotz der Aufrechnung weiterhin durchsetzbar. Damit S nun nicht einerseits seine Gegenforderung verliert, andererseits aber den Anspruch des G weiterhin erfüllen muss, ist der gemäß § 767 Abs. 2 unbeachtlichen Aufrechnung auch die materiell-rechtliche Wirkung abzusprechen[1020] (s.o. § 7, 3.1, 2) zur Prozessaufrechnung). S hat somit trotz der Aufrechnung den Anspruch gegen S behalten.

3) Tenor des stattgebenden Urteils: „Die Zwangsvollstreckung wird für unzulässig erklärt“ oder „ist unzulässig“. Damit ist eine Vollstreckung aus dem angegriffenen Urteil nicht mehr möglich; die Vollstreckung ist einzustellen (§ 775 Nr. 1), getroffene Vollstreckungsmaßnahmen sind aufzuheben (§ 776).

Während des Prozesses kann das Gericht die Vollstreckung einstweilen einstellen (§ 769), damit verhindert wird, dass bis zur Entscheidung noch aus dem Urteil vollstreckt wird.

1.3.3 Bereicherungsklage des Schuldners gemäß § 812 BGB („verlängerte Vollstreckungsgegenklage“): Nach beendeter Vollstreckung kann die Vollstreckungsgegenklage nicht mehr erhoben werden. Der Schuldner, der die Erhebung versäumt hat, kann jedoch mit der Bereicherungsklage das vom Gläubiger durch die Vollstreckung Erlangte zurückverlangen, mit der Begründung, die titulierte Forderung sei **nachträglich erloschen**, die Vollstreckung daher rechtsgrundlos erfolgt; denn die Versäumung der Vollstreckungsgegenklage nimmt dem Schuldner nicht seine materiell-rechtlichen Ansprüche. Voraussetzung der Bereicherungsklage ist jedoch – in gleicher Weise wie bei der Vollstreckungsgegenklage – ein **nach** der letzten mündlichen Verhandlung des Vorprozesses eingetretener Untergang der titulierten Forderung, da anderenfalls die Rechtskraft des Urteils entgegenstehen würde; die Klage kann daher nicht darauf gestützt werden, dass der Vorprozess unrichtig entschieden worden sei.[1021]

Bei Beendigung der Vollstreckung während des § 767-Prozesses daher Umstellung auf eine Bereicherungsklage (§ 264 Nr. 3).[1022]

1.3.4 Es ist streitig, ob neben § 767 eine materiell-rechtliche Klage auf Herausgabe des Titels – z.B. entspr. § 371 BGB nach Erfüllung – statthaft ist: nach h.M. nur nach erfolgreicher oder zugleich mit § 767-Klage, ferner auch bei unstreitiger Erfüllung.[1023]

1018 u.a. Brox/Walker Rdnr. 1346.

1019 Rosenberg/Gaul § 40 V 2; Jauernig/Berger § 12 Rdnr. 14.

1020 BGHZ 125, 352@; MK/Schmidt § 767 Rdnr. 83.

1021 BGH NJW 1993, 3320; BGH Urt. v. 02.03.2000 – IX ZR 285/99, NJW 2000, 2022@; BGH Urt. v. 02.04.2001 – II ZR 331/99, NJW-RR 2001, 1450; BGH Urt. v. 07.07.2005 – VII ZR 351/03, NJW 2005, 2926.

1022 BGH Urt. v. 07.07.2005 – VII ZR 351/03, NJW 2005, 2926; Zöller/Greger § 264 Rdnr. 5.

1023 s. BGH NJW 1994, 1161, 3225.

1.4 Die Drittwiderspruchsklage (§ 771)

1.4.1 Rechtsnatur, Zulässigkeit: Die Drittwiderspruchsklage (Interventionsklage) – ebenfalls eine prozessuale Gestaltungsklage[1024] – gibt einem am Gegenstand der Vollstreckung **berechtigten Dritten** die Möglichkeit, die Vollstreckungsmaßnahme durch Klage anzugreifen, mit dem Ziel, dass die Vollstreckung **in diesen Gegenstand für unzulässig erklärt wird**.

Der Gläubiger soll letztlich natürlich nur durch eine Vollstreckung in schuldnereigenes Vermögen befriedigt werden. Bei der Vollstreckung prüfen die Vollstreckungsorgane in der Regel jedoch nicht, ob der gepfändete Gegenstand im Vermögen des Schuldners steht – z.B. prüft der Gerichtsvollzieher nur den Gewahrsam des Schuldners, nicht die Eigentumsverhältnisse (s.o. § 18, 2.2) –; daher bleibt es dem Dritten, dessen Vermögen durch die Vollstreckungsmaßnahme betroffen wird, überlassen, seinerseits gegen die Vollstreckung vorzugehen.

1) **Dritter:** weder Vollstreckungsgläubiger noch Vollstreckungsschuldner.

Dritter ist auch die Ein-Mann-GmbH, wenn ein Gläubiger ihres Alleingesellschafters in eine in ihrem Eigentum stehende Sache vollstreckt,[1025] die BGB-Gesellschaft/Mitgesellschafter bei Vollstreckung des Privatgläubigers eines Gesellschafters in Gesellschaftsvermögen.[1026]

2) Die Klage des Dritten ist gegen den vollstreckenden **Gläubiger** zu richten.

Die Klage kann verbunden werden mit einer Herausgabeklage gegen den Schuldner (§ 771 Abs. 2). Beispiel: Der Pkw des D ist bei S von dessen Gläubiger G gepfändet worden; D kann gegen G Drittwiderspruchsklage und gegen S Klage auf Herausgabe des Pkw erheben.

Neben der Klage aus § 771 kann für den Dritten eine Vollstreckungserinnerung gemäß § 766 in Betracht kommen, wenn die Pfändung zugleich eine seinem Schutz dienende Verfahrensnorm verletzt hat, wenn z.B. klar zutageliegendes Fremdeigentum gepfändet worden ist.[1027]

3) Die Klage ist zu richten auf Unzulässigerklärung der Zwangsvollstreckung **in den betreffenden Gegenstand**, nicht, wie bei der Vollstreckungsgegenklage, auf Unzulässigerklärung der Vollstreckung schlechthin; denn die Vollstreckung gegen den Schuldner ist ja zulässig, es darf lediglich nicht Zugriff auf den zum Vermögen des Dritten gehörenden Gegenstand genommen werden.

4) Örtlich zuständig ist das Gericht, in dessen Bezirk die Vollstreckungsmaßnahme erfolgt ist (ausschließlich, § 802); sachlich: nach dem Streitwert.

1.4.2 Begründet ist die Klage, wenn der Dritte an dem Gegenstand der Vollstreckung ein die **Veräußerung hinderndes Recht** besitzt.

Ein die Veräußerung hinderndes Recht i.S.d. § 771 liegt vor, wenn der Dritte eine Berechtigung an dem Gegenstand besitzt, aufgrund derer „die Veräußerung der den Vollstreckungsgegenstand bildenden Sache durch den Schuldner dem berechtigten Dritten gegenüber sich als rechtswidrig darstellen würde".[1028]

1024 BGHZ 58, 207, 214@.

1025 BGH Urt. v. 16.10.2003 – IX ZR 55/02, NJW 2004, 217.

1026 MK/Schmidt § 771 Rdnr. 19.

1027 Musielak/Lackmann § 771 Rdnr. 3.

1028 RGZ 116, 366; BGHZ 55, 20, 26@.

Ein die Veräußerung hinderndes Recht in dem Sinne, dass eine Veräußerung rechtlich überhaupt nicht möglich wäre, kann es nicht geben, da ja immer ein gutgläubiger Erwerb bei Veräußerung der Sache durch den Schuldner möglich ist. Deshalb ist darauf abzustellen, ob der Schuldner im Verhältnis zu dem Dritten **berechtigt** ist, die Sache zu veräußern.

1) Die Vollstreckung hindernde Rechte sind **alle dinglichen Rechte**.

Beispiele:

Das **Eigentum** – auch Miteigentum (Vollstreckung aber gem. § 857 möglich in den Anteil des Schuldners!) – und die sonstigen dinglichen Rechte; das **besitzverbundene Pfandrecht**, etwa das Unternehmerpfandrecht (besitzlose Pfandrechte berechtigen dagegen nur zur Klage auf vorzugsweise Befriedigung nach § 805); die Berechtigung des Leasinggebers.[1029]

Ferner: das vorbehaltene Eigentum,[1030] auch das Anwartschaftsrecht des Vorbehaltskäufers.[1031]

Nach h.M. gibt auch das **Sicherungseigentum** dem Sicherungseigentümer (Treunehmer) ein Interventionsrecht, da es materiell-rechtlich voll wirksames Eigentum ist;[1032] nach a.A. hat der Sicherungseigentümer nur die Klage aus § 805, da Sicherungseigentum in Wirklichkeit nur eine Art besitzloses Pfandrecht sei.[1033] – Im Insolvenzverfahren gibt Sicherungseigentum dagegen nur ein Absonderungs-, kein Aussonderungsrecht (§ 51 Nr. 1 InsO, s.u. § 23, 5.3.1, 3).

Umgekehrt kann bei Pfändung durch Gläubiger des Sicherungseigentümers der Sicherungsgeber – insoweit Dritter – aus § 771 vorgehen, jedoch nur bis zum Eintritt der Verwertungsreife, da dann der Sicherungseigentümer auch wirtschaftlich der alleinige Berechtigte wird.[1034]

Entsprechendes gilt bei der Sicherungsabtretung.[1035]

Ein Interventionsrecht hat auch der wirtschaftlich Berechtigte eines Treuhandkontos.[1036]

Kein Interventionsrecht gibt der Besitz als solcher[1037] (aber ggf. Erinnerung gem. §§ 766, 809).

2) Auch die **Inhaberschaft an einer gepfändeten Forderung** wird als Interventionsrecht behandelt, obwohl die Pfändung gegen einen Schuldner, der nicht Forderungsinhaber ist, gegenstandslos und „ins Leere" gegangen ist (s.o. § 19, 1.1); denn der wirkliche Forderungsinhaber hat ein Rechtsschutzbedürfnis für eine Drittwiderspruchsklage, da er die Möglichkeit haben muss, auch nur den Schein einer wirksamen Forderungspfändung zu beseitigen.[1038]

3) **Schuldrechtliche Ansprüche** ergeben Interventionsrechte, wenn sie auf **Herausgabe** einer dem Schuldner nicht zu Eigentum überlassenen Sache gerichtet sind (z.B. aus Miete, Verwahrung). Bloße Verschaffungsansprüche dagegen – z.B. auf Übereignung aus einem Kaufvertrag – berechtigen dagegen nicht zur Drittwiderspruchsklage, da dann die Sache rechtlich und wirtschaftlich noch zum Vermögen des Schuldners gehört.[1039]

1029 MK/Schmidt § 771 Rdnr. 30; Lippross Rdnr. 745.

1030 BGHZ 54, 218; Jauernig/Berger § 13 Rdnr. 17, 18.

1031 BGHZ 55, 20@; ThP/Hüßtege § 771 Rdnr. 15.

1032 BGHZ 12, 232, 234; 72, 141, 146@; 80, 299; StJ/Münzberg § 771, 30; Baur/Stürner/Bruns § 46.8; Jauernig/Berger § 13, 14; Brox/Walker 1417; Rosenberg/Gaul § 41 VI 4 b; Musielak/Lackmann § 771, 19.

1033 BL/Hartmann § 771 Rdnr. 26; MK/Schmidt § 771 Rdnr. 29.

1034 BGHZ 72, 141@; str.

1035 s. Lippross Rdnr. 738.

1036 BGH NJW 1996, 1543; Lange NJW 2007, 2513.

1037 Brox/Walker Rdnr. 1419, 1420; MK/Schmidt § 771 Rdnr. 38; str.

1038 BGH JuS 1981, 773; JZ 1986, 498; NJW 1988, 1095; 1994, 1057; Brox/Walker Rdnr. 1407, 1413 m.w.N.

1039 BGH NJW 1994, 129; ThP/Hüßtege § 771 Rdnr. 18; Brox/Walker Rdnr. 1421, 1422.

1.4.3 Die Verteidigung des beklagten Vollstreckungsgläubigers

1) kann zum einen in dem **Bestreiten** liegen, **dass der Kläger überhaupt ein – wirksames – Interventionsrecht besitzt**,

weil z.B. der (dingliche) Erwerb als **Scheingeschäft** (§ 117 BGB) oder gemäß § 138 BGB wegen **Sittenwidrigkeit** – u.a. Schuldnerknebelung, Kredittäuschung – nichtig sei.[1040]

Das Interventionsrecht – z.B. das behauptete Eigentum – ist von dem Dritten zu beweisen. Falls sich der klagende Ehegatte des Schuldners auf Allein- o. Miteigentum beruft, kann er sich dabei nicht auf die Eigentumsvermutung des § 1006 BGB stützen, da gem. § 1362 BGB eine Vermutung dafür spricht, dass der Schuldner der Eigentümer ist: Der Ehegatte hat daher diese Vermutung zu widerlegen und damit die volle Beweislast für sein Eigentum. – § 1362 BGB gilt nicht gegenüber einem Lebensgefährten: Für diesen spricht daher die – dann vom beklagten Gläubiger zu widerlegende – Vermutung des § 1006 BGB.[1041]

2) zum anderen dahin gehen, dass der Kläger gerade **zur Duldung der von dem Beklagten in den betreffenden Gegenstand betriebenen Zwangsvollstreckung verpflichtet** sei, sodass daher der Einwand der **unzulässigen Rechtsausübung** (§ 242 BGB) dem Interventionsrecht entgegenstehe.

Dies wird im Wesentlichen in folgenden Fällen angenommen:

a) Der Kläger ist verpflichtet, das Eigentum an dem Pfändungsgegenstand an den betreibenden Gläubiger (Beklagten) oder an dessen Vollstreckungsschuldner **(zurück) zu übertragen**.

   z.B. nach erledigter Sicherungsübereignung.[1042]

b) Die Überlassung der Sache von dem Schuldner an den Kläger kann von dem betreibenden Gläubiger = Beklagten aufgrund des Anfechtungsgesetzes **angefochten** werden (Einrede gem. § 9 AnfG).[1043]

c) Der betreibende Gläubiger = Beklagte besitzt ein Pfand- oder Pfändungspfandrecht, das dem Recht des Klägers **im Rang vorgeht** oder es mit Wirkung gegen den Kläger belastet („besseres Recht“).

   z.B.: Der Beklagte hatte bereits ein Vermieterpfandrecht an der Sache erlangt; anschließend hat der Mieter sie dem Dritten sicherheitsübereignet.[1044]

d) Der Kläger haftet für den Anspruch, den der beklagte Vollstreckungsgläubiger vollstreckt, diesem gegenüber ohnehin auch **persönlich**.

   z.B. als Bürge oder als Mitgesellschafter. Eine anderweitige Verbindlichkeit des Klägers gegenüber dem vollstreckenden Gläubiger reicht aber nicht aus.[1045]

e) Der Kläger hat seine Berechtigung durch eine **unerlaubte Handlung** gegenüber dem Beklagten erlangt.[1046]

1040 s. Schuschke/Walker § 771 Rdnr. 31 ff.; Brox/Walker Rdnr. 1430 ff.

1041 BGH Urt. v. 14.12.2006 – IX ZR 92/05, NJW 2007, 992. – s.o. § 18, 2.2, 3).

1042 BGHZ 100, 95, 105@; s.u. Fall 38.

1043 BGH NJW 1986, 2252. – s.o. § 16, 1.2.1.2, 3), s.u. Fall 44.

1044 s. Lippross Rdnr. 757.

1045 s. Schuschke/Walker § 771 Rdnr. 34 ff.

1046 BL/Hartmann § 771 Rdnr. 10.

Der Beklagte kann diese Duldungspflicht im Wege seiner Verteidigung einwenden und braucht dazu nicht – was er über eine Widerklage ohnehin könnte – ein Urteil auf Duldung der Vollstreckung gegen den Kläger zu erwirken.[1047]

Fall 38: Drittwiderspruchsklage und unzulässige Rechtsausübung
Der S hat seinen Pkw an die Bank B zur Sicherheit für einen Kredit übereignet, unter Vereinbarung, dass die Bank nach vollständiger Rückzahlung des Kredits verpflichtet sei, das Eigentum an ihn zurückzuübertragen. S hat den Kredit schon zum größten Teil an die Bank zurückgezahlt. Der Gläubiger G des S pfändet nunmehr den Pkw und den Anspruch des S gegen die Bank auf Rückübereignung des Wagens; er bietet der Bank den von S geschuldeten Restbetrag an. Die Bank lehnt die Entgegennahme der Zahlung ab und erhebt Drittwiderspruchsklage gegen die Pfändung des Wagens.

Die Bank besitzt Sicherungseigentum an dem Wagen. Dieses Eigentum ist noch nicht erloschen, da es nicht auflösend bedingt von S an die Bank übertragen worden war, sondern unbedingt unter Vereinbarung lediglich einer schuldrechtlichen Rückübereignungsverpflichtung für den Fall der völligen Zurückzahlung des Kredits; eine Rückübereignung hat noch nicht stattgefunden.

Sicherungseigentum begründet nach h.M. die Drittwiderspruchsklage.

Der Klage steht jedoch der Einwand der unzulässigen Rechtsausübung (§ 242 BGB) entgegen: Die Bank ist verpflichtet, das Eigentum an S zurückzuübertragen. Die Bedingung der völligen Zurückzahlung des Kredits ist zwar noch nicht eingetreten, gilt aber wegen der Ablehnung des Zahlungsangebots des G durch die Bank als eingetreten (§ 162 BGB); die Bank durfte nicht ablehnen, zumal dem S nach der Pfändung des Rückübereignungsanspruches ein Widerspruchsrecht i.S.d. § 267 Abs. 2 BGB nicht mehr zustand. Ist die Bank jedoch verpflichtet, das Eigentum an S zurückzuübertragen – wozu sie von G aufgrund der Pfändung des Rückübereignungsanspruches gezwungen werden kann –, dann muss sie auch verpflichtet sein, die Vollstreckung in den Wagen zu dulden. Ihr lediglich aufgrund ihrer formalen Rechtsstellung als (Noch-)Eigentümerin ausgesprochener Widerspruch ist rechtsmissbräuchlich.[1048]

Die Drittwiderspruchsklage ist daher abzuweisen.

1.4.4 Urteil: Bei Begründetheit der Drittwiderspruchsklage wird die Zwangsvollstreckung in den betreffenden Gegenstand **für unzulässig erklärt**.

Aufgrund des Urteils: Einstellung und Aufhebung der Vollstreckung (§§ 775 Nr. 1, 776).

1.4.5 Nach beendeter Vollstreckung kann der Dritte gegen den Vollstreckungsgläubiger materiell-rechtliche Ansprüche geltend machen (sog. **„verlängerte Drittwiderspruchsklage“**).[1049]

1047 StJ/Münzberg § 771 Rdnr. 59; BL/Hartmann § 771 Rdnr. 10.
1048 s. BGHZ 100, 95, 105@.
1049 s. Schmidt JuS 1994, 79; **näher s. u. 2.**

1.5 Die Klage auf vorzugsweise Befriedigung (§ 805)

dient dazu, einem an dem Gegenstand der Vollstreckung Berechtigten eine Befriedigung **vor dem vollstreckenden Gläubiger** zu verschaffen.

1) Die Klage steht demjenigen zu, der an der Sache ein **besitzloses Pfandrecht** hat, das dem vollstreckenden Gläubiger **im Rang vorgeht**.

Die Klage ist eine „mindere" („kleine") Drittwiderspruchsklage; ein Interventionsberechtigter kann sich daher auch mit ihr begnügen.[1050] Der Beklagte kann aus denselben Gründen wie gegen eine Drittwiderspruchsklage eine Unzulässigkeit der Rechtsausübung einwenden.[1051]

2) Besonders bedeutsam ist insoweit das **Vermieterpfandrecht (§ 562 BGB)**.

Fall 39: Der Gläubiger G des S pfändet aufgrund eines Zahlungstitels ein Klavier des S, das in dessen Wohnung steht. V, der Vermieter des S, will gegen diese Pfändung vorgehen, da S schon seit Monaten die Miete nicht mehr bezahlt hat.

V kann nicht mit der Drittwiderspruchsklage gegen diese Pfändung vorgehen, da er kein die Veräußerung hinderndes Recht an dem Klavier besitzt; sein Vermieterpfandrecht (§ 562 BGB) ist ein besitzloses Pfandrecht, das die Drittwiderspruchsklage nicht begründen kann. Er kann jedoch gemäß § 805 Klage gegen G auf vorzugsweise Befriedigung erheben, da sein Vermieterpfandrecht, das schon vor der Pfändung des Klaviers durch G entstanden ist, dem Pfändungspfandrecht des G vorgeht; er kann daher die Vollstreckung nicht verhindern, wird aber aus dem Verwertungserlös mit Vorrang vor G befriedigt.

Abwandlung: Der Gerichtsvollzieher hat das Klavier bereits abgeholt.

Nach § 562 a S. 1 BGB erlischt das Vermieterpfandrecht mit der Entfernung der Sache vom Grundstück. Damit das Recht des Vermieters auf vorzugsweise Befriedigung, die ja gerade Verwertung der Sache und damit Entfernung durch den Gerichtsvollzieher voraussetzt, nicht illusorisch wird, wird überwiegend angenommen, dass das Vermieterpfandrecht bei Entfernung der Sache durch den Gerichtsvollzieher – jedenfalls wegen/entsprechend § 562 a S. 1, 2. Halbs. BGB – nicht erlischt und dass es auch der Fristwahrung aus § 562 b Abs. 2 S. 2 BGB nicht bedarf.[1052] Es erlischt jedoch dann, wenn die zurückgebliebenen Sachen zur Befriedigung des Vermieters offenbar ausreichen (entspr. § 562 a S. 2 BGB).[1053] V hat also (nur dann) die Klage aus § 805, wenn die zurückgebliebenen Sachen die Mietzinsforderung nicht mehr decken.

3) Die Klage nach § 805 greift nicht ein, wenn mehrere Gläubiger in dieselbe Sache vollstreckt haben und sich um den Erlös streiten, etwa weil die Rangverhältnisse unklar sind.[1054] Hinsichtlich des in einem solchen Fall nach § 827 Abs. 2 zu hinterlegenden Erlöses greift dann das **Verteilungsverfahren** gem. §§ 872 ff. ein. Der Gläubiger, der eine bessere Beteiligung anstrebt als nach dem Verteilungsplan vorgesehen, muss mittels Widerspruchs (§ 876) bzw. Widerspruchsklage (§ 878) gegen die von dem Widerspruch betroffenen Gläubiger vorgehen.

1050 Musielak/Becker § 805 Rdnr. 6; Brox/Walker Rdnr. 1453.

1051 MK/Gruber § 805 Rdnr. 27; Musielak/Becker § 805 Rdnr. 7.

1052 BGH NJW 1986, 2426; MK/Schmidt § 805 Rdnr. 9.

1053 BGHZ 27, 227; Brox/Walker Rdnr. 1459.

1054 Wieczorek/Lüke § 805 Rdnr. 6; Rosenberg/Gaul § 42 IV 1.

1.6 Der Vollstreckungsschutzantrag des Schuldners nach § 765 a

§ 765 a enthält die **Generalklausel des Schuldnerschutzes:** Auf Antrag des Schuldners kann das Vollstreckungsgericht eine (auch an sich fehlerfreie) Vollstreckungsmaßnahme ganz oder teilweise aufheben, untersagen oder einstweilen einstellen, wenn die Maßnahme bei Abwägung der Interessen von Gläubiger und Schuldner wegen ganz besonderer Umstände – also **absolute Ausnahme!** – eine mit den guten Sitten unvereinbare Härte bedeutet, d.h. zu einem **ganz untragbaren Ergebnis** führen würde.[1055]

Subsidiär zu den anderen Rechtsbehelfen, daher grds. nicht bei Umständen, die mit den speziellen Rechtsbehelfen zu verfolgen sind: praktisch also ein **„Auffangrechtsbehelf"**.[1056]

Besonders bedeutsam für **Räumungsschutz**, z.B. bei altem, krankem oder durch **Räumung suizidgefährdetem Räumungsschuldner** – insoweit sind bei der Abwägung das Grundrecht des Schuldners aus Art. 2 Abs. 2 S. 1 GG (Leben) u. der Verhältnismäßigkeitsgrundatz, andererseits das Grundrecht des Gläubigers auf Schutz seines Eigentums u. die Pflicht des Staates zur Durchsetzung von Vollstreckungstiteln, ferner mögliche, z.B. medizinische o. betreuerische Maßnahmen zur Verminderung der Suizidgefahr zu berücksichtigen[1057] –, bei unmittelbar bevorstehender Entbindung, bei sonst notwendigem Schulwechsel der Kinder kurz vor Ende des Schuljahres, bei kurzfristiger Beziehbarkeit einer Ersatzwohnung.[1058]

Zuständig: Rechtspfleger (Richter gem. § 6 RPflG), dagegen sofortige Beschwerde (§ 793).

2. Materiell-rechtliche Ansprüche nach Beendigung der Vollstreckung

Die Rechtsbehelfe des Vollstreckungsrechts gelten grds. nur, solange ein Vollstreckungsverfahren anhängig ist. Nach Beendigung der Vollstreckung können dem Betroffenen **nur noch materiell-rechtliche Ansprüche** zustehen.

Fall 40: Die Versteigerung einer schuldnerfremden Sache
Der Gerichtsvollzieher vollstreckt im Auftrag des G bei S. Er pfändet eine Filmkamera, die dem E gehört. Die Kamera wird versteigert; Ersteher ist X. Der Versteigerungserlös von 500 € wird – nach Abzug der Kosten (60 €) – an G ausgezahlt. Welche Ansprüche hat E?

(I) Da die Zwangsvollstreckung vollständig abgeschlossen ist, kann E nicht mehr auf Rechtsbehelfe des Zwangsvollstreckungsrechts (Drittwiderspruchsklage) zurückgreifen. Er kann allerdings noch materiell-rechtliche Ansprüche gegen die Beteiligten – ggf. im Wege einfacher Leistungsklage – geltend machen.

Dass der Dritte keine Drittwiderspruchsklage erhoben hat, schließt seine materiell-rechtlichen Ansprüche nicht aus.[1059]

1055 BGHZ 44, 143; BGH v. 04.05.2005 – I ZB 10/05, NJW 2005, 1859.

1056 BGH v. 04.07.2007 – VII ZB 15/07, NJW 2007, 2303; MK/Heßler § 765 a, 12 ff.; Brox/Walker, 1472.

1057 **BVerfG** v. 11.07.2007 – 1 BvR 501/07, NJW 2007, 2910; **BGH** v. 24.11.2005 – V ZB 99/05, NJW 2006, 505; v. 14.06.2007 – V ZB 28/07, NJW 2007, 3719; v. 22.11.2007 – I ZB 104/06, NJW 2008, 1000.

1058 Zöller/Stöber § 765 a Rdnr. 11, 12; BL/Hartmann § 765 a Rdnr. 19, 22; Musielak/Lackmann § 765 a Rdnr. 15.

1059 BGHZ 119, 75, 86@; Brox/Walker Rdnr. 456.

(II) Anspruch E **gegen den Ersteher X auf Herausgabe der Kamera**?

(1) **§ 985 BGB:** Scheidet aus, da X durch die Ablieferung der Kamera in der Zwangsversteigerung durch den Gerichtsvollzieher (§ 817 ZPO) wirksam – durch Hoheitsakt – das Eigentum erlangt hat, unabhängig davon, ob die Sache dem Vollstreckungsschuldner oder einem Dritten gehört hatte (s.o. § 18, 5).

(2) **§ 1007 Abs. 1, 2 BGB:** Entfällt, weil der Ersteher X Eigentümer der Kamera geworden ist (§ 1007 Abs. 2 S. 1 BGB).

(3) **§ 861 BGB:** Keine verbotene Eigenmacht des X selbst möglich, da E im Zeitpunkt der Ablieferung keinen Besitz mehr an der Sache gehabt hat. Auch der Gerichtsvollzieher hat keine verbotene Eigenmacht begangen, da er die Kamera bei der Pfändung kraft Amtes und unter Berücksichtigung der Vollstreckungsvoraussetzungen (= Voraussetzungen der öffentlichrechtlichen Befugnis seines Tätigwerdens) in Besitz genommen hat.

(4) **§ 687 Abs. 2 BGB:** Entfällt, da der Erwerb des Eigentums durch X kein Geschäft des E als des früheren Eigentümers gewesen sein kann.

(5) **§ 812 BGB:** X hat zwar das Eigentum an der Kamera unmittelbar auf Kosten des E erlangt; denn mit der Ablieferung durch den Gerichtsvollzieher hat X das Eigentum erworben, E es verloren. Diese Vermögensverschiebung ist jedoch **mit Rechtsgrund** erfolgt, da der **Zuschlag** bei der Versteigerung Rechtsgrund für die vom Gerichtsvollzieher vorgenommene Eigentumsübertragung ist.[1060]

(6) **§ 816 BGB:** Entfällt, weil der Gerichtsvollzieher bei der Ablieferung weder eine rechtsgeschäftliche Verfügung getroffen noch als Nichtberechtigter gehandelt und X auch nicht unentgeltlich/rechtsgrundlos erworben hat.[1061]

(7) **§ 823 BGB:** Scheidet aus, weil der in dem Eigentumserwerb zu sehende Eingriff in das Eigentum des E nicht rechtswidrig ist; der Ersteher erlangt das Eigentum durch **rechtmäßigen Hoheitsakt**.[1062]

(8) **§ 826 BGB: Kann grundsätzlich – bei Vorliegen der besonderen Anspruchsvoraussetzungen – eingreifen**; denn § 826 BGB gibt eine Anspruchsmöglichkeit gerade auch bei Missbrauch einer formalen Rechtsstellung, sodass der Umstand, dass der Ersteher das Eigentum – jedenfalls: formal – rechtmäßig erworben hat, einem Anspruch aus § 826 BGB nicht entgegensteht.[1063]

Die Voraussetzungen des § 826 BGB werden jedoch kaum einmal gegeben sein; Bösgläubigkeit allein reicht hierzu noch nicht aus.

Somit: Gegen den Ersteher einer schuldnerfremden Sache kommt nur ein Schadensersatzanspruch aus § 826 BGB in Betracht.

1060 Palandt/Sprau § 812 Rdnr. 38; Schuschke/Walker Anh. § 771 Rdnr. 14; Baur/Stürner/Bruns § 29.18; Brox/Walker Rdnr. 463; Rosenberg/Schilken § 53 V 1 b.

1061 s. Palandt/Sprau § 812 Rdnr. 37; weitere Nachweise s.u. (III) (6).

1062 BGHZ 55, 20, 26[@]; Brox/Walker Rdnr. 461; Rosenberg/Schilken § 53 V 1 b.

1063 BGH NJW 1979, 162, 163; ThP/Hüßtege § 819 Rdnr. 4–6; Schuschke/Walker Anh. § 771 Rdnr. 14; Rosenberg/Schilken § 53 V 1 b; Brox/Walker Rdnr. 462.

(III) Anspruch E gegen **den Vollstreckungsgläubiger G auf Herausgabe des Versteigerungserlöses**

(1) **§§ 989, 990 BGB:** Setzt voraus, dass zwischen E und G eine Vindikationslage bestanden hat. Dies war jedoch nicht der Fall, da der Eigentümer einer gepfändeten schuldnerfremden Sache gegen den Vollstreckungsgläubiger während des Vollstreckungsverfahrens keinen Herausgabeanspruch aus § 985 BGB, sondern nur die Klagemöglichkeit nach § 771 ZPO besitzt. Daher kann nach (wohl noch) h.M. kein Anspruch aus §§ 989, 990 BGB bestehen.[1064]

Nach einer verbreiteten Gegenmeinung ist dagegen ein Anspruch aus §§ 989, 990 BGB möglich: Ein Eigentümer-Besitzer-Verhältnis hat bestanden; der nur verfahrensrechtliche Vorrang des § 771 könne nicht das materielle Recht modifizieren.[1065]

(2) **§ 823 BGB:** Greift ein, wenn der Vollstreckungsgläubiger **schuldhaft** gehandelt hat, d.h. – schon bei Beginn oder erst im Verlauf des Vollstreckungsverfahrens – das **Eigentum des Dritten kannte oder kennen musste**; die Vollstreckung in eine schuldnerfremde Sache ist nach allgemeiner Ansicht im Verhältnis des Gläubigers **zu dem Dritten materiell rechtswidrig**, da nur das Vermögen des Schuldners rechtens dem Zugriff seiner Gläubiger unterliegt.[1066]

Diese Haftung kann auch den Prozessbevollmächtigten (Rechtsanwalt) treffen, der für den Vollstreckungsgläubiger die Vollstreckung betreibt.[1067]

(3) **§ 280 BGB:** Zwischen Vollstreckungsgläubiger und Eigentümer entsteht durch die Pfändung eine gesetzliche Sonderbeziehung **(gesetzliches Schuldverhältnis)** mit der Verpflichtung des Gläubigers zur sorgfältigen Prüfung, ob von Dritten am Vollstreckungsgegenstand geltend gemachte Rechte bestehen; schuldhafte Verletzung – auch § 278 BGB – macht ersatzpflichtig.[1068]

z.T. wird ein solches Schuldverhältnis abgelehnt, da keine privatrechtliche Beziehung bestehe; es werde bei Annahme der Geltung der §§ 989, 990 BGB auch nicht benötigt.[1069]

(4) **§ 826 BGB:** Ist ebenfalls grundsätzlich möglich, da eine bewusste Befriedigung aus schuldnerfremdem Vermögen als sittenwidrig zu bewerten ist.

(5) **§ 687 Abs. 2 BGB:** Kommt ebenfalls in Betracht,[1070] setzt jedoch ebenfalls Kenntnis des Gläubigers von der Schuldnerfremdheit der Sache voraus.

Zu (1)–(5): Es kommt insoweit also auf **Verschulden** – Kenntnis bzw. Kennenmüssen – des Vollstreckungsgläubigers an, was natürlich eine Frage des Einzelfalles ist; ggf. auch Einschränkung durch § 254 BGB (Mitverschulden).

1064 RGZ 108, 260; BL/Hartmann, Einf. vor § 771 Rdnr. 4; Schuschke/Walker Anh. § 771 Rdnr. 6; Brox/Walker Rdnr. 465; Prütting/Stickelbrock S. 123; Lippross Rdnr. 262.

1065 MK/Gruber § 804 Rdnr. 46; StJ/Münzberg § 771 Rdnr. 90; Rosenberg/Schilken § 53 V 1 d aa; Stadler/Bensching Jura 2002, 443/444.

1066 BGHZ 55, 20, 26@; 58, 207, 209@; 67, 378, 382; 118, 201; BGH NJW 1985, 1959, 1960; BL/Hartmann Einf. vor § 771 Rdnr. 4; Baur/Stürner/Bruns § 29.18; Brox/Walker Rdnr. 467; Rosenberg/Gaul § 41 XII 5 b. – ablehnend StJ/Münzberg § 771 Rdnr. 89 bei fahrlässiger Unkenntnis des Vollstreckungsgläubigers.

1067 BGHZ 118, 205.

1068 BGHZ 58, 207, 214@; Schuschke/Walker Anh. § 771 Rdnr. 6; Brox/Walker Rdnr. 466.

1069 Rosenberg/Gaul §§ 7 II 4 b, 41 XII 5 b; MK/Schilken § 804 Rdnr. 37.

1070 Palandt/Sprau § 812 Rdnr. 38.

(6) **§ 816 BGB:** Scheidet nach allg. Ansicht aus, weil der Gerichtsvollzieher keine rechtsgeschäftliche Verfügung trifft, sondern kraft Hoheitsakts das Eigentum überträgt und weil er auch nicht als Nichtberechtigter handelt.[1071]

(7) **§ 812 BGB:** Nach allgemeiner Ansicht als **Eingriffskondiktion** gegeben: E war im Wege der dinglichen Surrogation (analog § 1247 BGB) Eigentümer auch des Versteigerungserlöses geworden. Durch die Auszahlung des Erlöses durch den Gerichtsvollzieher an G hat dieser kraft Hoheitsaktes das Eigentum an dem Erlös erlangt, während E das Eigentum verloren hat; G hat daher unmittelbar auf Kosten des E das Eigentum an dem Versteigerungserlös erlangt. Für diese Vermögensverschiebung – die nicht durch privatrechtliche „Leistung", sondern in „sonstiger Weise" erfolgt ist – ist im Verhältnis des E zu G **kein rechtfertigender Grund gegeben, da G kein Recht auf Befriedigung aus schuldnerfremdem Vermögen** besitzt.[1072]

Der Vollstreckungsgläubiger hatte nämlich kein Pfändungspfandrecht (h.M.), jedenfalls kein materielles Befriedigungsrecht (ö.-r. Theorie) erlangt, s.o. § 18, 3.4.

Dabei ist der Vollstreckungsgläubiger nach h.M. nur in Höhe des **Nettoerlöses** bereichert, also um den an ihn ausgekehrten Betrag unter Abzug der Vollstreckungskosten.[1073]

Der Gläubiger hat durch die Verwertung der schuldnerfremden Sache, da ihm der Erlös nicht gebührt, seine Forderung gegen seinen Schuldner nicht verloren (kein Titelverbrauch, neue vollstreckbare Ausfertigung möglich);[1074] daher: kein Wegfall der Bereicherung.

Aber: Kein Bereicherungsanspruch bei Ausschluss der Klage aus § 771 durch § 242 BGB (unzulässige Rechtsausübung, s.o. § 22, 1.4.3, 2);[1075] der Gläubiger hat daher **dieselben Einwendungen wie gegenüber der Drittwiderspruchsklage**. – Durch die Abweisung einer Drittwiderspruchsklage als unbegründet werden daher auch Bereicherungsansprüche – und anderweitige Ersatzansprüche – des Dritten rechtskräftig verneint.[1076]

Somit: Der frühere Eigentümer hat gegen den Vollstreckungsgläubiger einen Bereicherungsanspruch auf den Versteigerungserlös aus § 812 BGB,

bei Vorliegen der subjektiven Voraussetzungen auch Schadensersatzansprüche aus §§ 823, 826, 687 Abs. 2 BGB und aus Verletzung des gesetzlichen Schuldverhältnisses (oder §§ 989, 990 BGB, str.).

Hat der Gläubiger **selber die schuldnerfremde Sache ersteigert** oder ist ihm die Sache gemäß § 825 zugewiesen worden, so gilt grundsätzlich das Gleiche: Kein Anspruch auf Herausgabe der Sache selbst – Ausnahme § 826 BGB –, da insoweit der Gläubiger die Stellung des Erstehers hat;[1077] aber: Verpflichtung aus §§ 812, 818 Abs. 2 BGB zur Herausgabe des gemäß § 817 Abs. 4 erlangten Erlöses.[1078]

1071 RGZ 156, 399; StJ/Münzberg § 771 Rdnr. 85; Palandt/Sprau § 812 Rdnr. 37; Rosenberg/Gaul § 41 XII 5 a; Rosenberg/Schilken § 53 V 1 d bb; Brox/Walker Rdnr. 469.

1072 RGZ 156, 399; BGHZ 32, 241; 100, 95, 99@; Palandt/Sprau § 812 Rdnr. 37, 38; MK/Gruber § 804 Rdnr. 42, 47; Schuschke/Walker Anhang § 771 Rdnr. 2; Rosenberg/Schilken, Rosenberg/Gaul, a.a.O.; Baur/Stürner/Bruns § 29.18; Brox/Walker Rdnr. 470.

1073 BGHZ 66, 150, 155.

1074 Brox/Walker Rdnr. 421, 472; Lüke/Hau S. 200; MK/Gruber § 815, 18 (u.U. auch neue Klage).

1075 BGHZ 100, 95, 105, 106@; Schuschke/Walker Anh. § 771 Rdnr. 4.

1076 StJ/Münzberg § 771 Rdnr. 85; StJ/Leipold § 322 Rdnr. 207; MK/Gruber § 804 Rdnr. 48.

1077 h.M., Palandt/Sprau § 812 Rdnr. 39; Baur/Stürner/Bruns § 29.18; a.A.: auch bei normalem Verschulden gemäß **§§ 823, 249 BGB:** MK/Gruber § 804 Rdnr. 48; Brox/Walker Rdnr. 475.

1078 BGHZ 100, 95@.

(IV) **Gegen den Vollstreckungsschuldner** S können nur Ersatzansprüche aus einem zwischen E und S bestehenden Schuldverhältnis gegeben sein,

nicht aber Bereicherungsansprüche, da S nicht von seiner Schuld befreit worden und daher nicht bereichert ist;[1079] u.U. auch Schadensersatzanspruch aus §§ 823, 826 BGB.[1080]

(V) Gegen den Staat (Land) kommen bei rechtswidrigem und schuldhaftem Verhalten des Gerichtsvollziehers Amtshaftungsansprüche in Betracht.[1081]

nicht aus Enteignung oder enteignungsgleichem Eingriff, da in der Belastung durch den Vollstreckungszugriff kein Sonderopfer des E zugunsten der Allgemeinheit liegt.[1082]

3. Übungsfälle

Fall 41: Der G hat einen Zahlungstitel gegen S auf Zahlung von 10.000 €. Aufgrund dieses Titels pfändet der Gerichtsvollzieher bei S mehrere Bilder. G hatte jedoch zuvor mit S vereinbart, nicht in diese Bilder zu vollstrecken. S fragt daher, was er gegen die Pfändung unternehmen kann.

Fall 42: Der G hat dem S ein Klavier unter Eigentumsvorbehalt verkauft. Als S die vereinbarten Raten nicht mehr zahlt, erwirkt G gegen ihn ein Zahlungsurteil auf Zahlung der rückständigen Beträge. G beauftragt den Gerichtsvollzieher mit der Vollstreckung. Der Gerichtsvollzieher pfändet das Klavier. Wie kann S dagegen vorgehen?

Fall 43: S stellt auf seinem Fabrikgrundstück, das mit einer Hypothek zugunsten der H-Bank belastet ist, Maschinen her. Zum Transport benutzt er einen Lkw. Diesen Lkw lässt G, ein Gläubiger des S, aufgrund eines Zahlungstitels durch den Gerichtsvollzieher pfänden. Welche Rechte haben S und die H-Bank?

Fall 44: Der A hat seiner Freundin F einen Flügel geschenkt. Wenige Wochen später lässt der Gläubiger G des A diesen Flügel, der noch in der Wohnung des A steht, pfänden. Die F erhebt Drittwiderspruchsklage.

Fall 45: G lässt aufgrund eines Zahlungsurteils über 5.000 € gegen S dessen Pkw pfänden; den Versteigerungserlös von 6.500 € händigt der Gerichtsvollzieer in Höhe von 5.000 € dem G, im Übrigen dem S aus. S verlangt nunmehr von G (Rück-)Zahlung von 5.000 €, mit der Begründung, der Wagen sei unpfändbar gewesen, da er auf ihn zur Erreichung seiner Arbeitsstelle angewiesen gewesen sei.

Lösungen

Fall 41: vollstreckungseinschränkende Vereinbarung

Die Beteiligten haben dadurch, dass G sich dem S gegenüber verpflichtete, nicht in die Bilder zu vollstrecken, eine **vollstreckungseinschränkende Vereinbarung** getroffen. Die erfolgte Pfändung verstößt gegen diese Vereinbarung.

1079 Hk-ZPO/Kemper § 819, 5; Rosenberg/Schilken § 53 V 1 c; MK/Gruber § 804, 50. – abw. ThP/Hüßtege § 819, 8 bei Genehmigung der Vollstreckung durch den Eigentümer: § 816 BGB.

1080 Schuschke/Walker Anh. § 771 Rdnr. 11.

1081 BGHZ 32, 240; StJ/Münzberg § 771, 92; ThP/Hüßtege § 819, 9; Schuschke/Walker Anh. § 771, 15.

1082 BGHZ 32, 240; Schuschke/Walker Anh. § 771 Rdnr. 16; MK/ Gruber § 804 Rdnr. 49.

(I) Vollstreckungseinschränkende Vereinbarungen sind im Rahmen der §§ 134, 138 BGB grundsätzlich zulässig, da der Gläubiger als Herr des Zwangsvollstreckungsverfahrens von der Vollstreckung seines Titels absehen und sich dazu dann auch entsprechend verpflichten kann.[1083]

(II) Die Frage, wie der Vollstreckungsschuldner eine vollstreckungseinschränkende Vereinbarung geltend machen kann, ist umstritten.

Die Rechtsbehelfe des Vollstreckungsrechts können nicht unmittelbar eingreifen: Erinnerung nicht, weil das Vollstreckungsorgan mit der Vollstreckung keine Verfahrensvorschrift verletzt hat; Vollstreckungsgegenklage nicht, weil der titulierte Anspruch des Gläubigers als solcher von der Vereinbarung nicht betroffen wird. In Betracht kommt daher nur eine entsprechende Anwendung.

(1) Der **BGH**[1084] verweist den Schuldner auf den Weg einer **Vollstreckungsgegenklage** entspr. § 767, da es sich um eine materiell-rechtliche Einwendung handele, die nicht das formelle Vollstreckungsverfahren betreffe; eine Vollstreckung entgegen einer vollstreckungseinschränkenden Vereinbarung verletze keine vollstreckungsrechtliche Verfahrensnorm.[1085]

Dabei wird die Klage ohne die Beschränkung des § 767 Abs. 2 zugelassen, da die Rechtskraft des Titels nicht berührt wird.

(2) Im Schrifttum wird dagegen weitgehend wegen der größeren Ähnlichkeit des Verletzungstatbestandes – die Vollstreckung sei zwar nicht objektiv, aber zwischen den Parteien verfahrensfehlerhaft – auf die **Erinnerung** abgestellt.

(a) Dabei wird z.T. eine ausschließliche Geltung des § 766 vertreten.[1086]

(b) **Vermittelnd jedoch das überwiegende Schrifttum:** Der Schuldner könne zwar grds. die Vollstreckungsvereinbarung mit der **prozessual einfacheren Erinnerung** entspr. § 766 geltend machen. **Daneben** sei aber auch die **Klage entspr. § 767** statthaft, wenn die Vereinbarung

(aa) auch **materiell-rechtlich** den titulierten Anspruch beeinflusse[1087]

(bb) oder **streitig und nicht einfach beweisbar** sei, weil dann die Entscheidung nicht dem Vollstreckungsorgan überlassen bleiben könne und weil das Erkenntnisverfahren die besseren Möglichkeiten zur Feststellung der Vereinbarung biete.[1088]

(3) Somit: Nach den Literaturmeinungen kann (bzw. muss) S daher gegen die Pfändung Erinnerung entspr. § 766 beim Vollstreckungsgericht einlegen, nach der BGH-Rspr. dagegen Vollstreckungsgegenklage entspr. § 767 erheben.

1083 BGH NJW 1968, 700; 1991, 2296; s.o. § 17, 1.1.

1084 BGH NJW 1968, 700; 1991, 2296.

1085 Ebenso: OLG Köln NJW-RR 1995, 576; OLG Karlsruhe MDR 1998, 1432; Rosenberg/Gaul § 33 VI.

1086 Jauernig/Berger § 1 Rdnr. 29 ff.; Baur/Stürner/Bruns § 10.9.

1087 BL/Hartmann Grundzüge vor § 704 Rdnr. 25, 27; StJ/Münzberg § 766 Rdnr. 23; Zöller/Stöber vor § 704 Rdnr. 25; MK/Schmidt § 766 Rdnr. 34, 35; ThP/Hüßtege § 766 Rdnr. 26.

1088 Schuschke/Walker § 766 Rdnr. 9; Musielak/Lackmann § 766 Rdnr. 7; Brox/Walker Rdnr. 204; Prütting/Stickelbrock S. 95, 193; Lippross Rdnr. 383.

Fall 42: Zwangsvollstreckung und Abzahlungsgeschäft

(I) Eine **Vollstreckungserinnerung** gemäß § 766 ist nicht erfolgversprechend, da durch die Pfändung keine Verfahrensvorschriften verletzt worden sind.

(II) S kann **Vollstreckungsgegenklage** gemäß § 767 erheben, wenn ihm eine nachträglich entstandene materiell-rechtliche Einwendung oder Einrede gegen den titulierten Anspruch – den Kaufpreisanspruch des G – zusteht.

(1) Eine solche Einwendung könnte durch die Pfändung entstanden sein: In dieser Pfändung könnte eine Rücknahme des Klaviers durch G und damit ein **Rücktritt** vom Kaufvertrag gemäß **§ 503 Abs. 2 S. 4 BGB** zu sehen sein, was den titulierten Kaufpreisanspruch hinfällig machen könnte.

Die Rechtslage wird durch die Regelung in § 811 Abs. 2 nicht berührt;[1089] denn die grds. Pfändbarkeit einer unter Eigentumsvorbehalt verkauften Sache hat keine Bedeutung für die Frage eines Rücktritts und seiner Wirkung.

(a) Die **Pfändung** der Sache kann jedoch noch keinen Rücktritt bedeuten, da der Schuldner hierdurch noch nicht endgültig den Besitz und die Nutzung an der Sache verliert,[1090]

(b) des Weiteren auch nicht die **Wegnahme** durch den Gerichtsvollzieher, da sich das Vollstreckungsverfahren dann immer noch anderweitig, ohne Verlust der Sache für den Schuldner, erledigen kann.[1091]

(c) Die **Verwertung (Versteigerung) der Sache** löst dagegen die Rücktrittswirkung aus, denn durch sie verliert der Schuldner den Besitz endgültig.[1092]

(2) Dass erst in der Verwertung der Sache selbst der Rücktritt liegt, hat zur Folge, dass **erst in diesem Zeitpunkt** der titulierte Anspruch entfällt. Der Schuldner kann daher die Verwertung der Sache durch die Erhebung einer Vollstreckungsgegenklage **nicht verhindern**.

Der Schuldner kann aber jedenfalls **nach der Verwertung** gegen den Gläubiger vorgehen, z.B. aus § 812 BGB, was dann dazu führt, dass auf seine Klage hin sämtliche aufgrund des Rücktritts entstandenen gegenseitigen Ansprüche – also auch die des Gläubigers – zu berücksichtigen sind. Der Schuldner kann aber – unstreitig – auch Vollstreckungsgegenklage erheben, wenn nach der Verwertung der Titel noch nicht vollständig erledigt ist oder solange der Erlös noch nicht an den Gläubiger ausgezahlt ist.[1093]

(3) Da aber dem Schuldner ein Vorgehen nach der Verwertung oft nichts mehr nützt und da die in der Verwertung der Sache liegende Rücknahme dann ohne Berücksichtigung seiner Ansprüche aus § 346 BGB – die aber nach § 348 BGB gerade Zug um Zug zu erfüllen sind – erfolgt wäre, wird zugelassen, dass der Schuldner **bereits vor der Verwertung** und damit bereits vor dem eigentlichen

1089 Schuschke/Walker § 811 Rdnr. 4.

1090 BGHZ 39, 97 (zum inhaltsgleichen früheren § 5 AbzG); MK/Schmidt § 767 Rdnr. 64.

1091 Zöller/Stöber § 817 Rdnr. 15; Schuschke/Walker Anh. § 825 Rdnr. 3; Brox/Walker Rdnr. 440; streitig, a.M. Palandt/Weidenkaff § 503 Rdnr. 14; MK/Schmidt § 767 Rdnr. 64.

1092 h.M.: BGHZ 55, 59; Baur/Stürner/Bruns § 29.10; StJ/Münzberg § 814 Rdnr. 14; Schuschke/Walker Anh. § 825 Rdnr. 4; Brox/Walker Rdnr. 440.

1093 MK/Gruber § 817 Rdnr. 26; Baur/Stürner/Bruns § 29.10..

Entfallen der titulierten Forderung die Vollstreckungsgegenklage erhebt, und zwar dahin, dass die Verwertung der Sache nur für zulässig erklärt wird **Zug um Zug gegen Erfüllung seiner Ansprüche.**[1094]

Die Verwertung ist dann zwar möglich, die – konkret, auch unter Berücksichtigung der Ansprüche des Gläubigers zu berechnenden – Ansprüche des Schuldners werden aber bereits bei der Verwertung berücksichtigt.

Entsprechendes gilt bei Verwertung nach § 825, insbes. bei Überweisung an den Vorbehaltskäufer (s.o. § 18, 5, 3): Ablieferung gilt als Rücknahme und damit Rücktritt.[1095]

Fall 43: Pfändung von Grundstückszubehör

(I) S und die H-Bank können **Erinnerung** (§ 766) einlegen, da der Gerichtsvollzieher eine Verfahrensvorschrift verletzt hat: Grundstückszubehör (vgl. §§ 97, 98 BGB) darf nicht im Wege der Mobiliarvollstreckung gepfändet werden (§ 865 Abs. 2 S. 1; s.o. § 18, 1). Die Erinnerung wegen einer Verletzung des § 865 Abs. 2 S. 1 steht außer dem Schuldner unstreitig auch den dinglich am Grundstück Berechtigten zu, da diese Bestimmung auch ihrem Schutz dient.[1096]

(II) Streitig ist dagegen, ob der Hypothekengläubiger gegen die Pfändung von Sachen des § 865 auch mit der **Drittwiderspruchsklage** vorgehen kann.

(1) Nach einer Ansicht ist dies zu verneinen: Der Hypothekengläubiger könne kein die Veräußerung hinderndes Recht an den der Hypothekenhaftung unterliegenden Gegenständen besitzen, da ja eine Veräußerung dieser Sachen durch den Schuldner gerade zulässig ist (vgl. §§ 1121 ff. BGB); die Erinnerungsmöglichkeit reiche zum Schutz des Hypothekengläubigers aus.[1097]

(2) Die h.M.[1098] gesteht dem Hypothekengläubiger dagegen die Drittwiderspruchsklage zu: Die Bestimmung des § 865 Abs. 2 S. 1 schütze das Recht des dinglich Berechtigten in gleichem Maße wie das Eigentum, das aber unzweifelhaft die Drittwiderspruchsklage begründe. Würde dem Hypothekengläubiger die Klagemöglichkeit aus § 771 versagt, müsste er, um den Zugriff Dritter auf das ihm nach § 1120 BGB haftende Zubehör zu verhindern, seinerseits aus der Hypothek die Zwangsversteigerung des Grundstücks betreiben, wozu er aber möglicherweise – z.B. mangels Fälligkeit – noch nicht berechtigt sei und was er i.d.R. auch nicht wolle; denn dem Hypothekengläubiger liege gerade daran, die Zubehörstücke im Haftungsverband zu erhalten, wo sie den Wert des Grundstücks und damit seine Sicherheit erhöhen, nicht aber daran, den Haftungsverband zu zerschlagen.

1094 StJ/Münzberg § 814 Rdnr. 13, 14; MK/Gruber § 817 Rdnr. 25; MK/Schmidt § 767 Rdnr. 64; Schuschke/Walker Anh. § 825 Rdnr. 6; Musielak/Becker § 817 Rdnr. 8; Rosenberg/Gaul § 40 V 1 a; Brox/Walker Rdnr. 441.

1095 s. MK/Gruber § 825 Rdnr. 19.

1096 StJ/Münzberg § 865 Rdnr. 36; MK/Eickmann § 865 Rdnr. 62; Zöller/Stöber § 865 Rdnr. 12; Musielak/Becker § 865 Rdnr. 11; Schuschke/Walker § 865 Rdnr. 9.

1097 BL/Hartmann § 865 Rdnr. 13, 14; MK/Eickmann § 865 Rdnr. 13; Hk-ZPO/Kindl § 865 Rdnr. 11.

1098 Zöller/Stöber § 865 Rdnr. 12; Schuschke/Walker § 865 Rdnr. 9, § 771 Rdnr. 21; Musielak/Becker § 865 Rdnr. 11; Baur/Stürner/Bruns § 34.30; Brox/Walker Rdnr. 229; Rosenberg/Schilken § 49 II 6 e.

Fall 44: Drittwiderspruchsklage und unzulässige Rechtsausübung

Die Klage der F ist mit ihrem Eigentum an dem Flügel begründet.

Anders wäre dies jedoch dann, wenn A nicht mehr in der Lage wäre, seine Gläubiger zu befriedigen. Denn dann wäre die schenkweise Übereignung des Flügels gemäß §§ 1, 4 AnfG **anfechtbar**, sodass er gemäß § 11 AnfG dem G zur Befriedigung zur Verfügung gestellt werden müsste, F daher die **Vollstreckung in den Flügel zu dulden** hätte (s.o. § 16, 1.2.1.2, 2). Dies könnte G gemäß § 9 AnfG durch Einrede geltend machen. Der Klage würde dann der Einwand der unzulässigen Rechtsausübung entgegenstehen (s.o. § 22, 1.4.3, 2).

G hätte dann aber auch gegen F **Anfechtungsklage** auf Duldung der Vollstreckung erheben und dann aus einem entsprechenden Duldungsurteil den Flügel pfänden können (s.o. § 16, 1.2.1.2, 3); dann hätte F von vornherein nicht mehr die Drittwiderspruchsklage, da sie nun Vollstreckungsschuldnerin und nicht mehr „Dritte" wäre.

Fall 45: Vollstreckung in unpfändbare Sache

Dem S kann ein Bereicherungsanspruch aus § 812 BGB zustehen:

Wenn der Wagen gemäß § 811 Abs. 1 Nr. 5 unpfändbar gewesen sein sollte – wenn S seine Arbeitsstelle nicht anders zumutbar erreichen konnte (s.o. § 18, 2.4, 4 b) –, hatte G durch die Pfändung kein Pfändungspfandrecht erlangt; denn die Pfändung einer unpfändbaren Sache begründet nach der herrschenden gemischt privatrechtlich-öffentlichrechtlichen Theorie kein Pfändungspfandrecht.[1099] Dass S gegen die Pfändung keine Erinnerung nach § 766 eingelegt hat, kann nicht als Einverständnis oder Genehmigung der Pfändung oder Verzicht auf den Pfändungsschutz gewertet werden.[1100] Demgemäß hat G das Eigentum an dem Versteigerungserlös, an dem sich zunächst das Eigentum des S an dem Wagen fortgesetzt hatte (dingliche Surrogation, s.o. § 18, 5, 2 c), ohne Rechtsgrund auf Kosten des S erhalten, was – entspr. zur Rechtslage bei der Verwertung schuldnerfremder Sachen (s.o. Fall 40) – einen Anspruch aus § 812 begründet.[1101] Dies setzt dann S wieder in die Lage, einen entsprechenden – unpfändbaren – Wagen zu erwerben und so den ursprünglichen Zustand wiederherzustellen.

Gegen diesen Anspruch könnte G dann aber an sich mit seinem fortbestehenden titulierten Anspruch aufrechnen.[1102] Damit G so aber letztlich nicht doch den Vollstreckungserlös behalten kann und damit aus der unpfändbaren Sache befriedigt wird, wird eine solche Aufrechnung entspr. § 394 BGB für ausgeschlossen zu halten sein:[1103] G muss daher den Vollstreckungserlös an S zurückzahlen und versuchen, in anderer Weise aus seinem Titel zu vollstrecken.

1099 MK/Gruber § 811 Rdnr. 22. – s.o. § 18, 3.3, 2 b).

1100 MK/Gruber § 804 Rdnr. 45.

1101 MK/Gruber § 804, 45; BL/Hartmann § 811, 3; Baur/Stürner/Bruns § 23, 10; Kaulbach Rpfleger 2008, 9. – a.M. (ör. Theorie): StJ/Münzberg § 811, 22; Zöller/Stöber § 811, 9; Wieczorek/Lüke § 811, 12.

1102 BL/Hartmann § 811, 3; Baur/Stürner/Bruns § 23, 10.

1103 MK/Gruber § 804 Rdnr. 45; Kaulbach Rpfleger 2008, 9, 11.

Die Rechtsbehelfe in der Zwangsvollstreckung

I. **Vollstreckungserinnerung (§ 766):**

1. Sie richtet sich gegen einen Verfahrensverstoß des Vollstreckungsorgans bei Vollstreckungsmaßnahmen (Rüge der „Art und Weise" der Vollstreckung).
2. Gegensatz zur Vollstreckungs**maßnahme: „Entscheidung"** des Vollstreckungsgerichts; dagegen sofortige Beschwerde (§ 793), auch bei Entscheidung durch Rechtspfleger (§ 11 Abs. 1 RPflG).

II. **Sofortige Beschwerde (§ 793):** Gegen Entscheidungen im Vollstreckungsverfahren.

III. **Vollstreckungsgegenklage (§ 767):**

1. Prozessuale Gestaltungsklage des Vollstreckungsschuldners, gerichtet auf Unzulässigerklärung der Vollstreckung **aus dem Titel** aufgrund **materiell-rechtlicher Einwendungen oder Einreden** gegen den zu vollstreckenden materiellen Anspruch.
2. Die Klage kann bei Urteil wegen der Rechtskraft nur auf Umstände gestützt werden, die **nach** der letzten mündlichen Tatsachenverhandlung **entstanden** sind (§ 767 Abs. 2). Dabei entscheidet die objektive Möglichkeit der Geltendmachung; auch bei Gestaltungsrechten des Schuldners (h.M.; Schrifttum verbreitet: erst Ausübung).

IV. **Drittwiderspruchsklage (§ 771):**

1. Prozessuale Gestaltungsklage eines Dritten auf Unzulässigerklärung der Vollstreckung **in einen bestimmten Gegenstand**.
2. **Widerspruchsrecht (Interventionsrecht):** „Ein die Veräußerung hinderndes Recht", insbesondere dingliches Recht des Dritten an der Sache (wie Eigentum, auch Vorbehalts- und Sicherungseigentum, h.M.) und schuldrechtlicher Herausgabeanspruch (nicht Verschaffungsanspruch).
3. Der Klage steht der **Einwand der unzulässigen Rechtsausübung** (§ 242 BGB) entgegen, wenn der Dritte die Zwangsvollstreckung des Gläubigers in die (formal) dem Interventionsrecht unterliegende Sache zu dulden hat.

V. **Klage auf vorzugsweise Befriedigung (§ 805):** Für einen am Vollstreckungsgegenstand berechtigten Dritten zur Erreichung einer Befriedigung vor dem Vollstreckungsgläubiger (bei besserem Rang des Dritten).

VI. **Vollstreckungsschutzantrag des Schuldners (§ 765 a):** Subsidiär.

VII. Nach Beendigung der Vollstreckung: Nur noch **materiell-rechtliche Ansprüche**. Bei Vollstreckung in schuldnerfremden Gegenstand kann der (frühere) Eigentümer:

1. Herausgabe der Sache vom **Ersteher** grds. nicht verlangen (nur u.U. § 826 BGB),
2. den Versteigerungserlös vom **Vollstreckungsgläubiger** aus § 812 BGB – und u.U. Schadensersatz gemäß §§ 823, 826, 687 Abs. 2 BGB u. gemäß § 280 BGB aus der Verletzung eines gesetzlichen Schuldverhältnisses (bzw. §§ 989, 990 BGB, str.), bei Vorliegen der subjektiven Voraussetzungen – beanspruchen.

3. Teil: § 23 Das Insolvenzverfahren

1. Das Insolvenzverfahren ist ein Verfahren zur gemeinschaftlichen und gleichmäßigen Befriedigung aller vermögensrechtlichen Gläubiger eines zahlungsunfähigen Schuldners durch die bestmögliche Verwertung des gesamten Schuldnervermögens (§ 1 InsO).[1104]

1) Der **Grund** des besonderen Insolvenzverfahrens ist der **wirtschaftliche Zusammenbruch des Schuldners**, der nicht mehr in der Lage ist, alle seine Gläubiger zu befriedigen. Bei einer solchen Sachlage darf nicht mehr jeder einzelne Gläubiger für sich allein gegen den Schuldner vorgehen können; denn durch Einzelvollstreckungen würde eine rangmäßige Befriedigung der Gläubiger nach dem Prioritätsprinzip („Gläubigerwettlauf") erfolgen, was jedoch - da der wirtschaftliche Zusammenbruch eines Schuldners alle seine Gläubiger in gleicher Weise trifft - unbillig und nicht berechtigt wäre. Die Gläubiger werden daher in einer **Verlustgemeinschaft** zusammengefasst und - im Grundsatz - **gleichmäßig**, d.h. zu dem auf sie entfallenden Anteil („Quote") aus dem Schuldnervermögen, das zu diesem Zweck vollständig und bestmöglichst eingesetzt wird **(„Gesamtvollstreckung")**, befriedigt.

Besondere Bedeutung hat das Insolvenzrecht naturgemäß in wirtschaftlich schlechten Zeiten, wenn sich Unternehmenszusammenbrüche häufen, zur Zeit aber auch durch die Überschuldung zahlreicher privater Haushalte (Verbraucherinsolvenz)

2) Die InsO bezeichnet den von dem Insolvenzverfahren Betroffenen als **Schuldner** (die Konkursordnung hatte ihn als „Gemeinschuldner" bezeichnet).

2. Insolvenzordnung und Insolvenzrechtsreform

1) Das Insolvenzverfahren ist in der **Insolvenzordnung (InsO)** vom 05.10.1994 geregelt, die am **01.01.1999 in Kraft getreten** ist.

2) Zuvor war die Gesamtvollstreckung in der **Konkursordnung** vom 10.02.1877 (KO) und in der **Vergleichsordnung** vom 26.02.1935 (VerglO) - einem Verfahren zur Abwendung eines Konkurses - geregelt. In den neuen Bundesländern hatte die **Gesamtvollstreckungsordnung** vom 01.07.1990 (GesO) gegolten.

3) Schon seit langem hatten **Reformbestrebungen** bestanden, da das Konkurs- und Vergleichsrecht nicht mehr den modernen wirtschaftlichen Anforderungen entsprach, u.a.: Unzulängliche Konkursprophylaxe (zur Vermeidung der mit dem Konkursverfahren grds. verbundenen unwirtschaftlichen Zerschlagung/Liquidation des Schuldnervermögens), fehlende Sanierungskonzepte zur wirtschaftlich sinnvolleren Erhaltung sanierungsfähiger Unternehmen, Vielzahl masseloser und daher für die Gläubiger wertloser Konkurse infolge nicht rechtzeitiger Sicherung und Verwertung des Schuldnervermögens, weitgehende Ungleichbehandlung der Gläubiger - u.a. durch Steuervorrechte, aber auch durch die i.d.R. bestehenden Absonderungsrechte einiger weniger gesicherter Großgläubiger (i.d.R. Banken), die oft die Masse erschöpften -, nicht ausreichende Berücksichtigung der Schutzbedürfnisse der Arbeitnehmer im Unternehmenskonkurs, unbeschränkte Weiterhaftung des Schuldners nach Beendigung des Konkursverfahrens für die verbliebenen Schulden („moderner Schuldturm", anders bereits nach der GesO). Alle diese Mängel sollen durch die neue Insolvenzordnung beseitigt werden - **was daher für das Verständnis der InsO von Bedeutung ist**.

1104 Paragraphenangaben ohne Gesetzesbezeichnung beziehen sich in diesem Teil des Skriptes auf die InsO.

4) Die **Schwerpunkte der Insolvenzrechtsreform** und damit auch **der Verfahrensgestaltung nach der InsO:**

- **Einheitliches Verfahren:** Keine Trennung von Konkurs und Vergleich, d.h. Gesamtverfahren zur wirtschaftlich bestmöglichen Regelung der Insolvenz.
- **Förderung der Sanierung:** Nicht mehr Verwertung des Schuldnervermögens nur durch Liquidation, sondern bei Unternehmen auch durch Sanierung (§ 1 S. 1) oder Veräußerung des sanierten Unternehmens (Werterhaltung!).
- **flexible Verfahrensgestaltung:** Durch die Möglichkeit eines **Insolvenzplanes** (§§ 217 ff.), durch den u.a. die Befriedigung der Gläubiger, die Verwertung der Masse und die Haftung des Schuldners nach Verfahrensbeendigung abweichend von der gesetzlichen Regelung gestaltet werden kann: **auf den Einzelfall zugeschnittene Insolvenzabwicklung** („Kernstück" der Reform).
- **Verstärkung des Schutzes der Arbeitnehmer:** Grundsätzlicher Fortbestand des Arbeitsverhältnisses (§ 108), Kündigungsschutz (§§ 125 ff.), Sozialplan (§§ 123 ff.); auch durch die Förderung der Unternehmenssanierung.
- **gerechtere Verteilung der Masse:** Grundsätzliche Gleichbehandlung aller Insolvenzgläubiger (§§ 38, 39, keine unterschiedlichen Rangklassen).
- **Restschuldbefreiung:** Bei **natürlichen Personen** (§§ 1 S. 2, 286 ff.), **nach sechs Jahren** ab Eröffnung des Verfahrens, unter der Voraussetzung, dass der Schuldner während dieser Zeit sein pfändbares Einkommen an einen Treuhänder zur Befriedigung seiner Gläubiger abgetreten hatte.

  Bei juristischen Personen nicht notwendig, da sie mit der Beendigung des Insolvenzverfahrens i.d.R. ebenfalls beendet sind, z.B. wegen Vermögenslosigkeit gelöscht werden, womit sich dann nicht im Verfahren befriedigte Verbindlichkeiten von selbst erledigen.
- **Verbraucherinsolvenz** bei natürlichen Personen ohne selbstständige wirtschaftliche Tätigkeit (§§ 304 ff.): Zunächst Versuch einer außergerichtlichen, dann gerichtlichen Schuldenregulierung (Schuldenbereinigungsplan), bei Scheitern vereinfachtes Insolvenzverfahren, ggf. mit Restschuldbefreiung.

  Verbraucherinsolvenz- u. Restschuldbefreiungsverfahren sind die weiteren Kernstücke der InsO. Diese Verfahren sollen – möglicherweise noch 2008 – wesentlich vereinfacht werden (Entwurf eines Gesetzes zur Entschuldung mittelloser Personen).[1105]

In seinem Gesamtablauf entspricht allerdings auch das neue Regelinsolvenzverfahren weitgehend dem bisherigen Konkurs, weil dies durch die wesensimmanenten Erfordernisse einer Gesamtvollstreckung geboten ist.

5) **Schrifttum zur InsO u.a.:** Frankfurter Kommentar zur InsO, 4. 2006; Münchener Kommentar zur InsO, Band I: 2. 2007, Band II: 2. 2008, Band III: 1. 2003; Heidelberger Kommentar zur InsO, 4. 2006; Hess/Weis/Wienberg, InsO, 2. 2001; Hess, InsO, 2007; Jaeger, InsO, Band I: 2004, Band II: 2007; Uhlenbruck, InsO, 12. 2003; Braun, InsO, 3. 2007; Hamburger Kommentar zum Insolvenzrecht, 2. 2007; Pape/Uhlenbruck, Insolvenzrecht, 2002; Häsemeyer, Insolvenzrecht, 4. 2007; Foerste, Insolvenzrecht, 4. 2008; Becker, Insolvenzrecht, 2. 2008; Keller, Insolvenzrecht, 2006; Gogger, Insolvenzrecht, 2., 2006.

1105 s.u. a. Hmb-Komm/Schmidt Anhang 1 (RegE EntschG 2007); Arens ZRP 2007, 84.

3. Übersicht über das Insolvenzverfahren

Das Insolvenzverfahren ist ein Teil der streitigen Gerichtsbarkeit; **subsidiär zur InsO gilt daher die ZPO** (§ 4).

z.B. hins. der Rechtsmittel: Sofortige Beschwerde u. Rechtsbeschwerde (§§ 6, 7). Es gilt aber der **Amtsermittlungsgrundsatz** (§ 5, wegen der Bedeutung für die Allgemeinheit).

1) Das Insolvenzverfahren wird auf **Antrag eines Gläubigers oder des Schuldners** (Antragsgrundsatz) vom Insolvenzgericht eröffnet, wenn ein Eröffnungsgrund - z.B. Zahlungsunfähigkeit des Schuldners - vorliegt.

Abwendungsmöglichkeit im Falle der **Verbraucherinsolvenz**.

Darüberhinaus wird aber auch sonst vielfach in der Praxis die Abwendung des förmlichen Insolvenzverfahrens durch außergerichtliche Vereinbarung des Schuldners mit seinen Gläubigern versucht und erreicht.

2) **Insolvenzgericht: Amtsgericht** (§ 2),

und zwar grds. das Amtsgericht, in dessen Bezirk ein Landgericht seinen Sitz hat (Konzentrierung auf spezialisierte Amtsgerichte). Örtlich: Allgemeiner Gerichtsstand oder Mittelpunkt einer selbstständigen wirtschaftlichen Tätigkeit des Schuldners (§ 3).

3) Mit der **Eröffnung** des Insolvenzverfahrens **verliert der Schuldner die Verwaltungs- und Verfügungsbefugnis hinsichtlich der Insolvenzmasse** (§ 80), d.h. des (pfändbaren) Vermögens, das ihm zur Zeit der Eröffnung des Insolvenzverfahrens gehört und das er während des Verfahrens erwirbt (§ 35 Abs. 1).

4) Anstelle des Schuldners **übernimmt der Insolvenzverwalter die Insolvenzmasse**, grds. zu dem Zweck, sie zu verwerten und aus ihr - soweit möglich - die Gläubiger des Schuldners zu befriedigen.

Dies geschieht grds. in folgenden, natürlich zum Teil nebeneinander stattfindenden Schritten - **Regelinsolvenzverfahren** -:

a) **Inbesitznahme der Insolvenzmasse.**

b) **Bereinigung der Insolvenzmasse:** Soweit sich schuldnerfremde Vermögensgegenstände in der Insolvenzmasse befinden, hat der Insolvenzverwalter sie an die Berechtigten herauszugeben (§ 47, Aussonderung).

   Die Aussonderungsberechtigten sind keine Insolvenzgläubiger, sondern können ihre Rechte voll außerhalb des Insolvenzverfahrens geltend machen.

c) **Vergrößerung der Insolvenzmasse:** Der Insolvenzverwalter macht die dem Schuldner gegen Dritte zustehenden Ansprüche geltend. Soweit der Schuldner vor der Eröffnung Vermögenswerte aus seinem Vermögen weggegeben hat, hat der Insolvenzverwalter diese unter den Voraussetzungen der Insolvenzanfechtung (§§ 129 ff.) wieder zur Masse zu ziehen.

d) **Verwertung der Insolvenzmasse:** Realisierung ihres Wertes,

   i.d.R. durch Veräußerung (§§ 159 ff.). Dabei verwertet der Insolvenzverwalter grds. auch die Gegenstände, an denen gesicherte Gläubiger ein Absonderungsrecht, z.B. Sicherungseigentum, besitzen (§§ 50 ff., 165 ff.); der Verwalter hat zwar aus dem Erlös diese Gläubiger vorweg zu befriedigen, er behält aber die Verwertung dieser Gegenstände in der Hand.

e) **Feststellung der Schuldenmasse**, d.h. Feststellung, welche Gläubiger aus dem Verwertungserlös der Insolvenzmasse zu befriedigen sind: die **Insolvenzgläubiger**. Dies sind alle die persönlichen Gläubiger des Schuldners, die einen im Zeitpunkt der Eröffnung des Verfahrens begründeten Vermögensanspruch gegen den Schuldner haben (§ 38).

f) **Verteilung des Verwertungserlöses der Insolvenzmasse an die Insolvenzgläubiger**, zu deren Befriedigung (§§ 187 ff.).

aa) Zunächst werden jedoch aus dem Erlös die durch das Insolvenzverfahren selbst entstandenen Verbindlichkeiten - Massekosten und Masseschulden - gedeckt; die Massegläubiger werden in voller Höhe befriedigt.

bb) Die absonderungsberechtigten Gläubiger werden - soweit möglich - aus dem Verwertungserlös des jeweiligen Absonderungsgegenstandes befriedigt.

cc) Aus der verbleibenden Masse werden die Insolvenzgläubiger befriedigt (§ 38), und zwar **gleichmäßig**: Soweit die Masse hierzu nicht ausreicht, erhalten sie auf ihre Forderungen einen **gleichen Anteil (Quote)**.

Die absonderungsberechtigten Gläubiger erhalten insoweit, als sie aus dem Gegenstand der Absonderung keine Befriedigung erhalten haben (Ausfall), ebenfalls diese Quote.

dd) Nachrangig - d.h. nur soweit nach der Befriedigung der Insolvenzgläubiger noch eine Verteilungsmasse übriggeblieben ist - werden die in § 39 aufgeführten Gläubiger befriedigt.

5) **Insolvenzplan** (§§ 217 ff.): Mit dem Insolvenzplan können die Gläubiger - absonderungsberechtigte Gläubiger und die (normalen) Insolvenzgläubiger - eine **abweichende Abwicklung des Insolvenzverfahrens** als durch die vollständige Verwertung und Verteilung und damit auch Zerschlagung (Liquidation) des Vermögens des Schuldners vornehmen,

insbesondere, um so ein Unternehmen des Schuldners und die damit verbundenen Arbeitsplätze zu erhalten und dadurch im Ergebnis, durch die besseren Betriebsergebnisse oder durch vollständige oder teilweise Veräußerung des sanierten Unternehmens, eine höhere Befriedigung zu erhalten als durch die Liquidation des Unternehmens.

6) Nach der Verteilung der Masse oder der Bestätigung des Insolvenzplans durch das Insolvenzgericht wird das **Insolvenzverfahren aufgehoben** (§§ 200, 258): Der Insolvenzverwalter verliert seine Befugnisse; der Schuldner erhält seine volle Verwaltungs- und Verfügungsbefugnis wieder zurück.

7) Soweit die **Insolvenzgläubiger** keine Befriedigung erhalten haben - wie i.d.R. zu einem erheblichen Anteil der Fall, da auf sie nur eine verhältnismäßig geringe Quote entfallen sein wird -, können sie dann ihre **restlichen Forderungen gegen den Schuldner wieder unbeschränkt geltend machen** (§ 201),

soweit nicht in einem **Insolvenzplan** eine andere Regelung getroffen worden ist (s. § 227) oder das Verfahren zur **Restschuldbefreiung** (§§ 286 ff.) durchgeführt wird, das ja gerade eine Beendigung dieser unbeschränkten Weiterhaftung des Schuldners bewirken soll.

4. Die Eröffnung des Insolvenzverfahrens und die Rechtsfolgen der Eröffnung

4.1 Die **Voraussetzungen** für die Eröffnung des Insolvenzverfahrens sind:

- Antrag auf Eröffnung
- Insolvenzfähigkeit des Schuldners
- Vorliegen eines Eröffnungsgrundes (Insolvenzgrund)
- ausreichende Masse

1) **Antrag auf Eröffnung des Insolvenzverfahrens** (§ 13)

a) Antragsberechtigt sind der Schuldner und jeder Insolvenzgläubiger.

Die Forderung des Gläubigers **braucht nicht tituliert zu sein**, muss dann aber glaubhaft gemacht sein (§ 14) bzw., wenn aus ihr auch der Eröffnungsgrund hergeleitet wird, für das Insolvenzgericht feststehen.[1106] Ist sie tituliert, ist sie zugrundezulegen; der Schuldner kann dann Einwendungen nur mit der Vollstreckungsgegenklage geltend machen.[1107]

Antragspflicht für den Schuldner u.a.: §§ 42 BGB (Verein), 130 a, 177 a HGB (OHG, KG), 92 AktG, 64 GmbHG (Haftung des Geschäftsführers bei Verschleppung).[1108]

b) Die allgemeinen Verfahrensvoraussetzungen müssen vorliegen,

u.a. **Rechtsschutzinteresse** des Gläubigers (§ 14): Es fehlt, wenn er insolvenzfremde Zwecke verfolgt (Ausschaltung eines Wettbewerbers, Druckmittel für Ratenzahlungen)[1109] o. vollständig dinglich gesichert ist.[1110] Dagegen kommt es grds. nicht auf die Höhe der Forderung an.[1111]

2) **Insolvenzfähig** (§ 11): Alle natürlichen Personen – auch Nichtkaufleute! –, alle juristischen Personen, die Personalgesellschaften (OHG, KG, BGB-Gesellschaft), der nicht rechtsfähige Verein, ggf. auch Nachlässe (§§ 315 ff.).

nicht aber Bund, Länder u. andere juristische Personen des öffentlichen Rechts (§ 12).

3) **Eröffnungsgrund (Insolvenzgrund)** ist

- bei allen Schuldnern: **Zahlungsunfähigkeit** (§ 17, allgemeiner Eröffnungsgrund), bei Antrag des Schuldners nunmehr auch schon eine **drohende Zahlungsunfähigkeit** (§ 18),
- bei juristischen Personen: auch **Überschuldung** (§ 19).

Bei natürlichen Personen und Personengesellschaften ist daher Eröffnungsgrund nur die bereits eingetretene oder drohende Zahlungsunfähigkeit, nicht dagegen eine Überschuldung.

Grund dieser Differenzierung: Natürliche Personen und Personengesellschaften können auch bei Überschuldung noch hinreichenden persönlichen Kredit haben, um ihre Verbindlichkeiten erfüllen zu können. Bei juristischen Personen ist dies anders; bei ihnen bedeutet i.d.R. bereits die Überschuldung als solche, dass die Gläubiger nicht mehr befriedigt werden können.

1106 BGH v. 29.03.2007 – IX ZB 141/06, MDR 2007, 1108.

1107 BGH v. 29.06.2006 – IX ZB 245/05, NJW-RR 2006, 1482.

1108 BGHZ 126, 181.

1109 s. AG Hamburg NJW-RR 2002, 1278; Uhlenbruck § 14 Rdnr. 5; Häsemeyer Rdnr. 7. 08.

1110 BGH v. 29.11.2007 – IX ZB 12/07, Rpfleger 2008, 220.

1111 BGH NJW-RR 1986, 1188; Uhlenbruck § 14 Rdnr. 7.

a) **Zahlungsunfähigkeit** besteht, wenn der Schuldner nicht mehr in der Lage ist, seine fälligen Zahlungsverpflichtungen zu erfüllen (§ 17 Abs. 2 S. 1).

i.d.R. anzunehmen bei einer **Zahlungseinstellung** (§ 17 Abs. 2 S. 2), d.h. der ausdrücklich erklärten oder anderweitig erkennbar gewordenen Nichterfüllbarkeit der fälligen Geldschulden wegen eines nicht nur vorübergehenden Mangels an Zahlungsmitteln.[1112]

kann bei geringfügiger Liquiditätslücke – bis zu 10% der fälligen Verbindlichkeiten – je nach Zukunftsprognose zu verneinen sein.[1113]

wird nur dadurch wieder beseitigt, dass der Schuldner seine Zahlungen allgemein wieder aufnimmt; nur vereinzelte Zahlungen reichen hierzu nicht aus.[1114]

b) Drohende Zahlungsunfähigkeit: Eintritt wahrscheinlicher als Vermeidung.[1115]

c) Zahlungsunfähigkeit und Zahlungseinstellung sind zu unterscheiden von der bloßen **„Zahlungsstockung“** („Liquiditätsengpass“), d.h. einem nur vorübergehenden Mangel an Geldmitteln – z. B. wegen nicht termingemäßem Eingang von Außenständen –, den der Schuldner noch kurzfristig, d.h. innerhalb einer Frist von drei Wochen, durch ihm trotz seiner Lage mögliche Kreditaufnahme beheben kann.[1116]

4) Es muss eine die **Kosten des Verfahrens deckende Masse** vorhanden sein; anderenfalls wird grds. die Eröffnung „mangels Masse“ abgelehnt (§ 26).

In der Praxis häufig. – Durch die Möglichkeit der Eröffnung bereits bei drohender Zahlungsunfähigkeit soll die Zahl dieser Eröffnungsablehnungen vermindert werden.

Die Ablehnung wird im Schuldnerverzeichnis eingetragen („schwarze Liste“, § 26 Abs. 2).

Eine Ablehnung unterbleibt, wenn ein Gläubiger einen Kostenvorschuss einzahlt oder wenn einer natürlichen Person als Schuldner – zur Ermöglichung einer Schuldbefreiung auch bei Mittellosigkeit (s.u. 8, 4 a) – gem. § 4 a die Kosten **gestundet** werden.

4.2 Anordnung: durch den **Eröffnungsbeschluss** des Insolvenzgerichts (§ 27).

1) In dem Eröffnungsbeschluss bestellt das **Insolvenzgericht zugleich den Insolvenzverwalter**; ferner werden die Termine der erforderlichen Gläubigerversammlungen (Berichtstermin, Prüfungstermin) bestimmt.

Der Insolvenzverwalter muss eine geschäftskundige und von den Verfahrensbeteiligten unabhängige natürliche Person sein (§ 56). – In der ersten Gläubigerversammlung können die Gläubiger einen anderen Insolvenzverwalter wählen (§ 57).

2) Bis zur Eröffnung kann das Insolvenzgericht sichernde Maßnahmen treffen, z.B. bereits einen **vorläufigen Insolvenzverwalter** bestellen (§§ 21, 22),

3) Die Eröffnung wird öffentlich bekannt gemacht (§ 9: Internet, §§ 30 ff.).

4) Die Entscheidung über die Eröffnung und die Ernennung des Insolvenzverwalters obliegt dem Richter; im Übrigen sind die Aufgaben des Insolvenzgerichts weitgehend dem Rechtspfleger übertragen (§§ 18, 3 Nr. 2 e RPflG).

1112 BGH NJW-RR 1999, 272; BGH Urt. v. 17.05.2001 – IX ZR 188/98, NJW-RR 2001, 1204; BGH Urt. v. 19.12.2002 – IX ZR 377/99, NJW-RR 2003, 837.

1113 BGH Urt. v. 24.05.2004 – IX ZR 123/04, NJW 2005, 3062.

1114 BGH v. 13.06.2006 – IX ZB 238/05, MDR 2007, 52; BGH Urt. v. 21.06.2007 – IX ZR 231/04, NJW-RR 2007, 1419.

1115 Braun/Kind § 18 Rdnr. 4, 5; Pape/Uhlenbruck Rdnr. 304.

1116 BGH Urt. v. 24.05.2004 – IX ZR 123/04, NJW 2005, 3062.

4.3 Die Rechtsfolgen der Eröffnung des Insolvenzverfahrens

1) Der Schuldner verliert die Befugnis, sein **zur Insolvenzmasse gehörendes Vermögen** zu verwalten und über dieses Vermögen zu verfügen; das Verwaltungs- und Verfügungsrecht geht auf den Insolvenzverwalter über (§ 80).

Rechtsfolge gemäß § 81: **Verfügungen des Schuldners nach der Eröffnung über Gegenstände der Insolvenzmasse sind unwirksam**, und zwar nach allgemeiner Ansicht **absolut**, d.h. nicht nur im Verhältnis zu den Insolvenzgläubigern, sondern schlechthin. Ein gutgläubiger Erwerb vom Schuldner ist nicht möglich, ausgenommen gemäß §§ 878, 892, 893 BGB bei Grundstücken.

Die unwirksame Verfügung kann jedoch durch Genehmigung des Insolvenzverwalters gemäß bzw. entsprechend § 185 Abs. 2 BGB geheilt werden.[1117]

Beispiele:

(1) Nach der Eröffnung veräußert der Schuldner S an X, der die Eröffnung nicht kennt,

(a) einen PC, den S von E geliehen hatte: X kann gutgläubig gemäß § 932 BGB erwerben, da der PC – da nicht Vermögen des Schuldners – nicht zur Insolvenzmasse gehört (§ 35). – zu den Ansprüchen des E s.u. Fall 46.

(b) ein Bild: Die Verfügung ist gemäß § 81 Abs. 1 S. 1 unwirksam. X ist daher nicht Eigentümer geworden; **ein gutgläubiger Erwerb beweglicher Sachen ist nicht möglich**.[1118] X muss das Bild demgemäß an den Insolvenzverwalter herausgeben; seine Gegenleistung erhält er nur insoweit aus der Masse zurück, als diese um sie bereichert ist (§ 81 Abs. 1 S. 3; im Übrigen kann sich X nur an S halten, soweit möglich).

(c) eine Briefgrundschuld, die S am Grundstück des E hat: X hat gemäß §§ 81 Abs. 1 S. 2 InsO, 892 Abs. 1 S. 2 BGB gutgläubig erworben. Der gutgläubige Erwerb wird ausgeschlossen **durch die Eintragung des Insolvenzvermerks im Grundbuch** (§ 32); das Insolvenzgericht hat daher das Grundbuchamt um diese Eintragung zu ersuchen (bei Versäumung: Amtshaftung).

(2) Nach der Eröffnung zahlt der Schuldner A des Insolvenzschuldners S an diesen die geschuldeten 500 €. – Es gilt § 82: Soweit das Geld in die Insolvenzmasse gelangt ist, ist A freigeworden; ist es nicht in die Masse gelangt, hat S es also nicht an den Verwalter abgeliefert, so ist A frei geworden, wenn ihm bei der Leistung die Eröffnung nicht bekannt war.

(3) Aufschiebend bedingte Verfügung **vor** mit Eintritt **nach** Eröffnung ist wirksam.[1119]

2) Der Schuldner verliert dagegen **nicht** die Befugnis, **Verpflichtungsgeschäfte** einzugehen; für die Verpflichtungen haftet jedoch nicht die Insolvenzmasse, sondern nur das insolvenzfreie Vermögen des Schuldners.

Ein Neugläubiger ist daher grds. nicht gesichert, da das insolvenzfreie Vermögen nur aus unpfändbaren Gegenständen besteht (§ 36), während ein Neuerwerb grds. in die Insolvenzmasse fällt (§ 35): Geschäfte mit dem Schuldner werden daher i.d.R. unterbleiben.

Der unpfändbare Teil seines Einkommens verbleibt aber dem Schuldner (§ 36), sodass er die für seinen Lebensunterhalt erforderlichen Geschäfte auch erfüllen kann.

Bei einem selbstständig tätigen Schuldner kann der Insolvenzverwalter nunmehr das Einkommen freigeben, sodass der Schuldner seine Verbindlichkeiten aus dieser Tätigkeit erfüllen kann, ihm diese Tätigkeit daher auch praktisch möglich wird (§ 35 Abs. 2).

1117 Uhlenbruck § 81 Rdnr. 8.

1118 Uhlenbruck § 81 Rdnr. 11; Häsemeyer Rdnr. 10. 07.

1119 BGH Urt. v. 17.11.2005 – IX ZR 162/04, NJW 2006, 915.

3) Anhängige Prozesse werden unterbrochen (§§ 240 ZPO, 85 ff.).

4) Die **Insolvenzgläubiger** können ihre Forderungen grundsätzlich **nur nach den Vorschriften des Insolvenzverfahrens** verfolgen (§ 87), d.h. durch Anmeldung der Forderungen zur Insolvenztabelle (§§ 174 ff.). **Einzelvollstreckungen der Insolvenzgläubiger sind nicht mehr zulässig** (§ 89, Vollstreckungshindernis); nach der Eröffnung sind die Insolvenzgläubiger daher grundsätzlich auf die Teilnahme am Insolvenzverfahren beschränkt.

5. Das Regelinsolvenzverfahren, insbes. die Aufgaben des Insolvenzverwalters zur Verwertung des Schuldnervermögens u. zur Befriedigung der Insolvenzgläubiger („normales" Insolvenzverfahren)

5.1 Die Rechtsstellung des Insolvenzverwalters

Dem Insolvenzverwalter steht anstelle des Schuldners das **Verwaltungs- und Verfügungsrecht** hinsichtlich der Insolvenzmasse zu (§ 80).

1) Der Insolvenzverwalter führt dabei die notwendig werdenden Prozesse im eigenen Namen, wird also als **Partei kraft Amtes** tätig. Ob er auch im Übrigen in Ausübung eines Amtes, als Vertreter des Schuldners oder als Organ der – verselbstständigten – Insolvenzmasse tätig wird **(Amtstheorie, Vertretertheorie, Organtheorie)**, war schon bisher streitig und ist auch durch die InsO nicht entschieden worden; eine praktische Auswirkung hat diese Streitfrage nicht.[1120]

Seine Rechtsmacht ist jedoch durch den Insolvenzzweck beschränkt; von diesem nicht gedeckte Rechtshandlungen – z.B. der Insolvenzverwalter verzichtet schenkweise auf Forderungen des Schuldners – sind unwirksam (entspr. Missbrauch der Vertretungsmacht).[1121]

2) Der Insolvenzverwalter steht unter der **Aufsicht des Insolvenzgerichts** (§ 58),

z.T. auch der Gläubiger: Berichtspflicht zur wirtschaftlichen Lage, Sanierungsaussicht u. Insolvenzplan (§§ 156 ff.); Zustimmung bei besonders bedeutsamen Maßnahmen (§ 160). – Bei wichtigem Grund kann er vom Insolvenzgericht entlassen werden (§ 59).[1122]

3) Schadensersatzhaftung bei Verletzung seiner Pflichten: § 60.

Haftung insbes. bei pflichtwidriger Begründung von Masseschulden (§ 61), z.B. bei Betriebsfortführung: Er hat bei Eingehung sorgfältig zu prüfen, ob er sie erfüllen können wird.[1123]

5.2 Inbesitznahme der Masse durch den Insolvenzverwalter

1) Der Insolvenzverwalter nimmt die im Besitz des Schuldners befindlichen Sachen – auch Grundstücke – selbst in Besitz (§§ 148 ff.).

Verweigert der Schuldner die Herausgabe, so kann aufgrund des Eröffnungsbeschlusses als Herausgabetitel gegen ihn vollstreckt werden (§ 148 Abs. 2 S. 1 InsO, §§ 883 ff. ZPO).

1120 näher: Uhlenbruck § 56, 66 ff.; Häsemeyer Rdnr. 15.01 ff.; Jauernig/Berger § 43 Rdnr. 36 ff.

1121 BGH, Urt. v. 25.04.2002 – IX ZR 313/99, NJW 2002, 2783.

1122 s. BGH v. 08.12.2005 – IX ZB 308/04, NJW-RR 2006, 697.

1123 BGH, Urt. v. 06.05.2004 – IX ZR 48/03, NJW 2004, 3334; v. 25.01.2007 – IX ZR 216/05, MDR 2007, 798.

2) Der Verwalter zieht die Forderungen (Außenstände) des Schuldners ein.

a) Er muss diese Ansprüche erforderlichenfalls **im Klagewege** durchsetzen; **gegen Dritte ist der Eröffnungsbeschluss kein Vollstreckungstitel**, da ihre Rechtsstellung durch die Eröffnung des Insolvenzverfahrens nicht beeinträchtigt sein kann. Einwendungen des Dritten gegen den Schuldner, z.B. aus §§ 814, 817 S. 2 BGB, schließen daher auch Ansprüche des Insolvenzverwalters aus.[1124]

b) Ist der Dritte zugleich auch Gläubiger des Schuldners und bestand bereits vor der Eröffnung des Insolvenzverfahrens eine Aufrechnungslage, so kann der Dritte auch noch nach der Eröffnung **aufrechnen** (§§ 94 ff.) und dann insoweit volle, nicht nur quotenmäßige Befriedigung erhalten.

Beispiel: G schuldet dem Schuldner S 2.000 €, hat aber seinerseits Ansprüche gegen S in Höhe von 5.000 €. Er braucht dann nicht seine Verbindlichkeit zur Masse zu erfüllen u. sich mit seinen Ansprüchen am Insolvenzverfahren zu beteiligen, sondern kann aufrechnen: Er erhält so in Höhe von 2.000 € durch die Erfüllung seiner Verpflichtung die vollständige Befriedigung seines Anspruchs u. ist nur noch mit 3.000 € auf das Insolvenzverfahren (Quote) angewiesen.

Zur Verhinderung von Manipulationen zum Nachteil der Insolvenzmasse ist die Aufrechnung jedoch **durch § 96 eingeschränkt**: Insbesondere Ausschluss der Aufrechnung bei Forderungserwerb des Gläubigers bzw. Entstehung der Verpflichtung des Gläubigers **nach** Eröffnung des Verfahrens[1125] oder bei anfechtbarer Erlangung der Aufrechnungsmöglichkeit.[1126]

3) **Freigabe:** Der Insolvenzverwalter kann auf die Massezugehörigkeit von Gegenständen verzichten, wodurch sie insolvenzfreies Vermögen werden, sodass der Schuldner über sie verfügen kann.

i.d.R. nur bei wertlosen, unverwertbaren oder überbelasteten Gegenständen.[1127]

Eine sog. „unechte Freigabe" liegt vor, wenn der Insolvenzverwalter eine Sache an einen Aussonderungsberechtigten herausgibt („freigibt"), also dem Aussonderungsrecht nachkommt.

5.3 Bereinigung der Masse durch Aussonderung und Absonderung

5.3.1 Aussonderung (§ 47) bedeutet, dass ein Dritter einen Gegenstand **als ihm** – und **nicht dem Schuldner – gehörend** aus der Masse herausverlangen kann.

Dies entspricht der **Drittwiderspruchsklage in der Einzelvollstreckung**.

1) Ein Aussonderungsrecht gewähren:

- Das **Eigentum**,
- auch das **vorbehaltene Eigentum** (**einfacher** Eigentumsvorbehalt): Der Eigentumsvorbehalt soll den Lieferanten ja gerade im Insolvenzverfahren des Käufers schützen.[1128]
- **Herausgabeansprüche** (z.B. des Vermieters).

1124 BGHZ 113, 98; 106, 169@.

1125 näher u.a. Höhn/Kaufmann JuS 2003, 751.

1126 s. BGH Urt. v. 28.09.2006 – IX ZR 136/05, MDR 2007, 489.

1127 BGH Urt. v. 01.02.2007 – IX ZR 178/05, NJW-RR 2007, 1205.

1128 BGH Urt. v. 27.03.2008 – IX ZR 220/05, NJW 2008, 1803; allg. Ansicht, ggf. aber **§ 107 Abs. 1** (s.u. Fall 48). – grds. a.A. Häsemeyer 11.10 ff., 1833 ff.

Ein Aussonderungsrecht gewähren **nicht:**

- Das **Sicherungseigentum:** Dieses begründet im Insolvenzverfahren nur ein **Absonderungsrecht** (§ 51 Nr. 1), obwohl es in der Einzelvollstreckung ein Interventionsrecht nach § 771 ZPO, nicht nur ein Recht auf vorzugsweise Befriedigung gibt (s.o. § 22, 1.4.2).

  Grund für diese unterschiedliche Behandlung in der Einzelvollstreckung und im Insolvenzverfahren: Im Insolvenzverfahren tritt der nur sichernde und pfandrechtsartige Charakter des Sicherungseigentums stärker hervor; während der Sicherungseigentümer in der Einzelvollstreckung ein Interesse daran hat, dass die Sache nicht verwertet wird, sondern im Besitz des Schuldners bleibt, der mit ihr arbeiten und den Sicherungseigentümer befriedigen kann, besteht ein solches Interesse des Sicherungseigentümers im Insolvenzverfahren des Sicherungsgebers nicht mehr, da jetzt ohnehin i.d.R. das gesamte Vermögen des Schuldners in Beschlag genommen und verwertet wird.

- Der **erweiterte und der verlängerte Eigentumsvorbehalt**, da für sie ebenfalls der Sicherungscharakter entscheidend ist, sodass sie daher praktisch einer Sicherungsübereignung gleichstehen.[1129]

- **Verschaffungsansprüche** (z.B. aus Kaufvertrag, entsprechend zu § 771 ZPO).

2) Geltend gemacht wird das Aussonderungsrecht durch Herausgabeverlangen des Dritten gegenüber dem Insolvenzverwalter aufgrund der **allgemeinen Anspruchsgrundlagen**, erforderlichenfalls durch Klage.

Vollstreckung während des Verfahrens in die Masse möglich, da das Aussonderungsrecht keine Insolvenzforderung u. der Aussonderungsberechtigte kein Insolvenzgläubiger ist (§ 47).

3) **Ersatzaussonderung**

Fall 46: S verkauft einen von E geliehenen PC für 500 € an X, der den S für den Eigentümer hält. Nach Übergabe, aber vor Zahlung des Kaufpreises wird gegen S das Insolvenzverfahren eröffnet. Ansprüche des E?

(1) Gegen X hat E keine unmittelbaren Ansprüche: X hat wirksam gem. § 932 BGB gutgläubig das Eigentum an dem PC erworben.

(2) Gegen S hat E vor der Insolvenzeröffnung Ansprüche aus § 816 Abs. 1 S. 1 BGB auf Abtretung des Kaufpreisanspruchs gegen X und aus § 823 BGB erlangt: Mit diesen Ansprüchen ist E Insolvenzgläubiger (§ 38) und muss sich insoweit am Verfahren beteiligen, wobei er ggf. nur eine Quote erhalten würde.

(3) Gegen den Insolvenzverwalter: Hätte S den PC nicht veräußert, hätte E aufgrund seines Eigentums (Aussonderungsrecht) den PC herausverlangen können. Dieses Aussonderungsrecht hat E durch die Veräußerung verloren. Gem. § 48 kann E aber im Wege der Ersatzaussonderung vom Verwalter die Abtretung des Kaufpreisanspruches (Gegenleistung), der als Vermögen des S in die Insolvenzmasse gefallen ist, verlangen; insoweit setzt sich daher der Anspruch gegen S aus § 816 BGB zur Vermeidung einer Bereicherung der Masse gegen den Verwalter fort. Nach Abtretung, die E erforderlichenfalls mittels Klage gegen den Verwalter durchsetzen kann, kann E den Kaufpreisanspruch gegen X geltend machen.

1129 BGH Urt. v. 20.11.2003 - IX ZR 259/02, NJW-RR 2004, 340. - Gleiches gilt, wenn der (aussonderungsberechtigte) Vorbehaltsverkäufer das Vorbehaltseigentum an eine finanzierende Bank überträgt, für diese: BGH Urt. v. 27.03.2008 - IX ZR 220/05, NJW 2008, 1803.

Wenn X den Kaufpreis bereits an S gezahlt hätte, könnte er vom Verwalter den Kaufpreis verlangen, wenn sich dieser noch – unterscheidbar, z.B. auch durch noch nachvollziehbare Buchung auf einem Konto des S[1130] – in der Masse befindet, nicht aber, wenn S das Geld bereits ausgegeben oder mit anderem Bargeld vermischt hatte. – Falls bzw. soweit E insoweit nicht befriedigt wird, kann er seine Ansprüche nur im Insolvenzverfahren geltend machen.

Bei einem Verkauf des PC durch S **nach** der Insolvenzeröffnung wäre die Veräußerung ebenfalls wirksam gewesen (s.o. 4.3, 1). Der Kaufpreisanspruch des S wäre als Neuerwerb in die Insolvenzmasse gefallen. Bereicherungsansprüche des E aus § 55 Abs. 1 Nr. 3: Falls der Kaufpreisanspruch noch nicht von S eingezogen war, auf Abtretung, sonst ebenfalls nur insoweit, als die Masse noch bereichert ist, S das Geld also nicht etwa selbst verbraucht hat.[1131]

Abwandlung: Der Insolvenzverwalter hat den PC veräußert.

Auch dann kann E die Ersatzaussonderung betreiben. Er kann darüber hinaus aber auch einen Schadensersatzanspruch gem. § 60 gegen den Insolvenzverwalter besitzen. Der Verwalter, der die Aussonderungsrechte Dritter zu beachten hat,[1132] macht sich dem Dritten gegenüber gem. § 60 schadensersatzpflichtig, wenn er schuldhaft das Aussonderungsrecht verletzt. Dieser Anspruch besteht gegen den Insolvenzverwalter persönlich, nicht nur als Partei kraft Amtes, und zwar neben den Ansprüchen gegen die Masse.[1133]

5.3.2 Das **Absonderungsrecht** (§§ 49 ff.) gibt dem Berechtigten ein Recht auf **Vorwegbefriedigung** an einem Gegenstand, der zur Masse gehört.

1) Ein Absonderungsrecht gewähren u.a.:

- Rechte auf Befriedigung aus einem Grundstück (§ 49, z.B. Grundschuld).
- **Pfandrechte:** § 50, insbes. auch **Pfändungspfandrechte**.

  Ein bei Insolvenzeröffnung bestehendes Pfändungspfandrecht gewährt daher – falls nicht anfechtbar (§ 141) – dem Vollstreckungsgläubiger ein Vorzugsrecht (s. dazu o. Fall 29).

  Unwirksam – von selbst, ohne Anfechtung – werden mit der Insolvenzeröffnung jedoch Pfändungspfandrechte, die im letzten Monat vor der Stellung des Insolvenzantrages oder nach dem Antrag begründet worden sind (§ 88, sog. **„Rückschlagsperre“**).
- **Sicherungseigentum** (§ 51 Nr. 1, s.o.).
- **erweiterter und verlängerter Eigentumsvorbehalt** (s.o.)

2) Die abgesonderte Befriedigung erfolgt gemäß §§ 165 ff. grds. durch Verwertung der Sache **durch den Insolvenzverwalter** und **Auskehrung des Erlöses an den Berechtigten**, soweit dessen Forderung reicht, wodurch die Verteilungsmasse vermindert wird; der Insolvenzverwalter kann aber auch die Verwertung der Sache bzw. die Sache selbst dem Berechtigten überlassen.

Ein dinglicher Gläubiger kann auch selbst die Zwangsversteigerung betreiben (§ 49).

1130 s. Uhlenbruck § 48 Rdnr. 28 m.N.

1131 Gogger S. 73/74.

1132 BGH Urt. v. 01.12.2005 – IX ZR 115/01, NJW-RR 2006, 694.

1133 Urt. v. 01.12.2005 – IX 115/01, NJW-RR 2006, 694.

3) Die Absonderungsberechtigten sind in der Regel **zugleich Insolvenzgläubiger**. Befriedigung aus der Masse können sie jedoch – über den Verwertungserlös hinaus – nur beanspruchen, soweit sie mit ihrer Forderung ausfallen (§ 52); auf diesen Ausfall erhalten sie als (gewöhnliche) Insolvenzgläubiger die Quote.

Beispiel: Besaß G eine Forderung über 10.000 €, die durch Sicherungsübereignung eines Pkw gesichert war, so kann er, wenn die Verwertung des Wagens 5.000 € erbringt, seinen Ausfall von 5.000 € noch als Insolvenzforderung gelten machen; er erhält auf den Ausfall die Quote, also z.B. bei einer Quote von 20% weitere 1.000 €, insgesamt also 6.000 € (ein nicht gesicherter Gläubiger würde auf eine Forderung von 10.000 € nur 2.000 € erhalten).

5.4 Die Insolvenzanfechtung

1) Durch die Insolvenzanfechtung (§§ 129 ff.) sollen in einem bestimmten Umfang Vermögenswerte, die bereits **vor der Eröffnung des Verfahrens** aus der (späteren) Masse herausgefallen sind – z.B. durch Rechtsgeschäfte des Schuldners oder Zugriff von Gläubigern –, zur Masse zurückgeholt werden können: Dadurch soll zum einen die Gleichbehandlung der Insolvenzgläubiger verstärkt und zum anderen die bewusste Schmälerung der Masse – z.B. durch Vermögensverschiebungen des Schuldners – verhindert werden.

Die Anfechtung muss aber aus Gründen des Verkehrs- und Vertrauensschutzes begrenzt werden, was daher eine besondere Regelung der Anspruchsvoraussetzungen erfordert.

Verfügungen des Schuldners **nach** der Eröffnung sind gemäß § 81 grds. unwirksam; einer Anfechtung bedarf es daher insoweit nicht. Wenn solche Verfügungen gemäß §§ 878, 892, 893 BGB wirksam sein können, kann auch bei ihnen eine Anfechtung möglich sein (§ 147).

2) Das Anfechtungsrecht wird vom **Insolvenzverwalter** ausgeübt (§ 129).

3) Die Anfechtung wirkt nicht dinglich, sondern führt zu einem **schuldrechtlichen Rückgewähranspruch:** Der Empfänger hat den anfechtbar erlangten Vermögensgegenstand wieder zur Masse zurückzugewähren (§ 143).[1134]

Also anders als die Anfechtung nach §§ 119 ff. BGB: Die dingliche Wirkung des Geschäfts bleibt durch die Insolvenzanfechtung unberührt; nur schuldrechtlicher Rückgewähranspruch, erforderlichenfalls durch **Klage gegen den Empfänger** durchzusetzen (o. auch mittels Einrede bei Klage des Empfängers). – Davon zu unterscheiden ist die auch mögliche Nichtigkeit von Rechtsgeschäften, z.B. gem. § 138 BGB wegen Gläubigerbenachteiligung.[1135]

a) Der Gegenstand ist grundsätzlich **in Natur zurückzugewähren**.

   Anders als bei der Anfechtung nach dem AnfG (s.o. § 16, 1.2.1.2) ist der Anfechtungsgegner daher nicht nur zur Duldung der Zwangsvollstreckung verpflichtet. Grund: Der Insolvenzverwalter soll den Gegenstand zur Masse ziehen u. für die Masse verwerten können.

   Bei Unvermögen: Geldersatz mit verschärfter Bereicherungshaftung (§ 143 Abs. 1 S. 2).

b) Hatte der Anfechtungsgegner eine **Gegenleistung** erbracht, gilt § 144: Erstattung aus der Insolvenzmasse, soweit noch vorhanden (§ 55 Abs. 1 Nr. 3), anderenfalls: nur Insolvenzforderung.

1134 BGH Urt. v. 21.09.2006 – IX ZR 235/04, NJW-RR 2007, 121.

1135 s. BGH MDR 1996, 61.

4) **Voraussetzungen der Anfechtung**

a) **Rechtshandlung**, durch die ein Dritter einen Vermögenswert erlangt hat.

i.d.R. des Schuldners, mögl. aber auch eines Dritten, z.B. der Vollstreckungszugriff des Gläubigers (§ 141). – Die Vorsatzanfechtung nach § 133 erfordert aber immer eine Rechtshandlung des Schuldners (s.u. Fall 47).

b) **Gläubigerbenachteiligung** (§ 129): Die Befriedigungsmöglichkeiten der Insolvenzgläubiger in ihrer Gesamtheit müssen durch die Rechtshandlung objektiv beeinträchtigt worden sein; bei Unterbleiben der Rechtshandlung würden sie sich bei wirtschaftlicher Betrachtung günstiger gestaltet haben.[1136]

Voraussetzung jeder Anfechtung:[1137] Dabei für §§ 132, 133 Abs. 2 unmittelbare Gläubigerbenachteiligung erforderlich, im Übrigen aber auch nur mittelbare ausreichend.

Keine Gläubigerbenachteiligung liegt in der Herausgabe einer Sache an einen Aussonderungsberechtigten – oder in dessen (Vollstreckungs-) Zugriff –, weil diese Sache ohnehin nicht der Befriedigung der Insolvenzgläubiger diente,[1138] oder in der Übertragung eines bereits anderweitig wertausschöpfend belasteten Grundstücks.[1139]

c) **Vorliegen eines Anfechtungsgrundes**

Die bloße Gläubigerbenachteiligung reicht zur Anfechtung noch nicht aus. Es muss außerdem **auch ein Anfechtungsgrund** (§§ 130 ff.) vorliegen.

aa) **Vorsatzanfechtung** (§ 133): Rechtshandlung des Schuldners **in den letzten zehn** Jahren vor dem Eröffnungsantrag oder nach diesem Antrag mit dem **Vorsatz**, seine Gläubiger zu benachteiligen, wenn der Anfechtungsgegner den Benachteiligungsvorsatz gekannt hat.

Benachteiligungsvorsatz des Schuldners: Wenn er die Benachteiligung der Gläubiger im Allgemeinen als Erfolg seiner Rechtshandlung will oder als mutmaßliche Folge erkennt und billigt.[1140] Die Leistung an einen einzelnen Gläubiger – insbes. zur Abwendung der Vollstreckung oder eines Insolvenzantrages – in Kenntnis, dass nicht mehr alle Gläubiger befriedigt werden können und dass daher andere Gläubiger geschädigt werden, reicht hierzu aus.[1141]

Unlauteres Zusammenwirken von Schuldner und Anfechtungsgegner ist nicht erforderlich.[1142] Bedingter Vorsatz genügt;[1143] die bloße Hoffnung auf spätere Ausgleichung lässt den Vorsatz daher nicht entfallen,[1144] mögl. aber bei ernsthaftem Sanierungsversuch.[1145]

Eine inkongruente Deckung (s.u.) ist grds. ein erhebliches Beweisanzeichen für einen Benachteiligungsvorsatz u. die Kenntnis des Anfechtungsgegners.[1146]

Erweiterung der Vorsatzanfechtung bei nahestehenden Personen: §§ 133 Abs. 2, 138.

1136 BGH Urt. v. 19.04.2007 – IX ZR 59/06, NJW 2007, 2325; BGH Urt. v. 12.07.2007 – IX ZR 235/03, NJW-RR 2008, 434; BGH Urt. v. 16.11.2007 – IX ZR 194/04, NJW 2008, 655.

1137 BGH Urt. v. 23.11.2006 – IX ZR 126/03, VersR 2007, 398.

1138 BGH Urt. v. 06.04.2000 – IX ZR 122/99, NJW-RR 2000, 1154.

1139 BGH Urt. v. 05.07.2007 – IX ZR 256/06, NJW-RR 2008, 428.

1140 BGH Urt. v. 29.11.2007 – IX ZR 121/06, NJW 2008, 1067.

1141 BGH Urt. v. 27.05.2003 – IX ZR 169/02, NJW 2003, 3347; BGH Urt. v. 17.07.2003, IX ZR 272/02, NJW 2003, 3560; BGH Urt. v. 17.07.2003, IX ZR 251/02, NJW-RR 2004, 342.

1142 BGH Urt. v. 17.07.2003 – IX ZR 272/02, NJW 2003, 3560.

1143 BGH Urt. v. 08.12.2005 – IX ZR 182/01, NJW 2006, 1348.

1144 BGH Urt. v. 27.05.2003 – IX ZR 169/02, NJW 2003, 3347.

1145 BGH NJW 1998, 1563@.

1146 BGH Urt. v. 08.12.2005 – IX ZR 182/01, NJW 2006, 1348.

bb) **Schenkungsanfechtung** (§ 134): Unentgeltliche Leistung des Schuldners innerhalb von vier Jahren vor dem Eröffnungsantrag.

Keine besonderen subjektiven Voraussetzungen, aber Schutz des Empfängers gemäß § 143 Abs. 2 (grds. nur Bereicherungshaftung).

cc) **Besondere Insolvenzanfechtung** – „besondere" deshalb, weil es diese Anfechtungsgründe im (allgemeinen) AnfG nicht gibt –, in mehreren Varianten:

(1) Anfechtung einer **kongruenten Deckung** (§ 130): Rechtshandlung, die einem Insolvenzgläubiger eine Sicherung oder Befriedigung gewährt oder ermöglicht hat, die dieser **an sich zu beanspruchen hatte** – daher **engere Voraussetzungen** –,

- in den letzten drei Monaten vor dem Eröffnungsantrag: wenn der Schuldner zahlungsunfähig war und der Gläubiger die Zahlungsunfähigkeit kannte,
- nach dem Eröffnungsantrag: wenn der Gläubiger eine Zahlungsunfähigkeit oder den Eröffnungsantrag kannte,

wobei die Kenntnis von Umständen genügt, die zwingend auf die Zahlungsunfähigkeit oder den Eröffnungsantrag schließen lassen.

(2) Anfechtung einer **inkongruenten Deckung** (§ 131), d.h. einer Sicherung oder Befriedigung, die der Insolvenzgläubiger **nicht oder nicht in der Art oder nicht zu der Zeit zu beanspruchen hatte** – daher natürlich gegenüber (1) **erweiterte Anfechtung** –,

- im letzten Monat vor dem Eröffnungsantrag oder nach dem Eröffnungsantrag: schlechthin, ohne subjektive Voraussetzungen,
- im zweiten oder dritten Monat vor dem Eröffnungsantrag: wenn der Schuldner bereits zahlungsunfähig war, ebenfalls ohne weitere subjektive Voraussetzungen,
- im zweiten oder dritten Monat vor dem Eröffnungsantrag: wenn dem Gläubiger bekannt war, dass die Handlung die Insolvenzgläubiger benachteiligte.[1147]

(3) Anfechtung **unmittelbar nachteiliger Rechtshandlungen** (§ 132, „Verschleuderung"):

- Entsprechend nachteilige Rechtsgeschäfte des Schuldners in den letzten drei Monaten vor dem Eröffnungsantrag oder nach dem Eröffnungsantrag, wenn der Geschäftsgegner eine bereits vorliegende Zahlungsunfähigkeit oder den Eröffnungsantrag kannte,
- unter diesen Voraussetzungen auch bestimmte anderweitige anfechtungsbedürftige Rechtshandlungen des Schuldners (§ 132 Abs. 2, als Auffangtatbestand).

(4) Sonderfälle: Anfechtung im Zusammenhang mit kapitalersetzenden Darlehen im Gesellschaftsrecht (§ 135) und Rechtshandlungen zug. eines stillen Gesellschafters (§ 136).

Beispiele:

Der Schuldner hat einige Tage vor dem Eröffnungsantrag Waren zu einem marktgerechten Preis veräußert: **Bargeschäft** (Gleichwertigkeit von in engem zeitlichen Zusammenhang stehender Leistung und Gegenleistung[1148]), gemäß § 142 **grds. nicht anfechtbar**, weil sonst der Schuldner während der Krise praktisch nicht mehr am Geschäftsverkehr teilnehmen könnte, was seine ggf. noch mögliche Sanierung verhindern würde. – Anders bei Verschleuderung der Waren unter Wert: Anfechbar gemäß § 132 Abs. 1 Nr. 1.

An Sachen, die der Schuldner als Mieter vor den Fristen der §§ 130, 131 eingebracht hat (Entstehungszeitpunkt des Vermieterpfandrechts), hat der Vermieter ein – anfechtungsfreies – Absonderungsrecht auch für später entstandene Mietzinsansprüche.[1149]

1147 s. zur kongruenten bzw. inkongruenten Deckung: Lenger/Richters JA 2008, 369.

1148 BGH Urt. v. 08.12.2005 – IX ZR 182/01, NJW 2006, 1348.

1149 BGH Urt. v. 14.12.2006 – IX ZR 102/03, NJW 2007, 1588.

Der Schuldner hat ein ihm gewährtes fälliges Darlehn nach Stellung des Eröffnungsantrages noch an D zurückgezahlt: War dem D die Stellung des Eröffnungsantrages bekannt, ist die Rückzahlung nach § 130 Abs. 1 Nr. 2 anfechtbar. D muss dann den Betrag an die Masse zurückgewähren, d.h. an den Insolvenzverwalter zurückzahlen; seine Darlehnsforderung lebt dann wieder auf (§ 144, als Insolvenzforderung mit Anspruch auf die Quote).

Eine Woche vor dem Eröffnungsantrag hat der Schuldner der Bank B eine Grundschuld für einen bereits früher erhaltenen Kredit bestellt, wobei die Bank geltend machte, dass sie nach ihren Geschäftsbedingungen einen Anspruch „auf Bestellung einer bankmäßigen Sicherheit" habe: Anfechtbar nach § 131 Abs. 1 Nr. 1, da inkongruente Sicherung, denn die Bank hatte keinen Anspruch gerade auf eine Grundschuld.[1150]

Auch die Erlangung eines **Pfändungspfandrechts** ist eine inkongruente Sicherung und daher bei Vorliegen der Voraussetzungen anfechtbar, etwa nach § 131 Abs. 1 Nr. 2, 141;[1151] im Falle des § 131 Abs. 1 Nr. 1 ist die Vollstreckung jedoch bereits nach § 88 unwirksam **(Rückschlagsperre)**. Falls ein Pfändungspfandrecht weder anfechtbar noch unwirksam ist: Recht auf abgesonderte Befriedigung (§ 50, s.o. 5.3.2,1).[1152]

Auch Leistungen des Schuldners zur Abwendung einer Vollstreckung oder eines Insolvenzantrages gelten als inkongruent u. sind daher innerhalb der entsprechenden Fristen nach § 131 und darüber hinaus nach § 133 anfechtbar.[1153]

dd) Verhältnis der Vorsatzanfechtung zur besonderen Insolvenzanfechtung

Fall 47: Die G-Bank besitzt gegen den Bauunternehmer S, der sich – was die G-Bank weiß – in erheblichen wirtschaftlichen Schwierigkeiten befindet, eine titulierte Forderung über 260.000 €. Sie pfändet durch entsprechende Pfändungs- und Überweisungsbeschlüsse ausstehende Werklohnforderungen des S gegen mehrere Kunden in Höhe von insgesamt 350.000 €. Sie erklärt sich gegenüber S bereit, die Pfändungen zunächst nicht weiterzuverfolgen und insoweit stillzuhalten, wenn S sofort eine Teilzahlung von 100.000 € leistet. S zahlt diesen Betrag. Vier Monate später stellt S Insolvenzantrag. Nach der Eröffnung ficht der Insolvenzverwalter die Pfändung und die Zahlung durch S an und verlangt von der G-Bank den Verzicht auf die Rechte aus der Pfändung und die Rückzahlung des Betrages von 100.000 € (s. zu allen Fragen dieses Falles: BGH Urt. v. 10.02.2005 - IX ZR 211/02, NJW 2005, 1121).

(1) **Anfechtbarkeit der Pfändungen?**

(a) Eine **Anfechtung nach den §§ 130–132** („besondere Insolvenzanfechtung") scheidet bereits deshalb aus, weil die angefochtenen Rechtshandlungen **nicht innerhalb von drei Monaten** vor der Stellung des Insolvenzantrages vorgenommen worden sind, was insoweit der früheste Zeitpunkt für eine Anfechtbarkeit nach diesen Anfechtungstatbeständen wäre.

Entscheidend ist der Zeitpunkt der tatsächlichen Stellung des Insolvenzantrages, auch wenn der Schuldner ihn bereits früher hätte stellen müssen oder können. – Falls der Gläubiger den Schuldner zu einer Verzögerung des Antrages veranlasst hat, damit sonst anfechtbare Rechtshandlungen in den Zeitraum vor der Anfechtbarkeit fallen, kann dies Schadensersatzansprüche der Masse gegen den Gläubiger, insbes. aus § 826 BGB, auslösen.

1150 BGH NJW 2000, 958@.

1151 BGH Urt. v. 07.12.2006 - IX ZR 157/05, NJW 2007, 848.

1152 BGH Urt. v. 10.02.2005 - IX ZR 211/02, NJW 2005, 1121.

1153 BGH Urt. v. 10.02.2005 - IX ZR 211/02, NJW 2005, 1121; BGH Urt. v. 07.12.2006 - IX ZR 157/05, NJW 2007, 848.

(b) **Vorsatzanfechtung nach § 133 Abs. 1?**

Fristprobleme würden nicht bestehen: Die Vorsatzanfechtung kann sich auf Vorgänge in den letzten zehn Jahren vor dem Insolvenzantrag beziehen.

Die Vorsatzanfechtung erfordert jedoch nach dem Wortlaut des § 133 Abs. 2 eine **Rechtshandlung des Schuldners**, an der es hier fehlen kann.

Durch dieses Erfordernis der Rechtshandlung **des Schuldners** unterscheidet sich die Absichtsanfechtung entscheidend von denen der **§§ 130, 131**, nach denen **jede** Rechtshandlung, also auch eine **einseitige Vollstreckungsmaßnahme eines Gläubigers** gegen den Schuldner, anfechtbar sein kann. Nach § 133 Abs. 2 kann dagegen eine Vollstreckungsmaßnahme nur dann anfechtbar sein, wenn sie **im Zusammenhang mit einer Rechtshandlung oder einer ihr gleichstehenden Unterlassung des Schuldners (§ 129 Abs. 2) steht.**

Grund für diese Differenzierung zur „besonderen Insolvenzanfechtung“: Die §§ 130, 131 (und auch § 132) betreffen Rechtshandlungen **innerhalb der wirtschaftlichen Krise des Schuldners** – für die das Gesetz einen Zeitraum von bis zu drei Monaten vor dem Insolvenzantrag bestimmt –; bereits innerhalb dieses Zeitraums soll eine Vollstreckung nach dem Prioritätsprinzip nicht mehr gestattet sein, die Gesamtheit der Gläubiger des (späteren) Insolvenzschuldners soll bereits für diesen Zeitraum eine Verlustgemeinschaft bilden (Vorrang der Gleichbehandlung). In der Zeit davor muss dagegen ein Gläubiger wirksam vollstrecken und **seine eigenen Interessen durchsetzen** können, selbst wenn er um wirtschaftliche Schwierigkeiten des Schuldners weiß und sich einen Vorrang vor anderen Gläubigern verschaffen will; anderenfalls wäre jede Vollstreckung mit der Gefahr einer Anfechtbarkeit durch eine später irgendwann in den nächsten zehn Jahren eintretende Insolvenz des Schuldners behaftet. Nur wenn **der Schuldner selbst** in diesem Zeitraum durch selbstbestimmtes Handeln oder Unterlassen den Gläubiger unter den Voraussetzungen des § 133 Abs. 1 begünstigt hat – also mit Vorsatz der Benachteiligung der anderen Gläubiger gehandelt und der Gläubiger dies gewusst hat –, kann insoweit eine Anfechtbarkeit gerechtfertigt sein.

Eine irgendwie geartete Rechtshandlung des S in Bezug auf die Pfändung ist nicht ersichtlich; ein Rechtsbehelf gegen die formell und sachlich ordnungsgemäße Pfändung wäre aussichtslos gewesen, das Unterlassen der Einlegung kann daher nicht als anfechtbare Unterlassung gewertet werden. Auch das Unterlassen eines früheren Insolvenzantrages kann nicht als eine Rechtshandlung i.S.d. § 133 Abs. 1 gewertet werden, weil dadurch keine Vermögenszuwendung bewirkt worden ist.

Somit: Keine Anfechtbarkeit.

(2) Die **Zahlung der 100.000 € durch S** ist dann ebenfalls nicht nach § 133 anfechtbar. Zwar liegt insoweit natürlich eine Rechtshandlung des Schuldners S vor. Diese Rechtshandlung hat aber zu keiner Benachteiligung der Gläubiger mehr geführt, weil die G-Bank für ihre Forderung bereits ein nicht anfechtbares Pfändungspfandrecht erworben hatte, das gem. § 50 Abs. 1 ein zu berücksichtigendes Recht auf abgesonderte Befriedigung gibt.

(3) Ergebnis: Der Verwalter kann Pfändungen u. Zahlung nicht anfechten; er hat vielmehr die gepfändeten Forderungen einzuziehen (§ 166 Abs. 2) und aus diesen die G-Bank wegen ihrer restlichen titulierten Forderung zu befriedigen.

5.5 Der Einfluss des Insolvenzverfahrens auf gegenseitige Verträge, die der Schuldner vor der Eröffnung des Verfahrens geschlossen hat

1) Ist ein Vertrag vor der Verfahrenseröffnung bereits **von beiden Seiten erfüllt**, wird er vom Insolvenzverfahren natürlich grds. nicht mehr berührt.

2) Ist der gegenseitige Vertrag bei der Verfahrenseröffnung bereits **von einer Seite vollständig erfüllt** worden, so gilt:

a) Hatte der **Schuldner** erfüllt, so muss der Dritte seine Leistung - ganz normal - noch zur Masse erbringen. Der Insolvenzverwalter macht diese Forderung (Außenstand) geltend.

b) Hatte der **Dritte** seine Leistung vollständig erbracht, so ist er wegen seines Anspruches gegen den Schuldner auf die Gegenleistung Insolvenzgläubiger; er muss also seine Forderung anmelden und erhält die Quote.

Beispiel: V hat dem Schuldner S ein Bild verkauft. Hat im Zeitpunkt der Eröffnung des Insolvenzverfahrens S den Kaufpreis bereits bezahlt, V das Bild aber noch nicht geliefert, so muss V das Bild - und zwar an den Insolvenzverwalter - liefern. Hatte dagegen V das Bild bereits an S übergeben und übereignet, S aber den Kaufpreis noch nicht bezahlt, so muss V seine Kaufpreisforderung als Insolvenzforderung geltend machen und erhält auf diese Forderung nur die Quote; das Bild kann V nicht zurückverlangen.

3) Ist ein gegenseitiger Vertrag i.S.d. §§ 320 ff. bei der Eröffnung des Insolvenzverfahrens noch **von keiner Seite vollständig erfüllt**, gilt **§ 103: Der Insolvenzverwalter hat ein Wahlrecht zwischen Erfüllung und Nichterfüllung.**

a) Wählt der Verwalter **Erfüllung**, so haben beide Seiten - und zwar **voll** - zu leisten; der Anspruch des Vertragsgegners ist **Masseschuld** (§ 55 Abs. 1 Nr. 2), also vom Verwalter in voller Höhe - nicht nur zur Quote - zu erfüllen.

aa) **Dogmatische Konstruktion des BGH:** Durch die Eröffnung des Insolvenzverfahrens werden die Erfüllungsansprüche (zunächst) undurchsetzbar; durch das Erfüllungsverlangen entstehen sie wieder für und gegen die Masse **originär neu**.[1154]

Nach a. A. bleiben dagegen die Erfüllungsansprüche auch nach der Eröffnung zunächst bestehen, des Gläubigers als Insolvenzforderung; durch die Wahl der Erfüllung wandeln sie sich um in Masseansprüche bzw. -schulden.[1155]

Von Bedeutung wird diese Streitfrage u. a. bei einer Abtretung seines Erfüllungsanspruches durch den Schuldner vor der Eröffnung des Insolvenzverfahrens an einen Dritten. Nach der BGH-Rspr. wird diese Abtretung infolge der Undurchsetzbarkeit des Anspruchs gegenstandslos; der nach der Eröffnung originär neue Erfüllungsanspruch wird von der Abtretung nicht mehr erfasst, sodass dieser Anspruch der Masse zusteht (Vergrößerung der Masse).[1156]

Nach der Gegenmeinung sind dagegen der Erfüllungsanspruch des Schuldners und die Abtretung bestehen geblieben; der Verwalter könne den Erfüllungsanspruch nur bei Anfechtbarkeit der Abtretung zur Masse ziehen, andernfalls verbleibe der Anspruch dem Dritten: Die BGH-Rspr. verletze daher das Anfechtungs- (und das Aufrechnungs-) System der InsO.

1154 BGH Urt. v. 24.04.2002 - IX ZR 313/99, NJW 2002, 2783; Urt. v. 27.05.2003 - IX ZR 51/02, NJW 2003, 2744; Urt. v. 17.11.2005 - IX ZR 162/04, NJW 2006, 915; Uhlenbruck/Berscheid § 103, 4 ff., 6.

1155 u.a. Häsemeyer Rdnr. 20.07. - s. Nachweise bei Uhlenbruck/Berscheid § 103 Rdnr. 5

1156 BGH Urt. v. 09.03.2006 - IX ZR 55/04, NJW-RR 2006, 990 (Sicherungsabtretung).

bb) Für bereits vom Vertragsgegner erbrachte **Teilleistungen** – die sich als solche feststellen, abgrenzen und berechnen lassen, wie etwa Bauleistungen[1157] – gilt jedoch **§ 105:** Auch bei Erfüllungsverlangen des Verwalters kann der Vertragsgegner eine noch ausstehende Gegenleistung wegen der bereits erbrachten Teilleistungen **nur als Insolvenzforderung** geltend machen (insoweit also Aufspaltung der Ansprüche); nur für die noch zu erbringende Leistung gilt § 103.

Beispiel: Bauunternehmer G hat ein Bauvorhaben für S zum Teil fertiggestellt, als S in Insolvenz gerät. Wählt der Verwaltung die Erfüllung, erhält G nur für seine weiteren Leistungen seinen Werklohn gemäß § 55 Abs. 1 Nr. 2 in voller Höhe aus der Masse; mit seinen Ansprüchen für die bis zur Eröffnung erbrachten Leistungen ist er – soweit noch nicht vor der Eröffnung erfüllt – dagegen nur Insolvenzgläubiger (Quote). G muss daher das Bauvorhaben fertigstellen, obwohl er im Ergebnis nicht den vollen Werklohn erhält.

b) Wählt der Insolvenzverwalter die **Nichterfüllung**, so braucht er nicht zu leisten und kann die vom Schuldner bereits erbrachten Teilleistungen zurück- bzw. vergütet verlangen. Der Vertragsgegner braucht seine Leistung natürlich auch nicht mehr zu erbringen; er kann aber seine Teilleistung nicht aus der Masse zurückverlangen (§ 105 S. 2), sondern kann nur **Schadensersatzansprüche wegen Nichterfüllung – als Insolvenzforderung**, also nur auf die Quote – geltend machen (§ 103 Abs. 2 S. 1).

z.B. auf den infolge der Nichtdurchführung des Vertrages entgangenen Gewinn. Es ist streitig – praktisch aber unerheblich –, ob die Anspruchsgrundlage für diesen Schadensersatzanspruch unmittelbar im Insolvenzrecht liegt oder sich aus den allgemeinen Regelungen über Vertragsverletzungen (§§ 280 ff. BGB) herleitet.[1158]

Der Insolvenzverwalter kann die Teilleistungen des Schuldners jedoch nur insoweit zurückverlangen, als sie den Schaden des Vertragsgegners infolge der Ablehnung der Vertragserfüllung übersteigen.[1159] Hatte z.B. der Schuldner bereits vor Ausführung einer Werkleistung durch den Unternehmer U eine Anzahlung von 10.000 € geleistet, ist dem U aber infolge der Nichterfüllung des Vertrages ein Gewinn von 4.000 € entgangen, kann der Insolvenzverwalter daher nur noch eine Erstattung der Anzahlung in Höhe von 6.000 € verlangen.

Hatte der Schuldner seinen im Fall einer Nichtdurchführung des Vertrages entstehenden Anspruch auf Rückzahlung seiner Vorleistung vor der Insolvenzeröffnung an einen Dritten abgetreten, wirkt diese Abtretung grds. gegen die Masse („insolvenzfest", also anders als oben im gegenteiligen Fall der Erfüllungswahl).[1160]

c) Ob der Insolvenzverwalter Erfüllung oder Nichterfüllung wählt, hängt davon ab, was **im Einzelfall für die Masse günstiger** ist.

Beispiel: Der Schuldner S hat an K ein Fernsehgerät verkauft, aber noch nicht geliefert; auf den Kaufpreis von 800 € hat K 300 € angezahlt. – Wählt der Insolvenzverwalter Erfüllung, so muss er dem K das Gerät liefern, K muss noch 500 € zahlen; der Vertrag wird dann von beiden Seiten vollständig erfüllt. Wählt der Insolvenzverwalter dagegen die Nichterfüllung, so braucht er nicht mehr zu liefern; K kann Rückzahlung der Anzahlung nur als Insolvenzforderung verlangen, erhält darauf daher nur die Quote (z.B. 20%, also nur 60 €). Günstig ist die Nichterfüllung für die Masse daher dann, wenn der Insolvenzverwalter bei einem erneuten Verkauf des Gerätes einen höheren Preis als 500 bzw. 560 € erzielen kann.

1157 BGH Urt. v. 25.04.2002 – IX ZR 313/99, NJW 2002, 2783.

1158 s. Braun/Kroth § 103 Rdnr. 65 m.w.N.

1159 BGH Urt. v. 26.10.2000 – IX ZR 227/99, NJW 2001, 1136 (KonkursR); MünchKomm/Kreft § 103, 35.

1160 BGH Urt. v. 27.05.2003 – IX ZR 51/02, NJW 2003, 2744.

d) zum **Eigentumsvorbehalt** im Insolvenzverfahren

Fall 48: V hat dem S einen Wagen auf Abzahlung unter Eigentumsvorbehalt verkauft und übergeben. Nach Zahlung einiger Raten wird über das Vermögen des S das Insolvenzverfahren eröffnet.

Auch bei Leistung des Dritten unter Eigentumsvorbehalt gilt bei **Insolvenz des Vorbehaltskäufers** die Regelung des § 103 (s. § 107 Abs. 2), da auch der Verkäufer mangels Eigentumsübergangs den Vertrag noch nicht vollständig erfüllt hat.

(1) Wählt der Insolvenzverwalter Erfüllung, so muss er die restlichen Raten aus der Masse als Masseschulden bezahlen; mit Zahlung der letzten Rate fällt das Eigentum an dem Wagen in die Masse.

(2) Wählt der Verwalter die Nichterfüllung, so kann V den Wagen aufgrund seines Eigentums aussondern (§ 47). V muss dann die von S bereits gezahlten Raten an den Verwalter zurückerstatten; mit seinem etwaigen Schadensersatzanspruch gem. § 103 Abs. 2 (Nichterfüllungsschaden) kann er aber gegen seine Rückzahlungsverpflichtung aufrechnen.[1161]

Abwandlung: S hatte seinerseits vor Insolvenzeröffnung den Wagen unter Ratenzahlungsvereinbarung und Eigentumsvorbehalt an V verkauft.

also Insolvenz des Vorbehaltsverkäufers. Insoweit gilt die Ausnahmeregelung des § 107 Abs. 1: Der Verwalter hat kein Wahlrecht, vielmehr kann der Käufer die Erfüllung verlangen; der Vertrag wird also normal abgewickelt. **Das Anwartschaftsrecht des Käufers ist daher „insolvenzfest“.**

4) Sonderregelungen: Ein durch **Vormerkung** gesicherter Anspruch ist vom Insolvenzverwalter zu erfüllen (§ 106); auch die Vormerkung ist daher insolvenzfest. Miet- und Pachtverträge über unbewegliche Sachen gelten grds. weiter, aber außerordentliche Kündigungsrechte (§§ 108 ff.). Auch Dienst- und Arbeitsverträge gelten im Insolvenzverfahren des Arbeitgebers weiter, mit Sonderkündigungsrechten für die Vertragsparteien (§ 113, auch gegen anderweitige tarif-/vertragliche Regelungen;[1162] Sonderregelungen bei Betriebsänderungen, §§ 121 ff.).

5.6 Die Verwertung der Insolvenzmasse

Die zur Masse gehörenden Gegenstände müssen in Geld umgesetzt werden, da ja die Verteilung der Masse an die Gläubiger in Geld erfolgt. Auch diese Verwertung obliegt natürlich dem Insolvenzverwalter (§ 159), der sie nach pflichtgemäßem Ermessen best- und schnellstmöglich vorzunehmen hat.

Auch **Unternehmen** sind zu verwerten, z.B. durch Liquidierung unter Verkauf der einzelnen Wirtschaftsgüter (Grundstücke, Maschinen u.a.) oder – oft günstiger – Veräußerung im Ganzen, u.U. nach Sanierung. Bis dahin: Fortführung des Unternehmens durch den Verwalter oder Stilllegung. Mitwirkung der Gläubiger erforderlich (§§ 156 ff.). – Bei Unternehmensinsolvenz wird vielfach das Insolvenzverfahren mittels **Insolvenzplan** abgewickelt.

1161 s. Uhlenbruck/Berscheid § 107 Rdnr. 11; Gogger S. 146.

1162 BAG Urt. v. 16.06.2005 – 6 AZR 476/04, ZIP 2005, 1842.

5.7 Die Verteilung der Insolvenzmasse

5.7.1 Die Feststellung der zu berücksichtigenden Insolvenzgläubiger

1) Wer als Insolvenzgläubiger am Insolvenzverfahren teilnehmen will, muss seine Forderung **beim Insolvenzverwalter anmelden** (§ 174). **Ohne Anmeldung wird keine Forderung berücksichtigt**, und zwar auch dann nicht, wenn die Forderung dem Insolvenzverwalter bekannt ist oder der Gläubiger bereits einen Vollstreckungstitel über die Forderung besitzt.

Nicht auf Geld gerichtete Forderungen, wie z. B. Verschaffungsansprüche, müssen dabei als Geldforderung - mit ihrem Wert - angemeldet werden (§ 45), denn anders ist ihre insolvenzrechtliche (gleichmäßige) Befriedigung nicht möglich.

2) Die angemeldete Forderung wird vom Insolvenzverwalter in die **Insolvenztabelle** eingetragen (§ 175, ohne Prüfung der Forderung).

3) Im Prüfungstermin vor dem Insolvenzgericht - einer Gläubigerversammlung - werden die angemeldeten Forderungen von den Beteiligten (Insolvenzverwalter, Insolvenzgläubiger, Schuldner) nach Betrag und Rang erörtert (§ 176).

a) Wenn weder der Insolvenzverwalter noch ein Gläubiger der angemeldeten Forderung widersprechen, so **gilt die Forderung als festgestellt** (§ 178 Abs. 1). Die Eintragung dieser Feststellung durch das Insolvenzgericht in die Insolvenztabelle gilt gegenüber dem Insolvenzverwalter und den Insolvenzgläubigern wie ein rechtskräftiges Urteil (§ 178 Abs. 3): Die so festgestellte Forderung ist daher bei der Verteilung zu berücksichtigen.

Ein Widerspruch des Schuldners ist für das Insolvenzverfahren unbeachtlich!

b) Wenn der Insolvenzverwalter oder Gläubiger der Forderung widersprechen, muss der anmeldende Gläubiger Feststellungsklage gegen den Widersprechenden erheben (§§ 179, 180). Wird die Forderung in diesem Prozess festgestellt, so wirkt dies wiederum gegenüber dem Insolvenzverwalter und den Gläubigern (§ 183): Auch diese Forderung ist dann bei der Verteilung zu berücksichtigen.

Hat der Gläubiger bereits einen Titel für seine Forderung, muss der Widersprechende die Klage erheben (§ 179 Abs 2).

5.7.2 Die Verteilung der Masse durch den Insolvenzverwalter (§§ 187 ff.)

1) **Vorweg** sind aus der Masse die Massekosten (Verfahrenskosten) und die sonstigen **Massegläubiger** zu befriedigen (§ 53).

Die Massegläubiger sind **keine Insolvenzgläubiger**. Ihre Forderungen unterliegen daher auch nicht den Bestimmungen über die Insolvenzforderungen und sind deshalb auch nicht zur Insolvenztabelle anzumelden.

Massegläubiger sind u.a. (s. § 55): Gläubiger mit Ansprüchen aus Handlungen oder Rechtsgeschäften des Insolvenzverwalters, insbes. aus der Verwaltung und Verwertung der Masse, aus Bereicherung der Masse u. aus gegenseitigen Verträgen, deren Erfüllung der Insolvenzverwalter verlangt hat (§ 103), ferner Ansprüche aus einem Sozialplan (§ 123 Abs. 2 S. 1).

Die Massegläubiger können ihre Forderungen gegen den Insolvenzverwalter verfolgen, auch durch Klage und Vollstreckung in die Masse (s. § 90). Reicht die Masse bereits für die Massekosten u. -schulden nicht aus, sind diese nach der Rangordnung des § 209 zu befriedigen. – Schadensersatzpflicht des Verwalters bei pflichtwidriger Begründung: § 61 (s.o. 5.1, 3).

2) Aus dem dann verbleibenden Massebestand sind die im Feststellungsverfahren festgestellten **Insolvenzgläubiger entsprechend der Höhe ihrer Forderungen gleichmäßig zu befriedigen**. In der Regel werden sie keine vollständige Befriedigung erhalten, sondern nur eine anteilige: **Insolvenzquote.**

3) Nach den „normalen" Insolvenzgläubigern werden die nachrangigen Insolvenzgläubiger befriedigt (§ 39), d.h.: Grundsätzlich werden **alle Insolvenzgläubiger gleich behandelt**, nur die nachrangigen werden zurückgesetzt.

4) zur Befriedigung der absonderungsberechtigten Insolvenzgläubiger s.o. 5.3.2.

5.8 Die Aufhebung des Insolvenzverfahrens und die Restschuldbefreiung

Nach der Verteilung der Masse – nach Schlussverteilung und Schlusstermin (§§ 196, 197) – hebt das Insolvenzgericht das Insolvenzverfahren auf (§ 200).

1) Mit dieser Aufhebung enden die Wirkungen des Insolvenzverfahrens: Der Insolvenzverwalter verliert seine Befugnisse; der Schuldner erhält seine volle Verfügungs- und Verwaltungsbefugnis zurück.

2) Die Insolvenzforderungen – die ja i.d.R. zu einem beträchtlichen Teil im Insolvenzverfahren unbefriedigt bleiben – können jetzt wieder uneingeschränkt gegen den Schuldner geltend gemacht werden (§ 201). Dabei dient der **Auszug aus der Insolvenztabelle als Vollstreckungstitel, wenn der Schuldner die Forderung im Prüfungstermin nicht bestritten hatte (§ 201 Abs. 2).**

Bei vom Schuldner bestrittenen Forderungen muss der Gläubiger erforderlichenfalls noch Klage gegen den Schuldner erheben, um sich einen Vollstreckungstitel zu beschaffen (auch schon während des Insolvenzverfahrens möglich, § 184).

Für die Vollstreckung nach Aufhebung des Verfahrens ist somit ein Widerspruch des Schuldners im Prüfungstermin von Bedeutung!

3) **Die Restschuldbefreiung (§§ 286 ff.)**

a) Die grds. nach der Beendigung des Insolvenzverfahrens eintretende unbeschränkte Haftung des Schuldners für seine früheren Schulden, die nach der KO uneingeschränkt galt, war ein wesentlicher Kritikpunkt hins. der bisherigen Rechtslage, da sie u.a. eine Gesamtsanierung des Schuldners verhindert und dazu führen kann, dass der Schuldner nie von seinen Verbindlichkeiten befreit wird, für den Rest seines Lebens mit pfändungsfreiem Vermögen und Einkommen auskommen muss („moderner Schuldturm") und sich dann u.U. auch „entsprechend einrichten", an einer Einkommenserzielung auch nicht mehr interessiert sein wird.

b) Die InsO hat daher als ausdrückliches Verfahrensziel (§ 1 S. 2) die Möglichkeit einer Restschuldbefreiung **für natürliche Personen** eingeführt: Der – redliche – Schuldner kann von seinen verbliebenen Verbindlichkeiten gegenüber den Insolvenzgläubigern völlig frei werden, wenn er für einen **Zeitraum von sechs**

Jahren den pfändbaren Teil seines Einkommens an einen Treuhänder zur Verteilung an die Insolvenzgläubiger abtritt; nach Ablauf dieses Zeitraums und bei Wohlverhalten des Schuldners während dieses Zeitraums kann das Insolvenzgericht die Schuldbefreiung aussprechen, mit der Wirkung, dass der Schuldner die bis dahin nicht getilgten Insolvenzverbindlichkeiten nicht mehr zu erfüllen braucht.

c) **Verfahrensablauf**

aa) **Antrag des Schuldners**, verbunden mit der Abtretung seines pfändbaren Einkommens für die Dauer von sechs Jahren an einen Treuhänder (§ 287).

bb) Das Insolvenzgericht entscheidet durch Beschluss (§ 289),

- auf Antrag eines Insolvenzgläubigers durch Versagung der Restschuldbefreiung, wenn einer der Versagungsgründe des § 290 (Unwürdigkeit) vorliegt; dann verbleibt es bei dem Eintritt der Haftung des Schuldners für seine früheren Verbindlichkeiten.
- oder anderenfalls: durch **Ankündigung der Restschuldbefreiung** (§ 291), d.h. durch Feststellung, dass der Schuldner Restschuldbefreiung erlangt, wenn er während der Laufzeit der Abtretungserklärung den Obliegenheiten gemäß § 295 nachkommt.

  In diesem Beschluss bestimmt das Gericht zugleich den Treuhänder.

cc) Nach der Rechtskraft dieses Beschlusses wird dann auch das **Insolvenzverfahren aufgehoben** (§ 289 Abs. 2 S. 2).

dd) Während des Schuldbefreiungsverfahrens – **„Wohlverhaltensperiode"** –

(1) hat der Schuldner die Obliegenheiten des § 295 zu erfüllen, insbes. eine **angemessene Erwerbstätigkeit** auszuüben bzw. sich darum zu bemühen.

Bei einem Verstoß versagt das Gericht auf Antrag eines Gläubigers die Restschuldbefreiung (§ 296): Das Restschuldbefreiungsverfahren endet dann vorzeitig (§ 299).

(2) Der Treuhänder zieht gem. der Abtretung das pfändbare Einkommen des Schuldners ein u. verteilt es **anteilig** an die Insolvenzgläubiger (§ 292).

Bei **selbstständiger Tätigkeit** – die dem Schuldner gestattet ist – muss er sein Einkommen (nur) in der Höhe an den Treuhänder abführen, wie er dies bei einer (fiktiven) angemessenen unselbstständigen Tätigkeit gemusst hätte (§ 295 Abs. 2); ein höheres Einkommen verbleibt ihm daher (Erleichterung des Neuanfangs).[1163]

Von den eingezogenen Beträgen hat der Treuhänder nach Ablauf von vier Jahren einen Teil von 10% und nach dem fünften Jahr von 15% an den Schuldner auszuzahlen, als Belohnung und auch als Anreiz für das weitere Wohlverhalten (§ 292 Abs. 1 S. 4).

Vermögen, das er erbt o. wegen eines künftigen Erbrechts erhält, hat der Schuldner zur Hälfte an den Treuhänder abzuführen (§ 295 Abs. 1 Nr. 2). Dies gilt nicht für andere Schenkungen o. Lottogewinne;[1164] diese kann er voll behalten.

1163 Uhlenbruck/Vallender § 295 Rdnr. 76; Braun/Buck § 295 Rdnr. 19, 20 (kritisch).

1164 Uhlenbruck/Vallender § 295 Rdnr. 42.

(3) Die Insolvenzgläubiger können ihrerseits gegen den Schuldner nicht vollstrecken (§ 294, auch nicht in Neuerwerb),

auch wenn sie nicht am Insolvenzverfahren teilgenommen haben,[1165] wohl aber klagen (Rechtsschutzl wegen mögl. späterer Versagung der Restschuldbefreiung)[1166]

(4) Der Schuldner kann **neue Verbindlichkeiten** eingehen (kein Versagungsgrund).[1167] Die Neugläubiger können auch gegen den Schuldner vorgehen; da sie aber kaum Vollstreckungsmöglichkeiten vorfinden werden, sind Kreditgeschäfte mit dem Schuldner natürlich riskant (Warnung durch die Veröffentlichung gem. § 289 Abs. 1 S. 3).

ee) **Nach Ablauf der sechs Jahre** entscheidet das Insolvenzgericht über die Restschuldbefreiung durch Beschluss (§ 300): **Es spricht die Restschuldbefreiung aus**, wenn nicht ein Versagungsgrund – insbesondere eine Obliegenheitsverletzung – vorliegt und ein Gläubiger die Versagung beantragt.

d) **Wirkung der Restschuldbefreiung:** Der Schuldner braucht die bis zum Ablauf des Verfahrens unbefriedigt gebliebenen Insolvenzforderungen nicht mehr zu erfüllen, ist also insoweit **von seinen Verbindlichkeiten befreit** (§ 301).

von allen, auch den – auch unverschuldet – nicht angemeldeten – Insolvenzforderungen,[1168] mit Ausnahme der Fälle des § 302, daher insbes. nicht von entsprechend angemeldeten Forderungen aus vorsätzlicher unerlaubter Handlung.[1169]

Die Insolvenzgläubiger können jedoch – auch während der Wohlverhaltensperiode – noch in vollem Umfang gegen Mitschuldner und Bürgen des Schuldners vorgehen (§ 301 Abs. 1 S. 2, da gerade Sicherungsmittel für den Insolvenzfall). Die Mitschuldner und Bürgen dürfen aber keinen Rückgriff gegen den Schuldner nehmen können, da sonst die Restschuldbefreiung gegenüber den Insolvenzgläubigern für den Schuldner wertlos wäre; daher wird der Insolvenzschuldner auch insoweit befreit (§ 301 Abs. 2 S. 2).

6. Das Verfahren mit Insolvenzplan (§§ 217 ff.)

Das vorstehend unter 5. dargestellte Verfahren ist der vom Gesetz durchgeregelte „Normalablauf" des Insolvenzverfahrens (Regelinsolvenzverfahren). Die Insolvenzordnung stellt aber auch – **als gleichrangige Möglichkeit** (s. § 1 S. 1) – eine abweichende Gestaltung des Verfahrens mittels eines **Insolvenzplans** zur Verfügung: Die Gläubiger können regeln, dass das Verfahren in wesentlichen Punkten abweichend vom Normalverlauf gestaltet wird **(Gläubigerautonomie)**.

Ziel des Verfahrens ist auch hier die bestmögliche Befriedigung der Gläubiger. Diese soll aber hier erreicht werden durch eine der konkreten wirtschaftlichen Situation des Schuldners besser entsprechende Lösung, insbes. für den Fall, dass der Schuldner ein **Unternehmen** betreibt: Dieses Unternehmen soll möglichst erhalten bleiben (§ 1 S. 1) – weil dies i.d.R. die wirtschaftlich bessere Lösung ist, auch um Arbeitsplätze zu erhalten, und weil dies dann im Ergebnis auch zu einer höheren Befriedigung der Gläubiger führen kann als eine Zerschlagung. Dies kann u.a. durch eine Sanierung des Unternehmens – auch in wirtschaftlich erfolgreichen Teilbereichen – und Fortführung durch den Schuldner oder durch eine Übertragung des sanierten

1165 BGH v. 13.07.2006 – IX ZB 288/03, Rpfleger 2006, 618.

1166 BGH Urt. 22.01.2008 – VI ZR 126/07, NJW 2008, 1440.

1167 Pape/Uhlenbruck Rdnr. 968.

1168 Uhlenbruck/Vallender § 301 Rdnr. 3 ff.; Braun/Lang § 301 Rdnr. 4.

1169 s. dazu BGH Urt. v. 21.06.2007 – IX ZR 29/06, NJW 2007, 2854.

Unternehmens an einen Dritten oder auch an eine neu gegründete Übernahmegesellschaft geschehen; dabei ist i.d.R. eine besondere Mitwirkung der Gläubiger erforderlich, die z.B. ihre Forderungen teilweise erlassen oder stunden oder eine benötigte Kreditaufnahme ermöglichen müssen, etwa durch Freigabe in Betracht kommender Sicherheiten u.ä. Alles dies lässt sich zweckmäßigerweise durch einen Insolvenzplan **(Sanierungs-, Übertragungsplan)** regeln. Aber auch dann, wenn wirtschaftlich sinnvoll nur eine Liquidierung des Unternehmens übrig bleibt, kann es zweckmäßig sein, diese wenigstens zur besseren Verwertung abweichend von der Normalregelung zu gestalten **(Liquidationsplan)**.

Dieses Verfahren hat sich bisher allerdings in der Praxis noch nicht recht durchgesetzt.[1170]

6.1 Statthaftigkeit des Insolvenzplans und Vorlageberechtigung

1) **Statthaft:** nur in Insolvenzverfahren von juristischen Personen oder von natürlichen Personen mit selbstständiger wirtschaftlicher Tätigkeit.

Denn bei natürlichen Personen ohne selbstständige wirtschaftliche Tätigkeit findet zwingend das Verbraucherinsolvenzverfahren statt (§ 304), in dem ein Insolvenzplan ausscheidet (s. § 312 Abs. 3, aber anderweitige außer-/gerichtl. Schuldenregulierungsversuche, s.u. 8).

2) **Vorlageberechtigt:** der Insolvenzverwalter und der Schuldner (§ 218).

a) Der **Insolvenzverwalter** hat die Zweckmäßigkeit eines Insolvenzplans in seine Überlegungen zur Durchführung des Verfahrens einzubeziehen.

b) Der **Schuldner** kann den Plan bereits mit dem Eröffnungsantrag vorlegen (§ 218 Abs. 1), also sogleich darlegen, wie er eine abweichende Gestaltung des Verfahrens – etwa zur Sanierung seines Unternehmens – vorschlägt.

3) Die **Insolvenzgläubiger** sind nicht vorlageberechtigt. Da sie aber den Plan beschließen müssen und da der Plan ohne sie kaum erfolgversprechend umgesetzt werden kann, **werden die entscheidenden (Groß-)Gläubiger i.d.R. schon vor der Vorlage in die Gestaltung des Plans eingebunden**.

6.2 Gestaltungsbereiche und -möglichkeiten des Insolvenzplans

1) Die möglichen Gestaltungsbereiche ergeben sich aus § 217: Gläubigerbefriedigung, Masseverwertung und -verteilung, Schuldnerhaftung.

Soweit eine abweichende Regelung nicht getroffen wird, verbleibt es bei den Regelungen des Normalverfahrens, die ohnehin weitgehend weitergelten, wie u.a. hins. der Eröffnung des Verfahrens, der Stellung des Schuldners und des Insolvenzverwalters, der Insolvenzanfechtung, der Feststellung der zu berücksichtigenden Gläubiger (Insolvenztabelle).

2) Die **abweichende Regelung der Befriedigung der Gläubiger**

a) Es sind zunächst – je nach ihrer Rechtsstellung – einzelne **Gläubigergruppen** zu bilden (§ 222): Die absonderungsberechtigten Gläubiger (wenn in ihre Rechte eingegriffen werden soll), die „normalen“ – nicht nachrangigen – Insolvenzgläubiger, die nachrangigen (§ 39, falls ihre Forderungen nicht erlöschen sollen), die Arbeitnehmer (falls erheblich als Insolvenzgläubiger beteiligt).

Es können weitere Gruppen gebildet werden, u.a.: Gläubiger mit gleichen wirtschaftlichen Interessen (z.B. Banken) o. Kleingläubiger (mit Forderungen bis zu einer bestimmten Höhe).

1170 s. Hmb-Komm/Thies, Vorbem. zu § 217 Rdnr. 15 ff.

b) Der Plan muss regeln, wie diese Forderungen befriedigt werden sollen: z.B. zu welcher Quote, ob in Teilbeträgen, zu bestimmten Fälligkeitsterminen (Stundung), auch, ob und inwieweit die Zahlungen von Dritten, wie z.B. Unternehmensübernehmer oder Übernahmegesellschaft, geleistet werden sollen.

c) **Innerhalb der einzelnen Gruppen sind alle Beteiligten grds. gleich zu behandeln** (§ 226): Sie müssen also grds. **dieselbe Quote** erhalten.

d) Die **verschiedenen Gruppen** können dagegen unterschiedlich behandelt werden: So können z.B. die Kleingläubiger in voller Höhe befriedigt werden – sodass sie dann dem Plan nicht zuzustimmen brauchen (§ 237 Abs. 2), was die Annahme vereinfacht –; den Großgläubigern kann z.B. eine geringere Quote oder eine längere Zahlungsfrist angeboten werden als den übrigen Gläubigern.

Es kann auch geregelt werden, dass einzelne Gruppen im Rang hinter neuaufzunehmende für die Unternehmensfortführung erforderliche Kredite zurücktreten, um so die Sanierung zu ermöglichen (§ 264).

3) Die **Verwertung der Masse** kann durch ihre Veräußerung erfolgen, aber u.a. auch durch Übertragung des Unternehmens des Schuldners an einen Dritten oder an eine eigens gegründete Übernahmegesellschaft, unter Übernahme von Verpflichtungen gegenüber den Insolvenzgläubigern.

Insoweit kommen also **alle wirtschaftlich sinnvollen Verwertungsmöglichkeiten** in Betracht. Gerade darin liegt die besondere Bedeutung des Insolvenzplans gegenüber dem Normalverfahren, das ja in erster Linie zur Zerschlagung des Schuldnervermögens führt.

4) Die **Haftung des Schuldners nach Beendigung des Insolvenzverfahrens**

Grundsätzlich würde der Schuldner für die nicht befriedigten Insolvenzverbindlichkeiten uneingeschränkt weiter zu haften haben (§ 201). Dies soll aber i.d.R. gerade auch durch den Insolvenzplan geändert werden, um so eine Sanierung des Schuldners zu erreichen: Soweit nichts anderes bestimmt wird, wird daher der Schuldner mit der vorgesehenen Befriedigung der Gläubiger **von seinen restlichen Verbindlichkeiten gegenüber diesen Gläubigern befreit** (§ 227).

Insoweit liegt in dem Plan ein entsprechender **Schuldenerlass**. – Nachrangige Insolvenzforderungen gelten ebenfalls als erlassen, wenn der Plan nichts anderes bestimmt (§ 225).

6.3 Die formelle Gestaltung des Insolvenzplans

Der Plan besteht aus dem darstellenden und dem gestaltenden Teil (§ 219).

1) Im **darstellenden Teil** sind insbesondere die Grundlagen und die Auswirkungen des Plans darzulegen (§ 220).

2) Im **gestaltenden Teil** wird festgelegt, wie die Rechtstellung der Beteiligten durch den Plan geändert werden soll (§ 221): z.B. die Behandlung der Absonderungsberechtigten, der (Teil-)Erlass der Insolvenzforderungen, die Abgabe der zur Umsetzung erforderlichen Erklärungen (u.a. Abtretungen, zur Übereignung von Massegegenständen, wie z.B. von Grundstücken, s. §§ 228, 254),

also grds. alle die Rechtsfolgen, die durch den Insolvenzplan bewirkt werden sollen.

3) Dem Plan sind u.a. beizufügen (s. § 230): Die Bereitschaftserklärung des Schuldners zu einer Fortführung des Unternehmens, Verpflichtungserklärungen von Dritten, die nach dem Plan Verpflichtungen gegenüber den Gläubigern übernehmen sollen, wie z.B. des Unternehmensübernehmers, der Zahlungen an die Gläubiger leisten soll.

6.4 Das Verfahren zum Insolvenzplan

1) Das Insolvenzgericht weist den Plan sogleich zurück, wenn er nicht den Vorschriften entspricht, wenn er offensichtlich nicht erfüllt werden kann oder wenn ein vom Schuldner vorgelegter Plan keine Aussicht auf Annahme hat.

§ 231. – Es kommt naturgemäß nicht selten vor, dass der Schuldner seine wirtschaftliche Lage und die Sanierungs- und Erfüllungsmöglichkeiten unrealistisch und zu günstig beurteilt.

2) Andernfalls führt das Gericht nach Stellungnahme der Beteiligten zu dem Plan den **Erörterungs- und Abstimmungstermin** durch (§§ 232, 235 ff.).

a) In diesem Termin stimmen die **Insolvenzgläubiger** über die Annahme des Plans ab, und zwar in den im Plan bestimmten **Gläubigergruppen** (§ 243). Der Plan ist angenommen, wenn jede Gruppe mit Kopf- und Summenmehrheit der abstimmenden Gläubiger zustimmt (§ 244).

Die Zustimmung gilt unter den Voraussetzungen des § 245 als erteilt, damit nicht einzelne Gläubiger/-gruppen einen sinnvollen Plan verhindern können **(Obstruktionsverbot)**.

b) Der **Schuldner** muss dem Plan ebenfalls zustimmen (§ 247), wenn er durch den Plan schlechter gestellt wird, als er ohne Plan stehen würde.

3) **Bestätigungsbeschluss:** Der von den Gläubigern angenommene und vom Schuldner zugestimmte Plan bedarf zu seinem Wirksamwerden der Bestätigung durch das Insolvenzgericht (§ 248).

Die Bestätigung ist u.a. zu versagen, wenn ein Gläubiger, der durch den Plan schlechter gestellt wird als ohne den Plan, die Versagung beantragt (**Minderheitenschutz**, § 251).

4) Mit **Rechtskraft des Bestätigungsbeschlusses** treten die Wirkungen des Insolvenzplans ein (§ 254). Das Insolvenzverfahren wird vom Insolvenzgericht aufgehoben (§ 258): Das Amt des Insolvenzverwalters erlischt, der Schuldner erhält seine Verfügungsbefugnis zurück (§ 259).

6.5 Die Wirkungen des Insolvenzplans

1) Mit der Rechtskraft des Bestätigungsbeschlusses werden die im gestaltenden Teil getroffenen Regelungen wirksam (§ 254),

also z.B. die abgegebenen Willenserklärungen, ein teilweiser Schuldenerlass. Es kann aber auch noch eine besondere Umsetzung der getroffenen Regelungen erforderlich sein.

2) **Schuldbefreiung:** Der Schuldner wird nach Maßgabe des Plans von seinen Verbindlichkeiten gegenüber den Insolvenzgläubigern befreit (§ 227).

Die Rechte der Gläubiger gegen Mitschuldner und Bürgen werden durch den Plan nicht berührt; der Schuldner wird aber gegenüber diesen Rückgriffsberechtigten in gleicher Weise befreit wie gegenüber den Gläubigern (§ 254 Abs. 2, entspr. der Restschuldbefreiung).

3) Die Insolvenzgläubiger, deren Forderungen festgestellt und vom Schuldner im Prüfungstermin nicht bestritten worden sind, können aus dem rechtskräftig bestätigten Insolvenzplan in Verbindung mit der Eintragung in die Insolvenztabelle die Vollstreckung gegen den Schuldner betreiben (§ 257).

entspr. zum Normalverfahren: s.o. 5.8, 2). Die Vollstreckung ist natürlich nur nach Maßgabe des Plans möglich, also u.a. nur zu der geregelten Quote oder den Fälligkeitsterminen.

4) Der Erlass oder die Stundung von Forderungen werden aber hinfällig, soweit der Schuldner mit der Erfüllung des Plans erheblich in Rückstand gerät oder wenn über sein Vermögen ein neues Insolvenzverfahren eröffnet wird (§ 255).

7. Die Eigenverwaltung (§§ 270 ff.)

bedeutet, dass das Verfahren nicht von einem Insolvenzverwalter abgewickelt wird, sondern **vom Schuldner selbst**, unter der **Aufsicht eines Sachwalters**.

Bisher wenig praktiziert: Denn in aller Regel ist es nicht sinnvoll, dem Schuldner, der seinen wirtschaftlichen Zusammenbruch selbst verursacht haben wird, die Abwicklung seiner Insolvenz und die – ihm bisher selbst gerade nicht gelungene – Befriedigung seiner Gläubiger zu übertragen. Sinnvoll u.U. aber z.B. bei der Insolvenz von Freiberuflern, bei denen eine Praxisfortführung entscheidend von ihrer Person abhängt.

1) Der Schuldner behält die Verfügungs- und Verwaltungsbefugnis (§ 270 Abs. 1).

2) Das Verfahren läuft grds. nach den Regeln des Regelinsolvenzverfahrens ab: Ziel ist auch hier die bestmögliche Befriedigung der Gläubiger.

Die Verwaltung und Verwertung der Masse obliegen dem Schuldner, die Insolvenzanfechtung dem Sachwalter. Die Gläubiger haben die Forderungen beim Sachwalter anzumelden (§ 270 Abs. 3 S. 2); die Feststellung der Forderungen erfolgt durch das Insolvenzgericht (§§ 174 ff., 283). Auch die Befriedigung der Gläubiger wird vom Schuldner vorgenommen.

8. Das Verbraucherinsolvenzverfahren (§§ 304 ff.)

stellt für die Insolvenz von **natürlichen Personen, die keine selbstständige wirtschaftliche Tätigkeit ausüben**, ein Verfahren zur Verfügung, das in erster Linie auf Vermeidung eines Insolvenzverfahrens durch eine Schuldenbereinigung mittels Vereinbarung des Schuldners mit seinen Gläubigern ausgerichtet ist und das erst bei Scheitern einer solchen Schuldenregulierung in ein – vereinfachtes – Insolvenzverfahren, ggf. mit Restschuldbefreiung, einmündet (§ 304).

Bei früherer selbstständiger wirtschaftlicher Tätigkeit: nur bei überschaubaren Vermögensverhältnissen (weniger als 20 Gläubiger), ohne Verbindlichkeiten aus Arbeitsverhältnissen.

Die Bezeichnung „Verbraucherinsolvenz“ ist missverständlich, da das Verfahren nicht nur „Verbraucher“, etwa i.S.d. Verbraucherschutzbestimmungen, betrifft.

1) Das Verfahren ist **zwingend**, d. h. bei dem Personenkreis des § 304 Abs. 1 ist ein Insolvenzverfahren nur als Verbraucherinsolvenzverfahren möglich.

Grund: Der Aufwand eines Normalverfahrens steht bei Insolvenzen der vorliegenden Art i.d.R. in keinem sinnvollen Verhältnis zu den möglichen Ergebnissen; auch soll bei Insolvenzen dieses Personenkreises möglichst eine Schuldenbereinigung erreicht werden.

2) Grundsätzliche Gestaltung des Verfahrens: **Drei Stufen:**

- zunächst: **Versuch einer außergerichtlichen Schuldenbereinigung** (s. § 305 Abs. 1 Nr. 1), bei dessem Scheitern
- als nächstes: **Versuch einer gerichtlichen Schuldenbereinigung** mittels eines vom Schuldner vorzulegenden Schuldenbereinigungsplans (s. §§ 307 ff.), und erst wenn auch dieser Versuch gescheitert ist,
- schließlich: **Insolvenzverfahren, in vereinfachter Form** (§§ 311 ff.),

  auf Antrag des Schuldners mit einem **Restschuldbefreiungsverfahren** verbunden.

3) Den **Versuch einer außergerichtlichen Schuldenbereinigung** muss der Schuldner mit Hilfe einer „geeigneten Person oder Stelle", d. h. in der Regel eines Rechtsanwaltes oder – praktisch besonders bedeutsam – einer Schuldnerberatungsstelle, unternehmen (s. § 305 Abs. 1 Nr. 1).

Dies erhöht die Chancen einer außergerichtlichen Schuldenbereinigung, die dem Schuldner selbst ohne sachkundige Beratung oder Unterstützung auch kaum möglich wäre.

4) Das **gerichtliche Verfahren** setzt ein aufgrund eines Eröffnungsantrages des Schuldners oder eines Gläubigers.

a) **Eröffnungsantrag des Schuldners**

aa) mit Nachweis über die erfolglose außergerichtliche Schuldenbereinigung, Vermögens- und Einkommensverzeichnis, Verzeichnisse der Gläubiger u. der Verbindlichkeiten und einem **Schuldenbereinigungsplan**, in dem der Schuldner eine Regulierung seiner Schulden in bestimmter Weise – z.B. Ratenzahlung, teilweiser Forderungserlass – anbietet (§ 305 Abs. 1).

Zulässig auch als sog. **Nullplan** oder Fast-Nullplan, wenn dem Schuldner (fast) keine Zahlungen an seine Gläubiger möglich sind.[1171]

bb) Der Schuldenbereinigungsplan wird den Gläubigern zur Stellungnahme zugestellt: Wenn kein Gläubiger widerspricht, ist er **angenommen** (§ 308).

Der Eröffnungsantrag gilt dann als zurückgenommen: Das Verfahren ist damit erledigt.

Ein Widerspruch kann unter den Voraussetzungen des § 309 **ersetzt** werden. – Bei Einwendungen kann der Plan auch vom Schuldner geändert werden (§ 307 Abs. 3); dies kann zu Verhandlungen zwischen Schuldner, Gläubigern und Gericht über den Plan führen.

cc) Der angenommene Schuldenbereinigungsplan hat nach § 308 Abs. 1 die Wirkung eines Vergleichs i.S.v. § 794 Abs. 1 Nr. 1 ZPO, ist also ein **Vollstreckungstitel**; soweit in dem Plan Gläubigerforderungen nicht berücksichtigt, also nicht mehr zu erfüllen sind, sind sie grds. **erlassen** (s. § 308 Abs. 3).

Damit erübrigt sich auch ein besonderes Restschuldbefreiungsverfahren.

Soweit danach Forderungen erlassen sind, erlöschen – mangels gegenteiliger Regelung – auch die Sicherungsrechte, wie z.B. Bürgschaften.[1172]

1171 h.M., u.a. BayObLG NJW 2000, 220; OLG Köln NJW-RR 2000, 772; OLG Frankfurt NJW-RR 2001, 560.
1172 Uhlenbruck/Vallender § 308 Rdnr. 17 ff.; Braun/Buck § 308 Rdnr. 8; Gogger S. 115.

dd) Bei Nichtberücksichtigung des Plans durch das Gericht (§ 306 Abs. 1 S. 3) oder Nichtannahme durch die Gläubiger setzt das vereinfachte Insolvenzverfahren ein.

b) **Bei Eröffnungsantrag eines Gläubigers**

wird dem Schuldner Gelegenheit gegeben, seinerseits ebenfalls einen Eröffnungsantrag zu stellen (§ 306 Abs. 3): Stellt er den Antrag, läuft das zu a) dargestellte Verfahren ab; bei Annahme des Schuldenbereinigungsplans gilt auch der Eröffnungsantrag des Gläubigers als zurückgenommen. Stellt der Schuldner keinen Eröffnungsantrag, setzt sogleich das vereinfachte Verfahren ein.

5) **Das vereinfachte Insolvenzverfahren**

Bei Nichtannahme des Schuldenbereinigungsplans ist – bei Vorliegen der Voraussetzungen (u.a. grds. verfahrenskostendeckende Masse, § 26) – das Insolvenzverfahren zu eröffnen.

Damit aber nicht die gerade besonders bedürftigen Schuldner, die nicht einmal die Verfahrenskosten aufbringen können, vom Insolvenzverfahren und damit von der Chance einer Schuldenbereinigung u. Restschuldbefreiung ausgeschlossen werden, ist die **Stundung** der Kosten für das Verbraucherinsolvenz- u. Restschuldbefreiungsverfahren möglich (§§ 4 a ff.).

a) Das Insolvenzverfahren läuft dann grds. nach den Regeln des Regelinsolvenzverfahrens ab, mit folgenden Abweichungen (Vereinfachungen): Es wird kein Insolvenzverwalter bestellt, sondern ein Treuhänder, der weitgehend die Aufgaben des Insolvenzverwalters wahrnimmt; die Insolvenzanfechtung obliegt grds. den Gläubigern, die Verwertung von Gegenständen mit Absonderungsrechten wird von den berechtigten Gläubigern selbst vorgenommen (§ 313).

b) Eine vereinfachte Verteilung ist dadurch möglich, dass von einer Verwertung der Masse abgesehen wird und der Schuldner einen entsprechenden Geldbetrag – den er sich mögl. von einem Dritten beschaffen kann – zur Verfügung stellt, der dann verteilt wird (§ 314 Abs. 1).

6) Mit dem Insolvenzverfahren kann aufgrund eines Antrages des Schuldners das **Restschuldbefreiungsverfahren** verbunden werden (§ 305 Abs. 1 Nr. 2).

Für den **Personenkreis in § 304 Abs. 1** ist daher eine Restschuldbefreiung nur möglich über das (zwingende) Verbraucherinsolvenzverfahren, also **erst nach gescheiterten Versuchen einer außergerichtlichen und gerichtlichen Schuldenbereinigung**.

7) Reformüberlegungen gehen dahin, zur Vereinfachung und Kostenvermeidung das Verbraucherinsolvenzverfahren für (völlig) mittellose Schuldner durch ein **gerichtliches Schuldenbereinigungsverfahren** zu ersetzen: Dieses Verfahren soll nach erfolglosem außergerichtlichem und gerichtlichem Schuldenbereinigungsversuch und der Ablehnung des Insolvenzantrags des Schuldners mangels Masse einsetzen und nach einer – ggf. auch abkürzbaren – Wohlverhaltensphase von sechs Jahren zur Restschuldbefreiung führen können, ohne dass noch ein (vereinfachtes) Insolvenzverfahren stattfindet (Entwurf eines Gesetzes zur Entschuldung mittelloser Personen).[1173]

1173 s. u.a. Hmb-Komm/Schmidt, Anhang 1: Regierungsentwurf EntschuldungsG 2007.

4. Teil: § 24 Arrest und einstweilige Verfügung (§§ 916 ff. ZPO)

Die Durchführung eines ordentlichen Prozesses – u.U. durch mehrere Instanzen – und der Zwangsvollstreckung kann längere Zeit in Anspruch nehmen. Daher besteht ein Bedürfnis nach beschleunigter, wenn auch nur **vorläufiger Regelung und Sicherung** von Ansprüchen und Rechtsverhältnissen. Diesem Bedürfnis dienen die – in der Praxis sehr wichtigen – Eilverfahren des Arrestes und der einstweiligen Verfügung.

Grundsätzliche Abgrenzung der Geltungsbereiche des Arrestes und der einstweiligen Verfügung:

- Der **Arrest** sichert die künftige Vollstreckung wegen einer **Geldforderung** oder eines Anspruchs, der in eine Geldforderung übergehen kann (§ 916).
- Die **einstweilige Verfügung** ermöglicht eine Sicherung oder vorläufige Regelung hinsichtlich anderer Ansprüche **– Individualansprüche –**, Rechte oder regelungsbedürftiger Situationen (§§ 935, 940).

Die Parteien werden in diesem Verfahren als Gläubiger u. Schuldner oder häufig auch als Antragsteller u. Antragsgegner (seltener: Arrest-/Verfügungskläger u. -beklagter) bezeichnet.

1. Der Arrest

Zu unterscheiden sind der **dingliche Arrest** – d.h. der Arrest **in das Vermögen des Schuldners** – und der kaum praxisrelevante, zum dinglichen Arrest subsidiäre persönliche Arrest (Zugriff auf den Schuldner selbst, §§ 918, 933).

1.1 Der Arrestprozess

1) Voraussetzungen des Arrestes sind:

a) das Vorliegen eines **Arrestanspruchs**, also einer Geldforderung oder eines Anspruchs, der in eine Geldforderung übergehen kann (§ 916) und

b) das Bestehen eines **Arrestgrundes**, d.h., es muss objektiv zu besorgen sein, dass ohne die Verhängung eines Arrestes die **künftige Zwangsvollstreckung wegen dieses Geldanspruchs gefährdet** ist (§ 917).

Beispiele für das Bestehen eines Arrestgrundes: Alle nachteiligen Einwirkungen auf das Vermögen des Schuldners, mögen sie vom Schuldner, von Dritten oder vom Zufall ausgehen; insbes. Handlungen des Schuldners selbst: Vorbereitungen zur Flucht, Beiseiteschaffen von Vermögenswerten, unmotivierte Belastungen seines Grundbesitzes, verschwenderische Lebensweise, grds. auch bei Schädigung des Gläubigers durch eine vorsätzliche vermögensbezogene Straftat, wie z.B. Betrug.[1174]

1174 StJ/Grunsky § 917 Rdnr. 8; BL/Hartmann § 917 Rdnr. 11; Zöller/Vollkommer § 917 Rdnr. 6. – streitig, a.A. (Einzelfallfrage) u.a.: OLG Köln MDR 2008, 232; MK/Drescher § 917 Rdnr. 6..

Keinen Arrestgrund ergeben dagegen: Allein eine schlechte Vermögenslage des Schuldners, da gegen diese ein Arrest auch nicht hilft – es muss vielmehr eine (weitere) Verschlechterung drohen –;[1175] die Gefahr, dass andere Gläubiger in das Vermögen des Schuldners vollstrecken **(Gläubigerkonkurrenz)**, da hierdurch das Schuldnervermögen als solches nicht verringert, sondern nur zum Teil – durch Tilgung anderer Verbindlichkeiten – umgeschichtet würde.[1176]

2) **Verfahrensablauf**

a) Es handelt sich um ein normales, wenn auch summarisches Erkenntnisverfahren; die allgemeinen Verfahrensgrundsätze – wie z.B. zur Zulässigkeit des Rechtswegs, Partei- und Prozessfähigkeit – gelten daher auch hier.[1177]

b) Zuständig ist nach § 919 sowohl das Gericht der Hauptsache – das ist das Gericht, bei dem die **Hauptsache (d.h. der zu sichernde Anspruch)** bereits anhängig ist oder im ersten Rechtszug anhängig gemacht werden kann (vgl. § 943) – als auch das Amtsgericht, in dessen Bezirk sich der mit dem Arrest zu belegende Vermögensgegenstand befindet.

c) Das Verfahren beginnt mit dem Arrestgesuch des Gläubigers, das die schlüssige Darlegung und die **Glaubhaftmachung** von Arrestanspruch und Arrestgrund enthalten muss (§ 920). Die Glaubhaftmachung (§ 294, s.o. § 11, 2.1, 3) erfolgt i.d.R. durch Vorlage von eidesstattlichen Versicherungen (auch des Antragstellers selbst); Zeugenvernehmung ist nur möglich, wenn mündliche Verhandlung anberaumt wird und die Zeugen sofort zugegen („präsent") sind. **Einen vollen Beweis braucht der Antragsteller also nicht zu führen.**

d) Das Gericht kann ohne mündliche Verhandlung entscheiden oder mündliche Verhandlung über den Antrag anordnen.

Wird ohne mündliche Verhandlung entschieden, kann auch eine vorherige schriftliche Anhörung des Antragsgegners unterbleiben, wenn dies – wie i.d.R. – notwendig ist, um den Arrestzweck nicht zu gefährden:[1178] Entscheidungsgrundlage sind allein die glaubhaft gemachten Angaben des Gläubigers; rechtliches Gehör für Antragsgegner erst durch Widerspruch.

3) Die Entscheidung des Gerichts und die Rechtsbehelfe des Beschwerten:

a) Entscheidung **ohne mündliche Verhandlung:** durch **Beschluss** (§ 922).

aa) Wird dem Arrestgesuch stattgegeben, so ergeht der **Arrestbefehl**. Gegen diesen kann der Schuldner **Widerspruch** einlegen (§ 924, nicht fristgebunden), über den das Gericht, das den Arrest erlassen hat, nach mündlicher Verhandlung durch **Urteil** – auf Bestätigung oder Aufhebung des Arrestbefehls – entscheidet (§ 925). Hiergegen Berufung.

bb) Bei Zurückweisung: Sofortige Beschwerde des Gläubigers (§ 567).

b) Entscheidung **aufgrund mündlicher Verhandlung:** Erlass des Arrestbefehls oder Zurückweisung des Gesuchs durch **Urteil** (§ 922). Gegen dieses Urteil ist Berufung möglich (keine Revision o. Rechtsbeschwerde, § 542 Abs. 2).

1175 BGH NJW 1996, 321@.

1176 h.M., BGH NJW 1996, 321@; MK/Drescher § 917 Rdnr. 8; Musielak/Huber § 917 Rdnr. 4; streitig, a.A. u.a. StJ/Grunsky § 917 Rdnr. 1; Brox/Walker Rdnr. 1499; Schuschke/Walker § 917 Rdnr. 5.

1177 Jauernig/Berger § 34 Rdnr. 4.

1178 BVerfGE 9, 98.

4) Besondere Rechtsbehelfe des Schuldners auf Aufhebung des Arrestbefehls:

a) Der Schuldner kann beantragen (§ 926), dass das Gericht dem Gläubiger aufgibt, eine noch nicht anhängige Hauptsache innerhalb einer bestimmten Frist anhängig zu machen; kommt der Gläubiger dieser Anordnung nicht nach, ist der Arrest auf Antrag des Schuldners durch Urteil aufzuheben. – **Der Gläubiger wird so gezwungen, die Sache in den ordentlichen Prozess zu bringen**.

b) Der Schuldner kann bei einer Veränderung der für die Arrestanordnung maßgeblichen Umstände – z.B. bei Entfallen des Arrestgrundes, Erfüllung des Arrestanspruches und insbes. **Abweisung des (Arrest-) Anspruchs im ordentlichen Prozess** – die Aufhebung des Arrestes beantragen, die dann durch Urteil ausgesprochen wird (§ 927).

1.2 Die Vollziehung des Arrestes

1) bedeutet die **Vollstreckung des Arrestbefehls**. Sie kann in das gesamte Vermögen des Schuldners vorgenommen werden und erfolgt nach den allgemeinen Vorschriften über die Vollstreckung (§ 928), mit folgenden Besonderheiten:

a) Eine Vollziehung ist nicht mehr zulässig, wenn seit Erlass ein Monat verstrichen ist (§ 929 Abs. 2); verspätete Vollziehungsmaßnahmen sind nichtig.[1179]

b) Die Vollziehung führt **nur zur Sicherung des Anspruchs**. Befriedigung kann **nur über die Erwirkung eines Vollstreckungstitels** erreicht werden.

Bewegliche Sachen werden daher lediglich gepfändet, **nicht versteigert** (Ausnahme § 930 Abs. 3), Geld wird nicht an den Gläubiger ausgekehrt, sondern hinterlegt (§ 930 Abs. 2); Forderungen werden ebenfalls nur gepfändet (durch das Arrestgericht, § 930 Abs. 1 S. 3), nicht an den Gläubiger überwiesen (nichtig).[1180] Die Vollstreckung in das unbewegliche Vermögen kann nur durch Eintragung einer Sicherungshypothek (Arresthypothek, § 932) erfolgen.

c) Der Arrestbefehl ist **sofort vollstreckbar**; er braucht nicht rechtskräftig oder für vorläufig vollstreckbar erklärt zu sein. Eine Vollstreckungsklausel ist nicht erforderlich (nur bei Titelumschreibung, § 929 Abs. 1).

d) Eine Zustellung vor der Vollziehung ist nicht notwendig (§ 929 Abs. 3 S. 1; der Schuldner soll gerade durch den Arrest überrascht werden können!); sie ist jedoch innerhalb einer Woche nach Vollziehung des Arrestes und innerhalb der Monatsfrist des § 929 Abs. 2 nachzuholen (§ 929 Abs. 3 S. 2), andernfalls wird die Vollstreckungsmaßnahme nichtig.[1181]

e) Der Schuldner kann die Vollziehung durch **Sicherheitsleistung** – Hinterlegung eines bereits im Arrestbefehl festgesetzten Geldbetrages („**Lösungssumme**“, § 923) – abwenden.

2) Die Vollziehung eines unberechtigten Arrestes oder einer unberechtigten einstweiligen Verfügung macht den Gläubiger **schadensersatzpflichtig (§ 945, Gefährdungshaftung):** Der Gläubiger handelt daher bei der Vollziehung mit erheblichem Risiko; der Antragsgegner ist so gegen eine Schädigung durch eine unberechtigte Inanspruchnahme geschützt.

1179 BGH NJW 1991, 496.
1180 BGH NJW 1993, 735@.
1181 BGH NJW 1999, 3494@.

2. Die einstweilige Verfügung

2.1 Es sind **drei Arten** der einstweiligen Verfügung zu unterscheiden:

1) **Sicherungsverfügung:** zur Sicherung eines **Individualanspruchs** (§ 935),

im Unterschied zum Zahlungsanspruch (Arrest). – Beispiele: Zur Sicherung des Anspruchs auf Herausgabe einer Sache, auf Eintragung einer Bauhandwerkersicherungshypothek (§ 648 BGB, sicherbar durch entsprechende Vormerkung, §§ 883, 885 BGB), auf Duldung der Benutzung eines Weges, auf Unterlassung von ehrverletzenden oder kreditschädigenden Äußerungen, von unzulässigen Wettbewerbshandlungen (praktisch besonders wichtig) oder von Einwirkungen auf ein Grundstück, zur Sicherstellung einer herauszugebenden Sache.

nicht dagegen bei einem Anspruch auf Besitzüberlassung aus einem Mietvertrag, zur Sicherung vor einer anderweitigen Vermietung des Mietobjekts durch den Vermieter: Keine Regelung von Gläubigerkonkurrenz; es ist Sache des Vermieters, welchen Mietvertrag er erfüllen und welchem Mieter er Schadensersatz leisten will.[1182]

2) **Regelungsverfügung:** zur Regelung eines einstweiligen Zustandes zur Sicherung des Rechtsfriedens (§ 940).

Beispiele: Regelung von Grenz-, Besitz- oder Mietstreitigkeiten. – Die Abgrenzung zu § 935 ist nicht scharf; es sind Überschneidungen denkbar. Dies ist jedoch ohne Bedeutung, da das Verfahren für beide Fälle gleich, eine genaue Abgrenzung daher auch entbehrlich ist.

Anordnung der Räumung von Wohnraum: auch bei konkreter Gefahr für Leib und Leben (§ 940 a, Erweiterung durch das Gewaltschutzgesetz).

3) **Leistungs- oder Befriedigungsverfügung:** auf vorläufige, zum Teil auch bereits endgültige **Befriedigung des Antragstellers**, insbesondere auf Zahlung dringend benötigter Geldbeträge.

Von der Rechtsprechung entwickelt (Richterrecht); gesetzlich geregelter Fall: § 1615 o BGB.

Beispiel: A ist von B bei einem Unfall schwer verletzt worden und dadurch arbeitsunfähig geworden. Er klagt gegen B auf Zahlung von Schadensersatz in Form einer Geldrente von monatlich 2.500 €. Der Prozess dauert bereits längere Zeit. A, der mittellos ist, beantragt gegen B den Erlass einer einstweiligen Verfügung, durch die B verpflichtet werden soll, bis zum Erlass des Urteils eine monatliche Rente von 1.000 € zu zahlen. A ist dringend darauf angewiesen, jetzt und sofort Geldmittel zu erhalten; sein derzeitiges Bedürfnis nach Schadensersatz wird nicht dadurch befriedigt, dass er später im Prozess ein obsiegendes Urteil erhält.

In Fällen dieser Art, in denen der Lebensunterhalt des Antragstellers gefährdet ist, hat die Rspr. in Anlehnung an § 940 ZPO eine einstweilige Verfügung **auf Geldzahlung** zugelassen, durch die der Antragsteller in gewissem Maße bereits **jetzt befriedigt** wird.[1183]

Eine solche einstweilige Verfügung kann jedoch **nur in engen Grenzen** zugelassen werden[1184] – der Antragsgegner wird, wenn er im Prozess obsiegt, die Klage also abgewiesen wird, die aufgrund der einstweiligen Verfügung gezahlten Beträge vom mittellosen Antragsteller wahrscheinlich nicht mehr zurückerlangen können –; sie ist daher nur dann zulässig, wenn der notwendige Lebensunterhalt des Antragstellers gefährdet ist (Notlage), und kann auch nur auf den Betrag gerichtet sein, der für den Mindestunterhalt notwendig ist (Notbedarf), mit zeitlicher Beschränkung, i.d.R. maximal 6 Monate.

1182 OLG Hamm NJW-RR 2004, 521, m.N.; streitig.

1183 s. ThP/Reichold § 940, 6 ff.; Musielak/Huber § 940,12 ff.; Brox/Walker 1612 ff., jeweils m.N.

1184 s. OLG Düsseldorf NJW-RR 1996, 123; OLG Köln NJW-RR 1997, 58; MDR 2005, 290.

Auf eine Inanspruchnahme von **Sozialhilfe** braucht sich der Antragsteller nicht verweisen zu lassen;[1185] bezieht er allerdings bereits Sozialhilfe, so wird dies zu berücksichtigen sein.[1186]

Besondere Bedeutung hat die Leistungsverfügung im **Unterhaltsrecht**; vorrangig insoweit aber weitgehend die familiengerichtliche einstweilige Anordnung gemäß §§ 644, 620 ff.

Weitere Fälle: Einstweilige Verfügung auf Lieferung von Strom oder Wärme, wenn das E-Werk den Strom oder der Vermieter die Heizung abgestellt hat,[1187] oder auf Vornahme bzw. Duldung dringender Reparaturen im Mietverhältnis.[1188] – Auch die Unterlassungsverfügungen werden zum Teil hierher gerechnet, weil die Unterlassungsanordnung bereits die Befriedigung des Unterlassungsanspruchs bedeute.[1189]

4) Zahlungsansprüche können somit nur ganz ausnahmsweise durch einstweilige Verfügung durchgesetzt, sonst allenfalls durch Arrest gesichert werden. In der Wirtschaft besteht aber ein erhebliches Bedürfnis an sofortigen Zahlungstiteln, insbes. in der Bauwirtschaft, wenn gegenüber einer unstreitigen Werklohnforderung Baumängel eingewandt werden, deren Klärung längere Zeit erfordert, der Unternehmer aber die alsbaldige Zahlung zur Erhaltung seiner Liquidität dringend benötigt. Die Wirtschaft hat sich z.T. durch die sog. „Bürgschaft auf erstes Anfordern" geholfen, bei der auf Anforderung Zahlung geleistet werden muss und Einwendungen des Bürgen erst im Rückforderungsprozess aus § 812 BGB geltend gemacht werden können;[1190] Reformbestrebungen gehen auf Einführung einer vorläufigen gerichtlichen Zahlungsanforderung (§ 302 a Entwurf eines ForderungssicherungsG).[1191]

2.2 Das Verfahren der einstweiligen Verfügung

1) entspricht grundsätzlich dem des Arrestprozesses (§ 936).

Abweichungen: Zuständig ist grds. das Gericht der Hauptsache (§ 937 Abs. 1), das Amtsgericht der belegenen Sache nur in dringenden Fällen (u. bei Grundbucheintragungen, § 942). Entscheidung an sich gem. § 937 Abs. 2 grds. aufgrund mündlicher Verhandlung, in der Praxis aber auch der Erlass in der Regel ohne mündliche Verhandlung durch Beschluss.

Zunehmend in der Praxis von Bedeutung: Die im Gesetz nicht vorgesehene **Schutzschrift**, mit der sich jemand, der einen gegen ihn gerichteten Antrag auf Erlass einer einstweiligen Verfügung befürchtet, vorsorglich mit seinem Verteidigungsvorbringen an das zuständige Gericht wendet, damit das Gericht bei seiner Entscheidung sogleich auch dieses Vorbringen berücksichtigt oder zumindest Verhandlung anberaumt.[1192]

2) **Verfügungsanspruch und Verfügungsgrund** – Gefährdung des Anspruchs, Dringlichkeit der Regelung – **müssen glaubhaft gemacht werden**.

Eine besondere Glaubhaftmachung des Verfügungsgrundes ist nicht erforderlich, wenn die Eintragung einer Vormerkung oder eines Widerspruchs im Grundbuch erstrebt wird (§§ 885 Abs. 1 S. 2, 899 Abs. 2 S.2 BGB); die Gefährdung des Anspruchs ergibt sich bereits aus dem Grundbuchsystem, insbes. der Möglichkeit eines (gutgläubigen) Erwerbs durch Dritte.

3) Das Gericht bestimmt **nach freiem Ermessen**, welche Anordnungen getroffen werden sollen (§ 938 Abs. 1); es kann alle Maßnahmen erlassen, die zur Erreichung des mit dem Antrag verfolgten Zweckes erforderlich sind.

1185 KG NJW-RR 1998, 1381; Musielak/Huber § 940 Rdnr. 15; str., a.A. OLG Hamm MDR 2000, 847.

1186 Musielak/Huber § 940 Rdnr. 15; a.A. StJ/Grunsky vor § 935, 39: Subsidiarität der Sozialhilfe.

1187 Brox/Walker Rdnr. 1624.

1188 Wieczorek/Thümmel § 940 Rdnr. 17.

1189 u.a. Brox/Walker Rdnr. 1625; Schuschke/Walker Vorbem. § 935 Rdnr. 18.

1190 s. Palandt/Sprau Einf. vor § 765 Rdnr. 14 ff.

1191 s. Hk-ZPO/Saenger Einführung Rdnr. 33.

1192 s. ThP/Reichold § 935 Rdnr. 9.

Das Gericht kann z.B. dem Antragsgegner die Vornahme einer bestimmten Handlung gebieten oder verbieten (§ 938 Abs. 2). z.B. Verbot der Veräußerung bestimmter Sachen (Veräußerungsverbot i.S.d. §§ 136, 135 BGB): Verstoß macht den Erwerb relativ unwirksam, aber Wirksamkeit bei Gutgläubigkeit, bei Grundstück durch Eintragung verhinderbar.[1193]

Zulässig ist auch der Erlass eines **Erwerbsverbotes**.

Beispiel: V hat dem K ein Grundstück verkauft und aufgelassen. V stellt fest, dass er einem Irrtum über eine wesentliche Eigenschaft des Grundstückes erlegen ist. Was kann er unternehmen, um zu verhindern, dass K im Grundbuch eingetragen wird?

V kann den Kaufvertrag gemäß § 119 Abs. 2 BGB anfechten und von K die Rechtsstellung aus der Auflassung - bzw. nach Eintragung: das Eigentum an dem Grundstück - zurückverlangen (§ 812 BGB). V will jedoch verhindern, dass K überhaupt noch im Grundbuch eingetragen wird; denn mit der Eintragung würde K Eigentümer - jedenfalls Buch-Eigentümer - u. könnte wirksam über das Eigentum verfügen, sodass V dann mögl. mit seinem Herausgabeanspruch zu spät käme. Dass die Eintragung unterbleibt, kann V mit einer einstw. Verfügung erreichen, durch die dem K verboten wird, seine Eintragung im Grundbuch zu beantragen. Eine solche einstw. Verfügung wirkt als Erwerbsverbot für K und ist vom Grundbuchamt zu beachten, das daher den K, falls er dennoch den Antrag stellen sollte, nicht eintragen wird;[1194] eine vom Grundbuchamt in Unkenntnis des Erwerbsverbots vorgenommene Eintragung macht den Eigentumserwerb des K gegenüber V relativ unwirksam.[1195]

4) Das Gericht muss sich jedoch immer **im Rahmen des Begehrens des Antragstellers** halten (§ 308). Es darf grundsätzlich auch keine Maßnahme anordnen, die bereits die Hauptsache selbst entscheidet - enge Ausnahme bei der Leistungsverfügung -, und keine endgültige, sondern nur eine **vorläufige** und den Anspruch des Antragstellers **lediglich sichernde Maßnahme** treffen.

Beispiele: Das Gericht darf grds. nicht die Herausgabe einer Sache an den Gläubiger selbst, sondern nur an einen Gerichtsvollzieher oder Sequester (Treuhänder) anordnen, ebenso nicht eine Löschung im Grundbuch, sondern nur die Eintragung eines Widerspruchs.[1196]

Durch einstw. Verfügung kann nicht die Veröffentlichung des Widerrufs einer ehrverletzenden Behauptung,[1197] wohl aber die Anordnung ihrer Unterlassung für die Zukunft erreicht werden, auch der Abdruck einer Gegendarstellung (§§ 11, 12 Landespressegesetze).[1198]

Fall 49: Der Besitzschutzanspruch

A hat von B ein Pferd unter Eigentumsvorbehalt gekauft und noch nicht bezahlt. B befürchtet, dass A den Kaufpreis nicht bezahlt und das Pferd weiterverkauft; er holt es deshalb nachts von der Weide des A. A beantragt eine einstweilige Verfügung dahin, dass B das Pferd sofort zurückgibt.

(1) Der Erlass einer einstweiligen Verfügung setzt einen Verfügungsanspruch und einen Verfügungsgrund voraus.

(a) Verfügungsanspruch: Zum einen § 433 Abs. 1 BGB, da B aus dem Kaufvertrag zur Besitzübertragung und entspr. zur Besitzbelassung verpflichtet ist. Zum anderen §§ 861, 858 BGB: Durch die Abholung des Pferdes hat B dem A den

1193 Brox/Walker Rdnr. 1586.

1194 BayObLG NJW-RR 1997, 913; LG Hamburg Rpfleger 2006, 10 m.w.N.

1195 s. Demharter, GBO, 25. 2005, § 19 Rdnr. 97.

1196 ThP/Reichold § 938 Rdnr. 3.

1197 Zöller/Vollkommer § 940 Rdnr. 8, Presserecht, m.N., str.

1198 BL/Hartmann § 940 Rdnr. 40.

Besitz durch verbotene Eigenmacht entzogen. Dass B noch Eigentümer des Pferdes ist, gab ihm kein Recht zur Wegnahme (§ 863 BGB); selbst wenn er zu Recht befürchtet, dass A nicht zahlen und das Pferd weiterveräußern will, gab ihm dies kein Recht zur Selbsthilfe, da er insoweit obrigkeitliche Hilfe – etwa durch eine eigene einstweilige Verfügung – erlangen konnte (s. § 229 BGB).

(b) Verfügungsgrund: Bereits das Vorliegen einer verbotenen Eigenmacht begründet – wie aus §§ 861 ff. BGB folgt, durch die eine sofortige Beseitigung/Rückgängigmachung der verbotenen Eigenmacht bewirkt werden soll – die Annahme einer Dringlichkeit; einer besonderen zusätzlichen Darlegung und Glaubhaftmachung der Gefährdung/Dringlichkeit bedarf es daher nicht.[1199]

(2) Kann A **Herausgabe an sich** verlangen?

(a) Die einstweilige Verfügung soll grds. nur den Verfügungsanspruch, hier den Herausgabeanspruch des A sichern – wozu ausreicht, dass das Pferd etwa an einen Sequester zur Sicherstellung herausgegeben wird –; eine Herausgabe an A würde eine Befriedigung des A wegen seines Herausgabeanspruchs bedeuten, die aber über eine einstweilige Verfügung grds. nicht erreicht werden kann.

Ausnahme bei der Leistungsverfügung (s.o. 2.1, 3): Eine solche Leistungsverfügung i.e.S. kommt hier aber nicht in Betracht, da nicht ersichtlich ist, dass A auf das Pferd so dringend angewiesen ist, dass er die sofortige Herausgabe benötigt (wie möglicherweise hins. eines Turnierpferdes unmittelbar vor einem wichtigen Turnier).

(b) Für einen **Anspruch aus verbotener Eigenmacht** wird aber insoweit eine Ausnahme gemacht: Die verbotene Eigenmacht soll **sofort** vollständig rückgängig gemacht, der rechtswidrige Besitzeingriff **sofort** beseitigt und der **rechtmäßige Besitzzustand wiederhergestellt** werden. Daher kann die Herausgabe unmittelbar an den früheren Besitzer angeordnet werden.[1200]

Auch dies wird als Fall einer Leistungsverfügung verstanden.

B ist darauf zu verweisen, dass er seine Ansprüche seinerseits verfolgen muss, etwa wegen seines Kaufpreisanspruchs (Geldanspruch) – bei Möglichkeit der Glaubhaftmachung einer Gefährdung i.S.v. § 917 – einen Arrest erwirken oder sein Eigentum bei Gefährdung durch eine drohende Veräußerung durch eine einstweilige Verfügung auf Herausgabe des Pferdes an einen Sequester sichern kann, entsprechend auch seinen Herausgabeanspruch aus § 985 BGB, falls er vom Kaufvertrag zurücktreten kann (§§ 323, 449 BGB). Gegenüber der Besitzschutzverfügung kann er solche etwaigen Gegenansprüche bzw. -rechte nicht einwenden.[1201] Ob dies anders ist, wenn das Gegenrecht – etwa ein durchsetzbarer Anspruch aus § 985 BGB – feststeht,[1202] kann hier dahinstehen, da eine solche Situation (noch) nicht besteht.

2.3 Für die **Vollziehung** der einstweiligen Verfügung gelten die allgemeinen Vorschriften über die Zwangsvollstreckung und die Bestimmungen über die Vollziehung von Arrestbefehlen (§§ 936, 928). Eine Befriedigung des Gläubigers darf auch hier nicht erfolgen (Ausnahme: bei der Leistungsverfügung).

1199 OLG Köln MDR 2000, 152; OLG Saarbrücken MDR 2003, 1198; Schuschke/Walker vor § 935 Rdnr. 20.

1200 allg. Ansicht, u.a. OLG Köln VersR 1997, 465; MDR 2000, 152; OLG Saarbrücken MDR 2003, 1198.

1201 s. Nachweise bei Lehmann-Richter NJW 2003, 1717 unter Fußnote 7.

1202 so u.a. Lehmann-Richter NJW 2003, 1717 m.N., in entsprechender Anwendung der Grundsätze des BGH zur petitorischen Widerklage (BGHZ 73, 355; BGH NJW 1999, 425).

5. Teil: § 25 Überblick über das Verfahren der freiwilligen Gerichtsbarkeit (FGG)

1. Die freiwillige Gerichtsbarkeit ist ein **besonderes gerichtliches Verfahren** zur Erledigung privatrechtlicher Angelegenheiten.

Gerichtliche Verfahren über privatrechtliche Angelegenheiten finden auch außerhalb von Zivilprozessen statt, z.B. beim Nachlassgericht (u.a. bei der Erteilung von Erbscheinen, s. §§ 2353 ff. BGB, § 72 FGG), vor dem Vormundschaftsgericht (u.a. bei der Erteilung von vormundschaftsgerichtlichen Genehmigungen o. der Anordnung einer Betreuung, s. §§ 1793 ff., 1896 ff. BGB, § 35 FGG), beim Grundbuchamt, einer Abteilung des Amtsgerichts (§ 1 GBO, u.a. bei der Vornahme von Eintragungen im Grundbuch): Dies alles sind Gerichtsverfahren, die privatrechtliche Angelegenheiten zum Gegenstand haben, die aber nicht in der Form des Zivilprozesses nach der ZPO erledigt werden: Das ist der Bereich der freiwilligen Gerichtsbarkeit, die in der Rechtspraxis von erheblicher Bedeutung ist (s. die abschließende Aufstellung).

Die Bezeichnung dieser Verfahren als „freiwillige" Gerichtsbarkeit ist insoweit missverständlich, als diese Verfahren in ihrem Geltungsbereich durchaus zwingend sind – so kann z.B. eine Grundbucheintragung nur nach dem Verfahren der GBO erreicht werden –: Es handelt sich um eine überkommene, aus dem Römischen Recht („iurisdictio voluntaria") stammende Bezeichnung, die letztlich nur deutlich macht, dass es sich eben um privatrechtsbezogene gerichtliche Verfahren handelt, die nicht als Zivilprozesse nach der ZPO durchgeführt werden.

1) Die freiwillige Gerichtsbarkeit gehört – zusammen mit der streitigen Gerichtsbarkeit nach der ZPO – zur **ordentlichen Gerichtsbarkeit**. Sie ist daher keine eigenständige Gerichtsbarkeit, sondern freiwillige und streitige Gerichtsbarkeit stellen (nur) **besondere Verfahrensarten** zur Entscheidung und Regelung privatrechtlicher Streitigkeiten und Angelegenheiten dar.

2) Eine allgemeine begriffliche Abgrenzung der freiwilligen zur streitigen Gerichtsbarkeit, die wiederholt versucht worden ist – Abgrenzungskriterien für die freiwillige Gerichtsbarkeit u.a.: Freiwilligkeit, „Streitlosigkeit", Rechtsgestaltung, Rechtsfürsorge –, ist nach allgemeiner Auffassung nicht möglich. Die Abgrenzung kann daher nur von der **gesetzlichen Zuweisung** her erfolgen: Im Verfahren der freiwilligen Gerichtsbarkeit sind diejenigen Angelegenheiten zu erledigen, die das Gesetz ihr **zugewiesen** hat **(Enumerationsprinzip)**.[1203]

a) Diese Zuweisung beruht i.e.L. auf Zweckmäßigkeitserwägungen. Zu einem großen Teil würden sich die Verfahrensgegenstände der freiwilligen Gerichtsbarkeit allerdings auch nicht für das Verfahren nach der ZPO eignen, da sich oft nicht zwei Parteien gegenüberstehen, sondern sich nur ein Beteiligter an das Gericht wendet, wie z.B. i.d.R. in Grundbuchsachen. Es gibt aber auch Verfahren mit widerstreitenden Beteiligten, z.B. in Hausratsverteilungssachen, beim Versorgungsausgleich (sog. „echte Streitverfahren").

b) Für die praktische Handhabung kann davon ausgegangen werden, dass die Regelung privatrechtlicher Streitigkeiten **in der Regel im Zivilprozess nach der ZPO** erfolgt, während das FGG-Verfahren die **Ausnahme** darstellt, die nur dann eingreift, wenn eine ausdrückliche gesetzliche Zuweisung vorliegt.

1203 s. RS/Gottwald § 11 Rdnr. 10; Schilken Rdnr. 19, 20; Schellhammer Rdnr. 1391, 1392.

3) Zwischen Zivilprozess- und FGG-Gericht findet bei Unzuständigkeit des angerufenen Gerichts von Amts wegen Verweisung entspr. § 17 a GVG statt.[1204]

2. Die freiwillige Gerichtsbarkeit ist allgemein, aber unvollständig geregelt im **Gesetz über die Angelegenheiten der freiwilligen Gerichtsbarkeit** vom 17.05. 1898 **(FGG).**

1) Daneben finden sich auch in anderen Gesetzen Bestimmungen, die sich auf die freiwillige Gerichtsbarkeit beziehen; ferner sind landesrechtliche Regelungen zu beachten. – Wegen dieser Unübersichtlichkeit/Unvollständigkeit der Regelungen ist eine umfassende **Reform des FGG** in Vorbereitung,[1205] in Verbindung auch mit einer Neuregelung des familiengerichtlichen Verfahrens (s.o. § 15, 3, 1).

2) **Verhältnis zur ZPO:** Das FGG verweist in Einzelbestimmungen – u.a. in §§ 14 (Prozesskostenhilfe), 15 (Beweisaufnahme) – zur Ergänzung auf eine entsprechende Anwendung der ZPO. Auch über solche ausdrücklichen Verweisungen hinaus können bei Fehlen oder Unvollständigkeit einer Regelung im FGG die insoweit einschlägigen ZPO-Bestimmungen entsprechend anwendbar sein. Dies gilt aber nur unter Berücksichtigung der besonderen Erfordernisse des FGG-Verfahrens, eine flexible Verfahrensgestaltung und Sachverhaltsermittlung zu ermöglichen, also nicht schlechthin – die ZPO gilt daher **nicht generell subsidiär** zum FGG –; dabei wird eine entsprechende Anwendung bei den echten Streitsachen oft näher liegen als im übrigen FGG-Verfahren.[1206]

3) Spezialliteratur u.a.: Bumiller/Winkler, Freiwillige Gerichtsbarkeit, 8. 2006; Keidel/Kuntze/ Winkler, Freiwillige Gerichtsbarkeit, 15. 2003; Jansen, FGG, 3., Band 1: 2006, Band 2: 2005, Band 3: 2006; Brehm, Freiwillige Gerichtsbarkeit, 3. 2002; Kohlhosser/Bork/Jacoby, Freiwillige Gerichtsbarkeit, 2. 2002; Knöringer, Freiwillige Gerichtsbarkeit, 4. 2005; Zimmermann, Praktikum der Freiwilligen Gerichtsbarkeit, 6. 2004.

3. Das Verfahren

1) Zuständig im Allgemeinen: die **Gerichte der ordentlichen Gerichtsbarkeit**,

in einigen FGG-Bereichen aber zum Teil auch außergerichtliche Amtsträger oder Behörden, wie Notare bzw. Notariate, Standes- oder Jugendämter.

2) Das Verfahren beginnt zum Teil von Amts wegen (sog. **Amtsverfahren**, i.d.R. in Vormundschaftssachen), zum Teil auf Antrag (sog. **Antragsverfahren** oder **Antragssachen**, i.d.R. in Grundbuch- und Erbscheinssachen). Es kennt keine sich gegenüberstehenden „Parteien", sondern nur – gleichberechtigte – **„Beteiligte"**. Das Verfahren ist nur für diese Beteiligten, **nicht allgemein öffentlich**. Weitgehend wird im schriftlichen Verfahren entschieden; es sind jedoch auch mündliche Verhandlungen möglich.

In § 8 FGG wird gerade nicht auf die Regelungen des GVG über die grundsätzliche Öffentlichkeit der Gerichtsverfahren (§§ 169 ff. GVG) verwiesen.

1204 BGH Urt. v. 20.01.2005 – III ZR 278/04, NJW-RR 2005, 721.

1205 s. dazu Kuntze FGPrax 2005, 185.

1206 s. Keidel/Meyer-Holz vor § 8 Rdnr. 3 ff.; Kohlhosser/Bork/Jacoby S. 10.

3) Es gilt der Grundsatz der **Amtsermittlung** (§ 12 FGG).

Das Gericht hat daher alle zur Sachaufklärung erforderlichen Beweise nach pflichtgemäßem Ermessen von sich aus zu erheben, ohne Bindung an das tatsächliche Vorbringen und an Beweisanträge der Beteiligten.[1207]

Für die Beweisaufnahme gelten die Bestimmungen der ZPO entsprechend (§ 15 FGG). Das Gericht entscheidet jedoch i.d.R. nach pflichtgemäßem Ermessen auch darüber, ob es den Beweis im „Freibeweis" oder im „Strengbeweis" erhebt, ist also auch insoweit freier gestellt als nach der ZPO. Das förmliche (Streng-)Beweisverfahren – also z.B. mit förmlicher Zeugenvernehmung – ist aber immer dann geboten, wenn es auf die Erweisbarkeit bestimmter Einzeltatsachen ankommt, wenn durch formlose Beweisaufnahme keine ausreichende Aufklärung erreicht würde oder wenn sonst das Recht eines Beteiligten, an der Wahrheitsfindung mitzuwirken, nicht hinreichend gesichert ist.[1208]

4) Alle Beteiligten haben Anspruch auf **rechtliches Gehör**.[1209]

5) Erste Instanz: **Amtsgericht** (Richter, vielfach Rechtspfleger; s. RPflG).

a) Die Entscheidung ergeht der Sache nach durch **Beschluss** (nicht durch Urteil!); das Gesetz spricht in der Regel im gleichen Sinne von „Verfügung".

z.T. sind **Vorbescheide** mit der Ankündigung der beabsichtigten Entscheidung, etwa eines Erbscheins mit bestimmtem Inhalt oder einer vormundschaftsgerichtlichen Genehmigung zulässig, damit schon vor deren – oft sofort wirkenden – endgültigem Erlass eine Überprüfung durch das Beschwerdegericht möglich ist. – Mit ebenfalls bereits anfechtbaren **Zwischenverfügungen** wird – z.B. im Grundbuchverfahren (§ 18 GBO), aber auch darüber hinaus – einem Antragsteller die Zurückweisung seines Antrags angekündigt, falls nicht bestimmte fehlende Voraussetzungen noch beigebracht werden.[1210]

b) Gegen die Entscheidung des Amtsgerichts ist **Beschwerde an das Landgericht** (Beschwerdekammer) gegeben (§ 19 FGG).

grds. unbefristet, bei besonderer Anordnung auch befristet (sofortige Beschwerde). – Bei Verletzung des rechtlichen Gehörs: Gehörsrüge: § 29 a FGG.

c) Gegen die Beschwerdeentscheidung ist weitere Beschwerde – als **Rechtsbeschwerde** (§ 27 Abs. 1 FGG) – an das **Oberlandesgericht** zulässig (§ 28 Abs. 1 FGG; in den Fällen des § 28 Abs. 2 FGG ist sie dem BGH vorzulegen).

z.T. nur nach Zulassung. Keine Rechtsbeschwerde unmittelbar an den BGH, nur über die Vorlage gemäß § 28 Abs. 2, 3 FGG.[1211] – Ob neben der Rechtsbeschwerde eine außerordentliche Beschwerde wegen greifbarer Gesetzwidrigkeit statthaft ist, ist streitig.[1212]

In Bayern ist – nach Abschaffung des BayObLG – das OLG München, in Rheinland-Pfalz das OLG Zweibrücken als Rechtsbeschwerdegericht bestimmt (s. § 199 FGG).

6) Die Entscheidungen können zum Teil unter bestimmten Voraussetzungen **geändert** (§ 18 FGG) oder bei Veränderung der Umstände durch eine neue Entscheidung ersetzt werden; die Entscheidungen werden also zum Teil nicht rechtskräftig wie Urteile der streitigen Gerichtsbarkeit. Grund: Die Entschei-

1207 BayObLG 2001, 904; Keidel/Schmidt § 12 Rdnr. 53 m.w.N.

1208 OLG München MDR 2008, 212; Keidel/Schmidt § 15 Rdnr. 3 ff., § 12 Rdnr. 80 m.w.N.

1209 BVerfG NJW 1995, 2096; OLG Köln FGPrax 2005, 35; Keidel/Schmidt § 12 Rdnr. 138 ff.

1210 s. Brehm Rdnr. 323 ff.

1211 BGH v. 07.10.2004 – V ZB 22/04, NJW 2004, 3412; v. 28.09.2006 – V ZB 105/06, NJW 2007, 158.

1212 s. OLG München FGPrax 2005, 278; 2006, 175.

dungen der freiwilligen Gerichtsbarkeit sind vielfach – z.B. die Anordnung einer Pflegschaft o. vormundschaftsgerichtliche Maßnahmen (s. § 1696 BGB) – von den derzeit bestehenden tatsächlichen Verhältnissen abhängig und müssen bei Änderung dieser Verhältnisse auch wieder abgeändert werden können.

4. Die wichtigsten Angelegenheiten der freiwilligen Gerichtsbarkeit

1) **Vormundschaftssachen** und **Betreuungssachen** (§§ 35 ff., 65 ff. FGG); es entscheidet das Amtsgericht als Vormundschaftsgericht.

z.B.: Anordnung und Überwachung von Vormundschaften, Betreuungen und Pflegschaften, Bestellung von Vormündern, Betreuern und Pflegern, Genehmigung wichtiger Rechtsgeschäfte (s. §§ 1773 ff., 1896 ff., 1909 ff. BGB), auch der Verweigerung lebenserhaltender Maßnahmen durch Betreuer im Rahmen der Sterbehilfe bei Konflikt mit dem behandelnden Arzt.[1213] – Beschwerde nach § 19 FGG an das Landgericht.

2) **Unterbringungssachen** (§§ 70 ff. FGG), insbes. nach den Unterbringungsgesetzen der Länder für psychisch Kranke.

3) **Bestimmte Familiensachen:** s. §§ 621, 621 a ZPO. Zuständig ist das **Familiengericht**, das insoweit im Wesentlichen nach FGG-Vorschriften verfährt, allerdings modifiziert durch ZPO-Regelungen (s. § 621 a Abs. 1 ZPO).

Befristete Beschwerde zum Oberlandesgericht (§§ 621 e ZPO, 119 Abs. 1 Nr. 1 a GVG).

4) **Hausratsteilungsverfahren** (§ 621 Abs. 1 Nr. 7 ZPO; HausratsVO, Schönfelder 44): Das Familiengericht verfährt nach FGG (vgl. § 621 a Abs. 1).

5) **Personenstandssachen** (PStG): Standesbeamter als Organ der freiwilligen Gerichtsbarkeit, Zuständigkeiten des Amtsgerichts nach §§ 45 ff. PStG.

6) **Nachlasssachen** (§§ 72 ff. FGG): Amtsgericht als Nachlassgericht.

z.B.: Sicherung von Nachlässen (§§ 1960 ff. BGB); Eröffnung von Testamenten (§§ 2260 ff. BGB); Erbscheinserteilung (§§ 2353 ff. BGB);[1214] Vermittlung der Erbauseinandersetzung (§§ 86 ff. FGG, streitige Auseinandersetzung der Miterben jedoch durch Zivilprozess).

7) **Registersachen** (beim Amtsgericht als Registergericht):

a) Handelsregister (§§ 125 ff. FGG).

Reformbestrebungen: Übertragung auf die Industrie- und Handelskammern.

b) Genossenschaftsregister (§ 147 FGG).

c) Vereinsregister (§§ 159 ff. FGG).

d) Partnerschaftsregister (§ 160 b FGG, für Partnerschaftsgesellschaften).

e) Güterrechtsregister (§§ 161, 162 FGG).

f) Grundbuchsachen, geregelt in der **Grundbuchordnung**.

– – –

1213 s. BGH v. 17.03.2003 – XII ZB 2/03, NJW 2003, 1588; Palandt/Diederichsen Einf. v. § 1896, 10.

1214 s. zum Verfahren, insbes. zur Zulässigkeit anfechtbarer Vorbescheide: Kammerlohr JA 2003, 143.

STICHWORTVERZEICHNIS

Die Zahlen verweisen auf die Seiten.

– – –

Unser Skriptenangebot 10/2008

Grundlagen Wissen

Titel	Jahr	€
Grundlagen Zivilrecht 1	***2008***	***12,50***
Grundlagen Zivilrecht 2	***2008***	***12,50***
Grundlagen Strafrecht	2007	12,50
Grundlagen Öffentliches Recht	***2008***	***12,50***

Grundlagen Fälle

Titel	Jahr	€
BGB AT	2007	9,80
Schuldrecht AT	2007	9,80
Schuldrecht BT Kaufrecht	***2008***	***9,80***
Schuldrecht BT Unerlaubte Handlungen/ Allgemeines Schadensrecht	2007	9,80
Sachenrecht 1	2007	9,80
Sachenrecht 2	***2008***	***9,80***
Familienrecht	2007	9,80
Erbrecht	2007	9,80
Strafrecht AT	***2008***	***9,80***
Strafrecht BT Nichtvermögensdelikte	2007	9,80
Strafrecht BT Vermögensdelikte	2007	9,80
Strafverfahrensrecht	2007	9,80
Grundrechte/Staatsorganisationsrecht	***2008***	***9,80***
Europarecht	***2008***	***9,80***
Allg. VerwR/VerwProzR	2007	9,80
Gesellschaftsrecht	2007	9,80
Arbeitsrecht	2007	9,80

Aufbauschemata

Titel	Jahr	€
Zivilrecht	***2008***	***16,90***
Strafrecht	2007	14,90
Öffentliches Recht	***2008***	***14,90***

Zivilrecht

Titel	Jahr	€
BGB AT 1	2007	16,90
BGB AT 2	2007	16,90
Schuldrecht AT 1	***2008***	***19,90***
Schuldrecht AT 2	2007	19,90
Schuldrecht BT KaufR	2006	19,90
Schuldrecht BT WerkvertragsR	in Überarbeitung	
Schuldrecht BT 2 Bes. Vertragsarten (MietR)	***2008***	***19,90***
Schuldrecht BT 3 Auftrag, GoA, Bereicherungsrecht	***2008***	***16,90***
Schuldrecht BT Unerl. Hdlg./Allg. SchadenR	2007	19,90
Sachenrecht 1	2006	14,50
Sachenrecht 2	***2008***	***13,90***
Sachenrecht 3	2006	14,50
Familienrecht	***2008***	***17,90***
Erbrecht	***2008***	***19,90***

Strafrecht

Titel	Jahr	€
Strafrecht AT 1	***2008***	***20,50***
Strafrecht AT 2	2006	24,90
Strafrecht BT 1 Straftaten gegen Eigentum und Vermögen	***2008***	***19,90***
Strafrecht BT Höchstpers. Rechtsgüter	2006	19,90
Strafrecht BT Kollektive Rechtsgüter	2007	22,90

Öffentliches Recht

Titel	Jahr	€
Staatsorganisationsrecht	***2008***	***23,90***
Grundrechte	***2008***	***19,90***
Europarecht	***2008***	***19,90***
Verwaltungsrecht AT 1	2007	19,90
Verwaltungsrecht AT 2	***2008***	***19,90***
VwGO ca. Dezember	in Überarbeitung	
Besonderes Ordnungsrecht (VerwR BT 1)	2007	19,90
Öffentliches Baurecht (VerwR BT 2)	2007	19,90
NRW Polizei- und Ordnungsrecht	2006	22,90
Kommunalrecht NRW	***2008***	***19,90***

Allgemeines

Titel	Jahr	€
Leichter Lernen	2007	9,80
Klausur und Hausarbeit ca. Dezember	in Überarbeitung	
LL.M.-Programme weltweit	***2008***	***9,80***

Definitionen

Titel	Jahr	€
Zivilrecht ca. Dezember	in Überarbeitung	
Strafrecht	2007	9,90
Öffentliches Recht	2007	9,90

Besondere Rechtsgebiete

Titel	Jahr	€
Handelsrecht	***2008***	***16,90***
Gesellschaftsrecht	2007	19,90
Arbeitsrecht	2007	24,90
Kollektives Arbeitsrecht	***2008***	***22,90***
Wertpapierrecht	2003	16,90
Das Internationale Privatrecht	***2008***	***19,90***
ZPO	***2008***	***23,50***
StPO	2007	20,90
Kriminologie, Jugendstrafrecht, Strafvollzug	***2008***	***20,50***
Beamtenrecht ca. Ende 2008	in Überarbeitung	
Sozialrecht 1	***2008***	***22,90***
Sozialrecht 2	***2008***	***22,90***
Mediation, Schlichtung, Verhandlungsmanagement	2005	22,90
Rechtsgeschichte	2006	23,50
Rechtsphilosophie	2006	16,90

Fremdsprachenkompetenz

Titel	Jahr	€
Introduction to English Civil Law 1	2007	20,20
Introduction to English Civil Law 2	2005	18,40
Introduction to the US-American Legal System 1	2005	22,90
Introduction to the US-American Legal System 2	2005	22,90
Introduction au droit français t. 1	2006	15,90

Assessorexamen

Titel	Jahr	€
Vollstreckungsrecht 1	***2008***	***21,90***
Vollstreckungsrecht 2	***2008***	***21,90***
Insolvenzrecht	2006	16,90
Zivilprozess – Stagen und Examen	2006	24,90
Die zivilrechtliche Anwaltsklausur im Assessorexamen	2007	24,90
Die zivilgerichtliche Assessorklausur	***2008***	***24,90***
Die strafrechtliche Assessorklausur 1	2007	21,90
Die strafrechtliche Assessorklausur 2	***2008***	***15,90***
Die strafrechtliche Assessorklausur 3	2006	22,50
Die öffentlich-rechtl. Assessorklausur 1 ca. Anfang 2009	in Überarbeitung	
Die öffentlich-rechtl. Assessorklausur 2	2006	21,90
Die öffentlich-rechtl. Assessorklausur 3	in Überarbeitung	

Der Rechtsanwalt Grundlagen des Anwaltsberufs — 2005 15,90 €

Steuerrecht

Titel	Jahr	€
Allgemeines Steuerrecht ca. Mitte 2009	in Überarbeitung	
Umsatzsteuerrecht ca. Mitte 2009	in Überarbeitung	
Einkommensteuerrecht ca. Mitte 2009	in Überarbeitung	
Bilanzsteuerrecht	***2008***	***24,90***

Fachlexika

Titel	Jahr	€
Langenscheidt Alpmann Engl./D – D/Engl.	2006	29,90
Langenscheidt Alpm. mit CD Engl./D – D/Engl.	2006	44,90